KB240245

풍물굿 연구

풍물굿 연구

초판 1쇄 발행   2009. 9. 1
초판 2쇄 발행   2010. 10. 8

지은이   김익두 외
펴낸이   김경희
펴낸곳   ㈜지식산업사
        본사 • 경기도 파주시 교하읍 문발리 520-12
            전화 (031)955-4226~7 팩스 (031)955-4228
        서울사무소 • 서울시 종로구 통의동 35-18
            전화 (02)734-1978 팩스 (02)720-7900
        한글문패   지식산업사
        영문문패   www.jisik.co.kr
        전자우편   jsp@jisik.co.kr
        등록번호   1-363
        등록날짜   1969. 5. 8.

책값은 뒤표지에 있습니다

ⓒ 김익두 외, 2009
ISBN   978-89-423-4832-9   (93380)

이 책을 읽고 지은이에게 문의하고자 하는 이는
지식산업사 전자우편으로 연락 바랍니다.

풍물굿 연구

김익두 엮음

지식산업사

| 일러두기 |
풍물굿을 가리키는 말로 '농악'도 많이 통용되고 있고, '매구' '풍물' '굿' 등의 용어들도
함께 사용되고 있으나, 이 책에서는 여러 가지 측면들을 고려하여 대목차의 제목은 '풍물
굿'으로 통일하고, 각 논문은 원전(原典) 그대로 싣기로 하여 '풍물굿'과 '농악'이라는 두
가지 용어를 혼용하기로 하였다.

머 리 말

풍물굿은 우리나라 사람들이 오랜 동안, 적어도 몇 백 년에 걸쳐서 전국적으로 벌여 온 우리 민족의 대표적인 전통 공연문화 양식이다. 이 것은 우리 민족이 어려울 때나 즐거울 때나 슬플 때나 기쁠 때 마을 또는 지역의 공동체 주민들 단위로 함께 어울려, 이른바 '집단적 신명' 을 북돋우어 민족의 활기와 생명력을 불어넣어 온 민족 문화의 '샘이 깊은 물'이요 '뿌리 깊은 나무'이다.

돌이켜 보면, 풍물굿 연구의 역사도 1920년대부터 시작된 이래 지금 에 이르기까지 80여 년이 지났다. 그러므로 이제는 풍물굿 연구도 어 느 정도 그 바탕이 다져진 단계에 들어섰다고 생각된다. 그러나 좀더 엄격하게 보자면, 지금의 연구는 '건물'을 짓기 위한 기반을 다진 단계 이지, '건물'을 완전히 다 세운 단계는 아니라고 말할 수 있다. 물론 보 는 시각과 분야에 따라서 다르게 판단할 수는 있을 것이다.

이러한 시점에서 우리는 우리 풍물굿 연구사가 당면한 상황을 전체 적으로 한 번 조감할 필요성을 절감한다. 바탕은 고르게 잘 다져졌는 가, 수평은 제대로 맞추어졌는가, 바탕의 크기와 규모는 쓸 만하게 잡 아졌는가, 주춧돌은 잘 놓였는가, 건물의 공간 구분과 배치와 숫자는 적절한가, 이런 저런 여러 가지 사항들을 고루 고려한 전체 '설계도'는 어떠하고 또 어떠해야 하는가. 풍물굿의 이러한 문제들에 대해 이제는 전체적으로 한 번쯤 반드시 점검할 단계에 와 있다는 것이 우리의 판단이다.

그래서 우리는 지금까지 진행된 풍물굿의 연구 업적들을 가능한 한 모두 모아 일차적으로 필자별·연대별로 정리하고, 그것들을 다시 주제별·영역별로 재배치한 다음, 각 주게와 영역에서 가장 대표적인 연구 업적이라고 여겨지는 논문들을 객곤적으로 선별하여, 이 책의 일차적인 설계도를 만들었다. 그리고 그런 설계도를 다시 여러 차례 수정하고 보완하여 우리는 이 책의 '차례'를 만들 수 있었다.

이 책의 전반적인 계획은 우선, 풍물굿이 일차적으로 우리 민족이 낳은 대표적이고 전통적인 '공연문화' 양식이라는 명제에서 시작하였다. 그리하여 우리는 먼저 풍물굿 연구사 전반을 역사적–영역별로 조망해 보고, 이 책의 가장 기본적인 명제인 '공연문화' 양식으로서 지니는 풍물굿의 기본 성격과 원리를 가늠해 본 다음, 풍물굿의 여러 측면들 곧 역사적 측면, 제의적 측면, 음악적 측면, 무용적 측면, 연희/놀이적 측면, 복색의 측면, 사회적 측면, 사상적 측면 등을 골고루 논의하고자 한다. 이러한 우리의 의도는 이 책의 다음과 같은 '차례'의 구성에 그대로 반영되어 구체적으로 나타나 있다.

   Ⅰ. 풍물굿 연구사
   Ⅱ. 풍물굿의 기원과 역사
   Ⅲ. 풍물굿의 공연 원리
   Ⅳ. 풍물굿과 제의
   Ⅴ. 풍물굿과 음악
   Ⅵ. 풍물굿과 무용
   Ⅶ. 풍물굿과 놀이/연희

Ⅷ. 풍물굿과 복색
Ⅸ. 풍물굿과 사회
Ⅹ. 풍물굿과 사상/철학

이러한 구성 아래에서 우리는 각 대목차에 해당하는 가장 대표적인 논문들을 엄선하여 배치함으로써, 논의의 폭과 깊이를 가늠하는 데 최선의 노력을 기울였다.

이 책이 담고 있는 소목차별 내용 전반에 관해서 좀더 구체적으로 말해 보면 다음과 같다.

'Ⅰ. 풍물굿 연구사'에는 김정헌의 논문이 실려 있다. 김정헌의 〈농악 연구의 역사적-영역별 전개 양상〉은 풍물굿 연구의 역사적인 전개과정을 나름대로 태동의 시기(1920~1960년대), 본격화 시기(1970~1980년대), 활성화 시기(1980~2000년대)로 나누어 구체적으로 고찰한 다음 풍물굿의 연구 영역을 공연 원리, 역사적 측면, 제의적 측면, 음악적 측면, 무용적 측면, 연희/놀이적 측면, 복색의 측면, 사회적 측면, 사상적 측면 등의 연구 영역으로 나누어, 풍물굿 연구의 현황을 점검하고 있다. 바로 이러한 이 연구사 검토의 작업은 그 뒤에 이어지는 이 책의 연구 영역별 논의들의 전개 순서나 체계와 궤를 같이 한다.

'Ⅱ. 풍물굿의 역사'에는 홍현식 외, 손우승, 권은영, 김헌선 등의 논문을 실었다. 이 가운데 홍현식·김천흥·박헌봉의 〈농악의 기원설〉은 풍물굿의 역사적 기원을 삼국시대 이전, 부족국가 시대의 기록에서부터 찾고, 그 기원을 논한 '농사안택축원설(農事安宅祝願說)', '군악설(軍樂說)', '불교관계설(佛敎關係說)'을 말한 다음, 풍물굿의 형태를 '축원형태설(祝願形態說)', '노작형태설(勞作形態說)', '걸립형태설(乞粒形態說)', '연예형태설(演藝形態說)' 등으로 나누어 논의한다.

손우승의 〈일제 강점기 풍물굿의 존재 양상과 성격〉은 일제 강점기의 우리나라 풍물굿의 역사적인 전개과정을 '두레풍물굿의 쇠퇴', '전문 예인집단의 쇠퇴', '뜬쇠들의 이합집산', '농악경연대회 및 종교단체의 포교 수단화' 등의 과정으로 파악한 다음, 일본 제국주의의 홍보 수단으로 전락해가는 과정을 '특산품 전람회', '공출제와 전승 기념행사' 등을 중심으로 구체적으로 기술하고 있다.

권은영의 〈여성농악단의 역사와 공연 양상〉은 한국 여성농악단의 역사적 전개과정을 발생(1950년대), 전개(1960년대), 소멸(1970년대)의 세 단계로 나누어 고찰한 다음, 그 공연의 구체적인 실상을 구성요소(참여자, 의상, 분장, 극장, 무대), 공연의 준비과정, 공연과정(남도민요, 판굿, 개인놀이, 토막창극), 공연 특성 등으로 나누어 정리하고 있다.

김헌선의 〈사물놀이의 세계〉는 풍물굿에서 비교적 최근에 일어난 현대적 변이와 재창조의 가장 대표적인 사례인 '사물놀이'의 실상을 다룬다. 구체적으로는 사물놀이의 성립·성격·원리(긴장−이완의 원리, 음양 조화의 원리)·짜임새(우도굿, 12차, 웃다리 풍물, 비나리 등의 짜임새)·연주 양식상의 갈래와 새로운 시도 등에 관해서 골고루 논의를 펼치고자 한다.

'Ⅲ. 풍물굿의 공연원리'에는 김익두와 손우승의 논문이 실려 있다. 이 가운데 김익두의 〈풍물굿의 공연원리와 연행적 성격〉은 풍물굿이 무엇보다도 일차적으로는 '공연문화' 양식이라는 전제에서 출발하여, 풍물굿의 공연원리를 '청관중의 공연자화 원리', '반복·축적·순환의 원리', '판 전도의 원리', '공연자의 자기축소화 원리 — 청관중의 자기확대화 원리', '탈경계화의 원리', '수용과 평가의 통합 원리', '생태적 생명 지향의 원리' 등을 귀납적으로 추출해내고 있다.

손우승의 〈풍물굿 진법의 유형과 연행 원리〉는 풍물굿 진법의 유형을 진풀이의 주체에 따라 상쇠 주도형, 상쇠−부쇠 주도형, 수치배 주도형, 치배 주도형 등으로 나눈 다음 풍물굿의 연행 원리를 '숙임과 듦의 반복성', '시간적 지속성과 공간적 역동성', '구성 요소들의 상호작용을 통한 상보성', '열림과 닫힘의 순환적 조형성', '공연자와 청관중의 소통성' 등으로 파악하고자 한다.

'Ⅳ. 풍물굿과 제의'에는 이보형과 김월덕의 논문이 들어 있다. 이보형의 〈마을굿과 두레굿의 의식 구성〉은 풍물굿을 중심으로 이루어지는 마을굿과 두레굿이 의식(儀式) 구성에서 서로 어떤 상호 관계에 있는 것인가에 초점을 맞추어, 여러 지역(전남 진도, 전북 정읍·김제, 충남 홍성, 경남 밀양, 강원도 강릉 등)의 두레굿 사례들을 귀납적으로 분석하여, 두레굿의 의식 구성이 전체적으로 볼 때에는 마을굿과 상동적 관계에 있음을 논증한다. 이런 면에서 이 연구는 우리 풍물굿의 제의적/의식적 측면을 연구하는 데 중요한 시사점을 제공해 준다.

김월덕의 〈풍물굿으로 하는 마을굿〉은 우리나라의 풍물굿을 중심으로 하여 벌어지는 마을굿의 구조에 주목하여, 마을굿의 구조를 마을 또는 지역 공동체 생활의 근원적인 '틀'로 보고, 이러한 마을굿의 구조를 변형생성문법적 구도 지평에서 '심층구조'와 '표면구조'의 논리를 원용해서 체계화하고자 한다. 이 논문에서는 마을굿의 구조는 결국 마을굿의 '심층구조'가 전제되어 있으며, 그것이 표층화할 때 제사굿·노동굿·놀이굿·회의굿·군사굿 등 다섯 가지의 표면구조로 드러난다고 주장한다. 그리고 이러한 '틀'을 공동체 생활의 기본으로 삶을 영위해 온 우리나라 남부지역 또는 도작농경 중심의 농어촌 공동체 생활의 '기본틀'이라고 결론짓는다.

'Ⅴ. 풍물굿과 음악'에는 이보형, 김현숙, 최자운, 김정헌 등의 논문이 실려 있다. 이 가운데 이보형의 〈풍물굿의 '채'에 대한 음악적 고찰〉은 풍물굿에서 음악적인 용어로 전승되고 있는 '채'라는 말에 주목하여, 민속음악 특히 풍물굿과 무악(巫樂)에서 수집된 여러 가지 자료들을 종합적으로 분석하면서, '채'는 민속음악 전반에서 '장단'이란 뜻으로 사용되며, 풍물굿에서 쓰이는 '채' 또는 '마치'는 징가락의 점수(點數)와 일치한다는 점을 구체적인 여러 사례들을 들어 논증한다. 아울러 이 연구는 또한 '채'가 이른바 '농악 십이차(十二次)'와는 무관하게 독자적으로 발생한 것으로 보며, 혼합박자로 된 '오채질굿', '길군악 칠채' 등이 오히려 고형(古形)의 박자이고, '채'는 '차(此)'라는 용어보다 선행하며, 농악의 '십이차(十二次)'라는 용어는 전통적으로 두루 사용된 '십이수열(十二數列)' 또는 '열두 마당' 등의 용어 관습에 따라 만들어진 것으로 보는 주장들도 흥미롭다.

김현숙의 〈농악에서 채보와 분석의 문제〉는 풍물굿의 음악적인 요소들에 대한 '채보'와 '분석'의 문제를 처음으로 제기한다. 김현숙은 기존 채보(採譜)의 대부분은 앞꾸밈음과 뒤꾸밈음을 혼동하고, '가락(rhythm and rhythmic phrase)'과 '장단(rhythmic cycle)'을 혼동하며, 장단 구조를 부정확하게 파악하는 등의 문제가 있다고 지적한다. 그리고 음악 분석의 문제점으로는 가락 구성과 이음새의 문제, 가락 유형과 변주의 문제, 가락 이름과 절차굿 이름의 혼동 문제 등이 논의되고 있다.

최자운의 〈호남지역 농악대 고사소리의 기능과 유형〉은 풍물굿의 성악적 요소들 가운데서 특히 호남지방 농악대/풍물패의 마당밟이에서 주로 불리게 되는 '고사소리'를 화소분석 방식으로 분석한 논문이다. 호남지방 농악대 고사소리를 대체로 세 가지의 유형으로 나누고, 그것들의 형성과 변화를 고찰하고 있다.

김정헌의 〈농악의 노래굿에 관한 고찰 ─ 호남농악을 중심으로〉는 풍물굿의 '판굿'에서 불리는 성악적 부분 가운데 하나인 '노래굿'을 고찰한 논문으로서, 먼저 풍물굿의 성악적 요소의 중요성을 강조하고 '노래굿'의 공연방법, 음악적 특징, 문학적 성격, 판굿에서 차지하는 '노래굿'의 위상 등을 면밀히 살펴보고 있다.

'Ⅵ. 풍물굿과 무용'에는 정병호와 조세훈의 논문이 실려 있다. 이 가운데 정병호의 〈농악의 무용〉은 풍물굿의 무용적 요소에 주목하여, 풍물굿의 춤을 쇠춤·장구춤·북춤·소고춤·무동춤·잡색춤 그리고 진풀이 등으로 나누어 전반적·개괄적으로 서술하고 있다.

조세훈의 〈농악의 소고놀음에 대한 고찰─홍유봉 바디 판굿 소고놀음을 중심으로〉는 풍물굿의 무용적 요소들 가운데서 '소고놀음'에 주목하여, 호남좌도 풍물굿의 유명한 '수법고(首法鼓)'였던 고(故) 홍유봉의 소고놀음 사례를 구체적으로 분석한 연구이다. 실제의 춤동작들을 낱낱이 거론하면서 홍유봉의 소고놀음 전승과정, 구체적인 공연의 절차와 방법, 무용상의 특징 등을 논의하고 있어, 풍물굿 무용 사례 연구의 바람직한 표본이 되고 있다.

'Ⅶ. 풍물굿과 놀이/연희'에는 김익두, 박진태, 이영배 등 3인의 논문이 실려 있다. 이 가운데서 김익두의 논문 〈풍물굿 '잡색놀음'의 공연적·연극적 성격〉은 풍물굿의 연극적 요소인 '잡색놀음'을 집중적으로 고찰한 것인데, 풍물굿의 주요 공연자인 잡색들의 공연적 기능, 잡색놀음의 지역적 분포, 잡색놀음의 유형들(양성놀음형, 투전놀음형, 군사놀음형, 양성─투전놀음형, 양성─군사놀음형, 투전─군사놀음형, 양성─투전─군사놀음형)과 그 특징 등을 살피고, 마지막에는 이러한 잡색놀음을 통해서 우리나라의 중요한 두 가지의 문화 유형(군사놀음형, 양성놀이형)을 추출해내고 있어 흥미롭다 하겠다.

박진태의 〈농악대 잡색놀이의 연극성과 제의성〉은 '잡색놀음'을 잽이와 잡색이 함께 공연하는 잡색놀음과 잡색 단독으로 공연하는 잡색놀음으로 구분하여, 잡색놀이의 다양한 면모들을 살피고 있어 풍물굿 잡색놀음의 공연적 성격을 이해하는 데 도움을 주고 있다.

이영배의 〈호남 풍물굿 '잡색놀음'의 공연적 특성과 그 의미〉는 호남지방 '잡색놀음'에 나오는 등장인물들을 종합하여 그들의 유형적 특징들을 논의하고, 그런 등장인물들이 연결되어 벌어지는 잡색놀음의 여러 가지 다양한 종류들과 그 성격들을 여러모로 고찰하고 있다.

'Ⅷ. 풍물굿과 복색'에는 이보형과 추은희의 연구가 있다. 이 가운데서 이보형의 〈전립과 농악의 상모〉는 여러 가지 근거 자료들을 바탕으로 하여, 풍물굿의 '전립'이 군복의 전립과 같은 근원에서 나온 것임을 밝히고, 그것이 풍물굿 본래의 조건과 상황에 맞게 그 재료와 형태를 창조적으로 바꾼 것임을 실증적으로 밝히고 있다.

추은희의 〈농악의 복식〉은 풍물굿의 복색을 본격적으로 연구한 논문으로서 풍물굿 복색의 형성과정과 변천과정을 실제적인 자료들을 들어가며 매우 소상히 밝혀주고 있어, 우리 풍물굿의 복색을 이해하는 데 획기적인 도움을 주고 있다.

'Ⅸ. 풍물굿과 사회'에는 사회학자 신용하와 양진성의 논문을 실었다. 신용하의 〈두레 공동체와 농악의 사회사〉는 풍물굿이 어떻게 두레와 전통 농어촌 공동체 사회의 생활에 연관되어 있는가를 사회학적인 관점에서 실증적으로 논의하고 있어, 풍물굿을 사회학적으로 이해하는 데 큰 도움을 주고 있다. 양진성의 〈호남 좌도 풍물굿 예인들의 활동 양상 — 좌도 풍물굿 쇠잽이들을 중심으로〉는 풍물굿 공연자들의 전기적 사실들을 조사·정리한 일종의 '민족지(ethnography)'로서 주요 풍물굿 예인들의 사회적 삶의 궤적을 살피는 데 좋은 길잡이가 될 수 있을 것이다.

끝으로 'Ⅹ. 풍물굿과 사상/철학'에는 조춘영의 글을 실었다. 조춘영의 〈환웅과 풍물굿 — '삼즉일' 구조의 프랙탈 개념을 중심으로〉는 비록 거칠게 짜여 있기는 하지만, 우리 풍물굿이 가지고 있는 사상적/철학적 지평을 탐구하는 데 어떤 단초를 마련하고 있다는 점에서 그 의미를 부여하였다.

이 책의 마지막에는 〈부록 : 풍물굿 연구 자료 목록〉을 실어, 이 분야의 모든 연구자들에게 참고가 될 수 있도록 하였다.

아무쪼록, 이 한 권의 논문집이 우리나라 풍물굿 연구의 기초를 다지고 새로운 지평을 열어 나아가는 데 중요한 하나의 실마리와 토대가 되기를 바라는 마음이 간절하며, 이에 머리말을 갈음하고자 한다. 끝으로 마지막까지 원고를 꼼꼼히 검토해준 김월덕 선생과 허정주 선생에게 고마움을 전한다. 그리고 올곧게 우리나라 출판의 바른 길을 걸어오신 지식산업사 김경희 사장님과 이 책의 복잡하고 다난한 난맥상들을 바로잡아 한 권의 책으로 틀을 잡아주신 서정혜 선생님께 이 자리를 빌려 깊은 감사를 드린다.

단기 4342년 8월 1일
건지원 서재에서

편저자를 대표하여 김 익 두

차 례

I 풍물굿 연구사

농악 연구의 역사적-영역별 전개 양상 _ 김정헌

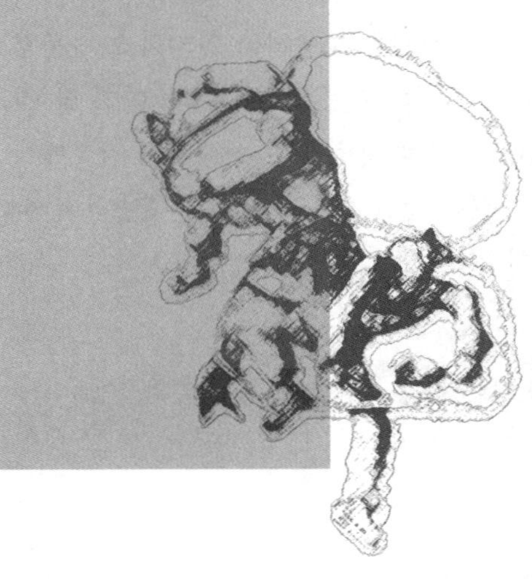

농악 연구의 역사적-영역별 전개 양상

김 정 헌*

1. 머리말

농악이 학문적 연구의 대상으로 주목받기 시작한 것은 그리 오래 전의 일이 아니다. 게다가 지금까지 축적된 농악의 연구 성과도 다른 전통 공연예술에 비하면 이제 초보적인 수준이라고 말할 수밖에 없다. 아직까지도 농악의 개념과 범주에 대한 의견이 통일되지 않았으며, 전국의 농악에 대한 세세한 민족지적 작업이 모두 이루어지지도 않았다. 아니, 현장에서 조사 작업이 이루어지는 동안에도 농촌공동체의 해체로 말미암아 세상에 알려지기도 전에 사라진 농악도 많을 것이다. 그런 의미에서 보자면 지금 이 시점에서 농악 연구사 검토는 단순한 과거사의 정리가 아니라, 농악 연구에 당면한 과제를 도출하여 인지하고 학문적으로 실천해 나갈 수 있는 좌표를 설정하려는 목적이 더 크다고 할 것이다. 그동안 농악의 연구사 검토는 각종 논문들의 선행연구 검토에서 부분적으로 다루어졌고, 그런 부분적 검토가 문화이론과 결합하여 한 편의 논문1)으로 발표되기도 하였다.

---

* 남원농악보존회 강사.
1) 이영배, 〈풍물굿 연구의 심화를 위한 제언〉, 《한국민속학》 39, 한국민속학회,

이 연구에서는 농악 연구사를 시대별로 구분하여 검토한 뒤, 농악이 포함하고 있는 각 예술적 요소들에 대한 분야별 연구가 어떻게 이루어졌는지를 검토할 것이다. 농악 연구사의 시대구분은 지금까지 나온 농악 연구 업적들을 종합하여, 필자 나름의 판단으로 구분한 것이다.

2. 농악 연구사의 역사적 전개

한국의 민속학이 조선 후기 실학자들의 저술활동에서 시작되었다고 하는 견해2)는 언뜻 보면 납득이 가기도 하지만, 농악에 한정하여 생각할 때 이러한 주장은 무리가 따른다. 이는 조선시대 실학자들의 연구가 근대적 의미의 민속학적 관점을 가지지 못했다기보다는 실학자들에 의해 진행된 농악 연구가 거의 존재하지 않기 때문이다. 따라서 이 글에서는 농악에 대한 학문적 저술이 이루어지는 1920년대를 농악 연구의 시초로 보고자 한다.

(1) 연구의 태동(1920~1960)

이 시기는 일제 강점기부터 한국전쟁 이후 전후(戰後) 복구기까지를 아우르는 기간으로, 농악의 독자적인 연구가 진행되지는 않았지만 단편적으로나마 학문적인 접근이 이루어진 때이다. 알다시피 일제는 조선을 병탄(倂呑)하고 난 뒤 10년 동안 무단정치를 펼쳤으나, 1919년 3·1운동의 전국적 저항에 부딪혀 1920년대 이후 이른바 '문화정책'이라는 통치정책을 실시하였다. 이 정책은 조선어로 된 신문과 잡지를 출

2003, 303~336쪽.
2) 인권환, 《한국민속학사》, 열화당, 1978, 43쪽.

판하거나 조선문화를 연구하는 학회를 조직하는 것을 허락하였다. 이 문화정책은 1920년대부터 제2차 세계 대전 전까지 계속 되었다. 그러나 제2차 세계 대전 뒤에는 모든 면에서 가장 심한 탄압이 다시 시작되었다.[3]

이때 활동한 관련 분야의 대표적인 조선인 학자들로 최남선(崔南善)·송석하(宋錫夏)·임석재(任晳宰)·손진태(孫晉泰)·이능화(李能和) 등이 있었고, 일본인 학자로는 무라야마 지준(村山智順)·아키바 타카시(秋葉隆)·노무라 신이치(野村伸一) 등이 있었다.

이돈화(李敦化)는 "농민들이 힘에 넘치는 노동을 할 때에 산가(山歌)를 부르며 농악을 연주하여 유쾌히 그 노동을 하는 것은 사람의 육체적·정신적 고통과 충돌을 감내하고자 예술적 정서로써 내부의 평화를 그리게 하는 고상한 방법"이라고 말하면서, 문학·미술·음악·연극 등의 진흥과 부흥을 통하여 자주적인 조선문화를 건설하자고 주장하였다.[4]

김태준(金台俊)은 정월 초하루 풍속 가운데서 승려들이 법고를 울리고 염불을 하고 다니면서 돈을 모으거나 절마다 상좌들이 민가(民家)를 돌아다니면서 쌀을 얻는 절걸립과, 산천 구택에 신사를 지어놓고 정월 설날부터 보름까지 무격들이 신독(神牘)을 받들고 나희(儺戲)를 하며 북을 울리면서 저자에 드나들며 돈을 얻는 무당들의 걸립을 소개하였다.[5]

송석하는 지신밟기를 거론하면서 이것이 벽사진경(辟邪進慶) 사상에서 우러난 것이지만 신앙을 미끼로 한 경제적 움직임도 발견할 수

---

3) 임돈희·로저 제닐리, 〈한국민속학사의 재조명〉, 《비교민속학》 5, 비교민속학회, 1989, 12쪽.
4) 이돈화, 〈생활의 조건을 본위로 한 조선의 개조사업(속)〉, 《개벽》 제16호, 1921, 18~21쪽.
5) 김태준, 〈연중행사, 1월 편 정월 풍속 가지가지〉, 《동광》 제40호, 1933, 25쪽.

있다고 하였다. 또 문헌으로 증명할 수 없더라도 이 지신밟기에 사용되는 무용은 고대로부터 전승된 것이 확실하다고 하였다. 두레에 관해서는 전라도 지방의 것이 가장 발달된 것이라고 하면서 두레노동이 공동작업인 까닭에 노동량이 부담이 되지만 농부들이 이것을 싫어하지 않는 까닭은 농악이 있기 때문이라고 말하였다. 그리고 공연행위로서의 농악과 악기로서의 풍물을 구별하여 기술하였다.6)

이능화는 조선의 삼남지방에는 이른바 '두레농사'라고 하는 풍속이 있으며 농촌에서 5월쯤 모를 낼 때에 두레를 짜 기고쟁발(旗鼓錚鈸)로써 엉덩춤[尻舞]을 추고 노래를 하며 모를 심는데, 이것이 조선의 역사적 민중적 군취가무(群聚歌舞)라고 평하였다. 그리고 이의 진흥책으로 노래는 가수, 춤은 무용수가 지도하게 하여 덜된 것은 개량하게 하고 좋은 것은 더 향상하게 하되, 농촌진흥회 등 기관을 통하여 장려할 것을 제안하였다.7)

손진태8)는 향토예술이나 전통오락이라고 해서 모두가 필요한 것은 아니며 무동(舞童), 광대, 석전(石戰) 등은 그 필요를 느끼지 않는다고 하였다. 그 가운데 특히 장려하고 싶은 것은 파종 전과 수확 후의 농악, 정초의 윷놀이와 대보름날의 다리밟기, 단오의 씨름과 그네타기, 탈놀이 등이라고 하였다. 남사당이 주축이 되어 하는 무동놀이와 두레농악을 엄밀하게 구별하고 있는 점이 흥미롭다.

일제는 식민정책을 효과적으로 수행하고자 민속 조사를 실시하고 우리의 민속 신앙들을 미신으로 몰아세웠다. 이러한 목적 아래 조선총독부의 촉탁으로 오청(吳請)의 《조선의 연중행사》9)가 편찬되었고, 민간신앙 연구에 종사한 무라야마 지준은 1936년 조선총독부에 의해

---

6) 송석하, 〈조선민속개관〉, 《신동아》 1935년 12월호~1936년 8월호 참조.
7) 이능화, 〈조선 향토 예술론〉, 《삼천리》 제13권 제4호, 1941, 214쪽.
8) 손진태, 〈전통오락 진흥 문제〉, 《삼천리》 제13권 제4호, 1941, 224쪽.
9) 吳請, 《朝鮮の 年中行事》, 京城: 朝鮮總督府, 1931.

전국 각지에서 행해지고 있는 마을굿을 조사·정리한 자료《부락제(部落祭)》를 펴냈으며, 1941년에는《조선의 향토오락》[10]을 발간하였다.

제2차 세계 대전이 치열해지던 1941년 이후에는 이렇다 할 농악연구 문헌이 발견되지 않는데, 이는 농악에만 국한된 것이 아니라 모든 학문과 예술 분야가 침체기를 맞이했다는 사정과 관련이 있다. 해방 이후에도 농악경연대회가 활성화되고 전국에서 많은 농악대들이 조직되었지만, 농악에 대한 학문적 관심은 늘어나지 않았다. 이 시기의 민속학자들은 민요·판소리·구비문학 등에 관한 연구를 남겼지만, 농악 연구 분야에서는 이렇다 할 연구가 이루어지지 않았다. 한국전쟁과 전후(戰後) 복구 기간에도 이와 같은 사정은 계속 되었다.

(2) 연구의 본격화(1960~1980)

이 시기에는 전쟁의 상처가 치유되고 사회도 안정을 되찾기 시작하였다. 특히 1960년대 초반부터 일어나기 시작한 국학(國學)에 대한 관심은 민속학을 국학의 기층적인 분야로 자리 잡게 하였고, 무엇보다 이러한 전통문화 연구에 촉매 작용을 한 것이 1963년 문화재관리국의 창설이었다.[11] 문화재관리국이 세워지면서 각종 현장 조사활동을 바탕으로 한 무형문화재 조사보고서가 작성되었다. 1965년에는 진주와 삼천포의 농악을 조사한 보고서《농악12차》[12], 1967년에는 호남 농악의 조사보고서인《호남농악》[13]이 간행되었다.《농악12차》는 영남 농악 이외에도 호남 좌·우도 농악인들의 인적사항, 공연의 순서, 농악의 일

---

10) 村山智順,《朝鮮の鄕土娛樂》, 京城: 朝鮮總督府, 1941.
11) 인권환, 앞의 책, 1978, 83쪽 참조.
12) 박헌봉·유기룡,《농악12차》, 문화재관리국, 1965.
13) 홍현식·김천흥·박헌봉,《호남농악》, 문화재관리국, 1967.

반 용어, 진법 등을 기록해 놓았다. 《호남농악》에서는 '일광놀이'나 '도둑잽이'처럼 한 번도 기록되지 않았던 잡색놀음의 대본과 절차, 그리고 노래굿의 사설이 기록되었다. 이러한 조사보고서는 1972년의 《안성농악》[14], 1982년의 《농악》[15]과 《한국 민속 종합조사 보고서 (농악편)》[16] 등으로 이어졌다.

농악에 대한 민족지적 기록작업이 활발해지면서 본격적인 연구논문들이 학계에 발표되기 시작한 것도 이 시기이다. 정회갑[17]의 음악 논문을 기점으로 조동일[18], 정병호[19], 이보형[20], 김정업[21], 김양곤[22],

---

14) 심우성, 《안성농악》, 문화재관리국, 1972.
15) 이보형·정병호, 《농악》, 문화재관리국, 1982.
16) ______, 《한국 민속 종합조사 보고서》(농악편), 문화재관리국, 1982.
17) 정회갑, 〈한국 민속무에 사용되는 음악연구—전북농악을 중심으로〉, 《서울대 음대 학보》 3, 서울대학교, 1966, 쪽수 미상,
______, 〈경기도 농악의 연구〉, 《서울대 음대 학보》 4집, 서울대학교, 1968, 쪽수 미상.
18) 조동일, 〈농악대의 '양반광대'를 통해 본 연극사의 몇 가지 문제〉, 《동산 신태식박사 송수기념 논총》, 계명대 출판부, 1969, 207~223쪽.
19) 정병호, 〈농악 무용 진행법: 체육 교육의 새 비견〉, 《교육연구》 3권 11호, 1970, 47~49쪽.
______, 〈민속무용의 춤사위에 관한 연구〉, 《한국민속학》 10집, 민속학회, 1977, 73~109쪽.
20) 이보형, 〈농악의 채에 대한 음악적 고찰〉, 《한국민속학》 2집, 민속학회, 1970, 69~90쪽.
______, 〈신대와 농기〉, 《한국문화인류학》 8집, 한국문화인류학회, 1978, 59~66쪽.
______, 〈한국 농악의 음악적 특성과 사회적 기능〉, 《明大》 9, 명지대 교지편집위원회, 1978, 11~16쪽.
21) 김정업, 〈농악의 기원과 형태〉, 《국어국문학》 1호, 조선대 국문과, 1973, 28~34쪽.
22) 김양곤, 〈한국의 농악무에 대한 연구(Ⅰ)〉, 《서울교대 논문집》 1, 서울교대, 1968, 133~177쪽.
______, 〈한국의 농악에 관한 연구(Ⅱ)〉, 《서울교대 논문집》 9, 서울교대, 1976, 219~247쪽.

로버트 프로바인(Robert C. Provine)23), 지춘상24) 등의 연구가 있었
으며 이경혜25), 홍기백26) 등의 석사논문이 발표되었다.

이 시기 연구는 크게 현장 조사 기록인 '조사보고서'와 농악 장단에
대한 음악적 고찰, 농악의 기원·종류·지방별 특징에 대한 논의, 그
리고 농악 춤사위에 대한 무용학적 접근 등으로 나눌 수 있다.

(3) 연구의 활성화(1980~2000)

1980년대는 농악 연구뿐만 아니라 농악 공연에도 진보적 성향의 지
식인들이 참여함으로써 가히 농악의 황금시대를 열었다고 말할 수 있
다. 이들은 문화운동의 측면에서 농악에 접근하여 이데올로기적 해석
을 더하였고 전투적 혁명주의를 제창하였다. 이들은 '농악'이라는 용어
를 부정하고 '풍물굿'이라는 용어를 지향했으며, 농악의 공연자이기도
하면서 동시에 농악 연구자와 농악 연출가의 역할도 맡았다. 이러한 사
회적 분위기에 따라 농악 연구에는 이전과는 비교되지 않을 정도로 다
양한 논의가 쏟아졌다. 1990년대 이후 구소련을 중심으로 한 동구권
사회주의가 붕괴된 뒤 1992년 문민정부가 들어서면서 탈냉전·탈이데
올로기의 움직임이 확산되었다. 농악 연구도 극도의 '민중주의'적 편향
에서 벗어나 전문적이고 깊이 있는 논의를 하게 되었다. 1980년대부터
전국의 대학에 국악과 또는 한국음악과가 신설되어 농악 장단의 음악
적 특징과 리듬구조·연주방법들을 논하였고, 잡색놀음에 대한 연극학
적 검토도 활발해졌다.

---

23) Robert C. Provine, *Drum Rhythms in Korean Farmers Music*, 신진문화사, 1975.
24) 지춘상, 〈농악의 연희성, 놀이 문화의 원초형〉, 《문학사상》 9월호, 문학사상
　　사, 1978, 250~259쪽.
25) 이경혜, 〈농악 리듬의 분석적 고찰〉, 이화여대 석사논문, 1972.
26) 홍기백, 〈농악지도개발 활용실천 연구〉, 연세대 교육대학원 석사논문, 1979.

　김영탁27)으로부터 비롯된 농악 연구의 단행본 출간은 유무열28)을 거쳐 정병호29)에 이르러서 전국의 농악을 두루 포괄하고, 세세한 절차를 기록한 본격적인 농악 연구서의 탄생을 알렸다. 그리고 이는 다시 김헌선30)과 주강현31)으로 이어졌다. 노광일32), 김원호(김인우)33), 주강현34), 이보형35) 등은 마을굿에 깊은 관심을 기울여, 마을 공동체의 두레노동과 두레농악을 중심으로 한 민중적 관점에 서서 신명론을 펼쳤다.

　이 시기는 또한 현장조사 보고가 활발히 이루어졌다. 박용재36), 김익두37), 김택규38) 등이 현장조사로 풍물굿 민족지의 작성에 기여하였

---

27) 김영탁, 《한국의 농악》 상·하, 지방문화재보호협회, 1981.
28) 유무열, 《한국의 농악》, 강원일보사, 1983.
29) 정병호, 《농악》, 열화당, 1986.
30) 김헌선, 《풍물굿에서 사물놀이까지》, 귀인사, 1991.
31) 주강현, 《굿의 사회사》, 웅진출판, 1992.
32) 노광일, 〈풍물의 새로운 이해〉, 《문화운동론》 1, 공동체, 1985, 269~287쪽.
33) 김원호, 〈풍물굿과 공동체적 신명〉, 《민족과 굿》, 학민사, 1987, 102~144쪽.
　　　, 《풍물굿 연구》, 학민사, 1999.
34) 주강현, 〈마을 공동체와 마을굿 두레굿 연구〉, 《민족과 굿》, 학민사, 1987, 37~101쪽.
　　　, 〈농기 의례와 놀이고〉, 《한국민속학보》 6, 한국민속학회, 1995, 37~101쪽.
　　　, 〈일제 식민지시대 두레의 문학적 형상화〉, 《한국문화연구》 1, 경희대 민속학연구소, 1998, 237~253쪽.
35) 이보형, 〈마을굿과 두레굿의 의식 구성〉, 《민족음악학》 4, 서울대 동양음악연구소, 1981, 237~253쪽.
　　　, 〈신대와 농기〉, 《한국문화인류학》 8집, 한국문화인류학회, 1976, 237~253쪽.
36) 박용재, 《광산농악》 상·하, 광주문화원, 1992.
37) 김익두 외, 《호남 좌도 풍물굿》, 전북대 박물관, 1994.
　　　, 《호남 우도 풍물굿》, 전북대 전라문화연구소, 1994.
38) 김택규 외, 《한국의 농악 — 호남편》, 수서원, 1994.
　　　, 《한국의 농악 — 영남편》, 수서원, 1997.

다. 이들의 민족지는 앞선 세대의 조사보고서보다 질적·양적으로 풍
부하였다. 조동일39)로부터 시작된 잡색놀음에 관한 연구는 김익두40),
박진태41), 정형호42), 조정현43) 이영배44) 등으로 이어졌다.

　이 시기에는 외국인들이 농악 연구에 참여하기 시작하였는데, 케이
스 하워드(Keith Howard)45)와 네이든 헤셀링크(Nathan Hesselink)46)
가 대표적인 학자들이다. 이들은 인류학과 민족음악학의 관점에서 한
국 농악에 접근하였다.

　이 시기에는 또한 학위논문의 연구대상으로 농악이 주목받으면서,
학계에 소개되지 않은 각 지역의 농악들이 발굴·소개되기도 하였다.
김현숙47), 김학주48), 길석근49) 등이 호남 좌도 농악에 관심을 두었으

---

39) 조동일, 앞의 글, 1969.
40) 김익두, 〈한국 풍물굿 '잡색놀음'의 공연적/연극적 성격〉, 《비교민속학》 14
　　집, 비교민속학회, 1997, 205~226쪽.
41) 박진태, 〈농악대 잡색놀이의 연극성과 제의성〉, 《한국민속학》 29집, 민속학회,
　　1997, 459~484쪽.
　　　　　, 〈영광 농악의 잡색놀이 연구〉, 《비교민속학》 15집, 비교민속학회,
　　1998, 121~143쪽.
42) 정형호, 〈농악의 잡색놀이에 나타난 연극적 성격 고찰〉, 《남도 민속학회의
　　진전》, 태학사, 1998, 65~75쪽.
43) 조정현, 〈민속 연행예술에 나타난 도둑잡이 놀이의 구조와 미의식〉, 안동대
　　민속학과 석사논문, 1998.
44) 이영배, 〈호남 지역 풍물굿의 잡색놀음 연구〉, 전북대 국문과 박사논문,
　　2006.
45) Keith Howard, 〈음악적 언어와 사회적 음악〉, 《한국음악연구》 12집, 한국국
　　악학회, 1982, 65~75쪽.
　　　　　, 〈무속음악에 사용된 굿거리 장단에 대한 고찰〉, 《한국음악사학보》
　　11집, 한국음악사학회, 1993, 601~642쪽.
46) Nathan Hesselink, 〈한국의 타악 풍물에서의 교수법〉, 《한국음악사학보》 22집,
　　한국음악사학회, 1999, 147~158쪽.
　　　　　, 〈동전의 양면: 호남 좌·우도 농악 동근론〉, 《동양음악》 21집, 서울
　　대 동양음악연구소, 1999, 147~158쪽.
47) 김현숙, 〈호남 좌도농악에 관한 연구〉, 서울대 석사논문, 1987.
48) 김학주, 〈좌도 영산가락에 관한 음악적 고찰〉, 한국정신문화연구원 대학원

며 유경옥50), 이은아51)는 호남 우도 농악을 연구하였다. 이 밖에 권선
오52), 류창열53), 민병상54), 박정미55), 이경희56), 정은면57) 등의 지역
농악 연구가 주목을 끌었다.

3. 농악 연구의 분야별 현황

(1) 공연원리

농악의 공연원리에 대한 탐구는 주로 김익두에 의해 제기되었다. 김
익두는 풍물굿을 인간의 신체를 총체적으로 활용하여 이루어내는 공연
예술로 규정하고 삶의 현장에서 살아 움직이는 유동예술 그리고 민중
들이 집단적으로 행위전승과 구비전승을 통해 이어온 전통 민속예능으
로 보아, 자세한 현장조사를 바탕으로 해야 제대로 된 풍물굿 연구를
할 수 있다고 주장하였다. 그는 ①개방성의 극대화를 통한 청관중의
공연자화, ②동화된 공연자들이 이루어내는 판 전도의 원리, ③공연자

석사논문, 1987.

49) 길석근, 〈전라 좌도 농악의 판굿 가락 분석: 김봉열 판굿을 중심으로〉, 용인
대 예술대학원 석사논문, 1999.

50) 유경옥, 〈이리농악의 연구〉, 숙명여대 석사논문, 1987.

51) 이은아, 〈고창농악에 관한 고찰: 소고춤을 중심으로〉, 원광대 석사논문,
1997.

52) 권선오, 〈청도 차산 농악에 관한 연구〉, 부산대 석사논문, 1989.

53) 류창열, 〈충청 웃다리 농악의 장단 및 대형 변화에 따른 움직임 고찰〉, 충남
대 석사논문, 1991.

54) 민병상, 〈금산농악의 현장 연구〉, 중앙대 석사논문, 1997.

55) 박정미, 〈경기도 평택 풍물굿 중 춤사위 연구〉, 수원대 석사논문, 1992.

56) 이경희, 〈영동지역 농악에 관한 연구〉, 중앙대 무용교육 석사논문, 1985.

57) 정은면, 〈청원농악 진풀이에 관한 연구〉, 중앙대 교육대학원 석사논문, 1996.

의 자기 축소화원리와 청관중의 자기확대화의 원리, ④일정한 음악과 무용적 동작, 연극적 행동 등 여러 요소들이 상호작용을 하면서 이루어 내는 반복·순환·축적의 원리, ⑤잡색들이 주축이 되어 공연자와 청관중의 사이를 허무는 탈경계화의 원리, ⑥잡색놀음의 형식을 통해 이루어지는 심리적/정신적 치료의 원리, ⑦청관중을 얼마나 훌륭하게 공연자화 했는가 하는 기준에 따라 이루어지는 수용과 평가의 원리 등으로 풍물굿의 공연원리를 정리하였다. 이러한 원리들은 주로 전통적인 농어촌 공동체의 내부 성원들이 이루어내는 풍물굿을 대상으로 논의한 것으로 일정한 학문적 의의를 지닌다. 다만, 다른 논자들에 의해 이러한 공연원리에 대한 논의가 더 이상 진행되지 못하고 있음이 아쉬움으로 남는다.

(2) 기원과 역사

농악의 기원과 역사에 대한 연구는 다음과 같이 진행되었다. 먼저 《농악12차》[58]에서 농사안택 축원설, 군악설, 불교관계설 등으로 그 기원을 정리하였고, 《호남농악》[59]에서는 제천축원의 종교의식에서 농악이 기원되어 축원형태, 노작형태, 걸립형태, 연예형태 등으로 나뉘었다고 본다. 이 방면의 연구로는 박헌봉·유기룡[60], 홍현식·박헌봉·김천흥[61], 김헌선[62], 권은영[63], 손우승[64] 등의 연구가 있다.

---

58) 박헌봉·유기룡, 《농악12차》, 문화재관리국, 1965.
59) 홍현식·박헌봉·김천흥, 《호남농악》, 문화재관리국, 1967.
60) 박헌봉·유기룡, 앞의 책, 1965.
61) 홍현식·박헌봉·김천흥, 앞의 책, 1967.
62) 김헌선, 《풍물굿에서 사물놀이까지》, 귀인사, 1991.
63) 권은영, 〈여성농악단 연구〉, 전북대 국문과 석사논문, 2003.
64) 손우승, 〈일제 강점기 풍물의 존재 양상과 성격〉, 《실천민속학회 제16회 동계 학술대회 초록집》, 2006, 213~245쪽.

《농악12차》는 문백윤과 황일백을 제보자로 하여, 진주 삼천포 농악을 무형문화재로 등록하기 위한 조사보고서이다. 농악의 유래, 일반적 형태, 계절별로 연행되는 형태, 편성, 복색 등이 진주 삼천포 농악을 중심으로 기술되었고, 문백윤과 황일백이 보유한 가락과 절차 그리고 이 둘의 이력서가 정리되어 있다. 부록에는 상모의 구조, 동작 용어, 진법 용어, 농악의 종류 및 사설, 지역별 농악 명인록(名人錄), 지역별 농악의 절차 등이 정리되어 있다.

《호남농악》에는 호남지방의 농악이 좌도굿과 우도굿으로 나누어지고, 산간지대와 평야지대의 특색을 대표적으로 간직하고 있으며, 실기 보유자가 비교적 건실하게 '가림새와 가락'을 보유하고 있음을 밝혀져 있다. 또한 호남 농악을 구성면·기예면·동작면 등 세 방향으로 나누어 형태를 논하고 좌도굿과 우도굿의 여러 가지 차이, 농악의 순서, 세시풍속에 따른 분류, 편성, 농악의 용어 등을 비교적 상세히 서술하였다.

김헌선[65]은 사물놀이에 관한 연구를 통해 풍물굿의 가락을 한국 음악의 기본구조인 점층적 가속의 틀로 새롭게 구성하고, 공연의 공간 실내무대화와 연주자의 뛰어난 기량을 통해 사물놀이가 성립할 수 있었음을 주장하였다. 사물놀이의 기본 원리로서 긴장과 이완, 음과 양의 조화를 제시하고 사물놀이에서 공연되는 각 공연텍스트들에 대한 세밀한 분석과 전망을 기술하였다.

권은영[66]은 여성들로만 패를 구성하여 마을농악의 전통에서 벗어나 자유롭게 전문 연예농악을 공연하였던 여성농악단에 관한 최초의 연구 논문을 발표하였다. 남원, 부안, 전주, 정읍, 김제 등에서 산발적으로 결성된 여성농악단의 역사를 당사자들의 구술 자료를 확보하여 정리하

---

65) 김헌선, 앞의 책, 1991.
66) 권은영, 앞의 글, 2003.

였다. 그리고 공연 절차와 방법, 공연장의 구조, 편성 등을 밝혔으며 공연 주체와의 상호작용과 공연의 시공간 등을 논의하고, 내용적인 요소와 기능 등을 기준으로 마을굿형 농악과 연예농악의 차이를 설명하였다.

손우승[67]은 일제 강점기 풍물굿에 대한 연구를 통해 일제 강점기 풍물굿 전승의 인적·물적 기반이 되었던 두레가 쇠퇴함에 따라 마을 풍물굿이 크게 약화되었고, 조선 후기에 수없이 많던 예인집단이 쇠퇴하였으며, 농악경연대회가 일제의 산미증산계획이나 문화정치와 긴밀한 연관을 맺으면서 시작되었음을 밝혔다. 또 증산교 계통의 보천교가 풍물굿의 발전에 미친 영향, 일제 강점기에 시작된 물산공진회, 특산품전람회 등과 풍물굿의 관계를 규명하였다.

(3) 제의

농악은 마을 공동체의 제의와 분리해서 설명할 수 없다. 지신밟기나 당산굿 등에 공연되는 농악은 그 자체로서 제의의 일부를 이룬다고 할 수 있을 것이다. 이 방면에는 이보형[68], 박전렬[69], 김월덕[70] 등의 연구가 있다.

이보형[71]은 서낭굿·별신굿·당굿 등을 마을굿이라 일컫고 당산제·

---

67) 손우승, 앞의 책, 2006.
68) 이보형, 〈마을굿과 두레굿의 의식구성〉, 《민족음악학》 4, 서울대 동양음악연구소, 1981, 9~20쪽.
　　　　, 〈신대와 농기〉, 《한국문화인류학》 8집, 한국문화인류학회, 1976, 57~82쪽.
69) 박전렬, 〈걸립 의례의 공간구성〉, 《중앙민속학》 3, 중앙대 민속학연구소, 1991, 57~82쪽.
　　　　, 〈동제에 있어서 걸립의 문제〉, 《한국민속학》 34집, 한국민속학회, 2001, 85~108쪽.
70) 김월덕, 《한국마을굿 연구》, 지식산업사, 2006.

지신밟이 · 걸립농악 등은 의식구조(儀式構造) 면에서 마을굿과의 유사성이 밝혀졌으나, 두레굿은 의식구조에서 마을굿과 그 유사성이 아직 밝혀지지 않았다고 말한다. 바로 이런 문제의식에서 출발하여 실증적인 현장 리포트를 통하여 두레굿이 가지고 있는 의식구조의 잔상을 살펴보았다. 그 결과 두레굿도 농신내리기 · 들돌이 · 농신굿 · 판놀음 등과 같은 의식구조를 가지고 있으므로 마을굿과 비슷한 의식구조를 가지고 있다고 주장하였다.

이보형은 또 다른 연구[72]에서 동제(洞祭)의 행악(行樂)에 사용되는 신대는 신이 내린 신체(神體)이며, 동제의 행악은 신체를 모시고 당에서 집집으로 또는 당에서 본제청(本祭廳)으로 이동하는 절차라고 설명한다. 그리고 걸립패의 의식은 동제와 같은 구성을 갖는 것이므로, 걸립패 등의 농악패에서 농기는 동제에서 쓰이는 신대와 같은 기능을 갖는다고 주장하며, 농악의 근원을 동제 의식에서 찾는 논거 가운데 하나로 삼았다.

(4) 음악

농악의 구성요소 가운데 가장 중심적인 것이 음악이다. 농악의 음악은 크게 기악과 성악으로 나뉘는데, 기악은 타악기의 연주가 중심이 되고 선율 악기인 태평소가 보조적인 구실을 한다. 성악은 크게 두레농악의 노동요, 지신밟기에 사용되는 고사소리, 판굿의 노래굿 등으로 구분할 수 있다. 성악에 관한 연구로는 김수용[73], 김병찬[74], 김정헌[75], 손

---

71) 이보형, 앞의 글, 1981.
72) ______, 앞의 글, 1976.
73) 김수용, 〈남사당패 비나리 비교연구〉, 용인대 석사논문, 2005.
74) 김병찬, 〈지신밟기 소리의 전승원리 연구〉, 동아대 석사논문, 2003.
75) 김정헌, 〈농악의 노래굿에 관한 고찰〉, 《공연문화연구》 15집, 한국공연문화

태도76), 이보형77), 최자운78) 등의 연구가 있다.

최자운79)에 따르면 호남지역에서 농악대에 의해 구연되는 고사(告祀)소리는 웃다리 농악이나 영동·영남 농악 등에서 불리는 고사소리에 비해 그 양상이 다양하다고 한다. 호남지역 고사소리는 세습남무(男巫)인 창우집단에 의해 만들어졌고, 경제적 이익에 따른 구나의식(驅儺儀式)의 변화 또는 신청(神廳) 소속 무부(巫夫)들의 걸립을 매개로 민간에 영향을 끼쳤다. 그리고 고사소리의 내용에 따라 ①산세풀이부터 세간풀이까지 노래되는 것, ②성주풀이와 달거리가 하나의 세트로 구성되는 것, ③산세풀이 이하의 내용과 성주풀이 이하의 내용이 결합된 것 등, 크게 세 가지 유형으로 나눌 수 있다고 하였다.

농악의 장단에 관한 연구로는 유대안80), 이보형81), 김현숙82), 이종

학회, 2007, 33~64쪽.
76) 손태도, 《광대의 가창문화》, 집문당, 2003.
_____, 〈광대 고사 소리에 대하여〉, 《한국음반학》 11집, 한국고음반연구회, 2001, 71~91쪽.
77) 이보형, 〈살푸리 리듬형의 형성요인에 관한 연구: 신수덕 무가 음반을 중심으로〉, 《한국음반학》 7집, 한국고음반연구회, 1997, 5~25쪽.
78) 최자운, 〈호남지역 농악대 고사소리의 기능과 유형〉, 《구비문학회 2006년 춘계학술대회자료집》, 구비문학회, 2006, 쪽수 미상.
_____, 〈경기지역 고사소리 연구〉, 《한국민요학》 16집, 한국민요학회, 2005, 329~351쪽.
_____, 〈성주풀이의 서사민요적 성격〉, 《한국민요학》 14집, 한국민요학회, 2004, 285~309쪽.
_____, 〈농악대 고사소리의 지역별 특성과 변천 양상〉, 경기대 국문과 박사논문, 2007.
79) 위의 글, 2006.
80) 유대안, 〈날뫼 북춤의 장단 연구〉, 계명대 음악학 박사논문, 2004.
_____, 〈날뫼 북춤에 나타난 장단의 특성분석 〉, 《음악과 문화》 11집, 세계음악학회, 2004, 115~141쪽.
81) 이보형, 〈농악 장단의 종류와 분류 체계〉, 《한국전통음악학》 4집, 한국전통음악학회, 2003, 321~330쪽.

진83), 전인평84), 주영자85) 등의 연구가 있다.

이보형86)은 농악 장단의 '채'는 '두드리다' 또는 '때리다'는 뜻을 지닌 '치다', '차다'라는 낱말의 명사형이며 농악기를 두들겨 소리를 내는 도구를 뜻하는데, '치다'라는 말은 '연주하다'라는 뜻이므로 '채'는 '연주함'이라는 의미도 지니게 된다고 하였다. 무악(巫樂)에서 올림채, 더덕채, 꺾음채 등의 '채'가 '박(拍)'에서 '장단'으로 의미가 넓어졌듯이 농악에서도 '채'가 '박(拍)'에서 '장단'으로 그 뜻이 확대되었다고 한다. '마치'는 겨냥하여 때려서 맞힌다는 뜻으로 옛말 '마치다'의 명사형이며, '채'의 경우와 마찬가지로 무악이나 농악의 가락에서 '박(拍)'의 의미로 쓰이던 것이 '장단'을 가리키는 말로 의미가 확대되었다고 한다. '채'와 '마치'에는 수치가 매겨지는데, 이는 징의 타점수와 일치하며 '농악12차'의 '차(次)' 개념보다 선행한다고 한다. 일채·이채·삼

이보형, 〈농악에서 길굿(길군악)과 채굿〉, 《민족음악학》 6집, 서울대 동양음악연구소, 1984, 31~47쪽.
______, 〈농악의 채에 대한 음악적 고찰〉, 《한국민속학》 2집, 한국민속학회, 1970, 69~90쪽.
______, 〈쇠가락의 충동과 그 다양성〉, 〈농악의 용어 해설〉, 《문학사상》 72호(9월호), 문학사상사, 1978, 242~249쪽.
______, 〈전통기보론에서 박의 집합론과 분할론의 합리성과 효용성〉, 《민족음악학》 17집, 서울대 동양음악연구소, 1995, 19~40쪽.
______, 〈전통음악의 리듬분석 방법론〉, 《정신문화 연구》 66호, 정신문화연구원, 1997, 77~120쪽.
______, 〈전통음악의 박, 분박의 변화에 대한 고찰〉, 《한국음악산고》, 한양대학교 한음회, 1992, 5~16쪽.
82) 김현숙, 〈농악에서 채보와 분석의 문제〉, 《한국음악연구》 19집, 한국국악학회, 1991, 73~89쪽.
83) 이종진, 〈풍물굿의 가락 구조와 역동성〉, 안동대 민속학과 석사논문, 1996.
84) 전인평, 〈굿거리 장단의 변주 방법〉, 《민족음악학》 3, 서울대 동양음악연구소, 1979, 79~95쪽.
85) 주영자, 〈한국 장고 음악에 나타난 Rhythm Movement 연구〉, 이화여대 석사논문, 1980.
86) 이보형, 앞의 글, 1970.

채·오채 가락들이 선행적으로 존재했으며 여기에 칠채가 더해지고, 여기에 12수열 편성의 동기가 작용되어 열두 가지 재래(在來) 가락을 집성하여 십이채가 편성되고, 십이종(十二種)의 진법이 편성되면서 과장 개념이 생겨 '농악12차' 또는 '농악 열두마당'이 만들어졌다고 주장하였다.

김현숙[87]은 한국 음악에는 리듬이 매우 발달해 있는데 그 가운데서도 리듬 발달이 가장 두드러진 장르는 농악이며, 농악을 음악적으로 연구할 때 가락의 채보는 매우 중요한 기초자료임을 강조하였다. 기존에 채보된 악보를 보면 몇 가지 문제가 나타나는데 ①앞꾸밈음과 뒤꾸밈음을 혼동하여 기보(記譜)하고, ②가락(Rhythm and Rhythmic Phrase)과 장단(Rhythmic Cycle)을 혼동하며, ③장단의 구조를 모르는 경우가 많다고 주장하면서, 바람직한 채보자는 한국 음악의 장단에 대한 안목이 있는 상태에서 그 가락을 직접 배우며 채보하는 이라고 말하였다. 그의 견해에 따르면 가락은 하나 이상의 장단이 모여 이룬 악구(樂句)이며, 장단은 일정한 박자로 이루어진 리듬의 길이를 뜻한다. 그러나 이러한 구분법은 자의적인 측면이 있어 보편적인 이론으로 세우는 데에는 좀 무리가 있다.

(5) 무용

농악의 무용은 진법(陣法)과 춤사위 등으로 구분될 수 있으며, 특히 진법은 농악의 군악기원설을 뒷받침하는 중요한 근거가 된다. 진법에 관한 연구는 아직 많지 않으나 김옥희[88], 손병우[89], 정은면[90], 손우

---

87) 김현숙, 〈농악에서 채보와 분석의 문제〉,《한국음악연구》제19집, 한국국악학회, 1991.
88) 김옥희, 〈호남 농악 판굿의 진풀이에 관한 연구〉, 이화여대 체육교육과 석사논문, 1985.

승91) 등의 연구가 있다.

손우승92)은 풍물굿에서 역동성의 원인이 진법에 있다고 규정지으며 진법의 다양한 존재 양태(군대, 대동놀이, 풍물, 동제, 탑돌이)를 살펴보고, 풍물굿 진법의 역사적 전개 과정과 공연 원리를 연구하였다. 풍물굿의 진법은 군대, 대동놀이, 동제 등의 다양한 진법들과 상호작용하는 과정에서 형성되었으며 그 연행원리는 다음 다섯 가지라고 하였다. ①숙임과 듦의 반복성, ②시간의 지속성과 공간의 역동성, ③구성요소들의 상호작용을 통한 상보성, ④열림과 닫힘의 순환에 따른 조형성, ⑤연행자와 청관중의 소통성 등이 그것이다.

농악의 춤사위에 관한 연구는 주로 무용학자나 무용가들에 의해 활발히 진행되었는데 여기에는 박은하93), 윤미라94), 이경호95), 이홍리96), 정병호97), 전은자98), 박민숙99), 장유경100), 조세훈101) 등의 연

---

89) 손병우, 〈농악 형식에 있어서 진풀이에 관한 연구〉, 중앙대 무용교육과 석사논문, 1988.

90) 정은면, 〈청원 농악 진풀이에 관한 연구〉, 중앙대 교육대학원 석사논문, 1996.

91) 손우승, 〈풍물 진법의 전개 과정과 연행 원리〉, 안동대 민속학과 석사논문, 2000.

92) 위의 글.

93) 박은하, 〈설장구 춤사위 연구〉, 《무용예술학연구》 8, 한국무용예술학회, 2001, 139~161쪽.

94) 윤미라, 〈민속춤에 내재된 주술적 춤 image에 관한 연구〉, 《무용학회논문집》 16, 대한무용학회, 1994, 153~170쪽.

95) 이경호, 〈한국 풍물춤의 전반적 성격과 무용학적 특성〉, 《무용학회논문집》 24, 대한무용학회, 1998, 297~320쪽.

96) 이홍리, 〈농악에 나타난 춤의 유형〉, 《무용한국》 42, 무용한국사, 1992, 108~111쪽.
　　　, 〈북춤의 유형별 고찰〉, 《무용학회논문집》 19, 대한무용학회, 1996, 27~60쪽.

97) 정병호, 〈춤사위考〉, 《한국민속학》 18집, 민속학회, 1985, 155~190쪽.
　　　, 〈한국민속무용론〉, 《중앙민속학》 1, 중앙대 민속학연구소, 1989, 105~160쪽.

구가 있다.

이 가운데서 정병호[102]는 농악의 춤사위를 지역별·역할별(악기별)로 분류하여 서술하면서 농악 춤사위의 성격을 벽사진경의 성격(지신밟기), 전투적 성격(진풀이), 신맞이적 성격(인사굿, 당산굿), 동물모의적 성격(잡색춤), 농경모의적 성격(영남 농악의 농사풀이, 덕석몰이) 등으로 나누고, 이러한 춤의 표현에는 정중동의 미, 내면적 표현미, 투박스러운 단순미, 점과 곡선의 미, 익살과 해학의 풍자미 등의 미적 특성이 있다고 보았다. 그리고 이러한 춤이 지니는 사회적 기능은 생활적 기능, 공동체적 기능, 표현적 기능 등이라고 보았다.

(6) 연희/놀이

풍물패의 잡색놀이는 농악 판굿에 나타나는 일종의 연희이다. 탈춤·인형극·창극 등 민속극의 범주에 포함시킬 수 있는 요소가 다분하지만, 조동일의 단편적인 연구 이래 학계의 관심에서 오랫동안 멀어져 있

정병호, 〈한국민속무용의 유형〉, 《민속예술》, 집문당, 1990, 565~580쪽.
_____, 《한국의 민속춤》, 삼성출판사, 1991.
_____, 〈농경의례와 민속춤〉, 《중앙민속학》 5, 중앙대 민속학연구소, 1993, 185~189쪽.
_____, 〈농악 무용 진행법: 체육교육의 새 비전〉, 《교육연구》, 1970, 47~49쪽.
98) 전은자, 〈변형된 장고춤의 동작분석을 통한 미적 가치〉, 《무용학회논문집》 29, 대한무용학회, 2001, 245~276쪽.
_____, 〈소고무의 구조적 분석에 의한 실체 연구〉, 《무용학회논문집》 23, 대한무용학회, 1998, 337~354쪽.
99) 박민숙, 〈농악의 율동에 나타나는 조형미에 관한 연구〉, 성신여대 미술학 석사논문, 1990.
100) 장유경, 〈북과 북춤 연구〉, 경희대 석사논문, 1982.
101) 조세훈, 〈호남 좌도 풍물굿 연희 연구〉, 전북대 한국음악학과 석사논문, 2006.
102) 정병호, 앞의 책, 1991.

다가, 1990년대 후반에 이르러서야 본격적으로 주목을 받기 시작했다. 최근에 들어서는 공연학적 입장에서 잡색놀음을 비교·분석하는 연구가 시도되기도 하였다. 농악의 연희에 해당하는 잡색놀음에 대한 주요 연구로는 조동일103), 김익두104), 박진태105), 이영배106), 정병호107), 정형호108), 조정현109) 등의 연구가 있다.

조동일110)은 풍물패가 하는 공동적 주술행위이며 놀이인 부락굿은 한국 부락제의 여러 유형 가운데 가장 원초적이며 보편적인 형태라고 하였다. 이 부락굿에서 주역 구실을 하던 신(神)가면을 쓴 자가 양반가면을 쓴 자로 전환되면서 양반광대극이 생겨났고, 풍물패의 양반광대극은 가면극의 원형적 모습의 일단을 보여주므로, 가면극의 기원도 풍물패의 부락굿에서 찾을 수 있다고 하였다. 이 양반광대극에서 가면

---

103) 조동일, 〈농악대의 '양반광대'를 통해 본 연극사의 몇 가지 문제〉, 《동산 신태식박사 송수기념 논총》, 계명대 출판부, 1969, 207~223쪽.

104) 김익두, 〈한국풍물굿 잡색놀음의 공연적/연극적 성격〉, 《비교민속학》 14집, 비교민속학회, 1997, 205~226쪽.

105) 박진태, 〈농악대 잡색놀이의 연극성과 제의성〉, 《한국민속학》 29집, 민속학회, 1997, 459~484쪽.
______, 〈영광 농악의 잡색놀이 연구〉, 《비교민속학》 15집, 비교민속학회, 1998, 459~484쪽.

106) 이영배, 〈잡색놀음연구 Ⅰ〉, 《한국민속학》 37집, 한국민속학회, 2003, 213~234쪽.
______, 〈잡색놀음연구 Ⅱ〉, 《한국언어문학》 53, 한국언어문학회, 2004, 233~261쪽.
______, 〈풍물굿 잡색놀음의 연극성과 축제성〉, 《공연문화연구》 14집, 한국공연문화학회, 2007, 303~358쪽.
______, 〈호남 지역 풍물굿의 잡색놀음 연구〉, 전북대 국문과 박사논문, 2006.

107) 정병호, 〈농악의 잡색극〉, 《한국연극》 4월호, 한국연극협회, 1988, 쪽수 미상.

108) ______, 〈농악의 잡색놀이에 나타난 연극적 성격 고찰〉, 《남도민속학회의 진전》, 태학사, 1998, 533~566쪽.

109) 조정현, 〈민속연행예술에 나타난 도둑잽이 놀이의 구조와 미의식〉, 안동대 석사논문, 1998.

110) 조동일, 앞의 글, 1969.

극으로, 저급한 가면극에서 발전된 가면극으로의 이행은, 차츰 부락굿의 요소가 축소되고 연극의 독자성이 확립되는 과정에서 이루어졌으며, 또한 양반이 지닌 갈등이 점차 구체적·효과적으로 표현되어 가는 희극으로의 과정에서 이루어졌다고 주장하였다.

김익두111)는 풍물굿에서 잡색들의 공연적 기능과 구실은 ①연극적 성격을 더해 주고, ②다른 공연자와 청관중 사이를 오가며 공연자 집단과 청관중 집단을 매개하며(탈경계화), ③청관중들을 공연자 세계로 참여하는 욕구인 공연자화 욕구, 비일상적·놀이적 인간으로 변화하는 욕구를 끊임없이 반복·축적·순환적으로 자극하며, ④풍물굿을 이루어내고 향수하고 전승하고 변이시키는 공동체가 내부적으로 지니고 있는 사회적 갈등을 잡색놀이라는 장치를 통해서 반영하고 해결한다고 보았다. 잡색놀이의 유형은 양성놀음형, 투전놀음형, 군사놀음형, 양성-투전놀음형, 양성-군사놀음형, 투전-군사놀음형, 양성-투전-군사놀음형으로 나누었다. 그는 잡색놀이를 풍물 공동체가 그 공동체 사회를 유지하고 발전시키기 위해 해결해야만 하는 가장 핵심적인 문제점들을 풀어내는 데 필수적인 부분이라고 보았다.

박진태112)는 농악의 잡색놀이가 무당굿 속에 삽입된 무당굿놀이와 비슷하다고 보고 무당굿놀이와 잡색놀이를 민속극의 독립된 갈래로 설정함이 온당하다고 보았다. 그의 논의는 잡색놀이에 연극사적 의의를 부여했다는 점에서 다른 연구들과 구별된다,

정형호113)는 현존하는 농악의 잡색놀이를 가면극과 비교해보면 인물의 성격에서 많은 차이가 드러나며, 농악의 잡색놀이에 등장하는 인물들 서로의 관계는 가면극과 달리 갈등보다는 결합에 초점이 맞추어져 있다고 보았다. 이것은 농악이 신을 향한 축원농악에서 유래하며,

---

111) 김익두, 앞의 글, 1997.
112) 박진태, 앞의 글, 1997.
113) 정형호, 앞의 글, 1998.

현존하는 농악도 지역전승에 세시성을 지니고 종교적 축원의 뜻이 강하게 남아 있다는 점과 관련이 있으므로, 농악의 잡색은 원초적 신성가면과 동물가면이 세속적 인태(人態)가면으로 바뀌면서 다양하게 나났다고 보았다. 그런 면에서 농악에 가면극과 관련 있는 인물이 일부 나타나지만 상호 직접적인 영향 관계는 찾기가 어렵기 때문에 농악의 잡색은 가면극과 달리 자체적 전승과정을 지니고 있다고 보아야 한다고 주장하였다.

(7) 복색

농악의 복색에 관한 연구는 최근에 와서야 본격적으로 이루어지고 있다. 주요 연구로는 김지영114), 서옥규115), 이보형116), 이지영117), 장사훈118), 채진영119), 최형식120), 추은희121), 홍나영·민보라122) 등이 있다.

이보형123)은 농악의 전립과 군복의 전립이 북방 민족의 전립에서

---

114) 김지영, 〈한국 기층문화에 나타난 복식의 색채 연구〉, 연세대 의류학과 박사논문, 2003.

115) 서옥규, 〈농악복식에 관한 연구〉, 《복식》 12, 한국복식학회, 1988, 9~23쪽.

116) 이보형, 〈전립과 농악의 상모〉, 《한국민속학》 29, 한국민속학회, 1997, 127~139쪽.

117) 이지영, 〈한국 무용의상의 색에 관한 연구〉, 숙명여대 석사논문, 2003.

118) 장사훈, 〈악복과 무복의 역사적 변천에 관한 연구〉, 《민족음악학》 7, 서울대 동양음악연구소, 1985, 1~31쪽.

119) 채진영, 〈한국 전통무용복의 문헌적 고찰〉, 숙명여대 석사논문, 1985.

120) 최형식, 〈농악 이미지 장신구 개발에 관한 연구〉, 서울산업대 석사논문, 1999.

121) 추은희, 〈한국 농악복식에 관한 연구〉, 전남대 의류학과 박사논문, 2004.

122) 홍나영·민보라, 〈조선후기 감로정화 하단화를 통해서 본 예인 복식 연구〉, 《한국의류학회지》 30, 한국의류학회, 2006, 94~105쪽.

123) 이보형, 앞의 글, 1997.

기원하였으며, 농악에서는 농악수들이 스스로 악기를 연주하며 춤추고
놀기 때문에 양손이 자유롭지 못하여 춤사위에 어려움이 있으므로 상
모짓이 발달하게 되었다고 주장하였다. 그러나 이 주장을 뒷받침할 만
한 직접적인 근거가 많지 않으므로, 이는 앞으로 더 연구해야 할 문제
일 것이다.

추은희[124)]는 농악 복식의 기원을 밝히고 현전하는 여섯 지역의 복식
을 살피고 그 차이와 특성을 고찰했다. 풍부한 사진, 그림, 문헌 자료를
바탕으로 농악의 복식이 중세 이전부터 우리 민족이 일상에서 흔히 입
던 복식으로부터 유래하여 오늘에 이르렀다는 것을 입증하였다.

(8) 사회

농악에 대한 사회학적 연구는 주로 두레와 농악의 관계에 관한 연구
가 주를 이루고 있다. 이 분야의 연구 성과로는 신용하[125)], 조진형[126)],
배영동[127)], 주강현[128)], 양진성[129)] 등의 연구가 있는데 신용하와 주강

---

124) 추은희, 앞의 글, 2004.
125) 신용하, 〈두레공동체와 농악의 사회사〉, 《한국사회연구》 2집, 한길사, 1984,
　　11~53쪽.
　　_____, 〈두레와 농민문화〉, 《현대 자본주의와 공동체 이론》, 한길사, 1988,
　　436~501쪽.
　　_____, 〈갑오농민 전쟁과 두레와 집강소의 폐정개혁〉, 《한국사회의 신분
　　계급과 사회변동》, 문학과지성사, 1987, 11~53쪽.
126) 조진형, 〈농악의 사회적 기능에 관한 연구〉, 중앙대 석사논문, 2001.
127) 배영동, 〈농업에서 노동과 놀이의 관계〉, 《민속연구》 6, 안동대 민속학연구
　　소, 1996, 101~122쪽.
128) 주강현, 《굿의 사회사》, 웅진출판, 1992.
　　_____, 〈농기 의례와 놀이고〉, 《한국민속학보》 6, 한국민속학회, 1995,
　　93~115쪽.
　　_____, 〈마을 공동체와 마을굿 두레굿 연구〉, 《민족과 굿》, 학민사, 1988,
　　37~101쪽.

현이 주축을 이룬다.

신용하[130]는 근대 이전 농촌의 노동 공동체인 '두레'의 한 구성요소로 농악의 기능을 살펴보았다. '두레'의 공동노동에서 필요로 말미암아 농악이 발생하였다고 보고, 두레와 농악의 관계를 사회사적으로 고찰하고 농악의 분화과정도 사회사적 관점에서 '집돌이 농악', '걸립패 농악', '남사당패 농악'으로 정리하였다. 농악의 중요한 전승집단이었던 두레와의 관계 속에서 농악을 살펴봄으로써, 농악을 둘러싼 사회적 맥락과의 유기적 관계를 살핀 점은 농악의 사회적 측면을 이해하는 데 많은 도움을 준다.

양진성[131]은 먼저 호남 좌도 풍물굿의 대표적인 현전 계보인 진안 김봉렬, 임실 양순용, 남원 류명철의 세 계보를 개괄하고 이 지역에서 활동한 대표적인 쇠잽이들의 예인으로서 사회적 활동 양상을 민족지적으로 정리하고 있다. 여기서는 전판이, 이화춘, 박학삼, 강태문, 기창수, 김봉렬, 양순용, 류명철 등의 공연활동과 사회적 성격과 시대적 변화 양상이 논의되고 있다.

(9) 사상/철학

농악의 사상적 연구는 1980년대 민중 이데올로기에 바탕을 둔 논의가 있은 뒤 한동안 중단되었다. 최근에 새로운 시도들이 이따금 드러나기도 했지만 아직 이 방면의 연구는 매우 기초적인 수준이라고 할 수 있다. 농악을 사상적 측면에서 접근한 것으로 김원호[132], 김인우[133],

---

129) 양진성, 〈풍물굿 예인들의 활동 양상—호남 좌도 풍물굿 쇠쟁이들을 중심으로〉, 《국어문학》, 국어국문학회, 2008, 325~356쪽.

130) 신용하, 앞의 글, 1984.

131) 양진성, 앞의 글, 2008.

132) 김원호, 《풍물굿 연구》, 학민사, 1999.

김재영134), 노광일135), 이경애136), 이영배137), 조춘영138) 등의 연구가 있다.

조춘영139)은 풍물굿의 사상적 기원은 단군신화 가운데 환웅신화와 삼신사상에 있으며, 풍물굿에서 마을 당산굿과 지신밟기의 원형은 태백산정 신단수에 천부인 세 개를 받아 풍백·운사·우사를 거느리고 홍익인간·재세이화하고자 한 환웅신화에 있다고 보았다. 또한 그 방법론과 구체적 내용은 삼즉일(三卽一) 구조와 삼신(三神)사상으로 이해하였다. 풍물패의 구성이나 삼지창과 고깔, 삼색띠와 삼태극, 전립의 기원과 구조 등도 삼즉일–삼신의 구조를 보인다고 해석하였다.

4. 맺음말

지금까지 농악 연구를 시대별·분야별 검토를 해보았다. 농악이 구비전승·행위전승의 예술이므로 구체적인 변천과정을 파악하기 어렵고, 문헌적 기록이 많지 않아 연구사 검토에 많은 어려움이 따른다. 때로는 심지어 이러한 사료 발굴이 무의미하다는 극단적 견해에 쉽사리 빠지기도 한다. 그렇지만 근대 이후의 농악사, 또는 농악 연구사에 대한 성찰을 포기하기에는 아직 이르다. 농악에 대한 과거의 문헌사료는

---

133) 김인우, 〈풍물굿과 공동체적 신명〉, 《민족과 굿》, 학민사, 1987, 102~144쪽.
134) 김재영, 〈정읍 농악과 신종교〉, 《한국종교사연구》 10, 한국종교사학회, 2002, 359~386쪽.
135) 노광일, 〈풍물의 새로운 이해〉, 《문화운동론》 1, 공동체, 1985, 268~287쪽.
136) 이경애, 〈농악의 세계관과 미의식〉, 《동대논총》 17, 동덕여대, 1987, 547~566쪽.
137) 이영배, 〈풍물굿 연구의 심화를 위한 제언〉, 《한국민속학》 39, 한국민속학회, 2003, 303~336쪽.
138) 조춘영, 〈환웅과 풍물굿—'삼즉일' 구조의 프랙탈 개념을 중심으로〉, 《단군학연구》 14, 단군학회, 2006, 361~404쪽.
139) 위와 같음.

아직까지 본격적으로 조사된 적조차 없고 현전하는 농악의 민족지적 기록 또한 만족스럽지 않은 수준이기 때문이다. 이 보잘 것 없는 연구사 검토를 디딤돌로 하여 앞으로 한국 농악사와 한국 농악 연구사가 풍부하게 채워지기를 바란다.

II 풍물굿의 기원과 역사

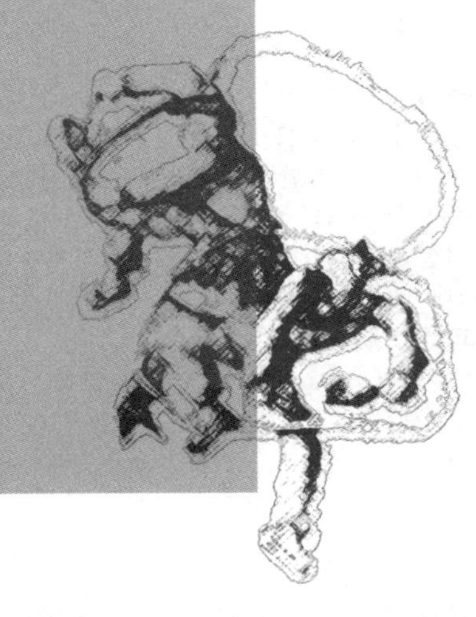

농악의 기원설

홍현식 · 김천흥 · 박헌봉*

1. 기원

농악의 기원은 문헌이 없어 알 수 없으나, 다만 삼국시대 이전부터 농사를 생업으로 하게 된 이래 하늘에 감사와 축원을 올리기 위하여 제천의식을 할 때 가무음주(歌舞飮酒)를 하는 데에서 농악이 시작되지 않았는가 추측된다.[1] 진수(陳壽)의 《삼국지》 위지 동이전에 따르면, "마한 지역에서는 해마다 5월이면 씨뿌리기를 마치고 귀신에게 제사를 지내고 무리 지어 함께 모여서 노래를 부르고 춤을 추고 술을 마시며 밤낮으로 쉬지 않는다. 그들의 춤은 수십 명이 모두 일어나서 뒤

---

* 홍현식(?~2001): 민속학자.
　박헌봉(1907~1997): 전 국립국악원 원장.
　김천흥(1909~2007): 중요무형문화재 1호 종묘제례악 일무 기능보유자.

[1] 농악에 대한 기록은 볼 수 없으나 이와 관련된 것을 들면, 《고려사(高麗史)》에는 태조(太祖)가 분전(奮戰)하여 적을 격파한 뒤, 군악(軍樂)과 나희(儺戲)를 베풀었다고 하였는데, 이 군악은 농악과 관련이 있지 않나 보이며, 이제현(李齊賢)의 농가(農歌)나 조선시대 세조(世祖)의 농가 장려 등도 농악과 관련이 있다고 볼 수 있다. 그리고 고종(高宗) 때 경복궁 수축공사(修築工事)를 할 때, 밤에는 농악대회를 열어 노역 인부들을 위무(慰撫)하며 이를 즐긴 것이 아닌가 생각된다.

를 따라가며 땅을 밟고 (몸을) 구부렸다 치켜들었다 하면서 손과 발이 서로 장단을 맞추는데, 그 가락과 율동은 (중국의) 탁무(鐸舞)와 비슷하다. 10월에 농사 일을 마치고 나서도 이렇게 한다"[2]고 하여, 제신축원(祭神祝願)하는 종교 의식의 춤에서 농악이 기원하지 않았는가 생각된다.

그러나 이 당시의 농악은 악기가 구비된 것이 아니고, 무용을 위주로 해서 다만 '북'을 두드리며 답지저앙(踏地低昂)하는 형태였을 것이다. 이러한 시원적인 형태에서 차츰 다른 타악기가 여기에 더해지면서 농악이 전래되지 않았을까 한다.

우리나라 상대(上代) 악기에 방울·북[鼓]·피리[笛]·금(琴) 네 가지 악기가 주로 종교적 의식에 쓰였다는 일설이 있는데, 이 가운데 신사(神事)에서 "두리둥둥……" 북을 울리는 것은 고금(古今)이 마찬가지다. 북에 관한 몇 가지 근거 사료들을 찾아보면 다음과 같다.

첫째, 이규보의 《동명왕편》에 고구려 시조가 비류국(沸流國)에 국가의 위엄을 자랑하여 보일 때에도 고각(鼓角)이 중심 재료가 되었음을 전하였다. 그리고 《삼국사기》의 고구려 대무신왕(大武神王) 본기(本紀)에는 낙랑국(樂浪國)에 신고(神鼓)가 있어 적병이 들어오면 저절로 울기 때문에 아무도 낙랑을 침입하지 못하더니, 왕자 호동의 계책으로 그 신고를 파열하고 낙랑을 습격하여 항복하게 했다는 전설을 기록하여, 당시 악기 가운데 '북'은 고대의 고유한 위치에 있었음을 알 수 있다.

둘째, 어느 나라든지 원시 민족들이 단순하고 손쉽게 다루고 칠 수 있는 악기이다.

---

2) 《三國志》, 魏誌 東夷傳, "馬韓常以五月 下種訖祭鬼神 群聚歌舞飲酒 晝夜無休 其舞 數十人俱起相隨 踏地低昂 手足相応 節奏有似鐸舞 十月農功畢 易復如之." 송석하는 〈조선민속고(朝鮮民俗考)〉에서 이를 인용하여 '농기(農旗)춤'이라고 하였다.

셋째, 농악에서 소고(小鼓) 곧 '매귀(埋鬼)북'을 치는 것을 '법고놀이'라 부르며 오늘날에도 북을 치며 춤을 추는 형태를 볼 수 있는데, 이것은 예로부터 전래된 춤에서 비롯된 북 놀이다.

그러므로 북은 농악 기원의 유일한 악기이다.[3] 춤을 추며 뛰고 놀 때 '북'을 두들기며 흥을 북돋운 데에서 비롯하여, 점차로 다른 악기가 여기에 더해지고, '잡색'과 더불어 농악은 발전되었을 것이다.

문헌에 농악기 구성에 대한 기록이 없어 알 수는 없으나, 속설에 북·징 두 종류의 농악기밖에 없었다는 말은 농악기가 점차로 더해지면서 농악 악기가 구성되어 왔다는 것을 확실하게 하는 말로서, 추론하건대 대개 고려왕조를 전후하여 중국 악기의 영향을 받으면서 농악기의 치배 구성이 갖추어졌을 것으로 생각된다. 이것은 고려조 때의 국악기 형성을 보아도 알 수 있다.

2. 유래와 형태

농악의 유래에는 농사안택축원설(農事安宅祝願說), 군악설(軍樂說)[4], 불교관계설(佛敎關係說)이 있다. 그러나 농악 형태의 유래에 대하여 말한다면 축원형태설(祝願形態說), 노작형태설(勞作形態說), 걸립형태설(乞笠形態說), 연예형태설(演藝形態說)로 나누어 볼 수

---

3) '북'이 유일한 농악 악기란 설은 최남선의 글 《조선상식문답(朝鮮常識問答)》에도 있다.
4) 군악설은 군악모의설(軍樂模擬說)이라고 말한다. 이것은 군악의 진법(陳法)을 전수하는 데 목적이 있는 것이 아니고, 농악은 여러 명의 타악 및 군무와 더불어 매스게임과 같은 동작이 병행되므로, 여기에 군단의 동작에서 나타나는 진법을 흉내 내어 진풀이로 이루어진 것이다. 이것이 어느 때부터 시작되었는가는 문헌이 없어 알 수 없으나, 걸립농악 때부터 진풀이로 나타나 '판굿'과 '도둑잽이굿'에서 시연(施演)된 듯하다.

있다. 농악의 형태는 무희적(舞戲的)인 요소에 타악적(打樂的)인 요소가 혼합되어 형성되었다. 이것이 시대에 따라 그 성격에 기인하여 형태가 변하였으나, 그 과정은 분명하게 구분하기가 어렵다. 그러나 대체로 다음과 같이 축원형태→노작형태→걸립형태→연예형태의 4단계로 변천하였다고 할 수 있다. 그러나 이것들이 낱낱이 단절되어 독자적으로 변천된 것은 아니며, 어느 한 가지를 치중하면서 동시적으로 전진(前進)된 것도 없지 않다. 예를 들어, 요즘에는 연예형태가 성행하지만 축원형태가 아주 없는 것은 아니다. 노작형태도 또한 그러하다.

(1) 축원농악의 형태

앞에서 말했듯이《삼국지》위지 동이전에는 "마한지역에서는 해마다 5월이면 씨뿌리기를 마치고 귀신에게 제사를 지내고 무리 지어 함께 모여서 노래를 부르고 춤을 추고 술을 마시며 밤낮으로 쉬지 않는다. 그들의 춤은 수십 명이 모두 일어나서 뒤를 따라가며 땅을 밟고 (몸을) 구부렸다 치켜들었다 하면서 손과 발이 서로 장단을 맞추는데, 그 가락과 율동은 (중국의) 탁무(鐸舞)와 비슷하다. 10월에 농사 일을 마치고 나서도 이렇게 한다"는 기록이 있다. 이처럼 파종 때와 추수 때에 축원을 올리고자 벌이던 종교적 의식의 성격이 축원농악의 형태이다. 이것은 예로부터 전래한 '농기춤' 농악으로, 일설에 따르면 매귀안택(埋鬼安宅)을 제신(諸神)에게 기원하는 '매귀(埋鬼)굿'이라 부르는 것이다. 이 밖에도 '기우제(祈雨祭)굿', '당산(堂山)굿' 등이 있는바 당산굿이라는 것은 그 부락 수호신에 대한 축원임을 알 수 있다. 또한 농악을 일명 '굿'이라고도 부르는데, 이것은 무당굿을 굿이라고 하는 것처럼, 제신(祭神)에 대한 '굿'에서 연원(淵源)하여 분화·전래된 것을 볼 수 있다. 이 농악은 '북'을 치며 여러 사람이 '춤'을 추는 소박한 형태인 것이다.

(2) 노작농악의 형태

농사철이라 일을 할 때 농악의 음률에 맞춰 호흡을 고르고 일손을 맞추어 진행 속도를 조화롭게 하여 작업을 원활히 하며 휴식 오락으로 피로를 덜게 하는 농악 형태이다.

모심을 때의 '모내기굿'과 기심매기 때의 '두레굿' 등이 그것이다. 모내기 때에는 '모방고'라 하여 북을 치면, 농군들이 모두 모여 북소리를 들어가며 모내기를 한다. 김매기 두레굿에는 꽹과리(1인)·장구(1인)·북(1인)은 논 안에서, 징(1인)은 논 밖에서 굿을 친다. 농악의 구성은 소박한 가락의 '도돌이 풍물놀이', '재넹기 풍물놀이' 등으로 이루어진다. 모내기굿에는 '상사소리'를 주고받고 두레굿에는 '방개소리'를 주고받는다. 작업이 끝나면 때로는 '술메기' 농악을 치며 즐긴다.

(3) 걸립농악의 형태

불가(佛家)의 걸립형태에 이른바 '군악(軍樂)'이라는 군중진법(軍中陳法)을 모의(模擬)하여 진풀이와 더불어 연기되는 형태이다.

조선시대에 불교가 쇠약해져 빈곤해지자, 사찰이 재원을 모으는 방법으로 화주승(化主僧)을 비롯한 수십 명이 한 무리가 되어 민가를 걸립(乞笠)하던 사원(寺院)의 '굿중패'에서 전래한 것이다. 이것을 민간에서도 '걸궁' 또는 '마당밟이'라 하여 '도청'을 위시한 농악단이 마을의 공익사업금 — 동청(洞廳)·교량(橋樑)·상여(喪輿)·농악기 — 을 추렴할 목적으로 음력 정월 초에 하는 걸립과 같은 농악이다. 이 농악 형태는 불교식의 형태가 덧붙게 된 것으로 이채로운데, '고깔'을 머리에 쓰고 '자바라'를 치는 것과 잡색에 '중'이 따르기도 하는 것이 보인다. 악기의 치배도 변천·발전하였으니, 북·쇠·장구·징·자바라·취악기(각 2인) 등이 한 치배에 상쇠·부쇠와 같이 2인 이상으로 늘어십여 인이 되고, 그 외에 '나팔' 또는 '새납'과 같은 관악기도 따르며, 여러 잡색과 더불어 진풀이를 하여 본격화한 농악 형태로 발전되었다고 본다.

(4) 연예농악의 형태

이는 무대연예적 성격을 띤 농악 형태라고 말할 수 있는 것으로, 이미 걸립농악에서 연예농악의 형태는 농악 자체에 중심을 두기보다는 관람자에게 보여주기 위한 굿으로 농악의 성격이 변하였다. 농악 형태의 다양성에 따라서 의상도 갖추고 걸립농악처럼 모든 농악기와 대포수·창부·양반광대·중 등 여러 '잡색'5)이 따르며, 군중 진풀이를 모의하여 '도둑잽이굿'과 같은 잡희(雜戱)와 더불어 변화 많은 가락에 따라 자유롭게 연기된다. 가락은 기교가 다양하며 흥미 본위이다. 이것이 요즘에는 야외 광장 또는 무대에서 보여주는 식으로 원형(原型)을 윤색(潤色)하여 간추려 연행되기도 한다.

3. 맺음말

여기까지 살펴본 것으로 농악의 성격을 구분하면 축원형태와 노작형태가 내적인 욕구를 위한 소박한 격식 농악의 성격인 데 반하여, 걸립형태와 연예형태는 외적인 욕구를 위한 연희적(演戱的) 농악으로

---

5) 잡색이란 악기는 들지 않고 여러 모양으로 가장한 대포수, 창부, 양반광대, 중 등이 농악대 뒤에 따라다니며 탈놀이 춤으로 여러 가지 극적인 잡희를 벌이는 치배를 말한다. 이것이 어느 때부터 시작되었는가는 알 수 없으나 예로부터 내려온 무적(舞的) 요소의 변천에 따라, 특히 사당패의 영향을 받아 이런 치배가 이루어진 것이 아닌가 추측된다.

변천되었다. 농악은 무적(舞的), 악적(樂的), 극적(劇的)인 것이 혼합
되었다.

일제 강점기 풍물굿의 존재 양상과 성격*

손우승**

1. 머리말

일제 강점기의 풍물굿은 과연 어떤 형태로 존재했을까? 이 시기를 거치면서 대부분의 풍물굿이 쇠퇴·소멸·약화된 것은 사실이지만, 그 변화 과정을 소상하게 밝힌 연구는 거의 없다. 대부분의 문서 기록이 일제에 의해서 관리되었으므로 최근까지 자료에 대한 접근이 쉽지 않았다. 식민 지배를 겪었기에 그 잔재를 청산하고 싶다는 우리의 의식 때문에 당시의 상황을 면밀하게 검토하지 않은 채 시간을 흘려보낸 것도 그 이유 가운데 하나 것이다. 그러나 진정한 의미의 식민 잔재 청산은 일제가 작성한 수많은 자료를 새롭게 검토하고 식민지를 경험한 세대들에 대한 면담조사를 수행하여 실상을 구체적으로 이해할 때에만 가능해진다.

일제 강점기의 풍물굿 관련 자료는 조선총독부의 관찬(官撰) 자료·

---

* 이 글의 원 제목은 〈일제강점기 풍물의 존재양상과 성격〉(《실천민속학연구》9, 실천민속학회, 2007)이다.
** 전 안동대학교 강사.

잡지·조사보고서·사진 등과, 한국인이 남긴 송석하의 사진, 신문기사, 민속 조사보고서, 두레 연구서, 민속예술 연구서 등에 파편적으로 수록되어 있다. 벽돌처럼 낱개로 존재하는 자료들을 짜 맞추고 분석하여 '일제 강점기의 풍물굿'이라는 집을 임의로 지을 수밖에 없다. 사정이 이러하므로 자료 수집의 한계를 극복하기 위해서 '자료 다시 읽기'를 시도한다. 문헌자료만으로 감당하지 못하는 부분은 현지조사를 통해 확보한 증언들을 활용할 것이다. 최근 조선의 풍습이 담긴 사진엽서를 통해 일제가 조선을 식민지의 이미지에 걸맞게 타자화하고 차별하는 방식, 즉 식민 정부의 시각과 식민담론을 읽어낸 권혁희의 연구는[1] 파편화된 자료를 엮어내고 분석하는 데 좋은 본보기가 된다.

이 글은 일제가 각종 악법과 공출제를 통해 풍물굿 전승을 억압하고 중단시켰던 상황을 드러내고 비판하는 데 목적이 있는 것이 아니라, 풍물굿이 어떠한 사회문화적 맥락에서 쇠퇴하고 약화되었으며, 변화하고 생성되었는가를 실증적으로 밝히는 데 있다. 나아가 일제 강점기라는 특수한 조건 아래에서 진행된 민속문화의 변화상을 규명하려고 한다. 이를 위해 일제 정책과 자본주의 체제의 이식이 조선의 사회변동에 어떠한 영향을 끼쳤으며, 그 결과 풍물굿이 어떻게 변화하였는지를 주목한다.

한편, 이 연구는 풍물굿의 역사를 재구성하는 기초 작업이다. 지금까지 풍물굿의 역사에 대한 논의는 그 기원, 두레와의 관련성, 민중담론 또는 민속담론과의 관련성에 치우쳐 풍물굿사 전반을 아우르는 연구가 진행되지 못했으며,[2] 근대이행기의 풍물굿사적 흐름을 이해할 수 있는 실증적인 연구가 이루어지지 않고 있다. 그러므로 이 연구를 앞으로 풍

---

1) 권혁희, 《조선에서 온 사진엽서》, 민음사, 2005.
2) 아직까지 일제 강점기 풍물굿에 대한 논의는 이루어진 바가 없다. 다만, 풍물굿 연구의 경향과 문제점에 대해서는 손우승, 〈마을풍물 연구의 관점과 방법〉, 《마을민속 연구 어떻게 할 것인가》, 민속원, 2005, 224~228쪽을 참고.

물굿사를 재구성하는 발판으로 삼고 나아가 민속예술사의 흐름과 추이를 이해할 수 있는 단초를 마련하고자 한다.

2. 두레의 쇠퇴와 마을 풍물굿의 변화

(1) 두레의 쇠퇴

두레는 일과 놀이가 결합된 조직이다. 고된 노동을 효율적으로 수행하기 위해서 풍물굿을 중심으로 한 다양한 놀이들이 일과 결합되어 있었다. 두레는 풍물굿의 인적·물적 기반이 되었으므로 두레의 변화는 필연적으로 풍물굿의 변화를 초래할 수밖에 없었다. 두레가 외적 요인으로 말미암아 가장 크게 변화한 시기는 일제 강점기였다. 조선 후기부터 진행된 농업생산력의 증가와 상품경제의 활성화는 서서히 농민층의 분해를 불러왔다. 조선 후기의 사회구조적 변동을 계기로 평등한 인간관계에 바탕을 둔 공동체 문화의 균질성은 손상될 수밖에 없었으며, 이러한 내적 요인 위에 일제가 조선을 식민지화하면서 농촌사회를 제국주의적 수탈과 지배에 적합하도록 하는 한편, 식민지 지주의 제도적 기초를 마련하고자 실시한 일련의 경제 정책은 두레를 결정적으로 약화시키는 요인이 되었다.[3]

일제 강점기 두레의 변화는 농업 노동 형태의 변화와 밀접한 관련을 맺는다. 농업 노동 형태의 가장 큰 변화는 두레와 품앗이의 쇠퇴였다. 경산군 협석리의 사례는 당시 사회경제적 변화가 두레와 품앗이의 변화에 어떠한 영향을 끼쳤는가를 보여준다.

---

3) 한양명, 〈축제전통의 수용과 변용〉,《민속문화의 수용과 변용》, 집문당, 1999, 98쪽.

초계 정씨들의 동성(同姓)마을인 협석리에서는 일제 강점기에 이르러 대대로 부와 권세를 누렸던 정대○ 씨 집안이 몰락함으로써 다른 친족 구성원들도 몰락하여 마을을 떠나게 되었다. 정대○ 씨 집안이 권세를 누렸을 당시에는 다른 친족들도 그 위세 덕을 보면서 행세할 수 있었다. 이 마을에서 초계 정씨들이 신분적으로 행세를 할 수는 있었으나 경제적으로는 타 성씨와 마찬가지로 정대○ 씨 집안과 소작인 관계를 맺고 있었다. 소작료는 지주 대 소작인이 7 : 3의 비율로 나누어 가졌기 때문에 지주들은 막대한 이익을 취할 수 있었다. 더군다나 춘궁기에 나락 한 섬을 빌려주고 가을에 추수해서 한 섬 반을 되돌려 받음으로써 생기는 이익, 즉 장리를 통해서도 지주들은 엄청난 부를 축적할 수 있었다. 그러나 1905년 7월 이후로 시행된 비상특별법으로 인하여 일제는 조선에서 수입한 쌀에 대해서 15퍼센트의 수입세를 적용하였고, 이를 계기로 농민층은 생산의욕이 저하될 수밖에 없었다. 게다가 일제의 농업자본가들이 들어와 조선인의 토지를 사들이거나 고리대금을 갚지 못한 농민들의 토지를 빼앗아감에 따라 이 마을의 경제사정이 더욱 악화하였다. 이러한 상황에서 정대○ 씨 집안은 몰락하게 되었고, 그에 따라 소작권을 상실한 이웃 주민들도 '돈벌이'를 위하여 밖으로 나가서 일자리를 구할 수밖에 없었다. 당시 마을을 나간 사람들은 경산의 일본인 소유의 상점에 취직하거나 일자리를 구하러 일본이나 만주까지 진출하는 경우도 있었다.[4]

협석리 주민들이 사회·경제적으로 안정된 생활을 영위하는 데 중심축이 되었던 정대○ 씨 집안의 몰락은 마을 사회 안에서 사회적 안정성을 더 이상 보장받을 수 없게 만들었으며, 주민들이 마을 밖으로

---

4) 성태규, 〈농업노동형태의 변화—경산군 협석리를 중심으로〉, 영남대 박사논문, 1995, 99~111쪽.

나가 임노동자로 되는 데 기여하였다. 이로 말미암아 마을 안의 농업 노동 형태도 큰 변화를 겪게 되었는데, 두레와 품앗이의 쇠퇴가 대표적인 경우였다. 이 사례는 일제 강점기 두레의 변화를 경제적 측면에서만 접근할 것이 아니라 사회문화적 측면에서도 바라보아야 한다는 것을 말해준다.

일제 강점기를 거치면서 두레와 품앗이는 쇠퇴하는 대신, 임노동 형태의 농업 노동이 활성화되었다. 협석리에서는 개별적 임노동 형태인 머슴 노동과 단체적인 임노동 형태인 '삯모'가 활기를 띠었는데, 이러한 형태는 일제 강점기 후반으로 갈수록 더욱 증대되었다.[5] 협석리의 사례를 통해 '삯모'의 형태로 두레가 변화한 모습을 살펴보자.

> "주먹 다듬이"는 들돌들기에 통과한 사람의 집에서 동네 주민들에게 "한 턱"을 내는 것이다. 들돌을 들어 올리면 "장원급제를 했다"고 하는데 장원을 한 사람이 "장원 酒"를 내게 되어 있는 것이다. "주먹 다듬이"는 동네 어구에 있는 송정 숲에서 했는데 동네 어른들과 장정들이 모인 가운데서 행했다. 연령이 성인 나이에 도달해도 들돌들기와 "주먹 다듬이"를 하지 못하면 성인 대접을 받지 못했다. 들돌들기를 못한 사람은 동네 품앗이에는 물론 가입할 수 없었고, 품앗이를 짤 때도 성인의 반밖에 노동력을 인정하지 않았다. 일제시대 때만 하더라도 들돌 들어 올려서 "주먹 다듬이"를 한 사람에게만 "삯모"를 주었다. "삯모"를 주는 집에서 아무런 기준 없이 "삯모"를 주는 것이 아니라 농사를 지을 노동능력을 갖춘 사람에게만 "삯모"를 주었기 때문이다. 들돌들기는 조사지에서 성인집단의 입사식 성격을 띠고 있는 것이었다.[6]

---

5) 위의 글, 135쪽.
6) 위의 글, 112~113쪽.

일제가 토지조사사업을 비롯한 수탈정책을 강행함에 따라 농민의 계급분화가 심해지고 자작농과 자소작농이 영세 소작농으로 몰락하였으며, 소작지에서도 분리된 농업 임금 노동자층이 크게 생겨났다.[7] 더욱이 토지조사사업은 두레공동체의 경제적 기반 상실과 농민층의 분해를 촉진시켰다. 토지조사사업의 결과, 마을의 경제적 토대가 되었던 공유 전답과 공유 임야 또는 마을의 공동 기금을 잃게 되어 농민층이 분화하고 공동체의 기능이 약화되었다.[8] 또한 일제 강점기에 생겨난 노동 형태는 '공동작업반'이었다. 태평양전쟁이 일어난 뒤에는 두레 대신 14~15세 이상의 남녀가 모두 참가하는 이른바 '애국반' 단위의 공동작업반을 편성해서 장려하고 두레를 정책적으로 해체시켰다.[9]

한편, 사회 전반적으로 두레가 쇠퇴하는 가운데서도 일제 말기까지 전통적 형태의 두레를 유지하는 경우가 있었으므로, 일제 강점기에 두레는 크게 세 가지 형태로 존재할 수 있었다. 첫째는 전통적 유형이며, 둘째는 변질된 유형이며, 셋째는 새로운 형태로 파생된 유형이다. 두 번째 유형의 두레에서는 공동체적 성격이 퇴색하고, 임금 계산이 노동의 대가를 지배했으며, 청부 임금노동 제도로 변했다. 세 번째 유형은 공동체적 성격이 현저히 사라져 과부나 병약자의 토지에 대한 무상의 공동노동은 일정한 보수를 받아내는 것으로 변하였으며, 두레 가입이나 두레 성원들에 대한 공동체적 구속력이 약화되어 성원들의 '임의성'이 크게 지배하게 되었다. 이런 이유로 변질된 유형의 두레에서는 임금 계산이 철저하게 지배하게 되었다. 두레의 수입을 공동 비용으로 사용하지 않고 두레 성원들에게 임금으로 분배하여 풍물 악기를 구입하기 어렵게 되었고, 공동 식사의 비용을 지주가 부담하게 되었다.[10]

---

7) 신용하, 〈두레 공동체와 농악의 사회사〉, 《공동체 이론》, 문학과지성사, 1985, 255쪽.
8) 주강현, 《한국의 두레》 1, 집문당, 1997, 184쪽.
9) 신용하, 앞의 글, 1985, 257쪽.

두레에서 중심축은 노동에 있다. 두레 결성의 목적이 논매기를 하기 위한 것이므로 놀이는 수반되는 요소이다. 두레의 변화는 우선적으로 노동 형태의 변화를 불러왔고, 그에 따라 놀이의 영역인 풍물굿이 더불어 변화하였다. 이런 측면에서 볼 때 두레가 쇠퇴하자 풍물굿이 변화한 것은 자연스런 결과였다.

(2) 두레의 쇠퇴가 풍물굿 전승에 끼친 영향

두레의 변화가 풍물굿 전승에 끼친 영향은 몇 가지 측면에서 살펴보자.

먼저, 수적인 측면이다. 마을 공동체에서 두레 수가 감소되자 풍물굿의 수도 감소되었다. 충청남도 홍성군의 경우, 1915년에 총 197개의 두레 가운데서 풍물굿이 있는 두레가 83.2퍼센트인 164개였고, 풍물굿이 없는 두레가 33개로 총 두레수의 16.8퍼센트에 달하였다. 풍물굿이 있는 두레도 풍물굿의 구성과 규모가 축소되어 풍물꾼의 수가 5~8인 정도에 지나지 않는 경우도 있었다.11) 주강현이 전국의 60개 마을을 표본조사 한 결과에 따르면, 1940년대부터 1950년까지 80퍼센트의 두레가 소멸하였다.12)

아래의 사례는 일제 말기에 두레와 풍물굿의 수가 급격하게 줄어든 것을 보여준다. 1942년부터 1943년까지 1년 동안 충북 제천군 금성면 구룡리를 조사한 결과로 작성된 것이다.

두레 때의 노임은 옛날부터 돈으로 지불되었는데, 여분의 노동량에

---

10) 신용하, 〈두레 공동체와 농악의 사회사〉, 《공동체 이론》, 문학과지성사, 1985, 259쪽.

11) 위의 글, 262~263쪽.

12) 주강현, 앞의 책, 1997, 91쪽.

대해서 얻은 노임은 전부 동의 재산에 기부하는 경우도 때때로 있다. 여자는 모두 두레에 가담하지 않으며, 남자는 십육 세가 되면 두레에 완전한 한 사람 몫으로 일을 한다. 이 고장에는 옛날부터 농악이 없다. 부근의 동에는 있었던 곳이 있으나, 현재는 농악이 있는 동이 한 군데도 없다. 적덕리에서는 2년 전까지도 두레를 했다. 이곳에서는 최근에 와서는 자주 하는 일이 없어졌다. 재작년에 적덕리에서 했을 때의 예를 본다면 집집이 따로따로 임해서 3일 걸리는 일을 두레에서 하면 2일이면 끝났다. 일 할 사람이 없는 집이라도 노임을 내어서 두레에 가담할 수 있는 것이다. ……

   이 지방은 양반이 많은 곳이므로, 여자는 외출도 그리 하지 않고, 더욱이 농경지에는 나가지 않았다. 두레에도 호미시세에도 여자는 가담하지 않는다. 호미시세 때에는 남자 아이들은 모여든다. 두레나 호미시세가 최근에 와서 없어진 까닭은 시국 관계도 있겠으나 두레보다 더 간단히 할 수 있는 품앗이가 있기 때문이다.13)

원래 구룡리에서는 풍물굿이 없었다. 풍물굿이 있었던 인근 마을조차도 일제 말기에는 풍물굿 전승이 중단되었다는 사실을 보여준다. 당시는 일제가 태평양전쟁을 수행하던 시기였으므로 놋그릇, 수저뿐만 아니라 풍물 악기까지 공출해 갔다. 특히 1942년 겨울은 일본군이 싱가포르를 함락한 때이므로 조선에서의 물자 공출을 더욱 가속화되었다. 그러나 위의 저자는 두레의 쇠퇴가 공출제의 영향보다 농업 노동이 품앗이 중심으로 변해간 것을 주된 요인을 꼽아 자신들의 수탈정책을 애써 외면하고 있다. 일제 말기에는 이 마을의 경우처럼 완전히 사라지고 품앗이만 남게 된 것이다. 그러므로 풍물굿 수의 감소는 일제 초기

---

13) 鈴木榮太郞 지음·이화여대 사회학과 편역, 《韓國農村社會踏査記》, 이화여대 출판부, 1961{1944}, 112~114쪽.

부터 말기까지 꾸준하게 진행된 두레의 쇠퇴와 그에 따른 농업 노동 형태의 변화로 말미암았음을 알 수 있다.

이 시기에는 풍물굿이 두레와 분리되어 독립적으로 재조직되기도 했다. 경기도 고양시 성석동의 진밭 풍물굿이 정확히 언제부터 유래하였는지 알 수 없으나, 1919년에 재조직되었다. 이 마을에서 예전부터 풍물굿이 존재하지 않았다고 보기는 어려우며 두레의 변질·소멸과 함께 중단되었다가, 이때 재조직되었다.[14] 풍물굿이 두레의 운명과 함께 쇠락하고 분리되어 풍물굿만 살아남게 된 과정을 보여준다.

다음으로 기능적 측면이다. 두레의 쇠퇴는 풍물굿의 노동 능률을 높이는 기능을 크게 약화시켰다. 협석리 사례처럼 두레꾼들은 '떵까'의 신호에 따라 모이고, 노동의 현장으로 갈 때에는 농기와 풍물패의 반주에 맞추어 함께 이동하였으며, 논을 맬 때에도 밭둑에 서서 징을 치는 사람의 신호에 따라 일꾼들이 동작을 맞추고, 함께 쉬는 시간을 가짐으로써 노동의 능률을 높일 수 있었다.

> 일정 때는 잘사는 집에서 모심기할 때 많이 했지요. 당연히 그 집에 술도 있고 점심도 있고 하니 자연히 모이지. 부잣집이니까. 옛날에. 그거는 흥을 돋구는기라. 일할 때. 부잣집에서 아침에 술하고 밥하고 먹고 모심기 하러 가지. 거기 가면은 매구치는 사람들은 논에 안 들어가. 논 가세 너른 공터에 서서 한참을 치지 뭐. 참 나오면 참도 먹고 그러다가 점심 먹고 오후 한 시나 두 시 되면 들어오지. 논 가세서 치다가 쉬었다 하면서.[15]

두레노동에서 풍물꾼들이 논두렁에서 흥을 돋우기도 하고, 풍물 악

---

14) 김원호·노수환,《경기도의 풍물굿》, 경기문화재단, 2001, 278쪽.
15) 경북 울진군 온정면 선구1리 황명출(남, 88)의 증언.〔2006. 1. 25. 면담〕

기의 신호에 맞추어 논매기를 하곤 했으나, 두레의 변화로 말미암아 풍물굿은 더 이상 노동 능률을 높이는 기능을 유지하지 못하였다. 두레의 쇠퇴는 풍물굿의 오락적 기능도 약화시켰다. 오늘날 대부분의 마을에서 풍물굿이 동제를 중심으로 전승되고 있는 현상도 두레와 관련된 풍물굿의 노동·오락적 기능이 약화된 결과이다.

> 그러나 농민대중에 잇서서는 상류한 오락과는 전연히 다른 농민오락 이잇다. 특히 중부이남의 조선에서는 세벌 김맬(제초)때 또는 추수를 마친때 그네농민들끼리 소박한 일종 농민 무용을 興行할새 鉦鼓를 울리며 피리를 불며 꽹가리를 치며 거기 마초와 亂舞를 춘다. 그리하야 노동의 苦楚를 이저버리고 수확의 성공을 자랑하는 것이다. 농민들이 아무리 핏땀을 흘리며 노고를 하지마는 이와가튼 오락이 잇기 때문에 오히려 우슴을 먹음고 사는 것이 아닌가 그러치만 근래에는 切追해가는 경제의 關係로 해서 그런지 이전만큼 농민의 오락도 풍요하지 못한 것이 사실이다.16)

다음으로 가치 척도의 측면이다. 일제 강점기부터 활성화되기 시작한 임노동은 풍물굿의 가치 기준을 바꾸어 놓았다. 풍물굿 연행이 화폐의 대가로 가치가 매겨지기 시작했다. 전통사회에서 전문 예인집단의 풍물굿 연행이 교환가치로 환산되기는 했으나 이런 경우는 외부의 풍물꾼들이 자신들의 기예를 판 대가로 일정한 금액을 받는 것이었다. 원칙적으로 두레노동은 상부상조의 정신에 따라서 과부나 병약자와 같이 균등한 노동력을 제공하지 못하는 경우라도 무상으로 이루어졌으나, 일제 강점기에 두레가 변질되면서 두레노동에 대한 임금 계산이 철저하게 이루어졌다.17) 풍물굿이 있는 마을에서는 풍물굿 연행의 대가로

---

16) 《조선일보》 1935년 6월 10일자 기사.

모은 돈을 마을의 기금으로 사용하였고, 풍물이 없는 마을에서는 다른 마을의 풍물패를 부르거나 지역 단위의 전문 걸궁패를 불러 두레노동에 참여시키고 그들에게 일정한 대가를 지불하였다.

그래 가지고 인자 예를 들어서 이십만 원이면 이십만 원 삼십만 원이면 삼십만 원을 벌었단 말이여. 그놈 가지고 삯을 줘야지 농악 친 사람들을. 그러니까 농악 잘 치는 동네는 저거동네 사람들이 쳐버리면 삯줄 것은 없제. 삯줄 것이 없으니까 그놈 갖고 저거동네 기부금도 하고 논은 그렇게 새벽부터 와서 하루 종일 메야쓴게 농악 치는 사람들이 전부 앞에서 꽉꽉 밟아주거든. 그럼 메기가 좋제. 그냥 푹신푹신 밟아서 두레지심이. 보통 한 마지기 메는 사람이 한 말 일곱 지기나 두 마지기까지 메. 그냥 그를 보통 두레하고 그래.[18]

마지막으로 계층적 측면이다. 두레의 쇠퇴는 풍물굿 전승을 담당하는 계층의 변화를 불러왔다. 조경만의 보고에 따르면,[19] 1940년대 초반 충남 부여군 초촌면 추양리에서는 "농사일은 머슴이 낸다"는 말이 있을 정도로 두레에서 머슴들의 영향력이 강했다. 이 마을 두레의 중심이 되었던 머슴들과 일부 젊은이들에게 두레의 결성은 성대한 행장을 갖춘 풍물을 칠 기회를 얻는 것이고, 농한기 축제를 벌일 수 있는 실질적·명분적 기회를 확보하는 것이었다. 늘 상당한 작업량을 떠맡고 있는 이들에게 농한기의 축제와 여가는 여느 농민들보다 더 절실한 문제이다. 그래서 머슴들이 주축이 되다시피 '두레를 내자'는 여론을 조성하고 상

---

17) 신용하, 앞의 글, 1985, 259쪽.
18) 굿연구소 편, 《굿》 4월호, 1991, 21~22쪽.
19) 조경만, 〈농업노동형태의 생태경제적 맥락에 관한 일고찰—1940년 전·후 추양리 두레를 중심으로〉, 《한국문화인류학》 19집, 한국문화인류학회, 1997, 157~158쪽.

머슴이 그 대표로 나선다. 특히 타지에서 온 머슴의 경우, 사회생활에
서는 주변적 존재에 머무르나 두레의 결성에서만큼은 영향력이 컸다.
그러나 이 마을에서 1940년대 초반 이전에 두레가 사라짐에 따라 머슴
들에게 풍물을 칠 기회가 줄어들고 그 영향력은 약해질 수밖에 없었다.

3. 전문 예인집단의 쇠퇴와 뜬쇠들의 이합집산

(1) 전문 예인집단

일제 강점기까지 활동한 전문 예인집단(이하 예인집단)은 남사당패,
사당패, 걸립패, 포장굿패, 중매구패, 굿중패, 솟대쟁이패, 대광대패, 초
라니패, 짠지패, 날탕패, 풍각쟁이패, 협률사패, 애기장사패, 각설이패,
광대패, 모래굿패 등이 있다.[20]

남사당패는 꼭두쇠를 우두머리로 40~50명이 한 패를 이루며 풍물
굿을 비롯한 버나(대접돌리기), 살판(땅재주), 어름(줄타기), 덧뵈기
(탈놀이), 덜미(꼭두각시놀음) 등의 기예를 보유한 남색(男色) 조직
이다. **사당패**는 주 구성원이 여성(사당)이며 모갑(某甲)이라는 남성
이 우두머리가 되고 그 밑으로 거사(居士)라는 남성 한 명이 사당을
거느린 조직으로, 연희 종목은 춤과 노래이며 사당이 몸을 팔아 해우채
를 받아 조직을 운영한다. **걸립패(비나리패)**는 화주를 정점으로 비나
리(고사꾼), 보살, 잽이(풍물잽이), 산이, 탈발 등 15명이 한 패를 구성
하며, 사찰의 신표를 제시하고 풍물굿과 고사(지신밟기), 덕담을 통해

---

20) 심우성, 《남사당패 연구》, 동문선, 1989, 25~36쪽; 윤광봉, 《유랑예인과 꼭
두각시놀음》, 밀알, 1994, 116~122쪽; 서연호, 《한국 전승연희의 현장연구》,
집문당, 1997, 289~319쪽; 전경욱, 《한국의 전통연희》, 학고재, 2004, 562~
576쪽; 손태도, 《광대의 가창 문화》, 집문당, 2003, 424쪽.

받은 곡식과 돈으로 생계를 유지한다. **중매구패**는 경남 남해군 화방사 소속의 걸립패가 놀던 탈놀이 이름인데 이것이 그들의 대표적인 연희이기 때문에 단체를 부를 때 그대로 '중매구'라 부른다. **포장굿패**는 남사당 행중이 넓은 공터에 서커스단 같은 소규모 가설극장을 세우고 그 속에서 입장권을 받아가며 연행하는 것이다.21) **솟대쟁이패**는 진주를 근거지로 긴 장대 두 개를 세우고 그 위에서 기교를 부리고 재담을 하는 단체로서, 솟대타기 외에 새미놀이(무동)·얼른(요술)·꼰두질(땅재주)·오광대·풍물굿·버나·병신굿 등을 전문으로 하였다. 뒤에 곡마단의 전신이 된다.22) **대광대패**는 20세기 초에 경남 초계 밤마리를 중심으로 죽방울받기와 솟대타기를 한 뒤 탈놀이를 연행한 단체이다.23) **날탕패(날당패)**는 19세기 이후에 평양에서 결성되어 주로 〈앵봉가〉, 〈사거리〉, 〈방에타령〉, 〈담바고타령〉 등 산타령을 불렀으며, 20세기(1915년) 극장무대에 제일 먼저 선 사당패의 후예들이다. 1915년 이후에는 서울에서 기생들을 공식적으로 교습하는 단계로까지 발전하였다.24) **풍각쟁이패**는 대부분 장애인으로 해금·가야금·피리·퉁소·북 등의 반주에 맞춰 〈초한가(楚漢歌)〉, 〈짝타령〉 등의 노래를 부르고 〈봉장취〉, 〈신방곡〉, 〈시나위〉의 무계적 성격의 음악뿐만 아니라, 〈여민락(與民樂)〉과 같은 궁중음악을 연주하였으며, 미나리조(메나리 토리)의 민요를 즐겨 불러 노래나 연주의 폭이 매우 넓은 단체였다.25) **짠지패**는 풍물 반주에 맞추어 경기 소리를 하며 서울의 경강과

---

21) 서연호, 《한국 전승연희의 현장연구》, 집문당, 1997, 298쪽.
22) 남성진, 〈진주·삼천포 농악의 전통 형성과 전승 주체의 현실 대응〉, 안동대학교 석사논문, 2002, 14쪽; 서연호, 위의 책, 1997, 290쪽; 윤광봉, 앞의 책, 1994, 141쪽.
23) 전경욱, 《한국가면극》, 열화당, 1998, 144쪽.
24) 권도희, 《한국 근대음악 사회사》, 민속원, 2004, 102~103쪽.
25) 박전열, 〈풍각쟁이의 기원과 성격〉, 《한국민속학》 11호, 한국민속학회, 1979, 43쪽.

장시를 중심으로 좌창(坐唱)과 입창(立唱)을 병행하였다. 뚝섬패·한강패·쇠봉구패·용산삼개(마포)패·동막패·성북동패·왕십리패·청패·진고개 호조 다리패(월선이패)·배오개 마전 다리패·과천 방아 다리패 및 자문밖패·무아간패·애오개패 등이 20세기 초반까지 이름을 날렸던 단체들이며, 이 가운데서 뚝섬패가 으뜸이었다.26) **초라니패**는 《교방가요(敎坊歌謠)》에 따르면 '가면금목(假面金目)'이라 하여 가면을 쓰고 눈빛이 이상한 무리들로서 초라한 행색을 하고 액막이 고사, 즉 고사소리를 상품으로 팔았다.27) **각설이패**는 거지들의 패거리로 서울의 큰 시장이나 나루(강)보다는 지방의 시장을 돌면서 걸식을 하였다.28) 이외에 **동냥승**은 불교와 관련을 맺으면서 노래를 팔고 걸식한 것으로29) 보아 개인적인 유랑 예인도 있었음을 알 수 있다.

각 예인집단은 활동의 근거지, 자신들이 보유한 주 연행종목, 구성원 및 소속 단체의 성격 등에 따라 차별적인 이름을 사용한다. 다른 단체들과 벌이는 경쟁에서 유리한 고지를 점령하기 위해서는 세력과 기량뿐만 아니라 단체의 명칭도 중요하게 작용한 것으로 보인다.

(2) 뜬쇠들의 이합집산

일제 강점기 예인집단은 문화정책에 따라 탄압받고 쇠퇴하였다. 문화정책은 외형적으로 무단통치와는 다르게 유화적인 통치방식이었으나, 일제의 식민 지배를 더욱 효과적으로 강화하고 자신들의 의도를 은폐하려는 차원에서 마련한 것이었다. 일제는 우리의 전통 신앙을 미신

---

26) 양서문화사 편, 〈사라져간 1900년대의 풍물〉, 《한국민속 사진자료》, 1979, 399쪽 사진 No. 101; 권도희, 앞의 책, 2004, 104쪽.
27) 정현석 지음·성무경 옮김, 《교방가요》, 보고사, 2002, 226쪽.
28) 권도희, 《한국 근대음악 사회사》, 민속원, 2004, 50쪽.
29) 위의 책, 50쪽.

으로 일축하였으며 민속공연의 연행을 법적으로 금지하였다. 석전, 동채싸움, 횃불싸움, 장치기 등 격렬한 경쟁성을 띠는 놀이들을 일반형법 외에도 1926년에 제정된 '폭력행위 등 처벌에 관한 건'이라는 특별법령을 만들어 엄격히 금지하였고, 상무적이지 않은 집단오락, 즉 줄당기기·지신밟기·답교 등과 심지어는 강강술래 등 여성들의 집단놀이마저도 치안·풍기상의 명분이나 미신·경제적 이유 등을 들어 제지하였다.[30] 특히, 일제는 전국의 경찰력과 일본인 학자들을 동원하여 민속예술을 조사하고 '나쁜 것(미신으로 여겨지는 것)'을 가려내고 '개량'이라는 명목 아래 미신타파운동을 감행하였다. 아래의 기사는 당시의 정황을 잘 보여준다.

> 총독부 학무국에서는 일즉부터 민중오락의 선도방침을 세우고저 각 도시와 농촌으로 두루두루 민중락을 조사 중이더니 요즘와서 이것이 끗낫으므로 이것을 바탕으로 잡아 조흔 것은 장려하고 나쁜 것은 고치고저 연구 중이라고 한다.[31]

무당굿을 비롯한 예인집단의 신앙 행위, 유랑걸식, 매음, 남색 행위, 떠들썩한 소란 행위, 대규모 관중의 동원 등은 모두 '미신'이나 '치안 및 풍기문란' 죄에 걸릴 수밖에 없었으므로, 이러한 행위에 대한 직접적이고 구체적인 제재가 가해졌다. 당시 식민지 통치당국뿐만 아니라 우파 민족주의자와 좌파 지식인들 또한 각기 추구하는 목적은 달랐으나 모두 미신타파를 외쳤고, 일반 지식인들과 청년들까지도 무속을 비롯한 민간신앙은 근대화를 이루기 위해서 버려야 할 대상으로 인식하였다.[32] 이러한 배경 아래 남사당패는 1927년부터 일경의 탄압으로 전

---

30) 한양명, 앞의 글, 1999, 99~100쪽.
31) 《조선일보》 1938년 7월 11일자 기사.
32) 이필영, 〈일제하 민간신앙의 지속과 변화—무속을 중심으로〉, 《일제의 식민

통적인 명칭(남사당)을 사용하지 못하고, 단장(꼭두쇠)의 성명 뒤에 단체를 의미하는 '패' 또는 '행중'을 붙여서 활동해야 했다. 그 결과 이 시기에는 대부분의 남사당이 해체되고 약 15개 정도의 행중만 존재하였다.[33] 일제의 탄압은 조직의 와해 내지 축소로 이어졌는데, 보통 남사당은 40~50명이 한 패를 이루었으나, 이돌천(1919년생)이 19세(1938년)에 가입한 남운용 행중은 적을 때 10여 명에서 많을 때 25명 정도로 축소되었다.[34] 1930년대에 이르러 남사당패는 개다리패(바우덕이패), 오명선패, 심선옥패, 안성 복만이패, 원육덕패, 이원보패 등 6개로 줄어들었다.[35]

함경도 성진에서는 경찰서를 드나들기 열네 번 만에 공연허가를 받았다. 열세 번째 들어갔을 때는 일본 형사에게 따귀를 얻어맞고 유치장에 갇히는 신세가 되었다. 1시간쯤 지난 뒤, 유치장에서 풀려나오는 길로 불문곡직하고 서장실로 들어가 서장에게 직접 사정했다. 자초지종을 들은 서장의 명령으로 마침내 허가를 받기는 했지만, 경찰서를 나오는 남형우의 눈에서는 눈물이 나올 지경이었다.[36]

이들이 활동하기 어려웠던 것은 일제의 제재가 직접적인 원인이 되기도 했지만, 한편으로는 당시 새롭게 부각되고 있던 근대 극장과 신파극의 흥행으로 더 이상 관중의 시선을 끌기에 역부족인 탓도 있었다. 1936년 무렵 솟대쟁이패는 일본 사람들로부터 공연 허락을 받기 어려웠고, 솟대쟁이패 내부에서도 〈장화홍련〉 같은 신파극 쪽으로 흘러들

___

지배와 일상생활》, 혜안, 2004, 343쪽.
33) 서연호, 《한국 전승연희의 현장연구》, 집문당, 1997, 145쪽.
34) 위의 책, 296쪽.
35) 심우성, 앞의 책, 1989, 45쪽.
36) 서연호, 앞의 책, 1997, 153쪽.

어간 사람이 있어서 해체되기에 이른다.37)

광무대와 같은 근대 극장에서는 레퍼토리 개발 차원에서 남사당패의 줄타기·무동타기·땅재주 등을 레퍼토리에 끌어들였으나, 신식 교육을 받은 사람들에게는 전통연희가 하나의 진부한 예능으로밖에 비치지 않았기 때문에, 이러한 종목을 빼달라는 비판이 나오기도 했다. 당대 최고의 흥행스타였던 남사당패조차도 근대 극장에서 살아남기 힘들었으므로 여타의 단체들이 활발하게 진출하기 어려웠던 것은 자명한 사실이다.

이렇듯 사면초가에 처한 예인집단은 각자 살길을 도모하기 위하여 이합집산을 거듭할 수밖에 없었는데, 그 양상은 여러 가지이다.

첫째, 단체를 해산하고 각자의 고향으로 돌아가거나 다른 직업을 구하는 것이다. 솟대쟁이패가 해산되자 김도생와 김수갑은 농사를 지으며 한곳에 정착하였고, 문현재와 조판조는 전업적인 약장수가 되었다.38) 둘째, 다른 단체와 합치는 것이다. 1930년대에 이르러 사당패가 일제의 공연금지와 이로 말미암은 생계유지의 어려움을 이유로 남성들로 구성된 남사당과 혼성체를 이루었다.39) 셋째, 자신이 이끌던 단체를 다른 사람에게 파는 것이다. 언제인지 정확하지는 않지만, 송순갑이 행중을 최은창에게 팔아넘겨 여기에 소속된 단원들이 최은창의 밑으로 들어오게 되었다.40) 넷째, 개인의 자격으로 여러 단체를 옮겨다니는 것이다. 대부분의 전문 예인들은 상당히 활발하게 여러 단체를 옮겨다닌 것으로 보고되고 있어, 이 경우가 가장 일반적이었다. 이돌천(1919

---

37) 남성진, 앞의 글, 2002, 16쪽.
38) ＿＿＿, 앞의 글, 1997, 17쪽.
39) 남사당패의 남기환(남, 61, 예능보유자)은 자신이 어린 시절에 남사당패가 다른 예인집단들과 통합되는 과정을 겪었다고 증언하였다.〔2000. 10. 2. 면담〕및 심우성, 앞의 책, 1989, 28쪽 참조.
40) 서연호, 앞의 책, 1997, 299쪽.

년생)의 경우, 16세(1935년) 때 마을에서 상모를 돌리고 상쇠를 쳤으며, 17세(1936년) 때에는 뜬쇠가 되어 박치삼 행중에 몸을 담아 법고 춤을 추거나 때때로 상쇠를 맡았으며, 19세(1938년)에 다시 남운용 행중에 3년 동안 가담하였다가 고향으로 돌아왔다. 그 뒤 1940년대 초부터 1950년대 말까지 그가 몸담았던 행중은 7개(장인환, 최성구, 이원보, 남운용, 송순갑, 최은창, 송복산)나 된다.[41] 경우에 따라서는 단체의 성격이 맞지 않아 스스로 다른 단체로 이적하기도 했다. 다섯째, 근대 극장이나 국극단으로 들어가는 것이다. 경성 짠지패와 평양 날탕패·남사당패가 광무대에서 공연을 했고, 전북지역의 뜬쇠들은 일시적으로 풍물패를 만들어 국극단의 공연에 참여하거나 멀리 만주, 일본까지 가서 공연하기도 했다.[42] 여섯째, 기방으로 진출하는 것이다. 날탕패가 서울에서 기생들을 공식적으로 교습시키는 단계까지 발전하였으며, 협률사의 구성원들이 기방의 소리선생으로 들어간 사례는 당시 기방과 전문 예인들이 긴밀하게 연관되어 있었음을 보여준다.

남사당패의 활동을 통해서 당시의 상황을 살펴보자. 남사당패는 마을, 장터, 부잣집 잔치, 조창, 나루, 굿판, 전람회 등 초청된 곳이든 그렇지 않은 곳이든 가리지 않고 유랑하였는데 그들의 활동은 크게 몇 가지로 요약될 수 있다.

첫째, 걸립하는 경우이다. 이것은 남사당패의 주된 활동으로 낭걸립과 절걸립이 있다.[43] 낭걸립은 서낭걸립의 줄임말로서 마을의 공공사업 자금을 마련하고, 걸립패의 생계를 유지하는 목적이 있다. 낭걸립에는 마을 풍물패가 자기 마을을 위해 낭걸립을 하는 경우와 다른 지역

---

41) 서연호, 《한국 전승연희의 현장연구》, 집문당, 1997, 295~299쪽.
42) 김명곤, 〈어떻게 허먼 똑똑헌 제자 한 놈 두고 죽을꼬?〉, 《임실 '설장구잽이' 신기남의 한평생》, 뿌리깊은나무, 1992, 107쪽.
43) 낭걸립과 절걸립에 대한 자세한 사항은 심우성, 앞의 책, 1989, 28쪽 및 서연호, 앞의 책, 1997, 306~313쪽을 참조.

의 풍물패를 초청하여 하는 경우가 있다. 남사당패의 걸립은 후자에 속한다. 어떤 마을에서 다리를 건립하는 데 자금이 부족하여 낭걸립을 요청하면, 걸립패는 가장 먼저 마을의 서낭신을 받아서 계약을 맺고, 그 마을뿐만 아니라 인근 마을까지 돌면서 걸립을 한다. 낭걸립은 서낭신을 섬기는 농촌 마을에서 이루어진다. 마을과 걸립패가 여기서 나온 기금을 각각 3 대 7로 나눠 갖는다.

절걸립은 관계를 맺고 있는 사찰의 신표를 제시하고 허락을 받으면 터굿·샘굿·조왕굿·성주굿 등의 순서로 축원덕담을 하는 것인데, 반드시 특정한 사찰과의 계약관계로 이루어진다. 절걸립을 할 때 가장 조심해야 할 것이 몸가짐과 처신이다. 불도와 사찰의 명예를 위해서 여러 가지의 금기를 지켜야 한다. 절걸립을 통해 나온 기금은 낭걸립과 마찬가지로 3 대 7로 나누어 7은 단원들의 몫이 된다. 상쇠가 고사소리를 할 경우에는 두 몫을 받는다. 절걸립은 대체로 낭걸립과 유사하나 유독 고사덕담이 발달되어 있는 것이 특징이며, 주로 도시나 어촌을 다니면서 여관방에 유숙하고 매식(買食)한다는 점에서 낭걸립과 다르다.

둘째, 공동체 제의에 참여하는 경우이다. 남사당패는 동제, 다시래기, 도당굿에도 참여하였다. 이경엽은 전라도의 다시래기에 나오는 '거사·사당놀이', 즉 거사와 사당이 마주 서서 진퇴를 거듭하면서 노래를 주고받는 놀이에 주목하여, 다시래기가 남사당패와 긴밀한 연관을 지닌다고 보았다. 그 근거로 임술년(1862)부터 정묘년(1927)까지 전라도 어느 마을의 《동계책(洞契冊)》 지출항목에 '남사당'과 '가객(歌客)'에 대한 기록이 여섯 번 나오는 것으로 보아, 비정기적이지만 남사당이 공동체의 연례적 행사에 유료로 초청되었다고 주장하였다. 다산 정약용이 '우파(사당), 창기, 주파(주모), 화랑(광대), 악공, 뇌자(초란이), 마조(투전), 도사(소나 돼지를 잡는 일)' 등을 경계하였다는 기록을 바탕으로 도서(島嶼)지역에서 파시(波市)가 되면 번성하는 유흥문화가 남사당패와 같은 떠돌이 패들이 찾는 배경이 되었다고 했다. 이러한 배경으로 도서지역을 찾은 남사당의 놀이가 토착한 연희자들에게 전수되고, 그들의 연행물에도 스며들게 되었다고 한다.[44]

남사당패는 별신굿과 도당굿에도 참여하였다. 1930년대에 한성준은 정월달에 안면도의 당굿에 가서 놀았으며,[45] 일본인 학자들은 1930년대 경기도 덕물산의 도당굿에서 남사당패가 관중들과 어울려 신명나게 노는 장면을 사진으로 남겼다.[46] 남해안 별신굿 보유자 정만영(1956~)이 어릴 적만 하더라도 별신굿을 하면 전라도 쪽의 무부(巫夫)들도 많이 와서 굿에 참가해서 한몫씩을 하고 굿의 진행과 관계없는 남사당패 집단들도 와서 한몫씩 하고 갔다고 한다.[47] 이러한 사례들로 미루어 남사당패는 비록 초청받지 못한 굿판이더라도 참여하여 자신들이 낄 수 있는 부분에서는 한 몫씩 하였고, 여러 패들과 어울려 다니면서 축제를 즐겼던 것으로 보인다.

셋째, 독자적으로 흥행판을 벌이는 경우이다. 대표적으로 포장굿이 있다. 포장굿은 넓은 공지에 서커스단과 같은 가설극장을 세우고 그 속에서 입장권을 받아가며 자신들의 기량을 마음껏 뽐내는 것이다. 1930년대 박치삼 행중은 10여 명으로 구성되었는데, 송순갑의 땅재주와 김원천의 창이 인기가 높았다.[48] 이 경우는 유료로 관중을 받기 때문에 어느 때보다 흥행에 신경을 써야 하며 자신들이 보유한 최고의 기량을

---

44) 이경엽, 〈도서지역의 민속연회와 남사당노래 연구─신안 남사당노래의 정착 과정을 중심으로〉, 《한국민속학》 33집, 한국민속학회, 2000; 이경엽, 〈서남해 지역의 남사당 관련 민속연회와 연회자 연구〉, 《고전희곡연구》 5집, 한국고전희곡학회, 2000 참조.

45) 손태도, 앞의 책, 2003, 424쪽.

46) 이 사진은 1930년대 아키바 다카시(秋葉隆)과 아카마쓰 지조(赤松智城)가 도당굿이 끝난 뒤 여흥을 즐기는 모습을 찍은 것으로, 군중 사이에서 한 명은 맨머리에 꽹과리를 치고, 다른 한 명은 상모를 쓴 채 소고를 치는 모습이다 (서울대학교 박물관 편, 《그들의 시선으로 본 근대》, 2004, 54쪽).

47) 손태도, 앞의 책, 2003, 423~426쪽.

48) 서연호, 앞의 책, 1997, 298쪽.

선보인다.

마지막으로 전람회 따위의 행사에 초청되어 공연을 하는 경우이다. 송석하의 사진과 《조선일보》 기사에는 1938년 봄에 특산품 전시회의 일환으로 개최된 민속예술대회에 대한 장면과 내용이 실려 있는데, 여기에 남사당패로 보이는 풍물패가 공연을 하는 모습이 보인다.

4. 농악경연대회의 시작

일제 강점기의 풍물굿을 개괄적으로 이해하는 데에는 무라야마 지준(村山智順)이 쓴 《조선의 향토오락》이 도움이 된다. 이 책에는 풍물굿이 주로 '농악'으로, 이외에 두레·지신밟기·취군·매구·매귀·매귀춤·걸립 등으로 표기되어 있다. 전통사회에서 세시풍속의 일환으로 정초, 2월 초하루, 4월 동제, 모내기, 김매기철, 추석, 각 명절, 수시 등에서 연행되었던 모든 형태의 풍물굿이 등장한다. 다음은 그러한 몇 가지 주요 사례들이다.

> 농악 (정월, 김매기철, 각 절기 — 농민)
> 정월에는 각 집을 돌며 축하하고, 김매기 철에는 두레패를 이루어 공동으로 김매기를 한다. 백중, 호미씻이 후, 또는 추석 등에도 여흥으로 농악을 즐긴다. 또 다른 마을에도 나가서 김매기를 해주고 한 마지기에 얼마씩 셈해서 약간의 보수를 받기도 한다. 이때 얻은 보수는 악기 수리비 등의 지출 이외에 호미씻이나 김매기 때의 음식을 장만하는 비용으로 쓴다.49) 〔논산 지방〕

---

49) 무라야마 지준(村山智順) 지음·박전열 옮김, 《조선의 향토오락》, 집문당, 1992, 139쪽.

농악 (여름 — 남자)

취군배(聚軍輩)라고도 하는 직업적인 농악대가 하는 경우도 있다.[50] 〔황해도 금천 지방〕

지신밟기 (정월 — 농민)

일종의 가장행렬로서, 그중 가장 중요한 역할은 사대부, 팔대부, 포수 등이다. 사대부와 팔대부는 큰 관을 쓰고 긴 담뱃대를 가지고, 의젓하게 무게 있는 걸음으로 맨 앞에 서고, 뒤에는 죽은 꿩을 넣은 망태와 나무총을 맨 포수가 각종 가면을 쓴 사람들에게 떠밀리면서 요란하게 악기를 울리며 마을의 부유한 가정을 차례로 돌며 지신을 밟는다. 이때는 반드시 "좋은 지신이여 잡귀 잡신은 물러가고 천복 만복은 오너라"고 외치며 다닌다. 그리고 지신밟기를 부탁한 사람은 곡식이나 돈과 술·안주 등을 내어 감사하며, 이렇게 모은 돈은 마을의 공익 경비로 쓴다.[51] 〔경남 동래 지방〕

매구〔埋鬼〕 (정월 — 농민)

농악을 하면서 마을의 각 집을 찾아가서 집 주위를 돌며 잡귀를 쫓는다. 농악대는 색깔있는 옷을 입고 머리에 커다란 꽃이 달린 고깔을 쓰고 악기를 울리면서 춤을 춘다. 이때 각 집의 주인은 이에 보답하는 뜻으로 음식이나 돈 혹은 곡식을 내어준다.[52] 〔전남 구례 지방〕

취군(聚軍) (정월, 4월 초파일)

열 명 내지 수십 명이 무리가 되어, 종이로 만든 꽃 모양의 고깔을

---

50) 무라야마 지준(村山智順) 지음·박전열 옮김, 《조선의 향토오락》, 집문당, 1992, 322쪽.
51) 위의 책, 296쪽.
52) 위의 책, 139쪽.

쓰고, 행전을 차서 무릎 아래에 조여 매고 짚신을 만든다. 징, 꽹과리, 장고를 치며 날라리를 부는데, 날라리 가락에 맞추어 전원이 흥에 겨워 춤추며 돈다. 이 일행이 지나가는 곳에는 흔히 구경꾼이 지어 모이므로 인산을 이루게 된다. 〔경기도 개성 지방〕

농악대회〔農桑契〕 (7월 농한기 — 농민)
20여 명씩으로 조직된 각 농악대가 악기(호적, 장고, 북, 꽹과리 등)를 준비하여, 수시로 연습하다가 일 년에 한 번씩 농악대회를 개최한다. 각 농악대의 기량을 비교 심사하여 등급을 정한다. 심사원은 지방의 유지들로 하고 입선한 농악대는 농기구를 상으로 받는다. 〔황해도 해주 지방〕53)

여기서 주목을 끄는 것이 '농악대회'이다. 이 책을 통틀어 '농악대회〔農桑契〕' 기사가 단 한 편밖에 등장하는 않는 것으로 보아, 1936년 무렵에 풍물경연대회는 흔하게 벌어지지 않았으며 이 시기부터 시작된 것으로 짐작된다. 기사의 내용을 보면, 황해도 해주지역에서 음력 7월쯤 논매기를 마치고 농민들이 한숨을 돌리는 시간에 지역의 유지들의 심사 아래 여러 마을의 풍물패가 모여 그동안 틈틈이 갈고닦은 기량을 경쟁하였으며, 입선한 풍물패에 상으로 농기구를 수여하였다. 그러나 소략한 내용만으로는 누가 이 대회를 개최하였는지, 심사위원으로 나온 지역 유지는 누구인지, 참여한 풍물패는 어떻게 놀았는지, 경연은 어떠한 방식으로 진행되었는지 등에 대해 내용을 확인하기 어렵다.

민속예술 전반에 걸쳐 경연대회가 일제 강점기 때 시작된 것은 아니다. 해주 탈춤의 경우, 해마다 단오절을 전후하여 해주 감영에서 각처의 탈놀이패를 불러서 경연을 베풀었다. 그 가운데서 가장 잘한 놀이꾼

---

53) 위의 책, 343쪽.

에게는 감사가 관기 한 명을 상으로 하사하였는데, 이러한 행사를 통해서 탈놀이가 더욱 발달할 수 있었다.54) 전통사회에서 탈놀이가 경연대회 방식으로 존재하였으나 풍물굿은 그 사정이 달랐다.

풍물굿 전승에서 경쟁방식이 사용된 곳은 두레패들이 자기 마을의 위세를 높이거나 서로 길을 안 비켜주려고 기세배의 형식으로 다투거나, 두레에 속한 풍물꾼들이 자신들의 기량을 뽐내기 위해서 겨루는 '쇠싸움'에서이다. 두레싸움은 매우 치열한 양상으로 벌어지는 경우가 많았다. "두레싸움은 살인도 없다"는 말처럼 각 마을의 대동깃발을 중심으로 두레꾼들은 힘을 모아 자기 동네의 힘을 과시했다. 싸움의 목표는 상대편 꿩장목을 빼앗는 것이었다. 양편은 서로 빼앗기지 않으려고 상투를 잡고 악기를 부수고 장대를 꺾기도 하였다. 일단 싸움이 끝나면 꿩장목을 돌려주고, 진 편에서 이긴 편에게 술을 내어 화해를 함으로써 공동체 사이의 연대를 다졌다.55) 금산 풍물굿의 경우, 송계두레를 할 때에 '쇠싸움'이라 하여 쇠잽이(꽹과리잡이)들이 '누가 더 빨리 치는가'를 겨루었고, 이것이 이어져 장구잽이들이 자신의 기량을 뽐내기도 했다.56) 전통사회에서 풍물굿 또한 경쟁 방식으로 존재하기는 했으나, 그것은 경연대회처럼 본래의 전승 맥락을 벗어난, 인위적이고 압축된 시공간에서 제일 잘한 팀이나 사람을 가려 수상을 하기 위한 것이 아니라, 생업·세시의 맥락에서 마을 간 또는 풍물꾼 간에 자신이 속한 공동체의 위세를 과시하고, 공동체 간의 연대를 키워나가기 위한 차원에서 이루어졌다.

아래의 사례는 《조선의 향토오락》에 실린 '농악대회'의 부족한 내용을 어느 정도 보완한다.

---

54) 서연호, 앞의 책, 1997, 26쪽.
55) 주강현, 앞의 책, 1997, 280~281쪽.
56) 김익두 외, 《호남좌도 풍물굿》, 전북대 박물관, 1994, 208~209쪽.

김기복은 안성풍물이 발전했던 요인의 하나로 부유했던 마을에서 주최했던 풍물경연대회를 지적했다. 자신도 몇 차례 참가한 적이 있는 이 대회는 소 한 마리를 상품으로 걸고 마을에서는 소문난 인근의 유랑연희패들을 불러들였다고 한다. 매년 풍물패는 이 대회에서 최고의 기량을 보이고, 우승을 차지하기 위해 열심히 단합하여 연습에 열중했으며, 사람들은 경연을 보기 위해 주최하는 마을로 모여들어 일대 법석을 떨었다.[57]

비옥한 경기평야를 배경으로 물산이 풍부했던 안성지역의 부유한 마을에서는 해마다 예인집단을 초청하여 우승 상품으로 소 한 마리를 걸고 풍물경연대회를 개최하였다. 당시 마을의 풍물패도 경연에 참가하였는지는 기록되어 있지 않지만, 소 한 마리가 걸려 있었으므로 예인집단이 아니면 쉽사리 참가할 엄두를 내지 못했을 법하다. 마을 주민들의 입장에서 보면, 보다 풍성한 볼거리를 제공받기 위해서는 기량이 뛰어난 단체를 초청하는 것이 유리했을 것이다. 자연히 해를 거듭할수록 참가한 단체들의 기량은 높아지고, 이들의 경연을 보고자 사람들이 몰려들어 큰 축제판이 벌어졌을 것이다. 이 글만으로는 일제 강점기 이전부터 안성지역에서 풍물경연대회가 열렸는지를 알 수 없으나, 일제 강점기에 부유한 마을에서 벌어진 풍물경연대회가 안성 풍물굿의 발전에 크게 기여했음을 알 수 있다.

일제 강점기 풍물경연대회의 개최는 일제의 산미증산계획이나 문화정책과 무관하지 않은 것으로 보인다. 김익두 또한 "일제 강점기에 풍물굿을 억압했다고 하나, 1920년대에 오히려 장려하고 농악대회를 많이 하였는데, 이는 산미증산 및 문화정치와 관련이 있다"고 보았다.[58]

---

57) 서연호, 앞의 책, 1997, 149쪽.
58) 김익두 외, 앞의 책, 1994, 209쪽.

제1차 세계 대전을 거치면서 일본의 산업은 급속히 성장하였으나 오히려 농업 생산성은 정체되어 고미가(高米價) 현상이 대두되었고, 저임금·저미가의 지조를 유지되던 일본 제국주의의 모순이 드러났다. 이러한 문제를 해결하기 위해 '산미증산계획'을 수립하고 조선을 식량공급 기지로 삼았다. 즉, 일본은 자국의 농업 공황을 타개하기 위해서 조선으로부터 미곡을 반출하는 계획을 세웠던 것이다. 산미증산계획은 조선농회의 주도로 1920~1925년의 제1차 계획과 1926~1934년의 제2차 계획으로 진행되었으나, 1934년에 중단되었다. 이 계획은 농업의 지도 장려, 농업에 종사하는 자의 복리 증진, 농업에 관한 연구와 조사, 농업에 관한 분의(紛議)의 조정과 중재, 기타 농업의 개량 등의 사업으로 구체화되었는데,[59] 궁극적으로는 미곡 반출의 극대화를 이루고 한국 농촌의 실정이 농민 대중의 나태에서 말미암은 것처럼 왜곡 선전함으로써 민족적 열등감과 패배주의를 조장하여 식민통치를 합리화하였다.[60]

일제는 '두레에서 풍물을 치는 전통'을 인정하고 이것을 살려서 농업생산성을 증대하려고 하였다. 그러므로 풍물굿에 대해서 어느 정도 용인하고, 경우에 따라서는 경연대회를 개최한 것으로 보인다. "일본 사람들은 불도(불교)하고 풍물은 모하게(못하게) 안 했어요"라는[61] 증언에서 풍물굿 전승을 직접적으로 간섭하지 않았던 점이 확인된다. 여기서 일제 정책의 양면성이 드러난다. 즉 민간신앙과 민중예술을 미신으로 몰아 소멸시키려고 했던 한편, 쌀 수탈과 관련된 풍물굿 전승에 대해서는 선별적으로 용인했던 것이다.

일제가 직접 풍물경연대회를 개최한 사례는 호남 우도굿의 명인 유남영(1920~1997)의 증언을 통해서 확인할 수 있다.

---

59) 한국역사연구회 편,《한국사강의》, 한울, 1989, 285~289쪽.
60) 김용달,《일제의 농업정책과 조선농회》, 혜안, 2003, 182쪽.
61) 경북 울진군 온정면 덕산 1리 이해문(남, 85)의 증언.〔2006. 2. 3. 면담〕

> 일정 땐가. 그래가지고 봉문이가 거기서 치는데, 판굿을 치도 그래도
> 치고, 구정놀이 치도 그대로 치고 해서 그거서 큰 상을 탔어. 참 잘 치
> 는 사람 왔다고 말이여.[62]

이 증언은 유남영이 21세가 되던 해(1940년) 가을에 일본 정부의
'2600년 기념 보국' 행사 때 벌어진 풍물경연대회에서 상을 받고 명성
을 얻었다는 내용의 일부이다. 일제는 일본 정부가 세워진 지 2600년
이 되었다는 것을 홍보하기 위해 전라도 지역의 내로라하는 풍물꾼을
앞세우고 이들 뒤에 대규모 가장행렬을 벌였다. 정읍 충렬사 안의 신사
(神社)에서 이름난 젊은 풍물꾼들이 정읍의 시기리·연지리·수성리·
입성리(작명동) 등에 편성되어 네다섯 패가 경연을 벌였는데, 여기서
상쇠를 친 유남영이 속한 작명동이 다른 마을을 물리치고 상을 받았다.
이를 계기로 유남영은 명성을 얻어 '유남영패'로 불리면서 지역 단위의
전문 걸궁패로 나서게 되었다.[63]

일제 강점기의 풍물경연대회는 풍물굿사적으로 큰 의의를 지닌다.
전통사회에서 풍물굿은 세시에 따라 생업·생활의 현장에서 전승되어
왔으나, 이 시기를 거치면서 시공간이 압축된 인위의 장소에서 연행되
기 시작했다. 더욱이 입상을 목적으로 연행된 것은 기존의 풍물굿 전통
에서 새로운 방식이다. 오늘날 풍물굿 전승의 큰 축을 차지하고 있는
풍물경연대회가 이때부터 비롯되었다는 점을 감안할 때, '농악대회'는
근대 풍물굿의 줄기를 형성하는 데 중요한 출발점이 된다.

---

62) 굿연구소 편,《굿》 4월호, 1991, 20쪽.
63) ______,《굿》 5월호, 1992, 18~20쪽.

5. 종교단체의 포교 수단

일제의 종교정책은 여타의 정책과 마찬가지로 매우 양면적이었다. 미신타파를 외치면서 강제적으로 규제하는 한편, 친일 세력을 모으기 위해 몇몇 종교는 선별적으로 허용하였다. 조선총독부는 일본에서 유사 종교로 규정된 종교를 단속하는 '경찰범처벌령'을 조선에도 적용하고, 자국과 마찬가지로 조선에서도 신도·불교·기독교만 종교로 규정한 뒤, 그것들을 학무국 종교과의 관할 아래 두었다.64) 이에 따라 일제는 특정한 종교를 지원하거나 암묵적으로 후원하여 친일 세력으로 끌어들이려고 했다. 증산교가 그 대표적인 경우이다. 일제는 증산교에 교세 확장을 보장해 주는 대신 식민지 조선에서 수많은 교도들을 자신들의 우호 세력으로 포섭하려고 했다.

김제의 증산교와 정읍의 동천자교에서는 풍물굿을 중시하고 각지의 풍물꾼들을 불러들여서 포교의 수단으로 사용하였다. 증산교의 일파인 보천교의 교주 차경석은 종교활동을 보장받기 위해서 조선총독부에 친일 사절을 파견하고 '시국대동단'을 조직하였다. 이 단체는 전국을 돌면서 보천교의 소개와 함께 대동아단결을 강조하는 친일행위를 하였다.65)

> 농악을 좀 좋아하는 사람으로는 차천자(차경석)가 농악을 참 좋아했어. 차천자가 강증산도를 믿었는데 사람은 여기(정읍)있고 전국에 부자들을 끌어가지고 일정때 일본놈들 밑에 있으니 도를 믿어 가지고 한국을 인자 벌리자(흥하게 하자) 이런 얘기여. 그래 가지고 집을 크게 지었어. 그 집을 대암리에서는 '승전집'이라고 그랬제. …… 그래서 거그서

---

64) 최석영, 《일제하 무속론과 식민지 권력》, 서경문화사, 1999, 87~88쪽.
65) 한국종교사회연구소 편, 《한국종교문화사전》, 1991, 314쪽.

집지어 놓고 낙성식할 적에 큰 걸궁 작은 걸궁해서 거기다서 걸궁 두 개를 한꺼번에 꾸렸제. 나도 거기럴 어려서 가봤는데 농악패만 근 오십 명되제. 장구가 너댓채 되고, 쇠가 한 너댓 가락되고, 징이 서너개되고, 벅구가 많고, 무동도 많고 영감있고, 할멈있고, 그 십이대 진사라고 쓴 창부있고, 대패수(대포수) 있고, 그런게 그때 참 걸궁 크게 꾸몄제.66)

옛날에 정읍농악이 차천자 집에 가서 많이 쳤어. 나도 가서 많이 쳤는데 차천자가 앉아서 구경하고 하는디 그 차천자는 누가 시켜줘서 천자가 아니라 자기혼자 천자여. 용상까지 내가 구경해 봤는디 자기혼자 용상까지 맨들어 놓고 그 놈을 깔고 앉아서 농악을 구경해.

차천자 밑에는 전부 통영갓 쓰고 두루마기 입고 전부 부자였어. 하여튼 거기 들락거리는 사람이 수천명이었어. 거따가 재산도 다 들이박고, 정읍 대흥리가 그 고장인디 지금은 터도 싹 없어졌더만. 참 궁궐 같았어. 옛날에 나랏님 계신 궁궐같이 근사한당께. …… 나는 주로 만식씨 그 선생님한테 주로 그 냥반 본을 언전히 떠버렸제. 그 냥반 밑에서 수년 댕겼응게. 한 20년을 같이 댕겼응께. 그 냥반이 장구를 참 멋있게 쳤어. 지금도 구정놀이에서 반구정놀이로 넘아갈라고 하는데 그 사이가 뭔 잔가락이 있는디 그것을 못듣고 그 냥반이 작고를 하셨어. 그것이 지금도 속에 가서 맺혀있어. 아무리 해도 기억이 안 나와. 그놈 한가락만 못듣제. 그것말고는 전부 다 배웠어.67)

교주 차경석은 '승전집'이라는 큰집을 짓고 낙성식을 할 때에 인근에서 소문난 걸궁패를 불러 대규모 풍물판을 벌였다. 이들은 절기마다 치성을 드렸는데, 대치성(명절 치성) 때는 늘 소문난 명인 명창들을 불

---

66) 굿연구소 편, 《굿》 5월호, 1992, 11~12쪽.
67) ______, 《굿》 6월호, 1992, 20쪽.

러 교인들과 큰굿을 벌였다.[68] 그런 연유로 차경석의 집은 전라도 지역의 전문 풍물꾼들이 마음껏 풍물을 칠 수 있는 공간이 되었다. 비록 그 연행이 증산교의 포교 수단이 되거나 간접적으로 친일행위를 하는 것일 수는 있어도, 두레의 쇠퇴로 전반적으로 풍물굿이 퇴조하는 가운데 마음껏 풍물을 칠 수 있는 공간을 제공했다는 사실을 부인하기 어렵다. 전문 풍물꾼들이 정기적으로 차경석의 앞에서 공연을 하고, 때로는 포교를 위해 길놀이를 떠나는 과정이 쌓일수록 연행자들의 기량이 더욱 높아졌을 것이다. 위의 사례에서 알 수 있듯이, 풍물꾼들이 여기에 참여하면서 스승으로부터 최고의 기량을 배울 수 있었다. 오늘날 전라도를 풍물굿의 고장이라고 하는 것도 일제 강점기 증산교에서 전문 풍물꾼들을 모아 최고 기량의 풍물판을 벌인 것과도 무관하지 않다. 이때 참여하고 배웠던 인물들이 전라도 풍물굿의 명인으로 손꼽히고 있기 때문이다.

한편, 이곳에서는 풍물굿 복식에 대한 논의가 이루어지기도 했다.

"호남 우도 농악은 일명 '꼬깔농악'이라 하여 모든 농악대원들이 고깔을 쓰고 농악을 연주하였는데, 지금으로부터 약 70~80년 전 전북 정읍군 대흥리에 거주하는 어떤 종교단체의 교주인 차경석씨께서 전원이 고깔만 쓰고 연주하는 호남 우도 농악이 좌도 농악에 비하여 상대적으로 밋밋하다고 지적하고 고깔 대신 모자를 연구하도록 하여, 그 교단의 간부들과 농악대원들이 의논한 결과 좌도 농악에서 쓰이는 '부들상모'와 비슷한 형태로서 오늘날과 같은 '뻣상모'를 착안하였다고 한다. 이 '뻣상모'는 교주 차경석의 의견에 따라 쇠꾼들만 사용하게 됐으며 그것이 오늘날까지 이어져 오고 있다"는 것이다.[69]

---

68) 김택규 외, 《한국의 농악—호남편》, 한국향토사연구 전국협의회, 1994, 173쪽.
69) 박용재, 《광산농악》, 광산문화원, 1992, 55쪽.

현재 전라 우도 풍물굿에서는 보기에도 화려한 뻣상모를 착용하고 있지만, 당시까지는 풍물패 전원이 고깔을 썼던 모양이다. 차경석은 고깔을 쓰는 것이 '좌도에 비해서 상대적으로 밋밋하다'고 지적하였는데, 이때부터 교단의 간부들과 풍물패가 의논하여 '뻣상모'를 창안하였다고 한다.

> (차경석의 아들 차운용에게) 차경석 씨께서 정말로 '뻣상모'를 창안토록 했느냐는 질문에는 "아마 그랬을 것이다"고 말하며 자신이 그 당시에는 너무 어려서 그와 같은 일에 직접 관여하지 않았지만, 실제로 처음 농악이 연주될 때만 해도 우도 농악 단원들이 모두 고깔만 썼으나, 불과 며칠 후부터는 복색이 바뀌어 연주됐다고 한다. 그 이유로 앞에서 거론됐던 각종 악기의 제작 등을 들었고, 후에 자신도 그와 같은 말을 들은 것 같다는 것이다.[70]

실제로 차경석이 직접 뻣상모를 고안하였는지는 확인하기 어려우나, 그의 관심에 부응하여 일제 강점기에도 전라도 각 지역에서 우도 풍물굿을 하던 풍물잽이들이 적극적으로 참여하였고, 이때 상쇠 김도삼을 중심으로 다양한 진법과 뻣상모를 고안하는 등 많은 부분에서 우도 풍물굿이 통합되고 체계화되었다. 증산교가 '친일행위를 했다'는 과오는 있지만, 이들이 벌인 풍물판에서 전라도의 전문 풍물인들이 교류하고 자신들의 기량을 연마하였으며, 이때 갖춰진 진법과 뻣상모가 현재까지 전라 우도 풍물굿의 전통으로 이어져 오고 있다는 점에서 새롭게 평가되어야 한다.

---

70) 위의 책, 57쪽.

6. 일제 정책의 홍보 수단과 공출제

(1) 특산품전람회

일제는 각 분야의 산업을 개발하고 진흥시킬 목적으로 다양한 물산 공진회와 특산품전람회를 개최하였다. 그러나 이것은 허울 좋은 명목이고, 실제로 공진회와 전람회, 박람회는 지속적인 일본 자본의 조선 투자를 염두에 두었고 조선인과 일본인의 동화정책에 뿌리를 두고 있었다. 특히 100만 명 이상의 관람객이 성황을 이룬 물산공진회는 총독부의 의도대로 조선정부 시절과 비교해 산업이 비약적으로 발전하였다는 것을 홍보하는 장소였다.[71] 초기의 물산공진회에서는 일제 공산품이 주류를 이루었으나, 이후에는 조선의 지역특산품이 소개되고 매매될 수 있었다.

이러한 행사를 성대하게 이끌기 위해서 풍물굿뿐만 아니라 다양한 볼거리가 있는 공연이 연행되었다. 풍물굿을 비롯한 민속예술이 공연된 상황은 1938년의 《조선일보》 기사에 자세히 나타난다.

농악(전라도) 걸궁패
이 걸궁패는 전라도의 농민 이십여 명이 특별히 이번 대회를 위하야 연습하야가지고 농번기임에도 불구하고 상경하야 열흘동안 매일 두 번식 상연하게 되엿다. 이중에서 제일 장관인 것은 무동(舞童) 타는 것과 머리 우에다 단 열두발 상모를 돌리는 것일 것이다.[72]

팔도의 방방곡곡에 오랫동안 발전되지 못하고 무처잇던 우리의 민속

---

71) 소창 아사달 박물관 홈페이지 http://www.sochang.net 참조.
72) 《조선일보》 1938년 4월 25일자 기사.

예술(民俗藝術)은 이날! 사월이십오일 태평동 가설극장에서 재생의 첫막이 열리엇다. 나제는 오후 한시부터 다섯시까지에 관중으로 하야금 황홀하게 하고 밤이 되자 일곱시부터 또 개막되엇다. 사람! 사람! 사람의 홍수다. 도시 생활에서 지처진 자안 사람들은 여기에서 오랫동안 대하지 못하던 제고장의 향토예술을 보겟다고 밀려 들어서 …… 최후로 걸궁패의 열두발쌍무는 관중들의 입에 침업는 격찬을 바덧다. 그리하야 내 고장의 민속예술의 향연은 기퍼가고 춘소(春宵)를 아끼면서 열시경에야 폐회하엿는듸 이 밤의 입장자는 무려 이천여명에 달아엿스며 제이일부터는 줄타기 명인 이성업씨의 출연잇겟스므로 금상첨화라 하지 않흘 수 업다.73)

郷土演藝대회의 의미: 再昨日로서 개막된 朝鮮特産品展覽會를 機로 본사에서는 朝鮮古歌謠의 競唱을 비롯하야 山臺都監, 꼭두각시, 걸궁패, 鳳山탈춤, 才談 등등의 民俗藝術을 포함한 郷土演藝大會를 동시에 개최하게 되엇다. 이 演藝를 한갓 餘興으로 보고저 할진데 물론 餘興아님이 아니로되 特産品展覽會가 各地方特産品의 質的向上과 生産奬勵를 圖하는 동시에 중소산업의 진로를 명시하려함에 대하야 郷土演藝大會는 현대의 우리가 繼承한 古代文化의 귀중한 遺物이 等閑視 不必要視되는데서 거의 衰滅狀態에 빠져 문화문제의 一重要課題로 이 보존책이 논의되고 있는 터이므로 여하히하면 이 민속문화의 眞價를 일반에게 이해케 하고 이에 대한 인식을 새롭게 할 수 잇슬가하는 微誠에서 이 대회를 개최케 된 것이다.74)

위의 세 기사는 1938년 봄 조선일보사가 특산품전시회를 기념하기

---

73) 《조선일보》 1938년 4월 26일자 기사.
74) 《조선일보》 1938년 4월 27일자 기사.

위해서 개최한 '전조선향토연예대회'의 모습을 보여준다. 이 대회에 참가한 종목은 풍물굿(걸궁패), 양주산대놀이, 봉산탈춤, 꼭두각시놀음, 짠지패의 선소리, 줄타기, 재담 등이다. 이들은 4월 25일부터 5월 4일까지 열흘 동안 하루에 2회(낮 1시~5시, 밤 7시~)씩 공연을 했다.[75]

전람회의 개회식은 부민관 강당에서 열렸다. 강당의 정면에는 일장기가 붙어 있고, "조선일보사 주필 이훈구의 엄숙한 개회 선언에 이어 일동이 기립하여 국가 〈기미가요〉를 부른 다음 편집국장 함상훈의 인도로 황국신민서사를 낭송하자, 장내는 긴장한 분위기가 가득하였다. 이어 특산품전람회 회장인 방응모가 등장하여 연단 중앙에 찬연히 빛나는 일장기에 경례를 한다. ……"는[76] 내용으로 보아 이 행사가 식민지 당국과 긴밀한 관련 속에서 개최되었음을 알 수 있다.

1938년 4월 26일자 기사(사진)에 따르면, 향토연예대회는 임시로 세워진 가설무대 위에서 진행되었다. 가설무대는 아래에서 관중이 쳐다봐야 할 정도로 높았으며, 무대의 전면과 측면에는 일본 국기를 상징하는 가로 무늬로 포장되었다. 이 무대에서 걸궁패가 원진을 그리며 공연하고 걸궁패는 모두 상모를 썼으며 3명의 여성(사당)이 따라 다녔다.

신문 기사에는 걸궁패가 "전라도의 농민 20여 명으로서 이 대회를 위해 농번기임에도 불구하고 연습하여 참여하였다"라고 씌어 있으나, 이들은 전라도의 걸궁패가 아니라 서울의 남사당패로 보인다. 그 근거는 다음과 같다.

첫째, 이들은 송석하가 1938년 4월 25일과 5월 4일에 태평통에서 찍은 사진 속의 인물과 동일하다는 점이다.[77] 신문 속의 사진과 송석하의 사진을 대조해 보면, 상모를 비롯한 복식이 같고 여사당 3명이 대열의 뒤를 따르고 있다는 것도 동일하다. 송석하는 이 행사가 시작되는

---

75) 《조선일보》 1938년 4월 25일자 기사.
76) 《조선일보》 1938년 4월 26일자 기사.
77) 국립민속박물관 편, 《석남 송석하의 영상 민속의 세계》, 2003, 84~111쪽.

날인 4월 25일과 끝나는 날인 5월 4일자에 태평통 거리에서 공연한 풍물패를 아주 상세하게 사진으로 남겼다. 송석하가 이들을 찍은 날짜와 행사의 날짜가 동일한 것이 우연의 일치일까? 행사장의 가설무대에서 공연한 사람들과 태평통에서 공연한 사람들이 동일 인물이라면, 왜 그들이 남사당패인가?

둘째, 남녀혼성체는 1930년대 남사당패의 모습이다. 앞의 예인집단의 이합집산에서 밝혔듯이 1930년대에 사당패는 일제의 제재로 말미암아 활동상의 제약과 생계 유지의 어려움으로 남성들로 구성된 예인집단과 혼성체를 이루었다. 사진은 이러한 당시 상황을 잘 대변한다.

셋째, 판제가 경기 풍물굿의 것이다. 송석하의 사진에 나타나는 판제는 모둠법고(돌림벅구), 마당길체 초(初, 길가락 칠채), 덩덕궁, 물풍덩이, 당산벌림, 열두발 상모의 개인놀음 등이다. 송석하는 민속예술 전공자였으므로 판제의 명칭을 잘못 기록하였다고 보이지 않는다. 전라도 풍물굿의 판제에는 돌림벅구, 길가락 칠채, 당산벌림 등이 없다. 길가락 칠채와 당산벌림은 경기도 풍물굿의 전형적인 특징으로 대다수의 풍물굿에서 등장한다.

넷째, 복식이 전라도 풍물굿의 것과 다르다. 1970년대부터 현재까지 남사당패의 풍물패는 전원이 상모를 쓰고 있다. 전원이 상모를 쓴다는 것은 잽이들의 기량이 고르게 뛰어나다는 것을 의미한다. 1930년대에 남사당패과 같이 최고의 기량을 보유하고 있던 단체가 아니면 전원이 상모를 돌리기 어렵다. 그리고 김선태에 따르면, 사진 속에 나오는 열두발 상모는 이 시기 전라도의 것이 아니라고 한다.

다섯째, 전라도의 풍물굿 명인 가운데서 이 행사에 참여한 사람이 아직까지 확인되지 않는다. 김선태는 전주에 살면서 풍물굿 명인들에게 "이 행사에 참여한 사람이 누구인가?"라고 항상 묻는다고 한다. 그러나 아직까지 참여했다는 사람이 확인되지 않는다. 신문기사에는 "전라도 농민 20여 명이 공연하였다"고 하였는데, 이 정도 규모의 인원이 서울에 올라가서 공연을 하였다면 쉽게 소문이 났을 것이다.

여하튼 1938년 4월 봄에 열린 이 행사는 일제 강점기 풍물굿의 존재 양상을 밝히는 데 중요한 단면을 제시한다. 즉 이때부터 풍물굿이 실내의 무대공연으로 존재하기 시작한다.[78] 오늘날 대부분의 풍물굿이 강한 시공간적 제약 속에서 전승되고 있는데, 그 출발이 일제 강점기부터였다. 이런 형태는 풍물굿이 완전하게 본래의 전승맥락을 이탈하여 존재하기 시작했고, 필요에 따라서 연행의 시공간을 마음대로 정할 수 있음을 의미한다. 무대공연은 관중들에게 보여주는 것이 목적이므로 전문적인 기량을 가지지 못하면 연행되기 어렵다. 무대공연에서는 정해진(짧은) 시공간에서 효과적으로 기량을 선보이기 위해 공연의 내용을 각색할 필요가 있다. 현대의 사물놀이처럼 치밀한 구성과 각색을 통해 공연의 효과를 올리지는 못했겠지만, 연행자들은 자신들이 보유한 최고의 기량과 레퍼토리를 뽐낼 수 있도록 공연 내용을 만들었을 것이다.

(2) 공출제와 전승기념행사

일제는 중일전쟁을 일으켜 농산물에 대한 수탈을 한층 더 강화하기 위해 공출제를 실시하였다. 공출제는 쌀을 수탈하는 것부터 시작되었는데, 조선 농민에게 자가 소비용과 종자를 제외한 쌀을 정해진 가격으로 전량 의무적으로 조선총독부에 바치게 했다. 공출제는 침략전쟁이 확대됨에 따라 쌀뿐 아니라 잡곡까지 확대되었고 그 방식에도 할당제, 부락 책임공출제가 강요되었다. 할당제는 각 농가별로 공출량을 할당한 뒤 행정력과 경찰력을 동원해 수탈하는 것이었고, 부락 책임공출제는 농가에 할당된 공출량을 마을 단위로 연대책임을 지워 강제적으로

---

78) 손우승, 〈풍물 진법의 전개 과정과 연행원리〉, 안동대 석사논문, 2000, 51쪽.

납부시키는 제도였다. 일제는 공출제도를 이용해 1940년대 초반에는
전체 생산량의 40퍼센트를, 태평양전쟁 말기에는 60퍼센트 이상을 수
탈하였고, 그로 말미암아 농민들은 최소한의 식량마저 빼앗기게 되어
초근목피로 주린 배를 채울 수밖에 없었다.[79]

중일전쟁·태평양전쟁 등의 침략전쟁이 확대될수록 물자수급 상황
이 더욱 어려워지자, 전시물자 전반으로까지 공출이 확대되었다. '국민
징용령'에 따라 노동자의 강제동원이 대대적으로 실시되어 일제와 그
통치 아래에 있는 기타 지역이나 조선 내의 광산, 군수공장으로 연행되
어 갔다. 또한 일제는 '노무조정령(1941)', '노무강화대책요강(1943)'
등을 공포하여 근로보국대를 강화하고 침략전쟁에 협력하는 '생산전에
의 정신'을 강요하였다.[80]

이러한 상황에서 징, 꽹과리 등의 풍물 악기도 전쟁물자로 공출해
가서 그나마 명맥을 유지할 수 있었던 풍물굿의 전승이 단절될 수밖에
없었다.[81] 일제 강점기에 활동했던 풍물꾼들의 증언은 당시의 상황을
짐작하게 한다.

농악. 그거는 일정 때 대번 못하게는 안했거든요. 차츰 차츰 못하게
했어요. 그거 하면은 시간을 헛소비하니까. 농사하는데, 단결심을 파괴
시키는 그 머리를 썼단 말이래요. 일하고 할 때는 단결시켰는데, 그런
거 놀고 할 때는 단결을 못하게 했어요. 징하고 매구. 개인집에서 제사
지낼 때 쓰는 제기하고 옥시기, 추가리, 대접 같은 거 공출 다 시켜갔어

79) 한국의역사와문화편찬위원회 편,《한국의 역사와 문화》, 계명대 출판부, 1995,
    286~287쪽.
80) 한국역사연구회 편, 앞의 책, 1989, 310쪽.
81) 주강현, 앞의 책, 1997, 90쪽.

요. 총알 맨든다고.[82]

　　그러다가 차츰차츰 대동아전쟁이 시끄러워져 갖고 형편들이 다 찌기 시작하네. 그래가지고 일정 말기는 농악도 못쳤어. 배고픈데 어떤 놈이 술 한 잔 줄 놈이 있어. 그러다가 해방 직후 농악을 쳤어.[83]

일제 말기에 공출제의 영향으로 풍물굿의 전승이 매우 힘들었다. 그러나 일제는 침략전쟁의 승리를 자축하기 위한 차원에서 풍물굿과 탈춤 등 민속예술을 동원하여 선전 수단으로 삼았다.

　　다사 세천에 사시던 어른으로 매구(꽹과리)뿐만 아니라 대검(대금)에도 능하신 어른으로 초여름 고요한 시골 달밝은 밤에 사랑방 마루에 앉아 "대검"을 불게 되면 마을 사람들이 그 소리에 도취되어 잠못이루었다고 한다. 그 후계자로써는 상쇄 "구석천" 종쇄 "이금달" 씨가 이어으며 상쇄 "구석천" 씨는 "지신밟기" 등 조직적인 노리를 잘 하였으며 종쇄 "이금달" 씨는 마당노리 흥겨운 가락을 잘 다루어 구경하는 사람의 어깨를 들석거렸다 한다. 내가 초등학교 시절 태평양전쟁으로 일본군이 "싱가폴" 함락이란 미명 아래 어린 학생들에게 고무공을 한 개씩 나누어주고 각 마을마다 농악대를 동원시켜 다사 초등학교 운동장에 모아 농악노리를 시키는데 역시 모든 농악대가 종쇄인 "이금달" 씨의 가락에 빠져 들어 모든 농악대가 그의 가락에 맞추어 노는 것을 보았다. ……[84]

---

82) 경북 울진군 온정면 선구 1리 황명출(남, 88)의 증언.〔2006. 1. 25. 면담〕
83) 굿연구소 편, 《굿》 5월호, 1992, 20쪽.
84) 달성 다사 풍물패의 전 상쇄 배기순(남, 76)이 그의 아들이자 현 상쇄인 배관호에게 보낸 편지 글.

일본놈들이 싱가폴에 간다고 해서 운동화도 나오고 정구공도 나왔어. 학교에 가니까 내가 국민학교 댕길 땐데 한 학급에 고무공 여덟 개 나왔어. '구지빗기(제비뽑기)'를 해서 노놨지. 공을 노놔주면서 "일본군이 싱가폴을 점령했으니까 고무공을 준다"고 해. 싱가폴에 고무가 많이 나니까 운동화로 만들고 고무공도 만들었지 뭐.[85]

1942년 2월에 일제가 싱가포르 함락을 기념하기 위해서 전국적으로 '전승기념행사'를 벌인 것으로 확인된다. 대구와 울진 지역에서는 초등학생들에게 고무공을 나눠주었으며, 각 마을의 풍물패를 동원하여 풍물판을 벌이기도 하였다. 또한 황해도 은율의 경우, 일본군이 싱가포르를 함락하자 총독부에서는 강제로 축하공연을 시켰는데, 당시 은율에서는 놀이꾼들이 부족하여 풍물굿에 전념하던 사람들까지 동원하여 탈놀이를 하였다고 한다.[86]

그런데 대구 달성군 다사읍 다사초등학교에서 벌어진 행사에서 각 마을의 풍물패가 다수 참여하였다는 사실은 공출제가 진행되는 상황에서도 어느 정도는 풍물 악기를 마을에서 간직하고 있었음을 의미한다. 일제 말기에도 완전하게 풍물굿 전승이 중단된 것은 아니었던 것이다. 이 시기 풍물굿을 전승하기 어려웠던 것은 풍물 악기의 공출과 더불어 전반적인 사회경제 상황이 악화되었기 때문이다. 특히 태평양전쟁 말기 총동원체제 아래에서는 먹을 것조차 구하기 힘들었고, 강제징집으로 조선인들의 감정이 악화되는 상황에서 신명나는 판을 벌이기가 힘들었을 것이다.

---

85) 경북 울진군 온정면 온정 1리 엄명선(남, 75)의 증언.〔2006. 2. 4. 면담〕
86) 서연호, 《황해도 탈놀이》, 열화당, 1988, 51~52쪽.

7. 맺음말

일제 강점기의 풍물굿에 대한 연구는 근대 자본주의와 일제 정책에 대한 이해에서 출발한다. 조선 후기부터 진행된 농업생산력의 고양과 상품화폐경제의 발달로 조선사회 내부에서 사회구조의 변동이 일어났으며, 이러한 배경 위에 식민지 경영을 목적으로 취한 일제의 각종 정책들은 풍물굿 전승에 큰 타격을 입혔다. 전통사회에서 세시의 일환으로 생산·생활의 현장에서 존재하던 풍물굿이 이 시기를 거치면서 인위적이고 압축된 시공간에서 연행되기 시작했다. 풍물경연대회·무대공연 등이 새롭게 부각된 존재방식이며, 이러한 방식은 현재 전승되고 있는 풍물굿의 큰 흐름으로 작용하고 있다.

사정이 이러함에도 지금까지 일제 강점기 풍물굿에 대한 본격적인 논의는 이루어지지 않고 있다. '일제 강점기에 풍물굿은 쇠퇴 또는 중단되었다'는 일반적인 시각이 지배적이었기 때문이기도 하지만, 식민지배를 경험한 우리가 일제 잔재를 청산하고 싶은 욕망 때문에 당시의 상황을 면밀하게 검토하지 못한 것도 한 이유가 될 것이다. 또한 일제가 작성한 자료에 접근하기 어려웠던 관계로 이러한 작업이 늦어진 것도 사실이다.

이 연구는 '일제 강점기의 풍물굿이 과연 어떤 형태로 존재했을까?' 하는 의문에서 시작되었다. 이를 위하여 기본적으로 일제의 정책들을 검토하고 두레와 풍물굿의 관련성, 예인집단과 뜬쇠들의 이합집산 과정, 새롭게 생겨나기 시작한 농악경연대회와 특산품전람회의 문화행사(무대공연), 공출제와 전승기념행사 등에 초점을 맞추어 풍물굿의 변화상을 살펴보았다. 그 결과를 간략하게 정리하면 다음과 같다.

풍물굿 전승의 인적·물적 기반이 되었던 두레가 쇠퇴함에 따라 마을 풍물굿이 크게 약화되었다. 수적인 면에서 마을 풍물굿이 급격히 줄어들었으며, 기능적인 측면에서 풍물굿의 노동능률 제고기능과 오락적 기능이 약화되어 마을 안에서 풍물굿은 정초 동제를 중심으로 전승하게 되었다. 그리고 가치척도의 측면에서 두레노동에 대한 임금의 철저한 계산방식이 확산됨에 따라 풍물굿 행위가 교환가치로 환산되어 일정한 대가를 받는 형태로 변해갔다. 계층적 측면에서는 머슴을 중심으로 풍물굿 전승을 주도하던 계층의 영향력이 축소되었다.

조선 후기에 수없이 많던 예인집단은 근대 극장과 창극의 도입 그리고 일제의 미신타파 운동으로 급격히 쇠퇴하였다. 근대 극장의 공연이 흥행함에 따라 차츰 설 자리를 잃어가게 되었고, 거기에다가 신앙행위·유랑걸식·매음·남색 행위·소란 행위·대규모 관중 동원 등이 주된 생활이었던 예인집단은 일제의 경찰법령과 문화정책으로 미신타파의 대상이 되어 직접적인 탄압을 받게 된다. 이러한 난국을 타개하기 위해 전문 예인들은 이합집산을 거듭하게 되는데, 그 양상은 매우 다양하였다. 각 예인집단이 보유한 기량들은 남사당패라는 깔때기로 모아졌다고 볼 수 있는데 남사당패의 활동은 걸립, 공동체 제의 참여, 흥행판 벌이기, 전람회 따위의 초청공연, 타 단체와의 교류 및 기량연마 등이었다.

일제 강점기에는 처음으로 농악경연대회가 시작되었다. 농악경연대회는 마을 또는 지역 차원에서 자발적으로 하는 경우와 일제가 풍물꾼들을 동원하여 벌이는 경우가 있었다. 어떤 경우이든 당시의 농악경연대회는 일제의 산미증산계획이나 문화정치와 긴밀한 연관을 맺으면서 생겨났다. 농악경연대회의 개최는 풍물굿이 지닌 본래의 전승맥락에서 벗어나 존재하기 시작했다는 것을 의미하며, 풍물굿 전승에서 경연의 방식이 큰 흐름을 형성하는 계기가 되었다.

일제의 양면적인 종교 정책은 미신타파를 기치로 강제적으로 규제하는 한편, 친일 세력을 규합하는 방편으로 진행되었다. 이러한 배경 아래에서 친일행위로 교세를 확장했던 증산교 계통의 보천교는 전라도 지역의 전문 풍물꾼을 모아 정기적으로 큰 행사를 벌였다. 이를 계기로 풍물꾼들의 기량이 발전하게 되었고, 이때 갖춰진 진법과 교주 차천자가 창안하였다는 '뻣상모'는 오늘날에도 전라 우도 풍물굿의 전통으로 이어지고 있다.

　일제 강점기에 시작된 물산공진회, 특산품전람회 등은 일본 안에서 생산된 공산품을 선전하고 홍보하는 수단으로 그리고 조선 각지의 특산품을 파악하기 위한 차원에서 열렸다. 이러한 행사에서는 홍행을 위하여 다양한 볼거리를 제공하였는데, 1938년 4월에 조선일보사가 개최한 특산품전시회에서는 가설무대가 만들어지고 풍물굿을 비롯한 양주별산대, 봉산탈춤, 꼭두각시놀음, 짠지패의 선소리, 줄타기, 재담 등이 연행되었다. 더욱이 풍물굿은 가설무대라는 매우 압축된 실내의 시공간에서 연행되었는데, 현재의 무대공연이 이 시기부터 틀을 갖추기 시작했던 것으로 보인다.

　일제는 중일전쟁, 태평양전쟁을 벌이면서 부족한 물자를 충족하기 위해 식량과 노동력뿐만 아니라 식기, 풍물 악기까지 징발해갔다. 일제의 강제공출은 그나마 명맥을 유지하고 있던 풍물굿의 전승력을 단절시켰다. 한편, 태평양전쟁 수행기에 일제는 풍물굿, 탈춤 등의 민속예술을 동원하여 전승기념행사를 벌였다. 즉 풍물굿이 일제의 전승을 홍보하는 수단으로 동원되었던 것이다.

여성농악단의 역사와 공연 양상*

권은영**

1. 머리말

'여성농악단'은 '1950년대 말부터 1970년대 말까지 전북지역을 중심으로 발생하여 전국을 유랑하며 호남 우도 농악을 주요 레퍼토리로 공연했던, 여성 공연자 중심의 유랑 예인집단'을 일컫는다. 여성농악단의 등장은 농악의 역사에서 여성 공연자들이 처음으로 출현한 것으로, 상쇠·설장구·수버꾸1) 등 농악 공연에서 가장 중심적인 역할을 모두 여성들이 담당했다.

여성공연자들은 전통적으로 '마을굿형' 농악2)에서는 배제되었던 '여

---

* 이 글의 원 제목은 〈여성농악단 연구〉(전북대 석사논문, 2003)이다.
** 전북대학교 국문과 강사.

1) '버꾸'는 소고(小鼓)를 말하는 전라도 방언으로, 수버꾸는 버꾸 공연자들의 수장(首長)을 말한다.
2) 본 연구에서는 마을 축제와 마을 의식(儀式)의 맥락에서 공연된 농악을 통틀어 '마을굿형 농악'으로, 제의와 의식으로부터 분화되고 공연자와 청관중이 분리된 오락적이고 예술적인 성격을 갖는 농악을 '연예농악'이라 명명하였다. 따라서 이 글에서 사용한 '연예농악'은 정병호가 정의한 "특정한 의식의 내용이 없이 마을 사람들의 친목과 단합을 위하여 축제를 벌이는 농악"(정병호, 《농악》, 열화당, 1986, 121쪽)이라는 개념과는 다르며, 신용하가 명명(신용하,

성들'이었고, 특히 전문 여성공연자를 양성하던 국악원을 중심으로 만들어졌다. 이 때문에 이들의 삶은 농경문화 중심의 마을 공동체와는 거리가 멀었고, 이로 말미암아 '마을굿형 농악'을 계승하지는 못하였다. 이와 달리 이들은 전문 공연자들로서 지역에 국한되지 않고 전국을 유랑하면서 기술 중심의 전문화된 공연을 할 수 있었고, '판제'와 레퍼토리에 변화를 주거나, 서구 대중문화의 영향을 받아들이는 등 전통적인 농악과는 상당히 다른 '근대적인' 양상을 띠게 되었다.

이러한 여성농악단은 '여성 공연자' 중심의 공연단체가 마을굿형 농악의 형태에서 벗어난 연예적인 농악 공연을 하면서 농악이 가지는 본질을 훼손시켰으며, 이로써 농악의 양적·질적 쇠퇴를 초래했다는 비판을 받아왔다.3) 그러나 이런 비판은 첫째, 전통적인 농어촌 사회로부터 근대적인 도시산업사회로 이행한 농악의 사회문화적 맥락을 전혀 고려하지 않은 점, 둘째 이 과정에서 강화된 농악의 오락적이고 예술적인 기능을 간과한 점, 셋째 여성들이 농악을 전승하고 있음을 폄하하는 성차별적 인식을 드러낸다는 점에서 문제가 있다.

이 글에서는 여성농악단의 성립배경과 역사, 공연 양상과 특성을 고찰하고자 한다.

《공동체 이론》, 문학과지성사, 1985, 250쪽)한 '남사당패 농악'과 의미가 유사하다. 그러나 지역성에 따른 농악 형태의 차이, 레퍼토리의 차이, 단체의 활동 시기의 차이로 이 명칭을 전북지역의 농악에 사용하기에는 부적절하다. 이에 이 글에서는 신용하의 정의를 수용하면서도 '남사당패 농악'이라는 용어 대신 '연예농악'이라는 용어를 사용하였다.

3) 홍현식 외, 《호남농악》(무형문화재 조사보고서 6집), 문화재관리국, 1967, 105쪽; 심우성, 〈농악의 역사, 사회성, 평등과 협화의 사상〉, 《문학사상》 9월호, 문학사상사, 1978, 242쪽.

2. 여성농악단의 성립 배경

전 근대에 마을 공동체의 제의와 노동에서 중요한 구성요소였던 농악은 조선 후기에 남사당패의 농악과 같이 이미 제의와 노동으로부터 분화되었으며, 1900년대에는 관기춤·창극 등과 함께 '원각사'와 같은 실내극장의 공연물로 이미 정착되어 있었다.4)

전북지역에서도 농악의 연예화가 진행되어, 전북지역의 농악 공연자들은 마을 공동체의 제의에서는 사제자나 종교음악 악사로서, 노동에서는 노동음악의 연주자로서 여전히 그 구실을 하면서도 휴지기를 이용해서 하나의 독립된 공연예술로서 농악을 공연하였다. 전북지역에서는 이런 연예적인 농악을 '포장걸립'5)이라고 불렀으며, 포장걸립을 공연하는 농악단체를 '포장걸립패'라 일컬었다.

1910~1945년에는 일제의 식민지정책으로 마을굿형 농악의 물적 토대인 두레가 쇠퇴하거나 변질되고6), 마을굿 또한 미신으로 규정되어 타파의 대상이 되면서7) 두레나 마을굿과 결부되어 있던 '마을굿형 농악'은 점차 약화되었다. 마을굿형 농악이 약화되자 직업적인 농악 공연자들은 그 대신에 일제가 허가를 내주는 '소방서 걸궁(걸립)', '다리 걸궁(걸립)' 등을 다니며 공연을 하였다. 이런 공연방식은 직업적인 농악 공연자들이 단체를 만들어서 불특정한 다수의 청관중을 대상으로 하여 경제적 수입을 목적으로 공연을 했다는 점에서 이미 연예농악으로 분화된 공연 형태라고 할 수 있다. 그러나 일제는 이런 '걸궁(걸립)'마저

---

4) 백현미, 《한국창극사 연구》, 태학사, 1997, 57쪽 참조.
5) '포장걸립'이라는 용어는, 광목 포장으로 만든 천장이 뚫린 가설극장에서 전문적인 농악 공연집단이 청관중에게 입장료를 받고 공연하는 농악을 말한다.
6) 신용하, 〈두레 공동체와 농악의 사회사〉, 《공동체 이론》, 문학과지성사, 1985, 254~263쪽.
7) 최경호, 〈미신타파 이후의 동제와 마을의 정체성〉, 영남대 석사논문, 1996.

도 1936년 이후에는 '말소'시켜 버렸고, 이 기간에 농악 공연자 다수가 세상을 떠나면서[8] 농악이 양적 · 질적으로 축소되었다.

이와 같이 일제의 식민지정책은 농악의 융성을 막고 일시적으로 공연의 휴지기를 만들었다. 그러나 해방 이후에는 '농악경연대회'가 자주 열려서 직업적인 농악 공연자들에게 공연의 기회가 많아졌고, 이런 대회들은 예술적인 기교를 중요하게 여겼기 때문에 전북지역의 연예농악이 활성화되는 계기가 되었다. 예를 들면, 1948년 이승만 정부가 주최한 '농악경연대회'에서 1등을 한 유한준 상쇠의 '유한준패'는 이것을 계기로 전북지역뿐 아니라 서울 · 대구 · 대전 · 부산 · 마산 등 전국을 다니며 '포장걸립'을 하였고[9], 우도 농악의 김문달 · 박판열 · 백남길 · 신기남 등과 '정읍 농악단'[10] 등은 각기 단체를 조직하여 전북지역 곳곳을 다니며 '포장걸립'을 하는 등 연예농악이 매우 활성화되었다.

이렇게 농악이 마을 공동체 안에서 맡던 역할과 무관하게 독자적인 공연 양식으로 분화되기 이전에는 여성 농악 공연자가 배출될 수가 없었다. 왜냐하면 마을의 공동제의에서 여성들은 보조적인 위치에 있었고,[11] 공동노동조직인 두레는 청장년층의 남성들로만 구성되어서 원칙적으로 여성을 제외시켰기 때문이다.[12] 이처럼 마을굿형 농악은 남자 중심의 관행과 조직으로 여성을 배제하고 있어서 여성들은 농악 공연은 물론이고 농악기를 만져볼 기회조차 없었다.[13] 그러다가 농악이

---

8) 김명곤 편, 〈어떻게 허면 똑똑헌 제자 한 놈 두고 죽을꼬?〉, 《임실 '설장구잽이' 신기남의 한평생》, 뿌리깊은나무, 1992 90쪽.

9) 김익두 외, 《호남 좌도 풍물굿》, 전북대박물관, 1994a, 231쪽.

10) ______, 《호남 우도 풍물굿》, 전북대 전라문화연구소, 1994b, 127쪽.

11) 김월덕, 〈한국 마을굿에 대한 민족연극학적 연구: 위도 띠뱃굿의 경우를 중심으로〉, 전북대 석사논문, 1996, 73쪽.

12) 신용하, 앞의 책, 1985, 222~223쪽.

13) "그때 여자들은 농악이, 이런 풍물이 어떻게 생겼는지도 모르거든. 모르지. 근게 여자들은 이런 것을 치면 벌금 무는 줄 알고 옆에 가지도 못하고 그랬어. 못가게 그러고, 치도 안할라고 하고, 기력도 남자만 못하고 ……"〔박홍남

연예농악으로 분화되어 마을굿이나 두레와 같은 의례나 노동조직과 무관하게 독자적인 변화과정을 겪게 되자, 여성들이 농악에 참여하기가 한결 쉬워졌다.

또한 1867년 진채선의 등장 이래로 다수의 여성 판소리 창자(唱者)가 등장하고 이화중선과 같이 남성 명창의 인기를 압도하는 여류 명창이 등장하여[14] 협률사 등에서 활발하게 활동하자 대중들은 여성 공연자들의 공연에 익숙해져 갔다. 여기에 1950년대 내내 대중들의 열광적인 호응을 받았던 여성국극단의 활동[15]은 여성 공연자 중심의 농악공연 단체를 조직하는 데 많은 영향을 끼쳤을 것으로 생각된다.

농악 공연에서 여성 공연자가 등장했다는 사실은 농악 자체의 변화를 의미하는 것이지만, 한편으로는 당시 한국 사회의 급격한 변화를 반영하는 것이기도 하였다. 여성농악단이 발생하여 활동을 전개하던 1950년대와 1960년대는 전쟁 체험과 전후(戰後)의 복구, 근대화를 향한 재빠른 전환과 자본주의 세계질서로의 편입이 본격화되던 시기였다. 이 시기에는 '초등학교' 의무교육제·국민개병제가 시행되었고, 보통선거권이 전면적으로 확보되었다. 이러한 사회제도 가운데서 특히 의무교육제와 보통선거권으로 여성들은 근대적 교육과 정치제도에 남성들과 동등한 자격으로 참여하게 되었다. 이것은 한국 사회의 남녀 모두에게 '여성'이 근대사회의 '주체'임을 인식하게 하는 중요한 구실을 하였다.[16]

여성농악단은 이처럼 농악이 연예농악으로 분화되고 여성국극단과

구술]

14) 최혜진, 〈한국 여성 명창의 계보와 판소리사〉,《판소리연구》13집, 판소리학회, 2002, 379~409쪽.

15) 백현미, 《한국 창극사 연구》, 태학사, 1997, 339~344쪽.

16) 김옥란, 〈한국 현대희곡에 나타난 여성성과 근대성〉, 한양대 박사논문, 2000, 28쪽 참조.

같은 여성 공연자 중심의 공연단체가 이미 활동하고 있었으며, 한국사회가 서구 선진국의 사회제도를 도입하여 근대화를 이루고 있는 시점에서 발생하였다. 이러한 여성농악단의 활동은 '농악은 남성들의 공연물'이라는 사람들의 인식을 완전히 깨뜨렸으며 세간에 대단한 반향을 불러일으켰다.

3. 여성농악단의 역사

(1) 발생

여성농악단은 한국전쟁이 끝난 뒤 전북지역에서 '포장걸립패'들이 활동을 재개한 때와 비슷한 시기에 발생했다. '여성농악단'의 발생에 관한 기록으로는 《전북예총사》,[17] 《호남농악》[18], 양진성의 논문[19]이 있으며, 류명철·박재윤·나금추도 구술한 바 있다. 이 자료들에도 연도에서 차이가 있지만 여성농악단이 남원국악원에서 발생하였다는 점은 모두 동일하다. 이 가운데 《전북예총사》의 발생 연도는 류명철·박재윤·나금추 등의 구술과 비교적 일치하는데, 이에 따르면 1959년 1월에 '남원국악원'에서 '남원여성농악단'이라는 단체 이름을 붙이고 본격적으로 공연활동을 시작한 것으로 보인다.

'남원여성농악단'은 '남원국악원'에서 장홍도[20]·오갑순 등의 공연

---

17) 전북예총사 편찬위원회, 《전북예총사》, 한국예술문화단체총연합회 전북지회, 2000, 1056쪽.

18) 홍현식 외, 1967, 209쪽.

19) 양진성, 〈호남 좌우도 풍물굿에 관한 연구—임실과 정읍의 판굿을 중심으로〉, 단국대 석사논문, 2000.

20) 현재 남원 거주. 박재윤에 따르면 '여성농악단' 단원으로 활동할 당시에 이미 판소리 실력이 명창 김소희를 능가할 정도였으며, 그녀의 스승은 당시 〈남원

자를 중심으로 조직되었다. '남원국악원'의 전신은 '남원권번'21)이다. 권번(券番)은 예기(藝妓)를 교육하는 기관이었는데, 이곳에서는 전국의 유명한 국악인들을 선생으로 불러들여 교육을 시켰기 때문에 1920년대 이래로 권번은 국악 교육에서 중요한 기관이었다.22) '남원권번'은 예기들을 가르치던 '기생양성소'로서 종래의 성격과 그 역할을 그대로 이어받은 채로, 1950년에 '남원국악원'으로 이름을 바꾸었다.

전후(戰後)에는 사회 전반적으로 경제적 상황이 어려웠기에 남원국악원 또한 재정적인 어려움을 겪었다. 또 사회구조의 변화로 국악원생과 그 관계자들이 생계를 유지하는 바탕인 '놀음판'이 줄어들면서 이들은 재래적(在來的)인 활동만으로는 국악원 운영을 감당할 수가 없었다. 이에 남원국악원에서는 여성 원생들에게 농악을 가르쳐 국악원의 운영기금을 마련하기 위해 '마당밟이'(지신밟기)에 나섰다. 이로써 여성농악단이 본격적으로 활동하기 시작하였다.

이렇게 시작한 '남원여성농악단'은 이후에는 세간에 소문이 나서 서울·마산 등 다른 지역으로 공연을 다니기 시작했다. 그 뒤 이들 '남원여성농악단'을 선례로 부안·전주·정읍·김제 등에서 산발적으로 '여성농악단'들이 만들어지게 되었다.

국악원〉 소리선생이었던 김정문이라 한다.

21) '남원권번'은 1921년 이백삼(李伯三), 이현순(李絃純)이 주동이 되어 남원의 광한루 누각 동편 방에 개설되었다. '권번'에는 기생들뿐 아니라 판소리·기악·무용 선생들이 있어서 기생들에게 예능을 가르쳤는데, 이 때문에 '권번'은 민속음악 전승에 큰 역할을 하는 조직이었다. 일제 말기에 '남원권번'은 한국의 민속음악을 가르친다는 이유로 조선총독부 경무국에 의해 강압적으로 해체되었다. 그러나 일제의 눈을 피해 국악의 전승은 계속되었고, 해방이 되자 남원의 국악 동호인들은 다시 조광옥(趙光玉)을 회장으로 하여 '국악동호회'를 발족시켰다. 1950년 한국전쟁 당시에 부산에서 '국립국악원'이 문을 열자 남원의 '국악동호회'는 '남원국악원'으로 개칭하였고, 초대 원장으로 김광식이 부임하였다. 〔박재윤 구술〕

22) 김익두 외, 《정읍지역 민속예능》, 전북대 박물관, 1992, 160쪽.

(2) 전개

　'여성농악단'이 '남원국악원'에서 처음 만들어진 뒤, 1960년을 전후하여 많은 단체가 생겨났다. 지금까지 문헌이나 구전 등으로 알려진 '여성농악단'을 나열해보면 '대한여성농악단', '호남여성농악단', '한일예술여성농악단', '정읍여성농악단', '전주여성농악단', '전북여성농악단', '부안여성농악단', '춘향여성농악단', '남원여성농악단', '백구여성농악단', '한미여성농악단', '천안여성농악단', '정읍신태인여성농악단' 등이 있다.[23] 이들은 이합집산을 거듭하면서 약 20년 동안 활동하였다.[24]

　초기의 여성농악단은 주로 각 지역의 국악원과 연계되어 만들어졌는데, '남원국악원'에서는 '남원여성농악단'과 '춘향여성농악단'이, '부안국악원'에서는 '부안여성농악단'이, '정읍국악원'에서는 '정읍여성농악단'이 만들어졌다. 남원의 '남원여성농악단'과 '춘향여성농악단'은 본래부터 전문 여성 공연자를 교육하는 '권번'의 역할을 그대로 이어받고 있어서 이곳을 다니던 여성 원생들은 어릴 때부터 전문 공연자로 교육되고 있었으며, 이들 가운데는 세습적으로 공연활동을 하는 가계(家系)의 출신도 다수 있었다. 이에 따라 공연자 확보가 쉬우며 단체조직이 빠른 시일 안에 이루어질 수 있었던 것으로 보인다. 또한 이 공연자

---

23) 제보자들의 구술 및 박황, 《판소리 2백년사》, 사사연, 1987, 292쪽; 전북예총사 편찬위원회, 앞의 책, 2000, 1054~1057쪽; 류장영, 〈호남 우도 여성농악〉, 《한국의 농악—호남편》, 한국향토사연구 전국협의회, 1994, 69쪽 등을 종합한 것임.

24) 여성농악단은 주로 전북지역의 단체나 사람들이 중심이 되어 만들어졌다. '천안여성농악단'과 같이 경기도 출신인 이동안에 의해 만들어진 여성농악단이 있기는 하였지만, 제보자들에 따르면 이 단체는 활동 기간이 짧아서 활동 경위를 자세히 알지 못한다고 하였다. 또한 이준용에 따르면 전남지역에도 여성농악단이 있기는 하였으나, 활동이 미미하여 구전으로라도 전해지는 단체는 없다고 하였다.

들은 '남원국악원'에서 각종 무용·판소리·기악 연주 등을 교육받았기 때문에 여성농악단 초기부터 농악뿐만 아니라 다양한 레퍼토리를 공연하였다.

이와 달리 다른 단체들은 단체를 조직하기 위해 '광고'를 하여 단원을 모집하였다. '부안여성농악단'이나 '정읍여성농악단'의 경우도 비록 국악원에서 만들어지기는 했지만 공연자가 없어서 여성농악단을 조직하기 위해 단원을 모집하였다. 이런 단체들은 일반 가정의 소녀들을 공개모집하여 단원을 확보했기 때문에 모집이 끝난 뒤에도 집중적으로 훈련하는 교육기간이 필요했다. 따라서 단원을 모집한 뒤 당시에 활동하고 있던 남성 공연자들을 불러 여성에게 몇 개월에 걸쳐 합숙훈련을 하도록 했다. 앞서 남원의 단체들이 농악 밖에도 다양한 공연 레퍼토리를 소유하고 있었던 데 비해, 다른 지역의 여성농악단들은 단원 모집 후 몇 개월 동안 이루어진 집중적인 교육만으로는 다양한 종목들을 공연할 수가 없어서 농악 중심의 단순한 레퍼토리를 공연하였다.

이 여성농악단들은 전북지역의 남성 '포장걸립패들'이 이루어 놓은 '연예농악'의 기반 위에서, 여성이 농악을 한다는 희귀성을 더하여 전국을 순회하는 흥행에서도 대단한 성공을 거두었다. 성공할 수 있었던 이유는 당시에도 농악이 여전히 대중들의 정서에 적합한 흥행물이었기 때문이다. 이것은 '여성농악단'과 같이 공연자가 여성으로만 구성된 '여성국극단'이 1960년대 들어 급격히 쇠퇴한 현상과 대조적이다.

1950년대 내내 대중들의 열광적인 호응을 얻었던 '여성국극단'은 1960년대에 들어서면서 레퍼토리의 빈곤·전문 배우의 부족 등의 내부적 요인과, 영화의 흥행 및 상업적 연극의 활성화 등의 외부적인 요인으로 급격하게 쇠퇴하였다.25) 영화와 상업적 연극은 여성국극과 경쟁 관계에 있는 흥행물이면서 동시에 배우의 행위와 대사, 가사 등의

---

25) 백현미, 《한국 창극사 연구》, 태학사, 1997, 342~344쪽.

언어적 요소로 이야기를 전개하는 공통점을 지닌다. 영화와 상업적 연극이 득세하게 됨에 따라 여성국극은 이에 밀려 급격하게 쇠퇴하게 되었다. 그러나 '여성농악단'의 공연은 여성국극이나 영화·연극 등의 공연방식과는 달리 언어적 요소를 배제한 채, 음악적·무용적 요소가 중심이 되어 공연의 긴장성(intensity)을 획득하는 공연방식을 갖는다. 따라서 '여성농악단'은 '여성국극단'과 달리 1960년대 영화의 흥행에도 타격을 받지 않고 오히려 전성기를 누릴 수가 있었던 것으로 보인다.

'여성농악단'이 흥행에 성공할 수 있었던 또 다른 이유는 영화·연극·여성국극 등이 극장 흥행물이어서 극장 시설이 없는 시골이나 섬 지역에서는 상연을 할 수 없었던 데 비해, '여성농악단'은 가설극장에서 공연을 함으로써 극장시설이 없는 곳에까지 찾아가 공연을 할 수가 있었기 때문이다. 그리고 '여성국극단'이 그랬던 것처럼 어린 소녀들로 구성된 여성농악단 공연자들에 대한 남성들의 관음증적 취향26) 또한 '여성농악단'이 흥행에 성공할 수 있었던 한 요인으로 보인다.

여성농악단이 한창 활발하게 활동하던 1963년 무렵에 미국 흥행가의 주선으로 전북지역 남녀 농악인들은 서울에 모여 미국 공연27)을 준비하게 되었다. 이때 각 여성 단체마다 기량이 뛰어난 상쇠와 설장구 등이 서울로 상경하게 되어 '여성농악단'은 잠시 공연활동을 중단하고 휴지기를 갖게 되었다. 하지만 미국 공연은 결국 무산되고 말았다.28)

그러나 이것은 각 단체의 주요 공연자들을 한자리에 모으는 계기가 되어, 각 단체의 레퍼토리와 정보가 공유되었다. 이에 따라 1963년 이후 모든 '여성농악단'의 공연 레퍼토리는 농악 외에도 민요·토막창극·줄타기·판소리 등으로 확장되었다. 한편, 미국 공연의 준비를 위

---

26) 위의 책, 342쪽.

27) 〈미국에 농악친선사절〉, 《동아일보》, 1963년 2월 28일자.

28) 나금추의 구술.

해 당대의 우도 농악 명인들인 남성 농악인 박남식·김성낙·김재옥·이동원·이명식·전사섭·정오동 등이 여성 농악인들과 함께 모이게 되었다. 남성 농악인들에 비해 경력이 짧고 나이가 어린 여성 농악인들은 이들 우도 농악의 명인들로부터 3~4개월 동안 집중적인 지도를 받게 되었다. 이로써 미국 공연 준비를 위한 이들의 지도와 연습은 '여성농악단'의 기량을 한층 높이는 계기가 되었다. 1960년대 중반에 활발한 활동을 벌인 단체로는 '춘향여성농악단'·'정읍여성농악단'·'아리랑여성농악단' 등으로, 이들 단체는 미국 공연을 준비하면서 당대의 농악 명인들로부터 전수된 기량과 다양해진 레퍼토리를 가지고 '여성농악단'의 전성기를 이루었다.

그러나 1960년대 후반에 이르러 '여성농악단'은 실력 있는 공연자가 부족해지면서 침체하게 되는데 그 이유는 다음과 같다. 첫째, 소수를 제외하고는 여성 공연자의 활동 기간이 남성들에 비해 짧아서 여성 공연자들은 공연 기량이 완성될 무렵이면 활동을 중단하게 되었다. 그 이유는 여성 공연자들이 결혼 뒤에 임신과 출산으로 육체적 제약을 겪게 되어 격렬하게 몸을 움직이는 농악 공연을 중단할 수밖에 없었으며, 또한 출산한 뒤에도 한국 사회에서 육아는 여성들의 몫으로 인식되어서 육아를 위해 공연활동을 그만두었기 때문이다. 더불어 1960년대 당시 공연자에 대한 사회적 인식이 좋지 않았으며, 더욱이 여성의 경우에는 '기생'이나 '무당' 등으로 백안시(白眼視)되어서 일단 결혼을 하게 되면 설령 배우자의 동의를 얻었다 하더라도 시댁 식구들의 반대로 더 이상 공연활동을 지속할 수 없는 경우가 대부분이었다. 따라서 이들 여성 공연자들은 결혼과 동시에 공연활동을 중단하는 경우가 다반사였다.29)

---

29) "기혼 여성들이 경제활동을 재개하느냐 마느냐를 결정짓는 가장 중요한 요인은 역시 자녀 출산 및 자녀 양육이라는 여성들의 생의 주기와 연관된 가족 내의 역할수행과 책임이라는 점이다." (김명혜, 〈'가족'과 '나' 사이에서: 여

이와 같이 여성 공연자들이 결혼과 함께 공연활동을 그만두자, 단장이나 경영진들은 공연자를 확보하기 위해 실력 있는 공연자와 결혼을 하거나 자신과 친인척 등의 관계로 만들기도 하였다. 지금까지도 활발하게 활동하고 있는 여성 공연자들은 이와 같이 단장의 부인이 되거나 친인척이 되어 활동을 지속할 수 있었던 사람들이다.

둘째, 1960년을 전후하여 만들어진 초기의 단체들은 공연을 준비하고자 집중적으로 훈련시켰던 데 비해, 이후의 단체들은 다른 단체에서 이미 활동하고 있는 공연자들을 웃돈을 주고 데려오는 식으로 단체를 조직하였다. 이러한 방법은 빠른 시일 안에 적은 비용으로 단체를 구성할 수 있기 때문에, 전북 각 지역에서는 이런 방법으로 한 번에 다수의 단체가 생겨나게 되고, 이에 반비례하여 각 단체의 공연자 수는 줄게 되었다.

하지만 이런 방법은 다른 단체에서 힘들여 양성한 단원을 빼오는 것이어서 각 단체 사이에 위화감을 조성하였다. 이에 따라 각 단체들은 공연의 질적 수준을 높이기보다는 단체의 생존을 위해 단원 관리에 더욱 힘을 소모하게 되었고, 결국 실력 있는 공연자가 꾸준히 양성되지 못하는 공연자 부족의 악순환이 계속되었다.

셋째, 1960년 무렵부터 등장한 제약회사의 약 선전에 판소리 광대와 농악 공연자가 동원되면서[30] 여성 공연자들이 '여성농악단'보다 경제적 대우가 나은 '약장수판'으로 유출되었다.

넷째, '남원국악원'에서 지속적으로 공연자를 교육하여 공연활동에 내보냈던 '춘향여성농악단'마저도 그 주요 공연자들이 여성농악단을 그만두고 판소리 창자로 전환하여 서울로 상경하게 되어 공연자가 부족해졌다. 안숙선·오갑순·강정숙 등 주요 공연자들이 여성농악단을

성들의 성 정체성에 대한 사례연구〉, 《새천년 한국인의 정체성》, 한국정신문화연구원, 2001, 629~630쪽)

30) 박황, 앞의 책, 1987, 299쪽.

떠나자 '춘향여성농악단'은 전주나 정읍 등에서 발생한 단체에서 공연자를 데려오기도 하는 등, 다른 단체와 마찬가지로 공연자가 부족하게 되었다. 이와 같이 공연자의 부족은 결과적으로 '여성농악단'이 급격하게 쇠퇴하는 내부적인 요인으로 작용하였다.

(3) 소멸

1960년대에 마을굿형 농악은 기독교와 같은 외래 종교의 급속한 파급과 농업 생산방식의 변화 등으로 공동체 안에서 제의적·노동적 기능이 약화된 상태였다. 그러나 1960년대까지도 전북지역의 대중들은 생활 속의 놀이와 음악으로써 농악을 향유하고 있었다. 전통 사회의 마을굿형 농악이 정월대보름이나 7월 백중과 같은 세시풍속과 관련되어 공연되었던 반면, 생활 패턴과 농악에 대한 인식의 변화로 1960년대 대중들은 여가의 일환으로 농악을 즐길 수가 있었다.

그러나 1970년대 들어 농악은 대중들로부터 급격하게 멀어지게 되었다. 이렇게 된 데에는 정부의 서구적 경제개발논리와 민속문화에 대한 이중적인 문화정책이 한 요인이 되었으며, 텔레비전의 보급은 가장 직접적인 원인이 되었다.

1970년대는 탈전통적 서구화의 '개발논리'가 더욱더 강화되었고, 1972년 유신정권의 출범, 1974년 육영수의 사망, 1979년 박정희의 사망으로 이어지는 급박한 정치적 상황과 이에 따른 경직된 사회 분위기는 대중들의 관심을 농악과 같은 전통예술로부터 멀어지게 하였다.

또한 1970년대는 정부의 문화정책이 본격화된 시기이며, 더욱이 전통문화에 대한 지원이 확대된 시기로 평가된다. 하지만 이 시기에 정부가 내세운 '전통'은 '충효'라는 봉건적 이념을 강조하여 한국사회 민주주의의 발전을 차단하려는 의도를 가진 통치이념의 수단으로 사용되었기 때문에31) 정부의 문화정책이 일관성 있게 진행된 것은 아니었다.

특히, 민속문화에 대한 정부의 태도는 이중적이어서, '전국민속예술경연대회'의 개최와 중요무형문화재의 지정 및 운용 등을 지속하면서도, 한편으로는 '새마을운동'을 추진하는 과정에서 민간신앙이나 전통 생활문화를 '미신'으로 몰아가면서 민속문화의 토대를 무너뜨리는 데 결정적인 역할을 하였다. 결국 정부의 정책적 지원은 민속문화의 실질적인 계승을 차단하는 결과를 초래했다.[32]

이러한 민속문화의 와해는 곧 마을굿형 농악의 단절과 직결되는 것으로, 이것은 또한 연예농악의 저변이 되는 향유집단이 파괴되는 것이기도 하였다. 이처럼 여성농악단이라는 연예농악의 모태인 '민속문화'의 토대가 무너지자 새로운 도시적 생활양식과 서구의 대중문화 등이 그 자리를 차지하게 되었다. 특히 텔레비전의 보급은 여성농악단과 같은 흥행단체의 활동에 치명적인 영향을 미치게 되었다.

1960~1970년대에 어떤 대중매체보다도 급속한 성장을 보인 것이 텔레비전이었다. 특히 텔레비전은 여성농악단이 급속히 소멸하는 1970년대에 들어서 더욱 폭발적인 증가세를 보인다. 여성농악단이 한창 조직될 때인 1962년 인구 1천 명당 보급율이 1.2대에 불과했던 텔레비전이 여성농악단이 쇠퇴해가던 1975년에는 인구 1천 명당 보급 대수가 53대로 약 44배가 늘었으며, 여성농악단이 완전히 소멸할 즈음인 1979년경에는 불과 만 4년 만에 약 3배로 증가하였다.[33] 이와 같이 폭발적인 텔레비전의 보급으로 여성농악단뿐 아니라 국극단, 서커스단, 약장수 등과 같은 흥행단체들은 흥행에 타격을 입고 사라져 갔다.[34]

---

31) 백현미, 〈1970년대 한국연극사의 전통담론 연구〉, 《한국극예술연구》 13호, 한국극예술학회, 2001, 165~168쪽.

32) 위의 글, 167~168쪽.

33) 추광영, 〈1960–70년대의 한국의 사회변동과 매스미디어〉, 《한국사회의 변동》, 성균관대 출판부, 1986, 258~260쪽.

34) 이정덕 외, 《전북 생활문화 100년》, 신아출판사, 2001, 10쪽.

1970년까지도 활동하던 여성농악단은 '호남여성농악단', '백구여성 농악단', '아리랑여성농악단' 등이었다. 이들은 주로 대도시를 돌며 활동을 하였는데, 특히 부산을 중심으로 영남지역에서 홍행실적이 좋았다고 한다. 이것은 호남지역의 개발이 정체되었던 데 비해 영남지역에 다수의 공장지대가 형성되면서 이곳에 인구와 자본이 밀집될 수 있었기 때문이라 생각된다.

그러나 홍행실적은 점차 낮아지고 단체의 운영이 어려워지자 이들은 여관에서 숙식하는 것마저 감당할 수 없을 만큼 피폐해져 함석으로 지은 가설극장 안에서 숙식을 해결하는 상황에까지 이르게 되었다. 이러한 열악한 상황에서도 여성농악단은 1976년과 1979년의 '전주대사습놀이' 농악 부문에서 장원을 하는 등 그 예술적 기량을 널리 펼쳤다.

여성농악단은 계속되는 홍행의 실패로 말미암아 운영의 어려움이 가중되자 서커스단과 단체를 합하여 운영하는 등 자구책을 마련하기도 하였다. 그러나 결국 1977년에 '호남여성농악단'이 해체되었고, '아리랑여성농악단'과 '백구여성농악단'마저도 1979년 박정희 대통령의 급서로 민간 공연단체의 활동이 금지되면서 그 뒤 해체되었다.

4. 여성농악단의 공연양상과 특성

(1) 구성요소

참여자 (participant)

여성농악단 공연의 구성요소에서 가장 중요한 것은 공연자로 이들은 악기 연주무용·노래·연기 등 다방면의 역할을 요구받는다. 여성농악단의 공연자는 민요, 농악 판굿, 농악 개인놀이, 창극 등 여러 종목을 두루 공연하는 1인 다역을 맡아야 했다. 따라서 이들은 전문적인 공연자가 되기 위해서 오랜 기간의 훈련이 필요했는데, 이런 트레이닝은 심리적·정서적인 훈련보다는 악기 연주·성악·무용 등에 적합한 신체를 만들기 위해서, 신체와 음성의 탄력성과 그 조절 능력을 얻는 데 중심을 두었다.

공연자를 제외한 여성농악단 관계자로 단장·경영진·강사·잡부 등이 있다. 단장은 그 단체를 대표하는 인물로 단체의 조직과 운영 전반에 대해 책임을 지는 사람이다. 단장을 도와 단체를 운영하는 이들이 바로 경영진으로, 이들은 부단장·사업부·총무·훈육부장·여성관리부장·소도구부장·연기부장 등의 직함을 가지고 단장과 함께 단체를 이끌어 간다.

여성농악단은 여러 지역으로 유랑하며 공연하던 단체였기 때문에, 경영진과 공연자 외에도 많은 수의 사람이 필요했다. 여성 공연자들을 가르치는 강사, 가설극장의 건축·해체·이동에 동원되는 잡부들과 가설극장의 야간 경비를 담당하는 사람, 공연장소를 이동할 때마다 그 지역의 훼방꾼들로부터 단체를 지키는 사람 등이 있었다. 2~3명씩 조를 짜서 밤에 극장을 지키는 '야방', 표를 받고 청관중들을 공연장으로 들여보내는 일을 하는 '기도', 가설극장과 무대를 짓는 일을 하는 '고야', 단체 구성원들에게 밥을 지어주는 '식모' 등이 있었으며, 그 역할이 고정된 것은 아니고 이들도 1인 다역을 요구받았다. 또 경영진 가족들이 단체에 속해 함께 다니기도 했는데 이들은 '매점원', '매표원' 등의 노릇을 하기도 하였다.

여성농악단의 청관중은 집단적인 동질성을 전제하지 않은, 일시적으로 공연에 참여하기 위해 형성된 집단이다. 청관중 개개인은 여성농악단의 광고활동인 '마찌마리'나 '일꾸미' 등으로 여성농악단의 공연에 대해 미리 정보를 얻어 공연의 관람을 결정하고, 매표소에서 표를 구매하여 극장에 입장한다. 이때부터 공연자와 청관중, 청관중과 청관중 사이에 관계가 비로소 형성된다.

여성농악단의 공연은 다양한 진법의 전개와 곡예적인 동작 등으로 공간적인 폐쇄성을 형성하고 있어서 청관중들은 공연 중에 무대 공간으로 직접 들어가지 못하게 되어 있다. 따라서 청관중들은 공연을 '보고 듣는' 차원에 머물러 있는 '수동적인' 자세를 요구받는다.

의상과 분장

여성농악단은 초기 단체인 '남원여성농악단'과 '전북여성농악단'에서는 남색 조끼에 흰 바지와 흰 저고리를 입었다. 그 이후 단체들은 편리를 위해 신라복을 고안해 입었다. '신라복'은 하얀 한복 바지·저고리 모양에 저고리의 깃·소매·밑단 등과 바지 밑단에 검정색이나 남색의 천을 덧대고, 고름·허리띠·대님 등은 모두 떼어낸 뒤 고무줄을 넣은 형태이다.

여성농악단은 악천후가 아니면 거의 매일 공연을 했기 때문에 여러 벌의 의상이 필요했는데, 신라복 말고도 다양한 디자인의 의상을 만들어 입었다고 한다. 특히 상쇠는 그 단체의 흥행실적을 좌우할 만큼 중요한 공연자이고 월급도 많이 받아서 일반 단원들과는 다른 의복을 만들어 입기도 하였다. 예를 들어, 까만 '깔깔이' 천에 빨간 장미를 수놓아 입거나[35], 장군의 갑옷과 같은 디자인에 반짝거리는 장식을 달아 입기도 하였다.[36]

여성농악단이 남원에서 처음 조직되었을 때는 꽹과리만 부포상모를 쓰고 나머지는 모두 고깔[37]을 썼다고 한다. 그러다 이후 우도 농악에서 채상소고가 보편화되자 여성농악단에서도 고깔소고를 채상소고로 바꾸었고, 1961년 전국 민속예술 경연대회에 참가한 '춘향여성농악단'

---

35) 유지화 구술.

36) 유순자 구술.

37) 이때 썼던 고깔에 붙이는 종이꽃은 현재 고깔소고의 명인 황재기가 만드는 것과 같은 것이었다고 한다.

이 이미 채상모를 쓰고 있었다.[38] 장구와 징은 처음에는 고깔을 쓰다가, 나중에는 전립의 꽃수건을 응용해 만든 '테머리'를 둘렀다.

농악 공연에서는 공연자의 외모를 살리기 위해 '순수 분장'을 하였고 목걸이, 귀고리, 팔찌, 반지 등의 액세서리를 자유롭게 착용하였다. 토막창극을 할 때에는 등장인물의 개성을 나타내기 위해 '성격 분장'이 필요했는데, '부안여성농악단'은 창극에서도 진한 분장은 따로 하지 않고 '순수 분장'만 했다고 한다. 하지만 '춘향여성농악단'은 토막창극을 할 때 '성격 분장'을 했는데, 분장용 화장품인 도랑·연지 등은 남자 선생님들이 직접 만들어주었다고 한다.

극장·무대

공연장은 보통 가설극장을 짓거나 극장·공회당 등을 빌리지만, 여성농악단은 '가설극장'을 만들어 공연하는 것을 선호했다고 한다.[39] '여성농악단'의 가설극장은 시기에 따라 다음과 같이 세 가지 형태로 변화해 갔다.

첫 번째 형태는 넓은 공터에 굵은 통나무 기둥을 박고, 그 위를 흰색 광목으로 둘러쳐 천장이 뚫린 공연장으로 4면이 모두 개방된 마당판 '원형무대' 형태였다. 이러한 '가설극장'은 '여성농악단'이 생기기 이전 남성 공연자들이 활동했던 '포장걸립패'의 극장과 같은 모습이며, '포장걸립'이라는 용어는 이런 공연장 형태에서 비롯되었다고 한다.[40]

두 번째 형태의 '가설극장'은 광목을 천장까지 둘러친 모양으로, 민요·토막창극 등을 공연하기 위해서 '1면 무대'(프로시니엄 무대, 액자틀 무대) 형태의 '간이무대'를 설치하기도 했다. 농악은 이 '간이무대'

---

38) 〈일곱살짜리 어릿광대도〉, 《경향신문》, 1961년 9월 29일자.
39) 이철수 구술.
40) 류명철 구술.

앞에 비워둔 공간에서 공연하였다. 이런 극장에서는 무대가 설치된 1면을 제외하고는 3면이 모두 청관중석으로 되어 있어서, 결국 '가설극장'은 기존의 개방형 마당판인 원형 무대와 1면 무대를 결합한 '혼합형 3면 무대' 형태라고 할 수 있다.

세 번째 '가설극장'은 쇠파이프를 연결하여 극장의 틀을 잡고, 함석으로 벽면을 댄 뒤 미군용 천막인 '갑빠'를 씌워 만든 형태로, 서커스단의 천막과 유사하다. 무대는 3면 무대 형태이다. 이런 극장은 비가 와도 큰비가 아니면 공연을 할 수 있을 만큼 튼튼해서, 공연자들은 여관비를 아끼고자 무대 뒤편에 숙소 겸 분장실을 칸칸이 만들어 각 방마다 서너 명씩이 기거하면서 극장 안에서 숙식을 해결하였다고 한다.

(2) 유랑 예인집단으로서 공연 준비과정

여성농악단은 단장, 경영진, 공연자, 강사, 잡부로 조직된다. 단체를 만드는 중심 인물은 '단장'이다. 공연자를 모집한 뒤 훈련을 시키거나 이미 기능이 숙련된 공연자를 모아 단체가 만들어지면 전국을 떠돌며 공연활동에 나선다. 공연활동에 나선 후 공연을 하기 위해서는 ①공연장소 물색, ②공연장소로 이동, ③극장 설치, ④광고활동 등의 현장 준비과정이 필요하다.

장소가 결정되고 가설극장 설치가 끝나면 공연자들은 '마찌마리'를 시작한다. 이 말은 일본어 '마찌마와리'[まちまわり(町廻り)]가 와전된 말로, '동네를 돈다'는 뜻이다. '마찌마리'는 여성농악단이 그 지역에 들어왔음을 알리고, 청관중을 모으기 위해 농악을 치는 일종의 광고활동이다. '마찌마리'를 할 때에는 단체의 이름이 적힌 기(旗)나 현수막을 앞세우고 농악을 치면서 도보로 그 일대를 돌아다닌다. 넓은 지역을 돌아야 할 때는 트럭에 기를 붙이고, 공연자들이 짐칸에 올라탄 채로 농악을 연주하며 다니기도 하였다. 이때 인쇄된 전단지를 함께 배포

하기도 하였다. '마찌마리'는 공연장소를 이동한 뒤에 한 번만 한다.

  '마찌마리'와 같이 악기를 연주하면서 하는 광고활동으로는 '일꾸미'가 있는데, 이것은 공연을 할 때마다 공연 시작 전에 치는 농악이다. '일꾸미'는 공연이 시작되기 30분이나 1시간 전에 가설극장 안에서 농악을 치기 시작한다. '일꾸미'를 시작한 뒤 청관중이 많이 모여들면 곧 공연을 시작하지만, 그렇지 않을 때는 다시 극장 밖에 나가서 출입구('기도') 옆에서 청관중들이 모여들 때까지 농악을 연주하였다. 공연장소를 옮기고 '마찌마리'와 '일꾸미' 등을 하고 난 뒤, 첫 공연은 밤이 되어서야 시작한다. 청관중은 가설극장 한편에 만들어 놓은 '매표소'에서 입장권을 산 다음 '출입구'로 가서 '기도를 보는'[41] 사람에게 표를 주고, 가설극장 안으로 들어온다. 극장에 청관중이 들어와 좌석이 꽉 차면 공연자들은 '일꾸미'를 그치고 무대 뒤의 분장실로 퇴장한다. 분장실로 들어온 공연자들은 화장을 고치고 악기를 다시 고쳐 매는 등, 본 공연에 들어갈 준비를 한다.

(3) 여성농악단의 공연과정

  청관중들이 극장에 입장하면 비로소 여성농악단의 본 공연이 시작된다. 공연은 하루에 세 번 하는데, 지역축제가 있거나 청관중이 많을 경우에는 공연 시간을 줄여서 하루에 몇 번이고 계속 하였다. 반면에 흥행이 저조할 때는 하루 1~2회로 공연 횟수를 줄였다.

  여성농악단의 레퍼토리는 각 단체마다 차이가 있으며 한 단체 안에서도 당시에 확보된 공연자의 상황에 따라 달라졌다. 1960년대 초반에는 '남원여성농악단'이나 '춘향여성농악단'을 제외한 다른 여성농악단

---

41) 가설극장의 출입구와 그 출입구의 앞에서 표를 받고 청관중을 들여보내는 노릇을 하는 사람을 모두 '기도'라고 부르며, 이런 행위를 '기도를 본다'고 한다.

들은 주로 농악의 '판굿'과 '개인놀이'만을 공연하였다. 그러다가 각 단체 간에 레퍼토리가 공유되고 공연자가 확보되자 여성농악단은 농악 밖에도 판소리, 민요, 창극, 무용, 줄타기 등 다양한 공연 종목들을 함께 공연하기 시작했다. 보통은 남도민요(남도잡가)→농악[오채질굿→오방진굿→농부가→(굿거리)→두마치굿]→토막창극의 순으로 진행되었다.

남도민요

공연의 첫 순서인 남도민요는 '남도잡가'로 불리기도 하는데, 잡가는 민요와는 달리 전문적인 창자가 공연했던 노래이다.[42] 남도잡가는 아쟁·대금·장구 등의 반주에 맞춰 부른다. 남도민요는 '새타령'→'느린 육자배기'→'자진 육자배기'→'삼산반락'→'개고리타령'→'진도아리랑'의 순서로 전개되는데, 곡조의 빠르기는 진양 장단으로 느리게 시작하여 '중머리→중중머리→세마치' 등 점차 빠른 장단으로 진행된다.

이와 같이 남도잡가의 가사는 '첨가적'이고 '반복'과 '대구'를 많이 쓰며, 판소리 가사를 인용하는 특징이 있다. 이는 남도잡가의 가사가 전승되는 방식이 기록에 따른 것이 아니라, '구비전승'의 방식을 취하기 때문이다.

남도잡가는 공연의 첫머리에서 느린 장단으로 시작하여 '일꾸미'로 한창 들뜨고 소란해져 있는 청관중들을 진정시키고 공연장 안을 정리하는 구실을 한다. 청관중들은 남도잡가가 시작되자 공연자들에게 시선을 모으고 공연에 집중을 하게 된다. 진양으로 느리게 시작된 장단이 중머리→중중머리로 차츰 빨라지자 청관중석에서는 추임새와 박수가 나오고 공연은 조금씩 긴장감을 형성하게 된다. 잡가의 후반부에 이르

---

42) 이노형, 〈잡가의 유형과 그 담당층에 대한 연구〉, 서울대 석사논문, 1987, 22~35쪽 참조.

자 청관중은 가락에 맞추어 박수를 치는가 하면 환호를 하는 등 공연에 완전히 몰입하게 되고, 대중에게 가장 친숙한 '진도아리랑'에서 반응은 절정에 이르러 남도잡가가 끝나쟈 공연장 안은 이미 '신명'의 도가니가 된다.

이처럼 남도잡가는 앞으로 전개될 공연 레퍼토리에 청관중들이 집중할 수 있도록 분위기를 만들 뿐만 아니라, 공연이 진행됨에 따라 공연이 만들어내는 긴장감이 더 강렬해지도록 공연자와 청관중이 첫 호흡을 맞추는 단계라고 할 수 있겠다.

판굿과 개인놀이

남도잡가가 끝나고 공연자가 퇴장을 하면, 사회자는 다음 레퍼토리인 농악의 절차와 유래 등에 대해 설명한다. 사회자가 농악의 시작을 알리면 판굿 공연자들은 무대 뒤에서 '일·이·삼채'와 '입장가락 내는 가락'을 치고, '입장가락'에 맞춰 무대로 등장하여 '판굿'이 시작된다. 판굿은 현재 전승되는 호남 우도 농악 판굿의 오채질굿, 오방진굿, 호허굿 등에 '농부가'와 '두마치굿' 등이 추가되어 있다.

〈표-2〉 여성농악단 공연에서 농악의 판굿 절차

1	입 장	일·이·삼채〔일채-휘모리(이채)-된삼채-빠른삼채-휘모리〕-입장가락 내는 가락-입장가락-난타-휘모리-인사가락 1-인사가락 2(인사)
2	오채질굿	느린오채질굿-빠른우질굿-좌질굿-빠른좌질굿-풍년굿-양산도-삼채-매도지-이음새가락-연풍대 가락-빠른삼채-매도지
3	오방진굿	오방진 내는 굿-오방진-진오방진-삼채-연풍대 가락-된삼채-매도지
4	농부가	휘모리-난타-농부가(굿거리)-굿거리-삼채-된삼채-매도지
5	두마치굿	두마치-연풍대 가락

여성농악단의 농악에서는 잡색이 전혀 없기 때문에[43] 연극적 요소가 완전히 제거되어 있으며 대신 음악적·무용적 요소가 더욱 강화되어 나타난다. 여성농악단 농악의 음악적 특징으로는 '구성의 집약성'을 들 수 있겠다. 마을굿형 농악에서 판굿은 저녁에 시작하여 다음날 새벽까지 계속되기도 하는 등 시간의 제약을 그다지 받지 않는다. 이에 비해 여성농악단의 판굿은 정해진 시간 안에 신속하게 공연을 진행시켜야 하기 때문에 시간의 제약을 많이 받는다. 따라서 음악을 집약적으로 구성해야 하는데, 그렇게 하기 위해서 ①어름굿을 축소하고, ②간단한 이음새 가락을 사용하며, ③작은 굿가락 단위가 반복되는 것을 피하는 등의 방법을 쓴다.

여성농악단 판굿의 또 다른 음악적인 특징으로 '변주(變奏)'를 선호한다는 점을 들 수 있다. 여성농악단의 상쇠였던 나금추에 따르면 "다른 치배들도 재주껏 변형가락을 연주하여 각자의 가락들이 서로 엉키고 조화를 이루어야 수준이 높아지는 것이다. 기본 두 장단만 계속 이어치는 것은 이제 배우는 사람들이나 하는 것이다"[44]라고 대답하였고, 유지화·유순자 등도 나금추와 같은 인식을 갖고 있었다.[45]

여성농악단의 농악은 앞에서 말한 바와 같이 연극적 요소가 제거되어 있는 대신 음악적 요소와 무용적 요소가 강화되어 농악 공연의 전 과정에 나타난다. 이 무용적 요소는 다시 신체 자체의 춤동작과 무대에

---

43) 잡색 가운데 '대포수'로 유명한 전재성이 여성농악단에서 활동하기도 하였지만, 그는 '대포수'로서 활동한 것이 아니라 여성농악단의 '소도구'를 담당하였다고 한다.

44) 류장영, 앞의 글, 1994, 97~98쪽.

45) 양순용과 같이 좌도 농악의 공연자이지만 '마을굿형 농악'과 '연예농악'을 함께 공연했던 류명철은 '삼채', '질굿', '일채', '영산' 등의 가락은 어느 공연자나 변주할 수 있다고 하였다. 그러나 '반풍류', '벙어리 삼채', '일채'를 제외한 '채굿', '호허굿' 등은 변주를 해서는 안 된다고 하여 양순용과 여성농악단 상쇠들 사이에 중간적인 인식을 가지고 있었다.

서 펼쳐 보이는 춤의 대형인 진법 동작으로 구분할 수 있다.[46) 신체 자체의 춤동작이 나타날 때에 진법은 판굿의 기본 대형인 원진(圓陣)을 유지하고 있으며, 복잡한 진법이 나타날 때에는 신체 자체의 춤동작이 나타나지 않는다.

　여성농악단은 원형 무대나 또는 그 변이형인 3면 무대에서 판굿을 공연한다. 원형 무대의 기본적인 동작선은 무대의 중심과 동심원을 그리는 선이어서, 둥글게 도는 식의 동작선이 많으며 태극이나 방울진(달팽이진) 등 원을 변형한 곡선들이 자주 쓰인다.[47) 원형 무대나 그 변이형인 3면 무대를 사용하는 여성농악단의 판굿에서도 이와 같이 원진·을자진·방울진(달팽이진)·삼방진·오방진 등 원을 변형한 곡선들이 자주 쓰이며, 더불어 미지기진·쌍줄백이진 등 직선의 진법이 함께 사용된다. 그 가운데서 '원진(圓陣)'이 가장 자주 나타나는데, 원진은 농악 공연의 기본 대형으로 다른 진법이 진행될 때보다 공간에서 여백이 많다. 여성농악단의 판굿에서 사용되는 원진은 그 공간적인 여백이 청관중에게 무대를 개방하기 위한 것이 아니라 공연자를 위한 공간이다. 공연자들은 역동적이고 복잡한 진법이 진행되는 동안에는 표현할 수 없었던 신체 자체의 춤동작을 기교적으로 펼쳐 보이기 위해 원진을 만든다. 이런 '원진'은 '오채질굿[48)'·'풍년굿'·'양산도'·'굿거리'·'호호뒷굿' 등에서 만드는데, 이때 공연자들은 전체적으로 통일된 춤동작을 하거나 공연자 일부가 원 안으로 들어와 자반뒤지기·연풍대 등의 곡예적인 동작을 하기도 한다.

---

46) 김익두, 〈판소리의 현전성과 그 연극학적 의미〉, 《소석 이기우선생 고희기념 논총》, 한국문화사, 1995, 104~105쪽.

47) 이영미, 《마당극 양식의 원리와 특성》, 한국예술종합학교, 1996, 192쪽.

48) 우도 농악의 '오채질굿'에서는 보통 공연자들이 신체 자체의 춤동작이 없이 '원진'과 '을자진'을 교대로 만들거나 '원진'을 만들어 좌우로 진행 방향만 바꾸지만, '여성농악단' 공연에서는 수버꾸·수징·수장구 등이 교대로 원 안으로 들어와 자반뒤지기나 연풍대를 한 바퀴씩 돌고 들어간다.

여성농악단의 농악에서 '원진'이 지닌 또 다른 기능은 공연자들이 을자진·이방진·삼방진·오방진·미지기진·쌍줄백이진 등 역동적인 진법을 시작하기 전에 준비 과정으로 기본 대형인 원진을 만드는 경우이다. '오방진굿'이나 '두마치굿'의 '원진'이 그 예라 할 수 있다.

이러한 진법의 도형적인 움직임은 리드미컬하며, 한 대형에서 다른 대형으로 변화하는 것은 공연자의 움직임에 리듬감을 한층 더 높인다.[49] 따라서 이러한 진법은 농악기의 강렬한 소리와 어우러져 역동적인 긴장감을 자아내게 된다. 한편, 진법은 활달한 움직임으로 역동성을 더하는 동시에 공연자들의 움직임을 강하게 규율화한다.[50] 이런 진법의 특성 때문에 진법을 알지 못하는 청관중이 무대 공간으로 진입할 경우, 청관중은 공연자와 부딪치는 등 공연의 흐름을 방해하게 된다. 따라서 진법의 변화가 다양하게 나타날수록 청관중들은 무대 공간으로 진입하기가 어려워서 공연자와 청관중 사이에는 공간적인 폐쇄성이 형성된다.

'여성농악단'의 판굿에서는 진법 동작과 함께 신체 자체의 동작도 풍부하고 세련되게 나타난다. 신체 자체의 동작은 부포상모와 채상모를 이용하는 상모놀음인 '윗놀음'과 팔다리를 이용하는 춤동작인 '아랫놀음'으로 나눌 수 있는데, 여성농악단의 판굿에서는 이 두 가지가 풍부하게 나타난다. 남성에 비해 육체적으로 힘이 부족한 여성에게는 힘겨운 자반뒤지기, 연풍대 등의 곡예적인 동작을 하면서도 이들은 여성 특유의 섬세하고 고운 춤동작을 구사한다. '농부가' 뒤에서 볼 수 있는 굿거리 춤, 두마치굿에서 보이는 발 동작 등은 남성농악단에서는 찾아볼 수 없는 여성농악단 특유의 무용적 특징이라고 할 수 있다.

'판굿'이 끝나면 '개인놀이'를 한다. 개인놀이는 '소고놀이→장구놀

---

49) 이영미, 앞의 책, 1996, 192~196쪽.
50) 김인우, 〈풍물굿과 공동체적 신명〉, 《민족과 굿》, 학민사, 1987, 129쪽.

이51)→징놀이→꽹과리놀이(→열두발 상모놀이)’의 순서로 진행되며, ‘열두발 상모’는 그 당시 단체의 공연자 상황에 따라 들어가기도 하고 빠지기도 한다.

‘개인놀이’는 말 그대로 공연자 혼자 나와서 공연하는 형태이다. 따라서 공연자 전체가 합주(合奏)를 하면서 집단적으로 움직이는 판굿에서는 두드러지게 드러나지 않았던 공연자 개인의 실력이 ‘개인놀이’에서는 뚜렷하게 드러난다. 판굿은 여러 사람과 ‘호흡’을 맞추어야 하고 그 자체의 절차와 규율이 있기 때문에 공연자 개인의 창조적인 ‘변이’가 어려운 반면에, 개인놀이는 혼자서 하는 공연이어서 비교적 자율적이고 창조적으로 공연을 변화시킬 수 있다는 특징이 있다. 이처럼 ‘변이’가 판굿보다 쉽기 때문에, 여성농악단의 개인놀이에서는 그 전까지 단지 전체 공연자들이 연주하는 가락의 ‘한배’를 잡아주는 구실을 하던 징 공연자가 독자적으로 ‘개인놀이’를 하기도 하였다.

‘개인놀이’가 끝나고 공연의 마지막 순서인 ‘토막창극’을 시작하기 전에 여러 가지 공연 레퍼토리들이 들어갈 수도 있다. 여성농악단에서 공연했던 레퍼토리들을 꼽아 보면, 바라춤·살풀이·부채춤·줄타기·판소리·가야금 병창·경기민요 등이 있다. 이 가운데 무용은 여성 공연자들이 배우고 연습하여 공연하였지만, 그 밖의 것들은 외부에서 전문적인 공연자를 초청하여 공연하였다고 한다.

토막창극

앞의 모든 레퍼토리가 끝나면 마지막 순서로 토막창극이 공연되었다. 토막창극은 판소리의 배역을 여러 사람이 나누어서, 이야기의 처음부터 끝까지를 약 30분 분량으로 나누어 며칠에 걸쳐 이어가는 방식으

---

51) 여성농악단에서 원래 한 명씩 나와서 하는 ‘장구 개인놀이’를 했다고 하는데, ‘여성농악단’ 공연에서는 장구 공연자 전체가 함께 하는 ‘합동 장구놀이’를 하였다.

로 공연하는 창극이다.

토막창극은 판소리의 더늠처럼 어떤 장면이 자주 공연되고 배우의 독특한 대사 연기나 몸짓 연기 등이 덧붙여지면서 확장되었다.[52] 이런 창극은 기본적으로 '대중극'을 지향했는데, 왜냐하면 흥행 단체의 청관 중들은 예술적인 진지함과 엄격함을 추구하는 사람들이 아니라, 편안함과 만족을 추구하는 대중들이었기 때문이다.[53] 따라서 여성농악단의 공연자들은 해학적이거나 슬픈 대목을 과장된 감정과 몸짓으로 공연하였다. 자주 공연되는 토막창극 레퍼토리로는 〈흥보가〉의 '흥보 쫓겨나는 대목', 흥보 막내 아들과 놀보의 큰 아들이 헤어지는 '돌남이막', 제비를 잡으려는 놀보를 마당쇠가 골탕먹이는 '마당쇠막', 놀보를 찾아간 흥보가 '매맞는 장면', '박타는 장면', '화초장막' 등과 심청가의 '뺑파막', 춘향가의 '나무꾼막', '어사출도막' 등이 있다.[54]

여성농악단의 토막창극은 줄거리만 있을 뿐 고정된 대본이 없어서 공연자는 행위와 구술을 통해서만 연기법을 배울 수가 있다. 공연을 할 때에도 공연자는 대사와 행동이 고정되어 있지 않기 때문에 완전히 자신의 즉흥적인 연기력에 의존하여 연기할 뿐이다.

위와 같이 남도민요→농악 판굿→개인놀이→판소리 및 기타 공연→토막창극 등이 끝나면 여성농악단은 휘모리를 짧게 치고 인사굿을 치면서 공연을 끝내거나, 토막창극을 했던 배우들이 인사를 하면서 공연을 마친다고 한다.[55] 농악공연에서 흔히 볼 수 있는 '뒷풀이 굿'은 하지 않는다고 하였다.[56]

---

52) 백현미, 〈창극 춘향전의 공영사와 양식상의 특징〉, 《춘향예술의 양식적 분화와 세계성》, 한국고전희곡학회 자료집, 2002, 7쪽.
53) 최동현, 〈20세기 전반기 판소리 향유층의 변동과 음악의 변화〉, 《판소리 연구》 12집, 판소리학회, 2001a, 74쪽.
54) 유지화·유순자 구술.
55) 유순자 구술.
56) 본래 여성농악단 공연에서는 '뒷풀이굿'이 없었다고 하는데, '여성농악단' 공

여성농악단 공연의 남도민요・농악・토막창극 등은 각각 다른 공연 양식이지만, 공통적으로 음악적 요소의 강한 지배를 받고 있다는 특징이 있다. 남도민요와 농악의 각 굿단위들은 모두 '느림→빠름'의 패턴을 가지고 있다. '느림→빠름'의 긴장성 패턴은 공연이 진행됨에 따라 순환하면서 반복적으로 나타난다. 이런 과정을 통해서 형성된 공연의 긴장성은 다음 순서에서도 사라지지 않고 축적되어 간다. 이런 '순환'・'반복'・'축적'으로 공연자와 청관중은 '신명'이라고 하는 공연의 에너지를 구축해 간다.

하지만 여기서는 농악 공연에서 일반적으로 나타나는 '청관중의 공연자화'는 일어나지 않는다. 이것은 여성농악단의 공연이 전문적인 공연자를 필수로 하는 예능이기 때문이다. 앞서 살펴본 바와 같이 농악 공연에서는 무용적인 요소, 즉 연풍대・두루거리・자반뒤지기 등 곡예적인 동작과 원진・방울진・미지기진 등의 다양한 진법이 공연 내내 펼쳐지면서 공연자와 청관중 사이에 공간적인 폐쇄성이 형성된다. 따라서 여성농악단의 청관중들은 무대 공간을 차지하는 공간적인 차원의 참여는 할 수 없다. 대신에 박수를 치고 탄성을 터트리며, 제자리에서 일어나 춤을 추는 것과 같은 행위로 공연자와 상호작용을 한다.

(4) 공연 특성

연예농악의 범주에 포함되는 여성농악단의 공연은 연예농악이 지닌 공연 특성을 고스란히 보여주고 있다. 연예농악은 특정한 공연집단이 집단적 동질성을 전제하지 않은 무작위의 청관중을 대상으로 공연을 한다. 따라서 공연에 대한 청관중의 '전이해(pre-perception)'는 미약

연에서는 청관중들이 무대로 내려와 '뒷풀이굿'을 치고 공연자들이 부르는 뱃노래에 맞춰 한바탕 논다.

하다고 볼 수 있다. 연예농악은 이런 점을 보완하고 청관중의 이해를 돕기 위해서 '사회자'를 따로 두어 공연을 진행하였다. 사회자는 공연과 공연단체에 대해 소개를 하여 그 공연에 대한 정보를 주는 동시에, 추임새와 즉흥적인 몸동작을 함으로써 청관중이 공연에 적극적으로 참여하도록 분위기를 만든다. 연예농악의 사회자는 '잡색'과 같이 무대와 청관중석의 공간을 넘나들지는 않지만, 공연자와 청관중 사이의 원활한 상호작용을 이끌어내는 구실을 한다는 점에서 '잡색'과 유사한 직능을 갖는다고 볼 수 있다.

공연에 대한 청관중의 '전이해'가 상대적으로 약한 연예농악은 공연자와 청관중 사이의 상호작용을 높이기 위해서 다음과 같은 방법으로 청관중에게 발하는 '메시지'를 강화한다. ①공연자는 강한 훈련을 통해 세련된 공연 능력을 익히고, ②상쇠의 신호에 민감하게 대처하고 호흡을 맞추는 등 공연자 간에 원활하게 의사소통을 하여 청관중에게 전달할 메시지를 일치시키고, ③화려한 의상과 액세서리, 진법과 춤동작, 노래와 기악 변주 등 청관중에게 보내는 시청각적인 메시지를 강화시킨다.

마을굿형 농악에 비해 공연자와 청관중의 관계 형성이 미비한 연예농악은 이와 같이 다양한 전략을 통해 공연자와 청관중의 활발한 상호작용을 이끌어낸다. 그러나 이러한 상호작용은 연예농악의 기본적인 특성이 '보여주는 공연'이기 때문에 청관중이 무대 공간에 들어오는 것을 허용하지 않는 범위에서 이루어진다.

연예농악에서는 공연의 시간이 1~2시간 정도로 정해져 있고 공간도 극장이라는 곳으로 한정되어 있어서, 마을굿형 농악에 비해 개방적인 성격은 약하다. 하지만 안정된 공연 공간을 확보하고 있고 또 계획적으로 시간을 안배할 수 있기 때문에 연예농악의 공연자는 주변 상황에 신경 쓰지 않고 공연 자체에 집중할 수 있다.

농악의 기능적 측면을 보면 연예농악은 의식(儀式)의 절차나 노동의 움직임과 관계없이 독자적인 공연 양식으로 존재하게 되면서 놀이적 요소를 강화시켜 오락적이고 예술적인 형태로 발전하게 되었다.

　마을굿형 농악이 제의적 진지성과 의식성, 노동이나 군사훈련의 목적성으로 그 공연 절차를 편의대로 이동·추가·삭제하지 못하는 것과 달리, 연예농악은 청관중의 많고 적음과 그 반응의 정도, 기후의 변화, 공연자의 변동 등에 따라 '굿단위'를 생략하거나 추가·반복하는가 하면, 상쇠에 따라 순서를 다르게 하기도 하는 등 공연 절차가 마을굿형 농악보다 자유롭다. 악기 연주 면에서도 마을굿형 농악이 상쇠를 제외한 공연자들은 변주를 해서는 안 된다는 제약이 있지만,[57) 연예농악에서는 그런 정해진 틀 없이 모든 공연자가 재주껏 변주를 해서 '가락들이 서로 엉키고 조화를 이루도록' 하여 예술성을 추구하였다.

　이런 구성요소 간의 차이로 마을굿형 농악은 마을굿의 한 요소로서 종교주술적인 기능을, 두레에서는 노동생산적인 기능을, 군사훈련에서는 외부로부터의 방어적인 기능을 한다. 이와 달리 여성농악단과 같은 연예농악은 오락적이고 예술적인 기능을 한다. 연예농악은 의식과 절차로부터 분화되면서, 특히 음악적·무용적 측면을 강화하였는데, 한정된 시간 안에 공연을 하여 무작위의 청관중으로부터 경제적인 대가를 얻어내기 위해서 공연 구성의 밀도를 높이고 음악적·무용적 요소들을 세련되게 가다듬었다. 즉, 마을굿형 농악이 종교주술적·노동생산적·외부방어적인 기능을 높이기 위해 농악의 놀이적 요소를 차용한 것이었다면, 연예농악은 공연 자체의 예술적이고 발전적인 행로를 찾는 것이라고 볼 수 있다.

---

57) 류장영, 앞의 글, 1994, 97~98쪽.

5. 맺음말

1950년대까지도 농악은 남성들에 의해서만 공연되었으나, 1950년대 말에 이르러 여성농악단이 등장하게 되었다. 이로써 남성 공연자들의 전유물이었던 농악이 여성에게 개방되었다. 젊은 여성공연자로 구성된 여성농악단이 다수 생겨나 활동하게 되자, 남성농악단들은 흥행의 실패로 해체하게 되었고, 이때부터 전북의 연예농악은 여성공연자를 중심으로 전승되었다. 여성농악단의 등장으로 우수한 여성 공연자들이 배출되었다. 특히 나금추·유지화·유순자 등은 다른 지역의 농악 명인들 사이에서는 찾아볼 수 없는 여성 상쇠로, 오늘날까지도 공연활동과 농악의 교육활동에 힘쓰고 있다.

여성농악단은 의식이나 절차에서 벗어난 연예농악만을 공연했기 때문에 공연방식을 자유롭게 변이시킬 수 있었고 농악의 음악적·무용적 요소를 강화시켜 농악의 예술적 기능을 높였다. 1970년대까지 대중들의 인기를 얻었던 여성농악단은 1960·1970년대 전통적인 민속예능을 공연 레퍼토리로 하면서 자생력을 잃지 않은 유일한 유랑 예인집단이었다. 따라서 단체가 해산되어 활동할 곳이 없었던 각 지역의 유랑 예인들은 여성농악단을 공연의 터전으로 삼아 활동을 지속할 수 있었다. 사물놀이의 이광수, 발탈 중요무형문화재 보유자이며 줄타기와 한량무의 명인 이동안, 줄타기 명인 김영철 등이 여성농악단에서 활동하였다.

그러나 여성 공연자들은 여성농악단에 입단하여 공연자의 삶을 살기 위해서 많은 어려움을 겪어야 했다. 이들은 집안의 반대를 무릅쓰고 농악 공연자가 되었으나 남성 간부들의 관리와 통제 속에서 살아야 했고, 때로는 공연의 대가마저도 제대로 지급받지 못하였다. 게다가 여성 공연자들은 이런 생활마저도 본인의 의사와 상관없이 중단되기도 했다. 이처럼 여성농악단은 여성들이 공연자로 살아갈 수 있는 터전을 만들어주었으나, 동시에 여성의 삶을 억압하는 것이기도 했다.

여성농악단은 이미 사라졌지만 여기서 활동했던 여성 공연자들은 거의 대부분 생존해 있으며, 아직까지도 농악이나 국악의 공연자·교육자로 활동하고 있는 사람들이 많이 있다. 이런 점에서 볼 때 지금은 비록 여성농악단에 관한 기록과 연구가 부족하다 할지라도 앞으로 충분히 연구할 수 있는 가능성을 가지고 있다. 따라서 지속적으로 여성농악단에 관한 자료가 수집되어야 하며, 이들의 공연에 대한 음악적·무용적·연극적인 분석이 있어야 하는 등 깊이 있는 연구가 지속되어야 할 것으로 생각된다.

사물놀이의 세계

김 헌 선*

1. 머리말 — 사물놀이의 성립

'사물놀이'란 1978년 2월 '공간사랑' 소극장에서 창단을 한 놀이패의 명칭이다. 그런데 이제는 놀이패에 그치지 않고, 네 개의 타악기인 꽹과리·장구·북·징으로 연주하는 풍물굿을 가리키게 되었으며, 이러한 사물(四物)놀이가 예술의 한 갈래를 가리키는 말로 변모되었다.

사물놀이가 예술의 한 갈래 또는 국악의 한 갈래로 자리 잡게 된 데에는 저간의 사정이 있다. 그 내력을 알려고 하면 우선 풍물굿을 깊이 이해하지 않으면 안 된다. 그러나 풍물굿을 이해하기 위해서는 다시 어려움에 부딪치게 된다. 왜냐하면 풍물굿에 대해서는 조사가 제대로 되어 있지 않고, 게다가 개괄적인 소개서가 있지만 체계적인 이해를 도모하지 않아서 불편하기가 이루 말할 수는 없기 때문이다.1) 그러므로 사물놀이와 풍물굿을 한꺼번에 이해할 수 없지만, 그들의 공통점과 차이점을 규명한다면 오히려 사물놀이의 특징과 그것이 정착하게 된 사정

---

* 경기대학교 국문과 교수.

1) 정병호, 《농악》, 열화당, 1986 및 유무열, 《농악》, 민족문화문고, 1986. 이 책들은 도움은 되나 선명한 구도가 잡히지 않아, 오히려 다시 정리해야 할 성싶다.

을 이해할 수 있을 것으로 믿는다.

풍물굿은 여러 사람이 춤사위와 발림을 하며 악기를 연주하는 형태도로 규모도 크고 볼품도 있어서 사뭇 흥겨움과 신명을 안겨준다. 이는 갖가지 진풀이와 다채로운 가락을 연주하기 때문이다. 반면에 사물놀이는 네 사람이 앉아서 일정하게 짜인 틀에다 가락을 얹어 연주하는 형태이다. 규모도 작을 뿐만 아니라, 춤사위와 발림이 없어서 정교하게 짜인 가락에 의존해야 한다는 한계가 있는 셈이다. 이러한 한계가 있음에도 사물놀이는 풍물굿과는 사뭇 다른 호응과 폭발적 감흥을 준다.

그것은 무엇인가? 이해와 편의를 위해 사물놀이와 풍물굿의 비교를 간단히 도표로 제시하기로 했다.

<표-1> 풍물굿과 사물놀이 비교

	풍물굿	사물놀이
연주형태	일어서서 한다(선반)	앉아서 한다(앉음반)
발림, 춤사위	있음	없음
진풀이행렬	있음	없음
가 락	동일함	동일함
가락의 짜임새	맺는 가락과 푸는 가락의 반복·교체	느린 가락에서 빠른 가락으로 이행도는 점층적 가속의 틀
연주 시간	한정 없이 길다.	대략 한 곡당 10~15분

위의 비교를 통해 이해할 수 있듯이 사물놀이는 풍물굿을 실내연주용으로 변화시켜, 전통을 긍정적으로 계승한 갈래임이 분명해진다. 그러나 다시금 생각해봐야 할 문제는 전통을 계승한 원리이다. 단순히 풍물굿만을 실내연주용으로 변화시켰다면 그것은 사물놀이가 폭발적 감흥을 일으키는 데 적절한 설명일 수 없다. 오히려 여기에 색다르게 개입한 창조의 원리를 터득해야만 사물놀이의 진실한 측면을 엿보게 되는 것이다.

사물놀이가 크게 은성(殷盛)할 수 있었던 까닭은 세 가지이다.

첫째, 풍물굿의 가락을 전통적인 연행 갈래의 틀과 흡사하게 다시 짰다는 사실이다. 이것이 우연의 일치인지 의도적 작업의 결과인지 두고 충분히 논의할 과제이겠으나, 전통적 연행 갈래의 틀과 흡사한 구조를 지니고 있음은 부정할 수 없다.

예컨대 영산회상·산조·시나위를 위시한 정형화된 갈래의 전개구조뿐만 아니라, 민요·보렴 등의 전개구조에서 느린 장단에서 빠른 장단로 가는 이행구조도 비교할 수 있는 적절한 사례이다. 한국 음악의 기본구조라 보아도 지나치지 않을 정도인 점층적 가속의 틀은 사물놀이의 기본전개 방식이다. 그렇기 때문에 사물놀이가 이 구조에 힘입어 감흥을 줄 수 있었다고 판단된다.

둘째, '마당'이나 '판'으로 이름 붙일 수 있는 공간을 실내 무대로 바꾼 착상에 있다. 물론 비오는 날이나 성주굿과 조상굿 및 비나리를 할 때에 앉음반으로 방에서 하던 전례를 따른 것이긴 하겠으나, 많은 인원과 불필요한 악기를 간소화하여 풍물굿의 핵심적 악기인 사물을 실내로 옮겨 연주한 것은 분명히 값어치가 있다. 더구나 급속한 산업화로 말미암아 현장에서 접할 수 없었던 이들의 욕구를 자극한 것도 사물놀이의 발달을 가져온 원인이다.

셋째, 위의 두 가지 원인을 뒷받침한 사물놀이 연주자의 기량이다. 만약에 사물놀이의 연주자의 기량이 없었다면 사실 사물놀이의 성립이 불가능했을 것이다. 왜냐하면 이들은 남사당의 후예, 전국적인 풍물굿의 판도 인식, 국립국악 고등학교의 혜택 등을 입은 사람들이기 때문이다. 이 시대의 마지막 남사당 후예라는 자각에 힘입어 피나는 훈련을 거듭하였고, 삼도 풍물굿을 고루 익힐 수 있었으며, 아울러 국립국악 고등학교에서 여러 국악인에게 갖가지 기예를 익힐 수 있었던 세대이다. 김덕수에 따르면 당시 그를 가르친 스승이 박헌봉, 성금연, 지갑성, 지영희, 김죽파, 박녹주, 신쾌동, 한일섭 등이었다고 한다.[2] 이들 덕분에 이들에게 사사받은 사물놀이의 멤버들은 서로 만날 수 있었던 것이다.

예전에 협률사나 원각사 시절에 장구 등을 연주하던 풍모도 없었던 것은 아니나 사물놀이처럼 풍물굿이 흥하였던 것은 여러모로 행운이 아닐 수 없다.

2. 사물의 성격 — 우주적 질서 구현의 네 가지 연장

사물놀이를 온전히 이해하려면 사물(四物)을 바르게 이해하지 않으면 안 된다. 사물에 대한 기존의 이해는 매우 보잘 것 없다. 오히려 사물에 대한 깊은 이해가 선행되지 않기 때문에 사물에 대한 인식이 그릇되고 호도되기 일쑤라고 해도 지나친 말이 아니다. 그러므로 사물에 대한 탐구는 필수적으로 요청된다.

사물은 네 가지 연장을 뜻한다. 네 가지 연장은 곧 꽹과리·장구·북·징이다. 이 네 가지 연장 가운데 가장 오래된 형태의 악기는 북이다. 짐승의 가죽으로 만든 악기가 금속으로 만든 악기보다 더욱 오래되었다는 가정은 참이다. 그렇기 때문에 북이나 장구보다 훨씬 오래된 형태의 가죽악기가 있었을 것으로 추정은 되지만, 네 가지 연장 가운데 북이 더 원초적 형태에 가까웠을 것임은 분명한 사실이다.

그런데 사물의 쓰임새를 본다면, 가죽악기가 금속악기에 종속됨을 알 수 있다. 쇠가 네 가지 연장 가운데 주도권을 가지고 있으며, 쇠가 나머지 세 악기를 이끌어 간다고 해도 지나친 말은 아니다. 금속악기가 가죽악기를 이끄는 사례는 세계적 견지에서 드문 경우에 해당된다. 세계 드럼 페스티벌을 보면 가죽악기가 흔히 이끌기 때문이다.

---

2) 1987년 2월 2일에 김덕수와의 면담을 통해 확인한 사실이다.

‘사물’은 본디 불교적 용어이다. 불교에서도 타악기인 사물을 무척 중요하게 여기는데, 불교에서 사물은 법고(法鼓), 운판(雲版), 목어(木魚), 대종(大鐘)을 가리킨다. 불교에서 사물이 무슨 구실을 하는지는 우리에게 긴요한 관심사는 아니다. 오히려 불교에서 네 가지 연장을 통칭하는 용어로 ‘사물’이라고 부른 것이 긴요한 일이다. 하지만 불교에서 두드리는 사물의 사연과 내력에 대해서는 알아둘 필요가 있다.

법고는 기어 다니는 짐승을 제도(提導)하려는 뜻에서 두드린다. 타법은 채 두 개로 테와 복판을 중심으로 친다. 춤사위와 발림이 다채롭고 소리가 특이하다. 그리고 끝나는 장단이 점고북과 흡사하다.

운판은 날아다니는 짐승을 제도하려는 뜻에서 두드린다. 타법은 채 하나로 치다가 채 두 개로 치면서 끝마친다.

목어는 물속의 짐승을 제도하려는 뜻에서 두드린다. 목어의 배 부분을 채 두 개로 번갈아서 친다. 어미에서 어중으로, 어중에서 어두로 옮겨간다. 어중은 소리가 깊고 낮으나 어미와 어두는 높고 크다. 그 까닭은 폭이 넓거나 좁기 때문이다.

대종은 지옥고에 헤매는 짐승을 제도하려는 이유로 두드린다. 채를 매단 채로 친다.

풍물굿에서 긴요하게 여겨지는 것은 앞서 말한 꽹과리·장구·북·징이었으므로 이를 일컬어 ‘사물’이라고 한 것은 중요하며, 이 용어가 불교에서 차용되어 쓰였음을 심우성의 《남사당패 연구》에서 발견할 수 있다.

사물은 제각기 구실을 한다. 꽹과리는 꽹과리대로, 장구는 장구대로, 북은 북대로, 징은 징대로 저마다의 구실을 할 따름이다. 네 악기의 변별적 자질을 먼저 제시하고 진행하도록 한다.

세로축에는 쇠와 징을 두고, 가로축에는 장구와 북을 두어보면, 네 악기의 차이는 극명하게 드러난다. 세로축은 금속악기라는 점에서 가죽악기인 장구와 북이 놓인 가로축과 대립한다. 비록 쇠와 징이 공통적 자질을 지녔으나 하는 구실은 판이하게 다르다. 쇠는 리듬을 잘게 가르는 반면, 징은 리듬을 한 무더기로 감싼다. 쇠가 리듬을 이끌어가는 반면, 징은 쇠에 종속되어 쇠가 주도하는 것을 도와줄 따름이다. 장구와 북도 마찬가지이다. 장구가 리듬을 잘게 나누고, 북은 장구의 원박을 도와주는 구실을 한다. 이와 같은 속성을 도표로 제시하면 다음과 같다.

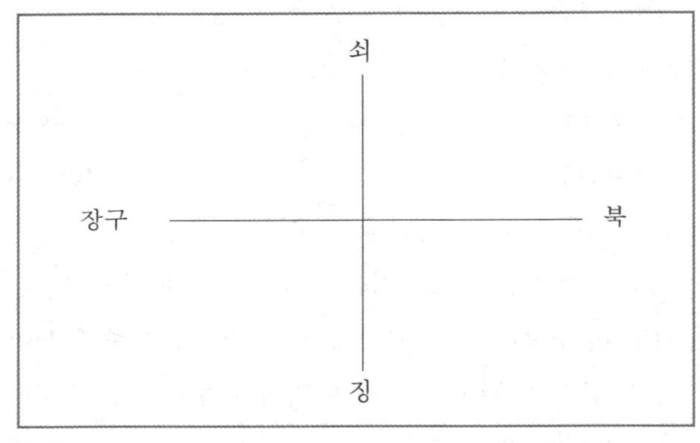

연장＼자질	금 속	가 죽	리듬분할	리듬함축	리듬주도	리듬종속
쇠	+	−	+	−	+	−
장구	−	+	+	−	+	−
북	−	+	−	+	−	+
징	+	−	−	+	−	+

이로써 보면 사물의 대립적 변별성은 분명하다 하겠다. 그러나 사물놀이에서 사물의 운용은 대립적 변별성에 따라서만 이루어지지 않는다. 오히려 서로 대립하면서 발전되고 조화로운 음악을 만들어내며, 더욱이 서로가 대립하기 때문에 조화가 극치를 이룬다.

쇠가 모든 악기를 이끌어간다고 앞에서 지적한 바 있는데, 여기서 그러한 논리를 적용해 사물놀이의 음악적 짜임새를 끌어낼 수 있다. 쇠는 리듬을 만들고 주도한다. 그런데 징은 쇠가 다져낸 가락을 크게 감싸면서 끊어준다. 쇠와 징이 만든 이러한 공간에 장구와 북이 함께 존재한다. 그래서 장구가 둘 사이를 이어주고 북이 이를 도와준다고 할 수 있다. 이렇게 해서 사물놀이의 소리가 완성되기에 이른다.

그렇다면 서로가 실제로 그러한지 악보를 통해서 규명하도록 하겠다.

웃다리풍물 가운데 길군악 7채라는 것이 있는데, 네 연장의 운용을 기보하면 다음과 같다.

〈악보-1〉 길군악 7채 악보

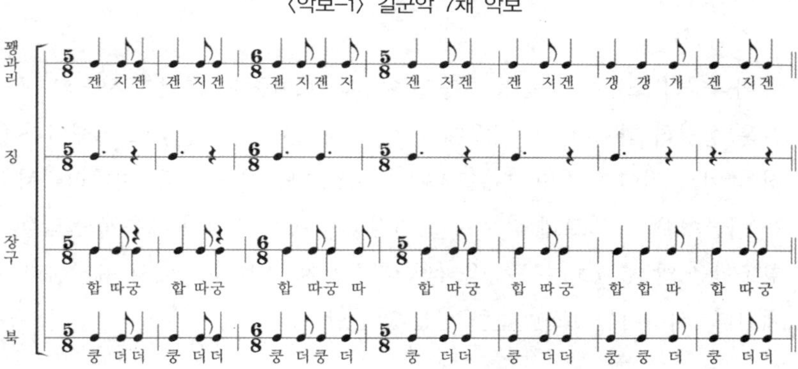

위의 악보에서 보이듯 사물의 구실은 저마다 다르나 길군악 7채를 표현하기 위해서는 서로 대립하고 조화함을 알 수 있다. 사물의 이와 같은 만남은 평이하고 가지런한 만남이라고 하겠다. 그런데 사물은 이렇게 평이하고 가지런하게 만나지 않는 경우도 있으니 풍물굿이 아니고 무악(巫樂)에서 이러한 현상을 만날 수 있다. 무악에서는 모두 제각기이다. 단락을 나누던 징의 모습도 사뭇 달라짐을 알 수 있다. 이러한 사례를 '비나리'의 초두에 적용하면 다음과 같다.

〈악보-2〉 비나리 악보

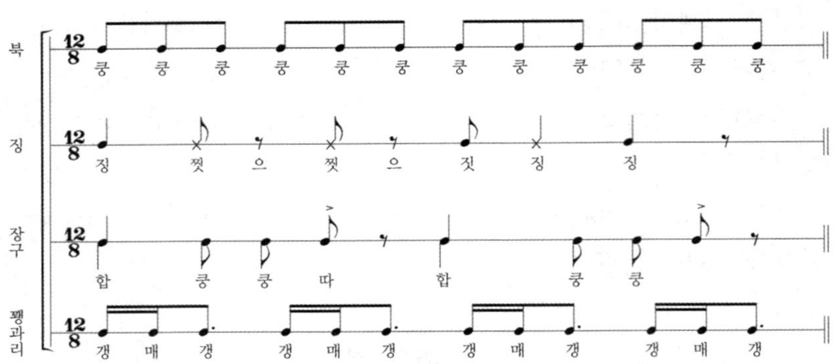

비나리의 초두는 무속적 특징을 여실히 보여준다. 그런데 사물의 구실은 상당히 다르다. 이 가운데 가장 이채로운 것은 징의 쓰임새이다. 징이 여러 점이 쳐지고, 다른 악기도 서로 다르게 만난다. 비나리에서는 사물이 서로 다르게 만나고, 가지런하지 못한 만남이 새롭게 음악을 창조함을 알 수 있다. 무속 음악의 다른 사례를 보아도 이와 유사하다. 예컨대, 시나위를 보면 같은 점을 발견할 수 있다.

〈악보-3〉 시나위 악보

위의 사례를 보면 장구와 징이 서로 다른 분할을 하고 있음을 발견하게 된다. 장구는 12라는 숫자를 2분박으로 분할하지만, 징은 12라는 숫자를 3분박으로 분할해 서로 다른 방법으로 시나위에서 만난다. 굿거리일 경우 장구는 이처럼 분할해도 징이 첫 박에 한 번만 쳐도 되겠으나, 시나위에서는 징이 다른 구실을 하면서 음을 입체적으로 만들어

낸다.

풍물굿에서는 사물은 수평적으로 만나고, 굿에서 쓰이는 무악에서는 사물이 수직적으로 엇갈려 만난다. 그래서 풍물굿은 정제된 느낌을 주지만 무악은 다소 복잡한 느낌을 준다. 이 점이 사물로 연주되는 음악에서 보이는 두 갈래 양식이다.

사물은 흔히 네 가지 우주 현상과 비교된다. 그것이 황당무계한 착상이고, 허황된 논리라 해도 실기자들이 믿고 있는 사상을 밝혀주어야 마땅하다고 생각한다. 사물이 우주 현상과 연결되는 것이 참이 아닐지언정, 그렇게 자신들의 철학 체계를 세우고 믿는 것은 어디까지나 참이기에 다룰 필요가 있다.

이러한 연상은 어디까지나 감각에 따른 것이겠으나, 비교적 악기의 특성을 고루 관련시켰다. 사물을 다루는 이들의 사상에 따르면, 사물은 우주의 질서를 구현하는 네 가지 연장이다. 쇠가 쨍쨍거리는 것은 천둥과 번개에 흡사하고, 징이 지속적 울림을 주는 것은 바람과 유사하며, 장구가 잦게 몰아가는 현상은 비와 관련이 있고, 둥실대는 소리를 주는 것은 북이니 구름과 비교된다. 사물의 이합집산은 여러모로 위의 현상과 대비될 성싶다. 여기서는 이러한 믿음체계에 따라 사물을 인식하는 점에 초점을 두고자 하며, 네 가지 악기가 우주적 질서를 구현함을 덧붙여 말하고자 한다.

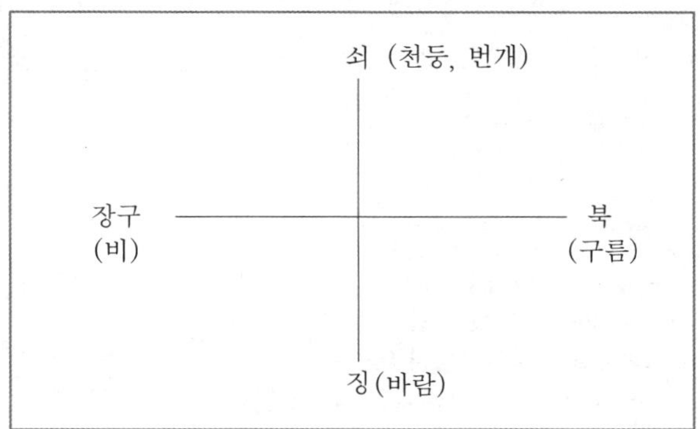

3. 사물놀이의 원리와 짜임새

전통을 계승하는 일은 실로 중요한 문제이다. 전통에 대한 논의는 이제 새삼스러운 것이 아니다. 전통이 무엇이고 어떻게 계승하는가에 대해 많은 시비가 얽혀 있기는 해도, 민족문화를 따로 존중하는 관습이 우리에게 없다가 찾아야 한다는 붐이라도 있으니 우선 안심이 되지 않을 수 없다. 그럼에도 전통에 쏠리는 경향은 어디까지나 유행일 수만은 없다는 데에서 우리의 안심은 심각해진다. 따라서 전통예술에 쏠리는 기호의 차원을 넘어서서 전통예술을 계승하는 원리와 방법을 모색해야 한다.

전통 계승의 방향이 창조적으로 이룩된 적절한 범례는 '사물놀이'이다. 사물놀이는 꽹과리 · 장구 · 징 · 북의 네 가지 타악기로 연주되는 음악을 일컫는다. 전국에 널리 유포된 이른바 풍물굿을 실내 연주용으로 재구성해서 개발한 것이다. 전국의 풍물을 재구성했다는 것은 단순히 변용했다는 말이 아니고, 풍물굿의 가락을 존중하면서도 가락 사이의 긴밀한 연결을 시도함으로써 풍물굿과는 사뭇 다른 새로운 창조를 했다는 말이다.

현재 사물놀이패는 여럿이다. 그렇지만, 그 선두 주자인 김덕수 · 이광수 · 최종실 · 김용배 네 사람이 시초였다는 것은 누구나 아는 일이다. 그래서 이 글의 자료도 현재 김덕수패, 국립국악원 사물놀이패의 현주 실황 테이프를 기초로 한다.3)

---

3) 김덕수패는 김덕수, 이광수, 강민석, 최종실 등이 구성원이다. 연주 실황은 1986년 2월 14 · 15 · 16일에 국립극장 대극장에서 연주된 테이프를, 또 1986년 4월 19 · 20일 바탕골 소극장에서 연주된 녹음테이프를 자료로 한다. 국립국악 원패는 1984년 6월 30일과 1985년 8월 29일의 것을 자료로 한다.

(1) 사물놀이의 원리

'사물놀이'는 '사물'과 '놀이'가 합쳐진 합성어이다. 앞에서도 말했듯이 사물은 불교에서 법고(法鼓), 운판(雲版), 대종(大鐘), 목어(木魚) 네 가지를 뜻했던 악기의 이름이었다. 그러던 것을 꽹과리·북·장구·징 등 풍물굿에서 쓰는 네 가지 연장을 일컫게 됨으로써 의미의 변용이 생겼다. 여기에 다시 놀이라는 단어가 결합됨으로써 본래의 불교적 의미에서 한층 더 멀어져, 풍물굿의 가락을 다시 짠 꽹과리·북·장구·징의 놀이라는 뜻을 지니게 되었다. 사물놀이는 이에 따라서 독특한 갈래로 정착하게 되었다.

이제 사물놀이가 어떠한 원리와 방법에 바탕을 두고 기존의 풍물가락을 짰는지 분석하기로 하겠다. 사물놀이는 긴장과 이완의 원리, 음과 양의 조화 원리에 의거해 기존의 풍물 가락을 구성한다. 이제 이 두 가지 원리가 어떻게 적용되었는지 살펴보자.

긴장과 이완의 원리

사물놀이는 긴장과 이완의 원리에 기초하고 있다. 긴장과 이완의 원리는 '맺고 푼다'는 관용적 말과 동일한 뜻을 지닌다. 사물놀이에만 긴장과 이완의 원리가 적용되는 것이 아니다. 기존의 풍물굿에도 긴장과 이완의 원리가 동일하게 적용되기는 하지만 사물놀이처럼 이 원리가 두드러진 사례는 없다.

사물놀이의 연주 실황이나 테이프를 들어보면 이 원리는 쉽게 확인된다. 가락을 연주할 때 느리게 칠 때는 한없이 느리게 치고, 빠르게 칠 때는 한 치의 여유도 주지 않고 한없이 휘몰아간다. 느리게 치는 것은 이완이라고 할 수 있다. 그리고 빠르게 치는 것은 긴장이라고 할 수 있다. 긴장과 이완을 수시로 반복하면서 청중의 기대와 감흥을 감아주었다 풀었다 하는 것이다.

가락을 짜는 데서도 긴장과 이완의 원리는 그대로 운용된다. 예컨대, '우도굿'을 보기로 들어 이를 입증하면 다음과 같다.

①청령부르는 것, ②오채질굿, ③자진오채질굿, ④굿거리(풍류굿), ⑤자진굿거리, ⑥3채, ⑦지겐겐굿(영산), ⑧세산조시(휘몰이)

먼저, 가락을 간략하게 소개하고서 긴장과 이완의 원리를 분석하기로 하겠다.

①은 길군악을 치거나 도둑잽이굿을 할 때에 하는 청령부르는 것이다. 맨 처음에 웅장한 북소리로 "둥둥 둥둥……" 하면서 세 번 반복한다. 세 번째는 짧게 끊는다. 이어서 상쇠(꽹과리 치는 사람)가 "경설~" 하고 부르면 나머지가 "예이~"라고 대답한다. 이어서 상쇠가 "각간 치배 다 모였으면, 1차 2차 3차 끝에 행군 하랍신다"라고 영을 내리면 나머지가 "예이~"라고 대답한다. 이어서 내드림이 시작된다. 처음에는 느리게 내리다 다음에는 빠르게 내린다.

②는 오채질굿이다. 내드림이 시작되고 끝난 즉시 바로 이어진다. 오채질굿은 매우 느린 가락이고 복잡한 장단을 지닌다. 처음에 꽹과리가 "갱-, 겐지겐, 겐지겐, 갱-" 하고 첫 마루를 혼자 시작하면, 이어 징·장구·북이 다음 마루를 함께 친다. 오채질굿은 혼합박자이다. 두 박자와 세 박자가 어울려 있는 가락이다. 징의 점수(點數)는 한배에 다섯 번이 쳐진다. 즉, 2＋3＋3＋2를 기저로 이후에 많은 변주를 다섯 마루에서 보여준다. 오채질굿은 혼합박자이므로 매우 고형(固形)에 속한다. 고형에 속하는 박자는 엇모리, 화청, 진쇠, 올림채 등이 있다.

③은 자진오채질굿이다. 오채질굿의 기본 가락을 유지하면서 잦게 몰아친다. 징의 점수는 다섯이고, 다섯이기 때문에 '오채'라고 한다.

④는 굿거리이다. 자진오채질굿에서 살짝 건너뛰어 굿거리로 넘어간다. 굿거리에서 꽹과리와 장구가 소리를 밀고 당기는 것은 흥미롭다.

⑤는 원칙적으로 ④의 풍류에 넣어야 한다. 굿거리를 빠르게 몰아 자진굿거리로 치다가 몇 장단은 다시 원래의 굿거리로 돌아간다.

⑥은 3채이다. 한 장단에 징의 점수가 셋이다. 몇 장단 치다가 곧 자진 3채로 들어간다.

⑦은 겐지겐굿이다 3박자의 빠른 장단이고, 장구와 꽹과리의 다툼이 볼 만하다.

⑧은 세산조시이다. 가장 빠른 장단으로 4박자 계통이다. '겐지겐'에서 바로 넘어와 마무리를 짓는 가락이다.

이로써 우도굿의 가락을 살펴보았다. 이제 이 가락이 긴장과 이완의 원리와 어떻게 맞물리나 따져보자. 그러기 위해서 가락의 느림과 빠름을 제시할 필요가 있다.

① 청령부르는 것: 이완에서 긴장 (느림→빠름)

② 오채질굿: 이완 (느림)

③ 자진오채질굿: 긴장 (빠름)

④ 굿거리: 이완 (느림)

⑤ 자진굿거리: 긴장 (빠름)

⑥ 3채: 이완에서 긴장 (느림→빠름)

⑦ 겐지겐: 이완에서 긴장 (느림→빠름)

⑧ 세산조시: 긴장 (빠름)

①을 제외하면, ②에서 ⑧까지의 전개는 산조에서 가장 느린 장단에서 가장 빠른 장단으로 가는 과정과 유사하다. 그런데 주목하고자 하는 바는 장단과 장단의 연결이 산조의 그것과는 사뭇 다르다는 점이다.

산조는 빠르기에 따라 순차적 전개를 보이나 우도굿은 긴장과 이완의 교체 반복에 따르고 있다. 그래서 느린 장단과 빠른 장단을 같은 가락에 적용하여 쓴다. 오채질굿과 자진오채질굿, 굿거리와 자진굿거리,

3채와 자진 3채 등이 이러한 사례이다. 전체적인 전개는 느린 장단에서 빠른 장단으로 나아가나 이와 같이 맺고 풂으로써 청중에게 긴장과 이완의 감흥을 불러일으킨다.

사물놀이의 이와 같은 긴장과 이완의 원리는 기존의 풍물굿 가락을 두 가지 측면에서 변화시켜 수용한다. 하나는 불필요한 이음새 가락을 제거했다는 것이다. 예를 들어, 우도굿의 경우에 가락과 가락을 연결시켜 주는 데에서 휘몰이와 겐지겐은 필수적인 요소이다. 그런데 사물놀이의 우도굿은 이 두 가지 가락을 생략하고 본 가락과 본 가락이 곧 연결되어 있다. 이 연결 방법은 무리 없이 자연스럽게 맞물려 있다.

다른 하나는 풍물굿의 가락 순서를 재조정한 점이다 원칙적으로 3채굿 다음에 굿거리가 오거나 오채질굿이 와야 함에도 순서가 바뀌어 있다. 이 점은 재구성하는 과정에서 긴장과 이완의 원리에 맞게 순서를 짰기 때문이다. 그렇기 때문에 긴장과 이완의 원리는 사물놀이의 기본 원리이다.

우리는 긴장과 이완의 원리가 한국 전통 민속예술의 공통적 속성임을 먼저 이해해야 한다. 맺고 푸는 것을 양식의 원리로 삼는 사례는 사물놀이뿐만 아니라 판소리, 시나위, 탈춤, 꼭두각시놀음, 살풀이 등이 있다. 사물놀이는 긴장과 이완의 교체적 진행이라는 점에서 판소리와 유사하고, 그 빠르기가 강화되는 점에서 다시 산조와 유사하다. 이와 달리 사물놀이는 긴장과 이완의 점층적 교체라는 면에서 판소리의 반복 교체와 다르고, 점층적 교체라는 면에서 다시 산조와 구별된다.

다시 말해, 사물놀이는 맺고 푸는 것을 수시로 반복 교체화하면서 점차 빠르기를 더하는 것을 기본 원리로 하고 있다.

음과 양의 조화의 원리

사물놀이에서 또 하나의 원리로 꼽을 수 있는 것이 음양의 조화이다.

이 원리는 자칫하면 추상화되기 쉬운 문제이므로 간단명료하게 요점을 정리하고자 한다.

사물놀이에서 가죽악기는 장구와 북이고, 쇠악기는 꽹과리와 징이다. 결국 음양의 조화라고 하는 것은 이들 소리가 어울려 난다는 뜻이다. 그런데 단순히 어울리는 것이 아니고 강·약의 조화, 가락을 밀고 당기는 방법을 써서 맺어줄 때 맺어주는 조화를 뜻한다. 가령, 우도굿의 굿거리 가락에서 꽹과리 소리를 키우면 장구와 북이 소리를 죽이고, 장구와 북이 소리를 키우면 꽹과리의 소리를 죽이는 강약의 조화라고 할 수 있다.

뿐만 아니라, 굿거리의 중간에서 꽹과리와 장구가 후두룩가락을 치며 마치 비가 몰아치는 광경을 연출한다. 이러한 때에 음양의 조화가 이룩된 음양성이 나타난다. 이러한 현상은 영산에서 또는 12차에서 자주 드러나는 현상이다. 그런데 이 현상은 대부분 가락을 서로 밀고 당기다가 결정적인 때에 맺어주는 것이 예사이다.

음양의 조화는 판소리의 광대가 또는 산조의 연주자와 고수가 소리를 밀고 당기는 데서도 보이며, '눈'을 향해 싸우다가 맺는 현상을 미루어 보아 사물놀이와 그리 다를 바 없다. 따라서 두 번째 원리인 음과 양의 조화의 원리도 중요한 것이며, 한국 전통 민속예술의 해결되어야 할 과제이다.

(2) 사물놀이의 짜임새

김덕수패 사물놀이가 연주하는 가락은 모두 네 가지이다 최근에 새로 '삼도설장구' 가락을 연주하고 있으나 사물놀이의 그것과는 다소 거리가 있으므로 논외로 한다. 사물놀이의 네 가지 가락을 필자가 감지하고 있는 능력에 따라 분석하기로 하겠다.

우도굿

호남지역의 풍물굿을 구분하는 전통적 방법은 좌도와 우도로 나누는 것이다. 좌도는 남원, 임실, 곡성, 전주 등이 중심이 된다. 우도는 정읍, 영광, 장성, 화순 등이 중심지이다.[4] 우도는 좌도에 비해 장구 가락이 발달해 있으며 특히 판굿에서 다채로운 가락을 구사하는 것이 특징이다.

김덕수 사물놀이패는 우도 풍물굿을 다시 짜서 우도굿이라 이름 짓고 연주하고 있다. 그 짜임새는 앞서 분석했듯이 오채질굿, 자진오채질굿, 굿거리, 3채, 영산, 세산조시로 짜여 있다. 가락의 맨 앞에는 청령부르는 것, 내드름이 있어 흥미를 더해 준다.

12차

12차는 진주, 삼천포 지방의 풍물로서 섬세하고 부드러우면서도 북이 자주 쓰여 힘찬 느낌이 있다. 우선 가락의 짜임새를 살펴보면 다음과 같다.

①길군악, ②잦은길군악, ③별달거리, ④영산, ⑤영산다드래기

12차는 다섯 가지 가락으로 구성되어 있다. 고형에 속하는 길군악을 비롯해서 대로 가락이 부드러운 것이 특징이며 가락이 하염없이 빠르다.

이 가운데 세 번째 가락은 흥미롭다. 별달거리가락으로서 사람의 소리와 악기의 소리가 어울린다. 꽹과리로는 "갱갱 겐지겐 / 겐지겐지 겐 / 겐지겐 겐지겐 겐지겐지 겐 /"으로 친다. 그러면 끝머리에 사람의 목소리로 "하늘 보고 달을 따고 / 땅을 보고 농사짓고 /(가락) 올해도

---

4) 이보형,《농악과 장구》, 뿌리깊은나무, 1978.

대풍이요 / 내년이도 풍년 일세 / (가락) 달아달아 밝은 달아 / 태백 같이 밝은 달아 / (가락) 어둠 속에 불빛이 우리나라를 비쳐주네 / (가락)"라고 한다. 악기와 소리의 붙임새가 일치하는 좋은 예이다.

12차는 우리식의 한바탕 개념에 따라 진법과 가락이 만난 것으로 아주 색다른 어법이 구사된다. 판소리 열두마당, 열두거리, 탈춤 열두마당(또는 12과장) 등이 이와 비슷한 사례이나 사물놀이는 이를 따르지 않고 독특하게 가락만 다시 짰음을 상기할 필요가 있다.

웃다리 풍물

웃다리 풍물은 경기·충청 가락을 가리킨다. 그러나 협의의 개념으로 대전지방에 웃다리라는 지명이 있는 것으로 보아 대전의 풍물굿이라고 보아도 무방하다. 그런데 넓은 개념으로 경기·충청 가락을 가리키게 된 까닭은 삼도 풍물굿의 구분법에서 경기·충청 가락을 웃다리로, 영·호남 풍물굿을 아랫다리로 구분하는 관례가 있기 때문이다.[5] 따라서 필자도 웃다리 풍물은 경기·충청 가락을 가리키는 것으로 이 용어를 사용하겠다.

웃다리 풍물은 특히 꽹과리 가락이 섬세하고, 긴장·이완의 원리와 음양성이 두드러지게 나타난다. 웃다리 풍물에 쓰이는 가락을 소개하면 다음과 같다.

①소리굿(풍류): 월산요, ②쩍쩍이(동리 3채), ③굿거리탈춤, ④길군악 7채, ⑤6채, ⑥자진몰이, ⑦짝드름(짝쇠, 다듬쇠, 품앗이가락)

①은 소리굿으로 풍류(굿거리) 장단에 맞춰 노래를 하는 것이다. 그 노랫말을 옮겨 적으면 다음과 같다.

---

5) 심우성, 《남사당패 연구》, 동화출판공사, 1973.

아~ 에~ 허~ (가락)

오늘은 가다 여기서 놀고

내일은 가다가 저기서 놀고

얼싸~ 절싸~ (가락)

놀러나 가세 놀러나 가요

철산리 땅으로 놀러나 가세

얼싸~ 절싸~ (가락)

②는 쩍쩍이로 동리 3채라 한다.

③은 굿거리탈춤이라 한다.

④는 길군악 7채로 2박자와 3박자가 결합된 고형에 속하는 장단이다.

⑤는 6채로 무악의 올림채장단과 흡사한 다섯 박자의 장단이다. 길군악 7채보다는 한층 정교하면서도 고형에 속하는 장단이다.

⑦은 짝드름이다. 짝드름은 본래 전라도 좌도굿에서 유래했으나, 웃다리로 넘어와서 더욱 정교하고 치밀하게 다듬어져 이제는 마치 주인 노릇을 하며 일품으로 손꼽힌다. 상쇠와 부쇠가 서로 장단을 나누어 품고 앗기 때문에 달리 품앗이가락이라고 하기도 한다.

비나리

이것은 원래 무가(巫歌)이다. 남사당패에서 하기도 한다. 가락은 겐지겐, 회심곡 장단이지만 징의 점수가 한 번에 그치지 않고 계속 쳐진다. 이 점이 농악과 무악의 차이이다. 즉, 징의 점수가 다르다. 농악에서는 징의 점수가 가락을 가르는 데 쓰이지만, 무악에서는 징이 지속적으로 쳐지는 것이다. 비나리의 주요 내용은 천지개벽, 산천경계내력, 살풀이, 액풀이, 축원덕담 등이다.

여기까지 필자는 사물놀이가 전통을 창조적으로 계승한 좋은 사례로 규정하고, 그 원리와 방법 및 짜임새를 논의했다.

사물놀이는 전통예술의 핵심인 긴장과 이완의 원리, 음양 조화의 원리를 응용해 가락을 짰다. 그래서 비교적 거칠지 않고 매끄러운 짜임새를 보여주었다. 앞으로 이러한 사례를 기초로 다른 민속 공연물도 계발하면 좋은 성과를 거둘 수 있을 것이다.

최근에 사물놀이가 성행한 뒤로 우후죽순으로 사물놀이패가 생겼으나, 독자적인 가락을 짜지 못하고 김덕수패 가락을 흉내 내고 있다. 이 점을 고치지 않는 한 그들은 아류에 지나지 않는다. 그리고 김덕수패도 새로운 가락을 다시 짜서 더욱 새로운 면모를 보여주었으면 하는 마음이 간절하다.

4. 사물놀이의 연주 갈래와 새로운 시도들

(1) 사물놀이와 다른 갈래와의 만남

사물놀이가 시도해 온 다른 갈래와의 만남은 무척 다양하다. 그러나 이를 간단하게 정리하고 논의를 진행할 필요가 있다.

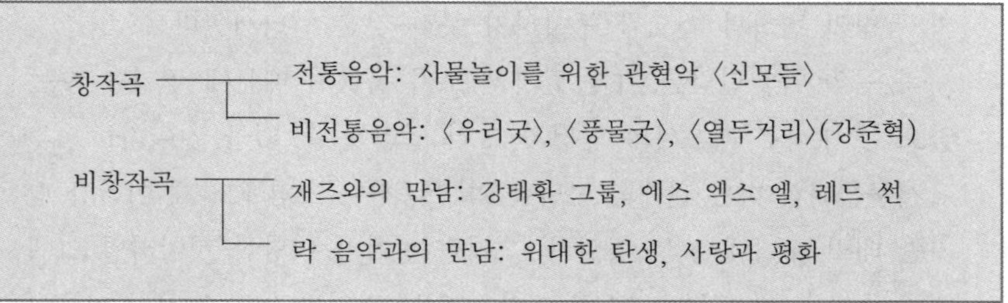

위의 분류가 타당하게 받아들여질지 의문이 없지 않으나, 기존의 만남을 일괄하기 위해서는 이러한 분류가 필요하다고 판단되어 자의적으로 나누어 보았다. 분류의 대원칙은 창작음악으로 만났는가와 비창작음악으로 만났는가로 하였으며, 여기에 다시 세부적 기준을 마련하였다. 창작음악에는 전통음악인가 아니면 비전통음악인가를, 비창작곡에는 갈래(장르)에 기준을 두었다. 이는 편의에 따른 분류이다.

〈신모듬〉은 창작 국악으로 사물놀이를 위하여 쓴 곡이다. 모두 세거리로 되어 있는데 풍장, 기원, 놀이로 이루어져 있다. 다채로운 기교와 선율이 구사되고 있음에도 사물놀이는 제 구실을 못하고 종속적 위치에 놓여 있다.

〈열두거리〉는 사물놀이와 피아노의 만남을 시도한 곡이다. 무속적 음악에 기초하여 피아노와 사물의 즉흥성에 의존함으로써 사물놀이의 새로운 가능성을 열었다. 그런데 사물놀이와 피아노가 서로 공존할 수 있는 영역은 인정하지 않았기 때문에, 만남에 대한 궁극적 의의가 없다. 이 점은 〈우리굿〉과 〈풍물굿〉의 경우에도 동일하게 적용할 수 있는 평가이다. 〈풍물굿〉은 바이올린과 피아노, 색소폰이 서로 만난 곡인데 서로의 만남은 인정할 수 있으나 의미만은 찾을 수 없다.

이와 달리 재즈와의 만남은 무척 긍정적으로 평가할 만하다. 필자는 강태환 그룹의 공연이 인상 깊었다. 애드리브(ad-lib)라고 하는 즉흥적 연주에 의존하는 재즈와의 만남이 가능하고 훌륭했으나, 사물놀이의 특징인 변화와 기교를 구사하지 못한 것은 안타까웠다.

락 음악과의 만남은 아직 필자가 보지 못했기 때문에 평가할 수는 없으나, 대체로 재즈와의 만남과 그리 달라질 수 없을 것이다.

사물놀이와 다른 갈래의 만남은 퍽 소중한 시도임에도 왜 이러한 평가만 내릴 수밖에 없는 것인가, 그러한 평가가 타당한 것이라면 그에 대한 준거는 무엇이고 진정한 대안은 없는 것인가 등의 갖가지 의문이 남는다. 이 점이 분명해야 앞으로 논의를 마련할 수 있기에 먼저 따져

통해 불러일으키는 것 ― 우주적 흐름, 우주적 리듬 ― 임을 인식하고, 그것을 자기 내부로 받아들인다. 그 다음 단계에 가서는, 그 받아들인 풍물굿의 리듬으로 자기 자신의 내부에 있는 '리듬', '생명의 흐름'을 자극받고 발견한다. 그리고는 그 내부의 것이 외부의 것과 동화되고 상호침투함을 알게 된다. 즉, 객관적인 것이 주관적인 것을 자극하여 주관과 객관이 나눌 수 없는 하나로 작용하게 된다. 그리하여, 마지막 단계에 가서는 그러한 일체화를 행동으로 표현한다. 그것이 바로 '청관중의 공연자화'로 나타나게 된다. 그것은 공연을 통한 '우주적 리듬'·'우주적 흐름'의 발견이며, 이 '리듬/흐름'에의 일치/동화이자, 그 행동화이다. 이러한 현상은 아래의 양자물리학과 매우 유사하다는 것을 발견할 수 있다.

> 양자물리학은 그 관찰의 대상을 일관성 있는 '존재'로서 취급할 수 없으며, 그 '존재'의 기술(記述)로서 양자물리학이 성립되는 것이 아니고, 다만 그 관찰의 경험을 정리화고 인식하는 수단으로써 성립되는 것이다. 또한 관찰자는 그 설문의 방식을 통하여 관찰 대상의 현상에 참여하게 되므로, 관찰자는 자연의 연극에 있어서 관객이며 동시에 배우가 되는 것이다. 여기서 객관적 존재의 문제는 주관적 인식의 문제와 밀착하게 되며, 주관과 객관은 분리될 수 없는 하나로서 작용한다.[23)]

위의 인용문에서 더욱이 주목되는 부분은 "주관과 객관은 분리될 수 없는 하나로서 작용한다"는 것이다.

그런데 풍물굿에서는 이 주관과 객관의 통일이 인식과 정서의 차원에서만 이루어지는 것이 아니라, '행동의 차원'으로 표현된다는 점, 그

---

23) Fritjof Capra 지음, 이성범·김용정 옮김, 《현대물리학과 동양사상》, 범양사, 1994, 10~11쪽.

리고 그 행동은 관객의 차원으로부터 배우의 차원으로 변화해 나가는 점이 중요하다. 이 과정은 다시 처음 단계로 피드백되어 들어가고 다시 순환·반복·축적의 과정을 계속해 나아간다는 점에서 풍물굿의 공연 방법은 '구조(structure)를 통한 사고'가 아니라 '과정(process)을 통한 사고'[24]를 펼쳐 나간다고 말할 수 있다.

이러한 공연원리는 '구조'를 통한 사고보다 '과정'을 통한 사고를 중시하는 동양적 세계관과 관련하여 설명할 수 있다. 이에 대해 카프라(Fritjof Capra) 교수는 다음과 같이 말하고 있다.

> 과정을 통한 사고는 동양적 신비주의 전통들의 주요한 특징이다. 그것들의 개념, 이미지, 신화들 가운데 대부분은 시간과 변화를 본질적 요소로 하고 있다. 힌두교, 불교, 도교의 경전들을 연구하면 할수록 세계는 운동, 흐름, 변화를 통해서 지각된다는 것이 보다 분명해진다.[25]

판소리가 광대의 성악을 중심으로 하여 '거대한 인간적 주관화의 원리'를 탐구하고, 탈춤이 가면을 통해 '이중적 비전'을 확장하고, 공연 방법에서 '동화의 원리'와 '이화의 원리'를 적절히 결합하여, 인간과 세계의 조화로운 어울림을 탐구하는 비전을 보여준다면, 풍물굿은 풍물 타악기 연주의 반복·축적·순환을 중심으로 하여 인간과 우주의 리듬/흐름을 발견하고, 이에 능동적·신체적으로 동화하고 직접 '참여'하는 길을 찾아낸다. 이것은 '알몸의 신체를 가지고 우주의 생명의 흐름에 뛰어들어 그것과 하나가 되는 '신체행동'의 길을 뜻하는 것으로 보인다.

위에서 논의한 바와 같이, 풍물굿은 공연학에서 '청관중의 공연자

---

24) 위의 책, 356~357쪽.
25) 위의 책, 357쪽.

화’, ‘판 전도의 원리’, ‘공연자의 자기축소화와 청관중의 자기확대화 원리’, ‘반복·축적·순환의 원리’, ‘탈경계화의 원리’, ‘수용과 평가의 통합원리’ 등을 유효·적절하게 활용함으로써 하나의 독자적인 공연양식을 이루어내고 있다.

4. 공연원리에 대한 생태학적 해석 — 생태적 생명 지향의 원리

지금까지 이루어진 풍물굿 논의들은 풍물굿 자체의 민속학적 성격이나 예술적 성격을 연구하는 데 집중하였다. 그동안의 연구는 풍물굿이 지구와 우주 생태계 속에서 어떤 생태학적 토대 위에 서 있는 것인가를 살피지 않았다. 그러나 인간이 만들어낸 모든 문화는 인간이 그것을 의식하든 의식하지 않든 간에, 그것이 다 세계와 이루는 ‘살아있는 관계’, ‘생명적 유대관계’ 속에서 형성되고 전파되고 수용·변화되는 것이다.

이런 각도에서 볼 때, 모든 예술과 문화를 이런 생태학적 관계 속에서 파악하는 시각이 필요하며, 더욱이 오늘날에 와서 인류가 맞닥뜨리게 된 전 지구적 생명파괴 현상을 고려한다면, 이러한 관점의 예술과 문화에 대한 이해는 더욱 시의적절한 것이고 반드시 필요한 것이라 아니 할 수 없다. 현재 일어나고 있는 세계관의 변화는 진심에서 우러나오는 가치관의 변화, 즉 실제로 자연을 통제하고 지배하려는 의도에서 ‘협력’과 ‘비폭력적인 태도’로 완전히 바꾸려는 마음을 포함하여야 할 것이다. 그런 태도는 철저히 생태학적이라고 할 수 있으며, 또한 정신적 전통의 특징적 태도이기도 하다.26) 이런 면에서 볼 때, 풍물굿에 대한 이해에서도 우리는 이러한 생태학적 관점의 이해가 필요하다고

---

26) Fritjof Capra 지음, 이성범·김용정 옮김, 앞의 책, 1994, 362~363쪽 참조.

본다.

우리는 앞에서 풍물굿의 공연원리가 풍물이라는 타악기의 기악 연주를 중심으로 하여 여기에 무용적 요소와 연극적 요소들을 상호침투시켜, 이러한 여러 요소들의 끊임없는 반복·축적·순환의 과정을 거쳐, 이에 참여한 청관중들로 하여금 우주적 흐름/리듬을 자기의 '신체' 속에서 발견하고 자기 '신체' 속에서 발견한 그 우주적 리듬과 흐름을 가지고 공연의 '판' 속으로 뛰어들어, 그 판 안에 흘러넘치고 있는 생의 활기나 우주적 생명 약동의 흐름과 하나가 되는 원리, 즉 '청관중의 공연자화'에 있다는 것을 여러 각도에서 논증하였다.

그렇다면, 이러한 풍물굿의 공연원리는 생태학적 관점에서는 어떻게 설명될 수 있는 것일까? 이에 대해서 많은 시사를 던져주는 것이 다음과 같은 두 제보자의 말이다.

> 농악을 치면 벼들이 좋아한다. 그래서 예부터 선인들은 농악을 쳐서 벼를 즐겁게 했다. 농악을 치면 벼들은 좋아하지만, 다른 해충들은 싫어한다. 농악은 이렇게 백성들에게 이로운 것이어서 '보천교'에서는 이것을 보천교의 종교음악으로 삼았고, 보천교에서는 당시에 이름난 쇠꾼 잽이들을 모두 불러 모아 농악을 치게 했고 농악을 교인들에게 장려했다.[27]

> 농악을 치면 벼멸구 이화명충 등 벼의 해충들이 죽는다. 농악 소리의 큰 파장을 해충들이 견디지 못하기 때문이다. 농악을 쳐서 농사를 지은 논과 그렇게 하지 않은 논을 비교해 보았더니, 농악을 쳐서 농사를 지은 논이 훨씬 병충해에 강하고 소출이 많았다. 이것은 농악 소리의 파

---

27) 증산(甑山) 강일순(姜一淳)의 사상이 맨 처음 종교 교단으로 형성된 '보천교(普天敎)'의 교주 차경석(車京錫)의 둘째 자제인 차용남(車龍男)의 견해. 〔1990. 5. 6, 차용남의 자택에서 나눈 필자와의 대담〕

장이 해충들에게는 아주 치명적이고, 벼의 생육에는 매우 좋은 효과가
있기 때문이다. 이러한 증거는 누에의 생태에서 잘 알 수 있다. 즉, 누
에가 한참 고치를 짓고 있을 때 하늘에서 번개가 치고 천둥이 울리면
그 천둥소리 때문에 누에들이 몸놀림을 멈추고 고치를 못 짓고 가만히
있고, 천둥이 계속해서 치게 되면 그 누에 농사는 많은 피해를 보게 된
다. 이것은 누에가 천둥소리의 파장을 이기지 못하고 그 소리의 음파가
누에에게 아주 치명적이기 때문이다.[28]

위의 자료들의 내용을 검토해 보면, 다음과 같은 두 가지 중요한 정
보의 단서를 얻을 수 있다. 첫째는 풍물굿의 연주 소리를 벼가 매우 좋
아한다는 것이고, 둘째는 벼의 해충들(이화명충, 벼멸구 등)에는 풍물
굿의 연주 소리가 매우 치명적이라는 점이다.

그런데 최근에 연구된 바에 따르면, 식물이 음악을 들을 수 있는 인
지능력이 있고 식물이 좋아하는 소리와 음악이 있으며 사람의 말까지
알아듣는다는 사실이 보고되고 있다. 이 글과 관련된, 그러한 몇 가지
대표적인 예를 들어보면 다음과 같은 것이 있다.

싱은 다시, 알맞게 조절된 음향이 농작물을 자극시켜 수확을 증진시
킬 수 있는가에 관한 연구를 하기 시작했다. 1960년부터 1963년에 걸
쳐 그는 이른 종, 중간 종, 느린 종 같은 여섯 종류의 벼에다 확성스피
커를 단 축음기로 '차루케시 라가'[29]를 틀어주었다. 이 실험은 마드라
스와 벵골 만의 폰디체리에 있는 일곱 마을의 논에서 실시되었다. 그

---

28) 위의 제보는 1990년 8월 5일 제보자인 박문기(朴文基)가 그의 자택(전북 정
  읍시 입암면 신면리 진등 마을)에서 필자에게 들려준 내용으로, 그는 이것을
  좀더 실험하여 몇 년 뒤에 글로 발표할 계획이라고 하였다.
29) 듣는 이로 하여금 깊은 종교적 분위기와 특별한 감흥을 느끼게 해주는, 인도
  남부지방의 전통적인 기도의 노래.

결과, 이들 논에서의 벼 수확량은 일반 논에서보다 25퍼센트에서 60퍼센트의 증가를 보였다. 또 그는 땅콩과 담배를 가지고도 같은 실험을 하여 보통의 경우보다 거의 50퍼센트나 더 많은 수확을 올릴 수 있었다. 싱은 더 나아가, 소녀들이 추는 인도의 가장 고전적인 스타일의 무용인 '바라나 나참' — 아무런 음악 반주 없이, 발목에 다는 방울조차 떼어낸 채 추는 — 을 추는 것만으로도, 데이지나 금잔화, 페튜니아 같은 꽃들의 개화를 다른 것들보다 2주일이나 앞당길 수 있었다고 했다. 아마 그것은 발동작의 리듬이 땅을 통해 그들에게 전달된 것이리라.[30]

1960년에 일리노이 주의 식둘학자이자 농업연구가인 조지 스미스 (George Smith)는 신문사의 한 농업 담당 편집자와 잡담을 나누다가, 싱의 실험에 관한 이야기를 듣게 되었다. 다음 해 봄, 스미스는 반신반의하는 기분으로 옥수수와 콩을 온도, 습도, 토양의 상태가 똑같은 두 개의 온실에다 나누어 심은 뒤, 한쪽 온실에다 소형 전축으로 조지 거슈윈(George Gershwin)의 '랩소디 인 블루'를 줄곧 틀어주었다. 그 결과, 스미스는 자기가 소속되어 있는 세인트루이스의 종자 도매상인 망겔스도르프 앤드 브로스 사에다 다음과 같이 보고하게 되었다. "거슈윈의 음악을 듣고 자란 쪽이 다른 쪽보다 발아가 빨랐으며, 줄기도 훨씬 더 두껍고 푸르렀다"고.[31]

위의 두 예뿐만 아니라 위의 인용문이 실린 《식물의 정신세계》라는 책에는 20여 쪽에 걸쳐서 여러 가지 이러한 사례들을 들어, '우주의 화음에 귀기울이는 식물'에 대해 다각도로 논의하고 있다. 이러한 예는 최근에 들어서는 이미 실용화·상식화 단계에 접어들었다. 예컨대, 젖소

---

30) Peter Tompkins & Christopher Bird 지음, 황금용·황정민 옮김, 《식물의 정신세계》, 1992, 187~188쪽.
31) 위의 책, 189쪽.

에게 음악을 들려주면 젖의 생산력이 높아진다든가, 일본에서 좋은 빵
을 만들기 위해 밀가루 반죽에 이스트균을 섞은 다음 베토벤의 〈전원
교향곡〉을 들려준다든가, 야마가타 현의 한 농장에서는 '사운드재배하
우스'에서 모차르트 채소와 브람스 토마토를 생산하고 있다. 이들 농작
물에 매일 세 차례에 걸쳐 15분씩 모차르트와 브람스의 음악을 들려줌
에 따라, 이들 농작물의 맛이 좋아져 슈퍼마켓에서 인기를 끌고 있을
뿐만 아니라, 성장이 촉진되어 토마토 재배 기간이 4개월에서 3개월
로 단축되었고 상추는 연간 2~3회 재배하던 상태에서 10회까지 늘려
기를 수 있게 되었다. 이 회사의 실험에 따르면, 시끄러운 유행가나 포
크 음악은 성장 촉진에 도움이 안 되며, 음악적 자극을 너무 오래 줄
경우 에틸렌가스의 분비가 많아져 오히려 성장이 저해된다고 하였
다.32)

　그렇다면, 논의의 방향을 우리의 전통사회 쪽으로 들려보자. 우리의
전통 농촌사회에서 모내기와 논매기를 할 때 왜 모심기노래와 논매기
노래를 부르고 풍물굿을 쳤을까? 이에 대한 종래의 설명들은 주로 사
회학적 설명에 그쳤다. 즉, 노동 공동체의 힘을 모으고 공동체적 신명
을 일으켜, 일의 피로를 이기고 능률을 올리기 위한, 순전히 인간중심
적인 것이 그 목적이라는 설명이다. 그렇다면, 똑같이 공동노동을 요하
는 벼베기와 타작의 노동에는 왜 노동요와 풍물굿이 거의 따르지 않는
가?33)

---

32) 채명석, 〈미생물도 베토벤이 좋다〉, 《시사저널》, 1992년 9월 6일자 66면; 임
　　재해, 〈노래의 생명성과 민요 연구의 현장 확장〉, 《口碑文學硏究》 1집, 1994,
　　76쪽.
33) 전통사회에서 벼를 벨 때 벼베기노래와 두레풍물굿을 하는 곳은 조사 보고
　　된 곳이 거의 없다. 전통적으로 가장 성대하게 벼베기와 풍물굿이 이루어졌
　　다고 보여지는 전북 서부 평야지역에서도 벼베기노래를 부르는 곳은 일부
　　있으나, 벼베기 풍물굿을 하는 곳은 발견되지 않는다(김익두, 《全北의 民謠》,
　　전북애향운동본부, 1989; 김익두 외, 《全北勞動謠》, 전북대 박물관, 1990; 김

이에 대한 답변으로 우리는 다음과 같이 말할 수 있다. 벼가 음악을 들을 수 있고, 또 그에 따라 벼의 생명력이 고양된다는 점으로 보아, 벼의 이식기와 성장기 — 모내기와 논매기의 시기 — 에 집단적인 두레 노동을 하면서 노래를 부르고 풍물굿을 치고, 수확기 — 벼베기와 타작을 하는 시기 — 에는 노래와 풍물굿을 별로 하지 않는 것은 이 노래와 풍물굿이 순전히 사람만을 위해서 해온 것이 아니라, 사람은 물론 그 사람과 자연/벼 모두에게 생명력을 높이고, 특히 벼의 생명력을 고양시키기 위한 것이라고. 모내기나 논매기 때 부르는 노동요와 풍물굿이 벼의 성장을 촉진하는 데 직접적인 영향을 미치기 때문에 적극적으로 노래를 부르고 풍물굿을 하고, 벼를 거두어들이는 수확기에는 벼가 이미 자랄 대로 다 자랐기 때문에 벼의 생명력을 높이는 신명나는 노래와 풍물굿을 필요로 하지 않는다는 해석이다.[34]

5. 맺음말

지금까지 우리의 국문학 연구나 민속학의 연구는 기존의 틀 안에서 시작하고 그 안에서 객관적인 연구로 연구를 한정짓고자 하였다. 그러나 그러한 학문연구 태도는 최근에 이르러 또 다른 학문적 식민지화의 길을 불러일으킨다는 비판을 낳고 있다.[35] 학문이 삶의 방법에 대한 올바른 인식으로 가는 길에 열려 있지 않고, 삶의 문제를 해결하는 길

익두 외, 《호남우도 풍물굿》, 전북대 전라문화연구소, 1994 참조).
34) 이러한 견해는 앞에서 인용한 임재해의 논문 〈노래의 생명성과 민요 연구의 현장 확장〉, 75~81쪽에서 민요에 대해 피력되어 있다. 필자는 임재해의 견해를 적극적으로 동조하면서, 이 견해를 풍물굿에까지 확장할 수 있음을 알게 되었다.
35) 이한우, 《우리의 학맥과 학풍》, 문예출판사, 1995, 본문 참조.

과 무관한 '상아탑적 연구'에 그치는 태도는 특히나 오늘날과 같은 일대 전환기에는 매우 위험하다. 지적 욕구를 충족시킬 뿐만 아니라 부조리한 삶의 일상을 조금이라도 바꾸는 데 기여할 수 있고 잘못된 지적인 풍토와 방향을 올바르고 바람직한 쪽으로 개선해 나아가는 학문이어야만 진정으로 학문의 의의와 보람을 찾을 수 있다.

지금까지 풍물굿을 조사하고 연구하는 작업도 '지나치게' 타율적인 경향과 태도에서 벗어나려는 노력과 결실이 제대로 나타나지 않고 있다. 풍물굿 자료들을 모으고 정리하고 이를 분석하는 작업은 진행되고 있으나, 그 작업 방법 자체는 풍물굿의 독자적인 성격을 온전하게 파악하고 그것의 가치와 의의를 규명하고 확산하려는 태도가 아니라, 풍물굿 자체를 기존의 서구적인 장르의식과 분석의 틀에다 분해하여 짜맞추는 식의 연구 태도를 드러내고 있다.

그러나 풍물굿은 풍물굿 나름의 분리될 수 없는, 세계와 '상호의존적'이면서 '역동적'인 전일성(全一性, oneness)을 갖고 있으며, 그 전체는 '유기적인 전체'이다. 그것을 기존의, 그것도 문화와 전통이 다른 지역의 장르의식과 틀에다가 짜맞추어 분석하고 의미를 부여한다는 것은 대단히 잘못된 태도이다.

풍물굿은 한마디로 세계를 정태적인 '건축적 구조'로 보지 않고, 역동적이고 유기적인 '관계적 그물'로 본다. 풍물굿은 세계를 구조로 보지 않고 과정으로 본다. 그것은 서구의 교향악과 같은 불변의 기하학적 구조를 지향하지 않으며, 파도와 바람과 호흡과 우주의 순환, 모든 생명체의 소식(消息)·생장과 같이 항상 변화하고 순환하는 망상적(網狀的) 구조로 본다. 풍물굿은 그러한 유기적 세계를 환기하고, 그것을 자기의 내면으로 받아들여 내부의 유기적 총체를 자극하여 세계의 리듬과 자아의 리듬을 하나로 통일하고, 그 통일의 결과를 눈앞에 구현하고자 한다. 공연자와 청관중의 경계가 무너지고, 더 나아가 청관중이 오히려 주 공연자가 되고, 원래의 공연자가 그 공연의 보조자가 되는

이 행동의 과정적 발전과 전개야말로 풍물굿이 한국 공연예술에 이룩
해 놓은 가장 뚜렷한 공적이다.

풍물굿 진법의 유형과 연행 원리

손우승*

1. 머리말

풍물굿의 진법(陳法)은 가락과 더불어 풍물굿 굿판을 구축하는 양대 축이 된다. 가락이 청각적인 영역에서 역동성을 더한다면, 진법은 시각적인 영역에서 역동성을 부여할 뿐만 아니라 판제의 하부구조로서 풍물굿 굿판을 떠받치는 구실을 한다. 그러므로 민속 연행예술에서 가장 역동적인 장르로 평가받는 풍물굿을 깊이 있게 이해하기 위해서는 진법을 주목할 필요가 있다. 이처럼 풍물굿의 역동성을 파악하기 위해 진법을 살피는 것이 필수적이지만, 풍물판 전체를 놓고 보면 진법의 역동성은 한정적일 수밖에 없다. 곧 연행자가 중심이 되는 앞굿에서는 진법이 중요한 역할을 차지하지만, 관중이 중심이 되는 뒷굿에서 진법은 무의미해지고 가락과 춤, 노래와 놀이가 대동의 신명풀이로 나아가는 데 더욱 절실하게 요청되기 때문이다.

풍물굿 연구에서 진법에 대한 논의는 아직 개척되지 않은 분야라고 할 수 있다. 지금까지 이루어진 풍물굿 진법에 대한 연구는 김옥희·

---

* 전 안동대학교 강사.

손병우에 의해서 시도되었는데,[1] 이들은 공통적으로 진법의 형태에 따라 유형을 분류하고 각 유형의 의미를 분석하였다. 특히 김옥희는 좌도 풍물굿(필봉, 진안)과 우도 풍물굿(영광, 정읍) 판굿의 진풀이를 비교하여 공통점과 차이점을 도출했고, 진법의 유형을 곡선적인 동작선·직선적인 동작선·복합형태 등으로 분류했으며, 각 유형에 대한 의미를 분석하였다. 그러나 이 연구는 좌우도 농악의 진풀이를 일정한 준거에 입각하여 비교하지 못하고, 진풀이 과정을 설명하는 수준에서 머물고 있다. 또한 진풀이의 유형을 분류하는 데에서 선의 형태에만 주목하였기에 '누가 진풀이를 주도하고 어떤 방식으로 진풀이가 이루어지는가'에 대해서는 밝히지 못했다. 진법의 실체에 다가서기 위해서는 진풀이를 주도하고 연행하는 사람에 대한 이해가 앞서 이루어져야 한다. 연행 주체의 역할에 따라 얼마든지 진풀이의 형태와 기능, 그리고 판의 분위기와 흐름이 달라질 수 있기 때문이다. 따라서 이 글에서는 연행 주체를 중심으로 진법의 유형을 분류하고 풍물판에서 진법이 어떠한 원리로 연행되는가를 밝혀, 가락 중심으로 풍물굿의 역동성을 평가한 것에 문제를 제기하고 균형 잡힌 시각으로 풍물판을 읽으려고 한다.

오늘날 풍물판에서는 진·진법·진풀이 등의 용어가 혼용되는 경우가 많다. 이들은 실제 판에서 유기적으로 얽혀 있기 때문에 그 뜻을 분간하여 쓰기가 쉽지 않다. 그러나 이 글에서는 이들의 개념을 규정하고 구별하여 사용한다. 진법은 진을 짜는 법식(法式)을 의미한다. 진법은 진을 짜는 관념적인 질서이기 때문에 눈으로 볼 수 없다. 이 법식에 따라 진·진풀이가 생겨나므로, 진법은 진·진풀이보다 선행하는 실체로서 둘을 포괄하는 용어가 된다. 진법에 따라 치배들이 짜는 일정한 형태를 '진'이라 한다. 진은 원진·팔자진·을자진·십자진 등과 같이 일정

---

1) 김옥희, 〈호남농악 판굿의 진풀이에 관한 연구〉, 이화여대 석사논문, 1985; 손병우, 〈농악형식에 있어서 진풀이에 관한 연구〉, 중앙대 석사논문, 1989.

한 형태를 갖춘 개별적인 진들을 가리키는 용어이다. '진풀이'는 치배들이 진을 짜는 과정, 즉 진이 맺히고 풀리는 연행 상황을 뜻한다. 결국 진을 만드는 법식(진법)에 따라 진풀이가 이루어지고 그 결과 일정한 형태의 진이 생겨나는 것이다. 이와 같은 맥락에서, 이 글에서는 진과 진풀이를 포괄하는 상위 개념으로 '진법'이라는 용어를 사용하고, 각 대형을 지칭할 때는 '진', 진이 연행되는 상황을 가리킬 때는 '진풀이'라고 한다.

한편, 이 글에서는 연구자가 오랫동안 참여 관찰한 대구광역시 달성 다사 풍물굿의 진법을 분석하여 그 유형과 연행원리를 도출하였음을 밝힌다.

2. 풍물굿·진법의 유형

풍물굿의 진법은 원진(圓陣)에서 시작해서 다양한 진법이 펼쳐지다가 원진에서 끝을 맺는다. 원무(圓舞)는 고대일수록 일반적으로 나타나며 어느 민족의 집단춤에서나 볼 수 있다. 원무는 대표적인 군무(群舞)로서 제의수행, 치병, 성인의 사회화, 신앙 또는 영적인 대상의 중심 역할을 한다.[2] 그러므로 풍물 진법은 제의를 비롯한 연행민속 전반에 나타나는 원무의 전통 위에서 이해할 필요가 있다. 풍물굿의 모태가 되었던 마을굿은 주술종교적 기능, 사회통합적 기능, 정치적 기능, 축제적 기능을 담당해왔고, 이 과정에서 원무는 진법을 형성하는 데 기초를 제공하였다. 판굿이 원에서 시작해서 다양한 놀이가 펼쳐지고 다시 원으로 끝나는 구조를 가진다는 점은 그러한 사실을 잘 말해준다. 또한 풍물굿은 내적인 통합을 강화하기 위해서 외부의 도전을 밀어내는 기능과, 내부에 대한 끌어당김의 기능이 일정한 긴장관계에서 대립적으

---

2) 쿠르트 작스 지음·김매자 옮김, 《세계무용사》, 풀빛, 1983, 162~163쪽.

로 존재한다. 실제 마을굿을 주도하는 풍물패의 구성은 마을 사람들이나 치배가 중심이 되며 외부인의 출입을 차단하고 마을 주민들의 협동과 단결을 꾀하고자 한다. 마을 주민들의 입장에서 보면 유대와 결속을 강화하는 것이지만, 외부에서 볼 때는 고립적이고 폐쇄적인 것이다.[3] 이러한 이유로 풍물굿은 공동체 성원(치배)의 훈련과 기강을 세우는 데에도 아주 적합한 기제(機制)가 되는데, 진법이 판의 역동성을 부여하는 일보다 "놀이판에서 커다란 흐름의 규율을 서로서로 노력하여 만들어내며, 자신들의 자유스러운 개성들도 죽이지 않는 일상적 규율의 훈련을 이 진풀이는 시켜내고 있다"는[4] 지적은 전통적으로 풍물굿 진법이 담당해 온 역할과 성격을 설명한다.

현재 풍물판에서 사용하는 진법은 형태, 역할과 기능, 방위, 숫자 등에 따라서 그 명칭이 붙여진다. 형태에 따라 이름 지어진 진법은 원진·乙자진·之자진·방울진·태극·一자진·二자진·8자진·土자진·丁자진·십자진·ㄷ자진·S자진·H자진·장사진(長蛇陣)·별진·□(◇)형진·방사진(放射陣)·학익진(鶴翼陣)·반월진(半月陣)·달팽이진·소용돌이진 등이 있고, 역할과 기능에 따른 진법은 달아치기·가새치기·좌우치기·갈라치기·미지기·꺾음진 등이 있다. 방위를 기준으로 한 진법은 이방진·삼방진·사방진·오방진 등이 있으며, 숫자와 관련한 진법은 쌍방울진·쌍진풀이·쌍줄백이·쌍방울진·사통백이·이열종대 및 횡대·4열종대·사통백이 등이 있다.[5]

여기까지 제시한 각 대형은 치배들이 진을 짜고 풀기를 반복하면서 생기는 결과물이다. 진풀이는 진을 말고 푸는 과정이므로 동태적인 시각으로 진풀이를 보아야 한다. 그런데도 그동안의 논의에서는 진풀이

---

3) 임재해, 《민속문화론》, 문학과지성사, 1986, 67쪽.
4) 김원호, 《풍물굿연구》, 학민사, 1999, 326~327쪽.
5) 현재 전국적으로 사용하는 진법은 매우 다양하지만, 일반적으로 사용하는 진법을 이 글의 맨 뒤 〈표-6〉에 실어 두었으니 참고하기 바람.

의 결과로 이루어진 진의 형태에만 주목하여 진풀이를 하는 주체들의
역할이 전혀 드러나지 못했다. 진풀이는 상쇠뿐만 아니라 부쇠·수징·
수북·수장구·수버꾸·수상모 등 풍물굿 연행에서 상대적으로 중심
역할을 하는 치배와 일반적인 치배까지 진을 짜는 데 가세한다. 따라서
풍물굿 진법의 유형을 '진풀이의 주체에 따라서' 상쇠 주도형, 상쇠부
쇠 주도형, 수치배 주도형, 치배 주도형 등으로 분류할 필요가 있다.

상쇠 주도형은 원진이나 8자진같이 상쇠가 일방적으로 끌어감으로
써 생기는 진법을 말한다. 원진·을자진·반월진·8자진·태극진·
방울진·ㄷ자진·달아치기·오방진·달팽이진(멍석말이)·之자진·
장사진·一자진 등이 여기에 속한다. 비교적 단순한 형태로 발전 단계
의 측면에서 본다면 가장 고형(固形)이다. 형태에서 볼 때 단순한 원
형과 곡선, 나선형이 대부분이며 하나의 선으로 연결되어 끊어지지 않
는 것이 이 유형의 특징이다. 상쇠가 선두에서 끄는 대로 따라가면 일
정한 진을 만들 수 있으므로 다른 유형의 진법보다 연행하기가 쉽다.
기능적 측면에서 본다면, 상쇠 주도형은 판굿에서 개인놀음과 길굿을
칠 때, 진과 진 사이를 이을 때, 한 곳에 결집하거나 각 방위에 진을
칠 때에 많이 사용한다.

다음으로 상쇠부쇠 주도형이다. 二자진·쌍줄백이·미지기·쌍방
울진·쌍진풀이·싸움진·갈라치기·모둠진·문진 등이 여기에 속
한다. 이 유형은 상쇠와 부쇠가 역할을 분담하여 진풀이를 하는 것이
특징이며, 대치와 대결의 상황을 표현하는 국면에서 많이 쓰인다. 이
유형은 치배 전체가 균등하게 양편으로 나누어 진을 만들기 때문에 비
교적 안정된 느낌을 주지만, 양편이 대치하는 상황이 되면 급박하고 격
렬한 느낌을 만들기도 한다. 그러므로 이 유형은 안정감과 차분함 그리
고 급박하고 격렬한 느낌을 동시에 표현하는 진법이다. 기능적 측면에
서 볼 때 이 유형은 판굿에서 진을 나눌 때와 합칠 때, 그리고 대치 또
는 대결을 표현할 때에 많이 쓰이며, 진과 진을 연결하는 이음새의 역

할을 하는 기능진이 많다. 두 개의 진으로 나누는 경우는 갈라치기·쌍줄백이를 사용하고, 진을 합칠 때는 모둠진을 사용한다. 대치 상황에서는 쌍진풀이·쌍방울진·미지기진을 사용하고, 대결을 표현할 때는 싸움진·미지기진을 사용한다.

다음으로 수치배 주도형이다. 수치배는 수징·수북·수장구·수버꾸·수상모 등 각 악기의 우두머리를 가리키며, 이들이 자신과 같은 악기를 가진 패를 이끌면서 진풀이를 하는 것이 수치배 주도형이다. 이 유형은 다른 유형보다 소규모로 움직이기 때문에 분산적인 진을 짤 때 많이 사용되고 악기별로 독자적인 구실을 한다. 동시에 여러 개의 진을 짠다든가 악기별로 다양한 놀이가 더해진 진풀이를 하기에 수월한 진법으로 방위형의 진이 많은 것이 특징이다. 삼방진·사방진·사통백이·삼중원진·사중원진·소용돌이진·십자진과 악기별 놀음 등이 여기에 속한다. 이 가운데 삼방진·사방진·사통백이 등은 엄격하게 방위를 가리키지는 않지만 동서남북을 염두에 두고 연행된다. 또 악기별 놀음에서는 소규모의 인원이 움직이기 때문에 짧은 시간에 다양한 진풀이가 이루어진다. 장구놀음의 경우, 수시로 원진·미지기진·가새치기·之자진 등을 바꿔가면서 진풀이를 한다.

마지막으로 치배 주도형이다. 이 유형은 치배들이 자신에게 주어진 역할에 따라 진풀이를 하는 것으로, 진을 짜고 푸는 과정이 정교하고 복잡한 것이 특징이며 예술적 완성도가 높은 형태의 진법이 많다. 그러므로 이 유형은 시기적으로 가장 늦게 생긴 진법으로 진풀이 자체를 목적으로 연행되기 때문에 진의 정교함이 강조되고 판굿을 보다 화려하고 다채롭게 만드는 데 활용된다. 치배 주도형은 마을 단위에서 자생적으로 생겨났다고 보기는 어렵고 전문 예인집단이 만들었거나 민속예술경연대회 또는 각종 농악경연대회를 거치면서 생겨난 진법이라 보인다. 가새치기·십자진(풍차진)·별진(물레굿·반죽굿·마당밟이)·다수 원진·겹원진 등이 여기에 속한다.

<표-1> 달성 다사 풍물굿의 진풀이와 진풀이 주체

구 분		연행순서	진풀이와 진의 형태	진풀이 주도
12차	1차	집합굿	대형없이 한 곳에 모임	상쇠
		골매기굿	乙자진	상쇠
	2차	길굿	乙자진	상쇠
		먼길굿	乙자진	상쇠
		군악길굿	원진	상쇠
	3차	인사굿(본부석)	원진	상쇠
		판닭이굿	달팽이진→역(逆) 달팽이진	상쇠
		인사굿(구경꾼)	원진	상쇠
	4차	살풀이	원진	상쇠
		길살풀이	원진	상쇠
		반죽살풀이	원진	상쇠
		덧배기	원진	상쇠
	5차	진오방굿	오방진	상쇠
		순령굿	달팽이진	상쇠
	6차	외덧배기	역(逆) 달팽이진	상쇠
		팔괘진좌우치기	4중 원진→좌우치기	수치배
		사치기태극진풀이	역(亦) 달팽이진→태극진	상쇠
	7차	초랭이짝짓기	작은 원진 다수(2인 1조 돌기)	치배
		도드래기	원진	상쇠
		사치기인사굿	원진	치배
		연풍굿	원진	치배
	8차	마당밟기(터밟기)	방사진(放射陣)→십자진	치배
		사토오방진굿	십자진→오방위 원진	상쇠
		품앗이사토오방진풀이	오방위 원진 풀기	상쇠부쇠
		가새치기	二자진→가새치기	상쇠부쇠→치배
		미지기	二자진→미지기	상쇠부쇠
		오방쌍진풀이	오방위 쌍진(달팽이진)→합(合)원진	상쇠부쇠
	9차	놀이마당(판굿)	二자진(ㄷ형진)	상쇠→수치배
	10차	고사리꺾기	二자진(달아치기)	상쇠
		허허굿(자진허허)	방사진→겹원진→원진	치배
		팔자진(八字陣)	원진 → 팔자진 ↗반원진	상쇠
	11차	기러기진	◇형진→학익진(鶴翼陣)→십자진→ 학익진→◇형진	치배
		영산(막)다드래기	원진	상쇠
		첨지굿	원진(원진→역(逆) 원진 반복)	상쇠
		잽이훈련굿	원진 안에 二자진	상쇠→치배
	12차	싸움굿(전투굿)	대치형(상쇠줄 ↔ 부쇠줄) →중대형→태극진→ 달팽이진	상쇠부쇠
		칭칭이굿(노래굿)	역(逆) 달팽이진	상쇠
		인사굿, 퇴장	소용돌이진(악기별 나선형으로 모임) →악기별 종대형→퇴장	수치배→상쇠

〈표-1〉은 판굿에서 상쇠 주도형, 상쇠부쇠 주도형, 수치배 주도형, 치배 주도형의 진법들이 결합되어 있는 상황을 나타내며 상쇠 주도형이 가장 우세하다는 것을 보여준다. 판굿이 진행될수록 상쇠부쇠, 수치배, 치배 주도형의 진풀이의 빈도수가 높아진다. 판의 흐름이 상쇠 중심의 진풀이에서 점차 치배 중심의 진풀이로 옮겨가는 현상을 볼 수 있다. 처음에 상쇠가 판을 주도하다가 시간이 흐를수록 치배들에게 판을 내주기 때문에 이런 현상이 발생하는 것이다.

판굿에서 상쇠 주도형은 진풀이의 완충지대 구실을 한다. 상쇠 주도형의 진풀이에서 시작하여 상쇠부쇠, 수치배, 치배 주도형의 진법들이 펼쳐지다가 다시 상쇠 주도형으로 끝을 맺는다. 상쇠 주도형을 정점으로 긴장되고 이완되는 과정은 원진에서 시작하여 다채로운 진풀이가 펼쳐지다가 원진에서 정리되는 과정과 일치한다. 동시에 이 현상은 진풀이가 열리고 닫히는 것을 반복하는 연행원리와 일치한다. 단순함과 정교함의 결합, 전체 판과 소규모 진풀이의 결합, 급박함과 평온함이 어우러져 판굿을 만든다. 이처럼 판의 역동성은 네 가지 유형의 진풀이가 결합되어야만 살아날 수 있다. 상쇠 주도형이 지속되거나 치배 주도형이 지속된다면 판은 시들해지고 관중은 재미를 느끼지 못한다. 기능면에서 볼 때 서로 다른 유형이 섞여도 진풀이에 방해가 되지 않고 오히려 판이 푸짐해지고 역동적으로 살아난다. 네 가지 유형의 진법들이 독자적인 역할을 수행하면서도 상쇠 주도형의 진법을 매개로 상호 유기적으로 결합되어 순환·반복하는 것이다. 바로 이 지점에서 풍물판의 하부구조가 되는 진법의 역동성이 발휘되고 가락을 비롯한 복색, 깃발, 환호, 박수 등등과 결합하면서 민속예술의 본령이라고 하는 신명풀이를 엮어낼 수 있는 것이다.

3. 풍물굿 진법의 공연원리

(1) 숙임과 듦의 반복성

진법은 판굿의 하부구조가 되므로 진법이 없으면 풍물판 자체가 성립되지 못한다. 진법은 판굿에서 크게 두 가지 구실을 한다. 하나는 판굿의 하부구조가 되어 판놀음을 보조하는 역할을 하는 것이고, 다른 하나는 진법 자체가 판굿의 거리를 구성하는 것이다. 진법이 판굿의 한 거리가 될 때에는 진풀이 자체가 목적이 되어 진풀이를 위한 진풀이가 펼쳐진다.

진법이 판굿의 하부구조가 되는 경우, 진법은 판놀음을 보조하는 역할을 한다. 북놀이, 장구놀이, 소고(상모)놀이, 12발 상모놀이 등의 개인놀이를 비롯한 각 거리마다 상쇠의 주도로 이루어지는 판놀음은 일정한 형태의 진 안에서 펼쳐진다. 판놀음을 보조하는 진법에서는 원진·반원진·ㄷ형진·二자진 등을 우세하게 사용한다. 이러한 진은 공간상의 여백이 많기 때문에 그 안에서 치배들이 다양한 놀음을 펼치기가 수월해진다. 대신 진은 정지된 형태로 있거나 원진을 유지한 채로 치배들이 움직이는 경우가 많아서, 관중들은 진의 형태를 거의 의식하지 못하고 그 안에서 벌어지는 놀음에 시선을 집중한다. 연행자들 또한 이러한 진을 정상적인 진으로 취급하지 않고 판놀음을 하기 위한 방편으로 여긴다. 예컨대, 〈표-1〉에서 4차에 속하는 '살풀이-길살풀이-반죽살풀이-덧배기'는 치배들이 원진을 유지하면서 좌로 돌고 그 안에서 쇠잽이들이 다양한 놀음을 펼치는 것과 9차에서 二자진 또는 ㄷ자진을 만들고 그 안에서 악기별 놀음을 벌이는 것이 진법이 판놀음을 보조하는 대표적인 경우이다.

이 경우에 나타나는 가장 큰 특징은 상쇠가 판 안에 들어가 있다는 것이다. 판놀음은 항상 상쇠가 주도한다고 볼 수 있다. 부쇠가 판놀음을 주도하는 경우도 있으나, 이는 상쇠가 먼저 판을 연 뒤에 부쇠에게 판을 넘겨주는 경우에 한정된다. 상쇠가 어디에 위치하는가에 따라서 어떤 진풀이를 하는 가를 분별할 수 있게 된다.

진법이 자체적으로 판굿의 거리를 구성하는 경우에는 보다 화려한 진풀이가 펼쳐진다. 판놀음을 보조하는 노릇을 하면서 잠재되어 있던 진풀이의 본성이 드러나기 시작한다. 이때 나타나는 진은 달팽이진·오방진·태극진·십자진·별진·겹원진·사통백이·학익진·쌍진풀이·방울진·乙자진 등과 같이 공간에서 여백이 적고 복잡하며 화려한 풀이가 펼쳐진다.

이때가 되면 관중들은 연행자들이 연출하는 진을 보고 그 형태가 무엇인지를 구체적으로 알 수 있다. 연행자들 또한 이것을 온전한 진으로 인식하고 정해진 법식에 따라 진풀이를 한다. 집중적이고 정적인 분위기의 판놀음과는 달리 화려한 진풀이가 펼쳐질 때에 관중들은 진의 형태와 역동성을 주목하게 된다. 진풀이를 부각시킬 때에 상쇠는 판 안에서 밖으로 나와 대열 안으로 합류한다. 판놀음이 상쇠의 주도 아래 이루어지듯이 진풀이의 시작과 끝도 늘 상쇠의 주도 아래 이루어진다.

이와 같이 진법은 판굿의 하부구조로서 판놀음을 보조하기도 하고, 자체적으로 판굿의 거리를 구성하는 역할을 하기도 한다. 진법이 판에서 중심역할과 보조역할을 번갈아 반복함으로써 판이 요동치게 되며 판에 긴장과 이완을 더한다. 판놀음과 진풀이를 위한 진풀이를 반복하면서 판이 전개되는 양상을 도식화하면 '고개를 숙이고 드는 것'에 비유할 수 있다.

<표-2> 진풀이의 숙임과 듦의 반복

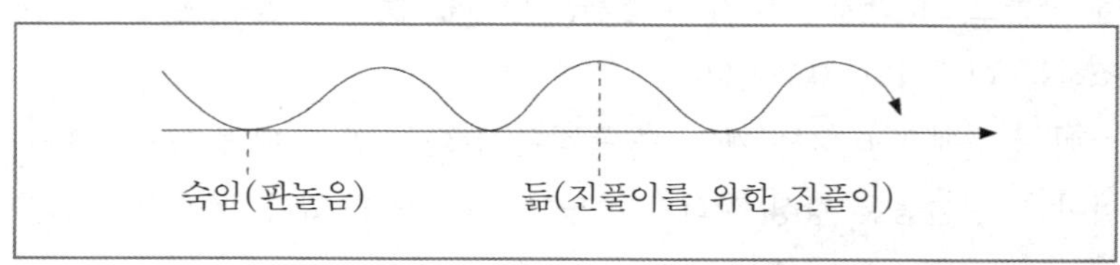

치배들이 판놀음을 할 때는 진풀이가 고개를 숙이게 된다. 진법이 판놀음을 보조하는 구실을 하기 때문에 진은 있으나 관중들은 진을 의식하지 못한다. 여기에 비해 진풀이를 위한 진풀이가 펼쳐질 때에는 진풀이만으로 한 거리가 구성되어 진의 형태를 구체적으로 확인할 수 있다. 풍물굿 연행을 자주 접하지 못하여 진의 형태를 재빨리 알지 못하는 관중조차도 이때가 되면 판의 흐름이 급박해진다는 것을 느낄 수 있다. 이렇듯 진풀이가 고개를 들었다가 숙이는 것을 반복함으로써 판의 흐름을 수시로 변화시켜 역동성을 발휘하게 된다.

(2) 시간적 지속성과 공간적 역동성

진법은 판굿의 하부구조이므로 판굿이 존재한 전통사회와 현대사회의 시공간적 성격을 짚어볼 필요가 있다. 현재의 풍물굿은 매우 제한된 시공간에서 연행된다. 일제 강점기부터 풍물굿의 기반이 되었던 마을굿이 쇠퇴하고 전국적으로 농악경연대회가 생기면서 풍물굿은 강한 시공간의 제약 속에서 존재하게 되었다. 생산과 소비가 일치되던 전통사회의 마을 공동체에서는 풍물굿이 오늘날처럼 시공간의 제약을 크게 받지 않으면서 전승되었다. 대보름과 정월, 화전놀이, 초파일, 단오, 논매기, 백중, 추석, 제석 등 공동체의 행사가 있는 곳이면 어디서든지 풍물을 치며 놀았으며, 시공간의 제약이 약한 상황에서 판굿을 연행하였다.

전통사회의 판굿은 크게 두 가지 차원으로 나눌 수 있다. 하나는 마을굿의 연장선에 위치하는 판굿이고, 다른 하나는 걸립의 연장선에 위치하는 판굿이다.

마을굿의 연장선에 위치했던 판굿은 공동체 제사의 일환으로 연행되었다. 매년 정월에 행한 동제나 3년 또는 10년마다 벌어지는 별신굿의 일환으로 판굿이 연행되었던 것이다. 동제에서 판굿은 안동 가사리 동제의 '진법치기'처럼6) 제차(祭次)의 한 부분으로 존재하는 경우와 동제를 끝내고 난 뒤에 서낭당 앞이나 마을 공터에 모여 판굿을 벌이는 경우가 있었다. 김천 빗내 빗신굿(별신굿)의 경우, 정월 초하루에 당산굿을 하고 초엿새에 빗신굿을 지냈다. 빗신굿이 끝나면 풍물패가 지신밟기를 하고 그날 밤 부잣집에 찾아가 판굿을 벌였다.7) 빗내의 판굿 또한 별신굿의 한 과정으로 연행되었다. 이와 같이 마을굿 또는 새해맞이 축제의 연장선에서 존재했던 판굿은 단순한 놀이판이 아니라 공동체 신과 교감하는 신앙 행위가 내포되어 있다.8)

한편, 걸궁9)의 연장으로 행해졌던 판굿은 주로 뜬쇠10)나 뜬두레11)와 같은 전문 풍물꾼들이 마을이나 지역을 다니며 걸궁을 하고 밤에 자신들의 기예를 보여주는 판이었다. 작은 걸궁은 한 마을이나 몇 개 마을에 한정되어 이루어졌으나, 큰 걸궁은 면이나 군 등의 지역 단위로 벌어지기도 했다. 마을에서 걸궁은 보통 정월 열엿새부터 그믐 사이에

---

6) 경북 안동시 도산면 가송리에서는 매년 정월 14일 밤, 동신으로 모시는 공민왕의 딸을 위하여 제사와 함께 오신(娛神)행위로 풍물패가 원진과 二자진을 반복하면서 '진법치기'를 한다. 주민들은 진법치기에 대해서 "공민왕 군대가 이 마을에 와서 군사 훈련한 것"을 재현하는 것으로 인식하고 있고 있다. 이 마을의 동제는 전형적인 풍물굿형으로 동제의 모든 절차가 풍물에 따라 진행된다.

7) 한국향토사연구 전국협의회, 《한국의 농악 — 영남편》, 한국향토사연구 전국협의회, 1994, 125~128쪽.

8) 정병호, 〈놀이판의 구조와 기능〉, 《놀이문화와 축제》, 성균관대 출판부, 1988, 17~18쪽.

9) 걸궁에는 촌걸립(낭걸립)과 절걸립이 있다. 둘은 재물을 모으는 데 목적이 있다는 점에서 같다. 그러나 촌걸립은 주로 공공 건축물의 건립 비용을 마련하는 데 비해, 절걸립은 절의 신축, 증수, 개축 등 절에서 소요되는 비용을 마련하려는 목적으로 했다. 촌걸립에서는 기예가 뛰어난 많은 수의 단원을 필요로 하고 화려한 판굿을 보여주는 것이 필수적인데, 절걸립에서는 고사 염불을 잘하는 사람이 매우 중요하고 행중의 인원도 몇 명 되지 않으며 판굿을 하지 않았다(국립문화재연구소 편, 《평택농악》, 1996, 17~18쪽).

10) 남사당과 같은 전문 풍물꾼을 의미한다.

11) 두레패와 뜬쇠의 중간 형태에 해당하는 풍물패를 말한다. 마을 두레패가 기량이 성숙되자 떠돌아다니며 뜬쇠로 활동하면서 생겨난 말이다.

많이 벌어졌는데, 들당산굿·지신밟기(집돌이)·판굿·날당산굿 등
의 순서로 이루어졌다.12) 걸궁패는 낮에 집을 돌면서 지신밟기를 해주
고, 밤에 자신들의 기예를 충분하게 보여줄 수 있는 판굿을 연행하였
다. 집돌이뿐만 아니라 판굿도 돈벌이의 중요한 과정이었으므로 소홀
히 할 수가 없었다.13)

판굿을 한바탕 쳐줘라 그러면 저녁에 판굿을 치는데 판굿을 치며는
동네서도 손해가 많제. 집도 많이 헐어지고 어지간한 집은 사람들이 막
올라간게 찌그러져. 돼야지 집이나 변소간 같은 거는 어긋나부러. 다
쪼그라져 부러. 난리쳐부러 그냥. 그런게 마당이 널루와도 우리집에서
판굿치라 소리 안해. 손해가 막심한게. 전부 그냥 볼바놓고(밟아놓고)
어디나 없이 높은 데로 올라가서 볼라고 한게. 하루 판굿치고나면 그
집은 날리치부러. 그런게 판굿을 잘 안받아 줄라고 해. 그러면 동네마
당 같은데 잡아놓고 판굿을 쳐. 그때 굿이 더 재밌었어. 그때만 해도
옛날세상이라 볼게 없응게 난리났제.14)

판굿을 칠라면 인자 초저녁에 밥먹고 나서 한숨쉬고 요새시간으로
한 11시나 일어나서 나발 삼초 불면 굿을 이루제. 초초가 굿친다는 것
이고, 이초가 준비한다는 것이고, 삼초면 인자 굿을 내요. "정 정 정
정……" 하고 그렇게 삼초를 내면 완전히 굿을 쳐 버리제. 구경꾼들도
그때까지 안자고 수백명이 기다려. 그때만 해도 굿이란 것이 귀한게. 지
금에야 천지가 굿이지만 그때만 해도굿이 귀한 판이라 엊그저께 시집온

---

12) 굿연구소 편,《굿》제7호, 1993, 47~48 및 60쪽.
13) "그것이 마당밟이여(집돌이). 그런게 그것(마당밟이)이 시간이 더 먹제. 쪼
    게 적게 주더라도 판굿하고 목돈으로 얼마 줘버리면 시간도 안 걸리고 하니
    그것이 차라리 나아"(굿연구소 편,《굿》제5호, 1992, 14쪽)
14) 굿연구소 편,《굿》제6호, 1992, 14쪽.

여자라도 와서 밤새도록 같이 날새. 굿을 밤에 치는 것은 사방에서 십리
거리, 이십리거리, 삼십리까지 걸어온게. 모이는 시간을 주는 것이여.
그 냥반들은 초저녁부터 걸어와야 굿을 구경해. 그래서 그렇게 늦게 시
작하는 거야. 그러면 인자 제일 큰 마당에 가서 장작불 놓고 거기서 굿
바탕을 치는데 사람이 무지 모여. 심지어는 엊그저께 난 놈도 굿보러 나
온다고 데리고 업고 나온당께. 그때는 시골에서 정월이면 농악밖에 없
은게. 그래갖고 인자 질굿을 나지막이 내놓으면 자울럽제(잠이 오제).
질굿을 딱 끝내고 일이삼채를 치며는 그때부터 흥이 나제. 그러면 개석
에서도 몸을 움직거리고 그렇게 추와도 춘줄도 모르고 같이 고개를 끄
떡거리고 그렇게 구경을 하고 온동네가 움직거려. 아그들까지도 대체
전부가 움직거려. 그래 갖고 새로 두어시나 되며는 동네 돌아다니면서
솥을 모아 큰 솥에다 죽을 쑤어요. 그러면 우리 군청도 먹지마는 구경온
손님들까지도 다 먹은게. 우리 군청들 먹은 것은 닭죽을 쑤고, 객지에서
온 손님들은 추운데 굿보고 그냥 가라고 할 수 없은게 팥이나 이런걸
가지고 쑤어. 그런게 동네고 부촌이어야 농악을 치제.15)

　전통적 판굿은 비교적 시간의 제약을 적게 받았다. 걸궁의 판굿은
저녁이나 밤에 시작하여 밤새도록 연행되었다. 걸궁패가 악기 치는 것
을 맡고 마을 주민들은 잡색이 되어 함께 판굿을 만들어 갔다. 재미있
고 관중들의 호응이 좋으면 오랜 시간 동안 같이 놀 수 있고, 술이나
음식을 나누어 먹으면서 놀 수도 있는 판이었다. 마을 주민들의 호응이
좋을수록 돈벌이가 좋아지므로 정해진 순서에서 벗어난다 해도 크게
문제될 것이 없었다. 이런 시간적 여백은 풍물굿 가락이 충분하게 맺히
고 풀릴 수 있는 조건이 되었으며, 관중들이 적극적으로 참여할 수 있
는 계기로 작용했다. 또한 특별하게 시간이 제약되지 않았기에 각 거리

---

15) 위의 글, 10~11쪽.

의 특성이 충분하게 드러날 수 있는 조건이 되기도 했다.

한편 전통사회에서 판굿이 연행되는 공간은 유동적이었다. 연행 공간의 자유로운 이동은 판굿을 보다 역동적으로 만들었다. 판굿은 주로 마을의 공터나 마당이 넓은 부잣집에서 벌어졌다. 연행 공간은 상황에 따라 얼마든지 변할 수 있는 곳이었다. 마을 사람들이 생활하는 공간에서 판굿을 연행함으로써 보다 친숙함을 느낄 수 있고, 누구나 참여할 수 있는 개방된 공간에서 연행되었다. 갓 시집온 새색시뿐만 아니라 갓난아기까지도 판굿을 구경하러 나왔다는 것으로 보아 개방적인 공간에서 판굿이 연행되었음을 알 수 있다. 따라서 전통사회에서 연행된 판굿은 시공간적으로 여백이 많고 개방적이며 가변적이었다. 시공간의 제약에서 비교적 자유로웠던 전통사회의 판굿은 관중과 연행자가 함께 어우러지고 호흡할 수 있는 장이 되기 쉬웠다.

<표-3> 전통사회와 현대사회 판굿 연행의 시공간

구분	전통사회의 판굿	현대의 판굿
성격	마을굿의 제차(祭次)의 한 부분 / 걸궁의 한 과정	공연물
연행자	마을의 풍물패 / 마을의 풍물패(주민) + 전문 풍물꾼	전문 풍물꾼
관중	마을 또는 지역 주민	불특정 다수
연행시간	밤(저녁) / 밤(저녁)부터 새벽까지	낮(정해진 시간: 30분~1시간 30분)
연행공간	마을의 부잣집 또는 마을 공터	정해진 공간

현대 판굿은 압축된 시공간에서 연행된다. 전통사회에서는 며칠에 걸쳐서 연행되던 판이 오늘날에는 짧게는 30분에서 길게는 1시간 30분 사이에 끝난다. 판굿이 일단 시작되면, 치배들이 모든 순서를 마치고 완전히 퇴장하는 순간까지 진풀이가 지속된다. 연행자와 관중은 서

로 쉴 틈이 없다. 전통적인 걸궁과 같이 연행자들이 쉬기도 하고 관중들과 어울려 놀 수 있는 시간이 허락되지 않는다. 개인놀음이나 판놀음을 하는 동안 바깥의 원진이나 ㄷ자진이나 벌려진 二자진은 정지되어 쉬는 듯이 보이지만, 개인놀음과 판놀음을 할 수 있는 공간을 마련해주고 있기 때문에 그 기능은 지속적으로 유지되고 있는 것이다. 시각적으로는 진풀이가 정지되어 있는 듯하지만 기능적인 측면에서 본다면 진풀이는 지속되고 있는 것이다.

판굿은 정해진 장소에서만 벌어지기 때문에 연행 공간이 매우 고정적이고 폐쇄적이다. 마을의 부잣집이나 공터 등 일상적이고 개방된 공간에서 연행되었던 전통적 판굿에 비해 현재의 판굿은 공간이 고정되어 있어서 가변적인 상황이 쉽게 발생하지 않는다. 장소를 달리함으로써 나타날 수 있는 다양한 풍물판의 역동성이 근본적으로 차단되어 있다. 그러므로 현대 판굿에서 나타나는 역동성은 가변성이 제한된 폐쇄적인 역동성이라 할 수 있다. 현대 판굿은 관중이 판 안으로 들어가고 싶어도 시공간의 여백이 허락되지 않기 때문에 들어가기 힘든 구조를 가지고 있다.

이처럼 판굿이 강한 시공간의 제약 속에서 연행되고 진풀이가 연속되어 관중이 지루함을 느낌에도 관중의 환호와 갈채를 받고 종종 신명풀이의 장으로 넓어지기도 한다. 그 이유는 진풀이가 변하면서 판굿 안에 새로운 공간이 지속적으로 만들어지기 때문이다. 이때의 공간은 전통사회의 판굿처럼 실제 생활하는 공간이 아니라 관중의 흥미를 끌기 위해서 만든 인위적인 공간이다. 비록 폐쇄적이고 제한된 공간이지만 관중들의 감정이 긴장되고 이완되는 정도의 역동성은 발휘할 수 있기 때문이다.

진법은 각 거리마다 서로 다른 내용을 담고 있기 때문에 진풀이의 변형은 필수적이다. 각 거리는 독립적인 작은 판으로 일정한 내용이 있고, 그 내용에 맞는 치배들의 몸동작·춤사위·소리·노래·각 치배들의 독특한 버슴새가16) 나타난다. 진풀이의 공간에서 다양한 모습과 국면들이 나타나기 때문에 지루하지가 않고 다음 순서가 기다려진다. 굿거리를 구성하는 다양한 요소들이 진풀이의 지루함을 극복하는 구실을 한다.

개인놀음에서 정지되어 있는 진은 재미가 없다. 그러나 각 악기별 치배들이 최고의 장기를 펼치는 순간에는 관중들이 환호하고 빠져드는 것이다. 이때의 관중은 진을 보는 것이 아니라 진 안의 다양하고 역동적인 개인놀음을 본다. 진풀이가 선이라면 각 요소들은 점이라고 할 수 있다. 판굿이 시작될 때에는 관중들의 눈은 전체를 바라보면서 선, 즉 진풀이에 주목한다. 점차 시간이 흘러 진풀이가 지루해지면 관중의 눈은 각 요소, 즉 점에 시선이 집중되면서 흥미를 잃지 않고 판굿을 구경할 수 있다.

여기까지 살펴본 바와 같이 전통사회의 판굿은 많은 여백을 지니면서 지속되었고, 공간적으로는 개방적이고 유동적이었다. 이에 견주어 볼 때 현대의 판굿은 엄격한 시공간의 제약 속에서 연행된다. 다양한 잡색놀이, 술과 음식을 먹는 시간, 마을 주민들이 참여하여 춤추고 노래 부르는 시간 등의 다양한 놀이들을 한 과정으로 치배들이 진풀이를 했던 것이다. 전통사회에서 진풀이는 시간적 지속성과 공간적 역동성이 보장되는 판굿에서 연행되었다. 이와 달리 현대 판굿은 전통사회 판굿의 전 과정이 압축되어, 일정한 형태의 진풀이와 판놀음으로 판제화되어 정해진 시공간에서 연행된다. 이런 제약이 있음에도 현대 판굿에서 진풀이는 지속적으로 새로운 공간을 확보하고 형태를 바꾸어 감으로써 역동성을 발휘한다.

---

16) 버슴새는 모양새를 의미한다. 각 치배들은 저마다 독특한 몸짓과 표정, 몸동작을 가지고 있다. "버슴새가 좋다" 또는 "버슴새가 안정되다"는 말은 모양새가 이쁘고 몸동작이 보기에도 안정되고 세련되었다는 것을 뜻한다.

(3) 구성요소들의 상호작용을 통한 상보성

진풀이는 기본적으로 '진+이음새+진'의 짜임으로 이루어진다. 그러나 진풀이는 진과 이음새만으로 역동성을 발휘할 수 없다. 가락, 치배들의 표정·몸동작·일치감·복색, 관중들의 호응·추임새, 잡색의 춤과 극 등, 풍물판을 구성하는 음악적·무용적·연극적 요소들이 상호침투하면서[17] 진의 역동성이 살아난다. 진풀이를 할 때 작용하는 각 요소들은 개별적으로 있을 때에는 파급력이 떨어지지만, 다른 요소와 결합하면서 자체의 운동성은 배로 커진다. 이 운동체들의 결합은 진풀이를 보다 역동적으로 만들고 이 과정의 합은 판굿의 연행 과정이 되며, 나아가 연행자와 관중이 하나가 되어 절정의 신명풀이로 진입할 수 있도록 한다.

진과 진 사이에는 이음새가 들어가야 진풀이가 원활하게 이루어질 수 있다. 진은 상쇠, 상쇠부쇠, 수치배, 치배 등이 역할을 분담하여 그려내지만, 이음새는 오직 상쇠만이 알고 연행할 수 있다. 이음새는 마치 상쇠가 내는 '넘기는 가락(신호가락)'과 같은 것으로 다른 어느 때보다 상쇠의 능력이 요구된다. 경남 함안 화천 풍물굿의 상쇠였던 박동욱은 "상쇠는 쇠를 꺾을 줄 알아야 한다. '밀양 고무다리'는[18] 가락은 좋은데 쇠를 꺾을 줄 몰랐다"고 했는데, 이 말은 상쇠가 독단적으로 판을 끌고 가면 안 될 뿐만 아니라 판의 맥을 짚고 그에 따라 적절하게

---

17) 김익두, 〈풍물굿의 공연원리와 연행적 성격—호남지방의 풍물굿을 중심으로〉, 《한국민속학》 27집 1호, 한국민속학회, 1995, 104~107쪽.
18) 본명 한인시: 밀양에서 활동한 유명한 상쇠로서 한쪽 다리를 잃어 의족으로 고무다리를 하고 다녔다고 해서 일명 '밀양 고무다리'로 통했다. 그는 신체가 부자유스러웠지만 쇠가락만큼은 일품이어서 경남지역에서 상쇠로 이름을 날렸다. 쇠가락은 부드럽고 좋았으나 판의 상황에 따라 치던 가락을 접고 넘기는 능력이 부족했다고 한다. 〔고 박동욱의 증언, 2000년 7월 24일 함안 자택에서 면담〕

〈표-4〉 달성 다사 풍물굿 6차의 진과 이음새

구분	순서	진	이음새	진
6차	달팽이진 → 원진			
	원진 → 4중원진			
	4중 원진 → 태극진			

가락을 넘길 줄 알아야 한다는 것을 의미한다. 이처럼 상쇠에게는 넘기는 가락을 칠 줄 아는 능력과 더불어 무리 없이 이음새를 엮어내어 다음 진으로 넘어갈 수 있는 능력이 요청되는바, 둘 중 어느 것 하나라도 제대로 갖추지 못하면 상쇠로서 치명적인 결함을 가질 수밖에 없다.

그렇다고 해서 모든 판이 상쇠의 일방적인 리드로 이루어지는 것은 아니었다. 상쇠가 가락을 넘기고 이음새를 찾아내는 것이 우선되지만, 다른 요소들이 뒷받침되지 않으면 상쇠의 이러한 리드가 반감될 수밖에 없다. 상쇠의 리드에 따라 치배들이 각자의 역할을 제대로 수행해야 진풀이가 매끄러워진다. 예컨대, 〈표-1〉에서 5차 진오방굿을 할 때에 영기를 든 기수 2명은 동서남북에 진을 칠 자리에 먼저 가서 자리를 잡아야 하며 마지막으로 가운데에 달팽이진을 감을 때는 농기까지 원의 맨 앞으로 들어와 중심을 잡아주어야 한다. 비단 기수뿐만 아니라 각 치배는 사전에 약속된 대로 움직이지 못하면 상쇠의 신경이 분산되어 신명나게 진풀이를 엮어가기 힘들어진다. 이와 달리 치배들의 호흡이 일치되어 가락이 맞아 들어가면 상쇠의 가락에 힘이 붙고 치배들의 몸동작과 춤사위가 잘 나오면서 진풀이는 푸짐해진다. 이런 모습을 지켜보는 관중은 덩달아 흥이 나고 그에 대해서 추임새, 춤, 환호, 박수 등으로 화답을 함으로써 치배들의 신명을 돋우어 판이 살아난다. 따라서 진풀이는 '진+이음새+진'의 기본적인 짜임에 더하여 하나하나 살아있는 음악적·무용적·연극적 요소들이 결합되어야만 비로소 신명나게 펼쳐질 수 있다.

(4) 열림과 닫힘의 순환적 조형성

가락에 여는 가락과 닫는 가락이 있듯이 진풀이 또한 '열린 진'이 있고 '닫힌 진'이 있다. 형태적 측면에서 보았을 때 선이 연결되어 있으면 닫힌 진이고, 선이 끊겨 있으면 열린 진이라 할 수 있다. 그러나 점(연행자)들이 연결되어 선[陣]을 만들기 때문에 엄격하게 말하면 모든 진이 끊겨 있다고 할 수 있다. 연행자와 연행자 사이에 나 있는 '틈'은 연행자와 관중이 소통할 수 있는 물리적 통로가 된다는 점에서 모든 진은 열려 있는 셈이다.

진풀이 과정은 원진의 회복 과정이라 해도 지나친 말이 아니다. 원진에서 시작하여 다양한 진풀이가 펼쳐지는 순간에는 진이 열리고 다시 원진으로 회복함으로써 닫히게 된다. 열리고 닫힘의 순환·반복은 오직 진법에만 국한되어 나타나는 것은 아니다. 하나의 가락에서부터 진풀이 그리고 판굿의 굿거리에 이르기까지 열고 닫힘, 맺고 품이 순환된다.19) 이러한 현상은 상쇠 주도형을 중심으로 상쇠부쇠·수치배·

---

19) 이종진은 풍물굿의 '내고 달고 맺고 푸는 구조'를 신명이 생기고 전개되는 중요한 단서로 보고 이 구조의 순환적 반복성으로 장단·가락·굿거리·판굿에서 자동자기복제(自動自己複製) 방식인 '프랙탈 현상'이 일어난다고 밝혔다(이종진, 〈풍물굿의 가락구조와 역동성〉, 안동대 석사논문, 1990, 48~64쪽).

치배 주도형의 진법이 얽어져서 판굿에 긴장과 이완을 더하고 시각적
인 역동성을 자아내는 것과 동일하다.

<표-5> 달성 다사 풍물굿 8차의 진풀이

순서	진	진의 형태	열림·닫힘
마당밟기(터밟기)	원진	원형	닫힘
	방사진	방사형	열림
	십자진	직선교차형	열림
사토오방진굿	십자진	직선교차형	열림
	오방위 원진	원형	닫힘
품앗이사토오방진풀이	오방위원진풀기	나선형	열림
	원진	원형	닫힘
가새치기	원진	원형	닫힘
	一자진	직선형	열림
	갈라치기	직선＋곡선	열림
	쌍줄백이	직선＋곡선	열림
	二자진	직선형	열림
	가새치기	직선형	열림
미지기	二자진	직선형	열림
	미지기	직선형	열림
오방쌍진풀이	미지기	직선형	열림
	쌍진풀이	나선형	열림
	원진	원형	닫힘

　한 거리 안에서도 진풀이는 열림과 닫힘을 반복한다. <표-5> 마당밟
기에서 사토오방진굿으로 넘어가는 과정을 보면 '원형→방사형→직선
형→원형'으로 이루어져 있다. 원형에서 닫히고 방사형에서 열리고 직
선형에서 열리고 원형에서 다시 닫힌다. 따라서 형태적인 측면에서 보
면, 진풀이는 선이 폐쇄되는 형태인 원형·네모형에서 닫히고, 선이 개
방되는 형태인 직선형·나선형·곡선형·방사형에서는 열리게 된다.
　연행자와 관중의 소통적 측면에서 보면, 형태적 측면에서 파악한 열
림과 닫힘의 의미가 완전히 역전된다. 시각적으로 닫혀 있던 원형과 네
모형은 열리게 되고, 개방되어 있던 직선형·나선형·곡선형·방사형

은 닫히게 된다. 원형과 네모형은 진법이 판놀음을 보조하는 구실을 하게 되어 진풀이가 활발하게 이루어지 지지 않은 상황이므로 관중은 판 안의 상황을 쉽게 주시할 수 있고 추임새을 넣을 수 있으며 연행자와 연행자 사이의 틈으로 들락날락 거리며 춤판에 낄 수도 있다.[20] 원형 은 모든 방향으로 개방되어 있고 공간에서 여백이 많아서 관중이 판 안으로 들어와 연행자와 어우러지기 쉬운 구조를 갖추고 있다. 탈놀이 와 마당극이 원형의 마당 위에서 관중과 적극적으로 소통하는 것도 같 은 까닭이다. 한편, 직선형·나선형· 곡선형·방사형 등의 진법은 진 풀이를 위한 진풀이가 연행되는 상황이므로 연행자 중심으로 판이 펼 쳐져 그만큼 관중이 개입할 수 있는 여지가 줄어든다.

　의미적 측면에서 보면, 진법의 열림과 닫힘은 이완과 긴장, 밝음과 어둠, 삶과 죽음 등의 상징적 의미를 지닌다. 달팽이진의 경우, 결진은 맺음이고 닫힘이며 격리·어둠·고통·갇힘·죽음을 뜻한다. 반대로 역달팽이진으로 풀어 나오면 열리게 되며 해방·밝음·즐거움·풀림· 삶을 말한다.[21] 이러한 상징적 의미는 놋다리밟기에서도 확인할 수 있 다. 고려 말 공민왕이 홍건적의 난을 피하여 안동으로 몽진(蒙塵)하는 과정에서 안동의 부녀자들이 인교(人橋)를 만들어 노국 공주를 건너 게 한 것에서 유래하였다는 놋다리밟기의 한 과정인 '둥둥데미(달팽이 진)'는 공민왕이 포로가 된 형상이고, 실감기는 공민왕이 포로에서 풀 려 나오는 모습이라고 한다.[22] 또한 달성 다사 풍물굿의 상쇠 배관호

---

20) 김익두는 연행예술에서 공연자와 청관중 사이의 직접적인 상호작용을 위해 구조적으로 제도화해 놓은 장치를 '공소(空所: blank)'와 '매개자(mediator)' 라 하였는데, 특히 풍물판에서는 공소가 시간적인 차원보다 공간적인 차원 에서 매우 강력하게 마련되어 있다고 보았다(김익두, 〈한국의 연극적 양식 에 있어서의 '공소'와 공연자—청관중 상호작용의 원리에 관하여〉, 《한국언 어문학》 41집, 한국언어문학회, 1998, 285~286쪽).
21) 김택규, 앞의 책, 1994, 188쪽.
22) 경상북도 편, 《경북예악지》, 1989, 739쪽.

는 "오방진풀이는 귀신을 잡아 가두는 것"이라고 인식하고 있어서, 전통사회로부터 풍물굿이 담당한 주술종교적 기능과 의미가 현재의 진법에도 남아 있고 또 새롭게 부여되고 있음을 알 수 있다.

(5) 연행자와 관중의 소통성

풍물굿은 연행예술로서 연행자와 관중의 상호작용을 통해 변화해 간다. 관중은 연행자의 노력에 따라 변하고 연행은 관중의 참여와 호응도에 따라 평가된다.23) 연행자와 관중 사이에서 발생하는 피드백 현상은 풍물판에서만 일어나는 것이 아니라 마당극·창극·무당굿·판소리 등 연행예술 전반에 걸쳐 나타나는 본래의 특성이기도 하다.24) 이와 같은 연행자와 관중의 상호작용 과정에는 필연적으로 의사소통 행위가 뒤따른다. 이들의 의사소통은 연행자가 내는 가락·진풀이·표정·소리·웃음·몸동작·춤 등의 기호를 관중이 해독하고 난 뒤, 환호·웃음·추임새·춤·끄덕임·몸동작·박수 등의 신호를 되돌려 보냄으로써 이루어진다.

연행자가 관중을 향해 다양한 메시지를 보내기 위해서는 먼저 치배들 간의 의사소통이 이루어져야 한다. 치배들 사이의 원활한 의사소통은 관중에게 보낼 메시지가 복잡하지 않고 관중과 일치될 수 있도록

---

23) 곽병창, 〈한국 현대연극의 전통연희 계승 양상 연구〉, 전북대학교 박사논문, 2000, 86쪽.

24) 예를 들어 동해안 별신굿에서 관중의 반응이 무(巫)의 세부적인 연행방식을 조절하거나 굿이 진행될 향방을 정하는 데 결정적인 영향을 미치며, 때로는 관중이 직접 무(巫)가 굿을 진행하는 것을 보조하는 조력자로서 굿에 직접 연행자로 나서기도 한다. 관중은 굿판을 만드는 데 결정적인 역할을 하며, 무(巫)와의 끊임없는 상호작용을 통해 굿판을 완성해 나가는 존재이다(윤동환, 〈연행예술로서 동해안굿의 변화양상과 변화요인〉, 안동대 석사논문, 1999, 70~76쪽).

해주는 바탕이 된다. 풍물판에서 의사소통은 치배와 치배, 치배와 관중, 관중과 관중 등 다양한 국면에서 일어난다.

치배들 간의 의사소통에서는 미리 약속되고 공유된 일정한 신호가 사용된다는 것이 특징이다. 치배들 모두가 공유하는 신호 가운데서 가장 중요한 것이 가락이다. 모든 치배들은 판굿의 처음부터 끝까지 변화하는 가락을 판별하고 그 가락에 담긴 의미를 해독할 수 있는 능력을 갖추어야 한다. 만약 약속된 신호에 대한 해독 능력이 떨어지는 연행자가 있다면, 그는 유능한 풍물꾼이라 할 수 없으며 판굿의 연행에 장애 요인이 된다. 치배들은 상쇠의 가락에 민감하고 수시로 변화하고 넘어가는 신호를 읽어내어 다음의 연행 순서와 자기의 역할을 짐작하고 있어야 한다. 그러므로 가락은 치배들에게 가장 선행되고 중요한 의사소통의 수단이 되는 것이다. 치배들은 가락 이외에도 다른 의사소통의 수단을 가지고 있다. 진의 형태를 통해서 굿거리의 순서와 역할을 인식하기도 하고 다른 치배의 표정·발동작·손짓·춤사위·소리 등을 통해서도 소통한다. 경험이 많고 유능한 연행자는 순간적인 느낌이나 치배들의 눈빛을 통해서도 교감하고 호흡을 맞추는 경우가 많다.

이처럼 치배들은 가락을 기본 신호로 삼고 표정·몸짓·소리 등의 부수적인 신호를 통해서 의사소통을 하는 것이다. 치배들의 의사소통은 공유된 신호를 통해 약속한 내용을 지속적으로 확인해 가는 과정이다. 치배들은 동일한 채널(channel)을 통해 의사소통을 지속해 나가기 때문에 연행자와 관중의 의사소통보다 높은 수준의 의사소통을 할 수 있다.

치배들 사이의 의사소통에서 관건은 가락에 대한 해독 능력을 바탕으로 한 '호흡의 일치'에 달려 있다. 즉, 치배들끼리 얼마나 의사소통이 잘 이루어지는가를 판별할 수 있는 척도는 호흡이 얼마나 잘 맞는가이다. 분명하게 사전에 약속되고 공유된 약호인 가락이 있음에도 의사소통이 제대로 안 되는 경우가 많다. 의사소통이 제대로 되지 않으면 가장 먼저 가락이 일치되지 않는다. 이런 경우 치배들은 풍물판의 중심인

징 소리에 기준 박을 맞춘다. 또 치배들은 앞사람의 발동작이나 악기를 치는 팔동작을 따르기도 하고, 수치배의 신호를 통해 서로의 호흡을 맞추어 나간다.

치배들 사이에서 호흡이 일치되고 의사소통이 원활하게 이루어지면 저절로 신명이 난다. 치배들이 신명이 나면 보다 명확하고 강한 메시지를 관중들에게 보낼 수 있기 때문에 연행자와 관중의 의사소통이 훨씬 원활해진다. 치배들끼리 의사소통이 잘 이루어져서 신명이 나면 관중은 연행자의 모습과 메시지에 민감하게 반응한다. 치배들의 신명으로 관중의 신명까지 끌어낼 수 있는 것이다. 너나 할 것 없이 하나가 될 수 있는 풍물판이란 치배들 간에 의사소통이 원활하게 이루어져서 절로 신명을 나고, 이를 지켜보는 관중 또한 신명이 났을 때 벌어질 수 있는 것이다.

연행자와 관중 사이의 의사소통은 치배들 사이에서 일어나는 의사소통보다 원활하게 이루어지지 못한다. 치배들은 사전에 약속되고 공유된 신호를 통하여 의사소통을 하지만 연행자와 관중 사이에는 공유된 신호가 없다. 같은 풍물판이 벌어지더라도 볼 때마다 느낌이 다른 이유는 둘 사이에 공유된 약호가 없기 때문이다. 이러한 이유로 연행자들이 의도했던 뜻이 관중에게 제대로 전달되지 않는 경우가 많다.

그러나 풍물이 온전하게 전승되었던 전통사회에서는 연행자와 관중 사이에서 이루어지는 의사소통의 양상은 달랐다. '상쇠대접'이라 하여 마을 노인들이 상쇠를 불러 술상을 차려 놓고 상쇠에게 술을 권하며 상쇠의 잘된 부분과 잘못된 부분을 논평할 수 있을 정도로 굿판의 흐름과 법도를 잘 알고 있었던 것이다.[25] 또 걸궁패가 마을에 들어갔을 때에는 마을 주민들이 즉석에서 연행자가 되어 굿판을 함께 만들어 가는 경우도 많았다. 마을 주민이 연행자가 되는 상황을 살펴보자.

---

25) 김원호, 앞의 책, 327~329쪽.

그런게 어지간한 동네는 굿 못쳐. 농악에서는 상쇠 다음에 대포수가 어른이제. 군청수는 동네마다 다른디 한 40~50명 되제. 우리 칠 때는 쇠꾼 둘 셋, 장구 둘, 소고 한 분, 징수 하나 해서 여섯인가 다섯인가 쳤는데 동네 가가지고 뒷군청은 전부 동네사람이 나오제. 나는 영기를 잡는다. 나는 각시, 조리중이네, 소고네 해서 다 동네사람이 맡어. 그때만 해도 해년마다 추석이면 치고, 정월이면 치고, 어디 동네가서 구경하고 한게 동네 청년들이고 노인들이고 굿을 잘 알아. 굿이 맞어. 뒤치배는 다 동네분들이고 기술자만 전문꾼이여. 그렇게 정월이면 초승에 나가면 이월하루 전날까지 굿을 맞추고 한 달간을 그렇게 이동네 치고 나면 내일은 저 동네 치고, 내일 모레는 연해(계속해서) 저 동네 치고. 그런게 정월이면 전부 각 동네에서 우리한테 선화(예약)가 들어오제.26)

이와 같이 열린 판에서는 연행자와 관중이 따로 구분되어 있지 않았다. 누구나 굿의 흐름을 잘 알고 있어서 서로 의사소통이 자연스럽게 이루어졌던 것이다. 마을 주민 모두가 굿판에 대한 사전 지식을 가지고 있어서 해독 능력이 아주 뛰어나다고 할 수 있다. 이는 마을 주민들이 공동체의 생활 속에서 직접 굿을 생산하고 소비하고 향유하는 것을 함께해 갔기에 가능했던 것이다. 걸궁패와 마을 주민은 당시의 사회경제적 이해관계를 같이 하는 존재, 즉 컨텍스트를 공유하는 존재들로서 이들이 공연을 통해 성취하고자 하는 염원이 크게 다르지 않다는 사실이 전제되므로 원활한 의사소통이 가능해진다. 이러한 굿판에서는 특별히 의사소통을 방해할 만한 요소(noise)가 발생하기 어렵다. 마을 주민 모두가 연행자이자 관중이기에 스스로 알아서 굿판을 만들어 간다. 그러므로 걸궁패와 마을 주민은 연행자와 관중의 관계임에도 원활하게 의사소통을 할 수 있는 것이다.

---

26) 굿연구소 편, 《굿》 제6호, 1992, 11쪽.

오늘날의 판굿에서는 전통사회의 풍물판과 같이 원활한 의사소통이 일어나기가 힘들다. 생산과 소비가 엄격하게 분리된 오늘날의 판굿에서는 의사소통을 방해하는 요소가 많다. 민속예술경연대회와 같이 대규모 운동장에서 판굿이 연행되기 때문에 관중과 연행자 사이의 거리가 너무 멀다. 서로 눈빛을 마주치기가 어렵고 교감하기가 힘들다. 정해진 시간과 공간 안에서 판굿의 연행을 마쳐야 하기 때문에 처음부터 관중이 판 안으로 들어갈 수 있는 길이 차단되어 있다.

연행자들은 주어진 시간 안에 끝내야 한다는 강박관념 때문에 스스로 제 신명을 내지 못한다. 연행자 스스로가 신명이 나지 않으면 연행자들끼리도 의사소통이 제대로 이루어지지 않는다. 표정이 밝지 못하고 호흡이 일치되지 않아 가락과 몸동작이 맞아 들어가지 않게 된다. 연행자들이 신명을 내지 못하면 관중 또한 신명이 나지 않고 구경만 할 수밖에 없다. 이러한 상황에서는 연행자들이 더욱 신명나게 놀 수 있게 보내주는 환호나 박수를 보기 어렵다.

관중은 전통사회의 마을 주민들과 같이 판굿 안에서 연행자가 되지 못하며, 풍물판에 대한 사전 지식이 없기 때문에 연행자가 보내는 메시지를 쉽게 해독하지 못한다. 특별한 지식이나 연행 경험이 없는 관중은 일정한 대사나 직설적인 표현이 아닌 진풀이와 판굿을 해독하기 어렵다. 판굿의 연행을 방해하는 요소는 다양하다. 시공간의 제약, 연행자와 관중 사이의 먼 거리, 소음 등의 환경적인 요인뿐만 아니라 심리적 요인, 관중의 해독 능력 등 방해 요소는 많다.

이와 함께 판굿의 연행에 불편한 환경적인 요인과 이로 말미암은 불만 때문에 연행자들은 서로 호흡이 맞지 않아 관중들에게 보낼 메시지를 제대로 만들어 내지 못한다. 관중들에게 보낼 메시지는 신명이다. 연행자가 관중들에게 제대로 신명을 보내지 못하므로 관중은 신명이 나지 않는다. 따라서 방해 요소가 많이 발생하는 오늘날의 판굿에서는 연행자와 관중이 서로 신명을 주고받기가 힘들다.

관중과 관중 사이에서도 의사소통은 이루어진다. 관중끼리의 의사소통은 풍물굿에 대한 해독 능력이 높은 관중에 의해서 주도되는 경우가 많다. 이런 관중은 풍물굿을 연행한 경험이 있거나 풍물굿을 많이 구경한 사람이다. 이들이 먼저 박수나 환호를 하고 치배들과 어울려 춤을 추면 다른 관중들이 따라서 즐거워하고 환호하기도 한다. 풍물판에 대한 해독 능력이 높은 관중은 판의 분위기를 조절하는 구실을 한다. 서먹했던 분위기가 몇몇의 관중에 의해서 밝게 변하기도 한다. 관중은 동류(同類), 연대의식을 가지기 때문에 다른 관중의 행위에 민감하고 또 쉽게 따라한다. 연행자가 보내는 메시지를 쉽게 해독하는 관중을 따라하거나 구경하다보면 어느새 판의 흐름에 친숙해진다.

풍물굿은 다른 장르에 비해 연행자와 관중이 의사소통하기 어렵고 언어의 전달력이 떨어진다. 이것은 풍물굿의 초논리적, 감성적 의사소통 방식 때문이다. 풍물굿은 가락을 바탕으로 진풀이가 축적·순환·반복하여 감정을 어르고 점차적으로 연행자와 관중을 신바람 나는 상태로 끌어올리는 패턴을 가지고 있다. 이 패턴은 연행자와 관중의 어색한 감정을 풀어내고 신명을 쌓아가게 한다. 이런 과정이 반복·축적되면 연행자와 관중의 구분이 없어지는 절정의 상태, 즉 신명풀이의 장으로 이어지는 것이다. 풍물판은 언제 어디서나 일정한 공간만 허락된다면 벌어질 수 있으며, 풍물판 안에서는 사회적 계층, 남녀노소의 구분 없이 어우러질 수 있다. 풍물굿 가락의 충동성이 사람의 감정을 고무시켜 긴장과 이완을 조장하고 신명이 나도록 한다. 풍물판 안에서 상쇠는 관중과 치배들에게 흥을 불어넣어 신명이 나도록 하고, 이 신명은 집단적인 몸짓을 통해 퍼져나간다. 차츰 판이 달구어지고 전체의 신명이 극에 달하면 연행자와 관중의 구분이 없어진다. 이때는 모든 사람의 감정이 하나가 되어 교감한다. 풍물판은 특별한 메시지를 전달하기보다는 신명을 풀어내는 과정을 통해 연행자와 관중이 교감하는 소통 방식을 가지고 있는 것이다. 이것이 시대적 상황이 변해도 바뀌지 않는 풍물굿의 의사소통 방식이다.

4. 맺음말

풍물굿은 민속예술에서 가장 역동성이 강한 장르로 평가받아 왔고, 그에 따라 풍물굿 연구에서는 가락을 중심으로 풍물굿의 역동성을 해명하려는 시도가 주를 이루었다. 풍물굿이 가락의 충동성에 바탕을 두고 초논리적·감성적 방식으로 연행자와 관중이 하나 되는 신명풀이의 장으로 나아가는 것은 분명한 사실이지만, 풍물판이 가락과 진법을 양대축으로 하여 구축되고 진법이 판제의 하부구조가 된다는 점을 감안할 때 풍물굿의 역동성을 해명하기 위해서는 진법의 대한 이해가 아울러 이루어져야 한다. 이러한 문제의식을 가지고 이 연구에서는 진법의 유형을 새로운 각도에서 분류하고 그와 연관하여 진법의 연행원리를 밝히려고 하였다. 이 연구에서 끌어낸 결론을 제시하면 다음과 같다.

진 또는 진풀이의 형태에만 주목하여 진법의 유형을 이해하기에는 한계가 있다. 진풀이를 하는 주체의 역할에 따라 상쇠 주도형, 상쇠부쇠 주도형, 수치배 주도형, 치배 주도형 등으로 분류할 필요가 있고, 이렇게 함으로써 판의 상황에 따라 어떠한 연행 주체가 진풀이를 주도하고 그 결과로 어떠한 진이 만들어지는가를 동태적으로 읽을 수 있다. 진법이 판제의 하부구조가 되기 때문에 진법을 통해 개별적인 진이 만들어지는 과정뿐만 아니라 풍물판 전체가 어떠한 흐름으로 펼쳐지는지도 읽을 수 있게 된다.

진법은 판굿에서 크게 두 가지 구실을 한다. 하나는 판굿의 하부구조가 되어 쇠잽이들의 놀음이나 개인 또는 악기별 놀음을 보조하는 구실을 하는 것이고, 다른 하나는 진법 자체가 판굿의 개별 거리를 구성하는 것이다. 즉 진법은 판에서 중심역할과 보조역할을 번갈아 하며 판을 요동치게 함으로써 긴장과 이완을 만들어 낸다. 이러한 양상을 도식화하면 진풀이가 고개를 숙이고 드는 것을 반복하는 현상에 비유될 수 있다.

　전통사회에 비해 현대에 풍물굿은 강한 시공간적 제약 속에서 연행되고 있다. 그에 따라 전통사회에서 밤새 연행되었던 판굿의 전 과정이 각색·압축되어, 일정한 형태의 진풀이와 판놀음으로 정해진 시공간에서 연행된다. 사정이 이러함에도 현대 판굿이 나름의 역동성을 지니는 것은 판에서 지속적으로 새로운 공간을 확보하고 다양한 형태로 변형되기 때문이다. 또한 진법은 '진＋이음새＋진'의 기본적인 짜임을 바탕으로 가락, 표정, 몸동작, 복색, 깃발, 추임새, 춤, 극 등 다른 구성요소들과 긴밀한 상호작용을 거듭함으로써 생명력을 지닐 수 있다.

　진법은 원진의 회복을 반복하는 열림과 닫힘의 순환으로 만들어지는데, 형태적 측면에서 보면 진법은 이중적인 성격을 지닌다. 즉 시각적으로 닫혀 있는 원형, 네모형 등은 공간에 여백(틈)이 많아서 관중과 연행자가 소통할 수 있는 통로가 된다. 의미적 측면에서 보면 진법은 긴장과 이완, 밝음과 어둠, 삶과 죽음을 상징한다. 이러한 성격은 풍물굿이 전통사회부터 담당해 온 주술종교적 기능에 기인하였으며, 지금도 전승 주체들은 진법에 이와 같은 의미를 더해주고 있다.

　풍물굿은 연행예술로서 연행자와 관중의 의사소통을 본성으로 한다. 양자 간의 원활한 의사소통은 신명풀이의 장으로 나아가는 데 필수적인 과정이 되며 풍물판에서는 연행자와 관중 사이뿐만 아니라 연행자와 연행자, 관중과 관중 사이에서도 의사소통이 이루어진다. 이와 같이 풍물판에서는 다층적인 의사소통이 이루어지고, 가락이 인간의 감성을 북돋게 하여 풍물굿이 다른 연행 민속에 비해 절정의 신명풀이를 체험할 수 있는 자리를 차지할 수 있는 것이다.

〈표-6〉 풍물굿의 여러 가지 진법 형태

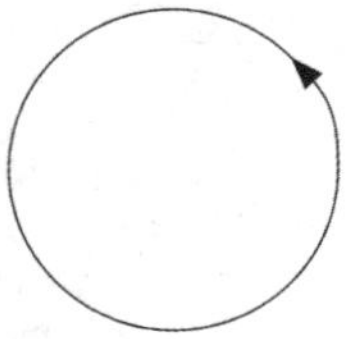 원진	 반원진	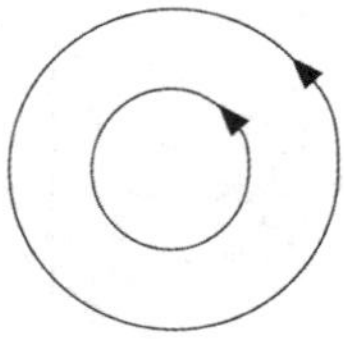 이중원진	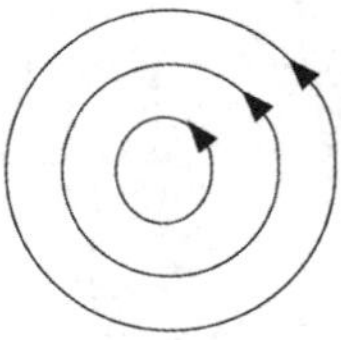 삼중원진
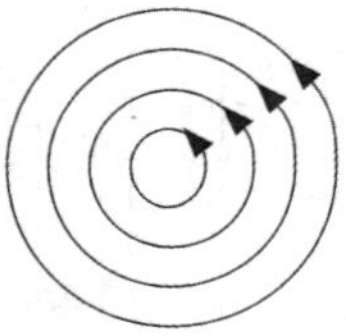 사중 원진	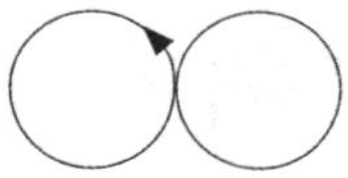 8자진	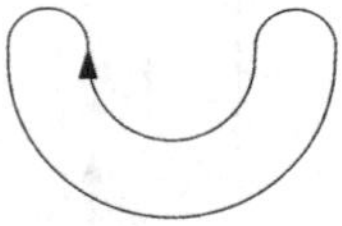 방울진	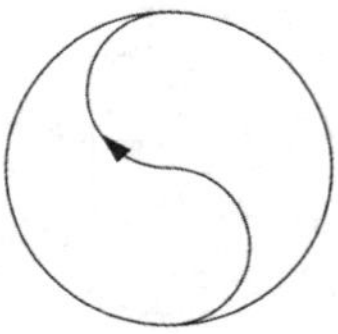 태극진
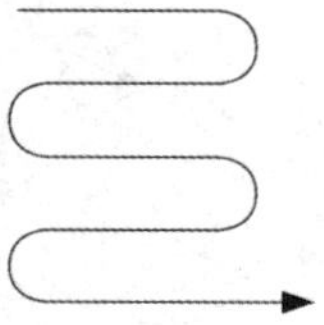 을(乙)자진	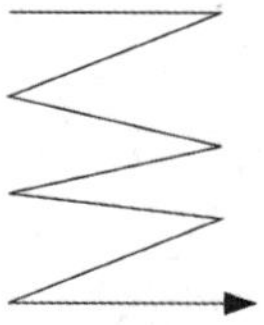 갈지(之)자진	 일자진	 장사진(長蛇陳)
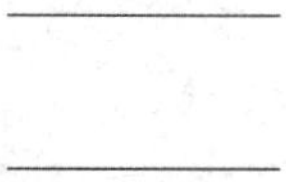 이(二)자진	ㄷ형진	당산벌림(평택)	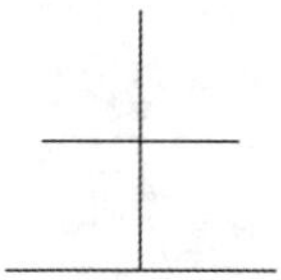 토(土)자진

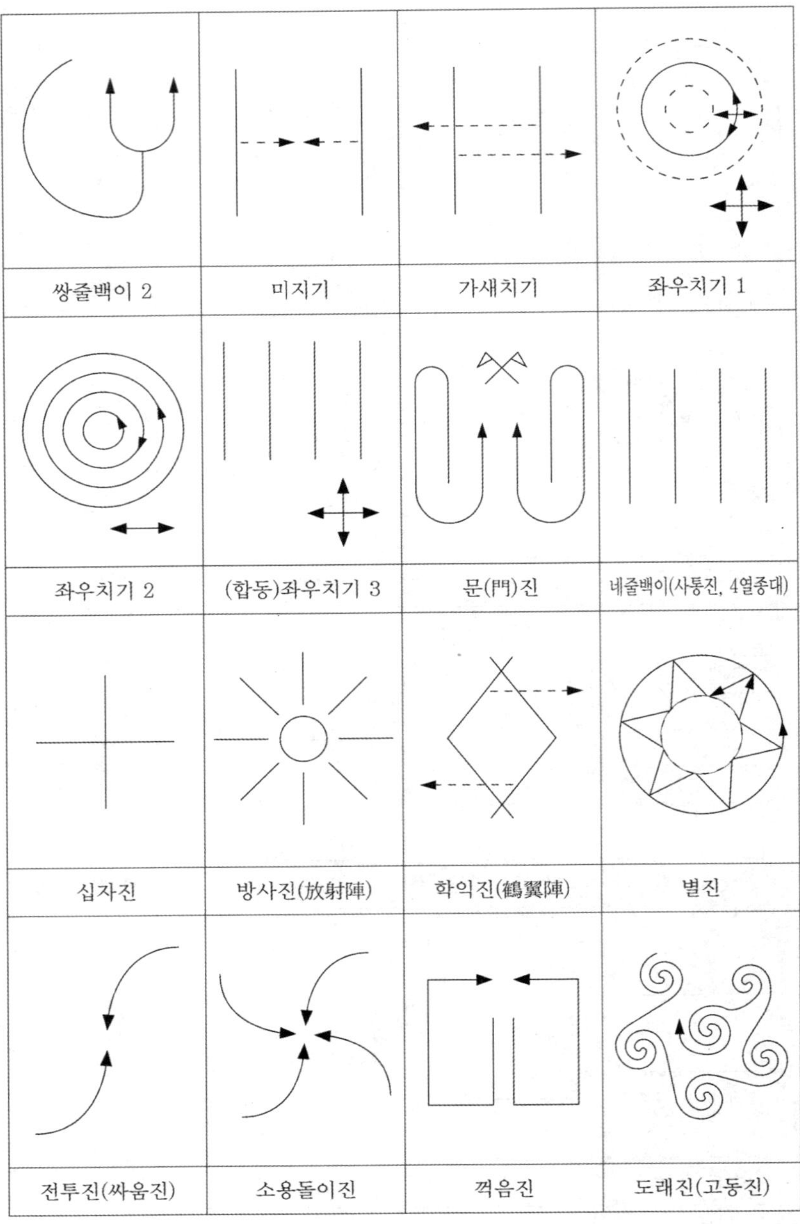

쌍줄백이 2
미지기
가새치기
좌우치기 1
좌우치기 2
(합동)좌우치기 3
문(門)진
네줄백이(사통진, 4열종대)
십자진
방사진(放射陣)
학익진(鶴翼陣)
별진
전투진(싸움진)
소용돌이진
꺽음진
도래진(고동진)

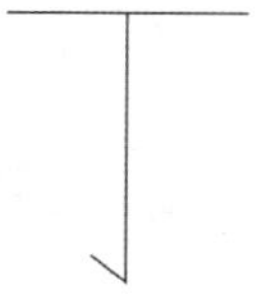 정(丁)자진	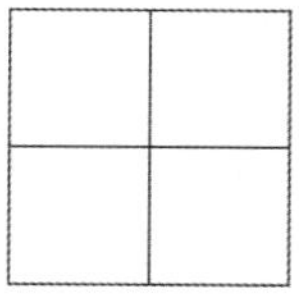 전(田)자진	네모진	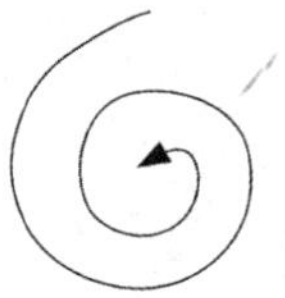 달팽이진(멍석말이, 덕석몰이)
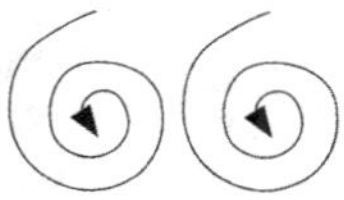 쌍방울진 1	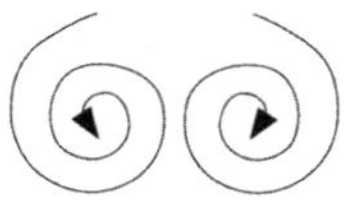 쌍방울진 2	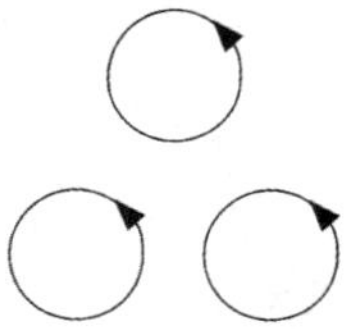 삼방진	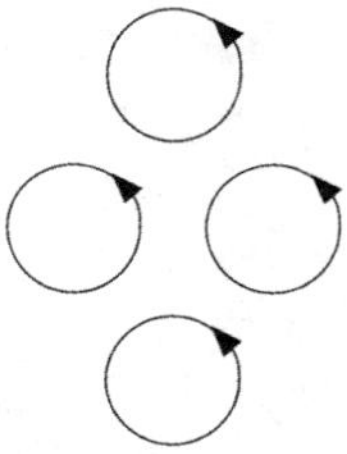 사방진(사통백이 1)
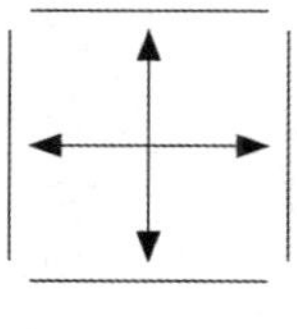 사통백이 2	 오방진	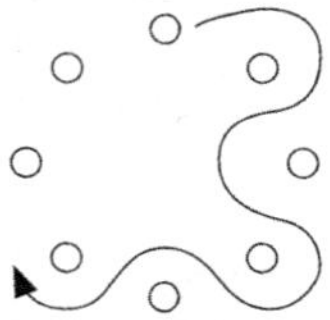 달아치기 1	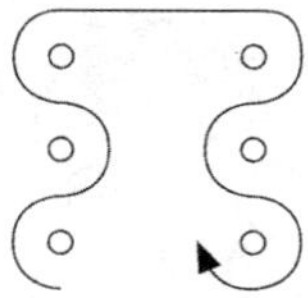 달아치기 2
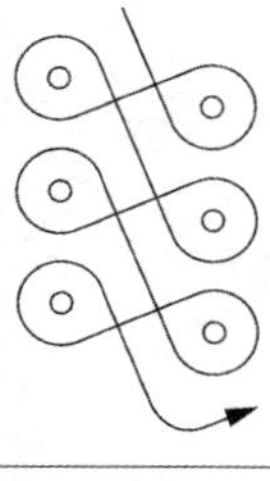 달아치기 3(새끼풀이)	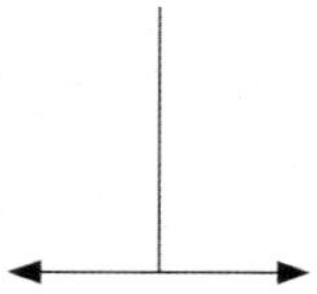 나눔진(갈라치기)	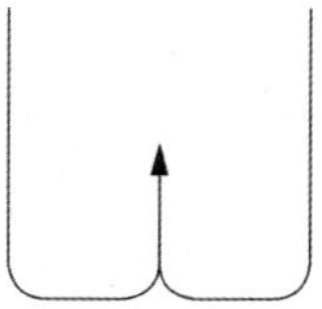 합진(모둠진)	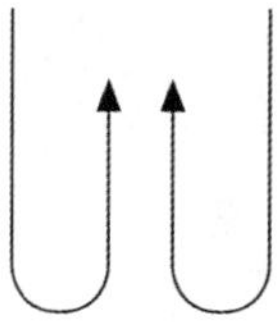 쌍줄백이 1

IV 풍물굿과 제의

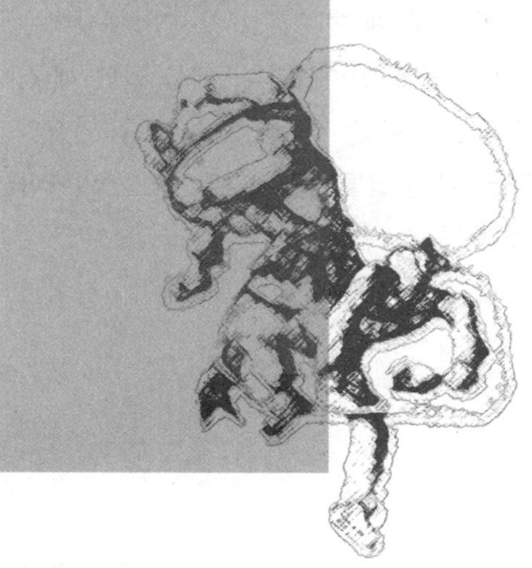

마을굿과 두레굿의 의식 구성

이보형*

1. 머리말

잽이들이 꽹과리·징·장구·벅구[法鼓]와 같은 타악기를 치고 발림하면서 행진·의식·놀이를 벌이는 음악을 요새는 두루 '농악'이라고 이르고 있다. 그러나 옛날에 농악을 치던 이들의 말을 들어보면 농악 치는 것을 흔히 '굿 친다', '매구 친다', '금고 친다', '취군 논다', '풍장 친다'고 하고 '농악 친다'는 말을 잘 쓰지 않는 것으로 미루어 보아, 농민들이 농사를 지을 때에만 농악을 치는 것이 아니라는 것을 짐작케 한다.

요새는 농악을 주로 민속행사가 있을 때 연주하고 있지만 옛날에는 주로 여러 가지 민속적인 의식을 계기로 연주하였다. 예를 들면 매굿, 마당밟이, 달리밟기, 당산제, 두레굿, 걸립굿, 성주굿 등이 모두 의식과 관련된 것이다. 이 가운데 두레굿만이 농민들의 농사 때 치는 농악이라 할 수 있다.

당산제는 마을굿을 농악으로 치는 것이며, 매굿·마당밟이·걸립굿과 같은 농악이 당산제의 의식(儀式) 구성을 따른다는 것이 대충 밝혀졌다.1) 그러나 두레굿은 농사에 치는 농악으로만 알려졌을 뿐, 마당밟이나 걸립굿과 같이 마을굿의 의식 구성과 같은 점이 있는지 밝히지 못하고 있다. 필자는 두레굿의 공연 사례를 몇 가지 들어 보고 여기에 나타나는 의식 구성이 마당밟이나 걸립굿의 경우처럼 마을굿과 같은 점이 있는가 따져보고자 한다.

2. 마을굿의 의식 구성

필자는 재수굿·도신·천신굿·안택굿과 같은 가제(家祭)를 '집굿'이라 이르고, 오구굿·씻김굿·진노귀·시왕굿과 같은 위령제를 '넋굿'이라 말하듯이, 서낭굿당굿·산신굿·별신굿·대동굿과 같은 부락제(部落祭)를 '마을굿'이라 이른다.

마을굿에는 부산시 동래구 해운대 미포의 별신(別神)굿2)과 같이 무당의 가무(歌舞)로 이루어지는 경우도 있고, 전라남도 완도군 완도읍 장좌리 당제3)와 같이 마을 사람들의 농악으로 이루어지는 경우도 있으며, 충청북도 단양군 대강면 용부원리 산신제(山神祭)4)와 같이 제관(祭官)의 헌작(獻爵) 독축(讀祝)으로 이루어지는 경우도 있다. 마을굿은 무당의 가무로 이루어지든, 마을 사람들의 농악으로 이루어지든, 제관의 독축으로 이루어지든 간에 굿에 집돌이[家家巡訪]가 덧붙

---

1) 이보형, 〈신대와 농기〉, 《한국문화인류학》 8집, 한국문화인류학회, 1976, 56~66쪽.
2) ______, 〈무속음악〉, 《한국민속종합조사보고서》(경남편) 제3책, 문화재관리국, 1972, 272~278쪽.
3) 이두현, 〈민속예술〉, 《한국민속학개론》, 민중서관, 1974, 267~269쪽.
4) 장주근, 〈부락제〉, 《한국민속종합조사보고서》(충북편) 제7책, 문화재관리국, 1976, 110쪽.

는 경우가 많다.

필자는 마을굿의 의식이 충청북도 단양군 대강면 용부원리 산신제[5]와 같이 본굿[本祭]만으로 이루어지는 경우도 있지만, 전라남도 진도군 임회면 굴포리 동제(洞祭)[6]나 전라북도 김제군 금구면 서도마을 동제[7]처럼 '당굿-집돌이'로 의식이 구성되었다든가, 경기도 고양군 사정동 도당굿[8]이나 서울이 용문동 남이장군당 당굿[9]과 같이 '당굿-집돌이-당굿'으로 의식이 구성되었다든가, 부산시 동래구 해운대 미포 별신굿[10]이나 강원도 강릉시 강릉단오제[11]와 같이 '당굿-집돌이-본굿'으로 의식이 구성된 경우가 많다는 것을 밝힌 바 있다.[12]

집돌이는 마을굿에서 굿패들이 서낭대[神竿]나 서낭기[神旗]를 들고 서낭당[神堂]에 가서 서낭을 받고 서낭대를 앞세우고 풍악을 울리면서 마을 집집마다 도는 의식을 가리키는데, 경기도 대동굿에서는 이것을 '들돌이'라 부른다. 집돌이는 삼현육각(三絃六角)과 대취타(大吹打) 악대가 동원되는 수도 있지만 흔히 농악으로 질굿을 치는 경우가 많다. 농악에서 당산제란 농악으로 굿을 하고 농악으로 집돌이를 하고 농악으로 판놀음을 벌이는 마을굿을 가리키는 것이다. 따라서 농악으로 벌이는 당산제는 의식으로 보면 마을굿에 들고, 음악으로 보면 농악에 든다고 할 수 있다.

농악으로 벌이는 마을굿, 즉 당산제는 '당산굿-샘굿-집돌이-판굿'

---

5) 위와 같음.
6) 장주근, 〈부락 및 가정신앙〉, 《한국민속종합조사보고서》(전남편) 제1책, 문화재관리국, 1969, 228~229쪽.
7) 이종철, 〈서도 부락제의 고찰〉, 《한국문화인류학》 4집, 한국문화인류학회, 1971, 91~93쪽.
8) 村山智順, 《部落祭》, 朝鮮總督府, 1937, 11~12쪽.
9) 김태곤, 〈한국 신당 연구〉, 《국어국문학》 29호, 국어국문학회, 1965, 87~88쪽.
10) 이보형, 앞의 글, 1972, 272~278쪽.
11) 임동권, 〈강릉단오제〉, 《한국민속학론고》, 선명문화사, 1971, 225~228쪽.
12) 이보형, 앞의 글, 1976, 56~66쪽.

으로 구성되고 집돌이는 '문굿–마당굿–조왕굿–텃줏굿–성주고사'로 구성되는바, 농악에서 매굿·마당밟이·걸립굿도 이와 같은 의식 구성을 갖는다.

매굿은 호남지방에서 섣달 그믐날 밤 농악으로 벌이는 마을굿으로 당산제와 같은 의식 구성을 가지나, 당산굿을 간소하게 치고 집굿도 간단히 친다.

마당밟이는 정초에 여러 날을 두고 농악으로 당산제와 같이 벌이는 마을굿으로 일명 '지신밟기, 답정굿, 뜰밟이'라 부르기도 한다. 마당밟이는 당산제와 같은 의식 구성을 가지나 당산굿을 간단히 하고 집돌이를 크게 하는 것이다.

걸립굿은 돈이나 쌀을 걷기 위하여 마당밟이와 같이 벌이는 농악으로 의식 구성은 마당밟이와 같다.

3. 두레굿의 의식 구성

두레란 마을 단위로 모든 일꾼들이 힘을 모아 함께 큰 일을 해내기 위하여 짜인 모임이다. 두레에는 일감의 종류에 따라 김매기 두레, 모내기 두레, 풀베기 두레, 질삼 두레 등 여러 가지가 있으나 김매기 두레에 농악이 따르게 된다. 두레패들이 치는 농악을 두레굿 또는 두레 풍장이라 이른다.

(1) 두레굿의 사례

지금은 두레굿이 없어진 지 오래고 또 1940·1950년 전에 전승되던 것도 거의 김맬 때 길군악이나 치고 호미걸이 날에 술 먹고 농악 치며 노는 것으로 퇴화되어 두레굿에 관하여 체계적으로 보고된 바 없었다.

따라서 두레굿과 마을굿의 의식 구성에 관하여 조사할 마땅한 자료가 많지 않아 먼저 조금이라도 의식이 남아 있다고 보이는 몇 가지 두레 굿의 사례를 열거하고자 한다.

진도군 지산면 인지리 대동굿

진도 씻김굿 보유자 박병천(1933년생)에 따르면 전라남도 진도군 지산면 인지리에서는 두레 짜는 것을 '대동 차린다' 또는 '대동 선다'고 한다. 이 마을에서는 김맬 때나 마초(馬草)를 벨 때처럼 큰 일에 흔히 대동을 차렸는데, 그 가운데 '황중밭 맨다' 하여 조밭 맬 때 가장 크게 차렸다고 한다. 밭의 김을 맬 때에도 초벌, 두벌, 만물(망종) 이렇게 세 벌 매는데 만물 때 대동을 차려 매는 경우가 많았다.

대동을 차리게 되면 먼저 영장(영좌), 집사 등 임원을 정하고 당제를 지낼 준비를 하는데 대동 차릴 때 지내는 당제를 '대동굿'이라 불렀다 한다. 임원들은 당제 날까지 비린 음식을 안 먹고 궂은 곳에 가지 아니하고 부부가 각방을 쓰면서 근신하고 제물을 장만한다.

대동 차리는 날 새벽에 대동굿을 한다. 무당과 제관과 쇠꾼들이 제관집에 모이고 징을 친다. 새벽에 징 소리가 나면 마을 사람들은 하던 일을 모두 멈추고 집안에서 근신한다. 무당과 제관과 쇠꾼들이 먼저 당산으로 가서 제를 지낸다. 영기(令旗)와 용기(대동기)가 앞서 가고 쇠 꾼들이 질굿을 치며 따라가고, 무당과 임원과 제관들이 제물을 들고 뒤따른다. 당산에 이르면 영기와 용기를 당산 곁에 꽂고, 쇠꾼들은 당산 앞에 일렬횡대로 선 다음 상쇠가 "벅구여" 하고 소리치면 쇠꾼들이 "예" 하고 대답한다. 상쇠는 다시 "당산 할아버지 당산 할머니 모시고 당산 주산을 잠간 치면 오방신장 육방천융에서 잡귀잡신을 밀막는다니 당산 주산을 잠깐 치세" 하고 소리치고서 쇠꾼들이 들당산굿을 친다.

쇠꾼들이 들당산굿을 치는 동안 무당과 제관과 임원들은 제물을 차린다. 쇠군들이 들당산굿을 마치고 나면 쇠꾼들은 농악을 그치고 그대로 서 있고 무당과 제관이 당제를 지낸다. 무당이 악기 반주 없이 말로 "해동 조선 전라도 진도군 지산면 인지리 마을에서 ○○년 ○월 ○일 날에 날 받아 대동을 차려 ○○당 할머니에게 고하나니 하관통촉하십시오"라는 내용으로 빌고 나서 소지를 올린다.

당제를 마치면 쇠꾼들은 쇠로 굿을 이루고 인사굿을 친 다음, 영기와 용기를 앞세우고 질굿을 치며 마을로 내려와 제관집에 이르러 징을 친다. 징 소리가 나면 마을 사람들은 당제가 끝난 줄 알고 하던 일을 계속한다. 임원들과 쇠꾼들은 제관집에서 조반을 들고 징을 치면 마을 일꾼들이 모여든다.

일꾼들이 모이면 질굿을 치거나 질꼬냉이를 부르면서 밭으로 나간다. 밭에 이르면 쇠꾼들이 굿을 이루고 일꾼들이 일렬로 늘어설 때 홍겹게 친다. 일꾼들은 '화중밭소리'를 하며 김을 맨다. 일꾼이 많을 때에는 쇠꾼들은 '화중밭소리'에 맞추어 쇠를 치고, 일꾼이 적을 때에는 쇠꾼들도 김을 매고 북잽이만 혼자 서서 북을 치며 소리를 이끌어 나간다. 다른 밭으로 옮겨갈 때에는 쇠꾼들이 질굿을 치거나 일꾼들이 질꼬냉이를 부른다.

김을 다 매고 마을에 들어올 때에는 질굿을 치거나 질꼬냉이를 부르는데 김을 다 맨 경우에는 (흔히 하루에 다 맨다) 일꾼들이 보(저수지)에 가서 쇠가락에 춤을 추며 호미를 씻고 몸을 씻는데 이것을 '호미씨세(호미씻이)'라고 부른다. 호미를 씻고 일꾼들은 질꼬냉이를 부르며 마을로 들어와 저녁을 내기로 한 대가 댁에 들어가서 놀고, 쇠꾼들은 당산에 들려 날당산굿을 치고 마을로 내려와 대가 댁에 들려 일꾼들과 합류한다. 저녁을 먹고 밤에는 마당에 모닥불을 피우고 소고를 치면서 선소리를 부르고 판놀음을 벌인다.

다음 날 저녁에 쇠꾼들이 명태 등 간단한 제물을 차리고 농악을 치며 삼거리나 다리로 나가서 제물을 땅에 차려 놓고 모닥불을 피우고 농악을 잠깐 친 뒤에 모닥불을 차례로 넘는다. 그 다음 인사굿을 치고 나서 쇠를 그치고 모두 쇳소리를 내지 않고 마을로 들어온다. 쇳소리를 내면 잡귀가 따라온다고 한다.

고양군 송포면 대화리 호미걸이

경기도 고양군 송포면 대화리에서는 김매기 철에 두레를 짜 김을 매며 두레굿을 쳤다.[13) 농기를 앞세우고 두레패들이 풍물로 길군악을 치며 들에 나갔고, 농기를 논두렁에 꽂고 김을 매고 마을에 들어갈 때에는 농기를 앞세우고 다시 길군악을 치며 마을에 들어섰다.

김매기가 끝나면 날을 받아서 호미걸이를 한다. 잘 사는 집집마다 술 한 동이 또는 안주 한 가지씩을 맡아서 장만한다. 그 날이 되면 마을 사람들이 농기를 앞세우고 풍물로 길군악을 치며 당산에 가서 당 앞에 제상을 차리고 당제를 지낸다. 당제를 마치고 당 마당에서 농악을 치고 놀고 있으면 이웃 마을 두레패들이 농기를 앞세우고 풍물을 울리면서 모여든다. 이웃 마을 두레패들이 모여들면 이웃 마을 농기가 대화리 마을 농기에 인사를 하는데 이를 '기(旗)세배'라고 부른다. 다시 풍물을 치고 즐기다가 오후 3시쯤 되면 마을 농사꾼들이 연장을 들고 당 마당으로 모여 판놀음을 벌인다.

판놀음은 먼저 농사풀이를 벌이는 것으로 시작한다. 먼저 가래를 들고 논두렁 고치느라고 가래질하는 시늉을 하고, 농부 둘이 덕석을 뒤집어쓰고 소 흉내를 내면 다른 사람들은 여기에 쟁기를 매고 논을 가는 시늉을 하고, 다음에는 써레를 매어 써레로 논 삼는 시늉을 하면 다른 농부가 볍씨 뿌리는 시늉을 한다.

다음에는 여러 농부들이 나와서 모를 찌는 시늉을 하며 열소리(모찌기소리)를 부른다. 그 뒤 모 심는 시늉을 하며 모내기소리를 부른다.

---

13) 이보형, 〈음악 및 무용〉, 《한국민속종합조사보고서》(서울편) 제10책, 문화재관리국, 1979, 339~334쪽.

다음에 모갑이가 북을 치며 선소리를 매기면 농군들이 김매는 시늉을 하며 긴소리, 사두여, 양산도, 방아타령, 놀놀이, 자진놀놀이와 같은 김매기 소리를 부르고, 이어서 훨훨 몸돌이와 같은 새 쫓는 소리도 벌인다.

그 다음에는 풍물로 판놀음을 벌인다.

밀양읍 삼문동 꼼배기 참놀이

경상남도 밀양군 밀양읍 농촌에서는 김매기가 끝나면 백중을 전후로 진일(辰日)을 택하여 농부들이 풍년을 빌고 풍악을 치며 하루를 즐기는데, 이를 '꼼배기 참놀이'라 불렀고 요새는 '백중놀이'로 많이 알려졌다.[14]

놀이마당에 겨릅대(삼대) 여러 개를 왼새끼 아홉 마디로 묶고 오색천을 감고, 쌀·콩·돈·축원문을 넣은 주머니를 매달고 꼭대기에 왼새끼로 꼬아 만든 용 3개를 달아 농신대[農神竿]를 만들어 땅에 꽂아 놓는다.

먼저 풍물을 치며 부정굿과 '잡귀막이'굿을 하여 굿판을 가시고, 풍물을 치며 한바탕 논 다음, 농신대 앞에 음식을 차려 놓고 두레패들이 둘러서서 치성을 드리고, 그 뒤 음복을 하고 풍물을 치며 모정자놀이[農事풀이], 작두말, 양반춤, 병신춤, 범부춤, 5북놀이 등 판놀음을 벌인다.

김제군 만경면 대동리 술멕이

전라북도 김제군 만경면 대동리에서는 여름철에 만두레가 끝나는 날 풍물을 치고 노는데 이를 '술멕이' 또는 '호미씻이'라 부른다. 만두레가 끝날 무렵에는 술멕이하는 날에 맬 논만 남겨 놓는다. 아침에 당

---

14) 정병호, 《밀양백중놀이》(무형문화재 조사보고서 제138호), 문화재관리국, 1980, 1~65쪽.

산에 농기와 영기를 세워 놓고 나팔을 불고 북을 울리면 두레패들이 모여든다.

두레패들은 굿을 이루고 쇠가락에 따라 당에 절하고 쇠가락을 자진가락으로 잠깐 친 다음, 영기와 농기를 앞세우고 질굿을 치며 들로 나간다. 일부러 남겨둔 논에 이르러 농기와 영기를 논두렁에 꽂고 자진가락을 잠깐 친 다음 농부들은 김을 매고 쇠꾼들은 두레풍장 가락을 친다. 농군들은 〈만경산타령〉을 부른다. 김매기를 마치면 영기와 농기를 앞세우고 대동리에서 농사 장원한 집의 상머슴을 무등 태우고 쇠꾼들은 질굿을 치고 농부들은 지화자 소리를 부르며 마을로 돌아온다. 두레패들은 당산에 돌아와 농기와 영기를 꽂고 풍물을 치며 놀다가 마을에서 장만한 음식이 나오면 당산과 농기에 술을 붓고 음식을 나누어 먹으며 날이 저물도록 판놀음을 벌이며 논다.

정읍군 태인면 태흥리 술멕이

전라북도 정읍군 태인면 태흥리에서는 여름철 두레패들이 김을 맬 때 농악을 친다. 두레를 짜는 것을 ‘두레 난다’고 하는데 초벌과 두벌에는 치지 않고 만두레(세벌 김매기)에만 친다.

만두레를 하게 되면 아침 일찍 당산에 용당기[農旗]와 영기를 세워 놓고 아침 8시쯤 되면 두레패들이 풍물을 가지고 당산에 와서 굿을 이루고 당산 앞에 횡대로 늘어선다. 그 다음 쇠가락에 맞추어 절을 세 번 하고 잠깐 자진가락을 치며 영기를 앞세우고 질굿을 치며 들에 나간다. 논에 이르면 영기를 논두렁에 꽂아 놓고 자진가락을 잠깐 친 다음 농군들은 김을 매고 쇠꾼들이 뒤를 따라가며 농악을 치는데, 이 김맬 때 치는 농악을 ‘두레 풍장굿’이라 하고 줄여서 ‘풍장굿’ 또는 ‘풍장’이라고도 한다. 쇠꾼들은 일꾼들이 논에 들어갈 때에는 ‘들풍장’을 치고, 이동할 때 ‘재넘이 풍장’을 치는 등 여러 가지 풍장굿 가락을 친다. (다음 악보 참조)

정읍 두레풍장굿

이보형 채보

날이 저물어 두레패들이 마을에 들어올 때에는 주인집 상머슴을 소나 사다리에 태우고 질굿을 치며 들어오는데, 일꾼들은 "어화 어"라고 소리한다고 해서 두레굿을 '어화굿'이라 부르기도 한다. 주인집에서 술을 내주면 음식을 나누어 먹고 농악을 치다가 기분이 나면 그 집 상머슴을 사다리에 태우고 질굿을 치며 마을 고샅을 누비기도 한다.

김매기가 끝나면 백중날 농악을 치고 노는데, 이를 '술멕이' 또는 '어화굿'이라 부른다. 백중날 아침 일찍 마을 사람들이 나서서 큰 우물을 품어내어 깨끗이 하고 거리를 깨끗이 치운 다음 아침밥을 먹고 농기·영기·풍물 따위를 갖추고 당산으로 간다. 당산 한편에는 큰 가마를 여러 개 걸어 놓고 개 등 짐승을 잡아 삶고, 두레패는 농기와 영기를 당산에 꽂고 굿을 이루어 먼저 당산굿을 친다. 그리고 당산 마당에서 하루 종일 음식을 나누어 먹고 농악놀음을 벌이며 논다.

홍성군 결성면 형산리 두레먹기

충청남도 홍성군 결성면 형산리에서는 김매기 철에 두레굿을 친다. 김은 아시(초벌), 두벌, 만물(세벌)을 매는데 아시부터 두레굿을 친다. 김매기 철에는 아침 일찍 동구에 영기와 용대기[農旗]를 세워 놓는다. 마을 두레패들이 풍물을 들고 용대기 앞에 모여 횡대로 늘어서서 굿을 이루고 쇠가락에 맞추어 절을 세 번 한 다음, 영기와 용대기를 앞세우고 길군악을 치며 들로 나간다. 들에 이르면 논둑에 용대기와 영기를 세워 놓고 자진가락으로 한바탕 친 다음 김을 매는데, 김맬 때에는 농악을 치는 때도 있으나 흔히 치지 않는다. 점심이 나오면 먼저 농기 앞에 술잔을 부어 놓고 농군들이 쇠가락에 맞추어 절을 하고서 점심을 먹는다. 김매기를 마치고 마을에 들어설 때에는 용대기 앞에 늘어서 굿을 이루고, 기를 앞세우고 길군악굿을 치며 마을에 들어와서 자진가락을 치고 굿을 파하고 헤어진다. 김매기가 끝나고 5~10일 안으로 날을 받아서 음식을 장만하여 먹고 농악을 치고 노는데 이를 '두레먹기'라

한다.

두레먹는 날은 언덕에 용대기와 영기를 꽂고 두레패들이 기 앞에 늘어서서 용대기 앞에 술 석 잔을 붓고 굿을 이룬다. 그리고 쇠가락에 따라 절을 세 번 하고 그 앞마당에서 하루 종일 음식을 나누어 먹으며 판굿을 치고 논다.

강화군 송해면 솔정리 파접

경기도 강화군 송해면 솔정리에서는 여름철에 김을 맬 때 농악을 쳤다.15) 들에 나갈 때에는 농기를 앞세우고 풍물로 길군악을 치며 나가고, 들에 들어서서는 2채·3채 등 여러 가락을 친 다음 농기를 논두렁에 꽂고 농악을 놓았다. 그리고 김을 매고 마을에 들어올 때에도 농기를 앞세우고 길군악을 치고 들어와 주인집에서 술대접을 받고 농악을 치며 즐기다가 헤어진다.

김매기가 끝나면 음력 7월 그믐께 하루 날을 받아서 '파접'을 한다. 이 마을에서는 호미걸이를 '파접'이라 부른다. 집집마다 안주 한 가지나 술 한 말을 준비하고 파접 날 아침이 되면 마을 사람들이 풍물을 걸게 갖춘다. 그리고 언덕에서 농악을 치다가 농기를 앞세우고 농악을 치면서 들을 한 바퀴 도는데, 이것을 '농사순방'이라 부른다. 농사순방을 하고 다시 마을에 돌아와 언덕에서 음식을 나누어 먹으며 갖가지 풍물놀음을 벌이고 논다.

강릉시 홍제동 질먹기

강원도 강릉시 홍제동에서는 여름철 모심기와 김매기를 할 때 농악을 친다.16) 농군들이 모심으러 갈 때, 모 심고 쉴 때, 모 심고 돌아올

---

15) 이보형, 〈음악 및 무용〉, 《한국민속종합조사보고서》(경기도편) 제9책, 문화재관리국, 1978, 342~344쪽.
16) _____, 〈음악 및 무용〉, 《한국민속종합조사보고서》(강원도편) 제8책, 문화

때, 김매러 갈 때, 김매고 쉴 때, 김매고 돌아올 때 친다.

김매기를 마치면 하루 날을 잡아서 음식을 장만하여 나누어 먹고 농악을 치며 노는데 이를 '질먹는다'고 한다. 두레를 짠다는 말을 '두레 짠다'고 하지만 다른 고장에서 '두레 먹는다'고 하는 것과 비슷해 보인다.

질먹는 날을 받으면 영좌(領座)가 지정한 대로 집집마다 술·떡·안주 등을 한 가지씩 장만한다. 질먹는 날이 되면 마을 사람들이 풍물을 고루 갖추어 치며 농상기를 앞세우고 서낭당 앞에 가서 서낭굿을 치고 하루 종일 음식을 나누어 먹으며 농악을 치고 논다. 머슴을 부리는 집에서는 집집마다 머슴상을 걸게 차려 나오는데 서로 상을 잘 차리려고 경쟁하여 통닭이나 육회 같은 최고의 음식이 나오기 때문에 이 날을 흔히들 '일꾼 생일날'이라고 부른다.

(2) 의식 구성 형식

1940·1950년 전에 전승되는 두레굿들을 보면, 흔히 김맬 때 농악을 치면서 나갔고 돌아올 때도 치면서 돌아왔고 김매기가 끝나면 날 받아서 그저 농악을 치며 술 먹고 놀았다는 경우가 많았다. 이런 경우에는 두레굿이 갖는 의식의 흔적을 찾기 어렵다. 또 의식의 흔적이 남아 있는 경우에도 의식이 부분적으로 탈락된 것들이 많으므로 앞에 든 사례 가운데 의식의 종류를 추려서 구성해 볼 수밖에 없다.

농신 내리기
농악에서 쓰이는 큰 기는 농기·농상기·대기·용기·용당기·용둑기·덕석기·서낭기 등으로 불린다. 농기는 마을굿에 쓰이는 신기

재관리국, 1977, 528쪽.

나 신대〔神竿〕와 같은 기능을 가지므로17) 두레패의 농기 또한 농신의 신기이며 신대라 할 수 있다. 이것은 밀양읍 삼문동 꼼배기 참놀이의 두레굿에 세운 농신대가 마을굿의 신대와 같은 모습으로 된 것에서 알 수 있다. 뒤집어서 은산 별신제와 같이 마을굿에서 신기가 두레패 농기와 같은 모습으로 된 곳이 많은 만큼 두레굿의 농기를 신기로 보는 것에는 무리가 없다.

밀양읍 꼼배기 참놀이에 두레패들이 농신대에 농신제를 지내는 것은 농신을 내리는 의식의 대표적인 예라 하겠다.

고양군 송포면 대화리 호미걸이와 진도 대동굿에서 농기를 세우고 당제를 지내는 것도 농기를 신대로 하여 농신을 내리는 예라 하겠다. 이 밖에 태인면 태흥리 술멕이와 같이 당산에서 호미걸이를 하는 경우는 말할 것도 없고, 호미걸이를 당에서 하지 않고 언덕이나 큰 마당에서 하는 경우나 홍성군 결성면 형산리 두레먹기의 경우와 같이 농기를 세워 놓고 술 붓고 굿을 이루고 절하는 것이 농신을 받는 의식이라 하겠다. 이때 "덩덩덩덩" 하고 굿을 이루는 경우가 많은데, 굿을 이루는 "덩덩덩덩" 하는 쇠가락은 본디 굿에서 신을 받는 가락과도 같다. 김제군 대동리 두레굿의 경우와 같이 김매러 갈 때 당산에 농기를 세우고 굿을 이룬 다음 농기를 앞세우고 들로 나가는 것이나, 홍성군 형산리 두레굿의 경우처럼 동구에 농기를 세워 놓고 두레패들이 굿을 이룬 다음 농기를 가지고 들로 나가는 것도 모두 농신을 내리는 의식이라 할 수 있다.

들돌이

마을굿에는 집돌이〔家家巡訪〕가 흔히 따르게 되나, 두레굿에는 강화군 송해면 솔정리 파접에 들돌이 농사순방이 보일 뿐 다른 고장 호

---

17) 이보형, 앞의 글, 1972, 272~278쪽.

미걸이에서는 보이지 않는 것 같다. 그러나 필자는 김매러 갈 때 농신을 받은 농기를 앞세우고 농악을 치고 들에 나가는 것이 들돌이 의식에서 나온 것으로 본다.

두레굿이라 하면 흔히 김매기 노동음악으로 알고 있으나 실제 두레패들이 김맬 때 두레풍장을 치는 고장은 전라도 서부지역에 한정된다. 그 밖의 지역에서는 다만 마을에서 들에 나갈 때, 들에서 마을로 들어설 때 두레굿으로 길군악을 치는 것이니 두레굿은 두레패들이 농기를 앞세우고 들로 들고 나는 행진곡과 같은 구실을 하고 있다. 이것이 두레패의 들돌이와 같은 구실을 하는 것으로 볼 수 있다. 대동리 술멕이의 경우와 같이 호미걸이 날 당산에서 농기로 농신을 내려 받고 농기를 앞세우고 질굿을 치며 들에 가서 남겨 놓은 논을 마저 매고, 농기를 앞세우고 질굿을 치며 돌아와 호미걸이를 하는 것은, 두레패의 질굿이 마을굿의 집돌이와 같은 기능을 갖는 두레패의 들돌이라는 것을 보여주는 예라 하겠다.

농신굿

밀양읍 백중놀이, 진도군 인지리 대동굿, 고양군 대화리 호미걸이와 같이 농신대나 농기를 세우고 제를 지내는 것은 바로 농신굿의 전형이라 할 수 있다. 대부분의 호미걸이가 농신굿의 흔적을 잃고 있으나, 태인 태흥리 술멕이와 같이 당산에서 농기를 세우고 호미걸이를 하는 경우는 호미걸이가 농신굿의 의식을 갖는 흔적임을 말하고 있다.

판놀음

마을굿에 판놀음이 딸려 있듯이 농신굿인 두레굿의 호미걸이에도 판놀음이 딸린다. 굿판에서 농악놀이로 판굿을 치기도 하고 밀양 백중놀이나 고양 대화리 호미걸이에서 보이듯이 농사풀이, 춤놀이와 같은 판놀음을 벌이는 것도 볼 수 있다.

4. 두레풍장의 음악

대부분의 두레패들은 들에 나갈 때 질굿을 치고 김매기에서는 쇠를 치지 않거나 치더라도 판굿, 그 밖에 다른 굿에서 치는 것을 그대로 치기 때문에 두레패의 음악이 다른 농악과 다른 점이 없다. 그러나 김제·부안·정읍·고창·영광과 같은 호남 서부지방에 한해서 '두레풍장'이라 하여 두레패들이 김맬 때 치는 쇠가락이 따로 있다.

1977년 4월 22~24일에 호남 우도 농악대(상쇠: 김사종, 김성악)가 연주한 두레풍장을 보면 다음과 같다. (227쪽 '두레풍장굿' 악보 참고)

두레패들이 들에 나갈 때에는 먼저 〈악보-1〉과 같은 가락으로 굿을 이루고, 〈악보-2〉와 같은 가락으로 돌다가 〈악보-3〉과 같은 가락으로 마치고, 〈악보-4〉와 같이 질굿을 치며 들에 나간다. 들에 이르면 〈악보-1〉~〈악보-3〉과 같이 치고 나서 〈악보-5〉와 같이 들풍장가락으로 치면 농군들이 논에 들어 간다. 풍장굿은 징을 치지 않고 꽹과리·장구·북을 하나씩만 친다. 들풍장을 〈악보-6〉과 같이 몰다가 〈악보-7〉로 돌고 나서 〈악보-1〉~〈악보-3〉과 같이 치고 마친다. 농군들이 김매기를 시작하면 '지심풍장'을 〈악보-8〉과 같이 치고, 지심매기가 거의 끝나면 날풍장을 치는데, 날풍장을 들풍장 〈악보-6〉과 비슷하게 친다. 농군들이 쌈쌀 때에는 〈악보-1〉~〈악보-3〉과 같이 치고, 다른 논으로 가거나 마음에 들 때에는 〈악보-4〉와 같이 질굿을 친다.

두레풍장 가운데 3+2+3+2+2+3+3+2로 혼합박자인 들풍장 날풍가락은 다른 굿에서 보기 힘들고, 지심풍장은 8분의 12박자이나, 쇠가락 리듬이 다른 곳에서 볼 수 없는 특이한 긴 리듬주기를 갖는다.

5. 맺음말

농악에서 당산제, 마당밟이(지신밟이), 걸립굿과 같은 농악에는 여러 가지 의식이 딸리는데, 이 의식의 구성은 서낭굿·별신굿·당굿과 같은 마을굿에 보이는 '당산굿-집돌이-본굿-판놀음'과 같은 의식(儀式) 구성을 갖고 있는 것이 이미 밝혀졌다. 그러나 두레굿 농악은 농민들의 노작 농악으로만 알려졌지 두레굿의 의식이 마을굿의 의식과 같은지는 밝히지 못하고 있다.

지금은 대부분 퇴화되어 있으나 두레굿의 의식이 남아 있는 예로 추려보면, 두레굿에서도 '농신내리기-들돌이-농신굿-판놀음'과 같은 의식 구성의 흔적이 남아 있어 마을굿의 의식 구성과 비슷한 점을 발견할 수 있었다. 따라서 두레굿은 농신굿·대동굿과 같은 마을굿의 의식에서 생겼다고 볼 수 있다.

또 두레패의 농악은 다른 농악의 질굿을 그대로 쓰기 때문에 특이한 점이 없으나, 호남 서부에 한해서는 '두레풍장'이라 하여 특이한 쇠가락이 발달한 것을 밝힐 수 있다.

풍물굿으로 하는 마을굿*

김 월 덕**

1. 머리말

'굿'은 고대사회부터 오늘날까지 삶의 위기와 고비마다 개인과 공동체가 당면한 문제들을 해결하기 위해 행해져 왔고, 그만큼 한국 민족문화의 중요한 부분으로 자리잡아 왔다. 하지만 '굿'이 한국 문화의 형성과 발전 과정에서 차지하는 중요성이 있었음에도 지금까지 굿에 대한 연구는 매우 편향적으로 이루어졌다. '굿'을 무속의 종교적 제의인 무당굿과 동일시하여 좁은 의미로 한정해서 보는 태도나, 공동체굿으로서 마을굿 특히 무당이 주제(主祭)하지 않는 마을굿이 그리 주목받지 못한 것도 굿 연구의 편향성을 말해준다.1) 실제 전승 현장에서 '굿'

---

* 이 글의 원 제목은 〈전북지역 마을굿의 구조와 의미〉(《한국민속학》 38, 한국민속학회, 2003)이다.

** 전북대학교 인문한국 쌀·삶·문명연구원 HK교수.

1) 지금까지 굿 연구의 대부분이 무당굿에 집중되어 있으나, 주강현은 노동굿으로서 마을굿, 즉 두레굿의 존재를 통해 마을굿의 범주를 확장하였으며(민족굿회 편, 〈마을공동체와 마을굿·두레굿〉, 《민족과 굿》, 학민사 37~101쪽; 주강현, 《굿의 사회사》, 웅진출판, 1992: 국립민속박물관 편, 《한국의 두레》, 국립민속박물관, 1994) 임재해는 무당 없는 마을 공동체굿에 대한 관심을 새롭게

은 어떤 집단적 구경거리나 무속적 제의 이상의 것으로, 굿 연구의 새로운 길을 열기 위해서는 좁은 의미의 굿에서 벗어나 좀더 폭넓은 시각을 견지할 필요가 있다.

여기서는 굿의 개념을 '인간이 자신들의 안정적인 삶을 저해하는 해악을 물리치고 평안한 삶을 누리기 위해 제의적인 요소를 기초로 행하는 일련의 행위들'로 확장하여 규정하고자 한다. '굿'의 확장된 개념을 바탕으로 보면 공동체굿인 마을굿은 '한 마을 또는 몇 개의 마을을 단위로 하여, 그 마을 공동체의 주민들이 당면한 공동의 문제들을 함께 해결하여 평안한 삶을 영위하기 위해, 제의적 행위를 기초로 하여 공동으로 일정한 시기와 장소에서 주기적으로 행하는 일련의 제사적·놀이적·회의적(會議的)·노동적·군사적 행위'라고 할 수 있다. 이처럼 '마을굿'의 개념을 확장하는 이유는 '공연'2) 행위를 중심으로 전북

환기한 바 있다(임재해, 〈공간적 범주로 본 굿의 존재양상과 현실인식의 논리〉; 김태곤 외, 《민속문학과 전통문화》, 박이정, 1997, 241~274쪽).

2) 이 글에서는 마을굿을 하나의 '문화적 공연(cultural performance)' 양식으로 보고 마을굿의 다양한 면모 가운데 '공연(performance) 행위'의 측면에 주안점을 두고자 한다. 문화적 공연은 밀턴 싱어(Milton Singer)가 만든 용어로서, 그 민족의 사회적 삶에서 빈번하고 상당히 중요시되면서 반복되는 공적인 공연들을 말한다(Tom F. Driver, *Liberating Rites: Understanding the Transformative Power of Ritual*, Boulder: Westview Press, 1998, p.82). 이것은 모든 민족들이 그들 자신들이나 다른 사람들에게 가장 확실히 관찰할 수 있도록 내보일 수 있는 문화적 구조의 단위로, 여기에는 놀이·연극·음악과 춤·종교적이거나 세속적인 제의 등이 포함된다. 모든 문화적 공연들은 제한된 기간, 시작과 끝, 행동의 조직화된 순서, 일련의 공연자들과 관중, 공연 장소와 계기라는 특정한 자질을 갖고 있다는 점에서 현상적으로 유사성이 있다(Marvin Carlson, *Performance: A Critical Introduction*, London & New York: Routledge, 1996, p.16). 'performance'는 문맥이나 정황에 따라 '공연', '연행', '연회', '상연', '구연', '수행', '실행', '실연' 등으로 옮겨 쓸 수 있을 것이다. 여기서는 공적인 연행이라는 가장 기본적인 의미를 드러내기 위해 '공연'이라고 쓰기로 하고, '공연(performance)'을 '인간이 어떤 목적을 수행하기 위해 의식적으로 어떤 공적인 시간과 장소에서 행하는, 문화적으로 약호화되고 관습화된 일련의 유의미한 행위들'을 뜻하는 용어로 쓴다.

지역 마을굿의 전승 현장을 자세히 조사하고 관찰한 결과, 마을굿을 한 마을의 주민들이 공동으로 행하는 의례적인 제사 행위만 가리키는 것으로 보아서는 마을굿의 전모를 밝힐 수 없다는 인식에 이르렀기 때문이다. 이 글에서는 이처럼 마을굿의 개념을 확장하여 봄으로써, 공동체 삶에서 차지하는 마을굿의 위상과 의의와 가치를 새롭게 규명해 보고자 한다.

그동안 마을굿 연구는 그것이 가지는 종교적·사회적 기능에 주로 초점이 맞추어져 왔다. 그러나 마을굿은 그러한 기능을 수행하는 수단적인 존재뿐만 아니라, 하나의 '행위 양식' 또는 '공연 양식'으로서도 매우 중요한 것이다. 왜냐하면 인간은 '사고하는 인간(*homo sapiens*)' 혹은 '종교적 인간(*homo religiosus*)' 또는 '정치적 인간(*homo politicus*)'이기도 하지만, 최근 들어 '공연학(Performance Studies)'이라는 학문을 통해서 차츰 드러나고 강조되고 있는 바와 같이 무엇인가를 몸으로 실행하는 인간, 즉 '공연하는 인간(*homo performans*)'이기도 하기 때문이다.3) 각 학문 분야들 간의 상충되는 점들을 극복하고 상호보완하면서

---

3) '공연하는 인간(*homo performans*)'의 본질과 의의와 가치를 탐구하는 연구 분야가 '공연학(Performance Studies)'이다. 공연학은 20세기 후반부터 구체적으로 논의가 시작되어, 뉴욕대학 대학원 공연학과의 리차드 셰크너를 비롯해서, 인류학·민속학·문학·연극학 분야의 학자들에 의해 하나의 독립된 학문으로 자리잡아 나아가고 있는, 매우 학제적인 학문 분야이다(Richard Schechner, *Performance Studies: An Introduction*, London & New York: Routledge, 2002; 김익두, 〈민족공연학이란 무엇인가〉, 《국어문학》 34집, 국어문학회, 1999, 409~440쪽).

공연학에 관해서 다음을 참조. R. Schechner & M. Schuman(eds.), *Ritual, Play, and Performance*, New York: Seabury Press, 1976; Benamou & Caramello (eds.), *Performance in Postmodern Culture*, Madison: Coda Press Inc., 1977; Victor Turner, *From Ritual to Theatre: The Human Seriousness of Play*, New York: PAJ Publications, 1982; R. Schechner, *Between theatre and anthropology*, Philadelphia: University of Pennsylvania Press, 1985; R. Schechner, *The Future of Ritual*, London: Routledge, 1993; Carol S. Stern & B. Henderson, *Performance: Text and Context*, New York & London: Longman, 1993; E. Diamond (ed.), *Performance*

좀더 학제적인 방향과 지평을 지향하는 공연학으로부터 마을굿의 문화적 의의와 가치를 재발견하는 유용한 시각과 방법을 제공받을 수 있을 것이다.

2. 마을 공동체 삶의 '틀'로서 마을굿

한 해 동안 전북지역 전통 마을의 공동체 생활을 주요한 집단적 공적 '행위'에 초점을 맞추어 자세히 고찰해보면, 다음과 같은 사실을 확인할 수 있다. 우선 음력 정초가 되면, 마을 주민들은 마을 성소(聖所)에 모여 공동으로 마을 수호신에게 마을의 안녕과 행복을 기원하는 제사를 지낸다. 그리고 음력 6~7월 농번기가 되면, 마을 주민들은 '두레'를 조직하여 다시 마을 성소로 가서 마을 수호신에게 간단한 제사를 드린 다음, 일터로 나가서 일을 하고 돌아온다. 한여름 농번기가 끝나가는 7월 15일 백중 무렵이나 다음 해 농사일을 시작하기 전 농한기인 정월 보름이 되면, 마을 주민들은 다시 마을 성소로 가서 간단한 제사를 올린 다음, 마을의 광장으로 가서 흥겹게 논다. 다시 한 해를 마무리 짓고 새해를 맞이하는 음력 섣달 그믐 무렵이 되면, 주민들은 다시 마을 성소로 가서 간단한 제사를 지낸 다음, 마을 회의소로 가서 대동회의를 열어 마을의 여러 문제들을 민주적으로 논의하여 해결한다. 한겨울 농한기가 되면 다시 마을 성소로 가서 간단한 제사를 지낸 다음, 마

---

and Cultural Politics, London and New York: Routledge, 1996; M. Carlson, *Performance: A Critical Introduction*, London & New York: Routledge, 1996; R. Schechner, *Performance Studies: an introduction*, London & New York: Routledge, 2002; 김익두, 같은 글, 1999; 김방옥, 〈퍼포먼스론〉, 《한국연극학》 제13호, 한국연극학회, 1999, 263~308쪽.

performance와 민속학에 관해서는 양종승, 〈민속학과 연희학설〉, 《비교민속학》 11집, 비교민속학회, 1994, 45~72쪽을 참조.

을의 공동 기금을 마련하고 외부의 침략으로부터 마을을 보호하는 훈련을 하기 위한 마을 대동굿판을 벌여 여기서 풍물굿을 중심으로 하는 각종의 모의 군사훈련을 실시한다.

이와 같은 마을 공동체의 집단적 행위들은 공통적으로 모두 제의적 행위를 기초로 하여 이루어진다는 점에서 이것들을 '굿'의 범주에서 이해할 수 있다. 전승 현장을 총체적으로 보면, 일정한 주기를 가지고 반복되는 마을 공동체굿은 마을 공동체 삶에서 주요한 집단적인 행위가 요구되는 시기와 맞물려 있음을 알 수 있다. 즉, 마을 공동체는 정초가 되면 공동으로 제사하여 재액을 물리치고(제사굿), 여름 농번기가 되면 공동으로 일하여 식량을 생산하고(노동굿), 농번기가 끝나면 공동체적 신명을 돋우어 공동으로 놀고(놀이굿), 또 한 해가 끝나고 시작되는 섣달 그믐에는 대동회의를 열어 한 해를 반성하면서 마을이 당면한 문제들을 민주적으로 해결하며(회의굿), 마을 풍물패를 중심으로 모의 군사훈련을 하여 마을을 외부의 침략으로부터 수호하는 군사적인 방어력을 진작해 왔다(군사굿).

다시 말해, 마을 공동체는 '문화적 공연' 양식인 마을굿의 '틀'에 따라, 마을 공동체의 삶 전체를 구조적으로 틀 지우고 작동시키고 지속하고 변화시켜온 것이다. 따라서 '마을굿'을 제의적 행위를 기초로 하여 마을 공동체의 제사·놀이·회의·노동·군사 행위 모두를 통합하고 있는 마을 공동체 단위의 집단적 행위의 '틀'로 볼 수 있다. 이러한 관점에서 보면 '마을굿'은 제의적 기능을 수행하는 제사굿[4]일 뿐만 아니라, 제의적인 공통 요소에 바탕을 두면서도 노동적 요소·놀이적 요소·회의적 요소·군사적 요소 등을 두루 포함하는, 포괄적이고 유연한 마을 공동체의 집단적 행위의 '틀'이다.

---

4) '굿'이 지닌 의미 가운데 '제의'라는 의미와 중첩되지 않도록 마을굿의 양식을 가리킬 때는 '제사굿'이라 쓴다.

3. 마을굿의 구조

마을굿을 마을 공동체의 신앙 행위로만 보아서는 문화적 공연 양식
으로서 지니는 마을굿의 전모를 총체적으로 밝힐 수 없다. 제의적 행위
가 마을굿의 필수적인 요소이기는 하지만, 그렇다고 그 제의적 행위가
곧 마을굿인 것은 아니다. 제의적 행위는 마을굿의 충분조건이지만 필
요충분조건은 아닌 것이다. '마을굿'은 제의적 행위뿐만 아니라, 그 제
의적 행위를 기본으로 하는 일련의 제사적·노동적·놀이적·회의적·
군사적 과정들 전체를 두루 포괄하는 어떤 기본구조 또는 심층구조를
갖고 있고, 그것은 구체적인 시기와 상황에 따라 어떤 행위 요소가 제
의적 행위를 중심으로 강화되어 하나의 독립된 마을굿이 되는데, 이것
은 마을굿의 변이구조라 할 수 있다.5)

마을 공동체 삶에서 공동체의 집단적인 행위가 필요한 주요 시기마
다 작동하는 다섯 가지 형태가 바로 마을굿의 변이구조이다. 즉 정초에
행해지는 '제사굿', 한여름 농번기에 행해지는 '노동굿'/'두레굿', 늦여
름 농한기와 한겨울 농한기의 '놀이굿', 섣달 그믐 무렵의 '회의굿', 겨
울철 농한기에 마을 방호(防護)를 위해 행해지는 '군사굿'의 다섯 가
지 형태들은 마을 공동체 삶에서 구체적인 시기와 상황에 따라 이루어
지는 마을굿의 변이형들이다. 이 다섯 가지 형태들은 모두 마을 성소에
서 마을 수호신에 대한 제의 행위를 공통 부분으로 가지고 있는데, 앞
서 규정한 '굿'의 개념에 비추어 보면, 제의적 행위를 공통 요소로 공유
하고 있다는 것은 다시 말해 이 일련의 형태들 각각이 하나의 독립성
을 가진 '굿'이라는 것을 뜻한다. 이러한 시각에서 보면 마을굿은 제사

---

5) 마을굿의 기본구조는 실제 삶에서 완전히 구현되지 않는 '이념형'이라 할 수
   있고, 변이구조는 실제 삶의 구체적인 시간과 상황에서 벌어지는 '실천형'이
   라 할 수 있다.

굿이라는 양식으로 고정된 구조가 아니라, 마을 공동체 삶에서 집단적 행위가 작동하는 특정한 시기와 상황에 따라 제사굿 · 노동굿 · 놀이굿 · 회의굿 · 군사굿 등의 구체적이고 독자적인 형태들로 적절하게 변용될 수 있는 유연하고 개방적 구조를 가진 양식이다. 마을굿의 변이구조와 그 변이구조의 내용 구성을 다음과 같이 나타낼 수 있다.

〈그림-1〉 마을굿의 변이구조

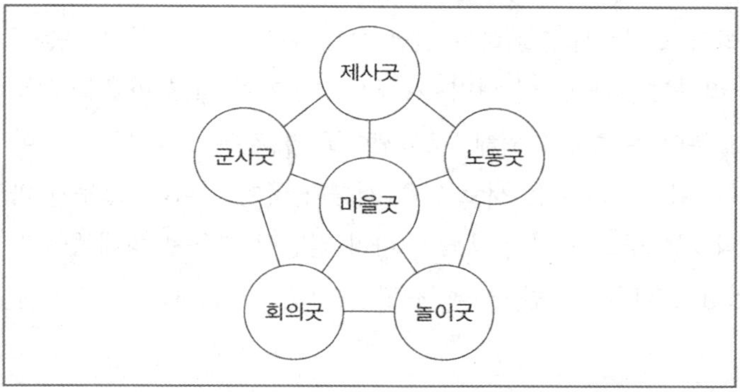

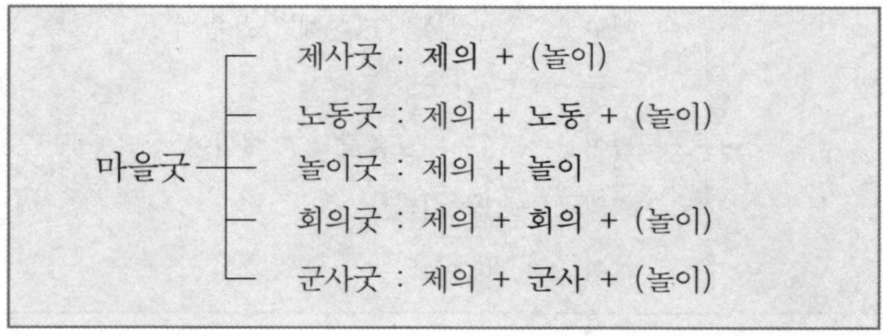

〈그림-2〉 마을굿 변이구조의 내용 구성

마을굿
- 제사굿 : 제의 + (놀이)
- 노동굿 : 제의 + 노동 + (놀이)
- 놀이굿 : 제의 + 놀이
- 회의굿 : 제의 + 회의 + (놀이)
- 군사굿 : 제의 + 군사 + (놀이)

〈그림-1〉은 다섯 가지 마을굿의 변이구조를 그림으로 나타낸 것이며, 각각의 변이형들은 시기에 따라 그 시기에 적절한 변이구조를 작동시키면서 1년을 주기로 반복적으로 순환하는 양상을 보인다. 〈그림-2〉에서 마을굿의 변이형들의 내용 구성을 보면 '제의'를 공통 행위소로 하고 있으며, 그 끝에는 '놀이'가 뒤따른다는 것을 보여준다. 각 변이형 마을굿들의 뒤에 부수적으로 뒤따르는 '놀이'는 그 변이구조들의 필수적인 부분은 아니므로 괄호로 묶어서 표시하였다.

전북지역의 마을굿이 실현되는 양상을 보면, 정초에는 제의적 요소가 가장 크게 강화되어 '산신제'·'당산제'·'용왕제' 등과 같은 '제사굿'이 되고, 한창 바쁜 농번기에는 '두레굿' 등과 같은 '노동굿'이 된다.6) 그리고 농번기가 끝난 음력 칠월 백중 무렵에는 '장원질놀이'·'술멕이굿', 겨울 휴한기에는 '보름굿'과 같은 '놀이굿'이 되고, 한 해를 마무리하고 새해를 설계하는 섣달 그믐 무렵에는 그 해의 마을 중대사를 처리하는 '회의굿'이 되며, 겨울철 농한기가 되면 마을을 외부의 침략으로부터 보호하기 위해 '도둑잽이굿'과 같은 모의 '군사굿'이 되는 것이다. 이러한 굿들은 서로 다른 계통의 굿이 아니라, 모두가 바로 마을굿의 기본구조가 현실 맥락에 따라 적절히 변용된 형태들이다. 이러한 양상을 다음 〈그림-3〉과 같이 나타낼 수 있다.

〈그림-3〉 전북지역 마을굿의 변이형들

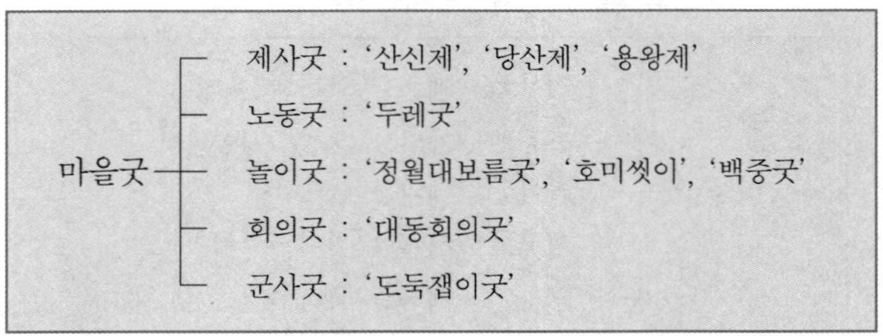

---

6) 이보형은 '마을굿'과 '두레굿'을 구분하여 사용했지만, 이 둘의 의식(儀式) 구성이 동일함을 밝혔다(이보형, 〈마을굿과 두레굿의 의식구성〉, 《민족음악학》 제4집, 서울동양음악연구소, 1981, 9~20쪽). 주강현도 마을굿과 두레굿의 깊은 연관성을 논의하면서, 넓은 의미에서 두레굿도 마을굿이라고 하였다(주강현, 〈마을 공동체와 마을굿 두레굿 연구〉, 《민족과 굿》, 학민사, 1987, 37~101쪽).

전북지역의 모든 마을 공동체에서 이 다섯 가지 형태의 마을굿이 전부 실현되지는 않지만 그렇더라도 마을굿을 좀더 포괄적이고 개방적인 시각에서 접근할 필요가 있다. 전북지역을 지역적 특성에 따라 동부 산간지역·서부 평야지역·해안 도서지역으로 구분할 때, 음력 정초의 '제사굿'은 전북의 모든 지역에서 공통으로 행해지지만, 여름철 농번기에 두레노동을 중심으로 하는 노동굿 즉 '두레굿'은 전북 서부 평야지역에서 집중적으로 나타난다. 전북 동부 산간지역은 지리적으로 산이 많고 평야가 비좁은 관계로 공동노동의 필요성이 상대적으로 평야지역보다 적어, 노동굿이 발달하지 못했기 때문이다.7) 이런 지리적 조건에 따라 동부 산간지역에서는 '회의굿'의 존재도 미약하게 나타나서 '회의굿'이 대개 정초의 '제사굿' 뒷부분에 붙어서 대동회의를 하는 것으로 회의굿을 대치하는 경우가 많다. 그러면 각 변이형 마을굿들의 구조를 살펴보기로 하겠다.

(1) 제사굿

다음은 전북 서부 평야지역인 부안군 보안면 우동리 원우동 마을의 제사굿 과정이다.

　① 음력 섣달 그믐 무렵 마을 대동회의를 열어 정초의 제사굿의 제일(祭日), 제관, 유사, 줄다리기 줄머리에 태울 '신랑 신부' 역할을 할 사람 등 제사굿과 관련된 사항들을 미리 논의하고 결정한다. 이때 '신랑 신부'는 깨끗하고 화목한 부부 중에서 '생기복덕'이 그 날짜에 맞는

---

7) 서부 평야지역에서는 거의 모든 지역에서 두루 '두레굿'의 전승을 파악해 볼 수 있지만, 동부 산간지역에서는 마을굿의 노동적 요소가 실현된 사례를 찾아보기가 매우 어렵다. 동부 산간지역에서 노동굿의 전승을 확인할 수 있는 남원시 아영면 등은 산간 분지 지형으로 어느 정도 평야지대를 이루고 있다.

사람으로 선정한다.

② 음력 정월 보름날 오전에 제물을 장만하고, 거목과 돌과 짐대가 결합된 동구의 '당산' 옆에 새 모양을 나무로 깎아 긴 장대 끝에 붙인 '짐대'를 새로 만들어 세우고, 줄다리기를 할 암줄과 숫줄을 꼬아 놓은 다음, 마을 안의 유사집으로 가서 점심밥을 먹는다.

③ 점심 식사를 마친 마을 남성 마을굿패들은 풍물을 울리며 유사집에서 장만한 제물을 가지고 유사를 앞세우고 다시 풍물을 울리면서 마을 동구의 당산으로 나가, 제물을 진설하고 제관을 중심으로 하는 유교식 제사를 올린 다음, 제물을 그 자리에서 나누어 먹는다.

④ 이 남성 마을굿패들이 다시 풍물을 울리며 마을 앞길 광장으로 들어와, 깨끗하게 차려 입은 마을 남녀노소들과 합세하여, 미리 준비된 술과 음식을 나누어 먹으며 흥을 돋운다.

⑤ 풍물패를 앞세우고 그 뒤에는 줄다리기할 '숫줄'을 멘 성인 남성들이, 그리고 그 뒤에는 '암줄'을 멘 마을 여성들 및 총각들이 뒤따르는 가운데, 마을을 한 바퀴 돈다.

⑥ 다시 마을 앞 광장으로 돌아와, 암줄 머리와 숫줄 머리가 서로 마주 보도록 놓고서, 풍물패가 풍물 가락을 자지러지게 울리며 마을 사람들의 신명을 한껏 돋운다.

⑦ 결혼한 성인 남성들은 '숫줄'을 메고서, 줄머리 위에다가는 사모관대의 신랑 복장을 한 사람을 태우고, 여성들 및 총각들은 '암줄'을 메고서, 그 줄머리 위에는 원삼 족두리 신부 복장을 한 여성을 태운다.

⑧ '숫줄'을 멘 쪽의 '줄패'가 '숫줄'의 줄머리를 '암줄'의 줄머리에 끼우려고 하고, 이에 반해 '암줄'을 멘 줄패는 이러한 숫줄패의 행위를 막으려 하는 모의 성행위 줄놀이가 벌어진다.

⑨ 결국 암줄은 숫줄에 붙잡히게 되고, 숫줄 머리를 암줄 머리 속에 집어넣고 '줄비녀'를 꽂아 숫줄이 빠지지 않게 고정시킨 다음, 잠시 줄을 내려놓고 쉬는 가운데 다시 풍물을 자지러지게 울리면서 흥을 돋

운다.

⑩ 본격적인 '줄다리기'가 시작된다. 이 줄다리기는 세 번 해서 승패를 가르는데, 암줄 쪽이 이겨야 풍년이 든다고 하여, 암줄 쪽이 승리하는 것으로 끝이 난다.

⑪ '줄다리기'가 끝나면 '줄패'가 줄을 메고 당산으로 가서 새로 만들어 세워둔 '짐대' 주위에다가 빙 둘러 줄을 서리서리 감는데, 이것을 '당산할매 옷입힌다'고 한다. 줄다리기를 마친 줄로 당산할매 옷을 입힌 다음 굿에 참여했던 모든 마을 사람들이 풍물굿패를 앞세우고 마을 안으로 돌아온다.

⑫ 마을로 돌아오면 유사집으로 가서 굿의 결산을 보고, 술과 음식을 먹고 마시면서 논 다음 모든 굿을 마친다.8)

이 마을굿은 마을굿의 기본 요소들 가운데서 '제의적 요소들(③~⑩)'이 그 중심을 이루면서, 여기에 '놀이적 요소들(④~⑩)'과 '회의적 요소들(①, ⑫)'과 '노동적 요소(②)'와 '군사적 요소들'이 결합되어 있음을 알 수 있다.

여기서는 동부 산간지역의 제사굿에 비해 마을 대동의 '놀이적 요소'가 대폭적으로 강화되어, 전체 공연 과정의 많은 부분(④~⑩)을 차지하고 있음을 확인할 수 있다. 또한 '제의적 요소'와 '놀이적 요소'가 서로 분리되지 않고 동일한 과정 속에서 매우 긴밀하게 융합되어 있다는 것도 특징적이다. 그러나 제사굿에 따르는 일련의 놀이적 요소와 과정들은 하나의 놀이굿이라기보다는 제의적 과정의 일부로서 오신(娛神) 행위로 보는 것이 더 적절하다. 왜냐하면 제사굿에 따르는 놀이에는 제의적 진지성이 전체를 지배하고 있기 때문이다. 같은 놀이적 요소들이

---

8) 문화관광부 · 한국향토사연구 전국협의회, 《우반동, 우반동 사람들》, 1998, 99~133쪽 및 필자 조사.

라고 하더라도, 이 제사굿에서 놀이적 요소들은 뒤에서 살펴볼 '놀이
굿'의 놀이적 요소들과 달리, 근본적으로는 '제사굿' 자체의 '기원성(祈
願性)'과 '금기'와 '진지성'에 따라 암암리에 통제되어 있다.

서해 도서(島嶼)지역 마을의 신년 제사굿은 동부 산간지역의 제사
굿이나 서부 평야지역의 제사굿보다 훨씬 복잡하고 다양한 내용을 갖
고는 있으나, 이 또한 '제의적 요소들'이 그 중심을 구성하고, 여기에
'놀이적 요소들'·'노동적 요소들'·'회의적 요소들'·'군사적 요소들'
등이 더해져 있는 제사굿의 복합적인 구조와 양상을 여실히 보여준다.

(2) 노동굿

노동굿으로서 마을굿은 주로 농경지가 넓고 집약적 협동 노동을 더
필요로 하는 전북 서부 평야지역을 중심으로 크게 발달하였다. 전북 평
야지역의 '두레굿'이 바로 대표적인 예이다. 노동굿은 자연과 인간의
관계, 농업 생산력을 둘러싼 인간과 인간의 관계, 넓게는 마을과 마을
사이의 다양한 관계 가운데서, 경제적 '생존'의 문제를 마을 공동으로
해결해 나아가기 위한 마을굿이다.

평야지역의 대표적인 노동굿 사례로 김제시 만경읍 대동리 소동마
을의 두레굿을 주요 '행위소'별로 정리해 보면 다음과 같다.

① 음력 2월 초하룻날 마을 대동 회의장에 모여 두레굿의 총지휘자
인 '좌상'을 도와 뒷일을 하는 '부좌상', '수머슴'9), 두레 풍물패10), 품

---

9) '수머슴'은 두레굿의 작업장에서 앞장서서 실제 노동을 이끌어 나가는 현장
   지휘자로서, 마을에 따라 '대방', '총각대방', '수총각'이라고도 하며 젊고 힘세
   고 일을 잘 하는 사람이 뽑힌다.
10) 두레굿의 풍물패는 마을기잽이·영기잽이·상쇠·새납·수징·수장구·수
   북·수법고·대포수·창부·무동·양반 등으로 구성된다. 이 가운데 대포
   수 등은 분장을 한 '잡색들'이다. 대포수는 바랑을 짊어지고 나무총을 메고,

샀, 노동 순서 등 '두레굿'과 관련된 여러 사항들과 기타 마을 일을 의논하여 결정한다.11)

② 모내기가 끝나고 20여 일 뒤, '초벌매기' 때부터 두레굿을 시작하는데, 두레가 시작되면(이것을 '두레난다'고 함), 두레패가 공동으로 이용하는 '농청(農廳)'이나 마을회관 앞에 있는 기확(기꽂이)에 마을기를 꽂고, 두레를 본격적으로 시작하기 위한 회의를 한다.12)

③ 두레를 하는 날 아침이 되면 두레패가 농청 앞에 모여 굿패를 이루어, 풍물을 울리면서 마을 제당인 '당산'으로 행진해 가서 농기를 세우고 풍물패의 지휘자인 상쇠 주도로 굿을 어루어 간단한 제의 행위를 하고, 다시 풍물을 울리면서 농기를 앞세우고 노동 현장으로 행진해 간다.

④ 일터에 도착하면 마을기를 논두렁에 꽂아 놓고, 풍물재비들의 두레굿 장단13)에 맞추어 '논매는 소리'(두벌 맬 때 '진소리' 또는 '만경산타령', 만두레 두벌매기의 끝맺기에서 '자진소리' 혹은 '자진산타령')를

창부는 노란 두루마기를 입고 패랭이를 쓰며, 무동은 쾌자를 입고 고깔을 쓴다. 양반은 도포를 입고 정자관을 쓴다.

11) 이 마을의 노동굿인 '두레굿'은 논매기 노동에서만 행해졌다. 논매기는 초벌매기·두벌매기·세벌매기·만두레 등 네 차례 하는데, 초벌매기는 하지 전후에 6일 동안 호미로 논을 매는 것이며, 이것을 '전 삼일 후 삼일'이라 한다. 두벌매기는 초벌을 매고 10여 일 뒤, 세벌매기는 두벌 맨 후 10여 일 뒤에 호미로 매는 것이고, 만두레는 나락꽃이 피기 시작할 무렵에 잡풀들을 손으로 뜯으면서 그동안 호미로 매는 과정에서 울퉁불퉁 고르지 못하게 덩어리진 논바닥의 흙을 손발로 뭉개어 펴서 벼 베기를 할 때 낫질이 편리하도록 하는 작업이다.

12) 회의 때 호미를 모아 걸어두는 의식을 하기 때문에 '호미모둠'이라 하는데, 이 의식을 행하는 지역도 있고 하지 않는 지역도 있다. 소동마을에서는 이러한 의식을 하지는 않았다고 한다.

13) 소동마을을 비롯해 전북 서부 평야지역에는 제사굿으로서 풍물굿 가락이나 놀이굿으로서 풍물굿 가락과는 다른 노동굿으로서의 풍물굿 가락이 '두레풍장'이라 하여 별도로 존재한다. 그것은 두레노동 동작에 알맞도록 매우 단순하게 구성된 가락이다.

하면서 두레노동을 한다. 점심참과 함께 오전과 오후에 한 번씩 모여 샛밥을 먹는다.

⑤ 저녁때가 되어 두레노동이 끝나면, 두레패들은 다시 앞과 같은 순서로 풍물을 울리면서 행진하여 마을로 돌아온다.

⑥ 마을로 돌아온 두레패는 마을에 와서도 공동으로 식사를 하고 늦게까지 풍물을 울리며 놀기도 한다.

⑦ 두레노동이 끝나면 두레꾼들 가운데서 농사를 가장 잘 지은 집 일꾼을 골라 소나 사다리 위에 태우고 풍물을 잡게 하고 흥겹고도 장엄하게 마을로 행진을 하는데, 그 집에서는 술과 음식을 내어 두레꾼들을 대접한다(이것을 '두레장원', '장원질놀이' 등으로 부르기도 함).

⑧ 두레패가 두레노동을 모두 마친 다음, 음력 7월 중순에는 '술멕이날'을 잡아 마을 농청에 모여 대동회의를 열어 두레노동의 '결산'을 본다.

⑨ 두레 결산이 끝나면 '호미씻이'라 하여 두레패가 김매기 두레를 무사히 끝낸 기쁨을 온 마을 사람들이 함께 즐기며 먹고 마시며 노는데, 이것은 앞서 두레굿을 시작할 때의 '호미모둠'과 짝을 이루는 것이다.[14]

위의 사례에서 살펴본 바와 같이, 노동굿으로서 마을굿은 공동노동을 통해 경제적 생존 문제를 해결한다는 목적과 컨텍스트에 따라 마을굿의 기본 요소들 가운데서 주로 노동적 요소들을 중심으로 마을굿의 기본구조를 바꾼 변이구조이다. 따라서 여기에서는 '노동적 요소(④)'가 그 중심을 이루면서, 거기에 마을 수호신에 대한 간단한 제사 행위를 보여주는 '제의적 요소(③)'와 '놀이적인 요소(⑥, ⑦, ⑨)' 및 '회의적 요소들(①, ②, ⑧)'과 두레패의 구성 면에서 드러나는 '군사적

---

14) 주강현, 《한국의 두레》, 국립민속박물관, 1994, 325~333쪽 및 필자 조사.

요소들'이 적절히 결합되어 있는 양상을 보인다. 두레패의 구성을 일종의 군사조직으로 볼 수 있는 근거들로는 그것이 군대와 군장을 상징하는 '큰기(마을기)', 군장의 명령을 받들고 전달하는 자를 상징하는 '영기(令旗)', 대장 노릇을 하는 '좌상'이나 '상쇠' 등의 존재, 군대의 군졸 구실을 하는 두레패의 두레꾼들, 군악대 역할을 하는 두레 풍물패의 풍물재비들, 그리고 군대 식으로 이루어지는 두레패의 행진과 운영 방법 등등 군사적 요소들을 보유하고 있다는 점이다. 이러한 사례를 통해 두레굿이 노동적 요소로만 이루어진 것이 아니라 노동적 요소를 중심으로 하되, 거기에 제의적 요소·놀이적 요소·회의적 요소·군사적 요소가 적절히 융합되어 있음을 확인할 수가 있다.15)

　이처럼 마을굿의 구조를 변이시키는 데에는 '풍물굿'이라는 공연 요소가 가장 큰 구실을 한다. '당산제'와 같은 제사굿에서는 풍물패가 제의를 주도하는 위치에 있다가, 두레굿과 같은 노동굿에서는 풍물패가 '두레 조직'16) 밑으로 들어가 두레패의 대표자인 '좌상'이나 '공원'으로부터 지시를 받는다. 그러다가 다시 놀이굿에서는 마을 놀이패를 주도하며, 대동회의굿에서는 그 시작과 끝을 가름하고, 군사굿에서는 풍물패 자체가 곧바로 군사굿 굿패로 전환된다.

---

15) 이보형은 마을굿을 제사굿과 같은 것으로 보아 마을굿과 노동굿의 의식(儀式) 구성이 같음을 밝힌 바 있다(이보형, 〈마을굿과 두레굿의 의식구성〉, 《민족음악학》 제4집, 서울대 동양음악연구소, 1981, 9~20쪽). 즉 제사굿으로서 마을굿은 '당산굿–집돌이–본굿–판놀음'으로 구성되고, 노동굿인 두레굿은 '농신내리기–들돌이–농신굿–판놀음'으로 이루어진다는 점에서 그 구성이 같다. 단, 제사굿이 제의를 중심으로 하여 다른 요소들과 결합한다면, 두레굿은 노동을 중심으로 하여 다른 요소들이 결합된다는 점이 다르다.

16) 두레 조직은 공동노동을 위해 결성되는 공동노동 협조체계로서, 마을의 성인 남자는 의무적으로 포함되었다. 두레 조직의 구성원은 농사 경륜이 많은 어른이 담당하는 '좌상(座上)', 좌상을 돕는 '공원(公員)', 두레의 잔일을 총지휘하는 노총각인 '총각대방' 등으로 구성되었다(주강현, 〈두레 硏究〉, 경희대 박사논문, 1995, 335~341쪽).

(3) 놀이굿

전북지역의 대표적인 놀이굿은 〈그림-3〉에서 보는 바와 같이, 한여름 두레노동 뒤 음력 7월 보름 무렵에 벌어지는 '백중 술멕이굿'이다. 그 구조를 살펴보기 위해 김제시 만경읍 대동리 소동마을의 놀이굿을 사례로 하여 '행위소'별로 정리해 보면 다음과 같다.

① 7월 중순 두레굿 결산을 보고, 마을 잔치를 벌이는 '술멕이날' 아침 일찍 마을 놀이굿 굿패가 풍물을 울리면서 마을 제당인 '당산'으로 간다.

② '대장기(마을기)'와 영기를 마을 당산에 세워놓고 나발을 불고 북을 울리면서, '당산굿'을 쳐서 당산에 간단한 제사를 드린다.

③ '당산굿'을 마친 마을 놀이굿 굿패가 다시 풍물을 울리면서 마을 '술멕이'가 벌어질 '농청(마을회관)'으로 와서, 마을기를 농청 앞 기확에 꽂아 세워둔 다음, 한 해 농사의 일값을 결산해 보고, 마을 잔치를 벌이기 위한 '술멕이' 회의를 마을 동청에서 연다.

④ 마을 회의가 끝나면 '세마리술'이라고 해서 미리 준비해 놓은 소주를 한 동이씩 내오고, 특히 부자나 농사를 잘 지은 집에서 큰 술을 내고, '도리깨품'이라 해서 두레패의 일부 품삯을 떼어낸 값으로도 술과 음식을 장만해서 마을 대동놀이판에 내놓는다.

⑤ 마을 풍물패가 다시 '어우름굿'을 쳐서 굿을 어우르고, 마을 놀이굿 굿판을 정리한다.

⑥ 마을 풍물패가 굿판에 나와서 '인사굿', '질굿', '삼채', '양산도', '오방진굿', '쌍방울진굿', '호호굿', '달어치기', '미지기굿', '짝드름', '일광놀이', '개인놀이(쇠놀이 · 장구놀이 · 소고놀이 · 잡색놀이)', '노래굿' 등으로 구성되는 '앞굿'을 공연한다.

⑦ 풍물패가 '콩등지기', '등마추기', '앉은진풀이', '지와밟기', '도둑

잽이굿(가새진·사방진·대포수청령·탈머리굿)’, ‘불넘기’, ‘탈복굿’
등으로 구성되는 ‘뒷굿’을 공연한다.

⑧ 마을 사람들이 풍물패의 공연에 이끌려 굿판으로 나와 풍물패의
연주에 맞추어 춤추고 노래하며 함께 어울려 흥겹게 논다.

⑨ 이 대동놀음 굿판이 무르익으면 미리 준비해 놓은 술과 음식을
함께 나누어 먹고 마시며 더욱 신명나게 놀고 나서 굿을 마친다.[17]

① ②는 제의적 행위소, ③은 회의적 행위소, ④∼⑨는 놀이적 행위
소이다. 이것을 하나의 ‘놀이굿’으로 볼 때, 여기서 중심이 되는 것은
④∼⑨이고, ① ② ③은 여기에 딸린 부수적인 것이다. 이 놀이굿에서
놀이적 행위가 중심이기는 하지만, 반드시 마을 제당에서 제의적 행위
가 있은 뒤에야 굿 치고 술 마시고 어울려 놀았던 것이다. 마을에 따라
서는 술멕이 놀이 때 마을의 공동 우물을 돌며 대청소를 하고 잡초를
제거하고 파인 길을 닦는 등, 공동노동을 함께 수행하기도 하였다.

이 놀이굿은 거의 모든 경우가 다 풍물굿을 중심으로 이루어지며,
그 풍물 놀이굿의 중심은 ‘판굿’이다. 위의 놀이굿 과정에서 ⑥∼⑦은
놀이굿의 구체적인 내용을 살펴보기 위해 풍물굿의 ‘판굿’[18] 절차를
기록한 것이다. 전북지역 마을굿으로 놀이굿의 구체적인 내막을 고찰
하기 위해서는 마을 대동 판굿으로서 풍물굿의 내용을 자세히 살펴볼
필요가 있다.

전북지역의 경우, 마을굿이 놀이적 구조를 형성하는 데에는 ‘풍물굿’
이라는 공연 요소가 가장 중요한 구실을 한다는 점을 앞에서도 언급한
바 있다. 현재 전승되고 있는 전북지역의 마을 대동 놀이굿으로서 풍물

---

17) 이보형, 앞의 글, 1981, 9∼20쪽 및 주강현, 앞의 글, 1994, 325∼333쪽 및 필자
　　조사.
18) 홍현식·김천홍·박헌봉, 《湖南農樂》(무형문화재조사보고서 33호), 문화재
　　관리국, 1967, 48∼56쪽.

굿 '판굿'은 두 가지 유형이 전승되고 있다. 그것은 전북 동부 산간지역을 중심으로 전승되는 '호남 좌도 풍물굿'의 '판굿'이고, 다른 하나는 서부 평야지역을 중심으로 전승되는 '호남 우도 풍물굿'의 '판굿'이다.

이러한 놀이굿으로서 마을굿은 음력 정월 대보름 놀이굿에서도 어느 정도 나타난다고 볼 수 있으나, 이것은 순수한 놀이굿이라기보다는 제사굿의 일부인 오신(娛神) 행위로 보는 것이 더 알맞다. 이와 달리 칠월 백중 놀이굿에서는 기나긴 여름 농번기를 지낸 뒤 마을 전체 주민들을 고된 노동이 주는 긴장으로부터 해방시키고자 하는 대동굿으로 벌어지므로, 그만큼 제의적 진지성과 노동의 긴장성을 떨쳐버린 축제적인 놀이굿의 성격이 강력하게 나타난다.

(4) 회의굿

회의굿이란 마을굿이 한 마을 공동체의 의사를 결정하는 회의의 구조로 변용된 형태를 말한다. 즉 마을굿의 기본구조를 공동체 행위의 기본구조로 유지하는 사회에서는 그 공동체 구성원들이 맞닥뜨리게 되는 마을 공동의 사회적인 문제들을 해결하기 위해서 그 기본구조를 회의적 구조 곧 자치적인 의사결정의 구조로 바꾸어 활용한다.[19]

'농회(農會)'로 불리는 김제시 만경읍 대동리 소동마을의 회의굿을 예로 들어 그 공연 과정을 '행위소'별로 정리해 보면 다음과 같다.

① 마을 회의굿 굿패가 풍물을 울리며 마을 제당인 '당산'[신체(神

---

19) 마을굿의 회의적 기능을 주목하고 강조한 선행 연구자는 주강현이다. 그는 대동굿의 사회적 기능이 대동제의·대동회의·대동놀이의 세 요소에 따라 일관되게 유지되고 있다고 보고, 특히 대동회의 기능을 매우 중시했다. 그는 마을굿 이전의 대동회의는 제의와 결부된 의례적 회의이고, 마을굿 이후의 대동회의는 마을 공동체의 자치적 행정회의라고 보아, 그 둘의 성격을 나누었다(주강현, 《굿의 사회사》, 웅진출판, 1992, 196~211쪽).

體)는 소나무임)으로 가서 간단한 제사 의식을 행한다. 〔제의〕

② 마을 회의굿 굿패가 풍물을 울리며 모정(정자) 또는 마을 회관에 당도하여 풍물을 그친다.

③ 마을 회의굿 굿패가 마을 모정 또는 마을 회관에 모여 마을 대동 회의인 '농회(農會)'를 개최한다.[20] 〔회의〕

④ 마을 회의굿 굿패가 풍물을 울리며 술 한 잔씩 마시고 놀고 나서 회의를 마친다. 〔놀이〕

①은 제의적 행위소, ③은 회의적 행위소, ④는 놀이적 행위소이다. 여기서 중심이 되는 것은 회의적 요소인 ③이고, 나머지들은 부수적인 요소들이다. 회의굿은 대체로 겨울 동절기의 섣달 그믐 무렵에 한 해를 마무리하고 새해를 준비하는 시기에 마을이 당면한 여러 사항들을 논의하고 결정하기 위해서 행하는 마을 대동회의에서 가장 뚜렷하게 드러난다.

'회의굿'은 마을 주민들이 공동으로 결정해야 하는 마을의 대소사가 있을 때에는 언제든지 이루어졌다. 그 대표적인 시기는 앞에서 언급한 섣달 그믐 무렵뿐만 아니라, 새해 마을 제사굿을 전후한 시기에 마을 제사굿과 관련된 여러 사항들을 논의할 때, 또는 음력 오뉴월 두레굿을 시작하기 전 '호미모둠'을 위해, 7월 중순 이후 두레굿을 마무리하는 '호미씻이'를 할 시기 등을 들 수 있다.

그러나 간단한 마을 회의굿을 하는 경우에는 주민들이 마을 회관에 모여 앞의 ③의 과정만 행하는 경우도 많고, 최근 그러한 추세가 더욱

---

20) 소동마을에서는 모심기 전 논 꾸미기를 할 때 마을 모정에서 두레노동 전에 준비할 사항을 의논하는데, 이것을 '호미모둠'이라는 말 대신 '농회(農會)한다'고 하였고 여기서 두레패를 편성하였다. 이때 농군 가운데 가장 나이 많은 사람을 '좌상'으로 정하였는데, 이를 '좌상을 낸다'고 한다. 이 '농회'에서 작업할 경지 순서를 정하고, 두레에 필요한 여러 사항과 규약을 점검하는 일들이 그 가운데 이루어졌다.

강해졌다. 하지만 마을의 중요한 안건들을 논의하고 결정하는 마을 대동 회의굿을 행할 때에는 반드시 위의 ① ② ③ ④의 모든 과정들을 다 하는 경우가 많았다. 그러므로 앞뒤의 절차가 생략된 마을 대동회의의 현상적 모습만 놓고, 회의굿을 마을굿 변이구조의 하나로 보지 않는다면, 그것은 마을굿의 전체적인 양상을 제대로 파악하지 못한 것이다. 오늘날 마을회의는 행정조직으로 따로 분리되어 있지만, 예전에는 마을 공동의 문제를 자치적으로 해결해 나가는 의결기구가 마을굿과 한 뿌리였다는 데에서도 그러한 점을 확인할 수 있다.21) 동회의 시기가 마을굿 시기와 밀접해 있다는 점에서 그 둘이 근원이 같음을 추론할 수 있다.

(5) 군사굿

군사굿으로서 마을굿이란 마을을 외적이나 외침으로부터 방어하고 보호하고자 마을 공동체가 벌이는 마을굿을 말한다. 현재 전승되고 있는 마을굿 가운데 군사굿이 독자적으로 행해지는 경우를 현실 맥락에서는 찾아보기 어렵지만, 마을 풍물굿패의 구성조직이나 마을 두레굿패의 구성조직, 그리고 마을 풍물굿의 '판굿' 또는 '판놀음' 등에 그 잔영들이 남아 있는 것을 찾아볼 수 있다.

풍물굿패의 조직구성은 제사굿인 '당산제' 등에서는 그 제의를 주도하는 조직이 되고, 노동굿인 '두레굿'에서는 노동굿을 이끌어가는 주요 조직이 되며, '백중굿'과 같은 놀이굿에서는 이 놀이굿을 주도하는 조직이 되지만, 마을의 안전을 파괴하는 외부의 침략에 대비하고 맞서기 위해서는 '군사조직'이 되었다.

---

21) 고려대 민족문화연구소, 《한국민속대관》 제1권, 고려대 민족문화연구소 출판부, 1982, 309쪽.

예컨대 진안군 성수면 도통리 중평마을의 상쇠였던 김봉렬이 이끈 풍물패의 구성조직을 보면, 기수(설명기·용기·농기·영기·오방기), 앞치배(나발수·쇠재비·징수·장구재비·북수), 뒤치배(대포수·조리중·각시·무동·양반광대), 화주 등으로 구성되는데,22) 이것은 상쇠를 중심으로 하는 일종의 군사조직의 성격을 지니고 있다. 여기서 '영기'는 두레굿에서는 노동 작업장을 표시하고 두레패를 지휘하는 역할을 하지만, 이것이 군사굿에서는 군령을 전달하는 구실로 바뀐다. 그래서 풍물굿패의 '기수'는 군대조직의 '기수'에 해당한다고 할 수 있다. 그리고 풍물굿의 '잡색놀음'에서는 이 '앞치배'는 군대조직의 '아군' 역할을 하고, '뒤치배'는 '적군' 역할을 한다. 오늘날 전승되는 풍물굿형 마을굿에서 이러한 현상이 확실하게 드러나는 것은 한겨울 '마당밟이굿'이나 마을 대동굿의 마지막 판에 벌이는 '판굿'에서이다.

예를 들어 전북 동부 산간지역의 풍물굿인 호남 좌도 풍물굿은 상쇠를 중심으로 하는 일종의 군대 진풀이를 보여주는 '앞굿'(질채굿·호호굿·자진호호굿·짝드름·느린풍류·반풍류·미지기영산·자진영산·다드래기영산·노래굿·돌굿·수박치기·등지기·군영놀이) 그리고 상쇠를 장수로 하는 아군과 대포수를 장수로 하는 적군의 싸움과 아군의 승리를 연극적으로 연출하는 '뒷굿'(도둑잽이굿)으로 구성되어 있다.23) 이것은 바로 마을굿패가 마을을 수호하는 일종의 군대조직으로 되어 있음을 말해준다.

또한 마을 두레패의 구성조직의 사례로 김제시 만경읍 대동리 소동마을 두레조직을 보면 좌상·부좌상, 수머슴, 풍물패(상쇠·수징·수장구·수북·수법고·영기잽이·대포수·새납·창부·무동·양반광대) 등으로 구성되는데,24) 이것은 군사조직의 성격을 지닌 풍물패의

22) 전북대박물관 편,《호남좌도 풍물굿》, 전북대, 1994, 15~17쪽.
23) 이보형,〈농악으로 벌이는 마을굿 당산제〉,《풍물굿》, 평민사, 1986, 120쪽.
24) 주강현, 앞의 책, 1994, 326~327쪽.

구성조직을 두레패의 수장인 '좌상'을 중심으로 개편한 것이라는 점에서, 이 또한 군사조직을 그대로 활용한 것이며, 그 두레패의 운영 방식도 군사조직과 유사하다.

군사굿으로서 전북지역 마을굿의 구조를 좀더 구체적으로 파악해보기 위해, 군사굿으로서 마을굿의 구조를 많이 '반영'하고 있는 풍물굿의 판굿 사례를 '행위소'별로 나누어 보면 다음과 같다.

① 마을 풍물굿 굿패가 풍물굿의 길굿가락을 울리면서 마을 제당으로 가서 간단하게 마을 수호신에 대한 제의를 행하는 '당산굿'을 한다.

② 마을 풍물굿 굿패가 다시 풍물을 울리며 마을 마당으로 가서 마을 대동놀이판을 정리한다.

③ 풍물굿 굿패가 '상쇠'를 중심으로 상쇠의 지시에 따라, 여러 가지 가락을 치면서 '일자진(一字陣)', '을자진(乙字陣)', '오방진(五方陣)', '쌍방울진' 등 여러 가지 군대식 '진법'을 연출하여 보여준 다음, 군대의 점호에 해당하는 '호호굿'을 한다. 이것을 '앞굿'이라 한다.

④ 풍물굿 굿패가 '달어치기', '미지기', '짝두룸', '일광놀이', '개인놀이(쇠놀이 · 장구놀이 · 소고놀이 · 잡색놀이)', '노래굿', '도둑잽이굿'(콩등지기 · 등마추기 · 앉은진풀이 · 지와밟기 · 도둑잽이 · 탈머리), '불넘기', '탈복굿'을 순서대로 공연한다. 이것을 '뒷굿'이라 한다.25)

⑤ 굿에 참여한 마을 사람들이 풍물패의 굿가락에 이끌려 굿판으로 나와 춤추고 노래하며 흥겹게 논다.

⑥ 준비한 술과 음식을 나누어 먹는다.26)

---

25) 이 '뒷굿'은 풍물패의 '상쇠'를 대장으로 하는 '아군'과 '대포수'를 대장으로 하는 '적군'의 싸움을 보여주며, 적군이 마을에 침입하여 궂은 짓들을 하자, 마을 군대가 소집되어 이들을 붙잡아 소탕하고 외침을 막아내는 줄거리를 연극적으로 연출한 굿 절차이다.

26) 홍현식 외, 《호남농악》, 문화재관리국, 1967, 48-56쪽.

위와 같은 풍물굿 공연 내용은 결국 마을굿이 일종의 군사굿으로 조직되고 운영되어 온 것임을 보여주는 것이며, 그것은 이 군사굿이 별개의 굿 구조가 아니라, 마을굿의 기본구조를 군사적인 목적에 맞게 바꾼 변이구조라는 것을 입증해 준다.

군사굿은 외침이 발생하여 마을 단위의 농민군이 동원될 때 구체적으로 작동되던 마을굿의 변이구조이다. 과거 병농일치(兵農一致)의 전통 사회에서 농민은 곧 재향군인의 역할을 해왔고, 전쟁이 일어나면 농민들은 곧바로 군사조직의 전투병이 되기 때문에, 이에 효과적으로 대응하기 위해서도 이러한 군사조직을 마을굿 안에 확보해 둘 필요가 있었다. 외침이 있을 때 농부들을 모아 진법과 전술을 악무(樂舞)로써 지휘하고 훈련하는 이 '군사굿'이 풍물굿의 '판굿'의 일부인 '도둑잽이굿'에 잘 반영되어 있다. 군사굿은 마을의 방어굿이자 훈련굿이다. 그러므로 풍물굿은 단순한 농악(農樂)이 결코 아니었다. 풍물굿의 기원설 가운데 하나인 '군악기원설(軍樂起源說)'이나 '농군악설(農軍樂說)'도 이 점을 방증해준다. 오늘날은 마을의 행정조직의 오랜 변화로 말미암아 그런 군사적 구조는 찾아보기 어렵지만, 마을굿의 변이구조로서 군사굿의 근거들이 마을굿의 풍물굿 속에서 확인된다.

한편, 전북지역 마을굿의 군사굿으로서 마을굿 조직은 근세에 이르러 동학의 조직에도 적절히 변용되어 활용되기도 하였다.27) 이 '동학 조직'은 기존의 마을굿의 군사적 구조를 일종의 근대적 혁명운동의 조직에 활용한 것이었으며, 동학농민전쟁에서 농민 자치조직인 '집강소'는 마을굿의 노동 조직인 두레굿 조직에 그 기반을 두고 있었다. 또 동학농민전쟁에서 마을의 두레 풍물패가 농민을 전투병으로 정비하여 동원하는 구실을 했던 것이다.

---

27) 신용하, 〈甲午農民戰爭과 두레와 執綱所의 폐정 개혁〉, 《東學과 甲午農民戰爭 硏究》, 일조각, 1993, 252쪽; 김지하, 《사상기행》 1권, 실천문학사, 1999, 116~117쪽.

4. 맺음말

이 글에서는 전북지역 마을굿을 대상으로 마을굿의 개념을 새롭게 확장하여 규정하고, 그 공연 행위에 초점을 맞추어 마을굿을 전통 농경 사회에서 마을 공동체의 삶의 집단적 행위를 작동시키는 하나의 '틀'로 보았다. 이런 과정의 논의를 통해서 마을굿의 종교적 · 민간신앙적 의미보다 문화적 · 사회적인 의미를 부각시켰다. 즉, 마을굿은 인간이 신과 자연과의 관계 속에서 마을 공동체에 발생하는 문제들을 공연 행위를 통해 해결함으로써 마을 공동체의 삶과 문화를 지속시키고 선별하고 변화시키는 '틀'로서 마을굿의 의미를 새롭게 발견하였다.

지금까지는 마을굿 연구는 주로 제사굿으로서 보는 마을굿에만 논의가 한정되어 왔다. 그러나 마을굿을 마을 공동체적 삶의 모든 영역에 걸쳐 나타나는 제사굿 · 노동굿 · 놀이굿 · 회의굿 · 군사굿 다섯 가지 굿으로 확장하여 봄으로써, 마을 공동체의 삶을 고착된 것으로 보지 않고, 문화적 공연 행위인 마을굿에 따라 작동되는 '과정'으로서 마을 공동체 삶의 의미를 찾을 수 있었다. 이러한 시각을 발판으로 마을굿 해석의 지평을 확대하고 심화할 수 있을 뿐만 아니라 한국 굿 문화의 다양성과 총체성을 포착하는 데에도 기여할 수 있을 것이다.

이 글은 우선 전북지역 마을굿을 논의의 대상으로 삼았지만, 여기서 취한 관점은 인근 지역을 비롯한 다른 지역의 마을굿을 해석해 나가는 데에도 유효할 것으로 생각된다. 다른 지역의 마을굿들과 비교 · 고찰을 통해 전북지역 마을굿의 특성을 더욱 분명히 하고 한국 마을굿의 위상을 정립해 나가면서 그 속에서 새로운 의미들을 찾아내는 일은 앞으로의 과제로 남겨둔다.

V 풍물굿과 음악

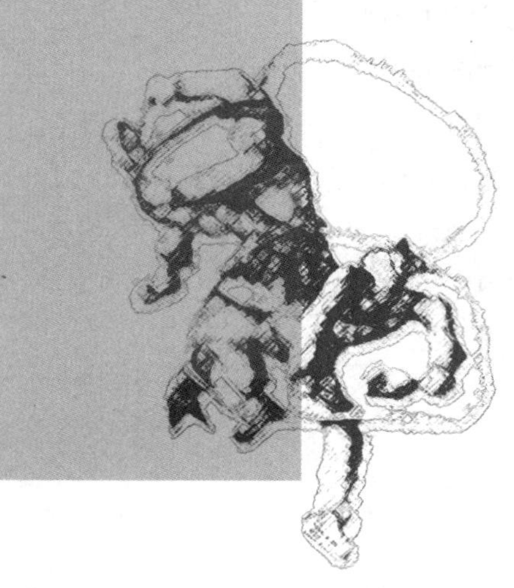

농악의 채에 대한 음악적 고찰

이보형*

1. 머리말

'외마치 질굿', '느진 삼채굿', '된 삼채굿', '세마치', '길군악 칠채', '오채 질굿' 등처럼, 농악에 '채' 또는 '마치'라는 말이 붙은 농악 가락 명칭이 각 지방 여러 곳에 있다. 그리고 농악 '십이차(十二次)'를 '십이채' 또는 '열두마치'라고 부르는 만큼, 농악 연구가들도 위와 같은 농악 가락들을 농악 십이차 가운데 한 차(次)로 간과하여, 별로 주의를 기울이지 않은 것 같다.

위에서 말한 가락들이 농악 '십이차'에서 나온 가락들이라면, '삼채굿'은 농악 십이차의 삼차(三次)가락에, '오채 질굿'은 농악 십이차의 오차(五次)가락에, 그리고 '길군악 칠채'는 농악 십이차의 칠차(七次)가락에 맞아야 할 텐데, 지금까지 수집된 수종의 농악 십이차 가락 가운데 어느 것과 맞추어 보아도 제대로 맞아들지 않고 '오채질굿'이나 '길군악 칠채'는 전혀 들어 있지도 않으니, 위에서 말한 가락에서 '채'

---

* 민속학자.

라는 것이 농악 십이차의 '차(次)'라는 말과 별개의 것이 아니냐 하는
문제가 생긴다.

  무악(巫樂)에는 '더덕채', '꺾음채', '천둥채', '겹마치' 등의 무악 장
단이 있는데, 여기서 '채'나 '마치'가 장단이란 말로 쓰이고, 이 '채'나
'마치'에 매겨진 말인 '더덕', '겹', '꺾음' 등이 그 가락의 음악적 특징
을 나타내는 것으로 보아, 농악에서 '채'나 '마치'란 말도 순전히 장단
이란 말로 봐야 한다. 그리고 '채'에 매겨진 수치나 말들도 농악 가락의
음악적 특징을 나타내는 것으로 생각되는데, 그 음악적 특징이 무엇인
지는 아직 밝혀진 바가 없다.

  이 글에서는 농악 십이차들로부터 이런 가락을 녹음·채보한 것들
을 채에 매겨진 수치와 비교하여, 이것들이 음악적으로 어떤 관계가
있는지를 밝히고, 채가 음악적으로 어떻게 해석되는지를 규명하고자
한다.

  나아가 채와 농악 십이차를 비교하여, 채가 농악 십이차 발생과 관
련이 있는지를 밝힘으로써, 장차 각 지방의 농악 십이차를 비교 연구하
는 데 디딤돌이 되고자 한다.

2. 채

(1) 채와 마치

  문헌과 현지 실기자들의 구술을 통해서 의식이라든가 진법이라든가
가락 등에서 유래된 다음과 같은 많은 농악 명칭들을 볼 수 있다.

  의식(儀式): 문굿, 당산굿, 조왕굿, 샘굿, 뒤안굿, 절굿 등
  노동(勞動): 풍장굿, 두레굿, 모방고 등

연예(演藝): 판굿, 도둑잽이굿, 설장구 등
진법(陳法): 오방진굿, 쌍진굿, 항마진 등
무용(舞踊): 등마치기굿, 안진사위, 연풍대 등
가락: 외마치 질굿, 느진 삼채굿, 된 삼채굿, 세마치, 두마치, 시산
　　　조시, 풍류굿, 도드리굿, 길군악 칠재, 길군악 칠채, 오채 질굿,
　　　다듬쇠, 영산 다드래기 등

가락에서 유래된 농악 명칭들은 '채' 또는 '마치'란 말이 들어 있는
것이 많은데, 이것들은 수치가 매겨져 있어 주목된다.

채

무악(巫樂) 장단인 울림채, 상산섭채, 더덕채, 꺾음채 등에서 보이
는 '채'란 말은 장단이란 뜻의 우리말인 것처럼, 농악 장단의 삼채굿,
오채 질굿, 길군악 칠채 등에서 나오는 '채'란 말도 농악의 장단이란 말
이 된다고 본다.

'채'는 '두드리다' 또는 '때리다'는 뜻의 '치다'·'차다'라는 낱말의
명사형으로서, 말채·파리채와 같이 때리는 기구를 가리키게 된 것으
로 보이는데, 음악에서는 북채·징채·열채·궁글채 등과 같이 타악
기를 쳐서 소리 내는 기구를 가리킨다. 국악에서 예전부터 내려오는 장
단보(長短譜)는 쌍(雙)·편(鞭)·고(鼓)·요(搖) 등의 용어를 쓰는
데, 여기서 편(鞭)은 '채' 또는 '채편'이라고도 한다. '치다'는 '연주하
다'는 뜻이 있고['굿친다' 또는 '화청(和請)친다'], '채'는 장단의 박
(拍)을 뜻하게 되므로[채편, 편(鞭)], '채'가 장단이란 의미로 쓰이는
것은 수긍이 된다.

정회갑은 전라북도 남부지방(주로 정읍지방)에서 농악 가락을 '채'
라고 부른다고 하였다.1) 홍현식은 전라 좌도와 경상도 지방에서 농악
가락을 주로 '채'라고 부른다고 하였다.2)

마치

'채'의 경우를 미루어 생각하면 무악에서 '겹마치', 민속 장단에서 '세마치'라는 말에 '마치'가 장단을 뜻하는 것과 마찬가지로, 농악의 '외마치 질굿'·'두마치'·'세마치'·'자진마치'·'단마치' 등에서 나오는 '마치'란 말 또한 장단을 뜻한다고 본다.

'마치'는 겨냥하여 때려서 맞히다(적중하다)는 뜻으로, 다음 인용문의 고어 '마치다'의 명사형으로 생각된다.

어듸라 더디던 돌코
누리라 마치던 돌코

— 〈청산별곡(靑山別曲)〉

바놀 아니 마치시면　　　　　　　　　　　　　若不中針

— 〈용비어천가(龍飛御天歌)〉 제52장

물건을 때리는 기구로 마치·망치·쇠망치 등의 말이 있는데, '채'의 경우처럼 농악이나 무악의 가락에서 박(拍)이란 말로 '마치'가 쓰이던 것이 장단을 가리키게 되었다고 본다.

정회갑은 앞의 논문에서 전라북도 북부지방(주로 익산지방)에서 '채'를 '마치'라 부른다고 하였다. 홍현식은 전라 좌도 농악에서 '열두마치', '스물네마치'라는 말을 채록했다.3)

---

1) 정회갑, 〈한국 민속무에 사용되는 음악 연구—전북농악을 중심으로〉, 《서울대학교 음대학보》 3집, 1967, 29쪽.
2) 홍현식, 〈호남농악 소고〉, 《문화재》 4호, 발행년도 불명, 49쪽.
3) ＿＿＿·박헌봉·김천흥, 《호남농악(湖南農樂)》, 문화재관리국, 1967, 56쪽.

(2) 채에 매겨진 수치

농악에서 '채'와 '마치'란 말이 들어 있는 농악 가락은 아래와 같다.

> 마치: 단마치, 외마치, 외마치 질굿, 두마치, 세마치, 자진마치
> 채: 일채굿, 이채굿, 느진 삼채굿, 된 삼채굿, 반 삼채, 자진 오채
> 굿, 오채 질굿, 길군악 칠채(또는 마당 칠채)

이것들에는 대부분 수치(數値)가 매겨져 있는데, 그 수치대로 나누어 보면 아래와 같다.

> 하나: 단마치, 일채굿, 외마치 질굿, 외마치
> 둘: 이채굿, 두마치
> 셋: 세마치, 느진 삼채굿, 된 삼채굿, 반 삼채굿, 자진 삼채
> 다섯: 오채 질굿, 된 오채굿, 자진 오채굿, 좌 오채굿, 자진 좌질굿
> 　 오채
> 일곱: 칠채굿, 길군악 칠채, 칠채 다드래기

매겨진 수치는 하나 · 둘 · 셋 · 다섯 · 일곱이 있고, 넷 · 여섯이 빠져 있으며, 여덟 이후는 없다.4)

(3) 채에 매겨진 수치와 징가락의 점수(點數)

농악 실기자들을 대상으로 채를 녹음하는 데 다음과 같은 방법을

---

4) 농악의 판굿에는 4채, 7채, 8채 같은 것들이 나오지만 이것들은 '십이차'에서
　 온 것이므로, 상용되는 농악과 구별하여 보았다. 지방별로 더 조사하면 위의
　 수치 이외에 다른 것도 발견되리라고 생각된다.

썼다.5)

　‘십이차’ 같은 판굿의 개념을 미리 주지 않고, 각 지방에서 이에 상응하는 개념의 가락인 ‘외마치 질굿’, ‘세마치’, ‘느진 삼채’, ‘오채 질굿’ 등과 같은 농악 가락을 연주하도록 했다.

　지방별 편중을 피하여 각 지방 출신을 대상으로 하되, 다른 지방의 영향을 피하여 개별적으로 연주시키고, 쇠가락과 징의 가락을 연주자 자신에게 재고시킴으로써 즉흥적 조작을 덜게 했다.

　녹음된 가락을 채보하여 채의 수치별로 늘어놓으니 〈악보-1〉과 같이 되었다.

〈악보-1〉

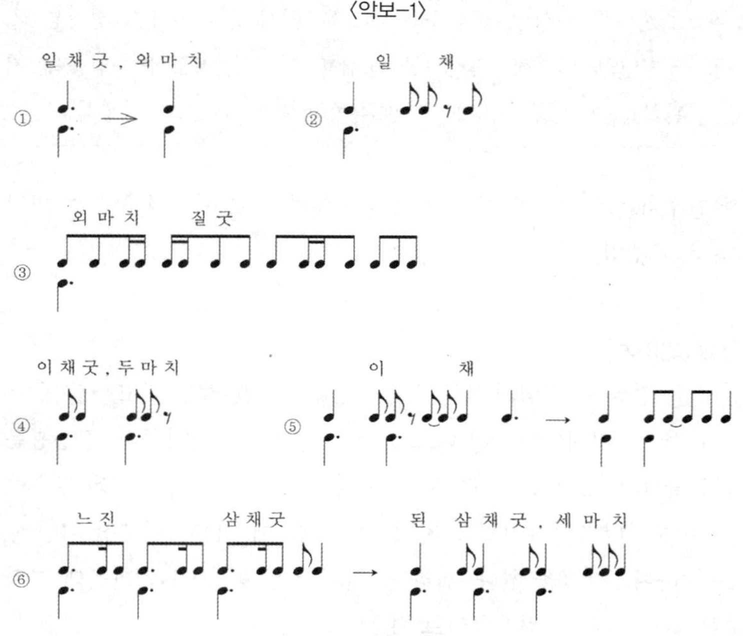

5) 이 글의 본문에 녹음 채보된 연주자는 다음과 같다.
　　남운용(南雲龍, 남, 64, 경기도 이천 출신), 지영희(池英熙, 남, 62, 경기도 평택 출신), 임광식(林光植, 남, 31, 경기도 수원 출신), 전사종(全四鍾, 남, 54, 전북 정읍 출신), 정삼용(鄭三龍, 남, 52, 전북 김제 출신)

연주자: ①전사종, 정삼룡, ②남운용, 지영희, 임광식, ③전사종, 정삼룡, ④ 전사종, ⑤지영희, 임광식, ⑥전사종, 정삼룡, 지영희, 임광식 ⑦남운용, 지영희, 임관식, ⑧남운용, 지영희, 임관식, ⑨남운용, 지영희, 임광식

각 연주자들의 가락을 채에 매겨진 수치별로 모아 하나하나 그 가락을 따져 보겠다.

일채 (외마치)

전사종, 정삼룡, 지영희, 임광식은 '일채굿'이란 말을 썼고, 전사종은 '일채굿'을 '단마치(單마치)'라고도 부른다 했다. 전사종과 정삼룡은 전라도 농악의 '일채굿', '외마치'에서 깽매기는 "깽, 깽, 깽, 깽……" 하여 매 마루마다 1박 1점씩을 쳤고, 징 또한 매 마루마다 "징, 징, 징, 징……" 하여 1점씩을 쳤다. 전라도 '일채굿'은 농악 가락 가운데 가장 단순한 가락이라 하겠다. 〈악보 ①〉

지영희와 남운용과 임광식이 연주한 경기 농악 '일채굿'에서 깽매기는 "깬지 갯지, 깬지 갯지, 깬지 갯지, ……" 하여 매 마루마다 2박에 4점이 쳐지고, 징은 "징, 징, 징, ……" 하여 매 마루마다 제1박에 1점이

쳐졌다. 〈악보 ②〉

전사종과 정삼룡이 연주한 전북 농악 '외마치 질굿'에서 깽매기는 "갱갱개래 개개깽깽 갱개개갱 갱깽깽, ……" 하고 매 마루 4박에 9점~15점이 쳐지는데, 징은 매 마루 제1박에 "징, ……" 하고 한 점이 쳐진다. 〈악보 ③〉

이채 (두마치)

전사종, 지영희, 임광식은 '이채굿'이란 말을 썼다. 김윤덕(金允德)은 전라 좌도굿에서 '이채굿'을 '두마치굿'이라 한다고 했다.

전사종이 연주한 '이채굿'에서 깽매기는 "지갱 지갯, 지쟁 지갯, ……" 하여 경기 농악의 '일채굿'에서처럼 한 마루에 2박에 4점이 쳐지는데, 징은 달라서 한 마루에 "징 징, 징 징, ……" 하고 2점씩 쳐진다. 〈악보 ④〉

지영희와 임광식이 연주한 경기 농악 '이채굿'은 "갱매 갯개 으깽 깽, 개랭 갯개 으깽 깽, ……" 하고 깽매기는 4박에 5~6점이 쳐지는데, 징은 "지징-, 지징-," 하고 제1박과 제2박에 2점이 쳐진다. 〈악보 ⑤〉

삼채 (세마치)

전사종, 정삼룡, 지영희, 임광식은 '삼채굿'이란 말을 썼다. 지영희는 '삼채굿'을 '동리 삼채'라고도 불렀는데, '동리'란 말은 '걸립패'에서 말하는 무동춤이란 뜻으로 무동춤에 '삼채굿'이 쓰인다고 한다. 전사종은 '자진 삼채'란 말을 썼고, 이것은 '느진 삼채굿'이 빨라진 것으로, 한편 '된 삼채' 또는 '세마치'라고도 부른다고 했다.

앞에 네 사람이 연주한 '삼채굿'에서 깽매기는 "갱매갱 갱매갱 갱매갱 갱깽- 개갱매 갱매갱 갱매갱 갱깽-, ……" 하고 한 마루 4박에 11점을 치는데, 징은 한 마루의 제1, 2, 3박에 3점을 친다. 〈악보 ⑥〉

오채

전사종, 정삼룡은 '오채 질굿, 자진 오채굿'이란 말을 썼고, 지영희는 '오채굿'이란 말을 썼다.

전사종, 정삼룡이 연주한 전라도 농악 '오채 질굿'에서 깽매기는 "갱 - 갱매갱 갱매갱 깽-, 갱매 갱개갱 지리갱깽 깽-, 개깽- 지르갱 지르갱 개갱-, 개갱- 개르르르 갱깨-, 응깽- 갱-깨 개개갱깽," 하여 한 마루 18박에 약 45점이 쳐진다. 징은 제1, 5, 9, 13, 16박에 5점이 쳐진다. '자진 오채굿'은 '오채 질굿'이 빨라진 것으로 박(拍)과 점수는 변함이 없다. ['오채 질굿'의 변주형으로 '좌(左)질굿 오채', '자진 좌(左)질굿 오채'가 있으나, 변형이므로 본문에서는 다루지 않겠다.] 전라도 '오채 질굿'은 2+3+3+2 …… 2소박과 3소박이 혼합된 박자이다.

남운용, 지영희, 임광식이 연주한 경기 농악 '오채굿'에서 깽매기는 "갱매갱 갱매갱 갱매갱 깽깽-, 갱-매 갱-개 응깽- 깽-깽, 갱-매 갱-개 응깽- 깽-깽" 하여 4박 한 각6)으로 한 마루7)는 3각, 모두 12박이 된다. 깽매기 점수는 첫 각에 11점, 둘째 각에 7점, 셋째 각에 7점, 합하여 25점이 쳐진다. 징은 첫 각에 3점, 둘째, 셋째 각에 각각 한 점씩 하여 모두 5점이 쳐진다. 제1각은 '삼채굿'과 일치한다. 〈악보 ⑦, ⑧〉

칠채

남운용과 지영희와 임광식은 경기 농악 '길군악 칠채' 또는 '마당 칠채'가 있다고 하였다.

남운용과 임광식과 지영희가 연주한 경기 농악 '길군악 칠채'에서 깽매기는 "갱매갱 깽-, 갱매갱 깽-, 갱매갱 갱매갱, 갱매갱 깽-, 갱매 갱 깽-, 개갱 갱매갱, 갱-- 깽-," 하고 14박 30점이 쳐진다. 징은 앞

---

6) 국악 정간보에서 사용하는 용어로 언어의 단위로 말하자면 '3절' 정도에 해당하는 것이다.

7) '각'이 모여 이루어진 좀더 큰 단위이다.

의 세 명이 모두 제1, 3, 5, 6, 7, 9, 11박에 7점을 친다. 〈악보 ⑨〉

　전남 농악에 있는 '칠채 다드래기'는 녹음하지 못하여 가락을 알 길이 없다.

　각 채의 깽매기 가락 박수(拍數)와 점수(點數), 징의 점수를 연주자별로 벌여 놓으면 〈표-1〉과 같이 된다.

〈표-1〉 연주자별 깽매기 가락의 박수와 징수

채	연주자	깽매기 (박수)	깽매기 (점수)	징 (점수)	호칭
일채	전사종	1	1	1	일채굿, 외마치, 일채굿
	정삼룡	1	1	1	일채굿
	남운용	2	4	1	동리일채
	지영희	2	4	1	일채굿
	임광식	2	4	1	일채굿
외마치질굿	전사종	4	9~15	1	외마치질굿
	정삼룡	4	9~15	1	외마치질굿
이채	전사종	2	4	2	이채굿
	지영희	4	5~6	2	이채굿
	임광식	4	5~6	2	이채굿
삼채	전사종	4	11	3	삼채굿, 세마치
	정삼룡	4	11	3	삼채굿, 세마치
	지영희	4	11	3	동리삼채
	임광식	4	11	3	삼채굿
오채	전사종	18	45	5	오채질굿
	정삼룡	18	45	5	오채굿
	지영희	12	25	5	오채굿
	임광식	12	25	5	쪽지
	남운용	12	25	5	쪽지
칠채	지영희	15	30	7	길군악 칠재, 마당칠채
	임광식	15	30	7	길군악 칠채, 마당칠채
	남운용	15	30	7	길군악 칠채, 마당칠채

| 참고 | 민요에서 '세마치'와 농악에서의 '네마치'('사모재비')는 징가락이 아니라 북가락에서 나오는 것 같다. '세마치'는 북이 세 번 쳐지고 '네마치'는 북이 네 번 쳐진다.

　〈표-1〉에서 보이는 바와 같이, 채에 매겨진 수치와 채가락의 비교에서 얻어진 가장 중요한 점은 '채'에 매겨진 수치와 '채'의 징가락 점

수가 일치한다는 사실이다. 이것은 채가락의 박수나 깽매기의 점수와
는 관계없이 오직 징의 점수에 달려 있다는 것이다.

3. 무악과 농악의 채

(1) 굿과 채

무속에서 무행신사(巫行神事)하는 의식을 '굿'이라 하여 '제석굿'·
'군웅굿'·'성주굿' 등으로 불리듯이, 농악에서도 이와 같이 의식이 행
해지는 농악은 반드시 '굿'이라 하여 '문굿'·'당산굿'·'조왕굿' 등으
로 불린다.

무악에서 장단 가락을 '채'라 하고 '더덕채'·'천둥채'라 부르는 것
은, 농악에서 농악 가락을 '채'라 하여 '된 삼채'·'오채 질굿'·'길군악
의 칠채'라 부르는 것과 같다.

나아가 무악 장단 '채'에 매겨진 말은 모두 장단 가락의 음악적 특징
을 나타내는데, 이것은 농악의 '채'에 매겨진 수치나 낱말이 농악 채 가
락의 음악적 특징을 나타낸 것을 (본문에서 밝힌 대로) 알 수 있다. 무
악에서 '꺾음채'는 가락이 꺾어지는 데에서, '천둥채'는 북편을 세게 연
거푸 쳐서 마치 천둥소리같이 들리는 데에서, '더덕채'는 "더덕" 하고
채편이 재쳐치는 데에서, '겹마치'는 '굿거리' 같은 단순한 마루가 둘이
겹친 것처럼 된 데에서 온 말들이다.[8]

8) 지영희의 증언과 연주에 따른 것임[지재덕, 〈신악(神樂) 연구〉,《藝術論文集》
   4호, 1966, 쪽수 미상; 박헌봉,《진쇠장단 외 십일(十一) 장단》(무형문화재 조
   사보고서 28호), 1966, 1~40쪽].

(2) 무악과 농악의 징가락

　오늘날 농악은 '상쇠'의 깽매기가 주가 되어 농악을 이끌어 나가면 징은 이를 따라 친다. 또 '삼채굿'이나 '이채굿' 따위는 징이 한 마루 세 번 치던 것을 오늘날에는 한 마루에 한 번만 치는 경향이 있다.

　'채'의 기준을 징에 두어 '일채', '이채'라 부르던 것이 오늘날에는 징에 기준을 두지 않고 깽매기에 기준을 둔다. 그래서 징에 기준을 두어 한 마루에 징이 여러 번 치던 것이 본래 형태냐 아니냐 하는 문제가 대두된다.

　경기·충청·전라도 무악에서 악기 편성은 징, 장구 등 타악기와 삼현육각으로 이루어지며 이 가운데 가장 중심이 되는 악기는 징이다. 전라도 무악에서 극소편성(極小編成)의 경우 단골이 혼자 징을 쳐가며 무가를 부르게 된다.

　무악에서 징은 무악 장단의 기본 골격을 치고, 장단 한 마루에 징은 여러 점이 쳐진다. 전라도 무악에서 '신임 장단'의 경우 한 마루 4박으로(2+3+3+2) 징이 6점 이상 쳐진다. '살풀이'는 한 마루 6박인데 징이 8점 이상이 쳐진다. 전사종이 연주한 '일채굿'의 네 마루 또는 '이채굿'의 두 마루를 합하면 경기 무악의 '자진 타령'과 같은데, 서울 무악에서는 이 '자진 타령'의 경우 징이나 바라는 매 박마다 1점씩 꼭 친다. '삼채굿'은 민속악의 '타령'과 같은 장단으로, 전국 어느 농악이나 반드시 끼어 있다. 북청사자놀이와 야유오광대(野遊五廣大)의 무용 음악도 '삼채굿'과 마찬가지이다. 경기 무악에서 '느린 타령'의 경우 한 마루는 4박인데, 바라나 징은 제1, 2, 3박을 강하게 3점 치거나 제3박에 한 점을 더 재쳐 쳐서 4점을 치는데, 이는 농악의 '삼채굿'에 징이 3점 쳐지는 것과 같다.

　《삼국지》 위지 동이전 마한조에 "해마다 오월에 씨뿌리기를 마친 후에 귀신에게 제사를 지내고 여럿이 모여 노래하고 춤추고 술을 마시고 밤낮으로 쉬지 않았다"9)라는 기록처럼, 제귀신악(祭鬼神樂)과 군취가무악(群聚歌舞樂) 같은 형태의 것이라면, 농악과 무악은 같은 편성에서 출발된 것이 아닐까? 그렇다면 농악에서도 징을 자주 쳐서 '채' 가락의 기본 골격을 이루던 것이, 깽매기에서 잔가락이 더해진 뒤로 징이 상대적으로 퇴화되고 오늘날에는 한 마루 합박(合拍)에만 치는 구실만 하게 된 것이라고 생각된다.

오늘날 일반 농악은 깽매기가 앞서가며 농악대를 주도해 가고 징은 바로 뒤를 따르나, 무속 의식 중에 어떤 경우는 징이 농악대의 맨 앞장을 서서 한 마루에 여러 점을 치면서 주도하는 의식이 남아 있다(당산굿). 경기 농악에는 한 마루에 징이 여러 번 쳐지는 가락이 아직 많이 남아 있다. 아직도 흔적만 남은 징이나 북의 원점은 농악 가락의 원형이라 생각된다.

(3) 채의 혼합박자와 복합박자

농악에는 3+3+3+……, 즉 3소박자로만 조합된 박자가 있다.

- 농악: '삼채굿' '세마치' '외마치 질굿'
- 무악: '굿거리' '타령' '살풀이'

〈예〉'삼채굿': 3·3·3·3 (방점은 징의 점수)

농악에는 2+2+2+……, 즉 2소박자로만 조합된 단순박자가 있다.

- 농악: '일채굿' '휘머리' '구정놀이' '사모재비'
- 무악: '안진반' '구정놀이' '당악'

---

9) 《三國志》, 魏誌 東夷傳 馬韓條. "常以五月下種訖 祭鬼神 群聚歌舞飮酒 晝夜無休"

〈예〉 '일채굿': 2 · 2 · 2 · 2 (방점은 징의 점수)

농악에는 3분박자와 2분박자가 섞여서 조합된 혼합박자가 있다.

· 농악: '오채 질굿' '길군악 칠채'
· 무악: '진쇠' '올림채' '신임장단'
〈예〉 '오채 질굿': 2 · 3 · 3 · 2 · 2 · 3 · 3 · 2 · 3 · 2 · 2 · 3 · 3 · 3
　　　　　　　· 3 · 3 · 3 · 3 · 3
'길군악 칠채': 3 · 2 · 3 · 2 · 3 · 3 · 3 · 2 · 3 · 2 · 2 · 3 · 2 · 3
'진쇠 장단': 3 · 2 · 2 · 3 · 2 · 3 · 2 · 3 · 2 · 3 · 3 · 2 · 3 · 3 · 2 ·
　　　　　　3 · 3 · 2 · 3　　(방점은 징의 점수)

혼합박자로 된 '오채 질굿' '길군악 칠채'는 무악의 '진쇠' '올림채' 등과 마찬가지로 연주하기가 매우 까다롭다. 이런 까다로운 박자들이 한국 음악 가운데서는 고형(古形)에 속하는 것을 볼 수 있다.

상영산(上靈山), 중영산(中靈山), 세영산(細靈山), 여민락(與民樂):
　 3 · 2 · 2 · 3
청산별곡(靑山別曲), 사모곡(思母曲), 서경별곡(西京別曲): 3 · 2 ·
　 3 · 3 · 2 · 3
가곡(歌曲): 3 · 2 · 3 · 3 · 2 · 3
시조, 노랫가락: 3 · 2 · 3 · 2 · 3, ……
엇모리 · 화청(和請): 2 · 3 · 2 · 3
회심곡(回心曲): 2 · 3 · 2 · 2……

정회갑도 다음과 같은 종류의 농악 가락을 소개한 바 있다.

경기 안성: 3·2·3·2·3·3·3·2·3·2·2·3·2·3

(길군악 칠채와 같다)

전북 익산: 3·3·3·2·3·2·3·3·3·2·3·2

경기·삼창차악단(三唱次樂團): 3·3·2·2·3·3·3·3

(길군악 칠채가 빨라진 것, 방점은 징의 점수)

농악의 일반적인 현상으로 느린 가락에서 빠른 가락으로 가속되는 현상과 빨리 몰아서 극한 데 이르면 다시 굿머리로 돌아가 느린 가락을 치기 시작하는데, 이때는 앞에 시작하던 것보다 느린 가락으로 굿머리를 시작하는 현상을 겸하고 있다.

일채굿→

이채굿→일채굿→

느진 삼채→된 삼채→이채굿→일채굿

오채굿→삼채굿→이채굿→일채굿→

마지막의 경우는 전라도 농악에서 볼 수 있는 것으로 대규모의 경우는 다음과 같다.

느진 오채굿→된 오채굿→느진 좌질굿 오채→된 자질굿 오채→느진 삼채굿→된 삼채굿→이채굿→외마치

이것은 한국 음악에서 다음 사례들과 같이 느린 곡에서 빠른 곡으로 연주되는 일반적인 원칙과도 통한다.

긴 육자박(六字拍)이→자진 육자박이

긴 염불(念佛)→자진 염불

〈산조〉 진양→중모리→중중모리→자진모리→휘모리
〈영산회상〉 상영산→중영산→세영산→…… 상현환입(上絃還入)→……
　　　타령→…… 양청

　또 한 가지 중요한 점은 혼합박자에서 복합박자로 바뀌다 다시 단순박자로 변하는 현상이다. 이 점을 〈영산회상(靈山會相)〉과 비교해 보면 다음과 같다.

　　상영산, 세영산: 혼합박자 (3·2·2·3)
　　상현환입(上絃還入): 혼합박자 (3·3·3·3)
　　타령(打令): 복합박자 (3·3·3·3)
　　양청(兩淸): 단순박자 (2·2·2·2)
　　오채굿, 자진 오채굿: 혼합박자 (2·3·3·2·2·3·3·2·3·2·
　　　2·3·3·3·3·3·3·3)
　　느진 삼채굿, 된 삼채굿: 복합박자 (3·3·3·3)
　　이채굿: 복합박자 (3·3 / 3·3)
　　　　: 단순박자 (2·2 / 2·2)
　　일채굿: 단순박자 (1·1·1·1)

　혼합박자인 상영산이 〈영산회상〉 가운데 가장 고형(古形)의 곡이고 보면, 농악에서 혼합박자인 '오채 질굿'과 '길군악 칠채'는 무악의 '진쇠'나 '올림채' 등과 함께 고형의 가락임에 틀림없다.

4. 채와 십이차

(1) 농악 십이차의 문헌들

농악 십이차는 각 지방에 산재해 있어 이에 관한 보고서와 논문이 학계에 소개되었다.

유세기

유세기(柳世基)는 '농악 가락과 채의 구분'이라는 주제로 한 강연에서 "채는 차(次)요, 차(次)는 가락이니, 십이(十二)채는 십이 가락이다"라고 하였다. 강연 중에 제시된 악보를 보면 두 박 정도의 깽매기 가락 단편을 12종 소개했는데, 이 악보와 강연 내용을 종합해 보면, 유세기가 본 농악 십이차는 12종의 리듬 단편(rhythm fragments)으로 본 것이지, 12종의 농악 장단으로 본 것 같지는 않다.10)

정회갑

정회갑(鄭回甲)은 〈한국 민속무에 사용되는 음악 연구〉와 〈경기도 농악의 연구〉11)라는 두 편이 논문을 통해서, 전북 농악과 경기 농악의 농악 십이차에 대한 음악적 규명을 하려 하였으나, 보유자들의 음악적 형태가 상이하여 확실한 결론을 못 내리고 있다.

위의 논문에 소개된 전북 정읍의 박판금(朴判金)이 연주한 농악 십이차 악보를 보면, 깽매기 가락은 12/8 박자 또는 18/8 박자로 두 소절 식으로 되었으나 징수가 미숙한 연주자여서 징가락이 불완전하게 되어 있다. 박판금 농악 십이차는 12종류의 농악 가락을 집성한 것 같

---

10) 유세기, 〈농악 가락과 채의 구분〉, 1960년 11월 23일 국립국악원 월례국악강연회 초록집, 1960.
11) 정회갑, 〈경기도 농악의 연구〉, 《서울대학교 음대학보》 4집, 1968.

은데, 제1채~제6채, 제9채는 단순한 박자에서 복잡한 박자로 되는 구
조상의 원칙이 보이나, 제7채, 제8채, 제10채~제12채는 비슷한 가락들
이어서 8채 이후는 억지로 채워서 나열한 것같이 되었다.

유기룡

유기룡(劉起龍)은 무형문화재 조사보고서《농악12차》에서 주로 경
상도 지방의 농악 십이차를 중심으로 하여, 민속적인 자료를 중점적으
로 집성하였다. "농악에서 차(次)는 십이악장(十二樂章), 즉 십이차
(十二次; 열두거리)로 조성되고 진법(陳法)은 이 차(次) 안에 들어
있다"고 농악 십이차를 설명하고 있다.12)

위의 보고서에는 진주 사람 황백일(黃日伯)과 삼천포 사람 문백윤
(文伯允)의 농악 십이차가 각각 소개되었다.

황일백의 농악 십이차는 각 차에 기왕에 존재하는 농악 명칭들이 그
래도 붙어 있어, 다음과 같이 12개의 농악 가락을 집성한 조곡(組曲)
과 같이 되었다.

　　　일차 — 길군악

　　　이차 — 반삼채

　　　삼차 — 도드리

　　　사차 — 사모잡이

　　　오차 — 반영산 등등

문백윤의 농악 십이차에도 황일백과 마찬가지로 각 차에 농악 명칭
이 붙어 있다. 다른 점은 각 차(次)가 3개로 나뉘어 이른바 십이차 삼
십육 가락으로 되었고, 각 가락은 진법에 대한 일련의 의미가 붙어서

---

12) 유기룡,《농악12차》(무형문화재 조사보고서 9호), 1965, 52쪽.

십이과장(十二科場) 삼십육면(三十六面)의 서사무용극(敍事舞踊劇) 같이 편성되고 있으나, 그것이 인위적으로 각 진법에 서사적 내용을 단 것인지 연구해봐야 알 일이다. 이는 다음과 같이 구성되어 있다.

제일차 — 얼림굿놀이 — 준비굿
　　　 — 진풀이 오방진 — 기초진법
　　　 — 다드라기 — 적(敵)에 박출(迫出)굿
제이차 — 광대굿 — 군사흥미를 돋우는 굿
　　　 — 쌍진풀이굿 — 진을 두 개로 함
　　　 — 덧배기 법고놀이 — 용감을 고취
제삼차 — 자진 어림굿 — 싸우러 가는 준비

　황일백과 문백윤의 각 차(次)에 대한 농악 가락 각 명칭이 서로 같지 않은 데가 있어서 겉으로 볼 때 가락이 달리 된 것 같으나, 두 사람의 가락을 비교하여 듣지 못하였다. 유기룡은 양자의 음악이 대동소이하다고 하였다.

　황일백의 농악 십이차 가락이 녹음된 것을 들어 박판금의 가락과 비교하여 보니, 두 사람의 '제일차'와 '제이차'는 같은 가락으로 되었으나 '제삼차' 이후는 같지 않았다.

홍현식

　《호남농악》과 논문 〈호남농악 소고〉를 발표한 홍현식(洪顯植)은 '12차(次)'니 '24차(次)'니 하는 것은 동위적(同位的)인 연순차(延順次)이고, '12수치(數值)'는 중국 고사에 구결(拘決)되어 배합부회(配合附會)하는 데에서 연유한 것이라고 하여[13] 농악 십이차를 중요시하

---

13) 홍현식, 《호남농악(湖南農樂)》(무형문화재 조사보고서 33호), 1967, 25쪽.

고 있지 않다. 위의 보고서에 "'열두마치 판굿', '춤굿', '1채', '2채', '7 채'를 치며"라든가 "스물네마치 판굿" 등의 단편적인 구절이 나오는데, 이것들이 음악적으로 농악 십이차와 같은 것인지 다른 것인지는 설명되어 있지 않다.14)

위의 문헌에 나타난 농악 십이차는 음악적으로 서로 다르고 개념마저 다르다.

음악적으로 상호 비교하는 일은 다음 기회로 미루고, 우선 본문에서는 예로 각 십이차의 제사차 가락을 들면 유세기는 "갱-매 깨갱-" 하여 3소박자로 2박이고 4점이 쳐진다. 박판금은 "갱-개 갱-개 갱=개 개갱-" 하며 3소박자로 4박이고 8점이 쳐진다. 황일백은 "갱 개개 응 개 갱" 하여 2소박자로 4박이고 5점이 쳐진다. 세 사람을 예로 든 제4차 가락이 서로 다른 것을 볼 수 있는데, 다른 차(次)들도 서로 다르다.

유세기의 농악 십이차는 12종의 율동단편(律動短片; rhythm fragments)을 나열한 것이고 박판금의 것은 12종의 농악 가락 편성이고, 황일백과 문백윤의 것은 농악 가락 12조곡(十二組曲)에 따라 진법이 편성되었다. 완전한 가락이 아니고 리듬 단편만 제시한 유세기의 것은 너무 불완전하여 농악 십이차 비교연구에 오히려 혼란을 주고 있다.

(2) 채와 차

농악 십이차(十二次)에서 나타나는 '차(次)'와 '느진 삼채굿', '오채 질굿' 등 가락에서 보이는 '채'를 비교하여 보겠다.

농악 십이차도 '십이채' 또는 '열두마치'라 부르므로 '채'라고 불리나, 본문에서는 서로 혼동을 막기 위하여 '차'로 한정하여 부르겠다.

---

14) 위의 책, 52 및 56 및 59쪽.

음악적 형태

'채'는 가락 자체만 가리키고 어느 한 채가 다른 채의 가락이나 진법과 관련을 두지 않아도 된다. '차(次)'는 반드시 '십이(十二)'라는 편성 속에서 의미가 있는 것이고 진법이 딸리기 마련이다. '차'는 십이편성(十二編成)을 떠나면 '채'와 마찬가지로 일반적인 가락이 된다. 뒤집어 말해서, '차'는 '채'와 같은 기왕 있는 가락을 십이편성한 것으로 되었다.

'채'는 매겨진 수치와 가락의 음악성이 서로 관련이 있으나, '차'는 그것의 매겨진 수치와 가락이 음악적인 관련성은 없다.

'채'에는 고형(古形) 한국 음악에 보이는 혼합박자가 몇 가지 보이나 '차'에는 그런 가락이 보이지 않는다. 이 점은 '채'가 '차'에 선행한다는 재미있는 사실이다.

연주 형태

'채'는 일반적으로 쓰이는 여러 농악 가락에 들지만, '차'는 판굿 중에서만 사용된다. '삼채굿'은 어느 지방에나 널리 쓰이는 채이고, '오채질굿'과 '외마치 질굿'은 전라도에서; '길군악 칠채'는 경기도에서 질굿, 즉 행진곡으로 쓰이던 가락이다. 행진곡은 필수적으로 상용되는 농악이다.

'채'는 산간벽촌에서도 노련한 실기자라면 연수할 수 있으나, '차'는 농악 중심지에 있는 특별히 세련된 농악 팀에서만 연주된다.

호칭

'채'는 '차(次)'라는 말을 빌려 쓰지 않지만, '차(次)'는 '채' 또는 '마치'란 말을 빌려 쓴다. 농악에서 '채'는 무악의 '채'와 같은 뜻으로 쓰이나, 농악의 '차'에서 쓰이는 '채'의 뜻은 무악의 '채'라는 뜻과 다르게 쓰인다.

위에서 밝힌 여러 사실을 미루어 생각하면, '채'는 '차'와 관련이 없이 본래부터 따로 있었던 것임을 알 수 있다.

(3) 농악 십이차의 형성과정에서 채의 역할

농악 십이차의 형성 과정을 밝히는 일은 어려운 일이므로 여기에서는 다만 음악적으로 보아서 농악 십이차의 구조에서 '채'가 농악 십이차 발생 과정에서 어떤 구실을 한 것인가를 살펴보고자 한다.

'채'에서 일채굿·이채굿·삼채굿·오채굿·칠채굿을 차례로 놓고 보면, 그 음악적 구조가 단순한 것에서 복잡한 것으로 되었다.

농악 십이차는 각 지방이 서로 다르지만, 일차(一次)에서 오차(五次)까지는 단순한 것에서 복잡한 것으로 되었다.

	박판금	황일백	경상도	전라도	경기도
일차	깽매기 4점	길군악	길군악	길군악	길군악
이차	깽매기 5점	반삼채	우물굿	들당산	일자법구
삼차	깽매기 5점	도드리	지화굿	된삼채	덩더궁
사차	깽매기 8점	사모잡이	영산 다드래기	영산 다드래기	양좌치우기
오차	깽매기 8점	반영산	광대굿	품앗이굿	돌림법구

황일백·경상도·전라도·경기도의 '차'는 유기룡의 조사에 따른 것으로[15] 어떤 것은 칠차나 팔차까지만 짜인 것이 있다.

박판금의 일차는 전라도 '일채굿'과 같고, 이차는 징이 두 번 들어가며 삼차는 '세마치'와 같다(징의 점수가 점이 못되는 것은 미숙한 징수 때문이라 한다.).

무속 십이 거리, 판소리 십이 마당, 십이 잡가 등은 기왕 있던 것들은 십이라는 수치에 맞춘 것과 같이, 농악 십이차 또한 본래 있던 가락

---

15) 유기룡, 앞의 책, 53 및 120쪽.

을 십이라는 수치대로 편성했다고 보이는데, 농악에서 일차, 이차라는 순차개념(順次概念)의 발생 동기가 어디서 나왔는가 하는 문제가 생긴다.

농악에서 흔히 '채'를 연주하는 관례가 있는데, 다음과 같이 굿머리를 잡는다.

일채→
이채→일채→
자진 삼채→이채→일채→
느진 삼채→자진 삼채→이채→일채→
오채→삼채→이채→일채→

굿머리 가락만 들어보면, 일채, 이채, 삼채, 오채가 된다. 따로 또 칠채가 있으니 수열대로 놓으면 일채, 이채, 삼채, 오채, 칠채가 된다. 농악대의 상쇠는 판굿의 편성을 맡고 있는데, 이런 편성에 십이수치(十二數値) 개념을 도입하여 위의 수열에서 빠져 있는 사, 육에 기왕 있던 가락들로 매우고 다시 팔에서 십이까지 채워, 십이가락 편성을 할 수 있는 것은 가능하다.

여기에 진법이 따르니, 무용 동작에 불편한 '오채'나 '칠채' 따위는 빠지고, 전체적인 악곡 변화를 위하여 앞뒤를 바꾸는 것도 할 수 있다. 십이채 편성의 동기는 다른 지방에 퍼져, 지방마다 그 지방에 전래되는 가락들로써 농악 십이채 편성이 이루어진 것 같다.

진법놀이가 서열이 굳어져 십이채에 대한 순차개념이 생겨서 '십이채'는 '십이차'로 불리게 되고, 진법놀이에 각각 의미를 부여하므로 '십이과장'과 같은 관념이 생겨 '농악 열두 마당'이라는 명칭까지 생긴 것으로 보아진다. 정회갑에 따르면 전라북도 전주, 이리에서 농악 십이채를 '열두 마당'이라고 부른다고 한다.16)

〈그림-1〉 채의 형성

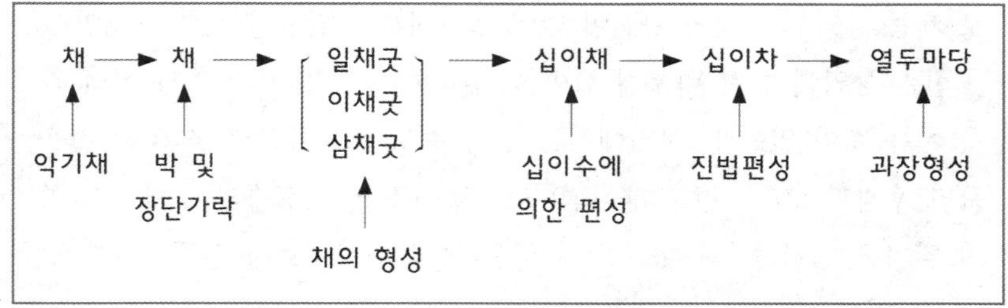

5. 맺음말

농악에 있는 '외마치 질굿', '된 삼채', '오채 질굿', '길군악 칠채', '세마치' 등의 농악 가락에서 '채'나 '마치'는 무악에 있는 '꺾음채', '더 덕채', '겹마치' 등의 '채'나 '마치'처럼 장단이란 뜻으로 쓰인다. 농악 가락 '채'나 '마치'에는 수치가 매겨져 있는데, 녹음된 가락과 비교하여 보니, 다음과 같이 그 수치는 징가락의 점수와 일치한 것을 알았다.

일채굿, 외마치 질굿→징 1점

이채굿, 두마치→징 2점

느진 삼채, 된 삼채, 세마치→징 3점

오채 질굿, 오채굿→징 5점

길군악 칠채→징 7점

그런데 농악 십이차를 '십이채' 또는 '열두마치'라고도 부르므로, 위의 채가락을 농악 십이차의 차수(次數)에 맞추어 보니 전혀 맞지 않으

---

16) 정회갑, 〈한국 민속무에 사용되는 음악 연구—전북 농악을 중심으로〉,《서울 대학교 음대학보》3집, 1967, 29쪽.

며, 또 농악 십이차는 각 지방의 것이 서로 다른 것을 알아냈다. 그러므로 채는 농악 십이차와 관련이 없이 독자적으로 발생한 것으로 보인다.

현존 농악에서 한 마루에 합박(合拍) 한 점만을 치는 형과 여러 점을 치는 형이 있는데, 무악에서는 징이 주도하며 여러 점을 치는 것을 보면 후자가 고형이라고 생각된다. 이것으로 징의 점수와 가락의 명칭이 맞아 들어가는 '채'가 그렇지 않은 농악 십이차보다 선행된다고 말할 수 있다.

오채 질굿과 길군악 칠채는 혼합박자로 되어 있는데, 혼합박자는 한국 음악에서 고형의 박자이다. '십이차'에는 이런 것이 별로 없다.

농악 십이차에서 '차(次)'와 위에 보인 가락의 '채'와 그 구조상·음악상·연주상 여러 점으로 비교해 볼 때, '채'는 '차'보다 선행한다는 것을 알 수 있다.

농악 십이차의 일차에서 오차까지의 음악 구조를 살펴보니, 그것은 '채'의 일채에서 이채, 삼채, 오채굿까지 단순한 가락에서 복잡한 가락으로 이어지는 음악적 구조와 통한다. 어떤 보유자의 농악 십이차는 일차와 일채굿, 삼차와 잦은 삼채굿이 같은 가락으로 된 것도 있다. 농악에서 굿머리를 돌려가며 연주할 때 일채, 이채, 삼채, 오채 순서로 굿머리를 시작하는 곳이 있는데, 여기에 칠채를 붙이면 1, 2, 3, 5, 7의 수열이 된다. 이것이 십이수열 편성의 동기가 되어, 12종류의 재래 가락을 집성하여 십이채가 편성되고, 십이채에 12종류의 진법이 편성되면서 과장(科場) 관념이 생겨서 '농악 십이차' 또는 '농악 열두마당' 개념이 형성되었다고 보인다.

농악에서 채보와 분석의 문제

김현숙*

1. 머리말

한국 음악은 리듬이 매우 발달해 있는 것으로 알려져 있다. 혼합박자·복합박자·단순박자 등 다양한 박자의 발달, '이수대엽(二數大葉)'이나 '상영산(上靈山)'과 같이 매우 느린 템포에서부터 단모리와 같이 매우 빠른 템포에 이르는 광대한 템포 영역, 동일박자 동일템포 안에서도 무한히 변화를 줄 수 있는 다채로운 리듬꼴 등은 한국 음악을 역동적으로 만들고 있다. 이렇게 리듬이 발달한 한국 음악의 여러 장르 가운데서도 가장 리듬의 발달이 두드러진 것은 바로 농악이다. 한국음악 선율의 근간을 민요에서 찾을 수 있듯이, 한국 음악 리듬의 바탕은 농악에서 찾을 수 있다고 본다. 농악의 리듬에 관한 연구는 다른 갈래의 리듬과 관계된 문제를 원활히 해결하는 데 도움이 될 것이다. 그런데 그동안 민요에 대하여는 많은 관심과 함께 연구가 이루어지고 있으나 농악에 관해서는 연구가 그다지 활발하지 못한 실정이다.

기존 연구들에 따르면 만족할 만한 수준은 아니지만 어느 정도 농악이 지닌 사회적 기능이나 의식 구성, 예술적 특성, 다른 예술과의 상관

---

* 목포대학교 국악과 강사.

성 등에 대하여는 어느 정도 윤곽이 잡혔다고 본다. 그러므로 이제는 그 자체의 내용에 대한 심층적인 연구, 즉 농악 작품의 음악·무용적 구조, 각 지방의 작품구조 및 가락의 비교, 같은 가락에 대한 악기 간의 비교, 가락과 가락의 구조 비교, 명칭과 내용의 비교 검토, 명칭의 통일 등에 대하여 관심을 가져야 할 것이다.

무엇보다 중요한 것은 그러한 연구를 위한 기초자료의 확보이다. 그 음악과 무용의 채보는 다른 무엇보다도 선결되어야 할 당면 과제이며 그런 뒤에라야 분석과 비교가 이루어질 수 있을 것이다. 필자는 여기서 많은 국악 학자들이 민요에 대하여 채록하고 채보하는 그 열의를 농악에도 좀 가져 주기를 요청한다. 연로한 선소리꾼이 타계하고 있듯이 연로한 상쇠들도 점점 사라지고 있기 때문에 이것은 절박한 것이다. 이 글은 농악 가락의 채보나 분석에서 기존의 채보자 또는 연구자들이 농악 가락의 구조에 대하여 잘못 이해함으로써 발생하는 오류를 살피고, 그것을 정정함과 아울러 앞으로 진행할 채보나 분석을 위하여 미리 알고 있어야 할 농악 가락의 구조에 대한 몇 가지 기초적인 사실을 제시하기 위한 것이다.

2. 채보와 관련된 문제

농악에 대한 음악적 연구는 '(현장조사)–(채록)–채보–분석–기술'의 과정으로 진행된다. 그런데 만약 그 가운데 한 가지 과정에서라도 객관성이 결핍되거나 잘못된 방법이 사용되었을 경우, 그 연구의 신빙성은 없어진다. 특히, 연구의 기초자료가 되는 채록 악보에 문제가 있으면 그것을 토대로 한 연구란 분석이나 해석 방법이 제아무리 뛰어나다 하다라도 그 결과는 볼 것이 없어지고 마는 것이다. 채록 악보는 연구의 기초자료가 될 뿐 아니라 가락의 기록화라는 측면에서도 중요하다. 그런데 저술은 있어도 채보된 가락은 그다지 많지 않다. 있다 해도 단편적인 가락에 대한 채보가 대부분이다. 그 이유는 농악의 음악적인 내용보다도 외형적 측면에 더 관심이 많았기 때문으로 보인다. 가락의 비교도 어느 가락이 먼저 만들어졌고 어떤 가락이 나중에 만들어졌나 하는 가락의 형성사적 연구를 위한 과정의 하나로 이루어졌다. 물론 그러한 연구가 소용이 없는 것은 아니나, 대부분의 민속음악과 마찬가지로 농악도 채보 작업과 구조체계연구(systematic study) 작업이 더 시급하다고 본다.

기존 연구논문에서 채보된 가락으로는 이정범 설장구 가락(이경혜), 김병섭 설장구 가락〔프로바인(Provine), 주영사, 전인평〕, 웃다리 농악의 설장구 가락(홍종진 채보의 박은하 논문), 임실 필봉 농악의 쇠가락과 징가락(김현숙), 진안 농악의 쇠가락과 징가락(김현숙), 남원 상쇠 유명철, 임실 상쇠 양순용, 진안 상쇠 김봉렬, 전주 상쇠 박오복 등의 영산가락(김학주) 등이 있다. (이외에 문화재관리국에서 조사하고 펴낸 보고서 가운데 농악 가락이 채보된 것으로《필봉농악》이 있는데, 가락이 모두 채보되지 못했고 단편적이며 그나마 잘못 채보된 부분이 많다. 그 잘못은 조사 기간이 짧아 녹음으로만 듣고 채보한 탓이라 여겨진다.)

기존 채록 악보들을 검토해 보면 채보에서 몇 가지 문제점이 발견된다. 그 문제점들은 다음과 같다.

첫째, 앞꾸밈음〔前打音〕과 뒤꾸밈음〔後打音〕의 혼동이다. 농악뿐만 아니라 우리 전통음악에는 뒤꾸밈음이 매우 발달해 있다. 앞꾸밈음이 대개 악곡이나 장단의 첫머리에서 나타나 시작을 힘 있고 명확하게 해주는 데 비하여 뒤꾸밈음은 리듬이 전개되는 부분에서 음과 음을 연결시키고 리듬을 촘촘하게 하여 분위기를 고조시키는 구실을 한다. 이러한 앞꾸밈음과 뒤꾸밈음은 서로 구분해서 기보해야 한다. 꽹과리 구음(口音)에서는 '개갱'과 '지갱'으로 구분되고 있으며, 연주할 때도 타점의 강약에서 차이가 난다. '개갱'은 거문고 음악에서 '싸랭'과 '살갱'에,

'지갱'의 '지'는 거문고에서 대개 자출성(自出聲)에 해당한다. '개갱'과 '지갱'의 혼동은 '지갱'이 하나의 음으로 인식될 정도로 매우 빠르게 연결되고 있어서, '지'가 선행음의 뒤를 수식하며 그 음의 길이를 선행음의 음가에서 나누어 쓰는 것이라는 사실을 잊어버리기 쉽기에 생기는 것으로 보인다.

〈보례-1〉 주영자의 휘모리 채보와 필자의 정정 악보

〈보례-2〉 개갱과 지갱의 예

임실과 진안의 휘모리 또는 두마치

'개갱 갠지 갠지 갠지'

임실의 호호굿 중

'개갠 지갱개갱'

둘째, '가락'(rhythm and rhythmic phrase)과 '장단'(rhythmic cycle)
에 대한 혼동이다. 농악의 가락에는 한 장단의 가락을 계속 되풀이하는
가락(외장단형)과 암채 수채를 계속 번갈아 치는 가락(음양대비형),
일정하게 갖추어진 두 장단 이상의 가락을 계속 반복하는 가락(가진
형), 고정된 리듬 없이 계속 변화시켜서 쳐야 하는 가락(허튼형) 등 여
러 악구형의 가락이 있다(악구형 이름은 필자가 명명한 것임). 따라서
몇 장단이 모여서 한 악구를 이루는 가락의 경우, 한 장단이나 그 가락
의 길이에 못 미치는 장단만 채보한 것은 제대로 된 채보라 할 수 없다.
기존 연구나 저서에서 가락을 소개하기 위하여 제시되는 악보는 대부
분이 한두 장단만 채보된 것들이다. 예를 들어 정회갑은 서울 농악의
12채와 전북농악의 12채 리듬을 비교하고자 시도한 바 있다.1) 이때에
비교 자료로 사용된 악보는 자신의 전북 농악 채록 악보와 유세기의
서울 농악 채록 악보였는데, 인용된 유세기의 서울 농악 12채 악보는
각 채가 첫머리의 6/8 박자 길이까지만 채보된 것이었다.

---

1) 정회갑, 〈경기농악의 연구〉, 《음대악보》 제4집, 서울대학교 음악대학 학생회,
   1968.

〈보례-3〉 정회갑의 십이채 비교표

	유세기(서울)	박판금(전북)
1채	쟁 매 갱	(악보)
2채	쟁 매 갱갱갱	(악보)
3채	갱 매 갱 매	(악보)
4채	쟁 매 깨 갱	(악보)
5채	쟁 매 갱	(악보)
6채	갱 깨 갱	(악보)
7채	쟁 개 개 개 개	(악보)
8채	쟁 개 개 개 개	(악보)
9채	쟁 개 래 랑 쟁 개 래 랑	(악보)
10채	쟁 개 래 랑 쟁 개 개	(악보)
11채	개 랭 깨 갱 갱	(악보)
12채	쟁 개	(악보)

위 악보에서 보듯이 첫머리 또는 한 장단만으로는 그 채의 특징을 찾을 수 없다(5채와 6채는 똑같다). 이러한 채보를 바탕으로 한 비교 연구는 결국 "채란 한 소절이 단위가 되는 것인지 반 소절이 단위가 되는 것인지 알 수가 없으며 …… 양씨의 채에 흡사한 점이 없어 비교조차 할 수 없으며 …… 이 자료로서는 채가 무엇인가도 모르겠으니, 다시 다른 자료를 많이 구할 필요를 느끼는바"라는 결론을 내리고 마는 것이다.

셋째, 장단구조를 잘 파악해야 한다. 그러려면 장단귀가 있어야. 한다. 즉, 한국 음악의 장단에 대한 전체적인 안목이 있어야 하고 그 장단 자체에 대한 세밀한 이해가 필요하다. 장단귀를 기르는 가장 좋은 방법은 평소에 많은 장단을 듣고 직접 장단을 배우는 것이다. 프로바인(Provine)은 김병섭의 설장구 가락을 직접 배워서 세밀하게 채보하였으나, 한국 음악의 장단구조에 대한 이해가 부족하여(특히 혼합박자의 가락) 10/8 박자의 호호굿을 5/8 박자, 2/4 박자, 6/8 박자, 느린 3/4 박자 등 여러 박자가 결합된 것으로 채보하였다.

〈보례-4〉 프로바인(Provine)의 호호굿 채보와 필자의 정정 악보

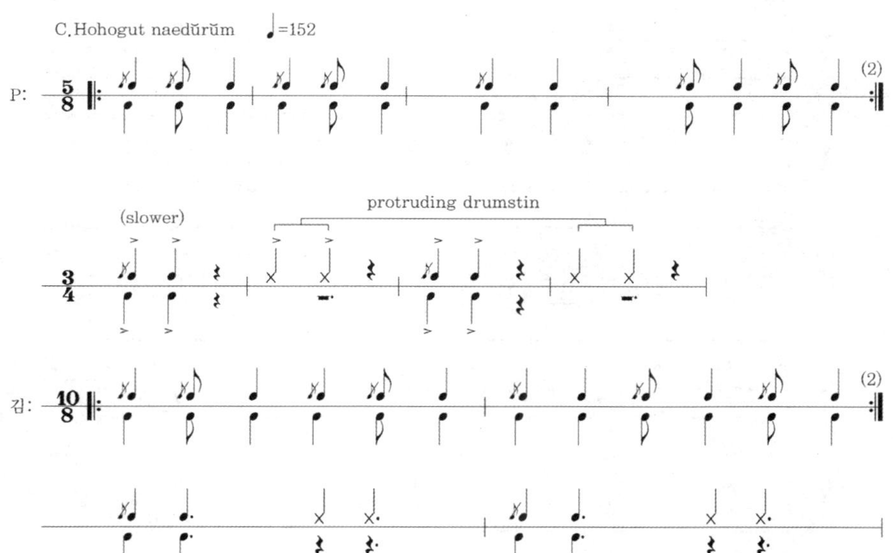

또 프로바인과 전인평이 채보한 굿거리 장단은 12/8 박자 외에 6/8 박자, 12/16 박자, 3/4 박자, 6/16 박자, 3/8 박자, 10+2/16 박자, 3/2 박자, 2/4 박자 등도 있어 굿거리 장단의 박자에 대한 혼동을 불러일으킨다.

〈보례-5〉 프로바인(Provine)과 전인평의 굿거리 채보

· Provine 채보

· 전인평의 채보

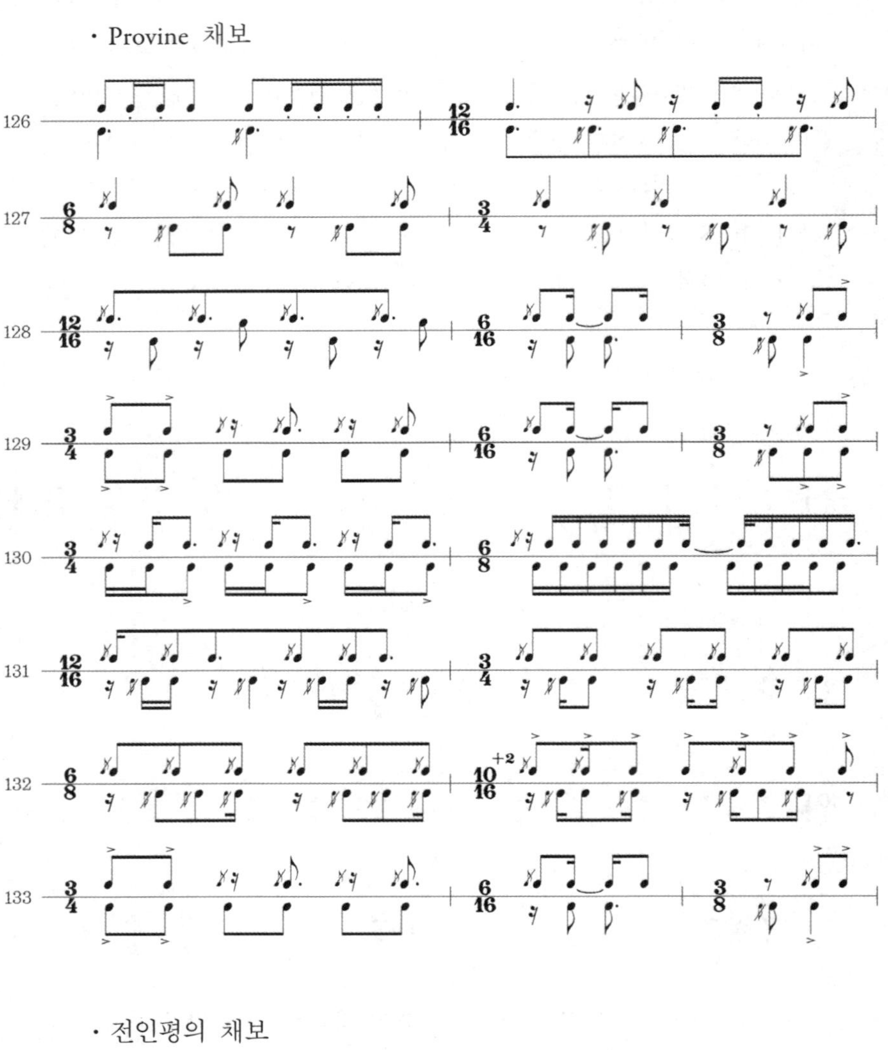

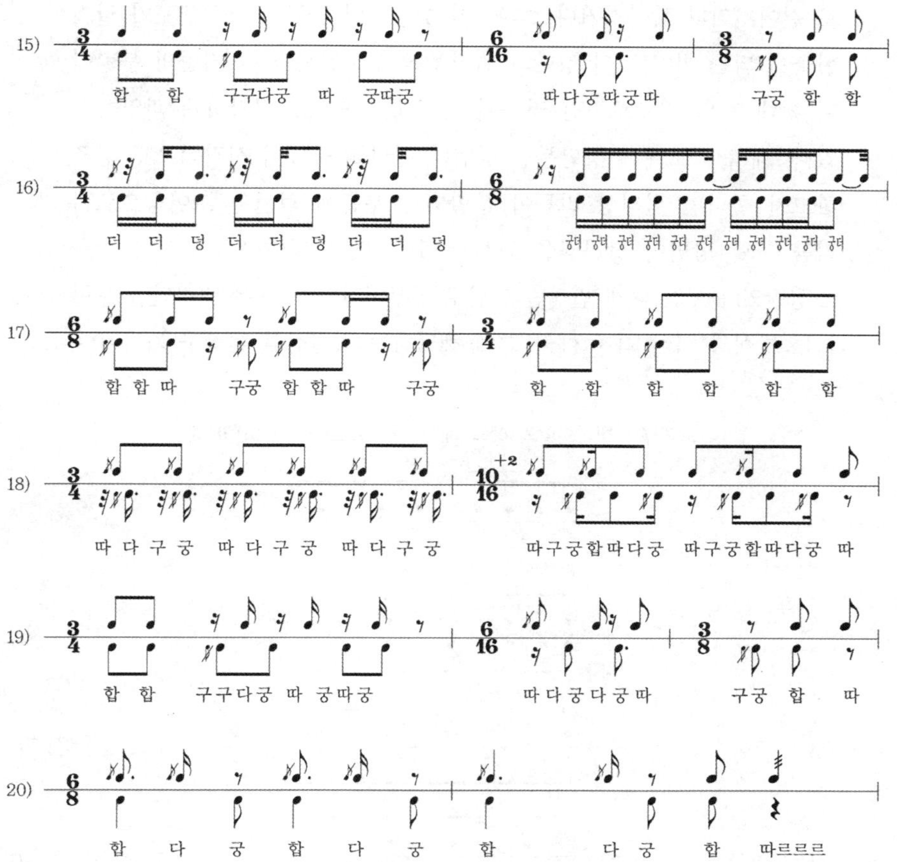

　　프로바인과 전인평의 실수는 장단이 리듬의 사이클(cycle)이며 그 사이클 안에서 장단을 '쪼개는' 방법을 달리하는 것이 가락 변주의 기초가 된다는 사실을 무시한 데에서 비롯된 것이다. 분할 방법이 달라질 때마다 박자 기호를 다르게 표시한다면 여러 리듬을 하나의 장단이라 부르고 하나로 묶는 일관성과 통일성이 없어진다. 이경혜는 이에 대하여 "농악 장구가 즉흥적인 듯하면서도 전곡을 통하여 농악 리듬의 단위인 장단에 맞지 않는 곳은 전혀 없다. 즉, 한 장단의 박자가 우발적으

로 길어지거나 짧아지거나 한다든가 고동박의 불규칙적인 템포가 알기 힘들게 되는 법이 없이 장단의 원칙을 엄수하면서 오직 리듬의 분할이나 확대 등의 기교로서만 리듬이 복잡해진다"2)고 정확하게 파악하고 있다. 채록 악보에서 장단분할 방법의 변화를 구태여 시각적으로 강조하고자 한다면 편의상 리듬이 분할되는 부분에 점선을 그어줌으로써 리듬 분할 방법이 달라짐을 표시할 수도 있을 것이다.

　　장단의 분할은 대개 반장단 단위로 이루어진다. 다음은 반장단을 분할하는 방식의 여러 가지 예와 그에 해당하는 김병섭의 설장구 가락이다.

<보례-6> 장단분할의 예와 해당 가락(프로바인 채보)의 예

　　여기까지 채보에 관한 문제를 몇 가지 살펴보았다. 바람직한 채보는 채보자가 일차적으로 한국 음악의 장단에 대한 안목이 있는 상태에서

---

2) 이경혜, 〈농악 리듬의 분석적 고찰—장고 리듬을 중심으로〉, 이화여대 교육대학원 석사논문, 1971, 31쪽.

그 가락을 직접 배우며 채보하는 것이다. 또 악보로 나타낼 때는 한 장단을 한 소절로 하고 앞꾸밈음과 뒤꾸밈음을 정확하게 구별하여 표기하며, 가능한 한 연주되는 모든 가락을 대상으로 하는 것이다. 모든 가락을 채보 대상으로 삼는 것은 어려운 일이긴 하지만 농악 전체를 하나의 작품으로 보는 측면에서는 당연한 것이며, 연주자의 개인적 성향 곧 연주자의 개성을 기록으로 남길 수 있다는 점에서도 가치가 있다.

3. 분석과 관련된 문제

(1) 농악의 가락 구성과 이음새

농악은 서로 독립된 여러 소곡(개별 절차굿)이 모여서 하나의 거대한 곡(지신밟기, 판굿 등)을 이루는 일종의 조곡(組曲)의 형태로 연주된다. 그 안에는 가락이 중심인 절차도 있고, 노래가 중심인 절차도 있으며, 춤이나 진법이 중심인 절차도 있다. 각 절차굿은 몇 개의 가락으로 이루어져 있는데 대개 느린 가락에서 시작하여 빠른 가락으로 이어지며 끊어지지 않고 바로 연결된다. 느린 가락에서 빠른 가락으로 끊임없이 바로 이어지는 개별 절차굿의 형식은 전통음악에서 일반적인 형식이다.

그런데 합주 음악에서 장단 속도나 구조가 다른 가락을 끊지 않고 바로 연결할 경우는 중간에서 연결을 매끄럽게 도와줄 경과구가 필요하게 된다. 그래서 농악에도 다른 장르의 변박(變拍), 또는 변장단(變長短)에 해당하는 부분이 있는데, 이를 필봉 농악의 상쇠 양순용은 '넘기는 가락'이라 한다. 훌륭한 상쇠는 가락을 넘기는 이음새가 뛰어나서 다른 치배들이 속도나 박자의 혼동 없이 다음 가락을 제대로 연주할 수 있도록 해준다. 이음새의 '넘기는 가락'은 앞가락을 맺어주면서 다음 가락의 속도와 박자를 제시해주는 구실을 한다. 농악의 이음새 구조를 잘 살피면 앞뒤 장단의 템포 관계를 알 수 있다. (〈보례-7〉 참조) 설장구 개인놀이는 이러한 시가 관계를 이용하여 굿거리 가락으로 휘모리의 일부 리듬형을 끌어들이기도 하고, 자진모리 리듬형을 사용하기도 하여 장단을 다채롭게 하고 장단이 서로 넘나드는 듯한 효과를 연출하기도 한다. (김병섭 굿거리 가락 참조)

〈보례-7〉 필봉 농악의 쇠가락 이음새 및 가락의 시가 비교

이음새

c. 휘모리와 느린 풍류

d. 휘모리와 반풍류

시가비교

(2) 가락의 유형과 변주

농악에 뿌리를 두고 있으면서도 네 악기의 연주에 의하여 그 음악만 독립되고 연주 시간이 농악보다 짧은 사물놀이와 달리, 농악은 춤과 진법이 있고 서로 다른 악기끼리의 호흡뿐만 아니라 각 악기별로도 수석 주자와 그 외의 주자들끼리 호흡이 맞아야 하기 때문에 전체의 협화를 위한 원칙이 필요하다. 그러므로 전체의 협화를 위하여 개개인이 자신의 기량을 과시하고자 마음대로 변주를 하는 것은 금기시된다. 사물놀이식의 가락 변주는 개인놀이에서나 찾을 수 있다. 오히려 농악에서는 지나치게 기교적인 가락은 '노랑쇠'라 하여 배척하기까지 한다. 농악에 쓰이는 가락들은 자세히 살펴보면, 진풀이를 위해서는 비교적 단순한 가락인 음양대비형의 가락이 사용되고 있고, 의미나 상징이 개입된 어떤 가락들은 음악적 재미는 없지만 변주불허의 고정된 가락을 반복적으로 치고 있으며, 그다지 의미 없는 경과적인 부분은 외가락으로 처리하여 작품을 산만하게 하지 않는 것을 볼 수 있다. 변주를 마음대로 하면서 자신의 기량을 과시할 수 있는 대목은 개인놀이로 따로 주어진다 (허튼형 가락이 이에 해당).

〈표-1〉 악구형에 따른 가락분류표 (임실, 진안)

변 구 형		임　실	진　안
규칙적	외장단형	갠지갱, 휘모리	외마치, 두마치
	음양대비형	느린풍류, 반풍류, 느린삼채, 된삼채, 자진호허굿, 벙어리삼채, 등지기가락, 탈머리가락, 두마치	춤굿가락, 느린삼채, 세마치, 네·다섯·여섯마치, 각정굿가락, 일곱마치도드르미, 여덟마치도드르미
	가진형	오채(가진질굿), 일채, 이채, 사채, 육채, 칠채, 호허굿, 호허굿도드르미, 가진영산	가진열두마치, 일곱마치, 여덟마치, 아홉마치, 호호굿, 호호굿도드르미, 영산
	외장단형+가진형	외마치질굿	외마치질굿
불규칙적	허튼형	재능기영산, 참굿가락	왼잔지래기, 보통열두마치

　　양순용에 따르면 농군의 농악(두레패농악)과 무속인의 농악(신청걸립패농악)은 서로 다르다고 한다. 그리고 무속인들이 하는 식의 동작이나 연주는 '절대금지'되었다고 한다. 이들이 근본적인 차이는 기교 중심이냐 협화 중심이냐에 있는 듯한데, 이에 대하여는 구체적인 비교연구가 요망된다. 비교연구할 때에는 가락 변주에 대한 이 같은 가치의식의 차이를 고려하지 않고, 또 음악 외적인 것과의 관계를 고려하지 않고 단순히 가락만 가지고 그 농악의 가치를 논해서는 안 됨은 물론이다.

(3) 가락의 이름과 절차굿의 이름

　　여러 지방의 농악을 종합하여 일반화시키고자 할 때에 부딪치는 문

제 가운데 하나는 가락의 명칭에 관계되는 것이다. 지방에 따라서 이름
은 같은데 그 가락이 다를 경우가 있고, 가락은 같은데 이름이 다를 경
우가 있기 때문이다.

〈예〉 삼채류3)
　갱　　깨 응깽깨 갠지개 응　 깨 (필봉: 벙어리삼채)
　갱　　깨 응깽깨 갠지갱 갱　 깨 (필봉: 느린풍류)
　갠지갱 갠지갱 갠지갱 개깽 (추양: 느린 세마치, 평택: 긴삼채)
　갠　 지 갠　 지 갠지갱 개깽 (이천: 삼채, 아미: 늦은 삼채, 진안:
　　　　　　　　　　　　　　　　느린삼채)
　갠　 지 개깬지 갠지갱 개깽 (필봉: 반풍류)
　갠　 지 갠　 지 갠　 지 개깽 (아미: 빠른 삼채, 추양 : 잦은 세마치,
　　　　　　　　　　　　　　　　고성: 삼채, 필봉: 느린삼채)
　갠　 지 갠　 지 갱　 깨 으깽 (필봉: 된삼채, 진안: 세마치)

　　위 가락 이름에서 삼채 또는 세마치 앞에 붙은 '긴', '느린', '반' 등은
그 농악 안에 포함된 삼채들을 속도에서 구분하기 위한 것이며, 상대적
인 개념이다. 그래서 필봉 농악에서 (된삼채와 구분하기 위하여) 느린
삼채(또는 삼채)라 불리는 것이 아미 농악에서는 (늦은 삼채와 구별하
기 위하여) 빠른 삼채로, 추양 농악에서는 (느린 세마치와 구별하기 위
하여) 잦은 세마치로 불리는 것이다. 이러한 명칭은 다른 지방과 비교
할 때는 혼동이 올 수 있으나 그 농악 안에서는 혼란이 없다. 이에 대
한 이해 없이 가락 이름만을 기준으로 다른 지방의 해당 가락과 비교
하면, 어느 지방은 빠르고 어느 지방은 느리다거나 어느 지방은 복잡하

---

3) 삼채류는 대개 암채와 수채를 교대로 치는 것인데 그 가운데 암채 한 장단만
　뽑은 것이다. 필봉·진안 농악 외에 《농악》(정병호, 열화당, 1986)을 참고함.

고 어느 지방은 단순하다는 식으로 잘못 파악하기 쉽다. 교육을 위하여 가락 이름을 통일한다면 삼채의 빠르기 정도, 즉 굿거리·자진모리·휘모리 한배별로 각각 느린삼채(또는 긴삼채), 삼채(또는 반삼채), 된삼채로 통일하는 방법이 있을 수 있다.

가락의 이름은 그 음악적 특징에서 비롯되기도 하고(감채, 벙어리삼채, 짝드름, 다드래기, 호호굿 등), 음악 외적인 데에서 특히 그 용도에서 비롯되기도 한다(춤굿가락, 길굿 등). 임실에서는 벙어리삼채가 춤굿에 쓰이므로 춤굿가락이라고도 한다.

절차굿의 경우도 이와 마찬가지로 그 이름을 진풀이 대형에서 따기도 하고 놀이 방식에서 빌려오기도 하며 가락 이름에서 가져오기도 한다. 가락 이름에서 딸 경우는 대개 절차굿의 머리에 연주되는 느린 가락의 이름이 절차굿의 이름이 된다. 그래서 임실에서 '자진호허굿'이라 불리는 것이 진안에서는 대형이 두 갈래로 나누어진다 하여 '각정굿'이라 불리고 또 진안에서 연주 방식에 따라서 '품앗이굿'이라 불리는 것이 임실에서는 밀고 밀리는 대형을 연출한다 하여 '미지기'라 불린다. 그러므로 절차굿의 비교도 실체를 기준으로 해야지 이름을 기준으로 하면 많은 것을 놓치기 쉬운 것이다.

4. 맺음말

농악의 채보와 분석에 관련된 문제를 살펴보면서 농악 가락의 구조에 대한 필자의 이해를 제시해 보았다.

바람직한 채보는 채보자가 첫째, 한국 음악의 장단에 대한 안목이 있는 상태에서, 둘째 그 가락을 직접 배우면서, 셋째 가능한 한 연주되는 모든 가락을 채보하는 것이다. 그리고 넷째, 악보로 나타낼 때는 한 장단을 한 소절로 하고, 다섯째 앞꾸임음과 뒤꾸밈음을 정확하게 구별하여 표기해야 한다.

농악을 이루는 각 절차굿은 몇 개의 가락으로 이루어져 있으며, 대개 느린 가락에서 시작하여 빠른 가락으로 이어지며 끊어지지 않고 바로 연결된다. 그런데 장단의 구조와 속도가 다른 가락을 끊지 않고 바로 연결할 경우는 연결을 자연스럽게 해줄 경과구가 필요하게 되는바, 다른 전통음악에서 발견되는 변박(變拍) 또는 변장단(變長短)에 해당하는 부분이 농악 가락에도 발견된다. 그 부분의 가락을 '넘기는 가락'이라 하는데, 이음새의 넘기는 가락은 앞가락을 맺어주면서 다음 가락의 속도와 박자를 제시해 주는 구실을 한다. 농악의 이음새 구조를 잘 살피면 앞뒤 장단의 템포 관계를 알 수 있다.

농악에 쓰이는 가락들을 자세히 살펴보면 진풀이를 위해서는 비교적 단순한 가락인 음양대비형의 가락이 사용되고 있고, 의미나 상징이 개입된 어떤 가락들은 음악적 재미는 없지만 변주 불허의 고정된 가락을 반복적으로 치고 있으며, 그다지 의미 없는 경과적인 부분은 외가락으로 처리하여 작품을 산만하게 하지 않는 것을 볼 수 있다. 변주를 마음대로 하면서 자신의 기량을 과시할 수 있는 대목은 개인놀이로 따로 주어진다. 그러므로 이와 같이 음악 외적인 것과 가락변주 유형과의 관계를 고려하지 않고, 또 협화 중심의 농악대인지 개인의 기교 중심의 농악대인지에 대한 파악 없이 단순히 가락만으로 그 농악대의 수준을 논해서는 안 된다.

가락의 이름은 그 음악적 특징에서 비롯되기도 하고 음악 외적인 데에서, 특히 그 용도에서 비롯되기도 한다. 절차굿의 경우도 이와 마찬가지로 그 이름을 진풀이 대형에서 따기도 하고, 놀이 방식에서 따기도 하며, 가락 이름에서 따기도 한다. 따라서 가락 이름이나 절차굿의 이름만을 기준으로 다른 지방과 비교하게 될 경우, 실체를 놓치고 잘못된 결과를 불러일으키기 쉽다.

농악이 생활음악인 만큼 농악의 리듬은 전통음악이 지닌 리듬의 바탕이 된다. 농악의 연구결과는 다른 장르의 연구에서 생기는 리듬과 관계된 문제에 해결의 실마리를 제공해줄 수 있으며, 채보된 악보는 창작을 위한 음악적 자원으로 활용될 수 있다. 특히, 요즈음의 연주자들은 리듬 학습의 부족으로 가락의 다이나믹한 맛을 제대로 못 살리고 있음을 보는데, 농악 가락의 교육은 리듬이 복잡한 산조나 판소리를 더욱 제 맛이 나게 연주할 수 있도록 도와줄 수 있다.

그동안 학계에서는 농악 가락의 연구나 교육에 대하여 그다지 관심을 기울이지 않은 듯하다. 그 이유는 인력 부족과 채보의 어려움, 현장 조사의 번거로움 때문으로 보인다. 이제 연구 인력도 증강되었고, 대학에서는 타악기 실기전공자도 배출되고 있다. 따라서 이론전공자와 실기전공자가 힘을 합하면 전국의 농악 가락을 채보·정리하는 것도 어렵지 않으리라고 본다. 상쇠들이 점점 타계하고 있고 초중등학교 현장에서 특활반 지도를 위한 합주악보 요청이 쇄도하고 있는 이때에, 이 글이 그 필요성과 중요성을 인식시키는 계기가 되었으면 한다.

호남지역 농악대 고사소리의 기능과 유형

최자운*

1. 머리말

호남지역의 마을 농악대는 정초에 마을굿을 지낸 뒤, 서낭신의 은혜가 각 집에 골고루 퍼져 한 해 동안 아무 탈 없이 평안하게 지내게 해달라고 집집마다 방문하여 마당밟이 또는 뜰밟이를 한다. 마당밟이는 마을에 따라 순서의 차이는 있으나 대체로 문굿에서 시작하여 샘굿, 조왕굿, 철륭굿, 노적굿, 성주굿을 한 뒤 마지막으로 인사굿을 하고 다른 집으로 향한다.

이렇게 이루어지는 마당밟이 가운데 대청마루 앞에서 소반에 쌀, 북어, 명주실 등을 놓고 성주굿을 할 때 불리는 '고사(告祀)소리'가 있다. 이 소리는 집안의 각 장소에서 불리는 소리들 가운데 가장 풍부한 내용과 양상을 보인다. 그리고 호남지역에서 농악대에 의해 구연되는 고사소리는 웃다리 농악이나 영동·영남 농악 등에서 불리는 고사소리에 견주어 그 양상이 다기하다.

* 경기대학교 국문과 강사.

기존의 호남지역 농악 연구에서 장단이나 진풀이, 좌도와 우도 간의 비교 등에서는 연구가 꾸준히 이루어졌으나 고사소리에 대해서는 연구가 거의 이루어지지 않았다. 이보형과 손태도에 의해 이 소리의 연원과 관련된 논의가 이루어졌을 따름이다.

이보형은 최광열, 공대일 등을 예로 들어 치국잡기로부터 산세풀이, 집치레 등을 노래하는 고사소리가 창우(倡優)집단에 의해 만들어졌다고 하였다.[1] 그리고 다른 지역과는 달리 호남지역에서는 신청(神廳) 걸립을 하던 이들이 이 집단의 소리를 많이 하였다고 하였다. 그는 창우집단의 고사소리가 마을 농악대와 어떠한 연관을 갖는지에 대해서는 더 이상 말하지 않았으나, 그의 논의를 통해 고사소리의 형성 그리고 마을 농악대와의 연관성 논의에 대한 실마리를 얻을 수 있다.

손태도는 이보형의 논의에서 더 나아가 정읍·고창·영광 농악 등 호남 우도 농악 등에서 마을 농악대에 의해 이루어지는 집돌이는 원래 연말에 구나(驅儺)의식을 하던 광대집단이 경제적 목적 때문에 민간으로 내려와 정초에 집돌이를 하게 된 것이고, 이것을 두레농악을 하고 있던 마을 농악대가 흉내 내면서 생겨났다고 하였다.[2] 그러면서 그는 호남지역에서 광대 고사소리가 많이 불리는 이유는 신청(神廳) 소속의 무부(巫夫)들이 농악대로 활동을 많이 한 결과라고 하였다. 그의 논의는 신청농악을 매개로 세습남무인 광대집단(창우집단)과 마을 농악대와의 관계를 직접적으로 밝혔다는 점에서 의의가 있다.

위에서 논의된 선행연구를 정리하면 호남지역 고사소리는 세습남무인 창우집단에 의해 만들어졌고, 경제적 이익에 따른 구나의식의 변화 또는 신청 소속 무부들의 걸립을 매개로 민간에 영향을 미쳤다고 말할 수 있다. 그러나 현재 채록된 호남지역 농악의 고사소리를 보면 광대

---

1) 이보형, 〈창우집단의 광대 고사소리 연구〉, 《근대로의 전환기적 음악양상》, 민속원, 2004, 663~694쪽.
2) 손태도, 《광대의 가창문화》, 집문당, 2004, 413~414쪽,

고사소리의 흔적을 보여주는 자료가 없는 것은 아니지만 민요 성주풀이가 많이 채록되고 있으며, 지역에 따라서는 광대 고사소리와 성주풀이가 같은 지역 안에서 공존하기도 한다.

이러한 현재적 상황은 단지 창우집단의 영향으로 마을 농악대의 고사소리가 생겼다는 것만으로 설명될 수 없음을 보여준다. 즉 창우집단과 농악대의 관련성은 농악대 고사소리의 형성과 관련된 논의에서는 일정 부분 의의가 있으나 현재의 호남지역에서 불리는 농악대 고사소리의 여러 양상을 설명하는 데에는 한계가 있는 것이다.

이 글에서는 우선 기존에 채록된 모든 호남지역 농악대 구연 고사소리를 내용별로 정리하고 중요 각 편을 중심으로 분석하고자 한다. 자료를 검토할 때 자료 자체에 대한 분석과 함께 해당 지역의 농악이 지니는 성격, 그 지역 상쇠의 계보, 마을의 사회문화적 배경 등을 같이 살펴야 하지만 여기서는 일단 소리 자체에 초점을 두고자 한다. 대청마루 앞에서 고사 상을 차려 놓고 하는 고사소리의 경우 유희적 성격이 없는 것은 아니나, 구연 목적과 상황을 보면 다분히 의식요(儀式謠) 성격이 강하다고 할 수 있다. 따라서 노동요와 유희요에 비해 가창자에 의한 소리의 사설이나 선율의 변화가 쉽게 일어나지 않는 편이다. 그런 점에서 기존에 제대로 논의되지 못한 호남지역 고사소리들이 왜 지금과 같은 지역 분포, 소리의 구성 등을 가지게 되었는지 살펴보는 작업은 일정 부분 의의가 있다.

기존에 조사된 자료와 현지조사에서 채록된 자료를 내용별로 정리하면 아래 표와 같다.3)

---

3) 위 표는 전체 자료의 내용을 일관되게 개관한 것이어서 자료에 따라 순서가 맞지 않는 것이 있다. 그 자료들은 유형별로 다루는 자리에서 실제 순서대로 쓰겠다.

<표-1> 자료에 따른 지역별 고사소리의 구성내용

구성 내용 / 지역	산세풀이	집짓기	축원	세간풀이	비단풀이	성주풀이	달거리	중천맥이	출 전
화순 한천 농악	-	+	-	+	-	-	-	+	한국의 농악 -호남편
남원 최진호	+	-	+	-	-	-	-	-	전북의 민요
진안 농악 (수법고 고재봉)	+	+	-	+	+	-	-	-	한국민요대전
광양 농악	-	-	-	+	+	-	-	+	광양 풍물굿 연구
여천군 삼산면 서도리	-	-	-	-	-	-	-	+	한국민요대전
이리 농악	-	-	-	-	-	+	+	-	이리농악
광산 농악	-	-	-	-	-	+	+	+	한국의 농악 -호남편
여천 백초 농악	-	-	-	-	-	+	-	-	농악
김제 농악	-	-	-	-	-	+	-	-	농악
완주군 운주면 완창리	-	-	-	-	-	+	-	-	호남 좌도 풍물굿
영광 농악	치국잡기	-	-	-	-	+	+	+	2005. 6. 9. 현지조사
남원 농악	+	-	+	+	+	+	-	+	2005. 7. 31. 현지조사
진안 농악 (상쇠 김봉렬)	+	-	+	-	-	+	-	+	한국의 농악 -호남편

| 참고 | 여기서 + 는 해당 구성 내용이 있음을, - 는 없음을 표시한 것임

위의 표를 바탕으로 자료들을 내용별로 정리하면, 산세풀이부터 세간풀이까지 노래되는 형태와 성주풀이와 달거리가 하나의 세트로 구성되는 형태, 그리고 앞의 두 자료군이 결합된 형태로 정리할 수 있다.

2. 호남지역 농악대 고사소리의 사설 구성

(1) 성주굿 고사소리

호남지역에서 농악대 상쇠에 의해 구연되는 고사소리 가운데는 산세풀이에 이은 집 짓기, 그리고 가정 축원으로 구성되는 소리들이 있다. 편의상 이 자료들을 A형으로 부르고자 한다. 이 형태에 해당하는 자료들의 내용을 정리하면 아래 표와 같다.

〈표-2〉 A형의 구성내용

지 역	실제 소리의 구성				출 전
남원 최진호	산세풀이	가정 축원	·	·	한국구비문학대계
진안군 마령면 계서리 고재봉	산세풀이	집 짓기	세간풀이	비단풀이	한국민요대전
화순 한천농악	집터 잡기	세간풀이	중천맥이	·	한국의 농악-호남편

여기서는 진안 마령 고재봉 구연본을 중심으로 살펴보고자 한다.

고설 고설 고사로다 섬겨들이자 고사로다 이 터 명당 삼겨날 제 백두산 일지맥이 수천 리 나려와서 삼각산이 삼겨있고 대관령 흐르난 물이 수천리 우행하야 한강수 되었어라 …… 거기서 한 가지 뚜욱 떨어져 거들거리고 나려와서 진안군 마이산이 삼겨 있고 거기서 한 가지 뚝 떨어져 이 터 명당 삼겼으니 어찌 아니가 좋을쏘냐 섬겨들이자 고사로다.

위 인용문은 이 소리의 첫 번째 대목으로, 노래의 시작이 XAXA 형태4)의 병렬을 통해 현재 드리고 있는 고사를 강조하면서 시작된다. 전

---

4) 여기서 'X'는 임의대로 바뀌는 부분을 말하고, 'A'는 고정된 부분을 말한다.

체적으로 백두산에서 발원한 산세(山勢)가 현재 노래하는 곳까지 오는 과정을 동일 어구의 반복을 통해 순차적으로 노래하였다.

산세는 물·방위·사람과 더불어 풍수(風水)의 기본 요소들 가운데 첫 번째에 해당한다.5) 여기서 백두산으로부터 이어진 산세가 집터의 명당이 되는 제1 조건이라는 점에서 가창자의 기분을 좋게 하는 요소가 된다. 아울러 집터의 내력이 된다는 점에서 이 노래의 제의적 성격을 충족시키는 기능을 담당한다. 집터의 내력과 제의적 성격에 대해서는 3장에서 다시 논하기로 한다.

다른 자료들에서는 보통 산지조종(山之祖宗)은 곤륜산, 수지조종은 황하로부터 내려오는 산수(山水)가 비롯되는데, 여기서는 중국이 아닌 백두산과 한강수로부터 내려오는 산수가 되었다. 이는 곧 구비공식구로 여겨지는 사설을 사용하지 않고 가창자가 나름대로 변화시킨 결과로 이해된다. 중국이 아닌, 우리나라에서 산의 조종과 물의 조종을 가져올 경우 전자에 비해 집터의 권위는 다소 약할지 모르나 현재 집터와 주산(主山)과의 관계가 직접적이고 가시적이라는 점에서 장점도 있다. 앞으로 집이 잘 될 수 있는 근거가 명당에서 찾아진다는 점에서 산수의 발원지가 가까우면 가까울수록 발복(發福)과 효과 또한 커진다고 할 수 있다.

이 소리의 진행은 "어찌 아니가 좋을손가 섬겨드리자 고사로다"를 기점으로 다음 내용으로 넘어간다. 두 번째 대목을 인용하면 아래와 같다.

이 터 명당 둘러보니 좌청룡 우백호요 남주작 북현무로구나 사램이 나면 문쟁이 나고 말을 기르면 용마가 되고 소를 기르면 억대가 되고 개를 기르믄 사지개가 되고 닭을 기르면 봉학이 될 것이니 어찌 아니

---

5) 최창조, 《좋은 땅이란 어디를 말함인가》, 서해문집, 1989, 385쪽.

가 좋을소냐 섬겨들이자 고사로다

이 부분에서는 산수에 이어 집터의 방위(方位)와 가정 축원이 노래되었다. 가축에 대한 축원의 경우 불가능한 사실을 실제 그렇게 되는 것처럼 말함으로써 가정 안정의 바람을 극대화하였다. 직접적으로 드러나지는 않았지만 앞서 노래된 산수와 여기서 나온 집터의 방위는 이 집의 자손이나 집에서 기르는 가축들이 앞으로 잘 될 수 있는 기반이 된다.

그런데 이 소리가 한 해 동안 집안의 안정과 평안을 위해 불린다는 것을 감안하면 앞서 노래된 내용 외에 보다 직접적으로 그러한 바람을 노래하는 것이 필요하다. 그러한 목적에 부합되는 내용은 세 번째 대목부터 시작된다.

> 터는 이만큼 잡아놨거니와, 집을 지어야 헐 것 아니냐 집을 잠깐 한 번 지어보는 것이었다 집을 잠깐 짓는다 집을 잠깐 짓는다 몸채는 칠 칸인디 사개 와사서 기와집 내외 중문은 소실문 전후좌우 연담 치고 능화 되비 장판 지천 부벽사를 붙여주고 …… 이리 짓고 저리 짓고 입 구자 집을 지어노니 합해서 시어보니 예순한 칸 반이로구나 어찌 아니 가 좋을소냐 섬겨들이자 고사로다

가창자는 집을 짓자고 하면서 61칸 집의 각 구조물들을 세부적으로 나열하였다. 이 인용문 다음에는 집안 곳곳에 들어갈 세간, 패물, 비단풀이가 노래되었다. 앞서 노래된 산세풀이와 집짓기 내용이 저마다 과거완료형과 미래형으로 노래된 데 비해 이 대목부터는 현재 이러한 일이 일어나고 있다는 가정 아래 노래된다. 이러한 보여주기식 나열의 이면에는 노래된 61칸의 집처럼 현재 이 집도 그렇게 되기를 원하는 바람이 깔려 있다. 그렇기 때문에 각 사항들을 상세하고 길게 노래하면

할수록 그러한 바람이 강하게 표현되는 것이다.

이 자료들은 산세풀이부터 집짓기를 거쳐 집안의 세간풀이까지 연쇄적으로 구성되며, 각각의 대목은 어구 및 단어의 반복과 나열을 중심으로 노래된다. 각 대목은 공통적으로 "~도 있어야 하지 않겠는가"라는 사설로 시작되어 여러 가지 패물이며 보석 등이 노래된 뒤에 이러한 것들이 갖추어지니 "어찌 아니가 좋을손가"로 마무리 된다.

첫 대목이 "~도 있어야 하지 않겠는가"로 시작되는 것만 보면 집안이 꾸려지는 데 필요한 기본적인 요소들만 노래될 것처럼 생각할 수 있다. 그러나 뒤에 노래되는 내용들을 보면 더 이상 유복할 수 없을 정도로 다양한 품목들이 나열된다. 그런 뒤 노래의 제일 마지막에서는 이렇게 마련하고 나니 어찌 좋지 않을 수 있겠냐고 한다. 이처럼 A형에서는 직설적으로 가정 축원을 노래하기 보다는 간접적 보여주기를 통해 그러한 바람을 표현한다. 이러한 표현법은 직접적인 바람 표출에 비해 노래의 유희적 성격을 높이는 구실을 한다.

성주굿 가운데서는 일반적으로 불리는 통속민요 성주풀이와 내용이나 가창 방식이 크게 다르지 않은 자료들이 있다. 이 자료들은 성주가 뿌린 솔씨가 자라 집의 재목이 된다는 내용과 함께 여러 가지의 유희적 사설들이 삽화적 구성으로 노래된다. 다만 통속민요 성주풀이는 가창자의 기호에 따라 정해진 순서 없이 자유롭게 불린다면, 상쇠에 의해 구연되는 이 소리는 언제나 첫대목이 성주의 본(本)을 묻고 그가 솔씨 뿌리는 것에서 시작하고 있다. 여기서는 이 형태의 자료들을 B형이라 하기로 한다.

이 형태는 보면 좌도 농악에도 없는 것은 아니나 주로 우도 농악을 중심으로 존재하고 있다. 자료의 전체적 양상은 아래와 같다.

〈표-3〉 B형의 구성내용

지 역	실제 소리의 구성			출 전
광주 광산농악 전경환	성주풀이	달거리	중천맥이	한국의 농악-호남편
이리 농악	성주풀이	달거리	·	이리농악
여천 백초 농악	성주풀이	·	·	농악
옥구군 대야면	성주풀이	달거리	·	호남 우도 풍물굿
완주군 운주면 완창리	성주풀이	·	·	호남 좌도 풍물굿
광양 농악	중천맥이	세간풀이	비단풀이	광양 풍물굿 연구
김제 농악	성주풀이	·	·	농악
여천군 삼산면 서도리	중천맥이	·	·	한국민요대전

여기서는 광주 광산 농악 전경환 구연본을 중심으로 살펴보고자 한다. 먼저 첫대목을 인용하면 아래와 같다.

대활연으로 설설이 내리소서 성주야 성주로다 성주 근본이 어드메냐 경상도 안동땅 제비 오는 솔씨 받어 희평대평 던졌더니 그 솔이 점점 자라나 낮이면 양지 쏘이고 밤이면 이슬 맞고 춘월 춘평 눈비 맞고 소보동 되고 대보동 되어 낙낙장송이 되더니만은 이댁 상량이 되었구나 에라 만수 에라 대신이야

첫 부분에서 대활연으로 설설이 내리라고 하는 것은 성주를 두고 하는 말이다. 뒤이어 노래되는 성주의 근본을 묻는 내용 또한 성주의 강림과 관계가 있다. 이처럼 이 노래에서 성주를 모시고자 하는 이유는 집이 없어 동굴이나 나무 밑 비바람 속에서 지내던 사람들에게 처음으로 집이라는 공간을 마련해주었기 때문이다.6) 그런 점에서 성주의 본풀이와 그가 한 일은 차지하는 비중이 약하긴 하지만 이 노래의 제의

적 면모와 연결된다.

위 인용문에서는 성주의 강림 및 그의 본풀이와 함께 그가 뿌린 솔씨도 중요한 구실을 한다. 집이라는 공간을 마련해 준 성주가 분명 중요하긴 하지만 유흥을 중시하는 통속민요 성주풀이에서는 직접적으로 사람들에게 즐거움을 줄 수 있는 요소도 필요하기 때문이다. 따라서 다음 대목에서는 성주가 뿌린 솔씨가 잘 자라 낙락장송이 되었고, 그 재목이 이 집 상량(上梁)이 되었다고 하였다.

두 번째와 세 번째 대목은 아래와 같다.

이 터 명당을 둘러보니 명당 수법이 제 아니 좋다 동산아 너른 들에 팔쾌 놓아 왠담 치고 안심방의 몸채 짓고 짚신방의 칙간 짓고 신선방의 사당 짓고 복덕방의 방애(방아) 놓고 안팎 중문 소설대문 쌍문벽장이 제 아니 좋다 에라 만수 에라 대신이야

이 터 명당을 둘러보니 명당수법이 제 아니 좋다 노인봉이 비쳤으니 백발 당산이 날 명당 노적봉이 뚜렷하니 만금장자가 날 명당이요 에라 만수 에라 대신이야

여기서는 집짓기와 가정 축원이 노래되었다. 세 번째 대목에서 이 집에서 만금장자가 날 것이라고 하는 근거는 이 집터가 명당이기 때문이다. 명당의 요건을 서술하는 것과 관련하여 이 자료들에서는 제 요건이 온전히 갖추어지지 못하고 각 대목 사이에 내용적 연관성도 비교적 약한 것이 사실이다. 그러나 이미 삽화적 구성으로 틀이 굳어진 통속민요 성주풀이를 신의 본풀이 그리고 가정 축원의 순서로 나름대로 배열

---

6) 성주가 집이 없어 동굴이나 나무 밑에서 지내던 사람들에게 집을 지어주게 된 배경이나 이후의 행적 등은 영남지역 농악대 고사소리에 잘 나타나 있다. 이와 관련해서는 아래 논문에서 다룬 바 있다(최자운, 〈'성주풀이'의 서사민요(敍事民謠)적 성격〉, 《한국민요학》 14집, 민속원, 2004).

하여 부른다는 점에서 일정 부분 의의도 인정된다.

특정한 구연 목적을 가진 제의적 장소임에도 통속민요 성주풀이를 빌려 부르는 것은 이제부터 시작될 유흥을 노래하기 위한 목적이 크다.

> 세월아 가지마라 아까운 청춘이 다 늙으면 멋있는 광대가 다 늙는다 천장시월은 인징수유 춘만 권권이 북만가로다 에라 만수 에라 대신이야

전경환 구연본에서는 유흥의 내용이 한 대목밖에 노래되지 않았으나 다른 자료들을 보면 보통 서너 대목이 잇달아 노래되는 경우가 많다. 그런 점에서 이 자료들은 내용상 성주의 본(本)과 관련된 제의적 부분과 다양하게 노래되는 유흥 부분으로 구분할 수 있다.

위 대목에서 주목되는 사설 가운데 하나는 '멋있는 광대'라는 구절이다. 이 노래를 부른 전경환은 실제 재인광대 출신으로 여기서 광대는 가창자 자신을 가리킨다.7) 즉 전경환은 기존 통속민요 성주풀이의 탄로(嘆老) 내용에 자신의 처지를 삽입하여 노래한 것이다. 앞서 성주의 본풀이와 관련된 부분에서는 각 내용 단위별로 재구성이 이루어졌다면 여기서는 구체적 문면에서 사설의 재구성이 이루어졌다고 할 수 있다. 즉 이미 굳어진 단위 내용이나 개별 사설이라 할지라도 구연 상황에 따라 가변적으로 사설이 운용됨을 확인할 수 있다.

앞에 나온 표에서 보듯 B형은 성주풀이를 다 부르고 나서 거기서 끝나는 것이 아니라 달거리와 중천맥이까지 같이 불렀다.8)

---

7) 전경환(1921~1999)에 대한 기본 정보는 영광 농악 홈페이지(www.woodogood.com)를 이용하였다.〔2006년 5월 7일 기준〕

8) 조사보고서에 따르면 달거리부터는 장구잽이가 했다고 하나 원래는 상쇠가 중천맥이까지 다 했을 것이다(한국향토사연구 전국협의회 편, 《한국의 농악 —호남편》, 한국향토사연구 전국협의회, 1994).

…… 일년에 드는 액은 시로날로 막아내고 정월에 드는 액은 정월 보름에 막어내고 이월에 드는 액은 이월 한식으로 막어내고 삼월에 드는 액은 삼월 삼짓로 막어내고……

에헤루 액이야 에헤루 액이야 어화 중천의 액이로구나 동에는 청기장군이요 청말에 청안장 청투구 쓰고 청갑옷 입고 청활에 청살을 매고 나니 동으로 떠들어오는데 매구 수설을 막아내자……

달거리는 정월부터 동지까지 각 달에 드는 액을 그 달에 들은 세시일로 막자고 하면서 달마다 연속적으로 노래되었다. 액을 막는 데 세시일이 주체가 되는 것은 향유층과 세시일과의 관계에서 그 이유를 찾을 수 있다. 전통사회의 구성원들은 각 달의 세시일에 맞춰 농사를 짓거나 생활 계획을 세웠다. 당시 사람들에게 각 달의 세시일을 숙지하고 그에 맞추어 생활하는 것은 그들의 생존과 직결되는 문제였다. 그런 점에서 한 해 동안 쌓인 액을 풀거나 다가올 액을 막는 것이 목적인 달거리에서 그들의 생활과 밀접한 세시일이 사용되는 되는 것은 그들의 바람이 자연스럽게 드러난 결과라 할 수 있다.

호남지역 무속에서 사용되는 중천맥이는 서울굿의 뒷전처럼 굿의 제일 마지막에 굿에 모여든 잡귀·잡신들을 풀어먹이거나 퇴송(退送)시키는 거리를 가리키기도 하고, 씻김굿 등의 성주굿이나 제석굿의 말미에서 액을 막고자 불리는 소리 형태를 말하기도 한다.9) 그런데 고사소리에서 중천맥이는 다섯 방위에서 들어오는 액을 각각의 방위의 신

---

9) 호남지역 무속에서 사용되는 중천맥이에 대해서는 아래 책을 참조하였다.
　김태곤, 《한국무가집》 2, 집문당, 1992, 41~42쪽.
　______, 《한국무가집》 3, 집문당, 1992, 358~359쪽.
　박용재, 《북망산천 어이가리》, 라이프, 1996, 294쪽.
　이경엽, 《씻김굿 무가》, 박이정, 2000, 133~134쪽 및 229~230쪽.

장(神將)이 갑옷과 화살 등으로 무장하고 그 액을 막는 것으로 되어 있다. 앞서 노래된 달거리의 경우 시간적 의미의 액막이가 이루어진다면, 여기서는 공간적 의미의 액막이가 이루어진다고 할 수 있다. 요컨대 여기서는 기존의 무속에서 명칭과 기능을 차용하되, 그 내용은 상황과 목적에 따라 자연스럽게 바꾼 것으로 이해된다. 달거리와 중천맥이가 소리의 마지막 부분에 불리는 것을 통해 통속민요 성주풀이가 아무런 규제 없이 차용된 것이 아니라, 기존에 마련된 나름의 틀 속에서 그에 맞는 의미를 획득하면서 불리는 것을 확인할 수 있다.

앞의 두 가지 액맥이타령이 이 자료군과 함께 불리는 것은 이 자료들이 통속민요 성주풀이를 차용해서 부르는 것에서 이유를 찾을 수 있다. 가정이 한 해 동안 평안하기 위해서는 축원과 함께 액을 막거나 푸는 것이 병행되어야 한다. 어느 하나만 있어서는 온전한 행복이라 할 수 없다. 성주풀이의 경우 가정 축원의 부분은 성주의 본을 풀고 성주가 뿌린 솔씨가 그 집의 재목이 되었다는 것으로 충족될 수 있다. 그러나 액을 막거나 푸는 부분은 이 노래에 마련되지 않기 때문에 노래의 뒷부분에서 따로 달거리와 같은 액맥이타령을 부르게 된 것이다.

그런데 우도 농악은 신청농악에 기반을 둔 곳이 많다는 점에서 창우집단과 연관성이 있는 A형이 채록되어야 함에도 대부분 지역에서 B형이 채록되었다.10) 이러한 이유에 대해서는 앞선 두 자료군이 결합된 형태에서 찾을 수 있다. 이 자료들은 편의상 C형이라 부르기로 한다.

이 자료들의 양상은 아래와 같다.

---

10) 이와 관련하여 손태도는 광대 고사소리는 절걸립패의 고사소리나 성주굿 계통의 소리에 비해 부르기 어렵기 때문에 빨리 소멸했다고 하였다. 그의 논의는 이 지역에 광대 고사소리가 소멸한 이유를 설명하는 것은 가능하나 B형이 불리는 이유를 말하기에는 부족하다(손태도, 〈광대 고사소리에 대하여〉, 《한국음반학》 11호, 한국고음반학회, 2001, 89쪽).

<표-4> C형의 구성내용

지 역	실제 소리의 구성			출 전
진안농악 김봉렬 (1912)	성주풀이, 중천맥이	산세풀이	가정 축원	농악
남원농악 유명철 (1942)	산세풀이, 가정축원	업타령, 노적타령, 패물타령, 화초타령, 비단타령	성주풀이, 중천맥이	2005. 5. 5~ 2005. 7. 30. 현지조사
영광농악 최용 (1966)	치국잡기	성주풀이, 액맥이(12달), 중천맥이		2005. 6. 11 현지조사

위의 표에서 보듯 C형은 좌도 농악에서 두 편, 우도 농악에서 한 편이 채록되었다. 진안의 경우 같은 농악대 안에 수법고는 A형을, 상쇠는 C형을 불렀고, 남원의 경우 같은 지역 안에서 한 가창자는 A형을, 다른 가창자는 C형을 불렀다. 그리고 영광 농악에서는 C형 한 편만 채록되었다.11)

C형의 순서를 보면 좌도 진안 농악에서는 성주풀이부터 먼저 한 다음에 산세풀이 이하의 내용을 부르고, 우도 영광 농악과 좌도 남원 농악에서는 산세풀이 이하의 내용을 부른 뒤 성주풀이를 구연하였다. 어떤 소리가 앞에 오는가 하는 것은 이 소리의 본래 모습이 무엇인가 아는 데 중요한 단서를 제공한다. 왜냐하면 소리의 제의적 축과 유희적 축 가운데서 제의적 축이 사설의 가변이 비교적 적다고 할 때, 두 유형 모두 앞부분에서 제의적 내용이 노래되었기 때문이다.

여기서는 비교적 자료 양상이 온전하고 현지 조사가 제대로 이루어진 남원 농악 유명철 구연본을 중심으로 살펴보고자 한다. 유명철 구연본은 산세풀이, 집터의 형세풀이, 가정 축원, 업타령, 노적타령, 패물타령, 화초타령, 비단타령의 순서로 구성되었다. 그런데 그 뒤에 노래되

---

11) 2006년 5월 20일 한국구비문학회 춘계발표대회에서 영광 농악 최용 구연본의 '치국잡기' 부분은 1998년에 덧붙여진 것이라는 사실이 밝혀졌다.

는 업타령과 노적타령 이하의 양상이 이채롭다.

　　업타령: 인생이 업일랑건 머리 곱게 단장허여 방안으로 모셔드리고 두껍이업이라끈 장꽝으로 모셔들이자 어루 업이야 어루 업이야 어기영차 업이로구나 만경대 구름 속에 학성이 업도 들어오고 야월공산에 깊은 밤 귀촉도 불엽이 두견이 업이 들어온다 어루 업이야 어루 업이야 어기영차 업이로구나

　　노적타령: 어루 노적 어루 노적 어기영차 노적이야 충청도 소쇄뜰 다물다물에 쌓인 노적 이댁으로만 들어온다 어루 노적 어루 노적 어기영차 노적이야 긴 만경 넓은 들에 다물다물에 쌓인 노적 이댁으로만 들어온다

　　패물타령: …… 당사향 인황우황 청담백담흑담 산제당 웅담 동행무궁에 갖인 월룡 건곤지명 명경 채경이 없을소냐 원삼 나삼 아양넘 쪽도리까지 꾸역꾸역 들어오니 어찌 아니가 좋을소냐

　　화초타령: 화초도 많고 많다. 화룡 군자룡 만당추에 호개라. 모랑혼에 소식전승 안내와 이화만지 불개우허니 장생궁중에 배꽃 제자 어찌 아니가 좋을소냐

　　비단타령: 비단을 부른다 비단을 부른다 번뜻 떳다 일광단 월광단 등태산 …… 만화방창 육진포 강릉갑사 소리 황제포 꾸역꾸역이 들어오니 어찌 아니가 좋을소냐

　　업타령과 노적타령은 선소리가 불린 다음 "어러 업이야 어기영차 업이로구나", "어루 노적 어루 노적 어기영차 노적이야"와 같은 후렴이

사용되고 있고 패물타령 이하 비단타령은 선후창 형식이 아닌 독창으로만 노래되었다. 업타령과 노적타령은 중천맥이의 선율과 가창 방식을 바탕으로 사설만 바꾸어서 불렀다. 이렇게 소리 중간에 업타령과 노적타령이 자연스럽게 들어감으로써 전체적으로 소리의 내용과 유흥적 분위기가 강화되었다.

보통의 A형은 가정 축원으로 끝이 나지만 유명철 구연본에서는 여기에 B형이 덧붙었다.

에라만수 에라대신이야 오늘거리고 놀아봅시다 이댁성주는 와가성주 저집성주는 초가성주 한태간에 공주성주요 초년성주는 이년성주 서른일곱에 삼년성주요 마흔일곱에 사년성주 마지막성주 쉰일곱이로다 에라만수 웃동네 도군들아 아랫동네 도군들아 성주목을 내려가자 ……

지금까지 살핀 B형의 서두는 모두 성주의 본을 물은 다음 제비원에 솔씨를 뿌리는 내용으로 시작되었다. 유명철 구연본에서도 성주의 근본 묻기 대목이 노래되지 않는 것은 아니지만 노래의 서두가 그 내용이 아닌, 성주굿을 하는 집안 대주의 나이를 나열하고 성주목을 베러 가자는 내용이 노래되었다. 성주의 근본 묻기 대목이 노래의 서두에서 제의적 성격을 충족시키려는 목적으로 불린다는 것을 감안하면, 이 노래의 경우 이미 앞부분의 산세풀이에서 그러한 목적이 충족된 관계로 굳이 성주의 근본 묻기를 다시 할 필요를 느끼지 못했을 것이다.

가창자는 앞서 살핀 업타령, 노적타령을 포함하여 성주풀이로 시작되는 형태를 노래 후반부에 덧붙임으로써 고사소리의 두 가지 목적 즉, 가정 축원과 액막이를 온전하게 성취할 수 있었다. 결과적으로 통속민요 성주풀이는 산세풀이로 시작되는 형태와 습합(褶合)되면서 기존의 A형에서 이루지 못한 부분을 완벽하게 보완했다고 할 수 있다.

기존의 산세풀이로 시작되는 형태에 통속민요 성주풀이가 어우러지면서 생기는 고사소리의 다변화는 남원 농악 상쇠 유명철과의 인터뷰에서 확인할 수 있다.12) 마당밟이는 마을 전체를 돌며 며칠에 걸쳐 이루어지므로 한 집에서 오랫동안 머물 수는 없다. 따라서 그는 마당밟이를 의뢰하는 집의 상황에 따라 최대한 빨리 고사소리를 끝내어야 하는 경우 '중천맥이'만 하고, 조금 시간적 여유가 있을 '성주풀이+중천맥이'를, 그리고 그 집에서 농악대에 후하게 대접을 해주고 격식을 갖추어야 할 경우 산세풀이부터 시작하여 업타령 등을 거쳐 성주풀이와 중천맥이를 부른다고 하였다. 즉 그때그때의 구연 상황에 따라 고사소리의 분량을 조절하는 것이다. 영광 농악의 양상 또한 남원 농악의 상황과 마찬가지로 유희적 성격을 극대화하기 위해 치국잡기를 부르고 곧바로 성주풀이를 후반부에 이어서 불렀을 것으로 보인다.

이제 남은 것은 진안 농악을 어떻게 이해할 것인가 하는 점이다. 진안 농악에서는 같은 마을농악의 수법고인 고재봉은 A형을, 상쇠인 김봉렬은 C형을 노래하였다. 이 농악을 조사한 김익두에 따르면, 이 마을에서 고사소리만큼은 고재봉이 전문으로 하였다고 한다.13) 그리고 좌도 농악에서는 우도 농악에 비해 산세풀이부터 시작되는 형태의 전통이 더 많이 남아 있는 것으로 보아 고재봉 구연본이 김봉렬 구연본에 비해 이 지역 고사소리의 전통에 가깝다고 판단된다.

김봉렬 구연본의 경우 노래의 유희적 면을 극대화하기 위한 방편으로 성주풀이를 제일 앞부분에 배치한 것으로 보인다.14) 그럼에도 소리

---

12) 2005년 5월 5일과 7월 30일에 남원농악보존회 사무실에서 고사소리의 녹음 및 소리를 배우게 된 내력 등에 대해 조사하였다. 조부 때부터 농악대 상쇠 계보를 잇고 있는 유명철은 17세에 당시 노인이던 전문 고사소리꾼 김기섭으로부터 고사소리를 배웠다 한다.

13) 김익두 외,《한국민요대전》(전라북도민요해설집), 문화방송, 1995, 84~91쪽.

14) 조사보고서에 따르면 성주풀이는 고사상을 차려놓은 앞에서 하고, 산세풀이 이하 내용은 부엌에서 했다고 한다. 이는 원래 고사상 앞에서 한꺼번에 하던 것을 조사 당시 현지 상황에 따라 일시적으로 두 곳으로 나누어서 구연한

의 첫 부분에는 집터의 내력을 담아야 한다는 관념이 있기 때문에 소리의 첫대목은 성주의 본을 푸는 것부터 시작하고 있다. 성주풀이의 유입에 따른 소리의 유희적 성격 강화라는 점에서 김봉렬 구연본도 앞서 살핀 자료들과 크게 다르지 않다. 앞서 살핀 남원 농악이 구연 상황에 따라 소리의 다변화가 이루어졌다면 진안 농악의 경우에는 가창자에 따라 소리의 다변화가 일어난 셈이다.

(2) 성주굿 외 다른 굿의 고사소리

성주굿 외 다른 장소에서 불리는 소리들의 사설 구조를 살펴보고자 한다. 호남지역에서는 철륭굿이나 노적굿 등 음식이나 곡식을 저장하는 곳에서 굿을 할 때 아래와 같은 소리를 하는 경우가 많다.

철륭굿: 아랫철륭 웃철륭 좌철륭 우철륭 쥐 들어간다 쥐 들어간다 장독 밑에 쥐 들어간다 [이리 농악][15]

철륭굿: 쥐 들어간다 쥐들어간다 장광 밑에 쥐들어간다 [김제 우도 농악][16]

장독대굿: 쥐 들어온다 쥐 들어온다 장독대에 쥐 들어온다 [남원 농악][17]

것으로 본다(한국향토사연구 전국협의회 편,《한국의 농악—호남편》, 한국향토사연구 전국협의회, 1994).
15) 이소라 외,《이리농악》, 화산문화, 2000.
16) 한국향토사연구 전국협의회 편,《한국의 농악—호남편》, 한국향토사연구 전국협의회, 1994.
17) 2005. 5. 5. 현지조사.

　　　노적굿: 쥐 들어간다 쥐 들어간다 장독 밑에 쥐 들어간다 [진안 농
　　악]18)

　　위 인용문을 보면, 공통적으로 장독대나 장광 밑으로 쥐가 들어온다
는 내용을 반복적으로 노래하고 있다. 표면적으로 생각하면 음식 저장
과 관련된 곳에 쥐가 들어온다고 말하는 것은 여러 가지 면에서 좋지
않은 것으로 생각할 수 있다. 그러나 반어적으로 보면 이 집에 음식이
풍부하기 때문에 쥐가 들어온다고 이해할 수도 있겠다. 그런데 소리가
구연되는 자리가 집안의 축원을 목적으로 한다는 점을 감안하면 쥐가
들어오는 것이 명확하게 설명되지 않는다.

　　따라서 장독대 밑으로 들어오는 쥐가 신화적 상징성, 즉 다산성(多
産性)이나 부(富)를 가져다주는 존재로 이해한다면 쥐가 음식을 저장
하는 곳이 잘 되기를 바라는 자리에서 노래되는 이유를 알 수 있다.19)
쥐가 음식을 축내거나, 병균을 옮기는 존재가 아닌, 부를 가지고 오거
나 안에 저장된 음식을 불려주는 쥐업으로 여기면 음식이나 곡물을 저
장하는 곳에 쥐가 들어온다고 하는 말만큼 어울리는 것도 없다.

　　여기서 쥐는 집안 다른 장소의 신들, 가령 조왕신이나 사해용왕 등
과 비교했을 때 집안에 복을 가져다준다는 점에서는 동일하다. 그러나
쥐는 집안에 좌정처를 마련하지 못하고 밖에서부터 들어온다. 이렇게
된 데에는 쥐가 갖는 현실의 모습도 무관하지 않을 것이다. 그런 관계
로 쥐는 조왕신이나 용왕 등 다른 가신들처럼 전국 유형이 되지 못하
고 그 이중적 면모 때문에 지역 유형(Oico Type)에 머물게 되었다.

　　호남지역에서는 샘굿 등에서 집의 물맛이 좋다고 하면서 흥을 돋우

---

18) 한국향토사연구 전국협의회 편,《한국의 농악—호남편》, 한국향토사연구 전
　　국협의회, 1994.
19) 쥐의 다산(多産) 상징과 관련해서는 아래의 책을 참조하였다(김종대,《우리
　　문화의 상징 체계》, 다른세상, 2001).

는 자료들이 있다.

　　샘굿: 아따 그 물 맛있다 꿀떡꿀떡 마시고 아들 낳고 딸 낳고 미역국
에 밥 먹자 〔남원 보개면 괴양리 농악〕20)

　　샘굿: 어 그 샘물 잘 난다 월덕벌덕 잡수쇼 〔진도 소포 걸군 농악〕21)

　　새암굿: 앗다 그 샘물 좋고 좋네 좋고 좋은 장구수 아들 낳고 딸 낳
고 미역국에 밥 말아서 월떡 월떡 잡수세 〔남원 농악〕22)

　　샘굿: 아따 그 물맛 좋구나 아들 낳고 딸 낳고 미역국에 밥 말세 아
따 그 물 좋구나 벌컥벌컥 마시세 〔임실 필봉 농악〕23)

　　위 인용문에서는 공통적으로 물맛이 좋거나 샘물이 잘 난다고 하는
감탄과 함께 물을 마시자는 권유로 구성되었다. 자료에 따라서는 물이
잘 나와서 미역국에 밥을 말아 먹자고 하거나 그 집 자손들에 대한 축
원을 곁들이기도 하였다. 샘물이 앞으로 잘 나오길 기원하는 자리에서
물맛이 좋다고 노래하는 것은 흥겨운 분위기를 더욱 돋우는 구실을 함
과 동시에 앞으로도 물맛이 계속 좋기를 바라는 기원이 담겨 있다.
　　앞서 다른 지역의 샘굿에서는 물이 잘 나오게 하기 위해 물구멍을
파자고 권유하거나, 우물을 관장하는 용왕 또는 새미각시 등에게 물이
잘 나오기를 기원하는 내용이 많다. 그런데 호남지역에서는 단지 물맛
이 좋다고 하면서 벌컥벌컥 마시자고만 하는데, 이는 이 지역이 용왕신

<hr>

20) 정병호, 《농악》, 열화당, 1987, 214~215쪽.
21) 2006. 6. 22. 현지조사.
22) 2005. 5. 5. 현지조사.
23) 임실문화원, 《임실의 민속문화》, 2005.

등 가신(家神)에 대한 관념이 다른 지역에 비해 발달하지 못한 결과로 이해할 수 있다.

호남지역에서도 신(神)을 누르거나 밟음으로써 가정이 평안하고자 하는 자료들이 있다.

철룡굿: 지신 지신 철용지신을 밟아라 〔여천 백초 농악〕24)

정지굿: 구석구석 니구석 방구석도 니구석 정지구석도 니구석 삼사 십이 열두구석 잡귀 잡신은 썩 물러가고 명과 복만 쳐들어온다 〔이리 농악〕25)

호남지역에서 철룡굿은 지역에 따라 두 가지 의미로 사용된다. 하나는 터주신에 대한 굿이고, 다른 하나는 장독대를 관장하는 신에 대한 굿이다. 이렇게 철룡굿이 두 가지 의미로 사용되게 된 것은 터주신의 신체(神體)를 터줏가리 형태로 만들어 주로 장독대가 있는 곳에 모셨기 때문이다. 그런 까닭에 장독대에 모신 터주신의 면모가 약해진 곳에서는 철룡굿이 장독대굿, 즉 장 등을 보관하는 장소에 대한 굿으로 나타나게 되었다.26)

대부분의 가신(家神)들은 눌러서 꼼짝달싹하지 못하게 하기보다는 정성을 드려 모셔야 한다. 그들은 집안의 여러 공간에서 사람들의 정성을 대접받고 그 대가로 그가 맡은 공간이 잘되도록 해주기 때문이다. 그러나 화장실에 좌정하고 있는 신 일명 정낭지신 또는 통시각시로 불

---

24) 정병호, 《농악》, 열화당, 1987, 214~215쪽.
25) 이소라 외, 《이리농악》, 화산문화, 2000.
26) 터주신은 종종 다른 가신(家神)과 결합하기도 하는데, 지역에 따라 복이나 경제적 번영 등과 관계되는 업신 계통과 결합되기도 한다(이두현 외, 《한국 민속학개설》, 학연사, 1983, 191쪽).

리는 신과, 집터에 좌정하고 있는 터주신 즉 지신(地神)은 여러 사람들이 발로 잘 눌러서 발동하지 못하도록 해야 한다. 특히 터주신이 발동하게 되면 동티가 난다든지, 집안에 좋지 않은 일이 생기게 된다.

첫 번째 인용문에서 가창자는 철룡지신을 밟으라고 노래하였다. 여기서의 철룡지신은 철룡신과 지신이 합쳐진 말로, 터주신을 뜻한다. 철룡지신이라는 신명이 생긴 것은 앞서 밝혔듯이, 터줏가리 등 터주신의 신체(神體)를 장독대에 모신 결과로 이해된다. 두 번째 인용문에서는 'XAXAXAXA'의 관용구를 통해 축귀(逐鬼) 및 축원(祝願)의 내용이 노래되었다. 액막이와 관련된 관용구가 비교적 긴 형태로 짜여 있다는 점에서 연원이 오래된 사설로 보인다.

첫 번째 인용문의 철룡지신 즉 지신은 집터에 좌정하고 있는 신이고, 두 번째 인용문의 잡귀・잡신은 집안에 상주하는 신이 아닌, 지난 1년 동안 밖에서부터 들어와서 집안 곳곳에 스며든 존재이다. 잡귀・잡신은 썩 물러가게 만들어야 하지만 지신은 내쫓는 것이 아니라 발동하지 못하도록 밟거나 눌러야 한다. 그런 관계로 잡귀・잡신을 내쫓는 것은 액막이의 의미만 가지지만, 지신을 밟는 것은 지신의 성격상 겉으로는 액막이이지만 실은 기원의 성격이 짙다. 지신은 자신의 처소에 잘 있어야 사람들에게 안정과 평화를 가져다주므로 사람들 입장에서는 지신에 대해 다른 신들과 같이 무언가를 바라거나 요구할 수 없기 때문이다.

이 두 신격이 모두 호남지역 고사소리에서 발견되었다는 것은 이 지역 고사소리의 전통이 깊다는 것을 의미한다. 그리고 다른 지역에서는 그 장소에 있는 신을 누르거나 밟자는 내용의 소리가 축원하는 내용과 섞여서 나오는 경우가 많은데 여기서는 순수하게 액을 막거나 풀자는 내용만 노래되었다는 것도 그러한 면을 방증하는 것이다.

그러면 단일 내용이 아닌, 두 가지의 내용이 한 자리에서 노래되는 자료들을 살펴보도록 한다.

   샘굿: 물주소 물주소 새미깡에 물주소 아따 그 물 좋구나 아들 낳고
딸 낳고 미역국에 밥 몰아 먹세 펑펑 솟아라 콩콩 솟아나소 새미각시
물 주소 [전남 광양 농악][27]

   샘굿: 동해바다 용왕님 서해바다 용왕님 남해바다 용왕님 사해바다
용왕님 명강수 철철 청강수 철철 아따 그 물맛 좋다 아들 낳고 딸 낳고
미역국에 밥먹세 [이리 농악][28]

   첫 번째 인용문에서는 물을 달라고 하는 기원과 물맛이 좋다고 하는
유흥이 노래되었는데, 새미각시라고 하는 지역 유형의 신격이 노래되
었다. 이와 달리 두 번째 인용문에서는 신명의 나열과 유흥이 노래되면
서 전국 유형의 신격이 나타났다. 앞서 노래된 자료들과 견주어보면,
두 자료는 모두 유흥이 노래되면서 신의 면모가 다양하게 노래된다는
점에서 원래 유흥만 노래되다가 신에 대한 관념이 확립되면서 기원에
관련된 내용이 습합된 것으로 이해할 수 있다.

3. 호남지역 농악대 고사소리의 변천 양상

   앞에서 호남지역에서 채록된 농악대 구연 고사소리를 성주굿 고사
소리와 성주굿 외 다른 굿의 소리로 나누어 분석하였다. 여기서는 앞서
논의된 결과들을 바탕으로 호남지역 농악대 고사소리의 변천 양상에
대해 논의하고자 한다.
   전남 도서지역인 진도군 지산면 소포리, 고흥군 금산면 신평리 월포

---

27) 양향진, 《광양 풍물굿 연구》, 우석대 석사논문, 2003.
28) 이소라 외, 《이리농악》, 화산문화, 2000.

마을, 완도군 완도읍 장좌리 등 남해안 농악으로 불리는 지역에서는 정
초 마당밟이에서 대청 앞에 고사상을 차려놓고 마루굿이나 방굿 등을
치는 자리에서 상쇠가 따로 소리를 하지 않고 쇠만 쳤다. 세 지역의 마
당밟이의 양상을 정리하면 아래 표와 같다.

〈표-5〉 마당밟이의 양상

제보자	마당밟이 순서	출 전
진도군 지산면 소포리 주동기(1935)	당맞이, 길굿, 샘굿, 문전굿, 우물굿, 정지굿, 방굿, 마루굿, 인사굿, 동네 세 바퀴 돌고, 파장굿	2006. 6. 21 현지조사
고흥군 금산면 신평리 월포마을 정이동 (1929)	당굿, 문굿, 당산굿(마루굿), 조왕굿, 철륭굿(집 뒤안)	2006. 6. 20 현지조사
완도군 완도읍 장좌리 강양대(1945)	당 고사, 우물굿, 사정(사장)굿, 매굿-문굿, 성주굿, 조왕굿, 우물굿, 인사굿-갯제, 파장굿	2006. 6. 20 현지조사

　고사소리를 다루는 자리에서 상쇠가 소리를 하지 않는데 여기서 다
룰 만한 가치가 있는가 의문을 가질 수도 있다. 그러나 고사소리의 구
연층과 목적, 그리고 상황 등이 크게 다르지 않다는 점에서 고사소리와
깊은 연관성이 있다.

　먼저 진도 소포리의 경우 마당밟이를 할 때 정지굿과 방굿, 마루굿
은 한꺼번에 이루어진다. 이곳에서도 대청마루 앞에다 소반 위에 쌀이
며 정화수 등을 차리지 않는 것은 아니지만, 여기서는 성주신을 위해
따로 굿을 치지는 않는다. 이곳에서는 집안에 있는 잡귀·잡신을 몰아
내는 데 가장 목적을 둔다. 따라서 부엌에서 시작하여 방, 마루로 이동
하며 굿을 치면서 그곳에 있는 잡귀·잡신을 몰아낸다고 생각한다.

　고흥 월포마을에서는 정월 초사흗날 이루어지는 마당밟이에서 마루
에서 당산굿을 치고 나서, 상쇠가 "매귀여~" 하고 외친다. 그러면 마당

에 서 있는 여러 치배들이 "예~" 하고 대답을 하고, 다시 상쇠가 "잡귀 잡신은 쳐내고 명과 복은 쳐들이세"라고 한다. 이 점을 통해 고흥 월포 농악에서도 마당밟이의 목적이 집안 곳곳에 있는 잡귀·잡신을 몰아 내는 데 있음을 알 수 있다.

완도 장좌리에서는 정월 보름 새벽에 제관 일행이 마을 제사를 지낼 때 농악대의 악기 연주에 맞추어 고사가 진행된다. 그리고 당집에서 고 사를 마치고 공동 우물에 와서 우물굿, 회나무에서의 사정(사장)굿, 4~5일 동안의 집돌이, 갯제, 파장굿을 할 때에도 농악대의 주도로 의 례가 이루어진다. 이곳 농악 가락은 1자굿부터 9자굿까지 있는데 그 가운데서 제의와 관련되는 굿은 2자굿(잡귀·잡신 몰아낼 때 치는 굿) 과 3자굿(당제 지낼 때 치는 굿)이다. 그런데 마당밟이에서는 조왕굿 과 우물굿에서 2자굿을 치고 성주굿을 비롯한 다른 곳에서는 정해진 것이 없이 그때의 상황에 따라서 굿을 친다.

이렇게 당제의 처음과 끝에 농악대가 연결되어 있는 것은 완도뿐만 아니라 진도나 고흥에서도 공통적으로 나타나는 현상이다. 이런 이유 로 기존 연구에서도 남해안 농악은 마을 공동 제의와 결속도가 강하며 그만큼 토속적 특징을 지닌다고 하였다.[29] 이는 곧 농악대 상쇠의 사 제자로서 지니는 기능 즉 집안 곳곳에 있는 잡귀·잡신을 몰아내는 주 체로서 구실을 한다는 것을 뜻한다.[30]

이상에서 살폈듯이 남해안 농악에서는 성주신에 대한 관념이 다른 호남지역의 농악에 비해 그리 발달하지 않았다. 여기서는 공통적으로 부엌(조왕)과 우물이 중요하게 여겨진다. 마당밟이의 목적 또한 집안

---

29) 이경엽,《담양농악》, 담양문화원, 2004, 39쪽.
30) 경북 금릉 빗내 농악과 전남 화순 한천 농악에서 각각 상쇠가 등판에 금빛 표시가 나는 둥근 거울인 홍박씨 또는 공모를 상의에 붙였다는 보고가 있다. 이는 무당의 명두와 같은 기능을 하는 것으로, 상쇠의 사제자로서의 면모를 보여주는 것이다(한국향토사연구 전국협의회,《한국의 농악—영남편》, 수서 원, 1997, 124쪽; 정병호, 앞의 책, 1986, 46쪽).

의 안정, 평안에 대한 기원보다는 액을 막고자 하는 목적이 강하다. 따라서 이러한 남해안 농악의 모습은 어디에서도 영향을 받지 않은 축원 농악의 가장 소박한 형태가 아닐까 생각해볼 수 있다.

고사소리는 액을 몰아내고자 하는 하나의 목적으로 말미암아 별다른 발전을 보이지 못하다가, 세습남무인 창우집단의 영향으로 앞서 살핀 A형이 마련된 것으로 보인다. 그러한 영향 관계는 특히 농악대 구연본의 산세풀이에서 확인할 수 있는데, 농악대가 구연하는 산세풀이에서 집터의 내력을 풀이하는 것은 창우집단 구연본의 치국잡기에 이은 산세풀이의 방식과 목적을 받아들인 것으로 보았다. 두 부분 모두 집터의 내력을 말함으로써 소리의 제의적 성격을 담보하는 구실을 하기 때문이다.

전문가 집단의 영향으로 마련된 농악대 구연 A형은 통속민요 성주풀이의 영향으로 소리의 구성에서 변화를 겪게 되는데, 그러한 변화는 C형 3편에서 확인할 수 있다. 변화가 일어나게 된 요인으로 우선 뛰어난 가창자에 따른 변화가 있다. 남원 농악의 경우 유명철에게 고사소리를 가르쳐 준 김기섭은 이곳저곳을 다니며 고사소리 등을 해주고 생계를 잇던 사람이었다. 생계유지를 위해 고사소리 등을 해야 했던 만큼 다양한 구연 경험을 통해 다른 사람들보다는 풍부한 소리를 마련했을 것이다. 그 결과 기존의 A형에 성주풀이가 결합된 C형을 만들게 되었을 것으로 보인다.[31]

전국의 신청농악 가운데 민간 농악과의 교류가 확인되는 우도 농악 지역에 그 집단과 관계되는 A형보다는 B형이 많이 채록되었다. 반면

---

31) 전문적 소리꾼 공대일도 노래 후반부에 성주풀이를 이어서 불렀는데, 이 현상 또한 뛰어난 가창자에 따른 삽입으로 볼 수 있다. 이에 관해서는 다음 자료를 참조하였다. 한국고음반연구회 편, 《한국고음반연구회 음향선집(3)》, 한국고음반연구회, 1997; 이보형, 〈이보형 채록 고사소리〉, 《한국음반학》 7권, 한국고음반연구회, 1997.

신청농악이 거의 없는 좌도 농악에서는 A형이 비교적 많이 남아 있었다. 이러한 자료적 상황은 자료 분석 외에 다양한 자료 외적인 상황을 검토한 뒤에 해결될 수 있다.

일반 사람들에 의해 유흥을 목적으로 불리는 통속민요 성주풀이는 어떤 이유로 A형과 결합하고, 마지막에 가서는 A형의 자리를 대신하게 되었을까. 그 뒷면에 작동하는 메커니즘을 A형과 비교하면서 하나씩 찾아보고자 한다. B형의 첫 부분은 성주가 뿌린 솔씨가 이 집의 상량이 되었다고 하면서 시작된다. 이는 A형에서 백두산으로부터 시작된 산세가 이 집터에 이르렀다고 하는 것과 다르지 않다.

두 부분 모두 집 재목이나 집터의 내력을 풀면서 이 집이 앞으로 잘 되는 조건 역할을 하고 있고, 전체 소리의 제의적 성격을 담보하는 구실을 한다. 그런데 B형에서는 성주라고 하는 구체적 신격이 나타나고 그가 뿌린 솔씨가 이 집의 재목이 된다는 점에서 A형에서 명당의 요소들만 나오는 것에 비해 발복(發福)의 원인이 보다 직접적이고 가시적이다. 한 해 동안 집안이 잘 되길 바라는 점에서 노래가 불린다는 것을 보면 B유형이 구연 목적에 보다 적합하다고 할 수 있다.

B형의 두 번째 내용은 집 짓기와 가정 축원 부분이다. 가정이 앞으로 잘될 수 있는 근거는 이 집터가 명당이기 때문이다. 명당의 요건을 서술하는 것과 관련하여 B형은 A형에 비해 제 요건이 온전히 갖추지 못하고 각 대목 사이에 내용적 연관성도 약한 것이 사실이다. 그러나 성주풀이는 체계적이지 못한 명당 요건을 앞서 노래된 '성주가 뿌린 솔씨=이 집 상량'의 등식으로 천명한 뒤 여러 가지 유희 관련 사설을 나열하면서 부족한 명당의 요건을 유흥으로 보완하고 있다.

최소한의 제의적 성격을 유지하면서 유희적 성격을 극대화하고자 하는 바람에서 시작된 성주풀이의 차용은 비단 농악대 고사소리에만 나타나는 것은 아니다. 호남지역 단골무가 주재하는 성주굿에서도 이러한 양상을 확인할 수 있다.

…… 첫 치국을 잡으시니 경상도 경주난 김부대왕이 치국이요…… 일곱 번 치국을 잡으시니 우리 한양의 운이 돌아 이씨대왕의 치국이요 삼각산 내림으로 인왕산이 삼겨있고 인왕산 내림으로 덕문산이 삼겨있고…… 천리행군 일석지간의 좌도로 내려와 이 터 명당을 잡었으니 좌향이 분명 성주본이 어드메 경상도 안동땅의 제비원이 본이로다……
[전북 위도, 조금례]32)

…… 천지는 언지 나며 일월은 언지 생겼던가 천대여 자 허시니 자방 하날 삼겨시고 지벽의 축 허여서 축방땅이 삼겨있고 인후여 허히 서인 하여 사람이 생겼구나 어 동의 태궐산은 서축을 막어있고 서의 부월산은 동지수를 막어 진사방을 통달허고 쌍룡을 갈러시고 솔대부인 마주 서서 어허 월각산도 삼압이요 일광산도 삼압인디 …… 호남허고 대남허시던 성주님네 본을 받세 성주님네 안철 받세 성주님네 본은 어드멘고 경상도 안동 부천 제비원이 보닐레라…… [전북 정읍, 신귀녀]33)

호남지역 단골무들이 성주굿에서 구연하는 성주풀이는 위에서 보듯 '치국잡기+성주풀이' 또는 '천지 조판+성주풀이' 등의 형태로 구성되었다. 치국잡기나 천지조판은 이 지역 무가에서 쓰이는 지두서(指頭書)와 같은 성격으로, 지금 굿이 이루어지고 있는 장소의 내력을 풀이하면서 소리의 제의적 목적을 높이는 역할을 한다. 그리고 뒤이어 노래되는 성주풀이에서는 치국잡기와는 별개로 성주의 본풀이가 길게 이어진다.

이러한 구조는 앞서 살핀 농악대가 구연한 고사소리 B형의 구조와 크게 다르지 않다. 단골무들 또한 소리의 유희적 성격을 높이기 위해

---

32) 전라북도립국악원, 《전북의 무가》, 전라북도립국악원, 2000.
33) 위와 같음.

성주풀이를 차용하였다. 다만 단골무 주재 성주굿에서는 성주의 본풀이 앞에 제의적 목적의 치국잡기나 천지 조판이 길게 노래되는 것, 그리고 성주풀이 부분이 성주의 본풀이와 통속민요 성주풀이로 나뉘어 불리는 것에서 농악대 구연 B형에 비해 의례적인 성격이 강하다고 할 수 있었다. 이러한 두 자료 간의 차이는 구연자의 사제자(司祭者)로서 성격 그리고 구연 상황의 차이에 말미암았을 것이다.

4. 맺음말

이 글에서는 다기한 양상을 보이는 호남지역 농악대 구연 고사소리의 현재적 양상이 제대로 설명되지 못한 것에 착안하여, 호남지역에서 채록된 농악대 구연 고사소리 16편을 내용 구성에 따라 A형, B형, 그리고 C형으로 나누고 각 유형에 대해 분석하였다. 그리하여 논의된 결과들을 바탕으로 호남지역 농악대 고사소리의 형성과 변화에 대해 소리를 중심으로 논의하였다.

그 결과 전남 도서지역인 진도군 지산면 소포리, 고흥군 도양읍 신평리 월포마을, 완도군 완도읍 장좌리에서 정초 마당밟이로 대청 앞에 고사상을 차려 놓고 성주굿을 지낼 때, 상쇠가 따로 소리를 하지 않고 쇠만 치면서 간단한 덕담만 하였다. 특히 완도 장좌리에서는 농악대가 마을 제사와 집돌이에서 저마다 나름의 역할을 하는 것을 확인할 수 있었는데 이를 통해 이 지역에서 상쇠가 고사상을 차려놓고 쇠를 치는 것은 나름의 제의적 목적을 내포하고 있다고 보았다. 그리고 남해안 농악에서 상쇠가 고사상을 차려 놓고 쇠가락만으로 가정의 안정을 기원하는 것은 어디에도 영향을 받지 않은 축원농악의 가장 소박한 형태일 것으로 추론하였다.

A형의 경우 전체 소리의 구조와 산세풀이의 역할 등의 면에서 세습

남무 계열 창우집단의 영향으로 마련되었을 것으로 보았다. 그렇게 전문가 집단의 영향으로 마련된 이 유형은 통속민요 성주풀이의 영향으로 소리의 구성에 변화를 겪게 되는데, 그러한 변화는 C형 3편에서 확인할 수 있었다. 변화가 일어나게 된 요인으로 뛰어난 가창자, 삽화적 구성에 따른 유흥적 성격의 확보가 있었다.

일반 사람들에 의해 유흥을 목적으로 불리는 통속민요 성주풀이가 A형과 결합하게 된 이유는 소리의 첫 부분에서 성주가 뿌린 솔씨가 이 집의 상량이 되었다고 하는 대목에서 찾을 수 있었다. 여기서 성주라고 하는 구체적 신격이 나타나고 그가 뿌린 솔씨가 이 집의 재목이 된다는 것은 고사반 유형에 비해 발복(發福)의 원인이 보다 직접적이었다. 즉 한 해 동안 집안이 잘 되길 바라는 목적에는 B유형이 보다 목적에 부합된다고 할 수 있었다.

아울러 B형은 다양한 유희적 표현이 삽화적으로 구성됨으로써 명당의 조건을 제대로 갖추지 못하는 점을 보완하였다. 이러한 다양한 유희적 표현들은 A형이 충족시키지 못하는 부분들로, B형이 A형과 결합하는 또 하나의 이유가 되었다.

농악의 노래굿에 관한 고찰
― 호남농악을 중심으로

김정헌*

1. 머리말

농악은 연극·무용·음악 등의 예술적 요소가 종합적으로 결합되어 있는 예술이다. 특히 음악적 요소는 농악의 중추적 요소로서 대부분 악기 연주 중심의 기악, 무엇보다 타악 위주로 음악이 구성되어 있다. 그러나 음악적 요소에는 기악적 요소 이외에도 성악적 요소가 존재한다. 기악적 요소가 타악기 중심의 음악 구성에 소수의 선율악기(태평소, 나발)가 결합된 것이라면, 성악적 요소는 마당밟이의 고사소리, 두레농악의 노동요, 판굿의 노래굿/소리굿 등으로 구분할 수 있다. 이 가운데서 제의 형태의 마당밟이나 노작 형태의 두레농악보다 판굿에서 공연되는 성악적 요소인 노래굿은 예술적으로 한층 발전된 연예 형태의 농악 공연에서 중요한 요소로 자리 잡아 왔다. 이 글에서는 농악의 판굿에서 공연되는 노래굿이 지닌 예술적 특징을 살피고 그 의미를 논하고자 한다. 농악의 노래굿에 관한 관심이 크지 않았던 탓인지 이 방면의 연구가 거의 없었으므로 이 연구는 나름대로의 의의를 가질 것으로 생각한다.

---

* 남원농악보존회 강사.

2. 선행연구 및 연구범위 검토

(1) 선행연구 검토

지금까지 노래굿을 중심 주제로 한 논의는 없었고 여러 조사보고서에서 노래굿의 사설과 악보를 채록한 작업이 대부분이었으며, 다른 주제를 논하는 장에서 노래굿을 단편적으로 언급한 경우는 더러 존재하였다. 노래굿의 선행연구라고 하기에는 미흡하지만 농악 연구의 현 단계를 말해주는 것으로 생각하여 다음과 같이 정리해 보았다.

임동권[1]은 농부들이 논에서 모심고 논맬 때 으레 농가를 부르기 마련인데 이때에 농악 반주가 있으므로 농가와 농악은 늘 서로 붙어 다니기 마련이라고 하였다. 이는 곧 농악에는 타악기의 연주 기능만 있는 것이 아니라 성악적인 요소도 포함되는 것으로 보는 견해라 할 것이다.

정병호[2]는 지신밟기(마당밟기)와 경상도 서남지방의 농악, 그리고 전라도 농악 판굿의 노래굿을 포괄적으로 '노래굿'이라고 하였다. 특히 그가 채록한 김제 농악 백남윤의 노래굿[3]은 현존하는 호남 우도 농악의 노래굿 가운데서 가창자가 분명하고 사설이 온전하게 채록된 유일한 것으로 사료적 가치가 크다고 할 것이다. 다만, 지신밟기의 고사소리와 판굿의 노래굿을 동일하게 '노래굿'으로 분류하는 것은 재고할 필요가 있다고 본다.

---

1) 임동권, 〈농악과 생활사·농경생활자의 반주〉, 《문학사상》 9월호, 문학사상사, 1978, 226~227쪽.
2) 정병호, 〈현장을 통해 본 농악의 특징과 전승문제〉, 《문예진흥》 1월호, 한국문화예술진흥원, 1983, 쪽수 미상.
3) ______, 〈김제농악과 백남윤의 농악 기록보〉, 《문화예술》 8월호, 한국문화예술진흥원, 1985.

이보형4)은 호남과 영남 좌도 농악의 판굿에 농악 대원들이 민요를 합창하는 것을 '소리굿'이라고 하였다. 강릉 농악 판굿의 '농사풀이'에서도 〈오독데기〉와 같은 민요를 선창하는 경우가 있고, 또 강릉 농악 고로(古老) 상쇠 정선화(鄭善和)의 증언에 따르면 강릉 농악에도 메기고 받는 형식의 소리굿이 있었으므로 이 소리굿을 복원할 것을 주장하였다. 이 견해는 전국의 농악 판굿에 거의 다 노래굿이 존재했을 가능성을 열어두고 있는 것이다.

김헌선5)은 김덕수 사물놀이패가 부르는 〈월산요〉가 웃다리지역의 것인지에 의문을 제기하고, 호남지역의 노래굿 사설 네 종류를 거론하면서 〈월산요〉가 이 지역 노래굿과 유사하다고 하였다. 그런데 사물놀이의 음반 1집에서 웃다리 가락의 서두에 편성되어 있던 〈월산요〉가 다음 음반부터는 일관되게 호남 우도 사물놀이의 서두에 나오는 걸로 보아 호남 농악에서 차용해간 것으로 짐작할 수 있다.

김익두6)는 농악의 성악적 요소는 두레굿의 노동요나 판굿의 노래굿과 같이 특정한 상황과 과정에서 나타난다고 하였다. 그에 따르면 농악 판굿에서 음악·무용·연극적 여러 요소들은 상호침투되면서 동시적으로 진행되기도 하고 각 요소들 가운데 하나가 반복·순환·축적을 통해 지배적인 요소가 되었다가 다른 요소에게 주도권을 넘겨주는 순차적 자극을 반복하기도 하여, 마침내 청관중의 신체적 참여 욕구를 불러일으켜 일시적으로나마 청관중들이 공연자로 변신한다고 한다. 이 논의는 농악에서 공연 요소들의 상호작용 양상을 공연 이론에 의거하여 분석한 것으로서 일정한 학문적 의의를 가진다.

---

4) 이보형, 〈강릉농악의 특질〉, 《강원민속학》 3집, 강원민속학회, 1985, 41쪽.
5) 김헌선, 《풍물굿에서 사물놀이까지》, 귀인사, 1991, 116~121쪽.
6) 김익두, 〈풍물굿의 공연원리와 연행적 성격〉, 《한국민속학》 제27집, 민속학회, 1995, 104~107쪽.

(2) 연구 범위와 대상

이 글에서 가리키는 '노래굿'은 판굿 공연에서 치배들이 노래를 메기고 받으며 악기를 연주하는 공연 형태에 한한다. 그러므로 〈산세내력〉이나 〈액막이타령〉, 〈성주풀이〉 등 판굿에 속하지 않는 텍스트들은 '노래굿'에 포함하지 않기로 한다. 논에서 김매기 등을 할 때 풍물 반주에 맞추어 부르는 노동요 또한 포함하지 않기로 한다. 그동안 전국적으로 조사·보고된 노래굿은 호남지방이 압도적으로 많다. 절차와 사설, 음악적 측면에서 살펴볼 때 호남지방의 노래굿들은 서로 유사하며 다른 지방의 노래굿과는 두드러진 차이를 보인다. 또 일반적으로 판굿의 가락이나 절차, 진법, 복식, 신체 동작 면에서 유사성보다는 차이점이 많다고 알려진 호남 좌·우도 농악의 노래굿은 별다른 차이가 없는 걸로 보인다. 호남 이외 지방의 노래굿들은 대부분 사설이나 악곡이 기록되지 않은 채 이름만 남고 전승이 단절되었거나, 판굿의 '노래굿'이라 볼 수 있을 만큼 독자적인 과장(科場)으로 구성되어 있지 못하다. 지금까지 조사된 노래굿을 정리해 보면 다음과 같다.

〈표-1〉 호남 좌도지역의 노래굿

대 상 ＼ 구 분	명칭	가사	악보	시청각	판굿에서 노래굿의 위치
호남 좌도 농악의 판굿7)	노래굿	○	×	×	호호굿과 각진굿에 이어 노래굿을 한다. 노래굿에 이어 미지기, 영산 등으로 이어진다.
호남 좌도 농악 기창수의 판굿8)	노래굿	○	×	음향	호호굿에 이어 노래굿을 한다. 이어서 미지기와 영산을 한다.
전북 진안군 성수면 중평마을 김봉렬의 판굿9)	노래굿	○	○	음향 영상	영산에 이어 하거나 영산 전에 하기도 하며 노래굿 이후에는 잔지래기굿－일광놀이－도둑잽이－탈머리로 이어져 맺는다.

전북 남원시 금지면 상귀리 류명철의 판굿[10]	노래굿	○	○	음향 영상	판굿을 앞굿과 뒷굿으로 나누고 노래굿을 앞굿의 후반에 배치, 후굿에서는 잡색들의 연희(도둑잽이 등)가 이어진다.
전북 남원시 산내면 중황리 윤한길의 판굿[11]	노래굿	○	×	×	호호굿에 이어 판굿의 맨 마지막에 노래굿을 한다.
전남 화순군 동복면 한천리 노승대의 판굿[12]	노래굿	○	○	×	채굿 사이사이에 한 과장의 굿거리가 배치되어 있는데 오채–노래굿–육채–도둑잽이–칠채–승리굿 순서로 진행된다.
전북 임실군 강진면 필봉리 양순용의 판굿[13]	노래굿	○	○	음향 영상	미지기 영산굿 다음이며 돌굿, 영산, 수박치기, 등지기, 군영놀이 등의 놀음굿을 하고 도둑잽이 탈머리 등으로 이어진다.
전북 장수군 장계면 장계리 서동 양길순의 판굿[14]	노래굿	×	×	×	영산과 소고놀음에 이어 노래굿을 한다.
전북 진안군 안천면 신괴리 괴정 엄석순의 판굿[15]	소리굿	×	×	×	영산과 도둑잽이가 끝나면 소리굿을 하고 이로써 모든 굿이 다 끝나게 된다.

7) 홍현식 외, 《호남농악》, 문화재관리국, 1967, 144~149쪽.

8) 김익두 소장, 〈녹음 테이프〉(상쇠: 기창수, 징/부쇠: 류명철, 장구: 손판돌), 1967.

9) 이보형, 《전라북도 국악실태 조사》, 문화재관리국, 1982, 116~118쪽.
   김익두 외, 《호남 좌도 풍물굿》, 전북대 박물관, 1994, 77~83쪽.
   한국향토사연구 전국협의회 편, 《한국의 농악—호남편》, 한국향토사연구 전국협의회, 1994, 139~142쪽.

10) 이보형, 위의 책, 1982, 186쪽.
    김익두 외, 《남원지방 문화재 지표조사 보고서》, 전북대박물관, 1987, 166쪽 및 248쪽.
    김정헌, 〈남원농악 연구〉, 전북대 석사논문, 2003, 101쪽.
    김익두·김정헌, 《남원농악》, 한국농악보존협회 남원시지회, 2006, 135~137쪽.

11) 김익두 외, 앞의 책, 1987, 162쪽.

12) 한국향토사연구 전국협의회 편, 앞의 책, 1994
    김익두 외, 앞의 책, 1994, 267~269쪽.

〈표-2〉 호남 우도지역의 노래굿

구 분 대 상	명칭	가사	악보	시청각	판굿에서 노래굿의 위치
호남 우도굿 판굿16)	노래굿	○	×	음향	개인놀이를 마치고 노래굿을 한다. 뒤이어 콩동지기, 지와밟기, 도둑잽이, 탈머리 등이 이어진다.
전북 정읍농악 전사섭과 김병섭의 판굿17)	소리굿	×	×	×	개인놀이를 마치고 소리굿을 한다. 소리굿 뒤에는 도둑잽이와 탈머리가 이어진다.
전남 해남군 송지면 산정리 유공준의 판굿18)	노래굿	×	×	×	허허굿에 이어 노래굿을 하고 도둑잽이굿으로 이어진다.
전남 영광군 영광읍 교촌리 전경환의 판굿19)	노래굿	×	×	×	노래굿은 구정놀이(소고, 장구, 잡색, 쇠놀이)를 마치고 나서 마지막에 한다.
전북 정읍시 영원면 장재리 이명식의 판굿20)	소리굿	×	×	×	호호굿 뒤에 노래굿을 하며 개인놀이가 이어진다. 옛날에는 도둑잽이 등이 있었으나 기억할 수 없다고 함.
전북 고창군 고수면 인성리 김상구의 판굿21)	노래굿	×	×	×	우질굿에 이어 노래굿을 하는데 〈옥설가〉라는 노래를 메기고 받는다.
전남 담양군 남면 안암리 이복수의 판굿22)	노래굿	△	×	×	정확하지 않지만 도둑잽이, 호호굿 등과 같이 하며 제보자는 가사의 앞부분과 끝부분만 기억하고 있음.

<hr>

이보형·정병호, 《한국민속 종합조사 보고서》 13집, 문화재관리국, 1982, 64~65쪽.

13) 김익두 외, 앞의 책, 1994, 176~177쪽.
이보형·정병호, 위의 책, 1982, 53~54쪽.
김현숙, 〈호남 좌도농악에 관한 연구〉, 서울대 석사논문, 1987, 99~101쪽.
양진성, 《호남 좌도 임실 필봉굿》, 임실문화원, 1999, 178~180쪽.

14) 김익두 외, 앞의 책, 1994, 220쪽.

15) 위의 책, 222쪽.

16) 홍현식 외, 앞의 책, 1967, 133~144쪽
김익두 소장, 앞의 녹음테이프, 1967.

17) 김옥희, 〈호남 농악 판굿의 진풀이에 관한 연구〉, 이화여대 석사논문, 1985, 43쪽.

18) 김익두 외, 《호남 우도 풍물굿》, 전북대 전라문화연구소, 1994, 215~216쪽.

전남 담양군 무정면 덕곡리 김공배의 판굿23)	노래굿	△	×	×	호호굿 다음에 노래굿이 이어지며 그 다음으로 도둑잽이로 연결된다. "어리사 저리사" 하는 후렴 부분만 채보됨.
전남 담양군 용면 분통리 권석기의 판굿24)	노래굿	○	×	×	호호굿 친 뒤에 노래굿을 하며 첫소리는 "얼씨구나 좋네" 뒷소리는 "얼씨구 좋네" 한다.
전북 김제농악 수법고 백남윤, 상쇠 김문달의 판굿25)	짝다드라기	○	×	×	일광놀이 다음에 공연되며 〈월성가〉라는 노래를 부른다. 이후로는 구정놀이 –문굿–도둑잽이–탈머리 등으로 이어진다.
김덕수 사물놀이패의 앉은반 사물놀이26)	월산요	○	○	음향	호남우도 농악 사물놀이 가락의 서두에 〈월산요〉를 부른다.
경상남도 진주시 평거동 황일백의 판굿27)	달거리	×	×	×	판굿의 열 번째 10차는 달거리굿인데 일년 명절을 제창한다고 한다. 이어서 허튼굿과 개인놀이 등을 하고 판굿을 맺는다.
대구시 달성군 다사면 죽곡동 추교순의 판굿28)	칭칭이	×	×	×	판굿의 마지막에 '싸움굿'을 하고 나서 중앙을 달팽이형으로 멍석말이를 하는데 이 진을 풀면서 "치나 칭칭나네"를 부른다.

---

19) 이보형·정병호, 앞의 책, 1982, 83~84쪽.
　　전라남도 편, 《전남의 세시풍속》, 전라남도, 1988, 337쪽.
　　김옥희, 앞의 글, 1985, 39~40쪽.
20) 이보형, 《전라북도 국악실태 조사》, 문화재관리국, 1982, 213쪽.
21) 위의 책, 226쪽.
22) 이경엽, 《담양농악》, 담양문화원, 2004, 193쪽.
23) 위의 책, 257~258쪽.
24) 위의 책, 270쪽.
25) 정병호, 《농악》, 열화당, 1987, 214~215쪽.

<표-3> 호남 이외 지역의 노래굿

대상＼구분	명칭	가사	악보	시청각	판굿에서 노래굿의 위치
경기도 평택군 팽성읍 평궁리 최은창의 판굿[29]	소리굿	×	×	×	판굿의 후반부에 굿거리 가락에 맞추어 크게 원을 그리고 소리를 한다. 소리굿이 끝나면 굿거리 가락에 맞추어 무동이 동리를 받고 춤추는 무등타기가 이어지는데 동리 받기 전에 개인놀이를 하기도 한다.
경기도 안성시 보개면 남풍리 김기복의 판굿[30]	소리굿	○	×	×	판굿 후반에 쩍쩍이굿을 마치고 나서 상쇠가 중앙에서 앞소리를 메기고 모든 치배들이 "어럴럴럴 상사디야"로 뒷소리를 받는다. 다음에 밀버꾸–개인놀이–무동타기로 이어진다.
경기도 부평시 삼산동 '부평풍물보존회'의 판굿[31]	소리굿	×	×	×	판굿의 후반 쩍쩍이굿과 연풍대 다음에 소리굿을 하며 다음으로 다드라기와 피조리(개인놀이)로 이어진다.
강원도 강릉시 홍제동 박기하의 판굿[32]	농사풀이	×	×	×	판굿 후반의 농사풀이굿에서 1년 동안의 농경생활을 동작으로 나타내는 이른바 농경모의가 시작되는데 〈강릉 오돌도기〉 노래를 부르면서 논매는 시늉을 하고 원의 중심으로 들어간다.
경상남도 삼천포시 송포동 문백윤의 판굿[33]	사거리놀이	×	×	×	판굿의 열 번째 과장인 10차에서 사거리, 중거리, 달거리, 별거리 놀이를 하는데 이 가운데 사거리놀이는 "하심심하니"로 시작하는 노래굿이라고 한다. 뒤에 호호굿과 광대굿으로 이어진다.

26) 김헌선, 《풍물굿에서 사물놀이까지》, 귀인사, 1991, 117~118쪽.

27) 위의 책, 357~358쪽.

28) 김택규 외, 《한국의 농악—영남편》, 한국향토사연구 전국협의회, 1997, 95~100쪽.

29) 이보형·정병호, 《무형문화재 조사보고서》 18, 문화재관리국, 1982, 537쪽.
　　　＿＿＿, 《한국민속 종합조사 보고서》 13, 문화재관리국, 1982, 15쪽.

앞에서 밝힌 대로 호남 이외의 지역의 노래굿은 전승이 기록되지 않은 채 단절된 연구의 제한점으로 말미암아 논의의 효과를 기대하기 어려울 것으로 판단된다. 따라서 본 연구는 비교적 전승 상태가 양호한 호남지방의 노래굿으로 제한하기로 한다. 호남 우도지역의 노래굿은 사설은 기록되어 있지만 세세한 절차나 악곡의 장단, 선율이 채록되거나 녹음되지 않은 경우가 대부분이다. 이 글에서는 우도 농악에서 유일하게 절차와 사설이 기록되고 소리가 녹음된 정읍 농악 상쇠 현판쇠의 노래굿34)과 호남 좌도지역의 노래굿 가운데서 〈표-1〉에서 보듯 선율, 장단, 사설, 절차, 공연자 등이 분명하게 채록된 화순, 임실, 남원, 진안 네 곳의 노래굿을 연구대상으로 한다. 다만, 기창수의 좌도 농악 판굿 녹음자료에 있는 노래굿은 남원 농악 류명철이 녹음에 동참하였고 류명철의 노래굿과 차이가 거의 없으므로 제외하였으며, 김덕수 사물놀이패의 〈월산요〉는 판굿에서 공연한 것이 아니라 앉은반 사물놀이를 할 때 서두에 부르는 것이어서 음악적 측면만 참고하였다.

3. 농악의 성악적 요소와 노래굿의 공연방법

(1) 농악의 여러 요소와 성악적 요소

농악의 예술적 요소들은 음악·무용·연극 등이다. 농악은 이 모든 요소들 — 음악적 요소, 무용적 요소, 연극적 요소 — 이 서로 매우 긴

---

30) 김원호·노수환, 《경기도의 풍물굿》, 경기문화재단, 2001, 208~218쪽.

31) 위의 책, 239쪽.

32) 이보형·정병호, 앞의 책, 1982, 23쪽.

33) 박헌봉·유기룡, 《농악12차》, 문화재관리국, 1965, 363쪽.

34) 김익두 소장, 앞의 녹음 테이프, 1967.

밀하게 상호 침투·결합하여 이루어진다.35) 악기 연주를 하면서 신체를 움직이는 무용이 동시에 진행되기도 하며, 악기 연주가 중심적으로 드러날 때는 무용적 요소나 연극적 요소는 상대적으로 약화되기도 한다. 연극적 요소가 전면에 두드러질 때는 악기 연주와 무용 동작이 중단되기도 한다. 엄밀히 말하자면 농악의 여러 요소들이 차지하는 비중이 동등하지 않다. 제일 중심적인 예술적 요소는 무엇보다도 음악적 요소일 것이며 악기 연주에 동반되는 몸짓이나 진법, 즉 무용적 요소는 부차적인 요소라고 할 수 있다. 요컨대 농악은 음악이 지배하는 것이다.

농악의 음악은 치배 편성을 보면 알 수 있듯이 타악기가 중심이 되며 선율악기의 역할은 미약하다. 즉, 농악의 음악은 타악기의 연주가 핵심이라고 할 수 있다. 그러나 좀더 세밀히 관찰해보면 농악의 음악에서 성악적인 요소가 차지하는 비중도 적지 않다. 축원농악인 마당밟이와 두레농악에서는 성악을 제외하고는 농악 자체가 성립되지 않는다. 마당밟이의 고사소리와 재담 등은 축원농악의 중심적 공연텍스트인 것이다. 또 두레 공동노동의 큰 특징 가운데 하나는 '노래하며 일하는 것'이었다. 노래에 흥을 돋우고 박자를 넣기 위하여 논두둑이나 일꾼 뒤에서 농악의 북이나 장구나 꽹과리를 쳐서 반주를 하기도 하였다.36) 축원농악의 고사소리와 두레농악의 노동요에서뿐만 아니라 농악의 성악적 요소가 걸립농악 또는 연예농악 형태의 판굿에서도 드러나는데 이것을 통칭하여 노래굿/소리굿이라 한다.

(2) 노래굿의 공연 방법

노래굿은 호남지방의 민요를 상쇠가 메기고 전 치배가 받는 형식으

---

35) 김익두, 앞의 글, 1995, 105쪽.
36) 신용하, 〈두레 공동체와 농악의 사회사〉, 《민족극 정립을 위한 자료집 2》, 우리마당, 1988, 159쪽.

로 되어 있다. 호남지방의 노래굿에서는 일명 〈월선가/월산가〉라는 민
요를 부르는데, 이 〈월선가〉는 호남지방 전체에 걸쳐 발견되는 토속민
요이다. 〈월선가〉는 〈새타령〉이나 〈육자배기〉처럼 특정한 민요의 이
름이 아니라, 지역이나 가창자를 막론하고 가사에 "놀러가세 놀러가세
월선이 방으로 놀러가세"와 같은 구절이 포함되어 있기 때문에 편의상
부르는 명칭이다. 위의 구절이 나오는 민요는 대개 논(밭)매는 소리 등
의 노동요에 다양한 형식으로 분포되어 있다. 본래 토속민요인 〈월선
가〉가 어떤 경로를 통해 농악 판굿의 노래굿으로 유입되었는지 정확히
알 수는 없지만 조사된 토속민요 〈월선가〉 대부분이 노동요에 포함되
어 있으므로 두레농악에서 풍물 반주에 맞추어 노동요를 부르는 가창
형식이 판굿에 전이되었다고 추측해볼 수 있을 것이다.

〈표-4〉 노래굿의 구성

대 상 ＼ 구 분	내는가락	서두소리	본소리	맺는 가락
진안 김봉렬의 노래굿	어름굿-노래굿초다듬이-두마치	외침소리+한시(漢詩)	7소절	두마치
화순 노승대의 노래굿	삼채	없음	21소절	육채-삼채-이채
임실 양순용의 노래굿	진다드래기-열두마치-인사굿	한시	7소절	갠지갱-휘모리
남원 류명철의 노래굿	어울림굿-열두마치	외침소리	5소절	일채-잦은삼채-휘모리
정읍 현판쇠의 노래굿	어름굿	없음	3소절	휘모리

　　노래굿은 ①내는가락→②서두소리→③본소리→④맺는가락 순으로
진행된다.
　　① 내는가락은 노래굿을 시작하기 위한 사전 정비작업이라 할 수 있
다. '어름굿', '노래굿 초다듬이'나 '열두마치'와 같은 가락을 연주하여
노래굿 대형으로 정비한다. 노래굿의 대형은 대개 겹원진, 삼겹원진,

사겹원진 등으로 구성된다.

② 서두소리는 "얼씨구나" 하는 외침소리와 한시(漢詩) 가창37) 두 종류로 나눌 수 있다. 남원 노래굿은 외침소리만 내고 임실의 경우 외침소리 없이 한시를 가창한다. 진안은 외침소리와 한시 가창 두 가지를 다 하며 정읍과 화순은 서두소리와 본소리의 구별이 없는데 화순 노래굿의 본소리에서 1절과 2절의 가사는 《추구》의 오언절구 1~4행 전체를 따온 것이다. 이것은 서두소리가 퇴화하여 본소리에 편입된 것으로 볼 수 있다. 임실의 한시는 《추구》의 오언절구 가운데 1행과 2행만 가창하고, 진안은 《추구》의 오언절구 가운데 뒤의 3행과 4행을 낭송한 다음 어름가락을 치고, 두목(杜牧)의 칠언절구 〈청명〉 가운데 3행과 4행을 다시 가창한다. 화순을 제외하고 서두소리의 사이에는 어름가락이나 휘모리 등이 간주로 들어가는 게 보통이다.

③ 본소리의 시작과 함께 대형은 시계 반대 방향으로 천천히 진행한다. 상쇠는 대열의 선두에서 메기는 소리를 한다. 본소리에는 반주와 간주가 따르는데 메기는 소리는 장구나 북만으로 반주하며 받는 소리나 간주는 꽹과리 연주가 첨가된다. 정읍·임실과 남원은 반주와 간주가 각각 따로 존재하고, 화순은 반주와 간주의 구별이 없으며 진안은 본소리의 반주 없이 노래 사이에 간주만 연주한다.

④ 본소리를 마치면 맺는 가락을 치면서 대형을 원진이나 겹원진으로 정리하여 노래굿 시작 이전의 대형으로 되돌린다. 맺는 가락은 모두 휘모리/두마치로 종결하되 정읍과 진안은 연결가락 없이 휘모리를 내고 임실과 남원은 각각 갠지갱과 일채를 낸다. 화순의 경우 육채를 맺는 가락으로 볼 수도 있지만 화순 농악 판굿의 특성상 각 과장의 사이

---

37) 노래굿에서 가창되는 한시는 예전의 초중급 한문 교과서 《추구(推拘)》에 실린 "世事琴三尺 生涯酒一盃 西亭江上月 東閣雪中梅"이나, 당나라 두목(杜牧)의 시 〈청명(淸明)〉의 "淸明時節雨紛紛 路上行人欲斷魂 借問酒家何處在 牧童遙指杏花村"과 같은 구절들이다.

사이에 채굿이 삽입되어 있는 점을 감안했을 때 맺는 가락이 따로 존재하지 않고 새로운 과장으로서 육채가 나온다고 볼 수 있다.

4. 노래굿의 음악적 특징

현전하는 네 지역의 노래굿은 서로 매우 유사한 음악적 특징을 지니고 있다. 그 유사성은 선법과 장단, 두 가지 측면을 고려했을 때 확연히 드러난다. 우연의 일치인지는 모르지만 선율이 전해지는 현전 노래굿은 모두 음계가 'Sol-La-Do-Re-Mi'로 구성된 Sol 음계이다. 종지음은 Do와 Mi 두 가지로 나타나는데 진안과 남원, 정읍 그리고 음악적으로만 참고한 김덕수 사물놀이패의 〈월산요〉가 Mi 종지이고, 임실과 화순이 Do 종지이다.

노래굿의 음악적 특징을 표로 정리하면 다음과 같다.

〈표-5〉 노래굿의 음악적 특성

대상 \ 구분	선율	장단	비고
김봉렬의 노래굿	음계:Sol음계, 종지음:Mi	후렴:8/ ♩ 메김소리:9/ ♩	류장영 채보
노승대의 노래굿	음계:Sol음계, 종지음:Do	후렴:11/ ♩ 메김소리:15/ ♩ +2/ ♩	박용재 채보
양순용의 노래굿	음계:Sol음계, 종지음:Do	후렴:12/ ♩ 메김소리:20/ ♩	양진성 채보
류명철의 노래굿	음계:Sol음계, 종지음:Mi	후렴:8/ ♩ 메김소리:16/ ♩	김정헌 채보
현판쇠의 노래굿	음계:Sol음계, 종지음:Mi	후렴:8/ ♩ 메김소리:26/ ♩	김정헌 채보
김덕수의 노래굿	음계:Sol음계, 종지음:Mi	후렴:9/ ♩ 메김소리:18/ ♩	김정헌 채보

장단은 일정한 리듬 패턴을 가진 완성형 장단이 아니라 3분박으로 이루어진 리듬이 다양한 횟수로 나타난다. 받는 소리와 메기는 소리의 박자수가 같지 않고 기존에 알려진 장단 가운데서 유사한 것을 찾기 어렵다. 이러한 점은 〈월선가〉가 토속민요라는 사실에서 비롯된다고 할 수 있다. 〈성주풀이〉나 〈액막이 타령〉, 〈천지내력〉 등 농악의 고사 소리는 대개 전업적인 집단에서 다듬어진 것이어서 굿거리, 잦은모리, 중모리 등의 장단이 사용되지만 토속민요인 〈월선가〉는 그러한 음악적 조탁의 과정을 겪지 않았으므로, 3분박이라는 리듬 패턴은 있지만 박자 구조가 들쭉날쭉 불규칙한 '유패턴 불규칙형'[38]의 형식을 유지하고 있는 것이라고 본다.

5. 노래굿의 사설 분석

앞에서 보았듯이 노래굿의 사설은 서두소리와 본소리로 나뉘고 서두소리는 다시 외침소리와 한시 가창으로 구분된다. 외침소리는 "얼씨구나" 또는 "어리시구나"와 같이 짧은 감탄사인데, 이는 노래굿의 시작을 알리는 최초의 성악적 외침으로 공연자와 관객의 주의를 환기시키고 가창자의 목소리를 점검하는 다스름의 기능을 한다. 한시 가창은 세간에 회자되는 유명한 한시의 일부 선율을 얹어 노래로 부르는 것으로 양반 문화의 일부를 모방·수용한 것으로 볼 수 있다.

노래굿 본소리는 분량과 길이가 다양한데 공통적인 화소를 추려보면 다음과 같다.

① 여러가지 노래를 제안

---

38) 백대웅, 《전통음악개론》, 어울림, 1995, 46쪽.

　　② '월선이'를 찾아갔으나 부재중임

　　③ 관용적 구절

　　④ 노래굿 종료를 제안

　①에서는 무료함을 달래기 위해 노래 부를 것을 제안한다. "오늘도 하심심하니 노래 하나를 불러보세"라는 구절로 시작하는데, 이러한 서두는 〈월선가〉 이외에도 토속민요 가운데서 〈베틀가〉나 〈모심기노래〉 등에 이따금 등장하는 관용적인 구절이다. 여기서 거명되는 노래명도 다양해서 〈옥설가〉·〈세왕가〉(이상 진안), 〈양양가〉·〈춘향가〉·〈독설가〉·〈구구가〉(이상 화순), 〈문일배〉(임실), 〈옥설가〉·〈시방가〉(이상 남원) 등이 나열된다.

　진안과 남원의 〈옥설가〉는 조선 형성, 산천 발복, 명당 나열 등을 중심내용으로 하는 민요39)를 가리키며 화순의 〈독설가〉는 이 〈옥설가〉의 와전인 듯하다. 남원의 〈시방가〉는 불교 가사인 〈회심곡〉에 등장하는 저승을 지키는 열 명의 대왕을 열거하는 대목인 〈시왕가〉를 말하는 것으로 보인다. 실제로 '호남 좌도 농악의 판굿'40) 노래굿 가사에 이 시왕이 열거되고 있으며 진안의 〈세왕가〉는 이 〈시왕가〉의 와전으로 보인다. 화순의 〈구구가〉는 구구단을 소재로 사설을 엮은 노래이며, 〈양양가〉는 조선시대 12가사의 하나이고, 〈춘향가〉는 판소리 또는 경기잡가의 일종인 〈소춘향가〉를 이르는 것으로 보인다. 임실의 〈부일배〉는 정확히 무슨 노래인지 알 수 없지만 제목으로 보아 〈권주가〉의 일종으로 짐작된다.

　노래굿에서 거명되는 노래들은 민요, 불교가사, 가사 등 다양한 갈래를 포함하고 있다. 거명되는 노래들 가운데 일부는 "○○가를 불러보

---

39) 이영식, 〈장례요의 〈옥설가〉 수용 양상에 관한 연구〉, 《한국민속학》 43집, 한국민속학회, 2006, 380쪽 참조.

40) 홍현식 외, 앞의 책, 1967, 144~149쪽.

세" 하고 제안하는 정도로 그치는데 좌도 농악 판굿 노래굿의 〈시왕가〉와 화순의 〈구구가〉는 실제 노래굿 도중에 부른다. 이것으로 미루어 보아 노래굿에서 실제 거명되었던 노래들이 다 불려졌을 수도 있음을 추정해볼 수 있다.

②에서 등장하는 '월선이'는 '방'으로 놀러간다는 것이나 '거문고'가 놓여 있는 등 여러 정황으로 미루어 유명한 기생이었을 것으로 짐작되는데, 다른 지역에서 월선이의 이름이 발견되지 않으므로 호남지방의 기생이었을 것으로 보인다. 호남지방의 토속 민요들에는 월선이라는 인물이 자주 등장한다.41) 노래굿 본소리에서도 지역과 가창자를 막론하고 모두 월선이이라는 인물이 일관되게 거명되고 있다.

　　　놀러가세 놀러가세 에헤이야 월선이 방으로 놀러가세
　　　월선이는 어디 가고 에헤이야 거문고 한 쌍만 남았구나 〔남원〕

---

41) 그동안 조사 보고된 〈월선가〉는 다음에서 발견된다.
　　① 전북대 국문과 편, 《국어문학》 24집, 부록, 1984.
　　② 남원시 이백면 척문리 척동마을 김판문(남, 67): 한국정신문화연구원 편, 《한국구비문학대계》(남원군 편), 1979, 425~426쪽.
　　③ 전북 남원시 산동면 대기리 양승환(남, 70): 김익두 편, 《전북의 민요》, 전북애향운동본부, 1989, 132쪽.
　　④ 전북 순창군 팔덕면 월곡리 권상규(남, 72): 김익두 편, 같은 책, 135~136쪽.
　　⑤ 전북 순창군 순창읍 가잠 마을 창자 미상: 김익두 외, 《한국민요대전》(전라북도편 해설집), 1995, 260쪽.
　　⑥ 전북 진안군 용담면 호계리 호암 박연옥(여, 72): 김익두 외, 같은 책, 187쪽, 전북 임실군 신덕면 수천리 장인옥 (남, 56) 외: 김익두 외, 같은 책, 260쪽.
　　⑦ 전북 순창군 순창읍 가잠 마을 권판영(남, 72) 외: 김익두 외, 같은 책, 511쪽.
　　⑧ 전북 고창군 아산면 학전리 조창훈(남, 68) 외: 김익두 외, 《전라북도 농악, 민요, 만가》, 전라북도, 2004, 343쪽.
　　⑨ 전북 남원시 대강면 평촌리 서득표: 김익두 외, 《전북 노동요》, 전북대 박물관, 1995, 47~48쪽.
　　⑩ 전북 임실군 성수면 오봉리 윤윤섭: 출전 미상.

놀러가세 놀러가세 월산이 방으로 놀러 가세
월산이는 어데를 가고 거문고 한 쌍만 걸려있네 〔진안〕

놀러가세 놀러가세 월선이 집으로 놀러가세
월선이는 간 곳 없고 거문고 한 쌍만 걸려 있네 〔화순〕

청사초롱 불 밝혀들고 월선네 방으로 놀러나 가세 〔임실〕

기생으로 짐작되는 '월선이'에게 놀러가자는 권유와 월선이 집에 당도했지만 월선이는 부재중이고 거문고만 빈 방 안에 걸려 있는 상황을 묘사하고 있다.

③에서는 민요나 다른 갈래의 노래들에서 관용적으로 쓰이는 구절들이 나타난다. 이 관용적 구절들은 노래굿 사설과 다른 갈래 노래와의 상호텍스트성을 나타내는데 지역에 따라 다양한 형태로 나타난다. 임실의 경우에는 ①과 ② 사이에 관용구절이 추가되어 있고 남원은 이 부분이 생략되어 있다.

청천 하늘에 별도나 많고 요내 가슴에 수심도나 많다 〔정읍〕

오란데는 없네만은 갈길이 바빠서 못놀것네 〔화순〕

돈실러 가세 돈실러 가세 영광법성으로 돈실러 가세 〔진안〕

노세 노세 젊어서 놀아 늙고 병들면 못 논단다
먼데 사람 듣기도 좋고 가까운 사람은 보기도 좋네 〔임실〕

④는 노래굿을 마칠 것을 제안하는 대목이다.

그만저만 파향궁하세 북두칠성이 횅 돌아졌네 〔화순〕

그만저만 파양궁허세 북두칠성이 앵 돌아졌네 〔진안〕

북두칠성이 앵 돌아졌네 이만 저만 파양궁하세 〔임실〕

마지막 대목의 '파양궁'이나 '파향궁'은 연회의 마지막에 부르는 파연곡(罷宴曲)의 와전으로 보인다.

6. 판굿에서 노래굿의 위치와 기능

판굿은 농악의 기능적·예술적·미학적 요소가 집약적으로 드러난 공연 양식으로 농악의 구성요소가 모두 포함되어 있다. 대개 판굿 공연에서 노래굿은 중·후반에 나타나는데 잡색들의 연희인 도둑잽이 이전에 편성된다. 판굿에서 노래굿 이전의 과정은 주로 악기 연주와 진법(풍류굿, 채굿, 호호굿)에 치중한다. 노래굿 이후의 과정에서는 무용과 놀이(영산, 춤굿, 수박치기, 등지기 등)가 강화되고 그런 뒤에 도둑잽이 등의 잡색놀음이 공연된다.

각 지역별 판굿에서 노래굿의 위치를 살펴보면 다음 〈표-6〉과 같다.

판굿은 공동체의 집단적 신명을 쇄신하고 강화한다. 인간의 신명은 몸짓과 목소리로 발현된다. 농악은 계절이 순환하고 밀물과 썰물이 반복되듯이 타악기인 풍물의 강렬한 악기 연주를 중심으로, 일정한 음악과 무용적 동작과 연극적 행동을 끊임없이 반복·순환·축적해 나아감으로써 공연을 이루어 나간다.42) 농악의 판굿은 타악의 반복→신체

---

42) 김익두, 앞의 글, 1995, 118쪽.

<표-6> 판굿에서 노래굿의 위치

대 상 \ 구 분	노래굿 이전의 과정	노래굿 이후의 과정
김봉렬의 노래굿	어름굿−마치굿−품앗이굿−늦은삼채−호호굿	영산−춤굿−반잔지래기−왼잔지래기−돌굿−일광놀이−도둑잽이
노승대의 노래굿	판어울림굿−일채−영산−이채−풍년굿−삼채−호호굿−사채−구정놀이−오채	육채−도둑잽이−칠채−등밀이굿
양순용의 노래굿	어름굿−외마치질굿−오채질굿−채굿−호허굿−풍류굿−방울진굿−미지기영산	돌굿−영산굿−수박치기−등지기−군영놀이−도둑잽이−탈머리굿
류명철의 노래굿	어울림굿−입장굿−풍류굿−채굿−진풀이굿−호호굿−영산	춤굿−등지기−미지기−도둑잽이−탐모리−문굿−점호굿−헤침굿−재능기
현판쇠의 노래굿	낸드림질굿−질굿−풍류굿−양산도−삼채−호호굿−미지기굿−일광놀이−영산다드래기−개인놀이	콩동지기−등마추기−앉은진풀이−지와밟기−도둑잽이−탈머리굿−탈복굿

의 진법과 무용의 강화→언어적 충동 발생→성악의 강화→신명을 종합적으로 드러내는 잡색놀음의 순서로 짜인다.

먼저 판굿의 초반에는 타악의 반복으로 집단적 리듬을 불러일으킨다. 이때의 무용 동작은 비교적 느리고 단순하다. 타악기 연주의 반복·순환·축적이 거듭되면서 타악기 리듬에 자극받은 신체의 운동이 활성화되어 진법과 무용이 강화되기 시작한다. 농악의 타악은 신체적 집단 신명을 강화하지만 음성적 측면의 신명을 불러일으키는 장치가 부족하다. 강화된 리듬과 신체동작으로 언어적 충동이 발생하는데, 이는 원시 시가가 무용에서 시가로의 발전을 거치는 것과 같은 원리라 할 수 있다. 이 언어유희의 충동을 통하여 성악적 집단 신명이 발현되고 이 신명을 구축하는 역할을 하는 것이 노래굿이다. 타악이나 무용이 만들어내는 신명은 셰크너(Richard Schechner)가 '총체적 고조의 긴장성(total high intensity)'[43]이라고 이름 붙인 것과 같은 것이다. 경쾌한 규칙 장단에 맞추어 전 치배가 율동을 하면서 일정한 형태의 대열을 만들고 해체하는 반복을 거치면서, 점차적으로 리듬과 율동이 빠르게 고조되어 휘모리 장단에 급격하고 숨가쁜 신체동작(연풍대, 자반뒤집기)을 연출하는 것은 고도의 흥분과 각성을 일으키게 된다.

이와 달리 노래굿이 만들어내는 성악적인 신명은 격렬한 클라이맥스로 상승되지는 않는다. Sol 음계의 평탄한 선율 진행의 축적−반복이 만들어내는 차분하고 규칙적인 선후창은 오히려 총체적 저조의 긴장성(total low intensity)[44]을 지향하고 있다고 볼 수 있다. 물론 농악 공연은 본질적으로 클라이맥스를 지향하며 판굿의 각 과장들도 독자적인 클라이맥스를 지닌다. 그러나 판굿의 모든 과장에서 노래굿은 그 어느 과장보다 차분한 도취의 신명을 지향한다. 이러한 성악적 신명은 선행되었던 타악, 무용의 신명과 결합하여 종합적인 잡색놀음으로 이어진다.

농악은 몸 전체를 동원하여 집단적인 신명을 이끌어낸다. 그를 위해서 악기 연주와 무용 등의 신체 행위와 언어적 측면의 가창 행위가 결합되어야 한다. 노래굿을 공연텍스트에서 삭제하면 언어적 신명을 제외하는 것이 되어 집단적 신명을 불러일으키는 데 장애가 되므로 판굿에서 노래굿은 반드시 거쳐야 하는 과정인 것이다. 표면적으로 사소해 보이는 노래굿이 인지도가 높고 농악이 발달된 지역의 판굿에 필수적으로 삽입되어 있는 것은, 바로 이러한 이유 때문일 것이다.

---

43) 리차드 셰크너 지음・김익두 옮김, 《민족연극학》, 신아출판사, 1993, 17~18쪽.
44) 위와 같음.

6. 맺음말

지금까지 농악의 성악적 요소 가운데서 상대적으로 주목받지 못한 노래굿을 살펴보았다. 호남 이외의 지방의 노래굿은 전승이 기록되지 않은 채 단절되었거나 발달이 잘 되지 않은 것을 확인하였다. 호남지방의 노래굿이 가장 주목할 만한 공연텍스트로 남아 있는데, 특히 호남 우도지역보다 호남 좌도지역의 노래굿이 선율, 장단, 사설, 절차, 공연자 등이 분명하게 채록되었으며 현재에도 공연되고 있다. 노래굿에서 부르는 〈월선가〉는 호남지방의 토속 노동요에서 다수 발견되므로, 두레농악의 일부가 판굿에 옮겨온 것으로 추측할 수 있다. 현전하는 노래굿은 모두 Sol 음계이며 종지음은 Do와 Mi, 두 가지로 나타난다. 장단은 3분박이라는 리듬패턴은 존재하지만 박자구조가 불규칙한 '유패턴 불규칙형'의 형식을 유지하고 있다.

농악의 판굿은 여러 요소들의 반복·순환·축적을 통해 집단적 신명을 불러일으킨다. 타악, 진법, 무용의 반복과 가창행위를 통한 성악적 신명의 강화는 결국 신명을 종합적으로 드러내는 잡색놀음으로 끝을 맺는다. 이러한 진행 속에 노래굿은 사소해 보이지만 필수적으로 삽입될 공연텍스트라고 할 수 있다. 앞으로 노래굿에 대한 연구가 활발히 이루어지기를 바라며 이만 논의를 마친다.

VI 풍물굿과 무용

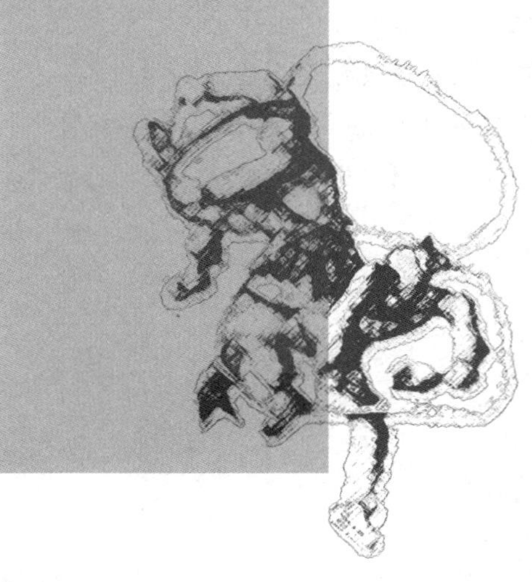

농악의 무용

정병호*

1. 머리말

농악에서 춤은 흥겨운 가락을 연주하면서 그 흥에 겨워 저절로 추게 되는 것이므로, 모든 농악꾼들은 누구나 할 것 없이 춤을 추게 된다. 그러나 이들 춤 가운데서도 가장 보편화되어 있고 예술성을 짙게 나타내는 춤으로 쇠꾼이 추는 부포놀이 춤과 발림춤, 장구잽이들이 추는 설장구춤, 북꾼들이 추는 경상도 춤과 전라도 춤이 있다. 소고잽이가 추는 것으로 채상모춤과 고깔소고춤이 있으며, 이 밖에 무동들의 춤과 잡색들의 춤, 행진놀이로서 진풀이춤 등이 있다.[1]

농악의 춤은 윗놀이춤과 밑놀이춤으로 나누어진다. 윗놀이춤은 상모놀이를 위주로 한 춤이고, 밑놀이춤은 손짓과 발짓을 다양하게 움직여 추는 춤이다. 윗놀이춤은 빠른 춤이기 때문에 전투적인 춤이라 할 수 있고, 밑놀이춤은 느린 춤으로 멋있고 낙천적이며 의젓한 춤이라고 할 수 있다.

---

* 중앙대학교 명예교수.
1) 정병호, 《농악》, 열화당, 1986, 71쪽.

2. 쇠춤

쇠꾼들의 춤을 쇠발림이라 하는데, 주로 판굿에 잘 등장한다. 농악을 진행해 갈 때 하나의 신호로 춤추기도 하고, 농악꾼이 개인놀이를 할 때도 춤을 추어 유도하기도 한다. 그러나 본격적인 춤은 판굿의 개인놀이 부분에서 상쇠 한 사람이 부포놀이나 꽹과리 채를 들고 긴 춤을 추기도 하고, 또 부쇠가 추거나 쇠꾼 모두가 대무(對舞)하면서 부포놀이를 하는 때라고 말할 수 있다. 부포놀이는 부들상모로 추는 경우와 뻣상모로 추는 경우로 나뉜다. 부들상모는 전국 어디서나 볼 수가 있고, 뻣상모는 주로 호남지방에서 볼 수 있는데, 일부 충청 농악에서도 행해진다. 뻣상모는 상모를 머리 위로 세울 수 있는 것이 특징이다. 부들상모로 추는 춤은 그 기교가 비교적 단조로운 곡선을 형성하는 데 비하여, 뻣상모로 추는 부포놀이는 꽃봉오리처럼 아름답고 기교가 다양하여 점과 선이 조화를 이루고 있다.

쇠꾼들의 부포놀이는 목을 좌우로 돌리거나 8자형으로 또는 앞뒤로 젖히는 동작, 그리고 부포를 세워 몇 가지 율동을 하는 동작이 있다. 이 가운데서도 다양한 원을 그리는 동작인 목놀이가 가장 돋보인다.

이러한 움직임을 농악인들은 전령(戰令)이나 신호에서 나왔다고 보기도 하고, 꽃과 성(性)에 대한 묘사로 보기도 한다. 예를 들어 전령으로 보는 경우, 부포를 왼쪽으로 돌리면 '오늘'이라는 뜻이 되고, 오른쪽으로 돌리면 '내일'이라는 뜻이 된다고 한다. 한편 부포를 세워 여러 움직임을 보이는데 이것은 꽃을 상징하거나 새가 움직이는 것, 또는 남자의 성기를 상징한다고도 한다. 또 꽃상모가 펴졌다 오므라졌다 하는 것은 번식주술로 음구(陰口)를 상징하거나 또는 황새 걸음을 표현하는 것이라는 속설도 있다.2)

3. 장구춤·북춤

장구춤을 설장구춤이라 하기도 한다. 이 춤은 전국 어느 지역의 농악에서나 볼 수 있으나, 그 기교가 단조로우며 주로 가락을 연주하는 것을 위주로 한다. 이러한 설장구춤은 호남지방에서 개발되었지만 지금은 충청도와 경남 일부 지방에서도 흔히 볼 수 있게 되었다.

장구춤은 악기가 비교적 크기 때문에 신체 운동에 지장이 있으므로, 호남지방에서는 장구를 왼쪽 허리에다 따로 동여매어 흔들리지 않도록 한 다음 춤을 춘다. 따라서 장구춤은 주로 발동작이 많으며, 손짓춤은 장구를 치면서 이따금씩 할 뿐이다.

북춤은 북을 힘차게 치는 것을 기본으로 한다. 그러므로 북을 힘차게 두들기는 동작을 반복하면서 감정을 풀어간다. 북춤은 무굿과 군악(軍樂), 그리고 일북(못북)에서 비롯되었다 할 수 있다.

우리나라 북춤을 크게 나누어서 보면 영남형과 호남형이 있다. 영남형의 북춤은 첫 박에 북판을 힘차게 치고 다음 박에는 북테를 치는 등 철저히 원박에 맞추어 추는 남성적인 춤인데 비하여, 호남지방의 북춤은 북판과 북테를 번갈아 치되 북 치는 가락이 섬세하고 다양하며 유연한 것이 그 특징이다.

북춤에는 외북채를 치면서 추는 춤과 쌍북채를 치면서 추는 춤이 있다. 이러한 북춤은 전북의 우도 농악을 제외한 경기도·경상도·충청도·전라남도의 농악춤에서 보인다. 대부분의 지역에서는 외북채를 치면서 추지만, 전라도 진도와 경상도 금능지방과 김해지방의 농악은 쌍북채를 치면서 춤춘다. 그런데 외북채로 추는 춤은 북을 몸 앞에 받치고 추는 경우와 북끈을 손에 말아 얼굴 앞으로 올려서 추는 경우가 있으며, 쌍북채로 추는 춤은 북을 몸 앞에 받치고 춘다. 북춤은 주로 경상

---

2) 김제 농악 수법고 백남윤의 증언.

도와 전라남도에서 발달되어 있다.

4. 소고춤

소고를 지방에 따라서는 법고(法鼓)라 하기도 하지만, 농악 편성에 따라 법고와 소고가 분리되어 편성된 곳도 많다.

소고는 작고 가볍기 때문에 손에 들고 춤을 추기에 적당하다. 지역에 따라서 소고춤은 채상모를 돌리면서 추는 채상모소고춤과 소고놀이를 하면서 추는 고깔소고춤, 그리고 집단적으로 추는 놀이춤 등이 있다. 이들 춤 가운데서 채상모소고춤은 군악으로서 기능을 하던 시기에 전립을 쓰고 상모를 돌리면서 추는 형식에서 유래한 것이라 할 수 있고, 고깔을 쓰고 추는 춤은 두레들의 노작 농악과 사찰 일을 하던 걸립패들에 의해 창조된 춤이 아닌가 생각된다.

요즈음 소박한 마을농악에서는 대체적으로 고깔소고춤을 추고, 직업적인 걸립패 농악단들은 채상모소고춤을 위주로 하거나 고깔소고춤과 병행하는 때가 많다.

따라서 채상모소고춤인 경우에는 고갯짓을 하기 때문에 소고가 장애가 되므로 작기 마련이고, 고깔소고춤인 경우는 고갯짓을 하지 않기 때문에 소고가 크며 이를 두드려 소리를 내기도 한다. 호남지방에서는 주로 큰 소고를 사용하며, 작은 소고를 가지고 추는 채상모소고춤과 고깔소고춤은 전 지역에서 볼 수 있다. 호남지방과 경남지역의 농악에서 멋있고 예술적인 채상모소고춤을 발견할 수가 있고, 호남지방의 농악에서는 고깔소고춤의 독특한 멋을 찾을 수가 있다.

위에서 살펴본 바와 같이 농악의 소고춤에서 채상모소고춤은 군악으로서 기능을 가졌던 시기에 전립을 쓰고 상모를 돌리면서 추는 형식에서 내려온 것이라 할 수 있다. 상모놀이는 쇠꾼들의 부포놀이처럼 다양한 원선(圓線)을 그리는 목놀이인데, 어떻게 보면 하늘로 올라가 보려는 몸부림 같기도 하고, 일설에는 이를 군사적인 신호로 보기도 한다. 그러나 필자의 견해로는 긴 머리를 풀어 힘차게 돌리거나 소리나는 가죽과 실을 머리에 동여매고 좌우로 돌려 짐승이나 적을 방어하는 등의 수렵과 무술적 전투무용으로 보이며, 한편으로는 잡귀를 몸에서 몰아내는 주술적인 행위가 아닌가 생각된다.

소고놀이춤은 주로 소고를 머리 위로 뒤집어 올렸다가 엎어서 몸 앞으로 내리는 동작과 여러 가지의 허튼춤을 춘다. 그런데 이러한 소고잽이들의 춤에는 물 푸는 동작을 비롯하여 여러 가지 일 동작이나 사물을 모방하는 동작들이 많이 나타난다.

5. 무동춤·잡색춤

농악에서 사물을 연주하지 않는 배역은 무동과 잡색들뿐이다. 따라서 이들은 악기를 지니지 않으므로 춤과 놀이만 한다.

대체적으로 경상도 일부 지역에는 편성에 무동이 없기 때문에 무동춤이 없으나, 그 밖의 지역에서는 농악 편성에 무동 역이 있기 때문에 무동춤이 있다. 무동춤이 농악 연희에서 큰 비중을 차지하고 있는 지역은 경기·충청 지방과 강원도 동해안 지역이다. 대체적으로 무동은 어린이가 맡는데 일부 지역에서는 어른·어린이를 혼합하는 수도 있다. 호남 농악에서 무동춤은 춤이라기보다는 놀이성이 강한 무동타기가 주축을 이루며, 경기·충청 농악과 영동 농악에서는 어른들이 추는 춤과 어린이들이 추는 춤, 그리고 무동타기 등이 돋보인다.

잡색들의 춤은 그 배역에 맞는 몸짓춤과 극적인 요소를 가진 동시에 개개인의 개성을 살린 허튼춤이라 할 수 있다. 잡색들의 배역이 다양한 농악은 호남 농악이고, 경기나 강원·경상도 지역 등은 잡색 배역이 소수이거나 없는 곳이 많다.

호남지방의 잡색춤은 사람들의 생활을 풍자한 춤과 동물을 가장한 춤들이 있다. 즉, 임실 필봉 농악을 보면 대포수를 비롯하여 창부(倡夫)·조리중·양반·농부·각시·할미광대·비리쇠 등이 등장하며, 이리 농악은 대포수·양반·조리중·창부·각시가 나온다. 김제 농악에서는 대포수를 비롯하여 창부·구대진사(九代進士)·양반광대·좌우집사·각시광대·중광대·조리중 등의 배역을 볼 수 있다. 그런가 하면 영광 농악에서는 양반·참봉·할미 등과 같은 잡색이 목가면(木假面)을 쓰고 춤추며3), 또한 조리중과 비리쇠·창부·홍적삼 등의 춤이 있다. 여천(麗川)지방의 농악에는 거사 각시를 비롯하여 동물을 가장한 소·말4)·곰·호랑이 등의 암수컷들이 추는 가장춤이 있다.5) 진도 농악에서는 창부와 조리중·포수 등의 춤이 있고, 대구 고산(孤山) 농악에는 양반과 포수 그리고 색시의 춤이 있다. 또한 예천 통명(通明) 농악이나 통영지방 농악에는 포수·양반·각시 등이 가면을 쓰고 추는 춤도 있다.

---

3) 이두현,《한국무속과 연희》, 서울대출판부, 1996, 271쪽. 일설에는 영광읍에서 서쪽으로 멀지 않은 포구 법성포에 서기 384년에 호승(胡僧) 마라난타(摩羅難陀)가 상륙하여 처음 불교를 전하고 영광군 불갑면에 불갑사(佛甲寺)를 창건하였다고 전해진다. 혹시나 백제 기악(伎樂)의 뿌리가 이 고장에 남아 영광 농악의 잡색놀이의 가면으로 세속화된 것이 아닌가 하는 생각도 해본다.

4) 임동권,《한국민속문화론》, 집문당, 1983, 110쪽. 고대 고분에서 발견된 천마도처럼 이 마을의 말가면 춤은 한족(韓族)의 마신앙(馬信仰)에서 연유한 것이 아닌가 추측하게 된다.

5) 김정학,〈단순신화와 토테미즘〉,《역사학보》7집, 1954, 6쪽.

6. 진풀이

농악에는 진(陣)풀이가 있다. 특히 판굿은 진풀이가 중요한 형식 가운데 하나로 되어 있다. 진풀이는 다양한 대형을 만드는 일종의 행진놀이적 춤으로서 다른 춤에 견주어 역동적이고 전투적이다.

진풀이춤의 종류는 약 30여 종에 이르는데 지역에 따라 다르다. 각 지역의 공통적인 진풀이는 원진법(圓陣法)을 비롯하여 진싸기·멍석말이(나선형)·삼방진(三方陣)·사방진(四方陣) 또는 오방진(五方陣)이 있으며, 또한 달아치기·을자진(乙字陣)·팔자진(八字陣) 그리고 이열종대냐 이열횡대진으로 하는 미지기와 같은 진풀이 등이 있다.

진풀이에서 오방진은 음양설에 의거한 방위신을 오방(五方)으로 배치한 것으로 이는 당굿을 할 때 무당들이 이른바 돌돌이라 하여 오방신장(五方神將)을 점지하고 동서남북과 중앙을 순회하며 마을의 악귀를 쫓는 축귀의식에서 비롯된 것이라 할 수 있다.6) 진쌓기는 제주 무당춤에 진쌓기가 있는 것처럼, 이것 또한 잡귀의 침범을 막는 무속의식과 관계가 있다고 보인다.

한편 농악을 군악으로 해석하는 경우, 호호굿은 군병들의 점호를 나타내는 것이며 길굿(길군악)은 병정들의 행군을 상징하는 것으로 보인다. 또한 진풀이의 행진법에 따라 발포, 적진, 작전고, 훈련, 돌진, 성쌓기, 포위, 승전 등과 같은 것을 뜻한다고 한다.

그런데 진풀이에서 원진이나 나선형의 행진법(멍석말이)은 오직 농악의 판굿에만 나타나는 현상이 아니다. 사찰에서 행하는 탑돌이[法性圖]7)와 제를 지내고 도장(道場)을 돌며 망자(亡者)를 극락으로 보낼 때, 동해안 무굿에 나타난 망자송신을 위한 도회(都會)를 비롯하여 강

---

6) 안사인(安士仁, 무형문화재 예능보유자)의 증언.
7) 무염(無染) 스님(불교작법의 예능보유자)의 고증.

강술래 놀이와 덕석말이, 지신밟기의 마당굿, 일꾼들이 농사 현장을 돌아다니는 들돌이8), 당산굿에서 여자들이 줄을 어깨에 메고 나선으로 당산나무에 감는 풍속 등에서도 나타난다.

그렇다면 이 나선형의 행진은 우리 민속예능에서 무엇인가를 상징하고 있다는 것인데, 여기에 대하여는 일단 고대의 돌림문화(윤회관)에서 나온 종교적 도식이 아닌가 하는 풀이가 있다. 그러니까 나선도식(螺線圖式)은 저승과 이승, 음과 양의 갈림길을 상징하는 것이며, 나선이동은 저승과 이승의 왕래라는 영생·재생·윤회와 음과 양의 자연 순리적인 것을 의미하는 주술행위에서 나온 것이라 추리할 수 있다. 나선이동의 행진춤을 통하여 사람들은 이러한 꿈을 실행하려 했다고 할 수 있다.

7. 맺음말

농악에서 춤은 단지 농악대원만 추는 것이 아니라 구경꾼들도 함께 난장춤을 추는 그 자체도 중요한 기능이라 할 수 있다. 흔히 우리 춤을 신명나는 춤이라 하는데 그 신명은 농악에서 가장 두드러지게 나타나며, 춤판은 농악의 판굿에서 생성되는 것이다.

남녀노소 할 것 없이 마을사람 모두가 부끄러움 없이 나와서 보릿대춤, 절구대춤, 홍두깨춤, 몽둥이춤 등 사람에 따라 자유롭게 허튼춤을 추어 신바람을 일으킨다. 그리고 춤판은 점점 그 열기가 올라 어느새 사기가 승천하고 모두가 하나가 되는 공동체적인 춤판이 된다.

---

8) 이보형, 〈마을굿과 두레굿의 의식구성〉, 《민속음악》 4집, 서울대 동양음악연구소, 1981, 17쪽.

농악의 소고놀음에 대한 고찰
—홍유봉 바디[1] 판굿 소고놀음을 중심으로

조세훈*

1. 연구 목적과 방법

농악의 소고놀음은 역동성과 화려함, 멋스러움 등의 이유로 많은 관심을 받고 있다. 그러나 공연 현장의 환호와 관심에 견주어 학문적인 연구가 미비한 점은 아쉬움으로 남는다. 소고놀음에 대한 선행연구[2]들

---

* 전북대 문화인류학과 박사과정.

1) '바디'라는 표현은 판소리에서 서편제나 동편제 등의 유파에 속한 명창들의 법제를 말한다. 농악에서는 많이 사용하지 않으나 호남 농악에 속한 홍유봉의 소고놀음을 가리키는 개념으로 '홍유봉 바디'라는 표현을 사용하기로 한다.

2) 농악의 소고놀음에 대한 연구는 ①지역농악 소고놀음에 대한 조사 보고, ②농악의 소고놀음 전반에 관한 개괄, ③방법론에 입각한 연구 분석, ④두 지역 이상의 농악 소고놀음에 대한 비교, ⑤소고놀음 지도에 관한 교육방법론 연구, ⑥음악적 관점의 고찰 등으로 구분할 수 있다. 그러나 그 분량은 많지 않다.
①은 오승희, 〈호남우도 농악에 대한 고찰—법고춤을 중심으로〉, 이화여대 석사논문, 1983; 민경숙, 〈경기농악의 춤사위에 관한 연구: 법고춤과 무동춤을 중심으로(A Study on the Chumsawi of Kyunggi Farmer's Music: Focusing on the Bopko Dance and Moodong Dance)〉, 이화여자대학교, 1985; 주성숙, 〈금산농악의 가락과 소고춤에 관한 연구〉, 원광대 석사논문, 1997; 고전금, 〈필봉농악 판굿에 나타난 소고춤의 춤사위 연구(A Study on pangut and sogo dance pilbong farm musi

은 수적으로 부족하며 내용적으로도 동작과 반주가락의 병렬적 나열에 그치는 경우가 많다. 현전 농악의 소고놀음은 동작이 주된 요소가 된다. 꽹과리나 장구의 경우 가락을 연주하는 음악적 요소가 중요한 부분을 차지하지만 소고는 연주의 기능이 상당 부분 사라져 음악적 역할이 거의 없다. 다만 소고의 타점이라는 음악적 연관성 아래 농악이라는 전체와 유기적인 연관성을 갖는다. 소고놀음은 즉, '소고가 지닌 특성(타법)

---

c)〉, 이화여대 대학원, 1998 등의 논문이 있으며, 단행본으로는 김영희, 〈고창 농악 고깔 소고춤〉, 작품 출판사, 2004가 있다. ②는 정병호, 〈한국민속무용의 유형-집단무용을 중심으로〉, 《한국민속학》 8, 민속학회, 1975; 송수남 〈농악에서 파생된 한국 민속무용〉, 예술과 비평, 1990 등이 있다. ③은 조원민·이정분 공저 〈소고춤에서의 자반뛰기 동작 분석에 관한 이론적 고찰(A Theoretical Study on Motion Analysis of Jaban Jump in So-go Dance)〉, 《체육과학연구소 논문집》 12, 1996; 전은자, 〈소고무의 構造的 分析에 의한 實體 硏究〉,《무용학회 논문집》 23, 대한무용학회, 1998 등이 있다. ④는 오세란, 〈청주농악과 정읍 농악의 소고춤 비교 연구(A study of comparision Chong Ju farmer's Music of SoGo Dance with Jong Eub farmer's Music)〉, 청주대학교, 1986 등이 있다. ⑤는 김은영의 〈비산농악 및 소고춤 지도에 관한 연구〉, 한국교원대 석사논문, 1997 등이 있다. ⑥은 이효빈의 〈호남 우도농악의 소고가락 연구: 정읍농악의 황재기 가락을 중심으로〉, 단국대학교 석사논문, 2003이 있다.

①의 경우 해당 농악 개괄, 소고놀음의 동작과 반주음악의 제시, 특징 분석의 순서가 대부분이다. ②의 경우 우리나라 농악에 대한 거시적 접근으로서 소고놀음의 전반적 분포나 일반적 형태를 파악하는 성과가 있으며, 연구범위가 확대된 ① 형식의 연구라고 볼 수 있다. ④ 또한 확대된 ① 형식의 연구로 볼 수 있다. ⑤나 ⑥은 소고놀음 연구의 비교적 새로운 시도라고 볼 수 있으며, 이효빈의 소고가락에 대한 음악적 연구는 더욱 그러하다. 소고놀음에 대한 연구의 심화는 곧 소고놀음에 대한 새로운 해석의 시도라고 말하고 싶다. 새로운 해석을 위해서는 새로운 방법론이 필요하며 다양한 방법론을 통한 폭넓은 해석의 시도는 소고놀음 연구의 진일보를 가져온다고 본다. 이러한 관점에서 전은자의 구조주의적 해석의 시도는 새롭고 진일보하다고 말할 수 있다. 조원민과 이정분의 연구 또한 뚜렷한 방법론이 드러나지는 않으나 '자반뛰기'라는 세부적이고 구체적인 연구 대상을 채택함으로써 구체적이고 분석적인 연구가 이루어졌다고 볼 수 있다. 이 글에서는 홍유봉 바디 소고놀음의 역사와 현전에 대한 폭넓은 조사를 바탕으로 보다 분석적이고 구체적인 접근을 시도해 보고자 한다.

에 따라 춤을 추어 멋을 부리는'3) 농악의 한 놀음이라고 할 수 있다.

소고놀음에 대한 연구는 동작을 중심으로 하되 음악적 연관성을 간과하지 않아야 하며 분석적인 접근을 통하여 종합적인 특성을 파악해야 한다.

호남지역 농악의 소고놀음은 채상모를 쓰는 채상소고놀음과 고깔을 쓰는 고깔소고놀음이 있다. 남원 농악의 소고놀음은 채상소고놀음이다. 현전 남원 농악의 소고놀음을 전승해 준 이가 고 홍유봉4)이다. 그러나 그의 바디에 대한 연구는 전무하다.5) 이 글에서는 현전 남원 농악 판

----

3) 전은자, 〈소고무의 구조적 분석에 의한 실례 연구〉, 《무용학회지 논문집》 23호, 대한무용학회, 1998, 340쪽.
4) 홍유봉(洪有峰, 1914~2002): 남원군 산서면 오룡리(현 장수군 산서면 오룡리) 출생. 10세 때 전주시 우아동으로 이주. 1939년 정오동에게 좌도 농악 채상소고놀음 사사. 1946년 창경원에서 열린 제1회 전국농악경연대회에 류한준 상쇠와 함께 끝소고로 참가. 류한준패의 포장걸립 활동 결합. 1959년부터 1963년까지 '금산농악단 최상근일행'에 소고잽이로 참가. 1960년대 후반부터는 우도 농악의 전사섭패에서도 소고잽이로 활동. '전북 여성농악단' 소고 지도자 활동 외 다수 여성농악단에서 단원 지도 및 사회자로 참가. 1995년부터 남원 류명철 상쇠와 재결합하여 현재의 남원 농악단에 채상소고놀음 전수.
5) 선행연구가 없는 상태에서 정확한 자료 조사를 위하여 주요 제보자들과 면담 조사를 실시하였으며 그 일시와 장소는 아래와 같다.
* 홍유봉: 2001년 10월 9일, 홍유봉 자택
* 류명철 (1942~   ): 전북 남원시 금지면 상귀리 82번지 출생. 류한준의 친자제. 16세에 강태문에게 사사를 받으며 풍물굿에 입문. 1959년 제30회 춘향제 전국 농악경연대회에 소년 농악단을 조직하여 상쇠로 출전. 이 대회에서 당대 최고의 좌도 장구 명인 최상근에게 발탁되어 '최상근 일행'에 삼쇠로 참가하여 포장걸립을 하면서 전국을 순회. 1961년 최상근 일행과 제1회 전국민속예술경연대회 출전하여 대상 수상. '최상근 일행'의 해체 뒤 다수 여성농악단 지도 및 부들상모 놀음으로 찬조 출연. 강태문 사망 후 남원 농악 상쇠를 물려받음. 1970년대 초 남원 농악단을 조직하여 상쇠로 활약. 1978년 대사습놀이에 남원 농악단 상쇠로 출전하여 대상 수상. 1980년 서울 공간사랑에서 개인 발표회를 마지막으로 활동을 쉬다가 1990년대에 활동 재개. 남원 농악단을 재조직하고 지도하여 전국의 각종 농악경연대회 석권. 1998년 전북 무형문화재 7-4호 남원 농악 상쇠 예능보유자 지정, 1999년 남원에 시립농악단장으로 임명됨. 〔2000년 10월 21일, 2003년 4월 5일, 2005년 4월 23일, 2007년 3월

굿[6])에서 연행되고 있는 홍유봉 바디 소고놀음을 종합적 관점으로 분석하고 다른 지역의 채상소고놀음과 비교하여 그 특성을 파악하고자 한다.

남원 농악의 소고놀음은 지신밟기, 문굿 등 다양한 연행절차로 존재하나 소고놀음의 모든 형태가 판굿에 나오므로 이를 중심으로 살펴보고자 한다. 소고놀음의 개별적 형태를 분석하고, 개인놀음의 진행방식과 반주음악을 분석하며, 다른 지역 채상소고놀음과 비교하여 홍유봉 바디 소고놀음의 특성을 파악하고자 한다.

2. 홍유봉 바디 소고놀음의 전승과정

남원 농악은 호남 좌도 농악[7])에 속한다. 홍유봉은 류한준패[8])와 최

4일, 남원농악 전수회관]

* 박대업(1947~): 1947년 전남 곡성군 곡성읍 죽동마을 출생. 기창수와 강순동으로부터 농악을 사사. 12세 때부터 기창수 상쇠를 따라 끝쇠를 치고 다님. 2002년 전남무형문화재 곡성 농악 예능보유자 지정 〔2005년 2월 23일, 곡성 농악 전수회관]

* 김정헌(1967~   ): 전북 무형문화재 7-4호 남원농악 상쇠 이수자 〔2006년 5월 2일, 김정헌 자택 / 2007년 5월 1일, 남원농악 전수회관]

* 임성준(1970~   ): 전북 무형문화재 7-6호 고창농악 소고놀음 전수 조교 〔2005년 8월 23일, 고창 농악 전수회관]

6) 남원 농악의 연행은 지신밟기, 문굿 등에 다양하게 존재하나 소고놀음의 모든 형태가 판굿에 나오므로 이를 중심으로 살펴본다.

7) 현재의 농악은 영동 농악, 경기·충청 농악, 영남 농악, 호남 좌·우도 농악으로 크게 구분되고 있다. 호남 농악은 전라도 지역의 농악으로서 평야지역의 농악인 우도 농악과 산간지방의 농악인 좌도 농악으로 나뉜다. 우도 농악은 전북의 익산·김제·부안·옥구·정읍·고창, 전남의 영광·무안·장성·나주·함평·해남·영암·강진·진도·완도지역 등의 농악을 말한다. 좌도 농악은 전북의 남원·임실·곡성·순창·무주·장수·진안·완주·전주, 전남의 구례·곡성·순천·보성·화순·광양·여천·여수, 충남 금산지역 등에서 이루어진 농악을 말한다.

호남 좌도 지역의 주요 농악은 금산 농악, 진안 중평 농악, 임실 필봉 농악,

상근패9)에서 정오동10)과 같이 활동하면서 소고놀음의 기예를 배웠다. 류한준패와 최상근패 모두 전국대회 입상을 계기로 전국적 인지도를 얻게 되고, 이를 바탕으로 포장걸립 활동을 하게 되었으므로 집중적인 학습이 이루어졌다고 한다.11) 류한준패는 1946~1952년까지 약 7년 동안, 최상근패는 1959~1963년까지 5년 동안 활동을 하게 되는데, 이 시기에 홍유봉뿐만 아니라 정오동과 같이 활동했던 소고잽이들은 대부분 그에게 온전한 채상소고놀음을 배웠다고 한다.12) 남원 농악 소고놀음의 유래는 남원 금지 옹정(일명 '독우물')을 중심으로 마을농악 형태에서 존재하던 소고놀음13)이 류한준패의 정오동을 거치면서 채상

남원 농악, 곡성 죽동 농악, 화순 한천 농악 등으로 계보가 뚜렷하며 전승이 활발하다. 호남 좌도 농악은 전립을 쓰며 웃놀음이 발달되어 있으므로 가락이 빠르고 힘차다. 연행 절차가 다양하고 풍성하며 장대하다.

8) 1946년 제1회 전국농악 경연대회에 류한준 상쇠를 중심으로 출전하여 대상 수상. 그 뒤로 흥행 허가를 얻어 류한준패라 불리며 전국을 포장걸립으로 순회하였고 6·25로 해산.

9) 1959년 좌도 장구의 명인인 최상근이 '금산농악단 최상근일행'이라는 포장걸립 단체를 조직하여 순회공연을 하다가 1961년 전국민속예술경연대회 출전 1위 입상을 계기로 합법적이고 본격적인 순회공연을 함. 1963년 해산.

10) 정오동(1905~?): 좌도 농악 채상소고의 전설적 명인. 1905년 12월 9일 전북 익산군 왕궁면 은수리 출생. 스승 전창선에게 소고 기능을 익혔고 류한준패에서 수소고로 활약. 초창기 여성농악단의 채상소고는 모두 그에게서 비롯된 것이라고 하는데 연풍대와 두루걸이, 자반뒤지기에 아주 능하였으며 열두발상모놀음에 뛰어난 재주를 가지고 있었다. 좌도 농악이 쇠퇴한 뒤에는 우도와 서울지역까지 활동영역을 넓혔으며 해외공연도 자주 나갔던 것으로 알려졌다(김정헌, 《남원농악 연구》, 2003, 17쪽).

11) 오늘과 같은 수업의 개념이 아니라 하루에 서너 번씩 몇 년 동안 공연을 통하여 자연스레 몸으로 체득하게 되었다고 한다. 〔류명철의 구술〕

12) 류명철·홍유봉의 구술.

13) 마을농악에 속한 소고놀음이라고는 하나 그 수준은 다른 마을농악보다 월등했다고 한다. 좌도 농악의 특성에 맞게 모든 치배들이 전립을 쓰고 상모짓을 했다고 하며 소고잽이들은 외사·일사·사사 등의 기본적인 사위들은 모두 소화를 했다고 한다. 〔장현태(1950~1970년대 독우물 농악단 및 남원 농악단 소고잽이)의 구술〕

소고놀음의 형태가 완성되었고 그것이 홍유봉에 의하여 현재 남원 농악인들에게 전수되어 오늘날에 이르렀다고 볼 수 있다.

　구체적인 전승과정을 살펴보면 정오동의 바디는 류한준패에서 정오동과 함께 활동했던 남원지역의 소고잽이들 즉 양국원(남원 금지), 장용덕(남원 금지), 강막동(남원 금지)에게 이어졌고 이는 그 뒤에 창단된 독우물 농악단의 임원규(남원 금지 옹정), 김산호(금지 옹정), 임창규(금지 옹정), 장현태(금지 옹정)에게 이어졌다. 독우물 농악단은 류한준패 이후 류한준패의 부쇠였던 강태문에 의해 조직되어 남원지역을 중심으로 걸립활동을 하던 농악패였다. 그 뒤 강태문이 조산동으로 거주지를 옮기면서 조산 농악단을 만들었는데 이때 조산 농악단의 류상길(남원 조산동), 류상열(남원 조산동), 하봉호(남원 조산동)에게도 전수되었다. 조산 농악단은 강태문의 사망 이후 천거리 농악단으로 재창단되는데 이때 김광수(남원 금지), 정점식(남원 천거동), 김홍수(남원 천거동)에게도 이어지게 된다. 천거리 농악단에서 류명철·김광수·정점식·김홍수가 당대 최고의 좌도 장구잽이였던 최상근에게 발탁되어, '최상근 일행'의 일원으로 포장걸립을 하며 전국을 누비게 된다. '최상근 일행'이 1960년대 말을 기점으로 해산된 뒤 1970년대 초반에 류명철을 포함한 '최상근 일행'에서 활동하던 남원지역 농악인들과 독우물 농악단, 조산 농악단, 천거리 농악단 가운데 남아 있던 농악인들이 남원 농악단을 구성하여 얼마간 활동하였으나, 시대적 여건으로 전승이 활발하지 못하다가 1990년대 들어 류명철을 중심으로 남원 농악이 다시 활성화되고 홍유봉이 현재의 남원 농악단에게 전수해 줌으로써 현재에 이르고 있다.

　이상을 토대로 남원 농악 소고놀음의 계보를 파악해 보면 다음의 〈표-1〉과 같다.

〈표-1〉 현전 남원 농악 소고놀음의 계보

류한준패 (1946~1952)	정오동(익산), 양국원(남원 금지), 장용덕(남원 금지), 강막동(남원 금지), 한판옥(장수), 주기환(금산), 김방현(익산), 홍유봉(전주)

↓

독우물농악단 (1952~1958)	양국원(금지 옹정), 장용덕(금지 옹정), 강막동(금지 옹정), 임원규(금지 옹정), 김산호(금지 옹정), 임창규(금지 옹정), 장현태(금지 옹정)

↓

조산농악단 (1958~?)	임원규(금지 옹정), 김산호(금지 옹정), 임창규(금지 옹정), 류상길(남원 조산동), 류상열(남원 조산동), 하봉호(남원 조산동)

↓

천거리 농악단 (?~1959)	임원규(금지 옹정), 김산호(금지 옹정), 임창규(금지 옹정), 류상길(남원 조산동), 류상열(남원 조산동), 하봉호(남원 조산동), 김광수(남원 금지), 정점식(남원 천거동), 김홍수(남원 천거동)

↓

최상근 일행 (1959~1963)	정오동(익산), 한판옥(장수), 주기환(금산), 홍유봉(전주) 김양수(금산), 김홍수(남원), 정점식(남원), 김광수(남원)

↓

남원농악단(현)

위의 표에서 보이듯이 류한준패와 최상근 일행에서 정오동에게 배운 홍유봉이 현재의 남원 농악 소고놀음의 전승자임을 알 수 있다. 류한준패와 최상근 일행의 소고잽이들 가운데 남원 출신들이 가장 많다는 것을 알 수 있다.14) 이들에 의한 소고놀음의 전승이 이루어지지 못한 것은 안타까운 일이나 이 때문에 더욱 홍유봉 바디 소고놀음 연구의 중요성이 강조된다고 하겠다.

3. 연행 절차

남원 농악 판굿의 연행절차는 전굿(앞굿), 후굿(뒷굿)으로 나뉜다. 후굿의 마지막에는 재능기라 하여 개인놀음들이 펼쳐진다.

소고놀음의 구성과정을 살펴보면 먼저 최소 단위인 기본 놀음이 있고 이 놀음들이 결합하여 판굿의 한 거리에 해당하는 소고놀음 군(郡)을 형성한다. 이 소고놀음 군은 놀음들의 병렬적 결합으로 구성되며 판굿의 흐름에 종속적이다. 소고 개인놀음은 여러 개의 소고놀음 군들이 유기적으로 결합하여 일정한 흐름을 형성하며, 이 흐름은 판굿의 흐름에 대하여 독립적이다.15)

이 장에서는 소고놀음의 기본 형태들을 정리 및 분석하고, 판굿의 절차에 따라 전굿(앞굿)에 나오는 소고놀음과 후굿(뒷굿)에 나오는 소고놀음을 분석하며, 마지막으로 소고 개인놀음을 살펴보도록 하겠다.

---

14) 천거리 농악단이나 최상근 일행에서 활동했던 김광수(1946~ , 남원 금지), 정점식(1943~ , 남원 천거동), 김흥수〔1945(?)~ , 남원 천거동〕는 남원 농악단 활동 이외에도 각종 여성농악단에 소고잽이로 전속 출연하는 등 가장 최근까지 활동한 소고잽이들이라고 한다. 1970년대 이후로 모두 농악을 그만 두었으며 현재는 거주지도 남원 이외의 곳으로 옮겼다고 한다. 〔류명철 구술〕

15) 예를 들어 남원 농악 판굿 가운데 전굿(앞굿)에 속한 풍류굿의 경우 소고놀음은 굿거리, 일사, 사사, 외사, 연풍대, 두루걸이, 자반뒤지기 등의 기본 놀음들이 모여 풍류굿의 소고놀음 군을 형성한다. 이 소고놀음들은 풍류굿을 구성하는 전체(꽹과리, 징, 장구, 북, 잡색, 기수 등 공연자 및 공연자의 연희 전체)의 흐름에 어긋나지 않게 조화를 맞추어 연행되어야 한다. 이에 비해 개인놀음은 자체의 흐름을 가지고 독립적으로 진행된다.

(1) 기본 형태의 구분과 분석

홍유봉에 의해 전승된 남원 농악 소고놀음은 호남 좌도지역의 채상 소고놀음이다. 기본 형태들을 살펴보고 특성을 분석해본다.

기본 형태

① 기본 소고치기

기본 소고치기 동작은 가장 기초가 되는 동작으로서 총 4개의 동작으로 구성되어 있다.

〈사진-1〉 기본 소고 치기

1. 밑에서 소고 치기[16] 　2. 소고를 뒤집어 얼굴 앞에서 치기[17]

---

16) 밑에서 소고를 칠 때는 손목에 힘을 빼고 두 손을 반듯하게 내려 가볍게 쳐 줘야 한다.

17) 1번 동작에서 손등이 얼굴을 향하게 자연스럽게 들어 올린다. 류무열에 따르면 호남 좌도의 다른 지역에서는 가슴 앞으로 들어올리기도 한다고 한다(유무열, 《한국의 농악》, 강원일보사, 1983, 186쪽). 남원 농악에서는 소고를 거울 보듯이 해야 한다고 하여 얼굴 앞에 주먹 하나 사이를 두고 반듯하게 들어 올리는 동작을 중요시 한다.

3. 양팔 벌리기[18]

4. 소고를 들어 바깥면 치기[19]

② 굿거리

멋스러움을 중요시하며 한 오금[20]에 한 박자(meter)씩 들어 올리는 디딤새를 한다. 첫 번째와 두 번째 동작은 기본 소고치기 동작과 같으나, 세 번째와 네 번째 박자에는 왼쪽과 오른쪽 어깨 발림을 한다. 이때 팔을 벌린 몸의 맵시를 중요하게 여긴다. 이 동작은 〈사진-2〉와 같으며 가락은 굿거리를 친다.

18) 어깨선이 너무 올라가도 너무 내려가도 안 된다. 소고와 소고 채 끝에서 어깨까지 자연스러운 곡선을 그리는 것이 중요하다고 한다.
19) 3번 동작에서 사람을 부둥켜안듯이 두 손을 모아 소고를 얼굴 앞에 대고 채로 바깥 면을 친다.
20) 무릎을 굽혔다 펴는 것. 농악에서는 오금으로 박자를 잡기 때문에 올바른 오금 동작은 매우 중요하다.

〈사진-2〉 굿거리의 어깨 발림 동작　　　　　〈사진-3〉 외사

③ 외사

기본 소고치기 동작과 같이 4개의 소고 동작을 하되, 한 오금에 2개의 타점을 친다. 동작은 〈사진-3〉과 같으며 가락은 휘모리를 친다.

④ 사사

네 번의 오금에 왼쪽, 오른쪽으로 각각 두 번씩 상모짓을 한다. 홍유봉 바디의 소고놀음은 오른발이 기준발[21]이므로 왼쪽부터 시작한다. 소고 치는 동작은 기본 소고치기 동작과 같으며 잦은 삼채 가락이나 미지기 굿의 미지기 가락 등이 나올 때 사사를 한다.

---

21) 소고 외의 다른 악기들은 왼발이 기준발이다.

〈사진-4〉 사사

⑤ 일사

고개를 왼쪽, 위, 정면, 오른쪽으로 돌리며 하는 상모짓을 말하며 세
번째 상모짓에서 상모의 피지22)가 두 팔을 벌린 사이로 떨어지는 모습
이 특징적이다. 소고치기는 기본 소고치기를 한다. 삼채류의 가락이 나
올 때 일사를 한다.

---

22) 채상모의 물채 끝에 다는 긴 종이. 한지를 주로 사용하며 남원 농악에서는
   길게 한 줄 작게 한 줄을 붙이며 끝부분은 제비초리 모양으로 자른다.

〈사진-5〉 일사의 세 번째 동작   〈사진-6〉 앉을상 첫 번째 동작

⑥ 앉을상

방식은 일사와 같으며 첫 번째 동작에 앉았다 두 번째 동작에 일어
서고 세 번째 동작에 왼발을 들어준다.

네 번째 동작에 들었던 왼발을 앞으로 딛으며 소고와 소고채를 얼굴
앞에 모아준다. 소고치기는 기본 소고치기를 한다. 일채 뒤에 나오는
잦은 삼채나 영산가락에 앉을상을 한다.

⑦ 나비상

나비상은 홍유봉 바디 소고놀음의 가장 특징적인 동작 가운데 하나
이다. 한 오금에 한 박자씩 진행되며, 오른발을 먼저 딛고 세 번째 박자
에 소고를 오른발로 차며 네 번째 박자에 왼쪽으로 돌아섰다가, 다섯
번째 박자에서 다시 왼쪽으로 뛰면서 돌아 다시 앞을 보며 여섯, 일곱,
여덟 번째 박자에 어깨 발림을 하며 앉는다. 나비상을 소고 개인놀음에
서 할 때는 앉은 상태에서 기본 소고치기 동작을 좌우로 한 번씩 한다.

〈사진-7〉 나비상 앉는 동작

이때 기본 소고치기 동작 세 번째에서 팔을 벌리지 않고 소고채와 소고를 순서대로 바닥에 댄다. 채를 소고에 대는 동작으로 이어지며 소고채를 소고에 붙이고 네 박자에 걸쳐 일어난다. 한 번 더 반복하고 나서 맺이가락23)에 앉은 상태로 물러난다. 판굿에서는 땅을 찍는 동작은 생략하고 뛰어 돌아서 앉는 동작까지를 세 번 반복한다.

동작의 진행순서는 '오른발 → 왼발 → 소고 치기 → 돌기 → 다시 돌기 → 앉기 1 → 앉기 2 → 앉기 3'이다.

⑧ 좌우치기

한 오금에 고개를 좌우로 흔들며 1박씩 1개의 타점을 친다. 타점 수는 불규칙하다. 서서 하는 좌우치기와 앉아서 하는 좌우치기 두 가지 형태가 있다. 어울림 가락(난타)이나 개인놀음의 맺음가락에 나온다.

---

23) 우도 농악의 매도지 가락과 비슷한 가락으로 분박을 달리한 삼채의 변형가락이다. 우도 농악에서는 판굿이나 개인놀음에서 단락을 마무리 지을 때 사용한다. 다른 이름들이 있으나 고창 농악 등에서 사용되는 용어가 '매도지'이다.

〈사진-8〉 좌우치기 (서서 하기)   〈사진-9〉 좌우치기 (앉아서 하기)

⑨ 연풍대

〈사진-10〉 연풍대

소고를 치면서 왼쪽으로 한 바퀴 돌아 기준 발을 왼발로 바꾸어 준 뒤 시작하게 된다. 소고와 소고채를 어깨 위에 나란하게 올려놓고 한 오금에 한 바퀴씩 휘모리 한 가락에 두 번의 연풍대를 돈다.

⑩ 두루걸이

〈사진-11〉 두루걸이

연풍대 뒤에 연결되어 나오는 동작이다. 연풍대와 비교하여 왼쪽 발을 딛을 때 오금을 주며[24] 소고를 든 왼쪽 손을 가슴 앞으로 휘둘러 주고 소고 채를 든 오른손을 당겨주며 소고를 친다. 연풍대와 마찬가지로 휘모리 한 장단에 두 바퀴씩 돌며 한 바퀴 돌 때마다 소고를 한 번씩 치게 된다.

⑪ 자반뒤지기

〈사진-12〉 자반뒤지기

---

24) 홍유봉은 왼발의 오금을 깊이 주어 소고로 땅을 칠 수 있어야 한다고 강조했었다. 함께 활동했던 남원 농악의 소고잽이들은 "땅을 어찌나 쳐댔던지" 수시로 소고가 부서졌었다고 한다.

　　남원 농악에서 자반뒤지기는 독자적인 놀음으로 보기 보다는 연풍대와 두루걸이로 이어지는 휘모리 부분을 마무리 하는 동작으로 여긴다. 두루걸이 동작에서 오금을 준 뒤 뛰어서 돌아 주는 동작으로 바꾸어 준다. 소고를 치는 방법은 두루걸이 때와 같다.

⑫ 꾸벅이

　　이 놀음 또한 홍유봉 바디 소고놀음의 가장 특징적인 놀음 가운데 하나다. 구부린 상태에서 소고채와 소고를 차례로 땅에 찍은 뒤 셋째, 넷째 박에 소고와 소고채를 무릎 위 오른편에 붙인 채 뒤로 물러난다. 판굿에서는 칠채에서 쓰였다고 하나 지금은 연행되지 않고 있으며 개인놀음에서 삼채류의 반주가락에 맞춰 연행되고 있다.

〈사진-13〉 꾸벅이 1번과 2번 동작

〈사진-14〉 꾸벅이 3번과 4번 동작

⑬ 기타

가락이 혼합박자일 경우 동작의 규칙성을 갖지 못하므로 채상소고 놀음에서는 별다른 놀음이 형성되지 않는다. 소고를 가슴 높이로 올린 상태에서 가락의 기본형을 따라 치며 걷거나 뛰기만 한다. 열두마치, 호호굿이 있다.

〈악보-1〉 일채

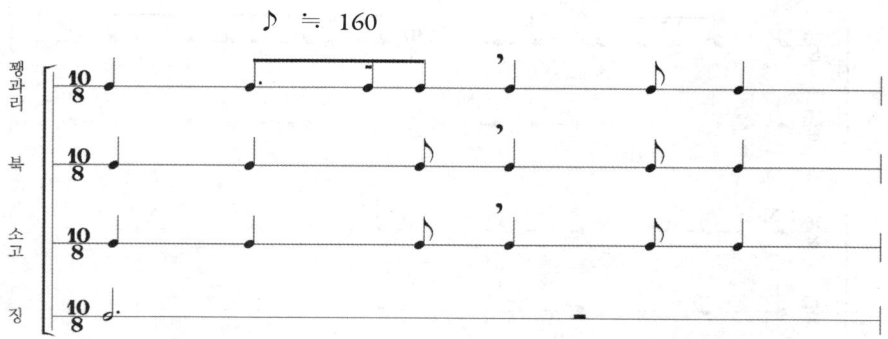

〈악보-2〉 열두마치

〈악보-3〉 호호굿

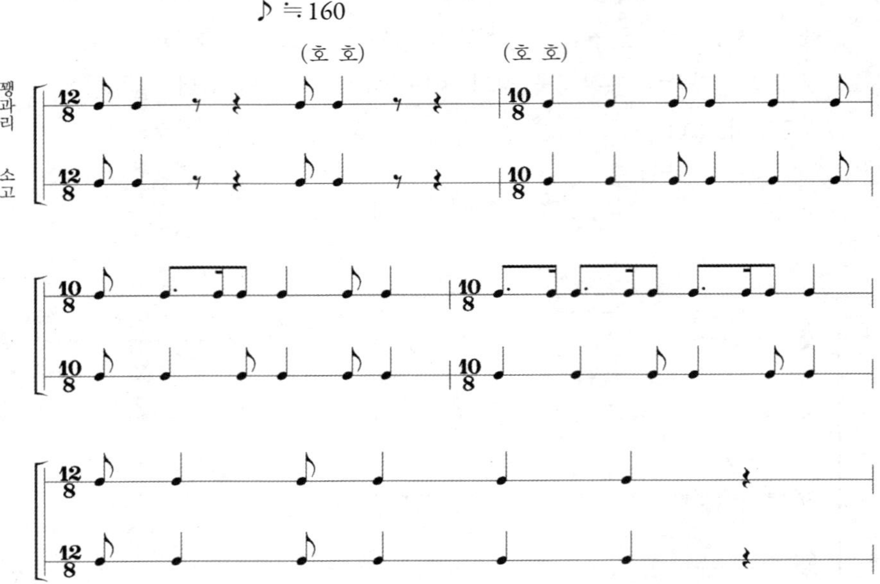

〈악보-1〉 일채의 경우 10/8 박자에 분박이 2-3-3-2로 이루어져 일정한 박자가 이루어 지지 않음을 알 수 있다. 〈악보-2〉 열두마치나 〈악보-3〉 호호굿도 분박의 구성형태는 약간 다르지만 모두 불규칙한 분박 구성을 가지고 있다. 불규칙적인 분박 구성은 동작의 불규칙성을 유발하고, 불규칙한 동작을 통해서는 채상모를 돌릴 수가 없게 된다. 따라서 별도의 소고놀음이 형성되지 않는다.

형태 분석

지금까지 제시된 소고놀음의 기본 형태들을 명칭, 동작수, 타점수, 해당 가락에 따라 정리해 보면 다음의 〈표-2〉와 같다.

<표-2> 남원 농악 소고놀음의 기본 형태

명 칭	동작수	타점수	가　　락
외사	4	3	휘모리
사사	4	3	잦은삼채, 채굿
일사	4	3	삼채, 채굿 넘는 가락, 채굿 다드래기, 잦은진풀이 2, 호호굿 다드래기, 잦은호호굿
앉을상	4	3	영산, 개인놀음 반주가락(삼채류)
나비상	8	2	영산, 개인놀음 반주가락(삼채류)
차고돌기	4	3	잦은삼채
좌우치기	1	불규칙	맺이가락
두루걸이	2	1	휘모리
좌반뒤집기	2	1	휘모리
굿거리	4	2	굿거리
꾸벅이	4	1	개인놀음 반주가락(삼채류)
연풍대	2	0	휘모리
일채	0	6	일 채
호호굿	0	18	호호굿
열두마치	0	36	열두마치

　〈표-2〉에 따르면 남원 농악의 소고놀음은 모두 15개의 기본 형태
가 있으며 규칙박자에서 소고놀음이 이루어지고 불규칙 박자에서는
별도의 소고놀음이 이루어지지 않음을 알 수 있다. 또한 일사가 가장
다양한 가락에 맞춰 연행되며 소고놀음에 쓰이는 가락으로는 삼채류
의 가락이 가장 많음을 알 수 있다. 동작의 숫자를 살펴보면 네 가지
동작으로 구성된 놀음이 가장 많은데, 이때 사용되는 가락은 4/4 박
자 또는 4/ ♩ 박자로 4개의 규칙적인 박자를 가지고 있다. 소고놀음
을 형성하기 위한 조건으로서 가락의 규칙적인 박자가 필요함을 확
인할 수 있다. 판굿의 절차에서 가장 출연 빈도수가 낮은 소고놀음은
꾸벅이·일채·호호굿·열두마치인데, 온전한 놀음을 형성하지 못
하는 일채·호호굿·열두마치를 제외하면 꾸벅이의 빈도수가 제일

적음을 알 수 있다. 원래 채굿과 개인놀음에서 연행되었으나 채굿의 연행은 현재 전승되지 않고 있다.

(2) 남원 농악 판굿과 소고놀음

남원 농악 판굿의 진행절차와 소고놀음

남원 농악은 전굿(앞굿)과 후굿(뒷굿)으로 구성되어 있다. 전굿은 예술적 기예가 다양하게 보이고, 후굿은 상쇠의 기량을 중심으로 놀이적·연극적 연희를 선보인다.

① 전굿

전굿의 절차에 따른 소고놀음을 정리해 보면 아래의 〈표-3〉과 같다.

〈표-3〉 전굿의 절차와 소고놀음

전 굿 (앞 굿)		
절 차	가 락	소고놀음
굿내는 가락	휘모리-된삼채-넘는가락-휘모리	기본 소고동작 (상모짓은 하지 않는다)
풍류굿	풍류-도입가락-반풍류-도입가락-잦은삼채-맺이가락-휘모리	굿거리-일사-사사-외사(연풍대+두루걸이+자반뒤지기)
채 굿	일채굿(일채-도입가락-잦은삼채-맺이가락-휘모리)-사채굿(사채-넘는가락-휘모리)-오채굿(오채-넘는가락-휘모리)-육채굿(육채-넘는가락-휘모리)-칠채굿(칠채-채굿다드래기-넘는가락-휘모리)	일채굿(일채연주-나비상과 차고돌기-사사) 사채굿~육채굿(사사와 일사 혼합-일사-사사) 칠채굿(사사와 일사 혼합-일사-일사-외사(연풍대+두루걸이+자반뒤지기)

진풀이굿	진풀이-잦은 진풀이 1-잦은 진풀이 2-맺이(난타)	즉흥 놀음(기본 소고동작을 바탕으로 즉흥으로 논다)-외사-일사-외사
호호굿	열두마치-호호굿-호호굿 넘는가락-잦은 호호굿-호호굿 다드래기-맺이(난타)-미지기 가락-휘모리	열두마치 연주(앉아서)-호호굿 연주(걸어가며)-호호굿 넘는가락 연주-기본 소고동작(상모짓 하지 않고 옆으로 뛰며)+일사-일사-외사(맺이)-외사(연풍대+두루걸이+자반뒤지기)
영산굿	느린영산-보통영산-빠른영산-영산 다드래기 1·2-미지기 가락-휘모리	느린 나비상-나비상-빠른 나비상-빠른 사사 후 외사-외사(연풍대+두루걸이+자반뒤지기)
미지기굿	느린 미지기-빠른 미지기-미지기 진법-휘모리-삼채-잦은삼채-휘모리	사사-외사-외사-외사-일사-사사-외사(연풍대+두루걸이+자반뒤지기)
노래굿	열두마치-상쇠구령-난타-상쇠구령-휘모리-노래굿 가락-노래굿-일채-잦은삼채-휘모리	상모짓 없이 기본가락 연주하다가 일채굿(외사로 마무리)
춤 굿	굿거리-삼채-휘모리-수박치기-휘모리	색띠를 잡고 춤을 추다가 휘모리 때 외사로 마무리
등지기굿	일채 주고받기-등지기-일채굿	서로 등을 지고 등지기하다가 일채굿(외사로 마무리)

〈표-3〉에서 각 절차에 따른 가락을 순서대로 정리하였고 그 순서에 따른 소고놀음을 제시하였다. 전굿(앞굿)에는 모두 열 가지의 절차가 있으며 각각의 절차는 대부분 휘모리로 마무리 된다. 가락이 휘모리로 마무리될 때 소고놀음은 대부분 연풍대, 두루걸이, 자반뒤지기를 한다. 이러한 절차상의 특징은 남원 농악 소고놀음에 연풍대, 두루걸이, 자반뒤지기의 발달을 가져온 계기가 되었음을 알 수 있다.

전굿(앞굿)의 각 절차들 사이의 연관성 또는 일관된 흐름을 해석하

는 것은 상당히 힘들다.25) 판굿의 절차에 속해 있는 소고놀음은 더욱

25) 각 절차들 사이의 연관성 또는 일관된 흐름을 해석하는 일은 현재로서는 대
   단히 어렵다. 흐름의 존재 여부도 단정 짓기 힘들고 흐름이 존재한다고 하여
   도 그 흐름 형성의 요인을 파악하기란 더더욱 어려운 일이다. 전굿(앞굿)뿐
   만 아니라 판굿 전체의 절차에서 그렇다. 군사모방설에 근거하여 판굿의 절
   차를 훈련과 전투의 과정으로 설명하기도 하나, 이 또한 각 절차들의 구체적
   연관성과 흐름의 요인들을 파악하기에는 미흡하다. 하지만 현재로서는 판굿
   절차에 대한 유일한 해석이기에 류명철 대담(2000. 10. 21)을 토대로 참고적
   으로 제시해 보면 다음과 같다.

〈남원 농악 판굿 절차에 대한 군사모방설에 의한 해석〉

절차	의 미	설 명
풍류굿	부대의 집결과 화합	부대가 집결하여 본격적인 훈련전에 한판 어울림
채굿	부대의 기초훈련	기본 원진 형태로 평이한 가락부터 점차 복잡한 가락으로 그 강도를 높여 본격적인 훈련에 대비한 점검을 하게 된다.
진풀이	부대의 진법 훈련	다양한 진법이 펼쳐진다.
호호굿	부대 간의 신호	부대 간에 상호 연락하는 굿이라 하여 부를 호(呼)자를 써서 '呼呼굿'이라 하고 실제로 굿 중간에 "호호" 하며 소리 내어 부른다.
영산굿	부대를 이끄는 각 장수들의 시범	남원 농악에서 상쇠는 총지휘자의 구실을 하며 뒷쇠들은 상쇠를 보좌하는 보좌진들이다. 영산은 각 쇠잽이들이 혼자씩 돌아가며 판을 이끌며 각자의 기량을 뽐내게 된다. 남원 농악에서 쇠잽이의 기량은 영산에서 판가름 나며 영산을 이끌지 못하는 쇠잽이는 쇠잽이의 권위를 상실하며 심할 경우 쇠치배에서 밀려나게 된다.
미지기	전투 훈련	이편 저편이 밀고 밀리는 형상으로 두 줄로 만들어 쫓고 쫓기는 형상이 연출된다.
노래굿	부대의 군가	3열 내지 4열 종대로 열을 맞추어 행진하며 노래한다.
춤굿	훈련이 끝난 뒤 여흥	개인별로 각 악기별로 전체 단위로 순서에 맞게 춤을 춘다.
등지기	훈련의 여독을 푸는 행위	등을 맞대고 허리를 상하로 움직여 여독을 풀어준다.

그 연관성이나 흐름에 대한 해석이 힘들다. 다만 개인놀음을 제외한 판굿의 절차에서 소고놀음은 독립적으로 존재할 수 없고 판굿의 절차에 맞추어 상보적으로 존재해야 함을 알 수 있을 뿐이다.

② 후굿

후굿은 연희적 기예가 집중되어 있는 전굿과는 달리 상쇠의 연출 능력을 중심으로 놀이의 요소가 주를 이루며 군악적 성격이 두드러진다. 각종 춤과 재담·연기·진법이 나타나고, 도둑잽이·탐모리·문굿·헤침굿·재능기의 순서로 진행된다. 소고의 기예적 내용은 많지 않으며 굿의 참여자이자 보조자 역할을 한다. 가락의 절차에 따른 소고놀음을 정리하면 다음의 〈표-4〉와 같다.

도둑잽이	적의 장수 처단	대포수는 상쇠에 의하여 뒤로 넘어져 죽는 장면이 연출되는데 이 대포수의 역할은 적의 장수이다.
탐모리	잔적의 소탕	찾을 탐(探)자를 써서 '探모리'라 하는데 전후좌우로 열을 지어 허리를 숙이고 적을 찾는 장면이 연출된다.
문굿	승전한 군대의 개선	군대의 영(令)을 상징하는 '令기'를 앞세우고 상쇠를 필두로 두 줄로 행진하며 개선하는 장면이 여러 번 반복된다.
점호굿	전투 종료 후 각 부대 군사들에 대한 점호	상쇠가 영기를 사이에 위치하여 각 치배의 수장들을 부르게 되고 각 수장들은 대답을 고하고 상쇠 앞에 와서 신고를 하게 된다.
헤침굿	부대 해산	전투를 마친 부대를 해산하는 굿으로 "헤치시오 갈립시다" 등의 사설을 상쇠가 외치게 되며, 헤침굿을 마지막으로 정식적인 판굿의 절차는 마치게 된다. 뒤에 재능기가 이어지게 되나 이는 개인놀이 마당으로 군사들의 뒷풀이에 해당된다고 볼 수 있다.

<표-4> 후굿의 절차와 소고놀음

후 굿 (뒤 굿)		
절 차	가 락	소고놀음
도둑잽이	반풍류-휘모리(상쇠는 발림)-휘모리-도둑잽이 마당(잡색 연극)-반풍류-휘모리	반풍류 때 일사, 휘모리에 외사를 하며 그 외에는 상쇠의 연희를 보조한다.
탐모리	반풍류-휘모리(상쇠는 발림)-미지기-휘모리-탐모리(전·후·좌·우로 일곱 걸음씩 이동)	반풍류 때 일사, 휘모리에 외사
문 굿	반풍류(상쇠를 각시에게 화관을 얹어 놀음을 한다)-휘모리(끝내며 화관을 던진다)	반풍류 때 일사, 휘모리에 외사
점호굿	각 치배별 3타-풍류굿-반풍류-잦은삼채-휘모리	굿거리-일사-사사-외사(연풍대+두루걸이+자반뒤지기)
헤침굿	헤침굿 구음-헤침굿 가락-휘모리-된삼채-넘는가락-휘모리	외사-빠른 나비상-일사-외사(연풍대+두루걸이+자반뒤지기)
재능기	채상소고, 북, 장구, 꽹과리 개인놀음	개인놀음

　전굿(앞굿)과 마찬가지로 후굿도 각 절차 간의 연관성이나 일관된 흐름을 해석하기가 쉽지 않다. 그러나 전굿에 비하여 예술적 기예보다는 놀이, 연극, 진법 등이 보다 높은 비중을 차지함으로써 형상적 구체성을 더욱 많이 갖게 되는 것— 독립적인 절차로 존재하는 재능기는 제외한다 — 을 알 수 있다. 도둑잽이에서는 도둑을 잡기 위한 연극이 중심이 되고, 탐모리에서는 잔적을 찾는 모습에 대한 형상화가 주가 되며, 문굿에서는 개선하는 모습이, 점호굿에서는 말 그대로 치배의 점호(點呼)가 그 절차의 주제가 된다. 헤침굿은 절차를 마치고 해산하는 모습을 직접적인 구음으로 표현한다. 후굿에서 소고놀음의 비중은 그리 높지 않으며 일사, 사사, 외사, 연풍대, 두루걸이, 자반뒤지기 등의 가장 일반적인 놀음들로 구성되어 있다.

남원 농악 판굿의 소고 개인놀음

개인놀음은 재능기라 하여 판굿의 마지막 절차에서 개인별로 기량을 선보인다. 소고 개인놀음을 먼저 하고 장구, 꽹과리, 열두발 상모의 순서로 진행된다. 류한준패나 최상근 일행의 포장걸립에서는 끝소고부터 상쇠까지 모두 개인별로 놀음을 했다고 하나 현재는 동일한 개인놀음을 여럿이 합동으로 공연하는 합동놀음이 많이 이루어지고 있다.26) 소고 개인놀음의 절차와 반주가락을 분석해 본다.

① 절차

소고 개인놀음은 상모짓을 하지 않는 입장 부분과 발림 위주의 굿거리 부분, 상모짓을 하는 삼채 부분, 연풍대로 귀결되는 마무리 부분으로 나누어져 있다. 각 부분별 동작의 구성은 다음의 〈표-5〉와 같다.

〈표-5〉 개인놀음의 절차

부분＼내용	동 작	반주가락
입 장	나비상–차고돌기–맺이	삼채–맺이가락
굿거리	굿거리 발림〔필수 동작(소고 앞에 놓기, 소고 무릎 놓기, 소고채 어깨 얹고 왼쪽으로 돌면서 마무리하기)＋즉흥〕	굿거리
삼 채	일사–사사–꾸벅이–나비상–사사–일사(좌·우로 이동)–좌우치기와 일사(좌·우로 이동)–앉을상(2회)–앉은 좌우치기(한 오금에 한 박자)와 앉을상–앉은 좌우치기(한 오금에 두 박자)	삼채–맺이가락
마무리	즉흥놀음–연풍대–두루걸이–자반뒤지기–빠른 나비상–앉은 좌우치기	진풀이 가락–연풍대 가락–난타–된삼채–맺이가락

---

26) 꽹과리의 경우는 소수의 인원으로 치배 구성이 되고 그 가운데서도 개인놀음을 할 수 있는 사람이 한정되어 있으므로 현재까지도 합동으로 꽹과리 놀음을 하는 경우는 거의 없다.

굿거리 부분은 발림 위주의 다양한 놀음이 펼쳐지고 삼채 부분은 상모짓을 중심으로 여러 가지 놀음이 전개된다. 굿거리 부분과 삼채 부분을 본 놀음으로 묶으면 세 개의 단락으로 구분된다. 각 단락의 흐름을 살펴보면 다소의 차이는 있으나 느리고 차분한 동작에서 빠르고 역동적인 동작으로 옮아감을 알 수 있다. 마찬가지로 전체적인 동작의 흐름 또한 차분한 분위기에서 역동적인 놀음들로 진행됨을 알 수 있다. 기본적인 진행 방향은 시계 반대 방향의 원진이다. 특별한 놀음을 보여주고자 할 때에는 원의 안쪽을 향하고 서서 진행한다. 입장 부분은 진행방식의 변화가 특별히 없다. 굿거리와 삼채 부분은 발림이나 상모놀음 등이 원의 안쪽을 향하여 펼쳐진다. 맺는 부분은 다시 원진 방향으로 진행되다가 마무리할 때 원의 안쪽을 향한다. 이를 정리하면 아래의 〈표-6〉과 같다.

〈표-6〉 개인놀음의 진행방식

진 행 방 향	절 차
시계 반대 방향의 원진(기본 진행방식)	입장, 굿거리, 삼채, 진풀이, 연풍대
반주자 정면	입장 부분 맺이가락
원진의 안쪽	굿거리 부분 발림, 삼채 부분 상모짓, 연풍대 부분 마무리 동작

② 반주가락

반주가락을 분석함으로써 개인놀음의 흐름을 파악할 수 있다고 본다. 그 진행 순서를 살펴보면 '삼채-맺이가락-굿거리-삼채(1)-맺이가락-삼채(2)-맺이가락-진풀이-연풍대가락-빠른삼채-맺이가락'으로 진행된다. 전체적으로 맺이가락이 네 차례 나타난다. 음악과 동작의 분위기가 전환될 때마다 맺이가락으로 연결됨을 알 수 있다. 맺이가락을 살펴보면 아래의 〈악보-4〉와 같다.

〈악보-4〉 입장 부분의 맺이가락

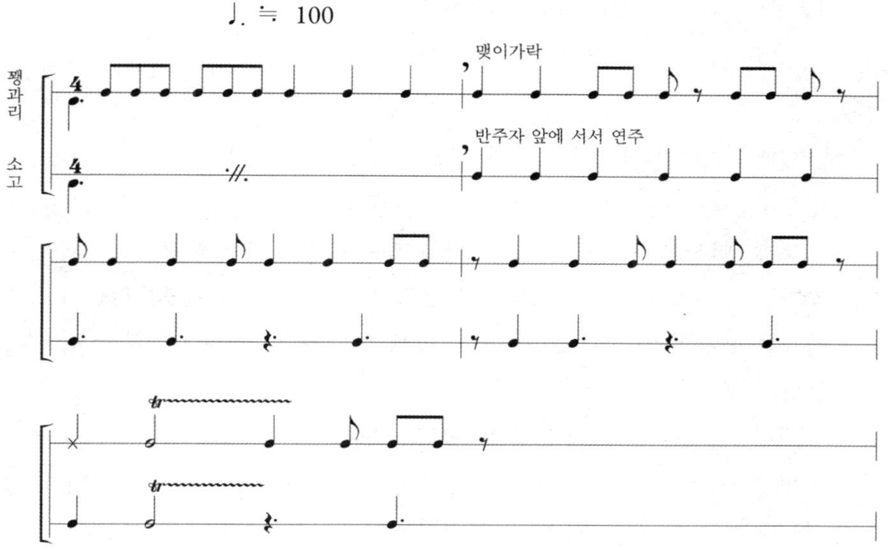

  맺이가락의 첫 장단(위에 제시된 악보의 두 번째 마디)에서 (3×4)의 분박구조가 {(2+2)+(2+2)+(2+2)}로 변화한다. 분박에 변화를 주어 분위기를 전환함을 알 수 있다. 삼채 중간에 나오는 맺이가락은 삼채의 내용적 구분점이 되기는 하지만 크게 보면 삼채라는 범주에 속하므로 전체를 크게 세 개의 단락으로 구분해 볼 수 있다. 삼채와 맺이가락을 입장 단락으로 굿거리, 삼채, 맺이가락 부분은 본격적인 놀음이 이루어지는 대목이므로 본 놀음 단락으로, 진풀이는 연풍대로 마무리 하기 위한 준비 과정이므로 진풀이, 연풍대 가락, 빠른삼채, 맺이가락 부분을 하나로 묶어 마무리 단락으로 볼 수 있다. 여기까지의 내용을 정리하면 다음의 〈표-7〉과 같다.

<표-7> 개인놀음 반주가락의 단락구분

단 락	입장	본 놀음	마무리
반주가락	삼채, 맺이가락	굿거리, 삼채, 맺이가락	진풀이, 연풍대 가락, 빠른 삼채, 맺이가락

전체적으로 살펴보면 다음과 같은 특징을 알 수 있다.

첫째, 각 단락은 맺이가락으로 마무리한다.

둘째, 입장과 본 놀음은 4/♩. 박자로 구성되어 있고 마무리는 4/4 박자로 되어있다. 4/♩. 박자의 첫 단락과 둘째 단락은 3분박 리듬의 여유롭고 흥청거리는 느낌을 주고 셋째 단락은 4/4 박자로 2분박 리듬의 역동적인 느낌을 준다.

셋째, 각 단락과 전체적 진행속도는 '느림→빠름'이다.

반주가락은 기량을 바탕으로 한 즉흥성이 살아있는 가락이라 한다. '멋 가락' 또는 '허튼 가락'으로 '가락수[27)]'가 있어야 한다. 첫 단락은 입장을 위한 부분이므로 가락이 경쾌하고 짧다. 전주나 다스름 정도에 해당한다. 두 번째 단락은 핵심 단락으로 놀음 자체도 길고 구성도 다양하다. 세 번째 단락은 마무리 부분으로 2분박 계통의 진풀이 가락이 연결가락으로 나오고 맺이가락으로 마무리 한다.

4. 홍유봉 바디 소고놀음의 특성

홍유봉 바디 소고놀음은 현전 남원 농악에서 연행되고 있는 호남지

---

27) 글자대로 해석하면 가락의 숫자가 되겠으나, 이는 실기인들 사이에서 농악의 연주 실력을 가리키는 말로 통한다. 소고놀음의 반주음악은 자기 가락수만 내고 동작과의 호흡을 못 맞추어도 안 되고 반대로 동작에만 얽매어 가락수를 못 내어도 안 된다. 농악인들 사이에서는 반주음악은 치기가 쉽지 않은 음악으로 통한다.

역의 채상소고놀음이다. 그 특징을 파악하고자 다른 지역의 채상소고 놀음과 비교·분석을 해보겠다. 그리고 다른 지역의 채상소고놀음은 해당 지역의 대표 농악에 대한 선행연구를 중심으로 살펴보고자 한다.

(1) 다른 지역과 비교

경기도지역

대표적인 농악으로 중요무형문화재 제3호 남사당놀이의 농악과 중요무형문화재 11-2호 평택 농악 등을 들 수 있다. 남사당놀이 농악을 중심으로 경기도지역의 소고놀음을 살펴보기로 하겠다.[28]

① 가락과 소고놀음 형태

주요 가락으로는 (10+11+5+10)/8 박자의 길군악 칠채와 4/ ♩. 박자의 덩덕궁이, 4/4 박자의 동살풀이, 자진가락 등이 있다. 소고놀음은 외사, 양사, 양상치기, 번개상, 찍음상, 앉을상, 허궁잽이(좌반 뒤집기) 등이 있으며 섬세하고 뛰어난 상모놀음이 특징이다.

② 가락의 박자구조와 소고놀음

길군악 칠채와 같은 혼합박자에서는 별다른 동작이 없으며 가락의 마지막에 소고를 들어올리며 한 번 쳐준다. 규칙박자인 덩덕궁이, 동살풀이, 자진가락에서는 여러 가지 소고놀음을 하게 되며 2개에서 4개의 소고 타점을 갖는다. 상모짓 중심으로 소고놀음이 발달하였으며 남원 농악 소고놀음에 견주면 발림의 비중이 상대적으로 약하다.

---

28) 심우성, 《남사당패 연구》, 동문선, 1986, 67~80쪽; 류무열, 《농악》, 민족문화 문고간행회, 1986, 132~146쪽.

③ 소고 개인놀음

'따벽구'[29]라고 하며 덩덕궁이·동살풀이·자진가락 등을 반복적으로 연주하며 진행되고, 섬세한 상모짓과 정확한 진행구조를 특징으로 한다.

충청도지역

충청도와 경기도 지역의 농악을 웃다리 농악이라 한다. 충청도지역은 청주, 대전 등 충청남도와 충청북도 전역에 걸쳐 농악이 발달해 있다. 청주 농악을 중심으로 살펴보기로 하겠다.[30]

① 가락과 소고놀음 형태

경기도지역과 마찬가지로 길군악 칠채가 대표적 가락이다. 12/8 박자의 꽃나부 장단, 다드래기 장단, 4/4박자의 자진가락 등이 있다. 소고놀음은 얼러 벌려치기, 좌우치기, 앉은 사위, 꼭두상 등이 대표적이며 단순 명료하고 투박하며 반복형태가 많다.

② 가락의 박자구조와 소고놀음

혼합박자에서는 별다른 동작이 없으며 가락의 마지막에 소고를 들어 올리며 한 번 쳐준다. 덩덕궁이 등의 규칙박자에서 대부분 4개의 타점을 가지며 굿거리류인 춤장단에서는 타점 없이 어깨 발림만 한다. 남원 농악 소고놀음에 비하여 발림이나 연풍대[31]에 대한 비중이 상대적으로 약하다.

---

29) '따로 하는 벅구'라는 뜻.
30) 오세란, 〈청주농악과 정읍농악의 소고춤 비교 연구〉, 청주대 석사논문, 1986, 35~52쪽; 류무열, 앞의 책, 1986, 176~184쪽.
31) 연풍대, 두루걸이, 좌반 뒤집기를 포함한 통칭.

③ 소고 개인놀음

꽃나부장단, 다드래기, 춤장단에 따라 진행되며 놀음들이 단순 명료하며 몇 가지 동작들을 중심으로 반복적으로 진행된다.

경상도지역

영남 풍물 또는 충청·경기도의 웃다리 풍물과 대비하여 아랫다리 풍물이라고도 한다. 대표적인 농악으로는 중요무형문화재 11-가호 진주삼천포 12차농악, 구미 무을농악, 부산직할시 무형문화재 제6호 부산 아미농악, 대구광역시 무형문화재 제2호 비산 농악 등이 있다. 비산 농악을 중심으로 살펴보기로 하겠다.[32]

① 가락 및 소고놀음 형태

정적궁이, 삼채, 휘모리, 허허굿, 살풀이 등이 대표적 가락이다. 4/♩. 박자의 가락은 정적궁이, 삼채, 허허굿 등이 있고, 12/8 박자의 가락은 살풀이 등이 있다. 기본상, 앉을상, 엎어빼기, 연풍대 등의 소고놀음이 있다. 힘차고 역동적이며 가락이 명료하다.

② 가락의 박자 구조와 소고 놀음

'허허굿'은 남원 농악의 '호호굿'과 같이 "허허" 하는 사람의 말소리가 들어간다. 박자는 혼합박자가 아닌 삼채류의 박자다. 4개의 타점을 갖는 소고놀음을 기본 형태로 하며 굿거리류 가락인 '살풀이'가락에서는 2개의 타점을 갖는다. 연풍대[33]가 발달했으며 남원의 소고놀음에 견주어 발림의 비중이 약하다.

---

32) 김은영, 〈비산농악 및 소고춤 지도에 관한 연구〉, 한국교원대학교 석사논문, 1997, 4~33쪽; 류무열, 《한국의 농악》, 강원일보사, 1986, 204~226쪽.
33) 연풍대, 두루걸이, 좌반 뒤집기를 포함한 통칭.

③ 소고 개인놀음

기본 소고놀음을 바탕으로 즉흥성이 강조된다.

지금까지 살펴본 경기도, 충청도, 경상도 지역 채상소고놀음의 가락과 동작, 개인놀음 및 전반적 특징을 정리해 보면 다음 〈표-8〉과 같다.

〈표-8〉 다른 지역 채상소고놀음의 양태

지 역	가 락	소고 동작	소고 타점	개인놀음	전반적 특징
경기도 (남사당 농악)	길군악칠채	없음	1	따벅구라고 하며 덩덕궁이, 동살풀이, 자진가락에 따라 연희 진행	반복적 가락 형태에 따라 상모짓이 섬세하고 다양하게 구성된다.
	덩덕궁이 자진가락 동살풀이 등	외사	4		
		양사	3		
		양상치기	2		
		번개상	불규칙		
		찍음상	2		
		앉을상	2		
		허궁잽이 (좌반 뒤집기)	2		
	느린 굿거리	어깨 발림	0		
충청도 (청주 농악)	길군악칠채	없음	1	꽃나부장단, 다드래기, 춤장단에 따라 진행	단순명료하며 반복형태가 많다.
	꽃나부장단	얼러벌려치기	3		
	다드래기	좌우치기	4		
	다드래기	앉은사위	4		
	춤장단	꼭두상모	0		
경상도 (비산 농악)	정적궁이	기본상	4	즉흥연희	힘차고 복잡하지 않으며 역동적이다.
	삼채	앉을상	1		
	휘모리	엎어빼기	2		
	허허굿	연풍대	2		
	살풀이	어깨발림	2		

〈표-8〉에서 알 수 있듯이 경기·충청도 지역의 채상소고놀음은 섬세한 상모짓을 특징으로 하고 경상도 지역의 소고놀음은 힘차고 역동

적인 특성이 있으며 연풍대가 발달하였다.

남원 농악 소고놀음과 경상도 지역 소고놀음을 비교했을 때 연풍대·두루걸이·좌반 뒤집기가 공통적인 장점이며, 충청·경기 지역과 비교했을 때 섬세한 상모짓이 공통된 장점임을 알 수 있다.

(2) 춤사위의 특성

농악 명인들의 구술을 중심으로 홍유봉에 의해 전승된 남원 농악 소고놀음의 춤사위의 특성을 정리해보면 다음과 같다.[34]

첫째, 오른발 채상소고놀음이다. 기준이 되는 발은 오른발이다. 다른 치배들은 모두 왼발을 먼저 딛지만 유달리 소고잽이만 오른발을 먼저 딛는다. 오른발을 먼저 딛게 되면 상모짓의 기본상과 동작이 왼발을 기준으로 삼을 때와 전혀 다른 진행을 갖게 된다. 왼발 채상소고놀음의 대표적인 농악으로는 충청·경기 지역의 웃다리 농악이 있으며 우도 농악 소고놀음도 왼발이 기준이다.

둘째, 연풍대가 발달되어 있다. 판굿은 대부분 연풍대로 마무리한다. 소고잽이들은 연풍대, 두루걸이, 자반뒤지기를 하고 나머지 치배들은 연풍대만 돈다.[35]

셋째, 발림이 발달되어 있다. 굿거리 가락이 발달되어 있고 이를 흔히 '멋 가락' 또는 '흥 가락'이라 하여 '나긋나긋 춤추기 좋게' 쳐야 하는 가락으로 강조한다.[36] 소고잽이는 굿거리 가락에는 상모짓을 하지

---

34) 류명철·홍유봉·박대업 구술.

35) 류명철은 "항상 소고잽이는 공연장을 연풍대로 한 바퀴, 두루걸이로 한 바퀴, 자반뒤지기로 한 바퀴, 이렇게 꼭 한 바퀴씩을 채워야 돼"라고 말하곤 했다. 홍유봉은 "옛날 선생들은 연풍대를 돌면 말여 사람하고 색띠가 구분이 안 되고, 두루걸이를 하면 땅에 거의 붙어서 돌았어. 긍게 만날 소고가 뽀사져. 소고로 땅을 침서 둥게"라고 했다.

36) 고 홍유봉은 "굿거리를 할 때는 발림이 좋아야 혀. 선생이 알려준 대로만 하

않고 발림만 한다. 발림에 대해서는 고깔소고놀음의 명인들도 강조를
한다. 고창 농악 고깔소고 명인들의 구술을 살펴보면 다음과 같다.37)

> 굿거리에서 멋을 내야 돼. 맨 멋을 다 쏟아야 돼. 그래야 잘친다 소
> 리가 나오거든. [박용하]38)

> 굿거리랑 일이삼채 치면서 자기 멋 자랑이여. 무용이여. 발림 잘만
> 하면 멋있어. 소고 돌리면서 발림 해야 제일 멋있지. 그래야 얼씨구 나
> 오지. [유만종]39)

고깔소고놀음에서도 춤사위의 멋스러움이 강조되는 것을 알 수 있
다. 호남지역 소고놀음의 공통된 특징으로 추정할 수 있다.40)

5. 맺음말

홍유봉 바디 소고놀음에 대하여 역사와 현전을 살펴보았다. 홍유봉
바디 소고놀음의 전승과정을 1940년대부터 현재에 이르기까지 활동 현

지 말고 채경(거울)을 보고 자꾸 자기가 개발을 해야 하는 볩이여"라고 발림
을 강조했었다.
37) 김영희, 《고창농악 고깔 소고춤》, 작품출판사, 2004, 307~311쪽.
38) 박용하(1931~   ): 과창군 아산면 남산리 출생. 고창 농악 고깔소고 명인. 강
    모질·김양술·이근수에게 고깔소고놀음 사사. 현 고창 농악단 대포수.
39) 유만종(1922~   ): 고창군 성송면 하고리 양사동 출생. 고창 농악 소고 명인.
40) 두 소고놀음은 형태적 특징을 가지고 있는데 채상소고놀음은 채상모를 쓰고
    상모짓을 하기 때문에 상모짓에 방해가 되지 않기 위하여 손잡이가 달린 비
    교적 작은 소고를 사용하고, 고깔소고놀음은 그런 제약이 없으므로 비교적
    크며 손잡이 대신 끈이 달린 소고를 사용하는 것이 일반적이다. 현재는 고깔
    소고도 손잡이 달린 소고와 끈 달린 소고를 함께 사용하고 있다.

황별로 살펴보았으며, 현전 소고놀음을 기본 형태별로 분류·분석하고, 연행 절차에 따라 정리하였으며, 다른 지역의 채상소고놀음과 비교를 통하여 그 특성도 파악하였다. 그 결과 다음의 사실들을 알게 되었다.

소고놀음 일반에 관한 것으로서 채상소고놀음은 규칙박자에서 형성되며 불규칙 박자에서는 온전하게 형성되지 못한다는 사실을 알았고, 소고의 형태에서 채상소고놀음은 상모짓에 방해가 되지 않기 위하여 손잡이가 달린 비교적 작은 소고를 사용하지만 고깔소고놀음은 상모짓의 제약이 없으므로 소고가 비교적 커진다는 것을 알았다. 형태 면에서도 채상소고에서는 좀처럼 발견할 수 없는 손잡이가 끈으로 된 소고를 쓰기도 한다는 것 또한 알게 되었다.

홍유봉 바디 소고놀음의 계승과정에 관한 것으로서 홍유봉 바디 소고놀음이 정오동의 바디를 계승하였고, 현전 남원 농악의 소고놀음은 홍유봉에 의해 전승되었음을 알았다.

남원 농악의 연행절차에 따른 분석을 통하여 전굿(앞굿)에 소고놀음의 기예적 요소가 집중되어 있으며, 연극적·놀이적 요소가 주를 이루는 후굿(뒷굿)에서는 소고놀음은 농악의 보조자 역할을 수행함을 알았다. 개인놀음은 판굿의 맨 마지막 절차로서 소고 개인놀음은 크게 세 개의 부분으로 나뉘며 반주가락 또한 세 개의 단락으로 음악적 흐름을 형성함을 알게 되었다.

다른 지역의 소고놀음과 비교하여 남원 농악 소고놀음의 특성을 파악해 본 결과, 경상도지역의 역동적인 연풍대의 장점을 공유하고, 충청·경기 지역의 섬세하고 세련된 상모짓의 장점을 공유하며, 호남지역 고유의 특성으로서 발달된 춤사위의 장점을 지녔음을 알 수 있었다.

홍유봉 바디 소고놀음에 대한 본 연구에서 미흡하나마 이상의 몇 가지 사실들을 알게 되었다. 그러나 연구과정에서 추가로 제기된 많은 문제들이 있다. 그 가운데 가장 시급한 것들은 첫째, 판굿 절차에 따른 소고놀음의 연관성 혹은 흐름을 파악하는 것이다. 판굿과 소고놀음의 상호 연관성 또는 상호 작용성을 파악함으로써 연행절차에 따른 소고 놀음의 흐름을 해석할 수 있을 것이다. 둘째, 개별적 소고놀음이 가지고 있는 동작의 의미성을 파악하는 것이다. 소고놀음이 내포하고 있는 의미성을 탈은폐함으로써 소고놀음의 근원과 역사적 기원 또는 사적 변형의 과정을 유추해볼 수 있을 것이다. 반대로 소고놀음의 근원과 기원, 사적변형 과정을 밝힘으로써 소고놀음의 의미성을 탈은폐할 수도 있을 것이다. 이 문제들이 해결되어 갈 때 소고놀음에 대한 연구는 진일보할 것으로 판단되며 연구자로서 무한한 책임감을 느낀다. 소고놀음에 대한 활발한 연구가 이루어지길 기대한다.

VII 풍물굿과 놀이/연희

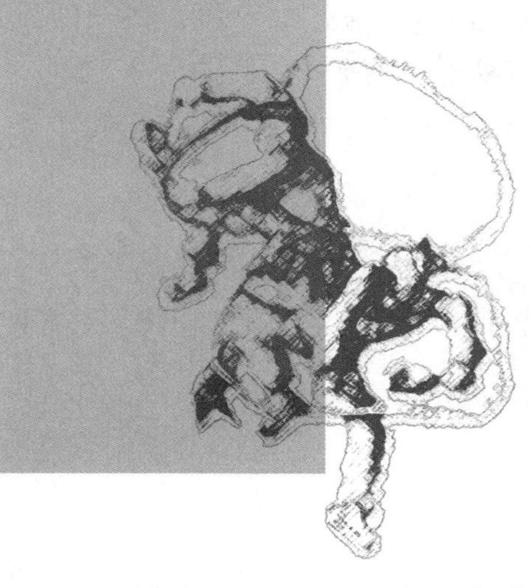

풍물굿 '잡색놀음'의 공연적·연극적 성격

김익두*

1. 문제 제기

지금까지 풍물굿 연구는 현지 조사 및 조사 자료집의 발간, 개설서 발행, 음악학적 관점의 연구, 무용학적 관점의 연구 등으로 진행되어 왔다. 그러나 이러한 연구는 풍물굿을 전체적으로 보기보다는 부분적으로 보게 한다. 풍물굿을 연구하는 바람직한 태도와 방법은 풍물굿에 대한 모든 점들을 종합적으로 고려하고, 이것을 하나의 독자적인 공연 예술로 연구하는 것이다.

풍물굿은 음악적 요소, 무용적 요소, 연극적 요소가 동시적·계기적으로 상호 침투되어 이루어지는 종합적인 공연 형식이다. 풍물굿의 이러한 성격은 기수들, 앞치배들(쇠잽이·징잽이·새납수·장구잽이·소구잽이·북수), 뒤치배들[1]/잡색들로 이루어지는 공연자들과 이 공

---

* 전북대학교 국어국문학과 교수.

1) '앞치배'와 '뒤치배'라는 용어는 호남지방의 풍물굿에서 많이 쓰이며, 그 의미도 경우에 따라 다소 차이가 있다. 이 글에서 '앞치배'는 풍물 악기를 연주하는 모든 공연자들을 가리키는 용어이며, '뒤치배'는 '잡색'과 동일한 뜻의 용어이다. 이 글에서 잡색이란 가면을 쓰거나 변장을 해서 하나의 '등장인물'로서의 성격을 갖추고 풍물굿 공연에 참여하는 공연자들을 가리키는 용어이다.

연자들의 공연에 참여하는 청관중들, 후원자들이 서로 긴밀한 과정적 네트워크를 이룸으로써 가능하다.

그런데 지금까지 풍물굿 연구는 주로 앞치배들에 대해서만 주목했으며, 다른 구성요소들(기수 · 뒤치배 · 청관중 · 후원자)에 대해서는 별다른 관심을 기울이지 않았다. 그러나 풍물굿 공연을 관찰해 보면 앞치배들 못지않게 다른 요소들, 특히 잡색들도 공연에서 매우 중요한 구실을 하므로 이들에 관해서도 연구가 필요하고 마땅한 의미가 부여되어야 한다.

이 글에서 '**잡색**'이란 가면을 쓰거나 변장을 해서 하나의 '등장인물'로서 성격을 갖추고 풍물굿에 참여하는 공연자를 가리키는 용어로 쓸 것이며, '**잡색놀음**'이란 이 잡색들이 풍물굿 공연에서 벌이는 공연적 행동 모두를 가리키는 용어로 사용하고자 한다.

그동안 풍물굿의 잡색들에 관한 연구로는 조동일의 연구가 주목할 만하다. 그는 풍물굿패가 하는 마을굿을 마을굿의 가장 원초적이고 보편적인 형태로 추정하고, 마을굿의 주역을 하던 신가면(神假面) 착용자가 인간가면(양반가면) 착용자로 전환되면서 풍물굿의 '양반광대극'이 생겨났다고 하였다. 또 양반광대극이 가면극의 원초적인 모습을 보여주므로 가면극의 기원을 풍물굿패의 마을굿에서 찾을 수 있다고 말하고, 이 풍물굿패의 양반광대는 양반을 풍자하는 기능을 한다고 설명하여 처음으로 풍물굿패 잡색의 기능을 언급했다.[2] 그 뒤에 그는 이러한 논의를 좀더 확대하여, 풍물굿에 등장하는 각시와 포수에 관해서도 언급했다. 풍물굿에 등장하는 '각시'는 양반이 양반으로서 지녀야 할 위엄을 버리고 음란한 행동을 하도록 하여 양반 풍자의 내용을 확대하는 구실을 한다고 보았고, 포수는 자연적 재앙을 물리치는 자로 보았

---

2) 조동일, 〈농악대의 '양반광대'를 통해 본 연극사의 몇 가지 문제〉, 《동산 신태식박사 송수기념 논총》, 계명대 출판부, 1969, 207~223쪽.

다.3)

그러나 이 두 논의는 풍물굿 자체에 관한 본격적인 연구가 아니라 탈춤의 기원과 역사적 변천을 추적하기 위한 연구라서, 풍물굿이라는 하나의 공연물 자체의 가치와 의의 그리고 그 속에서 차지하는 잡색놀음의 기능과 역할 등은 고찰되지 않았다. '잡색놀음'을 풍물굿 자체의 유기적인 관계의 일부로 살펴본 연구는 아직 찾아볼 수 없다. 잡색놀음은 탈춤의 기원과 생성을 밝혀주는 데에도 매우 요긴한 자료이지만, 그것은 탈춤 자료이기 이전에 먼저 풍물굿 자체의 일부이며, 풍물굿의 필수적 요소로 중요한 역할과 의미를 갖고 있다. 풍물굿의 잡색놀음을 풍물굿 자체 안에서 연구해야 하는 이유가 여기에 있다.

필자는 앞선 연구에서 풍물굿 자체의 공연적 특성에 주목하여, 풍물굿의 공연적 성격을 규정해 주는 공연원리로서, ①반복·축적·순환의 원리, ②공연자의 자기축소화를 통한 청관중의 자기확대화의 원리, ③판 전도의 원리 또는 상황 역전의 원리, ④탈경계화(脫境界化)의 원리, ⑤개방성의 극대화를 통한 청관중의 공연자화, ⑥수용–평가의 통합원리 등을 소략하게나마 지적하고 논의한 바 있다.4)

2. 잡색들의 공연적 기능과 역할

먼저 잡색들은 풍물굿에 '연극적' 성격을 부여해 준다는 점이 쉽게 드러난다. 이들은 저마다 자기가 맡은 배역을 연기함으로써 공연에 참여한다. 풍물굿 공연은 음악적 요소, 무용적 요소, 연극적 요소가 상호 침투하여 긴밀하게 연결·결합하면서 이루어진다. 충동적인 풍물 악기

---

3) 조동일, 《탈춤의 역사와 원리》, 홍성사, 1979, 34~35쪽.
4) 김익두, 〈풍물굿의 공연원리와 연행적 성격—호남지방의 풍물굿을 중심으로〉, 《한국민속학보》 27집, 민속학회, 1995, 97~132쪽.

의 반복적·순환적·축적적 연주가 맨 먼저 시작된다. 이 연주는 끊임없이 다시 피드백되어 되돌아가는 한편, 무용적 동작들을 촉발시킨다. 이렇게 촉발된 반복적·순환적·축적적인 무용 동작들도 또한 그 무용과 풍물 연주 속으로 피드백되어 되돌아가면서 연극적 행동들을 자극한다. 이렇게 자극받은 연극적 행동들을 맡아 하는 공연자가 바로 잡색들이다. 전통적인 잡색놀음이 들어 있는 대부분의 풍물굿들은 대개 이러한 순차적인 공연 전개의 순서를 취하고 있다.

둘째, 이 잡색들은 다른 공연자들과 청관중들 '사이'를 오가면서, 공연자 집단과 청관중 집단 사이를 '매개'하여, 두 집단 사이의 '분리된 틈'을 차츰 줄여나가, 마침내 공연자 집단과 청관중 집단 사이의 경계를 허물어 '탈경계화'해 버린다.

셋째, 이 잡색들은 청관중들의 공연자 세계에 참여 욕구, 공연자화 욕구, 비일상적·놀이적 인간에 대한 '변환' 욕구를 끊임없이 반복적·축적적·순환적으로 자극한다. 이러한 자극은 주로 음악을 담당하는 앞치배들과 청관중들 사이에 존재하는 이 잡색들의 '중간자적 역할'에 의해 공연 내내 끊임없이 촉발되고 강화되어 간다. 이 잡색들의 중간자적 연극적 행동이 만든 청관중들의 행동 욕구 자극은, 마침내 청관중들이 스스로의 '신명'을 이기지 못하고 공연자화되어 '판' 안으로 이끌려 들어가며, 엑스터시의 환성을 내어지르며 춤을 추게 된다. 이것을 '청관중의 공연자화'라고 부를 수 있다.

넷째, 잡색들은 풍물굿을 이루어내고 향수하고 전승하고 변이시키는 공동체가 내부적으로 지니고 있는 '사회적 갈등'을 '잡색놀음'이라는 장치를 통해서 반영하고 해결한다.5) 잡색놀음의 주요 내용/모티프를 보면, ①양성(兩性) 간이나 계층 간의 문제, ②경제적인 문제, ③공동체의 결속과 보존의 문제 등이 그 중심을 이루고 있다. 이 세 가지 문

---

5) 이 점에 대해서는 뒤에 가서 좀더 자세히 논의하겠다.

제가 잡색놀음에 나타나 있다는 것은, 이 세 가지 문제가 전통 농어촌 풍물굿 공동체 사회에 가장 중요한 문제였음을 '반영'해 주는 것이며, 또 잡색놀음을 통해 새로운 차원으로 '전이'시키고자 한다는 것이다. 풍물굿 공연 요소들 가운데서 이 잡색들의 놀음이야말로 그러한 사회적 갈등들을 승화하여 해결할 수 있는 가장 적절한 요소이다.

다섯째, 잡색놀음은 또 풍물굿 공연에 참여한 사람들 모두가 서로 상생적인 상호관계를 지향하도록 하는 기능을 한다. 잡색들은 공연 안에서 자기들의 역할을 마냥 확장하지 않는다. 상생적 상호관계가 가장 잘 이루어질 수 있는 한계까지만 자기들의 역할을 확장한다. 그러므로 잡색놀음은 탈춤과 같이 사회적 갈등을 극대화함으로써 정치적 비판의 길로 나아가는 것이 아니라, 풍물굿 공동체로 하여금 '상생적 공동체'를 지향해 나아가도록 한다. 이 점은 뒤에 가서 좀더 확대해서 논의해 보겠다.

3. 잡색들의 종류와 지역적 분포

어떤 지역에 오랜 동안 계속해서 전승되어 온 풍물굿의 경우, '잡색'들은 어떤 개인에 의해 자의적으로 만들어지고 전승되는 것이 아니라 그 풍물굿 '공동체' 사회와 긴밀하게 '상응'하면서 그 공동체의 삶을 반영하게 된다. 정도의 차이는 있지만 풍물굿이 중요한 공연문화적 장치였던 전통 농어촌 사회에서 풍물굿은 어떤 사회적 필연성을 띠고 형성되고 전승된 것이다. 어느 시기 어느 지역의 풍물굿에 어떤 경로를 통해서 어떤 잡색들이 형성되고 전승되는가 하는 것은 그 시기 그곳의 사회문화적 성격과 긴밀한 연관 관계를 가지는 것이다. 이런 관점에서 볼 때, 잡색들의 종류와 그것들의 지역적인 분포 양상을 조사하고 검토해 보는 작업도 의미 있다.

먼저 풍물굿에 등장하는 잡색들의 종류를 현재까지 나온 주요 자료들6)을 종합해서 살펴보면, 양반 계통(양반·사대부·참봉·구대진사), 포수 계통(포수·대포수·총잽이), 중 계통(중·중광대·조리중·조리승·거사·중애·사미), (무동계통—무동·꽃나부)7), 각시 계통(각시·색시·큰애기), 할미계통(할미·할미광대), 창부, 화동, 비리쇠, 홍적삼, 질라아비, 봉화지기, 장군, 머슴, 여종, (농구)8), 소, 곰, 호랑이, 사자, 말, 거북이 등이다.9)

---

6) 이 통계자료는 다음 자료들을 종합하여 작성되었다.
　김익두 외, 《호남좌도 풍물굿》, 전북대박물관, 1994.
　______, 《호남우도 풍물굿》, 전북대 전라문화연구소, 1994.
　______, 《정읍지역 민속예능》, 전북대박물관, 1992.
　박용재, 《광산농악》, 광산문화원, 1992.
　손용달, 《금산 좌도농악》, 금산문화원, 1987.
　이보형, 《전라남도 국악실태 조사》, 문화재관리국, 1980.
　______, 《전라북도 국악실태 조사》, 문화재관리국, 1982.
　______ 외, 《한국민속종합조사보고서》(농악편), 문화재관리국, 1982.
　정병호, 《농악》, 열화당, 1986.
　홍현식 외, 《호남농악》, 문화재관리국, 1967.
　황도훈, 《傳, 西山大師陣法軍鼓》, 해남문화원, 1991.
　　풍물굿은 구비전승과 행위전승으로 이어지는 공연 민속예능이기 때문에 조사 시기·장소 그리고 공연의 시기·장소에 따라 풍물굿의 잡색들도 유동적일 수 있다. 또 모든 군소 지역들의 풍물굿들을 모두 고려할 수 없으므로, 통계적인 연구는 어느 정도 유동성을 전제로 한다. 그러나 이러한 유동적인 조건들을 가능한 한 충분히 고려하면서 통계 자료들을 다룬다면 타당한 결론에 이를 수 있다.
7) 무동은 거의 모든 경우가 다 하나의 등장인물로 분장을 하고 나와 그 인물의 연극적인 역할을 담당하는 것이 아니라, 실제로 무동(舞童) — 춤추는 어린 아이 — 이 나와 실제로 춤추는 어린 아이 역할을 하기 때문에, 이것을 하나의 잡색으로 보기는 어렵다.
8) 농구는 전북 임실 필봉 풍물굿에서 상쇠를 따라다니며 상쇠의 기능을 수련하는 어린 나이의 예비 상쇠를 말하므로 이것도 또한 이 글에서 규정한 잡색이라고 볼 수 없다.
9) 조사된 지역을 보면, 전북의 김제·이리·진안·임실, 전남의 영광·화순·여천·진도, 충청도의 금산·부여·대전, 경기도의 이천·평택, 경남의 부산·

나타나는 빈도로 보면 양반 계통이 17군데, 포수 계통이 15군데, 중 계통이 13군데, 각시 계통이 11군데, 창부가 6군데, 화동이 4군데, 할미가 3군데, 비리쇠가 2군데, 그리고 나머지 잡색들은 각각 1군데이다.

창부라는 잡색은 전라도 지역에만 나타나고 있는데, 아마 이것은 전라도 세습무들과도 어떤 관련이 있을 것 같다. 충청·경기 지역에서는 잡색이 미약한 대신에 무동/'꽃나부'가 많이 보인다. 이 점은 이 지역에 본거지를 두었던 사당패의 무동과도 관련이 있을 것이다. 화동은 그 빈도수는 그다지 많지 않으나, 비교적 전국에 걸쳐서 넓게 나타나고 있고, 잡색 명칭의 변이는 중 계통이 제일 많으며, 그 다음이 양반 계통이다. 동물 잡색과 인형 잡색은 극히 일부 지역(전남 여천)에만 제한적으로 나타난다. 노동행위를 모방하는 '모의농경놀이'는 주로 영동지역에서 눈에 띄게 나타나며, 경북의 일부 지역에도 보이고, 공연 중에 독립된 하나의 과장으로 짜여 있다. 전라도 지역에서는 유일하게 전남 영광 풍물굿에만 보인다. 이 놀이는 잡색놀음으로 보기는 어렵지만, 넓은 의미에서 연극적인 놀이로 다룰 수는 있다.

잡색의 종류를 지역별로 보면, 전라도지역이 가장 다양하며, 그 다음이 경상도이다. 충청도·경기도 지역에는 잡색의 흔적만이 미미하게 보인다. 강원도지역에서는 잡색이 보고된 것이 없다. 영남지역의 잡색으로는 양반계통·포수 계통·중 계통·각시 계통이 거의 공통적으로 나타나며, 그 밖의 다른 잡색들은 자료에서 잘 보이지 않는다. 호남지방의 풍물굿에서는 여러 종류의 잡색들이 각양각색의 연극적인 마임들을 공연 중에 흥미롭게 벌여나가고, 판굿의 일부로 정규 공연과정 속에 일정하게 '잡색놀음'의 과장이 따로 독립되어 있는 경우가 많다.

영남지방의 풍물굿에서는 잡색들이 호남지방만큼 다양하지 않고, 호남지방의 풍물굿처럼 하나의 독립적인 과장으로 구성되어 있지는 않

진주, 경북의 예천·대구·금릉·청도, 강원도의 강릉·고성 등이다.

다. 지신밟기를 할 때 비교적 간단하고 즉흥적인 잡색놀음이 이루어지
는 것으로 조사되어 있다. 그 대표적인 지역은 밀양·통영·예천 통명
지방의 잡색놀음이다.10) 앞치배들의 공연에 따라다니며 즉흥적으로
노는 정도에 그치고 만다. 좀더 발전된 잡색놀음은 탈춤으로 이어진다.
호남지방의 풍물굿에서 잡색놀음이 하나의 독립된 과장으로 짜여 있다
면, 영동지방과 영남지방의 풍물굿에서는 모의농경놀이/농사굿이 판굿
의 공연과정 가운데 하나의 독립적인 과장으로 짜여 있는 경우가 많다.
이런 면에서 보면 영동·영남 지방의 풍물굿에서는 잡색놀음보다 농
사굿의 비중이 더 크다. 영동지방의 풍물굿에는 굿패 전체가 함께 벌이
는 '농사풀이'라는 모의농경놀이가 있을 뿐, 다른 잡색놀음은 나타나지
않는다.

기호지방(경기·충청 지방)의 풍물굿에는 모의농경놀이와 같은 연
극적인 놀이도 보이지 않고, 일정하게 전승되는 잡색이나 잡색놀음의
틀이나 과정도 없다. 가끔 '양반'이 희미하게 보이는 곳(충남 부여), 놀
이적인 흥미를 위해 '질라아비', '거북이', '머슴', '여종' 등을 일시적으
로 꾸며서 다니는 지역(경기 이천)이 보인다. 이러한 지역적인 분포 상
황에 대한 좀더 자세한 조사 연구와 깊이 있는 해석도 필요하겠으나,
이 글에서는 아직 미진한 상태이다. 앞으로 좀더 연구해 볼 작정이다.

4. 잡색놀음의 유형과 그 특징

현재까지 조사된 잡색놀음은 그 중심 모티프에 따라 다음과 같이 크
게 일곱 가지로 구분해서 살펴볼 수 있다.

---

10) 정병호, 앞의 책, 1986, 98쪽.

　　① 양성놀음형: 주로 영남지방을 중심으로 분포

　　② 투전놀음형: 미확인

　　③ 군사놀음형: 호남지역 서부 평야지역(호남 우도)에 분포

　　④ 양성-투전놀음형: 영남 남부지역에 분포

　　⑤ 양성-군사놀음형: 호남 일부지역(전남 영광)에 분포

　　⑥ 투전-군사놀음형: 호남지역 동부 산간지역(호남 좌도)에 분포

　　⑦ 양성-투전-군사놀음형: 미확인

　①은 인간 남녀 또는 동물 암수의 양성관계를 중심으로 놀음이 이루어지는 유형이다. 인간이나 동물의 양성관계를 통해 풍요를 기원하고 성적인 억압으로부터 해방되며, 인간의 위선(계층의식 등)을 폭로하는 기능을 주로 수행한다. 이 유형은 다시 인간의 남녀관계를 중심으로 이루어지는 것(남녀놀음형)과 동물의 암수관계로 이루어지는 유형(암수놀음형) 그리고 이 두 가지가 결합된 유형(복합놀음형)으로 나눌 수 있다. 이 가운데 암수놀음형은 보이지 않는다. '암수놀음형'은 경북 예천읍 통명동과 경남 통영시 풍물굿11)에 보이고, '복합놀음형'은 전남 여천군 화양면 백초리 풍물굿12)에 나타난다. 풍요의 기원과 성적·계층적 억압으로부터 해방을 표현하는 효과는 인간형 잡색이 주가 되고 동물형 잡색은 종이 될 수밖에 없으니, 동물형 잡색만으로 놀음이 이루어지기는 어렵다.

　②는 투전놀음/돈놀음라는 모티프를 중심으로 이루어지는 잡색놀음이다. 이 모티프를 중심으로 노는 잡색놀음은 발견되지 않는다. 이 모티프는 양성놀음 모티프나 군사놀이 모티프처럼 사회적으로 어떤 긍정적인 구실을 하는 것이 아니라, 극복해야만 할 해악이기 때문일 것이

---

11) 정병호, 《농악》, 열화당, 1986, 98쪽.

12) 위의 책, 258~262쪽.

다. 양성놀이는 풍요를 기원하고 성적·사회적 억압을 승화할 수 있고, 군사놀이는 외부의 적이나 전쟁에 대비해 공동체의 정치·군사적 협동과 단결을 꾀하고 집단적 정체성을 확보하는 데 기여할 수 있지만, 투전놀이에서는 어떤 긍정적인 가치를 찾기 어렵다. 이 모티프가 독자적으로 나타나려면 좀더 본격적인 풍자나 해학으로 전개되어야 할 것이데, 풍물굿의 기본 성격상 이러한 전개는 불가능하다. 따라서 이 놀음은 다른 놀음— 양성놀음나 군사놀음— 과 결합되어 나타난다. 이 경우 호남지방에서는 군사놀음과 결합되는 경우(호남 좌도굿)가 많고, 영남지방에서는 양성놀음과 결합되는 경우(경남 밀양굿)가 보인다.

③은 아군 진중(陣中)에 침입한 적군의 군사들을 붙잡아 처단하는 군사놀음을 중심으로 이루어지는 잡색놀음의 유형이다. 이 유형이 지배하는 풍물굿으로는 주로 전북 서부지역(호남 우도지역)에서 나타난다.13)

④는 ①+②형으로, 경남 일부 지역(밀양) 풍물굿14)에 보인다. 이런 경우에 투전놀음은 일단 하층민들이 양반들에게 금전을 바치도록 강요받는 풍자적인 상황을 어느 정도 제시하고 있다.

⑤의 유형은 ①+③형으로, 양성놀음과 군사놀이가 결합해서 이루어진다. 양성놀이가 공동체 내부의 풍요와 성적·계층적 해방을 추구한다면, 군사놀이는 공동체 외부로부터 오는 해악의 퇴치를 내세운다. 전자가 공동체의 내적인 결속력을 공고히 하고자 한다면, 후자는 전자를 바탕으로 외부의 적으로부터 공동체를 지키고자 한다.

⑥의 유형은 ②+③형으로, 주로 호남 동부지역(호남 좌도지역)을 중심으로 하여, 즉 충남 금산지역, 전북 진안·임실 지역, 전남 화순지역 등의 풍물굿에서 발견된다.15)

---

13) 조사 보고된 지역은 전북 부안군 부안읍 이동원패의 굿, 전북 김제군 부량면 출신 박판열패의 굿, 그리고 홍현식 외(1967)에 실린 자료이다.

14) 정병호, 앞의 책, 1986, 98쪽.

전반적으로 보면, 영남과 그 인근 지역은 '양성놀음형(①형)'이 지배적이고, 호남 동부지역(좌도 지역)은 '투전–군사놀이형(⑥형)'이 지배적이며, 호남 서부지역(우도 지역)은 '군사놀이형(③형)'이 지배적이다. (한편, 강원 및 경기·충청 지방의 풍물굿에는 이렇다 할 지배적인 잡색놀음이 나타나지 않는다.)

여기까지 검토한 바와 같이 현재 발견되는 잡색놀음은 ①양성놀음형, ②군사놀음형, ③양성–투전놀음형, ④양성–군사놀음형, ⑤투전–군사놀음형 등 모두 다섯 가지 유형이 있다. 이것들을 각 유형별로 좀더 분석해 볼 필요가 있다.

(1) 양성놀음형

이 유형은 다시 인간의 남녀관계를 중심으로 이루어지는 남녀놀음형, 동물의 암수관계로 이루어지는 암수놀음형, 그 두 가지가 결합된 복합놀음형으로 나눌 수 있고, 이 가운데 남녀놀음형과 복합놀음형만이 발견된다는 점은 앞에서 언급했다.

'남녀놀음형'에 속하는 것으로는 경북 예천 통명 풍물굿과 경남 통영 풍물굿이 있다. 경북 예천 통명 풍물굿에서는 '각시' 하나를 중심으로 '양반'과 '대포수'와 '중'이 서로 각시를 차지하고자 한다. 먼저 양반이 각시와 놀고 있는데, 대포수가 각시를 유혹하여 각시가 양반을 버리고 대포수의 유혹에 넘어가고, 중은 목탁을 치며 이 둘의 주위를 배회하며 부러워한다. 경남 통영 풍물굿에서는 양반과 각시가 놀아날 때, 포수가 양반을 총으로 사살하고, '봉화지기'가 양반을 다시 살려낸다. 이처럼 양반에 대한 강력한 응징을 보여 주면서도 다시 그를 살려내는

---

15) 조사 보고된 지역은 전북 진안군 마령면 도통리 김봉렬패의 굿, 전북 임실군 강진면 필봉리 양순용패의 굿, 전남 화순군 동복면 한천리 노판순패의 굿이다.

것은 잡색놀음이 풍요를 기원하고 성적 해방을 기하며 계층적 갈등을 해소하는 것을 중요한 목적으로 하는 축제적 놀이기 때문이다.16) 이 유형은 다른 유형에 견주면 가장 간단하고 짧막하게 이루어진다.

'복합놀음형', 즉 인간 남녀놀음과 동물 암수놀음이 결합된 유형의 잡색놀음으로는 전남 여천 풍물굿17)이 있다. 이 풍물굿은 먼저 여러 동물들(소, 곰, 사자, 호랑이, 말 등)로 가장한 잡색들의 암수가 차례로 등장하여 서로 여러 가지 애정적인 갈구와 거부의 동작과 교접을 나타내는 동작들을 하고, 맨 마지막에는 1인 2역의 거사와 각시의 놀이로 끝나는데, 이 장면은 갓을 쓰고 수염이 달린 거사가 댕기를 땋고 연지를 바른 각시에게 업혀 있는 모양으로 가장하고서, 남녀 간의 사랑을 묘사한다고 한다.18) 결국 이 놀이는 먼저 동물들의 성행위 표현을 통해 인간의 성적인 풍요와 해방을 간접적으로 드러낸 다음, 인간의 성적인 행동으로 이것을 더욱 강력하게 표출하고자 한 것이라고 볼 수 있다. 그런데 이 전남 여천 풍물굿에서는 앞에서 살펴본 영남지역의 남녀놀음형과는 달리 계층적 갈등은 표현되어 있지 않다. 호남지역의 잡색놀음에는 영남지역의 잡색놀음보다 비교적 계층적 갈등의 표현이 미약하게 나타난다. 계층적 갈등보다는 계층을 초월한 성의 해방 쪽을 지향하는 경향이 강하다. (이 점은 아마도 어째서 호남지역에서는 계층적 갈등을 첨예하게 드러내는 탈춤이 생성되지 않았는가 하는 문제와도 관련될 것 같다.)

---

16) Terry Hodgson, *The Batsford Dictionary of Drama*, London, B.T. Batsford Ltd., 1988, p.232.

17) 전남 여천군 화양면 백초리 풍물굿.

18) 정병호, 앞의 책, 1986, 262쪽.

(2) 군사놀음형

이 유형의 잡색놀음은 공동체 내부에 들어온 적/도둑을 잡는 이른바 '도둑잽이'를 중심으로 이루어진다. 이 유형은 호남 서부지역 — 호남 우도지역 — 을 중심으로 나타나며, 전북 김제·정읍·부안·고창 등 지의 풍물굿에서 찾아볼 수 있다.[19]

이 유형은 상쇠를 중심으로 하여 뭉친 아군패 — 이 패는 앞치배들 과 기수들로 이루어진다 — 와 대포수를 중심으로 뭉친 적군패 — 이 패는 잡색들로 이루어진다 — 간의 대결과 아군의 승리로 표현된다. 먼 저 대포수를 중심으로 뭉친 적군 패가 공동체 내부인 진중(陣中)으로 침입해 들어와 적군패 우두머리인 대포수가 아군패의 우두머리인 상쇠 의 꽹과리나 나발[20]을 몰래 훔쳐서 자기 몸에 감추면, 아군패 우두머 리인 상쇠가 적군패 우두머리인 대포수와 지혜로 대결하여 결국 꽹과 리나 나발을 찾아내고, 대포수를 처단하여 아군이 승리하게 된다. 물론 각 지역에 따라 다소 차이는 있지만 이 줄거리는 비슷하다. 지역에 따 라서는 죽은 대포수가 무당이나 점쟁이의 굿에 의해 다시 살아나는 것 으로 처리되는 경우도 있다.[21] 풍물굿의 잡색놀음은 갈등과 승리보다 는 주술적인 풍요와 재생과 화해를 지향하기 때문이다.[22]

---

19) 이 글에서 분석한 자료로는 부안군 부안읍 이동원패의 굿, 김제군 부량면 출 신 박판열패의 굿, 홍현식 외(1967)의 호남 우도굿이다.

20) 영광 풍물굿에서는 나발을 훔치고, 다른 지역에서는 꽹과리를 훔치는 것으로 표현된다.

21) 그 대표적인 예로 전남 영광군 영광읍 전경환패의 잡색놀음과, 전북 부안군 부안읍 이동원패의 잡색놀음, 전북 임실군 강진면 필봉리 양순용패의 잡색 놀음을 들 수 있다.

22) 이 아군과 적군의 싸움에서 적군인 대포수의 죽음과 소생은 서구의 민속극 에 관한 기록과도 관련지을 수 있어서 흥미롭다. 서구의 민속극에서도 잡색 놀음과 같이 집단의 대표자들이 서로 대결하여 한쪽이 죽고, 다시 의사가 이 를 살리는 것으로 표현되는 놀음이 매우 광범위하게 퍼져 있었음을 다음과

그러나 전반적으로 볼 때 이 유형의 잡색놀음은 뒤에서 논의할 투전
−군사놀음형보다 더 강렬하게 군사적 대결을 표현한다. 적군패가 아군
패 권위의 상징인 상쇠의 꽹과리를 훔치고 아군패가 이것을 되찾고 적
군패를 응징할 때, 투전놀음이 없는 대신 아군패와 적군패의 대결 과정
을 좀더 자세하고 다양하게 전개함으로써 투전−군사놀음형 놀음보다
주고받는 사설이 더 길게 전개되고, '도둑'을 잡는 여러 가지 '진법'이
오랫동안 펼쳐진다.

___

같은 기록을 통해 확인할 수 있다. "그 초기의 형태는 확실하지 않다. 그 기
원은 아마도 풍요를 기원하는 의식과 매년 대지의 재생을 기원하는 데 있는
듯하다. 이 극은 두 사람의 옹호자인 성 조지(Saint George; 영국의 수호 성
인)와 〈대담한 검사(Bold Slasher)〉를 소개하는 프롤로그와 함께 시작되는 것
으로 보이며, 이 두 사람은 서로 건배하고 토론하고 전사로 싸우다가 흔히
한쪽의 목이 잘린다. 의사가 나타나 쓰러진 전사를 치료하고 전사는 소생한
다. 그러면 모든 출연자들이 함께 춤을 추고 돈이 모인다. 로시터(A. P.
Rossiter)는 글루세스터셔(Gloucestershire)의 소년 시대에 모피로 만든 모자를
쓰고 나무칼을 가진 성 조지와 토이기의 기사가 싸우는 광경을 기억하고 있
다. 성 조지가 죽음을 당하자 의사가 이렇게 말하면서 그를 살려낸다.

그전에 나, 늙은 의사 그러브가 온다
팔 밑에 막대기를 끼고
포켓에 넣는 것은 술병과
하리스 토틀씨의 커다란 의학서적

로시터는 의사라도 이러한 짓은 하지 않는다고 생각할 만큼 죽어 있는 성
조지의 몸에 격렬하게 막대기를 꽂았던 것을 기억하고 있다고 한다. 이 의식
은 영국의 여러 섬에 퍼졌었다. 천 군데 이상의 지역에서 이 의식의 흔적을
찾아 볼 수 있다. 이와 같은 극의 유행은 중세극의 발달에 영향을 주었다고
생각되는 크리스트교 이전의 민속 의식을 보여주고 있다. 이 의례의 흔적은
15세기의 도덕극 〈맨카인드〉(1465년경)에도 보인다. 이 극에는 목이 잘리더
라도 마법에 의해서 치료되어 버리는 장면과 헌금을 모으는 장면이 있다. 16
세기의 존 레드포드(John Redford)의 극 〈지혜와 지식(Wit and Science)〉에도
불가사의한 부활과 목잘림이 있다(Terry Hodgson, *The Batsford Dictionary of
Drama*, London, B.T. Batsford Ltd., 1988, p.232)."

(3) 양성-투전놀음형

이 유형은 양성놀이와 투전놀이가 결합된 유형으로 경남 밀양 풍물
굿에서만 발견된다.23)

투전놀음 부분은 사대부·대포수·하동 세 사람의 잡색이 등장하
여, 하동이 대포수의 돈을 욕심내어 대포수에게 투전을 하자고 제의해
투전을 하나, 대포수가 하동의 돈을 따서 사대부에게 바치고, 사대부는
이를 안 받는 체하면서 받는다. 양성놀음 부분은 양반과 각시, 대포수
와 창부, 중과 조리중이 각각 한 쌍이 되어서 서로 어울려 논다.

투전놀음 부분은 투전놀이를 통해 돈을 중심으로 한 권력구조의 모
순이나 물질에 대한 인간의 욕망을 표현하고, 양성놀음 부분은 계층과
도덕을 초월하는 인간의 성적·본능적인 욕망을 드러낸다. 그러나 이
두 놀이 사이에 직접적인 연결관계는 없다. 마치 탈춤의 각 과장 사이
의 관계와 유사하다.24)

(4) 양성-군사놀음형

이 유형은 전남 영광군 영광읍 전경환패의 풍물굿에 보인다. 이 패
의 잡색놀음은 군사놀이를 먼저 하고 양성놀이를 그 다음에 하며, 군사
놀이가 양성놀이보다 훨씬 더 비중이 크다. 이 패의 군사놀이는 다른
지역의 군사놀음형과 대체로는 대동소이하나 다른 지역에 비해 비교적
좀더 자세하고 다양한 진법들이 구사되며, 구경꾼들이 이룬 원진을 경
계로 하여 그 원진의 바깥에 적군패가 그리고 그 원진의 안쪽에 아군
패가 자리 잡고, 각기 상대방에 대적하여 28수 진법과 같은 여러 가지

---

23) 정병호, 앞의 책, 1986, 98쪽.
24) 여기에는 삶을 하나의 선조적(線條的)·계기적·인과적 체계가 아니라, 동
　 시적·덩어리(gestalt)/꼬투리(pod)로 파악하는 경향이 나타나 있다.

진법을 벌이는 점, 적군이 꽹과리를 훔치는 것이 아니라 나발을 훔치는 점 등이 다른 지역의 군사놀음형 잡색놀음과 다르다. 그러나 상쇠에 의해 죽은 대포수가 점쟁이에 의해 소생하는 점은 임실 필봉 양순용패의 굿과 부안읍 이동원패의 굿과 같다.

양성놀음은 군사놀음 다음에 이어지며, ①할미를 중심으로 한 모임과 ②각시를 중심으로 한 모임으로 나누어 벌어진다. 먼저 코가 너무 커서 장가를 못간 비리쇠가 연애하자고 할미를 판으로 끌어내고, 대포수가 '오줌'을 싸라고 할미를 판에 주저앉힌다. 주저앉은 할미가 오줌을 싸면, 양반·참봉이 할미의 엉덩이를 만진다. 이런 장면을 몇 번 반복한다. 여기에 홍적삼(주정뱅이)·좌창·우창이 합세하여 모두 함께 흥에 겨워 덩실덩실 춤을 춘다.

다음엔 각시와 큰애기가 판 안으로 나오려다가 조리승에게 저지당한다. 판이 좀더 무르익자 각시와 큰애기가 다시 판으로 나와 함께 어울려 춤을 춘다. ①의 모임에 가담했던 잡색들이 먼저 하나씩 판 밖으로 나오고, 이어서 ②의 모임에 가담했던 잡색들도 하나씩 판 밖으로 퇴장한다.

이 양성놀음형 잡색놀음은 영남지방의 그것과는 달리 계층적 갈등보다는 성적인 해방과 화해에 초점이 맞춰져 있다. 즉, '할미'를 중심으로 한 성적인 해방과 '각시'를 중심으로 한 성적인 해방의 결합으로 짜여 있다.

(5) 투전-군사놀음형

이 유형은 투전놀음과 군사놀음이 결합된 유형이다. 충남의 금산, 전북의 진안·임실과 전남의 화순에서 발견된다는 것은 앞에서 언급했다. 이 지역은 예부터 '호남 좌도'라고 불려온 지역을 중심으로 한다. 이 지역은 주로 영남지역과 호남 서부 평야지역 사이에 위치한다.

　이 유형은 군사놀이형 잡색놀음 속에 투전놀이가 포함되어 있는 형태를 취하고 있다. 상쇠＋앞치배＋기수들로 이루어진 아군패와 대포수＋뒤치배로 구성되는 적군패가 서로 대결하여, 적군패가 아군패의 꽹과리를 훔치고 아군패가 이를 다시 찾고 적군패를 처단하는 형태는 앞에서 살펴본 다른 '군사놀음형'과 동일하나, 적군패가 아군패 사회에 침입해 들어와 꽹과리를 훔치는 짓 외에도 아군의 성내/진중에서 '투전놀음'을 한다는 점이 다르다.

　투전놀이의 모티프는 앞에서 살펴본 '양성－투전놀음형'에서도 나타났다. 밀양 풍물굿의 투전놀이는 돈을 중심으로 한 권력구조의 모순과 돈 또는 물질에 대한 인간의 욕망을 표현하는 쪽으로 기울어져 있는 반면, 호남 좌도지역을 중심으로 나타나는 투전놀이는 공동체 내부의 결속력을 와해시키는 외부 적들 그리고 그들과 관련된 내부의 해악으로 나타난다.

　그러므로 이 유형의 아군과 적군 대립에서 적군패가 아군패에 가하는 공격은 두 가지이다. 하나는 아군의 우두머리인 상쇠의 꽹과리를 몰래 훔치는 행동이고, 다른 하나는 공동체 내부에 들어와 투전놀이를 벌이는 행동이다. 전자의 행동은 공동체의 지휘권[25]을 교란시키는 것이고, 후자는 공동체 내부의 단결된 분위기를 와해시키는 것이다. 투전놀이는 공동체의 단합된 힘을 무너뜨려, 부정적이고 파행적인 행동으로 이끄는 짓거리로 나타난다. 이 유형의 잡색놀음은 이 두 가지 파괴행위를 다 물리쳐야만 자기들의 공동체를 유지하고 살아갈 수 있다는 인식을 보여준다. 이 유형은 꽹과리를 훔치고 찾는 행동 부분(군사놀음 부분)은 간단히 처리하고 오히려 투전놀음 부분을 더 길게 전개하여, 도둑을 잡는 진법은 군사놀음형보다 간단하다.

---

25) 풍물굿패 전체를 지휘하는 자는 '상쇠'이고, 그 지휘는 상쇠의 꽹과리에 따라 이루어진다.

5. 잡색놀음을 통해 본 두 가지 문화형

앞에서 우리는 ①양성놀음형, ②군사놀음형, ③양성-투전놀음형, ④양성-군사놀음형, ⑤투전-군사놀음형 등 다섯 가지 유형을 검토해 보았듯이, ③은 양성놀음형에 포괄될 수 있고, ④와 ⑤는 군사놀음형에 포괄될 수 있다. 이렇게 보면, 결국 잡색놀음은 크게 두 가지 유형으로 나눌 수 있다. 하나는 '양성놀음형'이고, 다른 하나는 '군사놀음형'이다.

(1) 군사놀음형

이 유형은 지역적으로 호남지역을 중심으로 형성되고 있다. 같은 군사놀음형이라도 호남 동부 산간지역에는 '투전-군사놀음형'이, 서부 평야지역에는 '양성-군사놀음형'이 우세하다. '투전-군사놀음형'이 우세한 지역은 '호남 좌도 풍물굿' 분포지역과 대체로 상응하고, '양성-군사놀음형'이 우세한 지역은 대체로 '호남 우도 풍물굿' 분포지역과 통한다. 이 유형은 공동체 내부적인 결속력을 다지고 대외적인 방어력을 진작시키는 데 초점이 맞춰져 있다. 이것은 이 유형을 이루어낸 공동체가 내부적인 결속력과 외부적인 방어력을 확충·진작하는 것을 가장 중요한 과제로 삼고 있었음을 '반영'한다.

이러한 점은 이것을 이루어낸 호남지방의 외세에 대한 개방적 지리 조건, 그리고 다른 지역에 비해 농경 산물이 매우 풍부했던 경제적 조건과도 어떤 관련이 있을 것으로 보이며, 이 유형이 이루어진 호남지역의 역사적·사회적인 배경과도 어떤 상호관계를 가질 것이다.

이 유형은 판소리가 중요한 문화적 갈래로 생성된 지역과 상응하고 있다.

(2) 양성놀이형

　이 유형은 지역적으로 영남지역을 중심으로 형성되고 있다. 내부적·외부적 결속력의 확보보다는 풍요의 기원(祈願), 성적·계층적 해방에 초점이 맞춰져 있다. 이 점은 이 유형 풍물굿에 많이 나타나는 '농사풀이'와도 어떤 관련성을 가질 것이다. 이 유형은, 이 유형을 이루어 낸 공동체가 내부적인 결속과 외부에 대한 방어력의 확충·진작보다는, 풍요를 기원하고 성적·계층적 해방을 이루는 것을 가장 중요한 과제로 삼고 있었음을 '반영'하고 있다.

　이러한 점은 이것을 이루어낸 영남지방이 지닌, 외세에 대해 방어적인 지리적 조건과 농경 산물이 부족했던 경제적 조건과도 어떤 관련이 있을 것으로 보인다. 또, 영남지역의 역사적·사회적인 조건과도 어떤 상호관계를 가질 것으로 보인다.

　이 유형은 판소리보다는 탈춤이 중요한 문화적 갈래로 생성된 지역과 관련되고 있다.

6. 맺음말 — '잡색놀음'을 통해 본 풍물굿의 세계관과 그 현대적 의의

　잡색놀음은 풍물굿을 공연하는 데에서 그저 있어도 좋고 없어도 무방한 존재가 결코 아니다. 이것은 풍물굿을 생성해 낸 풍물굿 공동체 사회가 그 공동체 사회를 유지하고 발전시키기 위해 해결해야만 하는 가장 핵심적인 문제점들을 풀기 위해 반드시 필요했던 부분이었다.

　호남지방의 전통 풍물굿을 공연하는 순서를 보면 먼저 음악적인 요소가 주를 이루고, 그 다음으로 집단적·반복적 신명이 강화되면서 무용적인 요소가 중심을 이룬다. 그리고 마지막으로 연극적 요소가 중심이 되다가 끝이 나는데, 이 연극적인 요소를 집중적으로 전개하는 부분이 바로 이 글에서 살펴본 '잡색놀음'이다. 탈춤의 기원을 밝히기 위해서 잡색놀음을 살피는 것도 필요하지만, 더 나아가 풍물굿 자체를 깊이 있게 이해하고 해석하기 위해서도 잡색놀음을 본격적으로 연구할 필요가 있다.

그러나 풍물굿의 잡색놀음은 우리나라의 탈춤이나 중국의 경극이나 일본의 노(能), 그리고 더 나아가 서구의 전통 연극처럼 등장인물들(characters)의 행동을 한껏 강화하여 공연의 중심으로 확장하지는 않는다. 공연의 모든 요소―음악적 요소·무용적 요소·연극적 요소 등―를 두루 종합하고 포괄하면서도, 그 각 요소들에서 어느 하나를 집중적으로 확대하지 않고, 그 요소들마다 서로 가장 잘 조화될 수 있는 지점까지만 확장한다. 그 지점에서 모든 요소들이 유기적으로 상호 침투하여 하나의 살아 움직이는 네트워크를 이룬다.

이러한 점은 풍물굿의 연극적 부분인 잡색놀음이 풍물굿 공연 안에서 차지하는 위상을 살펴보아도 잘 드러난다. 잡색놀음은 연극적인 성격이 지배적인 부분이면서도 그것이 풍물굿 공연 전체를 압도할 정도로 중심으로 들어앉지 않고, 다른 음악적·무용적 요소들과 적절히 상호 조화하면서 유동하고 있다.

풍물굿은 '상호 조화–상생의 원리'를 지향하고 있다. 이 점은 종교적·생태학적 자료들로 입증되고 있다.

'민중종교'인 증산교(甑山敎)에서는 '상생(相生)'과 '해원(解寃)'을 중요한 교리로 삼고, 이 종교의 비조(鼻祖)인 강증산은 다른 굿은 보지 않았으나 '농악'은 흔히 구경했다[26] 하며, 그 까닭은 풍물굿을 공연하면 인간의 심성에 이로울 뿐 아니라 농작물에도 매우 이롭기 때문이었다 한다.[27] 풍물 소리를 들으면 농작물(특히 벼)은 춤을 추고, 멸구

---

26) 이상호, 《대순전경》, 증산교본부, 1947, 2쪽.
27) 보천교 교주 차경석의 차남 차용남과 필자와의 대담.〔1990년 5월 6일〕

나 이화명충과 같은 병해충들은 치명적인 피해를 입는다 한다.28) 중요
한 계기마다 풍물을 쳐서 지은 벼농사와 그렇게 하지 않고 지은 벼농
사를 비교해 보았더니, 전자가 훨씬 병해충에 강하고 소출이 많았다는
체험담29), "오전 6시부터 9시까지 하루 3시간씩, 재배 중인 배추에다
사물놀이 음악을 들려 주고, 들려 주지 않은 것과 비교한 결과, 배추에
서 복숭아 혹진딧물의 수가 사물놀이 음악을 들려주지 않은 것보다 무
려 28.2퍼센트나 적게 발생했다는 연구 결과30) 등은, 이러한 점을 생
태학적으로 더욱 잘 증명하고 있다.

오늘날과 같이 인간·자연·생명이 생존을 총체적으로 위협받고,
전 세계가 문화적으로 빠르게 서로 뒤섞이며 소용돌이치고 있는 지금,
우리 문화의 지역적 다양성과 정체성을 제대로 확보하고 그것을 바탕
으로 민족·국가적 다양성과 정체성을 확고히 하는 것이야말로, 우리
가 당면한 가장 중요한 과제이다. 기존의 서구적·근현대적 문화 장르
들보다 오히려 풍물굿과 같이 조화롭고 상생적 세계를 지향하는 우리
의 전통 장르들에 좀더 큰 관심을 기울여야만 할 때이다.

---

28) 위의 대담에서 차용남이 필자에게 들려준 내용.

29) 1990년 8월 5일 전북 정읍시 입암면 신면리 진등마을의 박문기가 자택에서
필자에게 들려준 내용. 그는 무농약 무화학 비료 유기농법으로 벼농사를 지
어오고 있으며, 이것이 농촌진흥청에 인정을 받아 그가 생산하는 쌀은 국가
가 공인하는 쌀로 고가로 판매되고 있다.

30) 이완주·방혜선·박인균, 〈음파가 곤충행동 양식에 미치는 영향에 관한 연
구〉, 《'95 잠사곤충연구소 연구보고서》, 잠사곤충연구소, 1995. 이 연구 뒤로
이완주는 이 같은 연구를 좀더 진행하여, 농작물 재재의 소출을 증가시키는
'그린 음악'을 개발했다.

농악대 잡색놀이의 연극성과 제의성

박 진 태*

1. 머리말

농악대의 잡색놀이는 풍물잽이나 관중과의 대화에 의존하는 정도가 심하고, 대사가 단편적이고 즉흥적이며, 농악놀이의 일부로 공연된다는 이유로 일찍이 민속극의 범주에서 제외되었지만[1], 가면극의 원초적 형태를 보여준다고 해서 연극사적 의의가 인정되거나[2], 농악의 형식적 요소를 음악·춤·놀이·극·사설로 보는 입장에서 극적인 내용이 대략적으로 소개되거나[3], 영광 농악의 잡색놀이는 대사가 구체적으로 채록되기도 했다[4].

그러나 잡색놀이의 연극적 내용과 성격에 대한 본격적인 연구는 최

---

* 대구대학교 국어교육과 교수.

1) 장덕순 외,《구비문학개설》, 일조각, 1971, 164쪽.
2) 조동일,〈농악대의 양반광대를 통해 본 연극사의 몇 가지 문제〉,《동산 신태식 박사 송수기념 논총》, 계명대 출판부, 1969, 207~223쪽.
3) 정병호,《농악》, 열화당, 1986, 97~103쪽.
4) 이두현,《한국무속과 연희》, 서울대 출판부, 1996, 259~272쪽.

근에야 시도되어, 잡색놀이의 유형을 중심 모티프에 따라 ①양성놀음형, ②투전놀음형, ③군사놀음형, ④양성-투전놀음형, ⑤양성-군사놀음형, ⑥투전-군사놀음형, ⑦양성-투전-군사놀음형 등 일곱 가지로 분류하고, 구체적인 자료가 확인되지 않은 ②와 ⑦을 제외한 나머지 다섯 유형을 분석한 결과, ③⑤⑥의 군사놀음형은 내부적 결속력과 외부적 방어력을 확충·진작하는 연극이고, ①④의 양성놀음형은 풍요의 기원과 성적·계층적 해방을 꾀하는 연극인데, 전자는 판소리의 고장인 호남지역에서, 후자는 탈놀이가 발달한 영남 지역에서 주로 분포되어 있다는 사실을 근거로 두 가지 문화형을 상정했다5).

잡색놀이는 농악의 판굿에 삽입되거나 지신밟기 때 연행되는 점에서 무당굿놀이가 무당굿의 굿거리 속에 삽입되어 연행되는 점과 유사하다. 진법풀이나 농사풀이를 비롯한 농악의 판굿은 단순한 유흥이 아니라 악귀를 내쫓고 풍요와 다산을 기원하는 주술성(呪術性)이 있다. 지신밟기 또한 축귀초복(逐鬼招福)하는 의식이므로, 잡색놀이도 제의적 맥락과 주술신앙적 관점에서 이해할 필요가 있다. 아울러 잡색놀이의 연극적인 측면도 깊이 있게 분석하여 무당굿놀이와 마찬가지로 민속극의 독립된 갈래로 설정함이 온당하다.

2. 판굿과 잡색놀이의 유형

농악의 유래에 대해선 안택축원설(安宅祝願說)과 군악설(軍樂說)과 불교관계설 등 세 가지 주장이 있으나, 대체로 농악대가 동신당(洞神堂)에 가서 선신을 맞이하여 마을에 돌아와 집돌이를 하며 가신(家

---

5) 김익두, 〈한국 풍물굿 잡색놀음의 공연적·연극적 성격〉, 《비교민속학》 14집, 비교민속학회, 1997, 205~226쪽.

神)에게 축원하는 동시에 잡귀·잡신을 퇴치하는 축원농악에서 비롯되어, 두레농악·걸립농악·예능농악으로 변천하였다고 보는 것이 통설이다.6)

이같이 농악굿도 무당굿에서 나뉘고 파생된 까닭에 마을굿의 변이 양상을 보면, 신내림과 마당밟이를 전적으로 무당에게 의존하는 경우, 신내림은 무당이 하고 마당밟이는 농악대가 하는 경우, 신내림은 마을 사람이 하고 마당밟이를 무당이 하는 경우, 신내림과 마당밟이 모두를 농악대가 하는 경우, 신내림은 불신하고 마당밟이만 남아 있는 경우 등 다양한 형태를 보인다.7)

그렇지만 농악대의 농악은 일반적으로 이동 형태의 마당밟이(지신밟기)와 정지 형태의 판굿으로 구별된다. 판굿은 열두발상모돌리기, 무동(舞童)타기, 농사풀이, 진(陣)풀이, 잽이놀이(음악풀이), 잡색놀이 등 여섯 유형으로 분류할 수 있다.8)

열두발상모놀이는 황홀 상태를 추구하는 현기증놀이로 곡예적 기예에 속하지만, 상모의 열두 발 길이는 일 년 열두 달을 상징한다는 구전도 있고, 몸을 엎드렸다 뒤집는 반복적인 동작도 성적행위로 볼 수 있다. 무동타기 또한 곡예이지만, 하회의 별신놀이에서 서낭각시가 무동을 타는 것처럼 무동은 원초적으로 신동(神童)이었을 개연성이 크다. 또한 식물의 생장을 촉진시키려는 유감주술(類感呪術)행위로도 볼 수 있다. 농사풀이는 농사짓는 과정을 모의하여 풍농을 기원하는 놀이이고, 진풀이는 농악을 군악으로 볼 때에는 군사적인 진법풀이지만, 원초

---

6) 정병호, 앞의 책, 1986, 20~21쪽 참고.
7) 이 같은 다양한 형태의 마을굿은 경상북도 영양 지방에서 확인됨.
8) 판굿의 유형은 정병호, 앞의 책, 90~104쪽에서 놀이(열두발상모놀이, 무동타기, 농사풀이, 진풀이)와 극(잡색놀이, 판굿의 극놀이)으로 나누었는데, 악기의 연주가 중심이 되는 악기놀이 내지 음악풀이를 추가로 설정하는 것이 자료의 실상에 부합된다.

적으로 악귀와 싸우기 위해 행진하는 대형을 갖추는 놀이라 할 수 있다. 그리고 잽이놀이(음악풀이)도 일채에서 칠채까지 가락을 빨리하여 신명을 돋우고, 잽이별로 개인기를 자랑하는 놀이지만, 음악이 천지귀신을 감동시킨다는 주술적인 음악관에 근거하여 이해할 수도 있다.

그런데 이들 다섯 유형의 판굿들은 체육이나 곡예처럼 신체적·생리적 운동이라든가(열두발상모돌리기, 무동타기) 무용이나 음악처럼 심리적·정서적 반응을 환기시킨다는(무동춤, 음악풀이) 점에서 놀이성이 강한 판굿이라 할 수 있다. 이와 달리 잡색놀이는 대화와 몸짓으로 표현하여 이성적이고 논리적인 사고작용을 일으키는 점에서 문학성과 연극성이 강한 판굿인 것이다. 판굿의 잡색놀이는 잽이와 잡색이 공동으로 연출하는 잡색놀이와 잡색들만이 연출하는 잡색놀이로 나뉜다. 한편 판굿이 아닌 마당밟이(지신밟기)에서 잡색놀이를 연출하기도 하고, 문굿이나 길굿에서도 잽이와 잡색이 함께 놀이를 하기도 한다.

이처럼 농악대의 잡색놀이는 극작술 면에서 잽이와 잡색이 공동으로 연출하는 잡색놀이와 잡색이 단독으로 연출하는 잡색놀이로 크게 양분되는데, 전국의 대표적인 농악에 등장하는 잡색들은 다음과 같다.9)

경기도
① 평택 농악: 중애(사미), 양반, (상무동, 종무동, 삼무동, 칠무동)
② 이천 농악: 거북이, 질라아비.

충청도
① 부여 추양 농악: 양반광대, (꽃나부무동)

---

9) 정병호, 앞의 책, 135~262쪽에 소개되어 있는 농악의 자료를 바탕으로 정리한 것이다.

② 대전 웃다리 농악: 중꽃나부, (꽃나부무동)

강원도

① 강릉 홍제 농악: 화동, (상무동~끝무동)
② 고성 농악: 없음, (무동)

경상북도

① 청도 차산 농악: 양반, 색시, 포수.
② 금릉 빗내 농악: 사대부, 각시, 총잽이.
③ 대구 고산 농악: 양반, 색시, 포수.
④ 예천 통명 농악: 사대부, 색시, 총잽이, 중.

경상남도

① 부산 아미 농악: 각시, 포수, 하동.
② 진주 농악: 양반, 포수.
③ 밀양 농악: 대포수, 하동, 사대부 등 또는 대포수, 창부, 양반광대,
　　　　　　　 각시광대, 중광대, 조리중.
④ 통영 농악: 양반, 각시, 포수, 봉화지기.

호남 우도

① 김제 농악: 대포수, 창부, 9대진사, 양반광대, 각시광대, 조리중,
　　　　　　　 중광대, (무동 한 쌍)
② 이리 농악: 창부, 조리중, 양반, (무동)
③ 영광 농악: 대포수, 양반, 참봉, 할미, 각시, 조리중, 비리쇠, 좌창
　　　　　　　 부, 우창부, 홍작삼.
④ 진도 소포 농악: 포수, 조리중, 창부, 집사, (무동)

호남 좌도

① 임실 필봉 농악: 대포수, 창부, 조리중, 양반, 각시, 화동, (무동)

② 화천 한천 농악: 포수, 창부, 조리중, 양반, 할미광대, 비리쇠, (무동)

③ 여천 백초 농악: 대포수, 각시, 양반, 중, 거사와 각시(1인 2역),
소(2인), 곰(2인), 호랑이(2인), 사자(2인), 말과 장군(1인 2
역)(2인), 인형무동 한 쌍.

우선 경기도·충청도·강원도의 농악은 포수가 없다는 점에서 일치
하면서 다른 지역과 구별된다. 그리고 영남지방은 무동이 발달하지 않
은 점이 다른 지역과 차이를 보인다. 호남지방은 포수가 대포수로 확대
되고, 무동도 고르게 등장한다. 이처럼 포수와 무동을 징표로 할 때 농
악의 전승권은 중부권(경기도·충청도·강원도)과 영남지방과 호남
지방으로 삼분된다.

그뿐만 아니라 포수와 무동을 제외한 다른 잡색에서도 차이는 나타
난다. 잡색의 수를 보면 중부지방이 1~2명, 영남지방은 2~4명, 호남
지방은 4~10명 정도가 등장하여, 중부지방이 가장 빈약하고 호남지방
이 가장 다양하다.

다음으로 잡색의 종류(신분과 성별)를 보면, 중부지방은 양반과 중
정도에 그쳐 갈등구조를 갖춘 잡색놀이의 연출이 거의 불가능하고, 영
남 농악은 '양반-각시-포수'의 삼각관계로 갈등의 표출이 가능하며,
호남 농악은 '양반·할미·각시·포수·조리중'이 등장하여 남녀의
갈등, 반상의 갈등, 성속의 갈등의 표현이 가능하다. 이같이 중부 농악
에서는 잡색놀이의 연극적 발전을 기대하기 어렵고, 영남 농악에서는
양반과 포수의 대결구도가 간결하고 선명하며, 호남 농악은 각계각층
의 인물들이 갈등하고 화합하는 사회의 총체적인 모습을 표현하게 된
다. 농악의 역사에서 절걸립패나 낭걸립패의 활동과 그 영향력이 매우
큰데, 중부 농악에서 중의 등장은 절걸립패 농악의 영향으로 보이며,

호남 농악에서는 낭걸립패(신청걸립패)의 영향 때문인지 창부(倡夫)
가 포수 다음으로 그 비중과 역할이 크다.

농악과 잡색놀이의 지역적 차이에 대한 보다 심층적인 고구(考究)
는 다른 기회로 미루고, 여기서는 잡색놀이의 세 유형에 따라 그 연극
성과 제의성을 살피기로 한다.

3. 잽이와 잡색의 잡색놀이

(1) 판굿의 잽이 · 잡색놀이

김제 농악의 일광놀이[10)]
먼저 김제농악 일광놀이의 내용을 소개하면 다음과 같다.

> 상쇠를 중심으로 가락을 몰고 쇠 사이를 뛰어다닐 때 대포수가 뛰어
> 들어가 소리친다. "야 이놈들아, 시끄럽다. 시끄러워. 홀미할 놈들아!"
> 하고 대포수는 쇠를 슬쩍 감추고 춤을 추며 뒤로 물러선다. 이어 쇠가
> 들어가 춤추다 쇠를 가지고 제자리로 돌아가면, 전원이 시계의 반대 방
> 향으로 돈다.
> 상쇠가 나와서 "수상한 놈이 다니더니 쇠 한 짝이 없어졌다"고 하면,
> 대포수는 "야, 이놈들아. 내가 가져갔냐?"라고 대꾸한다. 상쇠가 대포
> 수의 멱살을 잡고 "이놈의 수상한 놈이다." 하고 어른다. 대포수는 "야
> 이놈아, 내가 이렇게 생겼어도 우리 집안은 내력이 있다. 우리 조부께
> 서 통영통제사, 우리 아버지께서 전라감사, 내가 이놈아 어사까지 했었
> 다. 이놈아." 하고는, 옆에 있는 창부를 가리키면서 "우리 작은 놈은 주

---

10) 정병호, 앞의 책, 98~99쪽의 자료.

사까지 시켰다”라고 말한다.

그러면 상쇠는 쇠채로 대포수 가슴에 감춘 쇠를 땅땅 치면서 “야 이놈아. 이건 무엇이냐?”고 묻는다. 대포수는 “오, 이것 말이냐? 내가 돌아다니다가 발에 밟히기에 자라인 줄 알고 주워 넣었다”고 둘러댄다. 상쇠가 쇠를 땅땅 치며 “이것이 이놈아. 자라냐?” 하고 다그친다. 대포수는 쇠를 꺼내 머리에 쓰면서 “야 이놈아. 내가 암행어사할 때 모자로 사용했다. 이놈아”라고 말한다.

그는 이어서 “이놈아, 내가 전에는 상쇠까지 쳤다. 이놈아!” 하고는, 설장구를 보면서 “그러고 저러고 간에 묵다름 한번 해보자.” 한다. 그러자 설장구는 돌아서버린다. 상쇠가 “야 이놈아. 설장구 쳐가지고 볏섬이 모여 있단다. 설장구를 찾아뵈어야 한다”고 말하자, 대포수는 “아이 설장구 이놈. 집에 있냐?”고 한다. 상쇠가 “야 이 놈아. 그렇게 불러서 나오겠냐? 이놈아! ‘설장구 양반 집에 계시오?’ 해야 나오제”라고 나무란다. 대포수는 “설장구 양반, 계시오?” 하고 엉덩이를 내민다. 설장구가 대포수의 엉덩이를 발로 걸어차며 “야 이 잡것. 모가지가 없다”고 말하면, 대포수가 “인사하고 문 열고 밖으로 나갔는데 있을 것이냐? 이놈아!”라고 대꾸한다. 설장구가 돌아서면 대포수는 “설장구 양반 뵙시다.” 한다. 설장구가 “오냐, 잘 있었냐?” 하면, 대포수가 잠깐 쇠를 친 다음 상쇠에게 넘겨주고 재담 ‘벼타령과 나물타령’을 읊는다.

이어서 전원 방울진으로 원을 좁히며 놀이를 마친다.

이처럼 일광놀이는 잡색인 대포수가 잽이인 상쇠·설장구와 대결하는 놀이인데, 놀이의 과정을 간략하게 요약·정리하면 다음과 같다.

① 상쇠를 중심으로 쇠 사이로 뛰어다닌다.
② 대포수가 쇠를 감추면, 상쇠와 대포수 사이에 싸움이 벌어진다.
③ 대포수는 집안의 내력을 자랑한다.

④ 대포수가 쇠를 상쇠한테 들키면, 여러 가지로 둘러댄다.

⑤ 대포수가 설장구한테 도전하지만, 결국에는 설장구의 권위를 인정하고 굴복한다.

⑥ 대포수는 상쇠한테 쇠를 돌려준다.

상쇠가 대포수한테 쇠를 도둑맞았다가 되찾음으로써 농악대의 총지휘자 노릇을 다시 할 수 있게 되는 것이다. 굿과 놀이의 주도권을 상쇠나 설장구 같은 잡이한테 빼앗긴 대포수가 잡색들을 대표해서 잽이의 악기를 훔쳐서 숨김으로써 잽이들의 굿과 놀이를 방해하지만, 상쇠는 집안의 내력을 조작하여 자랑하는 대포수의 허장성세에 속지 않고, 설장구도 설장구로서 명성을 날리며 재산을 불린 관록으로써 대포수의 도전과 무례를 용납하지 않고 굴복시킨다. 그리하여 대포수는 농악대의 종속적이고 장식적인 지위와 역할을 재확인하게 된다.

이처럼 일광놀이는 잡색이 잽이의 권위와 기득권에 도전하여 싸움을 벌이다가 항복하고 기존의 위계질서로 복귀하는 놀이로서 잽이의 지배적 지위를 강화·유지시키는 데 기여한다.

그런데 이러한 현상은 농악굿에서 잡색이 쓰는 탈의 신성성과 주술성보다는 주술적 음악관과 함께 잽이의 악기, 이를테면 상쇠의 쇠에 깃든 추력(呪力)에 보다 더 깊은 신앙심을 품은 데 연유할 것이다. 다시 말해서 악귀를 내쫓는 수단으로 탈보다 쇳소리를 선택한 것이 농악굿이라 할 수 있는데, 세계 각지에서는 쇠[鐵]를 금기시하면서도 동시에 악령이 가장 무서워하는 것이 '쇠'라고 믿었다11). 북시베리아의 샤먼들의 복식에 매다는 표상물은 대부분 철판으로 만들어졌으며12), 신시베리아족인 야쿠트족 샤먼이 입는 코트에 부착된 금속성 상징물들은 보

---

11) Frazer, *The Golden Bough*, The Macmillan Company, 1969, pp.262~263.
12) 니오나쩨 지음·이홍직 옮김,《시베리아 제 민족의 원시종교》, 신구문화사, 1976, 104쪽.

호령이며, 특히 태양을 상징하는 철제 원판은 악령의 공격으로부터 샤
먼을 보호해준다고 믿었다13). 그리고 콩고 인민공화국의 욤베(Yombe)
족은 키시 콘데 (Nkisi Nkonde)의 상(象)에 못과 금속조각을 박아 치
료·정의·복수·서약의 대리인 역을 하는 표징으로 삼았다.14) 또 판
소리 〈변강쇠가〉에는 주석대갈을 초란이탈의 납작한 콧마루에 박은
것으로 묘사되고 있으며15), 삼척에선 오금잠신(烏金簪神)에게 제사를
지냈고16), 전남 신안군 가지도 대농리의 상신(堂神)인 자물쇠신은 쇳
소리로 악귀를 쫓고 빛을 내어 풍어와 뱃길의 안전을 가져다준다고 믿
어진다17).

농악에서 쇠로 만든 꽹과리나 꽹과리로 쇳소리를 내는 지신밟기를
매구[埋鬼]라고 부르는 것도 철신숭배(鐵神崇拜)의 잔영으로 보인다.
황해도 무복(巫服)에서 장군거리의 붉은 갑옷에 둥근 놋쇠판을 매달
고, 강령탈춤의 취발이 옷에도 놋쇠 원판이 그려져 있으며, 호남과 영
남의 농악에서 상쇠가 등에 둥근 쇠붙이 거울을 붙인 것도 태양의 상
징인 거울로 장군의 위엄을 나타내고 잡귀를 쫓기 위한 것이다18).

김제 농악에서 '쇠(꽹과리)'를 둘러싼 상쇠와 대포수의 싸움을 '일광
(日光)놀이'라고 부르는 걸 보더라도 쇠를 어둠과 악귀를 물리칠 빛의
근원인 태양의 상징으로 바라보고 있다. 다만 대포수가 쇠를 '자라'로
오인했다고 변명하고, 암행어사 시절에 모자로 썼다고 주장하는 사실
을 통해서 쇳소리, 곧 농악은 축귀 기능만이 아니라 '자라–거북–용–

<hr>

13) M. A. 차플리카 지음·이필영 옮김, 《시베리아의 샤머니즘》(탐구신서 279),
  탐구당, 1984, 112~119쪽 및 126~127쪽.
14) 서울의 호암갤러리에서 열린 '아프리카미술전'(1987. 7. 14~1987. 8. 25)의 팜
  플렛에서 작품번호 802 RC.
15) 강한영 교주, 《신재효판소리사설집》, 민중서관, 1971, 581쪽.
16) 《東國歲時記》 5月條.
17) 최덕원, 《다도해의 당제》, 학문사, 1984, 111쪽 및 170~172쪽.
18) 정병호, 앞의 책, 1986, 46쪽.

수신'에게 풍우순조를 빌고, 풍농을 기원하는 생산의례적 기능과 함께 탐관오리 같은 농촌공동체의 적과 싸우는 사회적 정화 기능도 지녔다는 사실을 알 수 있다.

하여튼 잽이와 잡색, 쇠와 탈의 경쟁에서 쇠를 장악한 잽이가 승리하고, 잡색은 급기야 탈을 쓰지 않고 복색만으로 가장하는 허약한 존재로 전락하였다.

그런데 이리 농악의 판굿에서도 일광놀이를 노는 것으로 보아 일광놀이가 호남 우도 농악의 특징적인 잡색놀이임을 알 수 있다.

김제 농악의 도둑잽이[19)

도둑잽이는 잽이들은 아군으로, 잡색들은 적군으로 가상해서 노는 군사놀이라고 하는데, 놀이의 내용을 요약하면 다음과 같다.

① 대포수와 창부가 상쇠 진영에 탐색하러 드나들면, 상쇠가 도둑을 잡으라는 군령을 내리고 나팔을 분다.

② 대포수와 창부가 상쇠 앞에 세워놓은 나팔을 훔쳐 자기 진영으로 돌아와서, 대포수는 나팔을 암행어사 동청관이라 하고, 창부는 동 굴테(굴렁쇠)라고 하며 허세를 부린다.

③ 상쇠 진중에서 농악을 울리며 공격하여 나팔을 되찾아온다.

④ 상쇠 진영에서 보낸 비밀문서를 창부가 대포수에게 전하면 대포수는 불응한다.

⑤ 상쇠 진영에서 농악을 울리며 잡색 진영을 포위한 뒤 대포수를 처형하여 그의 목을 상징하는 상모를 영기의 삼두창에 걸고 무동이 든다.

⑥ 탈머리굿으로 이어지는데, 상쇠의 지휘에 따라 전원이 성 쌓기를 하고, 무동이 대포수의 목이 걸린 영기를 들고 그 위를 지나간다.

---

19) 정병호, 《농악》, 열화당, 1986, 99~101쪽의 자료.

잡색이 잽이의 나팔을 훔치지만 잽이가 되찾아가고, 또 잽이의 출두 명령에 저항하지만 공격을 받아 참수당하는 것이 일광놀이에서 잡색이 잽이의 악기를 훔쳤다가 되돌려주는 것으로 끝맺는 것과 대조적이다. 따라서 도둑잽이는 도둑맞은 물건을 되찾는 데에서 타협점을 찾지 않고, 도둑을 참수하여 적을 섬멸하는 것을 최종적인 목표로 삼고 있어 전쟁놀이답다.

이것은 농악이 군악으로 활용되어 농악놀이도 필연적으로 군사훈련의 성격을 띠게 된 결과일 텐데, 악귀나 공동체의 적이나 천재지변과 싸우는 농민들의 투지를 보여주는 놀이임에 틀림없다. 그러나 달리 생각해보면, 잽이와 잡색의 주도권 싸움에서 잡색이 패배한 이후로 반발하고 도전했지만 농촌공동체의 지지나 기량 면에서 반전시키는 데 실패하고, 지배·종속의 관계가 고착화된 역사적 사실을 반영한다는 풀이도 가능하다.

임실 필봉농악의 도둑잽이굿[20]

잡색은 대포수·창부·조리중·양반·각시·화동·무동 등이며, 상쇠가 장군 역할을 하고, 잽이들이 군졸 역할을 하여, 도둑으로 가장한 대포수를 잡아 처형하는데, 놀이 과정을 정리하면 다음과 같다.

① 장군(상쇠)이 군졸(잽이)들을 상대로 점고(點考)한 뒤 오방기를 앞세우고 오방에 가서 매복하라고 명령한다.

② 잡색들은 노름판을 벌인다.

③ 상쇠가 필봉마을 성안에 도둑이 왕성하니 세 번 방포라고 외치면, 잡색들이 막대기로 모닥불을 세 번 치고, 이로 말미암아 대포수가 죽는다. 그러면 상쇠는 대포수의 모자(목을 상징한다)를 영기에 매단다.

---

20) 위의 책, 101~102쪽의 자료.

④ 잡색들이 대포수를 살려내려고 무당을 불러 비손을 하고, 의원을 불러 진맥을 해도 효험이 없다가 잡색들이 대포수의 배꼽을 쑤시 자 살아난다.

⑤ 군을 철수시키는데, 대포수는 영기 위의 모자를 달라고 빌기도 하고, 모자를 내리려고 안간힘을 쓴다.

김제 농악의 도둑잽이에서는 대포수가 상쇠 진영의 나팔을 훔쳐 군 사기밀을 훔치는 첩자 노릇을 하지만, 필봉 농악의 도둑잽이에선 노름 행위를 도둑질로 간주하고 있다. 노름(투전)은 사행심을 부추겨 재산을 탕진하게 만드는 점에서 남의 재산을 훔쳐 불로소득을 꾀하는 도둑질과 같다고 할 수 있다. 그리하여 도박이 성행하여 노동을 경시하는 풍조가 만연하고, 패가망신하는 사람이 많아진 농촌 현실을 문제 삼아, 노름꾼은 마을 공동체를 내부적으로 병들게 하고 분열시킨다는 점에서 적의 첩자만큼이나 해롭고 위험하며 반사회적 존재라는 사실을 깨우치려는 의도에서 도둑잽이놀이에 노름판을 삽입시켰을 것이다.

한편 잡색들이 잽이들의 대포수를 잡는 데 합세하지만, 막상 대포수가 죽게 되었을 때에는 대포수를 살리려고 애쓰는 모습에서 의식이 철저하지 못한 행태를 보이며, 대포수가 영기에 걸린 자기 모자를 되찾으려고 안간힘 쓰는 모습은 동지들한테 배반당한 사실과 함께 위엄과 재능이 거세된 잡색의 운명을 더욱 희화화시킨 것이다.

화순 한천 농악의 도둑잽이[21]

잡색은 포수·창부·조리중·양반·할미광대(탈을 쓴다)·비리쇠·무동 등이며, 판굿에서 상쇠가 지휘하여 잽이들이 원을 만들고, 잡색들이 그 안에 들어가 투전놀이를 함으로써 도둑잽이가 시작되는데, 놀이

---

21) 위의 책, 102쪽의 자료.

의 내용은 다음과 같다.

　　① 나팔수가 잡색들한테 가서 나팔을 불어대면, 대포수가 나팔을 사
려고 한다.
　　② 쇠꾼이 쇠를 흔들지만, 대포수와 창부는 무시하고, 대포수가 모자
를 뺏어 놓는다.
　　③ 쇠꾼들이 영기를 가지고 가서 삼지창으로 모자를 들어올리면 대
포수가 화가 나서 죽는다.
　　④ 잡색들은 곡을 하고, 잽이들이 대포수의 상여를 운구한다.

한천 농악의 대포수는 필봉 농악에서처럼 허약하지 않으며, 투전놀
이로 치부한 까닭에 재력도 막강하여 잽이의 소유인 나팔도 사려고 하
고, 쇠꾼의 위력 과시에도 위축당하지 않는다. 오히려 쇠꾼들이 대포수
의 모자를 훼손한 것에 대해 격분한 나머지 죽는 식으로 자부심과 명예
심이 대단한 인물로 형상화된다. 그리하여 잡색들이 애통해하는 가운데
잽이들도 승리자로서 대포수의 장례식을 치르며 적에 대한 존경심을 표
하고, 잡색들의 동요를 진정시키려 한다. 따라서 이러한 대포수한테서
는 마을의 재앙을 짊어지고 떠나가는 속죄양의 인상마저 풍긴다..
　지금까지 살펴보았듯이 도둑잽이는 일반적으로 아군(잽이)과 적군
(잡색)으로 편을 갈라 아군이 적을 물리치고 승리하는 군사놀이로 인
식되고 있지만, 상쇠와 대포수의 위상 관계가 지역마다 약간씩 변이를
일으키고, 농악굿에서 사제권 내지 주도권을 차지하기 위해 잽이와 잡
색 사이에 벌어졌던 경쟁의 역사가 투영되어 있어, 제의사적·예술사
적 자료로서 가치도 크다.

(2) 문굿과 길굿의 잽이·잡색놀이

화순 한천 농악의 새조시[22)

상쇠가 치배들에게 도둑이 들었으니 정신 차리라는 뜻으로 하는 일종의 점호굿이다. 문굿에서 영기를 앞세우고 이열종대로 선 치배들을 상쇠가 U자형으로 돌면서 하나씩 확인하는데, 이때 포수가 반대편에서 상쇠와 마주보면서 상쇠를 따라다닌다. 점호가 끝나면 상쇠와 포수는 창부와 어울려 춤추며 놀고, 이윽고 상쇠가 잡색들의 귀에 대고 쇠를 힘차게 치면, "도둑 물려라"고 외치면서 달아난다. 이어서 반대 방향으로 새조시를 한 다음 이번에는 상쇠와 포수가 자리를 바꾸어 한 번 더 한다.

요컨대 새조시는 상쇠가 군사들을 점호할 때 포수가 보조하고, 창부도 어울려 친밀하게 지내다가 상쇠가 적의 첩자인 잡색들을 색출함으로써 공동체의 적을 경계하는 놀이이다. 이같이 새조시는 잡색들이 꽹과리나 나팔을 훔치거나 투전놀이를 하는 판굿의 도둑잽이와 다른 양상을 보인다.

진도 소포 농악의 진싸기[23)

진도의 소포 농악은 신청농악(神廳農樂)의 영향을 받았는데, 조리중과 창부는 흰 종이로 만든 탈을 쓰고, 포수는 괴물 모습의 탈을 쓰는 것이 특이하다.

농악대가 당산에서 당산굿을 치고, 제관이 축문을 읽은 뒤 길굿을 치며 마을로 내려오다가 도둑잽이에 해당하는 진싸기를 한다. 상쇠가 주도하여 두 개의 영기를 중심으로 원진무(圓進舞)를 한 뒤 상쇠가 첩

---

22) 정병호, 《농악》, 열화당, 1986, 254쪽의 자료.
23) 위의 책, 232쪽의 자료.

자인 창부를 잡아서 모자를 벗겨 영기에 단다. 이어서 제관이 "유아군중(唯我軍中)에 불의봉격(不意逢擊)하야 상응상진(相應相進)이라가 포적참수위(捕敵斬首爲)로 너희들도 제제일여(濟濟一如?)이라가 순점(巡點?) 고(告)할 길로 분부청령(分付廳令)하라"고 말하고, 포수를 불러 총을 한 방 쏘라고 명령한다.[24]

이렇듯이 진싸기는 적의 습격을 받았으나 응전하여 적을 생포하여 처형하는 뜻으로 상쇠가 창부를 체포하여 포수로 하여금 총살하게 하는 놀이인데, 마을 공동체를 위협하는 악귀나 재앙 또는 외적을 막아내려는 의지의 표출이다. 다만 포수가 다른 지역의 도둑잽이처럼 적군의 역할을 하는 악역을 맡지 않고, 제관의 명령에 따라 적군을 응징한다는 점에서 악귀를 물리치고 재앙을 막는 포수 본연의 모습을 보인다. 이처럼 진도 소포 농악의 포수는 탈을 쓴 사실과 함께 연극적 인물로 세속화되기 이전의 나신적(儺神的) 존재에 가까워 주목된다.

4. 잡색 단독의 잡색놀이

(1) 판굿의 잡색놀이

백초 농악의 잡색놀이[25]
전라남도 여천군 화양면 백초리에선 농악대가 길굿을 치며 집안으

---

24) 소포 농악은 들당산굿-길굿-진싸기-샘굿-매굿(지신밟기)에 이어서 마을의 공터에 모여 판굿을 벌인 다음날이 어두워지면 날당산굿을 하는데, 마을 골목을 뛰어다니며 손 없는 곳으로 잡귀를 몰아 제상을 차려놓고, "…… 우리를 따르고 동리를 다니는 잡귀잡신은 오늘밤에 많이 먹고 속구철이 하소서. 잘 가시오." 하고 빈 다음, 농악 대원들이 옷을 벗고 불을 넘어 귀가하는 등 신앙적 색채가 강한 것이 특징이다.

25) 정병호, 앞의 책, 1986, 258~262쪽의 자료.

로 들어가 마당밟이(문굿→마당굿→성주풀이→샘굿→조왕굿→철룡굿→음복→마당굿)를 할 때 부잣집에서는 특별히 집고사굿을 한 뒤 판굿을 하는데, 판굿은 고동진(멍석말이), 오방진, 일자진의 순서로 진법놀이를 하고, 이어서 소놀음, 곰놀음, 사자놀음, 호랑이놀음, 말놀음, 무동놀음, 거사·각시놀음 같은 탈놀음을 한다. 그리고 농악꾼과 구경꾼이 한데 어울려 뒤풀이를 한 뒤 탈을 태운다. 이때 부녀자들은 그 재를 가져다 집의 문 앞에 뿌려 한 해의 액을 막고, 풍작을 빌며, 특히 애를 못 낳는 여자나 새색시는 재를 치마에 가져다 마당이나 신부방 앞에 뿌려 득남을 빈다.

이처럼 당산제나 당산굿 없이 '길굿-마당밟이-판굿'으로만 구성되어 있는데 대포수·각시·양반·중 같은 잡색은 사물놀이가 주도하는 마당밟이에만 따라다니고 소·곰·사자·호랑이·말과 장군·무동·거사와 각시는 사물잽이들이 반주자 역할을 하는 판굿에만 등장하여, 마당밟이의 잡색놀이와 구별되는 탈꾼들의 탈놀이가 성립되는 이원적 구조를 보인다. 그리고 잡색놀이는 즉흥적인 요소가 강해 정형화되지 않은 데 비해서 판굿의 탈놀이는 정형화되어 있다.

먼저 소놀음에서는 수소와 암소가 나와서 느릿한 춤을 추는데 수소가 교미하려고 접근하면 암소가 피하다가 가락이 빨라지면 둘은 교미한다. 이처럼 소놀음은 '등장→춤→교미→퇴장'의 순서로 연희되어 '맞이굿→신유(神遊)→화해굿(성적 결합)→전송굿'과 같은 제의적 절차에 대응된다.

곰놀음은 곰이 산에서 생활하면서 규칙적인 동작을 반복하여 춤추는 모습을 흉내 내고, 수놈과 암놈이 싸우기도 하고 사이좋게 노는 모습을 흉내 내는데, '춤→싸움→화합'의 순서는 '신유→싸움굿→화해굿'의 제의적 절차에 대응된다.

사자놀음도 수사자와 암사자가 활달한 몸짓으로 춤을 추다가 마침내 애무하고 성행위를 하는 동작을 하는데, '춤 : 성행위'는 '신유 : 화해굿'에 해당한다.

또 호랑이놀음도 사자놀음과 같이 처음에는 느릿하게 우스꽝스런 춤을 추다가 수컷과 암컷이 한동안 싸우고 마지막에는 애무하는 모습으로 끝맺는데, '춤 : 싸움 : 애무'도 '신유 : 싸움굿 : 화해굿'에 대응된다.

다음으로 말놀음을 보면, 처음에는 수말과 암말이 서로 애무하고 사이좋게 지내는 모습을 나타내다가, 가락이 빨라지면 장군이 칼을 휘두르는 가운데 뛰어다니면서 용감한 전투무용을 한다. 여기서 '암수 말의 애무 : 장군들의 전투무용'은 '화해굿 : 싸움굿'에 대응된다.

무동놀음은 지게를 이용하여 짚으로 만든 허수아비의 얼굴에 흰 천을 씌워 눈과 입을 그리고 남자 옷과 여자 옷을 입혀 무동꾼 둘을 만든 다음, 무동받이가 지게를 짊어진 채 인형의 손에 연결된 끈을 조종하여 인형이 춤추게 한다. 손짓춤을 주로 하면서 남자가 다가가면 여자가 돌아서서 부끄러워하는 등 남녀의 사랑을 표현하여, '춤 : 사랑놀이'는 '신유 : 화해굿'에 대응된다.

마지막으로 배우 1인이 갓 쓰고 수염이 달린 거사가 댕기 땋고 연지 바른 각시에 업혀 있는 모습으로 분장하여 1인 2역의 거사·각시놀이를 하는데, 이 또한 남녀의 사랑을 묘사하여 '화해굿'에 대응된다.

그리하여 백초 농악 판굿의 탈놀이에 나타나는 굿과의 대응 양상을 표로 정리하면 다음과 같이 된다.

	맞이굿	―	신유	―	싸움굿	―	화해굿	―	전송굿
소놀음	등장		춤		·		교미		퇴장
곰놀음	등장		춤		싸움		화합		퇴장
사자놀음	등장		춤		·		성행위		퇴장
호랑이놀음	등장		춤		싸움		애무		퇴장
말놀음	등장		·		전투무용		애무		퇴장
무동타기	등장		춤		·		사랑놀이		퇴장
거사·각시놀음	등장		·		·		사랑놀이		퇴장

소와 말 같은 가축만 아니라 사자·곰·호랑이 같은 맹수의 탈을 쓰고 놀이를 하는 데에서 수렵문화와 유목문화의 흔적이 보이고, 말을 탄 장군들의 전투무용에서 군웅숭배(軍雄崇拜)가 엿보이는데, 이것은 조선시대에 백초마을의 일대에서 군마를 길렀고, 마을 사람들의 조상 대부분이 목동 노릇을 한 역사적 사실에 말미암을 것이다. 따라서 농악꾼이 신라시대의 복색이고, 머리에 꿩깃을 꽂는 점 등과 아울러 탈놀이에 대한 역사적 배경 연구를 심화시킬 필요가 있다.

영광 농악의 잡색놀이[26]

전라남도 영광 농악은 옛날 낭걸립패들이 하던 신청농악(神廳農樂)의 영향을 받아 발전한 까닭에 다른 지역에 견주어 잡색의 기능이 중요시되고, 특히 잡색들이 유일하게 나무탈을 쓰는 특징을 지닌다.

판굿에서 탈놀이를 하는데 판굿은 오채굿, 벙어리 늦은 삼채, 오방진, 농사풀이, 호호굿, 구정놀이, 노래굿의 순서로 진행된다. 오채굿과 벙어리 늦은 삼채와 노래굿은 잽이놀이에 해당하고, 오방진과 호호굿은 진풀이이다. 탈놀이는 잽이놀이인 소고놀이, 장구놀이, 쇠꾼놀이와 함께 개인놀이인 구정놀이에 포함된다.

영광 농악의 잡색놀이는 대본이 본격적으로 채록되어 전경환(全敬煥) 구술본과 정득채(鄭得采) 구술본이 보고되었다. 이 가운데서 전경환 구술본은 재담이 극도로 간결하고 함축적이어서 먼저 그 전문을 소개하기로 한다.

> 할　미 : (큰놈 작은놈 이놈저놈하며 자식들을 불러 세워놓고) 장수
> 　　　　의 목이 떨어졌으니 어떻게 해서 살릴 것이냐?
> 참　봉 : 여러분들 내 말 좀 들어보소. 전설에 의하면 장성 백양사에

---

26) 이두현, 앞의 책, 1996, 259~277쪽의 자료.

서 수도를 마치고 내려온 도사가 있다네.

할 미 : (잡색들을 불러 모아놓고 도사님께 점을 쳐보자고 한다)

조리중 : 내가 경문(經文)하면 산다. (그러는 동안 잡색 몇몇이 둘러앉아서 투전을 하면서 싸운다)

각 시 : (북을 머리에 이고 와서 정문하는 과정을 연출한다.)

상 쇠 : (양반을 불러서) 저놈들은 낯바닥이 어찌 저렇게도 찌그러졌느냐?

양 반 : 홍작삼 너 이놈, 너 어째서 낯바닥이 붉으냐?

홍작삼 : 나는 어려서부터 술을 많이 먹어서 얼굴이 붉다.

양 반 : 너는 술을 많이 처먹어서 주독이 난 모양이구나.(창부 좌우 창을 불러놓고) 너희는 왜 코가 좌우로 반대로 틀어졌느냐?

창부들 : 우리는 벼슬을 얻은 코다.

좌창부 : 내가 좌로 돌면, 굿판이 행진을 못한다.

우창부 : 내가 우측으로 돌면, 동네 어른의 승낙을 받았으니 굿판이 동네에 들어갈 수 있다는 뜻이다.

양 반 : 참봉, 너는 낯바닥이 한 쪽은 붉고 한 쪽은 희구나.

참 봉 : 나는 나라에서 참봉 벼슬을 주어서, 공짜술을 많이 얻어먹어서, 한 쪽부터 붉어진다.

할 미 : (막뚱이 비리쇠를 데리고 영감을 부르면서) 막뚱이가 장가를 보내달라고 하니 어찌하면 좋겠소?

양 반 : 이놈, 너는 코가 커서 장가를 가지 못한다.

비리쇠 : 나는 코만 크지 않고 코도 크고 그것도 크고 하니 장가갈 수 있소. (그때 장수 곧 대포수가 살아난다)

할 미 : (장수를 보듬고 잡색들을 부르는데) 큰놈 작은놈 일곱째 아홉째 열째 이놈들아. 장수가 살아났으니 우리 즐겁게 한 번 놀아보자.

양 반 : 네 이년, 밤이면 나가 자고, 낮이면 낮잠 자고, 이 대포수놈

<blockquote>
하고 좋아했구나.

대포수 : 양반 네 이놈, 내 할몸이지 네 할몸이냐? (양반과 둘이 멱
살 잡고 싸움을 하는데, 잡색들이 달려들어 싸움을 말리느
라 야단법석이다. 대포수는 한풀이로 육자배기를 부른다)
사람이 살면은 몇 백 년이나 살더란 말이냐. 죽음에 들어
노소가 있느냐. 살아생전에 자기 맘대로 놀아나 볼 거나,
고나해…….

상 쇠 : 좌우에 모으신 손님들! 적군과 아군이 통일되었으니 다같
이 진도아리랑으로 즐겁게 한바탕 놀아보세.
</blockquote>

대포수의 목이 떨어지자 할미가 사람들을 불러모아 살릴 방도를 물으면 참봉은 백양사의 도사를 추천하고, 조리중이 정문하기로 하자 각시가 불을 머리에 이고 와서 정문하는 과정을 연출한다.

상쇠가 양반을 불러 잡색들의 외모가 이상한 이유를 물으면, 양반이 홍적삼·좌창부·우창부·참봉을 불러 알아본다. 홍작삼은 술을 많이 먹어 얼굴이 붉고, 좌창부는 벼슬을 해서 좌측으로 돌면 굿판이 행진을 못하므로 코가 좌로 틀어졌고, 우창부는 벼슬을 해서 우측으로 돌면 동네 어른들의 승낙을 받아서 굿판이 동네에 들어갈 수 있다는 뜻에서 코가 우로 틀어졌으며, 참봉은 벼슬을 얻어 공짜술을 많이 먹으니까 한쪽부터 붉어진 탓으로 얼굴이 절반은 붉고 절반은 희다고 말한다.

이때 할미가 비리쇠를 데리고 영감한테 와서 장가보낼 방도를 의논하지만, 양반은 코가 커서 안 된다고 하고, 비리쇠는 코만 큰 것이 아니라 남근도 크니 장가갈 자격이 있다고 우긴다.

이윽고 대포수가 살아나면, 할미가 잡색들을 불러 한판 놀자고 하고, 양반이 할미가 대포수와 밤낮으로 동침한 사실을 눈치 채게 되어 양반과 포수가 싸움을 벌이자, 다른 잡색들은 말리는데 대포수가 한풀이로 육자배기를 부른다.

끝으로 상쇠가 구경꾼들한테 아군과 적군이 통일되었으니 〈진도아리랑〉을 부르며 한바탕 놀자고 청하는 것이다.

전체적으로 보면 대포수와 할미와 양반의 삼각관계가 기본 골격을 이루고 대포수 살리기, 탈의 외모에 대한 시비, 비리쇠 장가보내는 일 따위가 삽화로 들어 있다. 대포수 죽음의 원인이나 배경에 대해서는 대본에 아무런 언급이 없다. 다만 끝부분에서 상쇠가 "적군과 아군이 통일되었으니" 하고 말하는 것으로 보아, 김제 농악이나 필봉 농악이나 한천 농악의 도둑잽이처럼 잽이는 아군으로 잡색은 적군으로 가상해서 군사놀이를 한 결과, 적군의 대장인 대포수의 목이 참수된 대목부터 대본이 채록된 게 아닐까 짐작된다. 이런 관점에서 보면 잡색놀이는 대포수(적군)가 상쇠(아군)에 의해 살해당했으나 할미에 의해 살아나 양반과 갈등을 일으키다가 화해함에 따라 최종적으로 상쇠와도 화해·통합이 이루어지는 놀이가 된다.

할미를 사이에 둔 양반과 대포수의 대립은 대포수가 부른 육자배기 속에 "죽음에 들어 노소가 있느냐?"라는 말로 보아 늙음과 젊음의 대립이 되어, 양주별산대놀이에서 늙은 샌님과 젊은 포도부장이 소무를 사이에 두고 싸우는 것과 비슷하다. 둘 다 노소와 문무의 대립구조인데, 노소의 대립은 풍요제의적인 요소이고, 문무의 대립은 사회적인 요소이다.

홍작삼은 붉은 장삼에 탈과 고깔과 버선도 붉은데, 어려서부터 술을 많이 먹어 주독이 났다고 하지만 꼭두각시놀음의 홍동지를 연상시키는 점에서 붉은색이 악귀를 내쫓는 벽사색(辟邪色)인 사실과 관련이 있을 것이다. 설령 액면 그대로 술에서 원인을 찾는다 해도 신이 내림으로써 신바람이 나고 신명풀이를 할 수 있는 것만이 아니라, 음주가무로 황홀경에 들어가는 것이 가능한 사실을 고려한다면 홍작삼은 술에 의존해서 항상 신기를 띤 채 살아가는 양주별산대놀이와 봉산탈춤의 취발이 같은 인물로 이해할 수 있다.

좌창부와 우창부에서는 제의적인 의미가 비교적 뚜렷하게 나타나 있다. 좌로 돌면 굿판이 행진을 못하고, 우로 돌면 굿판이 동네에 들어갈 수 있다는 말은 남사당패에서 동민과 공연 교섭을 벌이는 곰방이쇠의 역할을 떠올리게 하며, 영광 농악과 세습무가(世襲巫家) 창우(倡優)들의 신청농악과의 상관관계를 보여준다27).

창부의 좌우대립은 우측은 능숙함·순수함·신의 은총을 상징하고, 좌측은 서투름·더러움·죄악을 상징하는 보편적인 상징체계와도 부합된다.28)

참봉은 이른바 홍백(紅白)탈로 이중인격자를 상징하는데, 통영 오광대에서는 양반탈로 등장하고, 꼭두각시놀음에선 외상술값 떼어먹는 인물로 등장한다. 참봉은 공짜술을 먹는 파렴치한이지만, 한편으론 나라에서 참봉 벼슬을 제수받을 정도로 유능한 인물이라는 양의성(兩義性)을 띠며, 따라서 시베리아 샤먼이 쓰는 모자에 그려진 수호신들이 때때로 절반은 붉고, 절반은 검은 사실과 관련시켜 이해할 필요가 있다.29)

그리고 비리쇠가 코도 크고 남근도 크니까 장가보내 달라고 조르는 것도 남근숭배와 관련이 있고, 늙은 양반 몰래 젊은 대포수와 통정하는 할미의 바람기는 할미가 생산의 여신이라는 징표이다. 그리고 상쇠와 대포수만이 아니라 양반과 대포수의 싸움도 황해도 굿에서 연원을 찾을 수 있다.

이처럼 영광 농악의 탈놀이는 무교제의와 풍요제의의 요소들이 혼합되어 심층 구조를 이루면서, 양반·홍작삼·창부들·참봉 같은 양반층 벼슬아치들에 대한 야유와 풍자를 표층 구조로 하고 있다.

다음으로 정득채 구술본을 살펴보기로 한다.

---

27) 이두현, 《한국무속과 연희》, 서울대 출판부, 1996, 269쪽.
28) 로제 카이유와 지음·권은미 옮김, 《인간과 성(聖)》, 문학동네, 1996, 62쪽.
29) 위의 책, 65쪽 참조.

홍작삼과 참봉이 등장하여 마치 꼭두각시놀음에서 박첨지와 산받이가 재담을 주고받는 것과 비슷하게 대화를 나누는데, 참봉은 한양에서 살다가 부모를 사별하고 팔도강산을 유람하던 차 놀이판에 나왔고, 홍작삼은 술을 많이 먹어서 온몸이 붉은 사실을 알게 된다. 이때 다른 잡색들이 등장하는데 대포수는 할미를, 다른 잡색들은 각시를 놀리며 유혹한다. 양반이 자기 딸(각시)을 유혹하려는 조리중을 내쫓고, 비리쇠는 양반한테 조리중을 험담하면서 자신을 사위 삼으라고 말하는데, 그러는 동안 대포수와 잡색들은 할미와 각시를 계속 놀리며 등에 업고 춤춘다. 비리쇠는 이번에는 양반을 아버지라고 부르면서 코가 크니까 장가보내 달라고 조른다. 그리고 좌창부와 우창부도 양반한테 자신들을 사위 삼으라고 말한다. 양반은 할미를 업고 다니는 대포수를 호통치지만, 할미가 말리고, 양반이 딸을 시집보낼 일을 할미에게 의논하니, 할미는 영감이 속 차렸다고 좋아하며 영감에게 일임한다. 그리하여 양반이 잡색들을 불러 모아 가무로 즐겁게 놀아보자고 청한다.

이처럼 참봉과 홍작삼의 다툼, 양반과 할미와 대포수의 삼각관계, 각시와 결혼하고 싶어하는 조리중·비리쇠·좌창부·우창부 등과 양반 사이의 대립이 얽혀 있으며, 양반이 각시의 성적인 성숙을 인정하고 성 문제를 긍정적으로 수용하는 태도 변화를 보임에 따라 먼저 할미와 양반의 화해가 이루어지고, 이어서 양반과 각시의 구혼자들도 우호관계로 바뀐다. 그리하여 잡색들이 "영감 할멈 춤을 추니 저 각시는 내 마누라다"라고 노래 부르기에 이른다. 물론 할미와 각시 모두 생산의 여신이기에 할미와 대포수의 성적 결합과 각시에 대한 뭇 남자들의 구애에는 풍요다산을 기원하는 주술적 의미가 함축되어 있다.

(2) 지신밟기의 잡색놀이

구례 하위 농악의 안놀음[30]

전라남도 구례군 산동면 위안리 하위 마을에서는 마당밟이를 한 다음 마을의 넓은 마당이나 둥구나무 밑 같은 곳에서 탈꾼들이 탈놀이 한마당을 놀았는데, 그 등장인물들과 줄거리는 다음과 같다.

① 잽이들(쇠, 징, 장구, 북 등)이 풍물 한마당을 친다.

② 양반이 노친네와 함께 등장해서, 상놈들이 분수 없이 날뛰는 세상을 한탄하다가, "만사가 귀찮으니 팔도강산 유람이나 떠나자"며 유람가를 부르고 퇴장한다.

③ 제대각시(양반의 딸)가 나오고, 말뚝이가 뒤따라 나와 사랑춤을 출 때 대포수가 토끼를 쫓다가 화총으로 쏘아 죽인 뒤 말뚝이로 부터 제대각시를 빼앗아 사랑춤을 추는데, 조리중이 염주를 비롯한 온갖 보물로 제대각시를 유혹하면, 대포수가 중의 행실을 꾸짖고 때려서 내쫓는다.

④ 말뚝이가 양반 내외를 데리고 와서 대포수의 소행을 고자질한다.

⑤ 양반이 노하여 대포수를 때리려 하니, 대포수는 제대각시가 자신의 아이를 임신한 사실을 알리고, 양반 내외는 방성대곡한다.

⑥ 말뚝이가 "기왕지사 이렇게 된 바에야 업혀 보내자"고 중재하며, "실은 소인도 건너간 자립니다"라고 고백한다.

⑦ 양반 내외는 대포수에게 딸을 부탁하며 "경사는 경사니 한상 놀아보자"고 말하면, 모두 한데 어울려 춤춘다.

---

30) 문화재관리국 편, 《한국민속종합조사보고서》(전라남도편), 문화재관리국, 1977, 584~585쪽의 자료.

대포수가 말뚝이와 조리중과의 경쟁에서 승리하고 제대각시와 결혼하는데, 화총을 든 대포수는 살생력과 파괴력을 지닌 남성상이고, 뭇 남자들의 성적 욕망의 대상이 되는 제대각시는 지모신적(地母神的) 존재이다. 그리하여 안놀음은 대포수가 양반의 딸을 빼앗는 놀이를 통해 양반의 기득권에 도전하여 그 소유물을 탈취하고자 하는 민중의 욕망을 표현했을 뿐만 아니라, 동시에 제대각시의 자유분방한 성행위를 통해서 풍요와 다산을 기원하기도 한 것이다. 그리고 대포수의 일방적인 승리와 양반의 파멸이 아니라, 양반이 대포수를 사위로 인정하는 화합의 장면으로 끝을 맺어 '싸움굿-화해굿'의 구성원리를 계승하고 있다.

이렇듯이 지모신 내지 생산의 여신을 차지하기 위해 경쟁을 벌이고, 화해와 통합으로 놀이를 마무리하는 점은 영광 농악의 잡색놀이와 일맥상통한다.

한편, 토끼를 사살하는 대포수를 제주도 입춘굿에서 농부가 뿌린 곡식을 주워먹는 새를 사살하는 포수와 마찬가지로 농사를 해치는 야생동물을 퇴치하는 일종의 나신(儺神) 또는 벽사(辟邪)탈의 잔영으로 본다면, 안놀음 속에서는 자연적 재앙인 토끼를 퇴치하는 대포수의 역할이 사회적 재앙인 양반에 대적하는 역할로 변모된 연극사적 사실이 단편적으로나마 반영되어 있는 셈이다.

예천 통명 농악과 통영 농악의 잡색놀이[31]

양반과 각시가 어울려 춤을 추다가 양반이 각시의 허리를 잡고 어깨동무를 한 상태로 돌아다니면, 대포수가 질투하여 양반에게 총을 겨누고 다가가 각시를 유혹한다. 마침내 대포수가 유혹에 성공하여 각시의 허리를 잡고 어깨동무하여 춤추며 돌아다니면, 이번엔 중이 질투하여

---

31) 정병호, 앞의 책, 98쪽의 자료.

목탁을 치며 그들의 주위를 돌며 배회한다.

대포수가 살생력을 과시하여 양반으로부터 각시를 빼앗고, 중이 또 각시를 넘보는 희극적인 촌극을 통하여 잽이들한테 악귀를 내쫓는 굿의 주도권을 빼앗긴 잡색들이 구경꾼들의 시선을 끌려고 하는 것이다. 잡색놀이가 당당하게 판굿에 들어가 있는 영광 농악에선 양반이 할미를 대포수한테 빼앗겼다 되찾고, 할미와 갈등관계에 있다가도 화해하는데, 판굿에 들지 못한 통명 농악에서는 양반이 포수한테 각시를 빼앗긴 채 되찾지 못할 정도로 허약한 모습을 보인다. 이것은 잡색들의 지신밟기에서 제의적인 맥락보다는 오히려 구경꾼들의 의식을 적극적으로 대변하여 호감을 사려고 하는 데 말미암을 것이다. 이미 존재가치를 의심받기 시작한 잡색들의 생존전략 차원에서 양반에 대한 비판과 풍자가 더욱 통렬해진 것이다.

그런데 통영 농악에서는 양반과 각시가 노는 걸 포수가 시기하여 양반을 포수가 쏘아 죽이는 식으로 포수의 행동이 더욱 과격해지고, 양반에 대한 적대감이 노골적으로 표현되는데, 통영 오광대에서 영노가 양반을 잡아먹고 말뚝이가 양반을 항복시키고 포수가 사자를 사살하는 사실과도 맥을 같이 한다.

밀양 농악의 잡색놀이[32]

대포수, 하동, 사대부 세 사람이 잡색놀음을 한다. 하동이 돈을 탐내어 투전하자고 제안하나, 대포수한테 돈을 잃자 호랑이가 왔다고 속이고 돈을 훔쳐 달아난다. 그러나 대포수가 하동한테서 돈을 되찾아 사대부에게 상납하고, 사대부는 시치미를 떼고 점잖게 춤을 춘다.

대포수가 하동보다 유능하고, 사대부는 대포수보다 우월하여 위계질서가 분명해진다. 하동은 수입을 늘리기 위해 투전을 하지만, 결과적으

---

32) 위와 같음.

로는 사대부만 수입이 늘고, 하동은 빈털터리가 된다. 경제적인 불평등
이 해결되기보다는 빈익빈 부익부의 현실 모순만 더욱 심화되었다. 통
명 농악이나 통영 농악처럼 직선적인 표현방법을 쓰지 않고 완곡한 방
법으로 약자한테 강하고 강자한테 약한 대포수의 속물근성 내지는 중
간 계층의 이기성을 비판한다. 그러나 이와는 달리 대포수와 창부, 양
반광대와 각시광대, 중광대와 조리중이 각각 한 쌍이 되어 어울려 노는
조화와 화해를 추구하는 잡색놀이를 하기도 한다.

5. 잡색의 양의성

영광 농악의 참봉은 앞에서 말한 바와 같이 홍백탈을 쓴 양반이지만
이중인격자인 양의성(兩義性)을 색채를 통해 형상화시켰는데, 포수와
창부도 그들 내면세계의 양의성이 여러 가지 방식으로 형상화된다.
전남 진도군 임해면 굴포리의 농악에서는 조리중·포수·창부가 탈
을 쓰는데, 포수가 총과 담뱃대를 들고 양반광대를 겸한다. 김제 농악
에선 대포수가 총을 메고, 토끼와 꿩과 노루의 가죽이 담긴 망태를 메
고, 손에는 수건이 달린 쇠채를 든다. 그리고 진도 농악에서는 포수가
총과 담뱃대를 들고, 괴물의 모습을 한 탈을 쓰며, 화순의 한천 농악에
서는 포수가 총을 들고 꿩망태를 메고, 호랑이 그림이 그려진 대장군
모자를 쓴다. 그런가 하면 영광 농악에서는 아예 호랑이 모습의 탈을
쓰고서, 총을 들고 망태를 멘다. 포수는 일차적으로 꿩·토끼·노루와
같은 초식동물만 아니라 호랑이 같은 육식동물로 포수가 퇴치해야 할
야생동물, 곧 자연적 재앙인데 호랑이를 벽사동물로 차용하는 이중성
내지 양의성을 보이는 것이다.
그뿐만 아니라 잡색놀이에서 양반과 대립되는 포수가 양반으로 분
장하는 것도 양반의 권위와 위엄을 선망한 나머지 양반으로 신분상승

을 이루고 싶은 이중적 심리현상에 말미암은 것이며, 또 포수가 상쇠의 농악대 지휘권과 계급을 상징하는 수건 달린 쇠채를 들고 있는 것도 일광놀이에서 보이듯이 쇠를 빼앗아 상쇠가 농악대를 지휘하지 못하게 막은 뒤 잡색이 잽이보다 우월한 지위를 차지하고 주도적인 역할을 하려는 저의로 볼 수 있다.

이처럼 포수는 근원적으로 동물과는 퇴치자와 피퇴치물의 관계로, 양반과는 지배계급과 민중의 관계로, 상쇠와는 지배적인 잽이와 종속적인 잡색의 관계로 그들과 대립하고 투쟁해야 하는 인물임에도, 한편으로는 그들의 위력과 권위와 위엄과 영광을 선망하고 그들과 같은 존재가 되려는 심리적 성향도 지니게 되었는바, 이것의 포수의 모방행동으로 나타났다는 해석이 가능하다.

창부는 창우(倡優)로 남무인데, 김제 농악과 임실 필봉 농악에서 조선시대 과거시험에 장원급제한 선비가 삼일유가할 때 꽂았던 어사화를 모자에 꽂고, 이리 농악에서는 패랭이에 "삼대구대권농지사(三代九代 勸農之士)"라고 써 붙인다. 어사화를 머리에 꽂는 것은 농사의 중요성을 일깨워주기 위한 것이라고 설명하지만, 포수의 양의성과 관련시켜 볼 때 마을 공동체 내지 두레집단 상호 간의 생산활동 경쟁에서 농사 장원하길 비는 주술적인 의미만 아니라, 농사를 천하의 근본으로 인식하고, 근면한 노동을 권장하는 양반의 역할과 농악으로 풍작을 기원하고 흥과 신명풀이로 생산의욕을 고취시키는 농악대의 역할을 동일시하려는 심리가 작용했다고 볼 수 있다.

그런데 호남 농악에서만 성립되어 발달한 잡색놀이인 도둑잡이를 일례로 보더라도 대포수가 잡색의 대장이고, 창부가 보좌역을 하듯이, 대포수와 창부가 잡색을 대표하는 중심인물로 부상함에 따라 그들의 역할이 다양해지고 행동반경이 확대되었기 때문에 이런 과정에서 그들이 양의적이고 복합적인 인물로 변모된 것 같다.33)

6. 맺음말

　농악대의 잡색놀이에 대한 연구가 완벽을 꾀하려면 아무래도 농악굿에 대한 연구가 선행되거나 병행되어야 할 것 같다. 그러나 농악굿의 전승 상태가 양호한 시기가 있었음에도 농악굿에 대한 연구가 체계적으로 이루어지지 못했다. 그 요인은 여러 가지로 생각해볼 수 있지만 농악의 종합성과 민속예술성 때문일 것이다.

　먼저 농악은 제의와 음악과 문학과 무용과 연극 등 성격이 복합적이라는 종합성의 문제를 지닌다. 다시 말해서 농악은 마을 신앙과 관련시키면 마을굿이고, 악기와 가락의 측면에서는 궁중의 아악과 대립되는 민간의 향악이 되고, 지신밟기할 때의 축원은 민요의 일종인 의식요가 되며, 잡색과 탈은 연극적 요소이고, 춤사위는 무용학의 연구대상이 된다. 따라서 농악은 민간신앙적·민속음악적·구비문학적·민속극적·민속무용적 측면에 대한 연구가 가능하고, 연구의 관점으로 사회학적·민속학적·종교학적·민족학적·문예학적·예술학적 접근이 필요하다. 일면적인 연구를 지양하고 다각적이고 종합적인 연구가 요망되는 특수한 예술 형태인 것이다.

　다음으로 국악과·국문학과·민속학과·연극학과·무용학과에서 민속예술 내지 민족예술로서 연구되거나 연구 인력과 예능인을 양성하지 못한 원인도 크다. 물론 이보형·정병호·김헌선 등 몇몇의 헌신적이고 신명 들린 연구자들이 있지만, 정부나 민간 차원의 연구소가 설립되거나 대학에 농악과가 설치되거나 학계에서 농악학회가 결성되지 못한 현실이 아쉽다는 뜻이다.

---

33) 예천 청단(青丹)놀음의 옷이 청색과 홍색이고(좌우가 앞뒤로 바뀌었다고 한다), 중국의 방상씨(方相氏)가 주의현상(朱衣玄裳)인 것도 양의성을 지닌 상징적 표현일 것이다.

이 같은 상황에서 농악대의 잡색놀이가 연극이라기보다는 연극의 싹이므로 민속극에 포함하기 어렵다는 견해가 잡색놀이를 오랫동안 민속극에 테두리 밖에 머물게 만들어, 연극학적 관심을 지연시킨 결과를 초래했다.

그러나 민속극을 '닫힌 연극'이 아니라 '열린 연극'으로 보면, 또 민속극과 굿의 접경지대까지 시야를 넓히면 농악대의 잡색놀이도 일종의 무의식극(unconscious drama)으로서 제의성과 연극성이 복합된 가운데 다양한 극작술을 발전시켜 온 사실을 확인할 수 있다. 따라서 잡색놀이가 농악굿에서 분리·독립되거나 재담을 풍부히 하거나 놀이마당의 수를 늘리거나 주제의 폭을 넓히거나 구성을 정형화하지 못한 한계가 있음에도 더욱 심화된 연구가 뒤따라야겠다.

호남 풍물굿 '잡색놀음'의 공연적 특성과 그 의미

이영배*

1. 머리말

'잡색놀음'은 풍물굿 공연과 분리되어 공연되는 독립적인 단위는 아니다. 풍물굿 공연의 부분으로 공연되기 때문에 그것은 풍물굿 공연의 각 절차와 흐름 속에 종속되어 풍물굿의 공연목적과 기능을 이루려는 데 기여한다. 즉 풍물굿에는 제의적인 목적을 가지고 공연되는 '당산굿'의 형태가 있고, 제의적인 성격을 바탕으로 하면서도 경제적인 목적을 달성하는 '마당밟이'의 공연 형식이 있는가 하면, 놀이적·예능적인 욕구를 실현하는 '판굿'이라는 공연 단위도 존재한다. 이러한 공연 단위 속에서 잡색은 신성한 존재 또는 의례의 집행자가 되기도 하고, 제사 비용이나 마을의 공동기금을 모으는 데 적극적인 행동을 취하기도 한다. 또한 어릿광대와 같은 행동으로 청관중의 놀이적 욕구를 자극하여 대동굿판을 만드는 데 기여하기도 하고, 잡색 각자에게 부여된 성격을 토대로 하여 삶과 사회의 여러 양상들을 극적으로 표현하여 거기에 사회적 의미를 투사하기도 한다.

---

* 전남대학교 호남학연구원 인문한국사업단 연구교수.

잡색놀음은 공연학적인 의미에서 보면 풍물굿 공연 전개 속에서 잡색들에 의해 연행되는 극적 단위라고 할 수 있다. 풍물굿이 구현되는 특정한 방식 즉 제의·노동·놀이의 요소가 하나의 '목적'으로 수렴되는 공연현장 속에서, 당산굿과 같은 제의적 사건의 틀이든 김매기와 같은 노동의 일상과 결부된 사건의 틀이든 잡색놀음은 공연이 담지한 문화적 사건1)으로 존재한다. 더욱이 판굿의 공연 과정 속에 놓인 잡색놀음은 풍물굿 가락과 춤·동작·진법의 반복·축적·순환 속에서, 중첩·연쇄·확장되는 공연 구조의 후반부에 연극적 성격을 풍물굿에 부여할 뿐만 아니라, 사회·문화적 의미를 투사한다.2)

그런데 호남을 제외한 다른 지역의 잡색놀음에는 이와 같은 극적 전개가 보이지 않는다. 잡색의 존재와 그 기능 및 역할도 미미하다. 경기·충청과 강원도 지역에서는 무동연회와 농사풀이가 미약하나마 행동의 모방이라는 점에서 극적 양상을 보이고 있지만, 연극적 자아가 현전하지 않으며, 극적 성격화 또한 이루어지지 못했다. 영남의 경우는 잡색

---

1) 사건은 무슨 일인가가 일어났다는 것을, 즉 무엇인가가 발생했다는 것을 함축하며, 발생하는 짧은 시간 동안만 존재하는 순간적인 존재이다. 여기서 말하는 사건은 반드시 커다란 사건, 역사적 사건만 뜻하지는 않는다. 예를 들어 표정은 순간적으로 나타났다가 사라지고 자연과학적으로 생각하면 얼굴의 세포 구조가 살짝 바뀌었다가 돌아온 것뿐이지만, 때때로 우리 삶에서 극히 중요한 의미를 함축한다. 잡색들이 구현하는 '이야기'와 행위들은, 고정된 텍스트 또는 역사적 대사건의 계열 속에 자리 잡고 있는 것이 아니라, 공동체가 공유하고 있는 집단심성과 인식론적 기반으로부터 이미 준비된 공적 관심을 풍물굿 공연의 임의적인 흐름 속에서 순간적이고 즉흥적으로 사건화한다. 그러므로 그것은 고정된 전승 체계 바깥에 존재하는 것이다. 다만 잡색들이 생성하는 사건들은, 이러한 우발적이고 순간적인 시간과 공간의 계열 속에서 청관중과 그 공동체에 효과화되면서, 집단적·공적인 문화적 의미들을 담지하고 표현하는 것이다(질 드뢰즈 지음·이정우 옮김, 《의미의 논리》, 한길사, 2000, 259~266 및 289~299쪽; 이정우, 《사건의 철학》, 철학아카데미, 2003, 19~24쪽 참조).

2) 이영배, 〈호남 지역 풍물굿의 '잡색놀음' 연구〉, 전북대 박사논문, 2006, 172~206쪽 참조.

의 연극적 연행구조가 존재하였으나, 전승 과정에서 풍물잽이를 중심
으로 한 집단적 연행구조가 확장되어, 풍물굿의 극놀이는 영남지역 탈
놀이 전통에 흡수·통합된 것으로 판단된다. 이에 비해 호남의 잡색놀
음은 잡색의 종류, 지역적 분화, 성격화와 그 분화 양상과 기능, 잡색놀
음의 종류, 구조화 또는 양식화의 정도, 모티프의 전개 방식, 갈등 해결
의 방식과 의미, 연행 구조상 배치에 따른 효과 등에서, 다른 지역 풍물
굿 잡색놀음의 연행 양상과는 다른 특성을 보이고 있다.[3]

이 글의 목적은 이러한 호남 풍물굿 잡색놀음을 잡색의 성격화와 잡
색놀음의 구조적 양태를 중심으로 분석하여, 그 공연적 특성과 의미를
밝히는 데 있다.

2. 잡색의 성격화 양태와 그 특징

(1) 잡색의 유형

호남지역은 55개 풍물굿에서 잡색이 63개 유형으로 나타나며, 탈의
착용도 27개 지역에서 나타나고 있다.[4] 탈을 쓴 잡색은 28유형으로 각

---

3) 위의 글, 42~123쪽 참조.

4) 이러한 통계는 다음에 제시하는 문헌자료와 필자의 현지조사 및 공연촬영 자
료를 바탕으로 작성된 것이다. 그러므로 호남지역의 풍물굿 잡색놀음 전체를
완전히 포괄하지는 않는다. 새로운 자료의 검토에 따라 통계적인 수치와 인물
의 유형 등이 부분적으로 변경될 수 있다. 그러나 이 연구에서 수행한 분석의
내용이 그러한 변경에 따라 근본적으로 달라질 수는 없을 것이다〔이영배, 앞
의 글, 12~14 및 27~29쪽; 강성복, 《금산의 민속놀이》, 금산문화원, 1994; 고
창문화원, 《고창의 마을굿 1—면담자료집》, 고창사람들, 2000; 금산좌도풍물
보존금맥회, 〈금산좌도풍물〉, 2004; 김익두 외, 《정읍지역 민속예능》, 전북대
박물관, 1992; 《호남우도 풍물굿》, 전라문화연구소, 1994; 《호남좌도 풍물
굿》, 전북대박물관, 1994; 김익두, 《정읍농악》, 한국문화사, 2006; 김정헌, 〈남

시가 13개 지역으로 가장 높고, 대포수·양반·할미·조리중이 12개 지역, 창부가 6개 지역, 광대가 5개 지역, 참봉이 4개 지역, 비리쇠·홍적삼이 3개 지역, 영감·말뚝이·토끼(산짐승)가 2개 지역, 꼽추·중광대·새끼말·처녀·거지·큰애기·무동(김제)·비비새(영노)·초라니·기생·소·곰·호랑이·사자·발광대 등이 각각 1개 지역으로 나타나고 있다. 여기에 동물 가장(假裝)의 경우 닭·돼지·개 등

원농악〉, 전북대 석사논문, 2003; 남원문화원 외, 《남원 삼동굿 놀이》, 2003; 문화공보부 문화재관리국, 《한국민속종합조사보고서》(전남편), 1969; 문화공보부 문화재관리국, 《한국민속종합조사보고서》(전북편), 1971; 문화재관리국 문화재연구소, 《전라남도 국악실태조사보고서》, 1980; 문화재관리국 문화재연구소, 《전라북도 국악실태조사보고서》, 1982; 박용재, 《광산농악》 상·하, 광산문화원, 1995; 손용달, 《금산좌도농악》, 금산문화원, 1987; 양진성, 《호남좌도 임실 필봉굿》, 신아출판사, 2000; 이경엽, 《담양농악》, 심미안, 2004; 이보형·정병호, 《농악》, 문화재관리국, 1982; 이보형·정병호, 〈임실필봉농악〉, 문화재관리국, 1982; 이소라 외, 《이리농악》, 화산문화, 2000; 임실문화원, 《임실의 민속문화: 풍물굿 편》, 2005; 전라남도, 《전남의 세시풍속: 풍속·놀이·당산제·농악》, 1988; 전라남도, 《전라남도 세시풍속》, 2003; 전라북도, 《전라북도 농악·민요·만가》, 2004; 전북대 전라문화연구소 외, 《완주의 대농놀이》, 2004; 전북대 전라문화연구소, 《진안지역문화재지표조사보고서》, 1989; 전북대박물관, 《진안용담댐건설수몰예정지문화재 정밀지표조사보고서》, 1993; 전북대학교 박물관, 《남원지역문화재지표조사보고서》, 1987; 정병호, 《농악》, 열화당, 1986; 정인삼·이소라, 《금산의 풍악과 소리》, 금산문화원, 1992; 진안향토문화연구회, 〈전라좌도의 전통 풍물의 맥: 진안중평 풍물굿〉, 진안향토문화연구회, 1987; 한국향토사연구 전국협의회 편, 《한국의 농악—호남편》, 한국향토사연구 전국협의회, 1994; 홍현식 외, 《호남농악》, 문화재관리국, 1967; 황도훈, 《傳, 西山大師陳法軍鼓》, 해남문화원, 1991; 필봉 풍물굿(1998~2005), 남원농악(2000. 9. 및 2002. 9. 및 2005. 7.), 무주 지역(2004. 10. 및 2005. 1.), 진안 중평굿(2005. 12.), 구례·곡성 지역(2005. 2.) 조사자료와 촬영자료, 고창 농악 도둑잽이굿 발표회 촬영 및 현지조사(2005. 11. 26. 및 2006. 4. 2.), 김제지역 풍물굿 현지조사(2004. 6.~2004. 7.), 부안 위도 띠배굿 현지조사 및 공연 촬영(2003~2004), 전남 영광군 묘량면 영당마을(2002. 11. 2.)과 영광군 대마면 성산리 평금마을(2005. 11. 5.)에서 열린 영광 우도 풍물굿 촬영 및 현지조사, 전라남도 해남군 송지면 산정리 군법군고 조사(2005. 2.), 정읍농악 현지조사 및 공연 촬영(2005. 9.~2005. 11.) 자료 참조]

이 더 추가될 수도 있다.

그런데 탈을 쓴 잡색보다 탈을 안 쓴 잡색이 훨씬 많으며, 성격화된 잡색의 종류도 더 많다. 대체로 잡색들은 탈을 벗고 연행하는 양상이 두드러지는데, '탈을 벗는 현상'은 풍물굿 잡색놀음에서 탈의 효능성, 즉 신성성을 근간으로 발휘되는 벽사(辟邪)와 해원(解寃)의 기능이 약화되었다는 것을 뜻한다. 또한 예능적인 차원에서도 탈을 씀으로써 얻을 수 있는 효과, 즉 사상·감정·표현 등의 자유와 다양성, 그리고 부조리한 현실과 지배 권력에 대한 비판의 자유 등에서 그 효과가 약화되었다는 것을 의미한다. 이는 탈 착용의 이점을 제공한 공연환경의 변화로 말미암은 것이며, 공연 주체·향유층 등의 의식이 사회적·정치적·예술적으로 성장한 결과로부터 나온 것이라고 하겠다.5)

잡색은 종류별로 대포수가 47개 지역, 조리중이 34개 지역, 각시 33개 지역, 양반 28개 지역, 창부 26개 지역, 할미 23개 지역, 무동 23개 지역, 광대 10개 지역, 농구 6개 지역, 중광대 6개 지역, 영감 6개 지역, 비리쇠 5개 지역, 참봉 5개 지역, 화동 4개 지역, 홍적삼 4개 지역, 걸농(구대진사) 2개 지역, 총각 2개 지역, 말뚝이 2개 지역, 토끼(산짐승) 2개 지역, 집사 2개 지역, 큰애기 2개 지역, 닭/닭벼슬 1개 지역, 지네 1개 지역, 산모 1개 지역, 동자 1개 지역, 중동 1개 지역, 비손 1개 지역, 초립동 1개 지역, 쫄쫄이 1개 지역, 꼽추 1개 지역, 좌우집사

---

5) 잡색이 '탈을 벗는 현상'은 잡색놀음이 사회·문화적인 조건과 직접적인 관련을 맺고 있는 '현장 예능임'을 보여주는 것일 수도 있다. 잡색들은 탈의 상징성을 통한 성격의 구축보다는 각 잡색에게 부여된 성격에 따른 '분장'과 그 '이름'을 통해 조정되고 배치되어 극적인 행동과 그 의미들을 구현한다. 또한 잡색놀음에서는 탈 착용의 여부가 잡색놀음의 표현과 내용, 기능과 목적, 그리고 효과의 달성에 결정적인 조건이 아니다. 다만 남장 여자, 여장 남자의 경우 탈 착용은 성 역할의 전도를 통한 희극적 또는 그로테스크한 표현을 강화하는 효과가 있다고 할 수 있다. 하지만 이러한 경우도 잡색놀음에서 축소되거나 괄호 쳐지는 현상이 지배적이다.

1개 지역, 사대부 1개 지역, 동방치마아가씨 1개 지역, 새끼말 1개 지역, 처녀 1개 지역, 대감 1개 지역, 거지 1개 지역, 학생들 1개 지역, 칼 찬 순경 1개 지역, 일꾼 1개 지역, 대학생 1개 지역, 신사 1개 지역, 1인 2역의 허잽이(각시인형과 영감) 1개 지역, 각시인형과 양반 1개 지역, 진사 1개 지역, 남자 노비 1개 지역, 여자 노비 1개 지역, 비비새(영노) 1개 지역, 초라니 1개 지역, 기생 1개 지역, 무동(인형) 1개 지역, 소 1개 지역, 곰 1개 지역, 호랑이 1개 지역, 사자 1개 지역, 말과 장군 1개 지역, 거사와 각시 1개 지역, 발광대 1개 지역, 군사 1개 지역, 전령 1개 지역, 교도(敎導)스님 1개 지역, 농부(弄夫) 1개 지역, 쫑방울 1개 지역에 분포하는 것으로 나타나고 있다.

유형은 종별과 성별로 나눌 때, 동물형 잡색으로 토끼(산짐승)·닭/닭벼슬·지네·말(새끼들)·비비새·소·곰·호랑이·사자 등이 있고, 인형과 결부되어 인형을 조종하거나 1인 2역의 형태로 나타나는 유형으로는 무동인형·허잽이(각시인형과 영감)·각시인형과 양반·말과 장군·거사와 각시 등이 있다. 그 다음으로 인물형이 있는데 여성형으로, 각시·할미·큰애기·산모·동방치마아가씨·처녀·여자 노비·기생을 들 수 있고, 남성형으로는 대포수·조리중·양반·창부·광대·농구·중광대·영감·비리쇠·참봉·화동·홍적삼·걸농(구대진사)·총각·말뚝이·집사·동자·중동·비손·초립동·쫄쫄이·꼽추·좌우집사·사대부·대감·거지·학생들·칼 찬 순경·일꾼·대학생·신사·진사·남자 노비·초라니·군사·전령·교도스님·농부(弄夫)·쫑방울 등을 들 수 있다. 여기에 무동이 남녀 혼합 유형으로 편성되고 있으며, 발광대와 같은 유형은 기타 확장된 잡색의 유형으로 고려할 수 있다.

이와 같이 호남 풍물굿의 경우는 다른 지역에 견주어 잡색의 수가 월등히 많고, 그 유형과 성격의 분화도 다양하다. 특히 봉건적인 인물형과 근대적인 인물형이 나타나고 있어, 시대와 조응하여 잡색이 편성되었다고 할 수 있으며, 동물형에서 인형에 이르기까지 잡색의 성격화 범주도 넓다. 여기서 시대와 조응하였다는 것은 적어도 호남지역의 잡색놀음이, 풍물굿 가락을 중심으로 한 예능적 요소를 강화하고 풍물잽이들이 공연의 주도권을 장악하는 풍물굿 공연의 변화과정 속에서 사회 현실을 인식하고 담아내는 서사적·극적 형식으로서 그 성격과 기능을 잃지 않으면서도, 풍물굿 공연을 구성하는 주요한 부분으로서 자리 잡았다는 것을 의미한다.

잡색의 가장 형식도 다른 지역에 비해 화려하고 다양하며 규범화되어 있다. 잡색에게 부여된 각각의 성격에 맞는 의상·표정·춤·동작·재담·동선 등이 공연 과정에서 확연하게 구별된다. 잡색들은 자유롭게 판의 안팎을 넘나들며 굿판 전체의 흐름을 파악하고 치배와 구경꾼들을 연결해 주며 굿판을 풍성하게 한다. 그렇기 때문에 다양한 성격이 부여된 잡색들이 담지할 수 있는 사건과 의미의 범주도 넓다고 볼 수 있으며 그 기능도 다양하다고 할 수 있다. 이들 잡색들은 풍물잽이가 중심이 되는 공연 구조 속에서 보이는 즉흥적이고 상황적인 비양식성의 연행패턴 속에서도, 그들에게 부여된 성격을 가능한 한 다양하고 자유롭게 표현해 낸다. 이러한 잡색들의 성격 표현과 극적 행동은 공연의 흐름 속에서 판굿의 후반부에 배치되어, 구조화된 양상을 띠는 잡색놀음 속에서 양식화되고 다소 서사적인 형식과 내용을 강화하는 방향으로 집중된다고 할 수 있다.

이러한 호남지역 풍물굿 잡색의 존재양상을 표로 나타내면 다음과 같다.

〈표-1〉 호남 풍물굿 잡색 일람표

지역	풍물굿 수	잡색 수	잡색의 유형(빈도수)		탈 착용 잡색 (빈도수)
호남	55	63	대포수(47)	남성형	각시(13)
			조리중(34)		대포수(12)
			양반(28)		양반(12)
			창부(26)		할미(12)
			광대(10)		조리중(12)
			농구(6)		광대(5)
			중광대(6)		창부(6)
			영감(6)		참봉(4)
			비리쇠(5)		영감(2)
			참봉(5)		비리쇠(3)
			화동(4)		홍적삼(3)
			홍적삼(4)		말뚝이(2)
			걸농(구대진사, 2)		산짐승(2)
			총각(2)		꼽추(1)
			말뚝이(2)		중광대(1)
			집사(2)		새끼말(1)
			동자(1)		처녀(1)
			중동(1)		거지(1)
			비손(1)		큰애기(1)
			초립동(1)		무동(김제)
			쫄쫄이(1)		비비새(1)
			꼽추(1)		초라니(1)
			좌우집사(1)		기생(1)
			사대부(1)		소(1)
			대감(1)		곰(1)
			거지(1)		호랑이(1)
			군사(1)		사자(1)
			전령(1)		발광대(1)
			일꾼(1)		
			교도(敎導)스님(1)		
			농부(弄夫)(1)		
			진사(1)		
			남자 노비(1)		
			초라니(1)		
			쫑방울(1)		
			각시(33)	여성형	
			할미(23)		

			큰애기(2)		
			산모(1)		
			동방치마아가씨(1)		
			처녀(1)		
			여자 노비(1)		
			기생(1)		
			무동(23)	남녀 혼합형	
			무동인형(1)	1인 2역 (인형+사람)	
			각시인형과 영감(1)		
			각시인형과 양반(1)		
			말과 장군(1)		
			거사와 각시(1)		
			산짐승(2)	동물형	
			닭(1)		
			지네(1)		
			새끼말(1)		
			비비새(1)		
			소(1)		
			곰(1)		
			호랑이(1)		
			사자(1)		
			발광대(1)	기타	
			학생들(1)	남성형+ 근대형	
			칼 찬 순경(1)		
			대학생(1)		
			신사(1)		

(2) 성격의 분화와 그 의미

　호남 풍물굿에 편성된 잡색은 다른 지역 잡색의 종류를 모두 포괄할 뿐만 아니라, 그 존재론적 성격도 분화되어 있다. 또한 각 인물이 상징하는 의미, 공동체와 공연집단이 인식한 세계와 사회의 군상들과 단면들이 다층화되어 있다.

　먼저 잡색은 성격이 부여된 동물형·인물형 등의 잡색과 성격이 부여되어 있지 않은 무동으로 나눌 수 있다. 무동은 무동과 무동인형으로 나눌 수 있으나, 무동인형은 여천의 '백초 농악'에서 나타날 뿐이다. 무동은 신동(神童)으로 풍농 기원과 구복의 주술적 기능을 하는 것으로 해석되기도 한다.6) 그러나 풍물굿 잡색놀음에서 그 신성성의 구현 정도가 명확하지 않다. 예를 들어 하회별신굿의 각시광대가 각시탈을 쓰고 서낭각시의 신격을 구현하여, 무동춤을 추면서 신성한 존재로서 종교 주술적 기능을 수행하는 양상과는 다르다.7) 공연행위와 기능 면에서는 동일한 측면이 있으나, 그 성격화의 정도와 양상이 다른 것이다.

따라서 풍물굿 잡색의 무동은 그 신성성의 근거와 기능, 효과 등이 약화된 존재로 볼 수 있다. 여러 지역에서 무동이 남녀로 편성되는 것도 종교 주술적인 측면에서 양성의 상징적 결합이 구현된 것으로, 풍요와 다산의 소망어 투영된 존재로 해석할 수 있다. 가장의 측면에서 중애·사미·도령 등으로 분장하기도 하지만, 중애·사미·도령으로서 그 성격을 구현하는 놀이를 하는 것이 아니라, 현기증적인 곡예와 모방 예능적 춤과 놀이를 하는 공연 양상이 지배적이다.

중 계통의 인물은 조리중·중광대·교도(敎導)스님으로 그 존재론적 성격이 분화되어, 조리중은 바람난 중 또는 파계승으로 종교·도덕·윤리적인 이데올로기의 허위의식을 드러내는 기능을 한다. 양반 계통 곧 사회의 위계질서 상층부에서 지배 권력으로 현시되는 존재들도 또한 영감·양반·참봉·결농(구대진사)·진사·사대부·대감·군사·말과 장군·칼 찬 순경·대학생·신사·학생들로 나타난다. 이 가운데서 영감은 계층적인 의미보다는 할미·각시와 연결되어 생산신으로 상징되어 종교 주술적인 기능을 하기도 하고, 마을 공동체의 수호신적 의미가 그 기저에 놓여 있다고도 할 수 있다. 그러나 사회적인 의미에서 가부장적 사회의 일반적인 남성 인물로 상징될 수 있다.

---

6) 정병호, 《농악》, 열화당, 1986, 44쪽.
7) 박진태, 《하회별신굿 탈놀이》, 피아, 2006, 16~17쪽.

대학생과 학생들은 지배권력 구도에 직접적으로 편입되는 것은 아니지만, 그 구도를 이어갈 세력으로 계열화할 수 있다. 이와 같이 양반 계통의 인물군은 그 분화 정도가 매우 광범위한데, 우스꽝스런 존재로 표상되어 풍자적인 인물로 그 비판적 기능을 수행하기도 하고, 군사·말과 장군·칼 찬 순경의 유형과 같이 직접적으로 그들의 힘을 드러내기도 하는 존재라고 말할 수 있다.

여성적 인물형도 할미·각시·큰애기·동방치마아가씨·산모·처녀·여자 노비·기생으로 나뉘어, 풍요와 다산을 기원하는 생산신적 성격의 할미·각시·산모 등이 있는가 하면, 기생이나 여자·노비 등 하위계층의 여성을 등장시켜 인물의 성격과 그 기능을 다각화하고 있다. 이러한 현상은 남성적 인물형에서 두드러진다. 대포수는 벽사형 인물·장군화신형 등으로 그 상징적 성격을 종교 주술적인 측면에서 볼 수도 있고, 문반과 대립된 무반으로 그 계층적 성격을 규정할 수 있으나, 호남 풍물굿 잡색놀음에서 대포수의 지위와 기능은 잡색 전체를 이끄는 우두머리 또는 상쇠와 함께 굿판을 조율하는 협력자 등으로 나타난다. 잡색이 공동체의 적이나 정상 사회에 반하는 인물들로 나타날 때에는 그 수장이나 주모자로 등장한다.

이러한 반사회적·저항적 성격으로 계열화할 수 있는 인물들로 대포수, 창부, 광대, 농구, 비리쇠, 화동, 홍적삼, 총각, 말뚝이, 집사, 동자, 중동, 비손, 초립동, 쫄쫄이, 꼽추, 좌우집사, 거지, 일꾼, 허잽이(각시인형과 영감), 남자 노비, 초라니, 무동(인형), 거사와 각시, 전령, 농부(弄夫), 쫑방울 등을 들 수 있다. 물론 저마다의 인물들은 대포수와 마찬가지로 다기능적이다. 창부·광대·화동·농구·거사와 각시·초라니·농부·쫑방울 등은 연희담당 계층으로 성격화될 수도 있고, 동자·중동·비손 등은 의례적 기능을 담당하고 보조하는 기능을 한다고도 볼 수 있다.

사회·문화적인 측면에서 이들 잡색은 '문턱'에 있는 존재 또는 주변부에 있는 존재로 규정할 수 있다. 공연적인 측면에서도 부차적인 기능을 하는 공연자로 인식되고, 그들이 재현하는 인물의 유형 면에서도 사회적으로 비판되거나 하위계층을 표현한다. 무엇보다 양식화된 특성을 보이는 도둑잽이굿에서 물리쳐야 할 적이나 퇴치되어야 할 사회악으로 재현된다. 이러한 점에서 그들의 존재는 수동적이며, 규약이나 관습에 따라 내려진 처벌을 감수하는 비속한 존재로 볼 수 있다. 그러나 다른 한편으로 잡색들은 밑바닥까지 내려가서, 새로이 만들어져서 새로운 힘을 얻는 존재로 긍정될 수 있다. 잡색들은 치배들 사이에서, 청관중 사이에서, 또는 그 둘과의 관계에서 분주히 돌아다니면서 존재론적인 차원과 공연학적인 측면에서 커뮤니터스로 고려될 수 있는 '청관중의 공연자 되기'를 지향한다.[8]

요컨대 잡색들은 표면적으로 중요하게 보이지 않는 영역에서 자기 자신을 극대화하면서 자기 자신의 영역은 물론, 공연자와 청관중의 영역을 넘나들면서, 공연 속에서 가장 중요한 존재 되기로서 자기의 지위와 역할을 극대화한다.[9] 또한 잡색은 공동체의 집합적 욕망이 투영된 존재이며, 그러한 욕망의 재현자이다. 대포수·양반·각시·중광대 등은 근대 이전, 특히 조선 후기의 계층적 표지(標識)이다. 민중이 전승의 주체이자 공연자인 풍물굿판에서, 그들은 가장하기 전의 어떤 사람 또는 어떤 집단의 욕망을 가장한 후의 형상에 담는다. 이와 같이 호남 풍물굿에 등장하는 잡색들은 그 존재론적 성격과 인식론적인 기능 면에서 다층적이고 다각적인 특성을 지닌 존재들로서 다른 지역의 잡색과 차별화되어 있다고 할 수 있겠다.

또한 풍물굿 공연의 뒤치배로서 관습적으로 편성되는 잡색 외에, '잡

---

8) 이영배, 〈잡색놀음연구Ⅰ〉, 《한국민속학》 제37호, 한국민속학회, 2003, 213~234쪽.
9) 김익두, 〈풍물굿의 공연원리와 연행적 성격〉, 《한국민속학》 제27집, 민속학회, 1995, 97~132쪽.

색이 아닌 잡색'이 풍물굿판에 등장하여 즉흥적으로 노는 다소 일탈적인 공연 형태가 있다. 하나의 구체적인 사례로 함평지역 풍물굿에서 벌어진 공연 상황을 들 수 있다. 이 지역의 주민들은 풍물굿패가 공연을 하고 있을 때, 그 '판'을 재미있게 만들기 위해서 '잡색이 아닌 잡색'을 꾸며서 나왔다고 한다.10) 이는 관습적으로 편성된 잡색에 더하여 누구나 쉽게 꾸밀 수 있고 연기할 수 있는 배역으로 등장했다는 점에서, 잡색놀음의 개방적인 연행구조를 볼 수 있는 대목이다. 또한 이 현상은 풍물굿이 대동적인 놀이로 연행되는 굿판에서 흔히 볼 수 있는 것으로, 청관중이 공연자가 되는 풍물굿의 일반적인 공연 특성이라고 할 수도 있다. 그러나 1회적인 현상이라고 잘라 말할 수만은 없다. 왜냐하면 함평의 사례는 이 지역의 풍물굿 공연에 참여하는 청관중들의 관습적인 행위 패턴이라고 할 수 있기 때문이다.

풍물굿이 전승·공연되어온 어느 시점에서 '신명'이 오른 몇몇의 청관중들에 의해서 함평의 사례와 같은 '공연 사건'이 일어났을 것이다. 그런데 이러한 우발적인 '공연 사건'은 풍물굿 공연·전승 집단의 행위방식 속에 저장되었다가 반복될 때, 하나의 관습으로 채택되어 그 우발성·즉흥성이 그 자체로 양식성을 얻게 되는 계기를 제공한다. 그리고 이와 같은 양식성의 획득 원리는 풍물굿 공연 편성의 다양성과 지역적 특이성 또는 독자성을 만들어 내는 중요한 원리라고 할 수 있다. 특히 잡색의 인물 유형과 성격이 공동체 구성원들에 의해 창조되고 채택되어 전승되는 원리도 이와 같다고 할 수 있다.

풍물굿 공연의 잡색으로 편성되는 인물 유형들은, 이와 같은 성격 창조의 원리와 전승 원리에 따라 풍물굿 공연 관습의 작동체계 속에 자리 잡은, 우발적인 '공연사건'들이 만들어낸 결과물이다. 따라서 하

---

10) 문화재관리국 문화재연구소,《전라남도 국악실태조사보고서》, 1980, 함평군의 농악 조사 부분 참조.

나의 인물은 일상적인 시간과 공간의 무수한 반복과 축적 속에서 형성된, 물질 문명의 '장기 지속'과 유사한 상징체계 속에서 '중층 결정된 기호'라고 할 수 있다. '대포수'라는 기호는 무속·수렵·유목·장군·무력·전쟁 등으로 계열화되는 의미대상들의 기호들과 교차하면서 그 의미 범주들을 횡단하다가, 그 기호가 지시할 수 없는 대상들에 이르면, 다른 기호와 접속하여 연합한다. 이러한 방식으로 할미·영감·양반·각시·기생·노비·칼찬 순경·신사·대학생 등의 기호들은 '잡색'의 상징체계 속에 자리 잡은 기호들의 연쇄항목들이라고 할 수 있다.

달리 말해 잡색의 인물형들은 시공이 다른 사회·문화적 맥락들을 함축하고 있으며, 그렇기 때문에 다양한 의미들을 내포하고 있다. 또한 과거에 생성된 인물형들이 어느 시점에서 폐기처분되는 것이 아니라, 그 기능과 의미를 달리하여 현재적인 맥락을 새롭게 추가하면서 존속하다가, 또 다른 시점에서 사회·문화적인 맥락들이 근본적으로 변화하면서 그들에게 새로운 기능과 의미를 요구할 때, 새로운 인물형들을 창조·수용하여 그 체계를 확장한다. 이러한 확장을 통해 잡색들은 '잡색놀음'의 형식과 내용을 지속적으로 변화시킨다. 근본적으로 새로운 형식과 내용을 창안하는 것이 아니라, 이전의 형식과 내용을 바탕으로 하여, 그 기능과 의미에 변화를 주어 현재적 맥락들에 적합한 양식으로 고쳐나가는 것이다.

이러한 잡색 유형의 '수정'과 '확장'은 공동체와 관계가 깊다. 기본적으로 풍물굿이 마을 공동체를 바탕으로 생성·변화·발전하는 공연 양식이므로, 이 '공동체'의 범위는 '마을'을 중심으로 한정되거나 확장된다. 따라서 잡색놀음의 공연 형식과 내용은 마을 공동체의 일상생활과 밀접한 관련을 가질 수밖에 없다. 잡색놀음이 표현하는 서사 세계가 출산·성적 유희 및 갈등, 계급적 갈등, 투전, 도둑, 전쟁 등의 모티프를 채택하여 전개되는 것도 이와 같은 이유 때문이다. 풍물굿이 공공

의례로서 공동체의 공적인 삶의 문제를 담아내고, 공공의 이상적 삶을 기원하는 기능을 담당하는 것도 마찬가지이다. 잡색놀음은 이와 같이 풍물굿 공연구조 속에 '담론의 세계'를 구성하여 의미들을 생성·전달함으로써 공동체의 원활한 소통과 작동에 기여한다.

3. 잡색놀음의 유형과 성격

(1) 잡색놀음의 구조화 양태

잡색놀음의 극적인 연행양상은 연행 단위, 극의 형식과 내용, 탈 착용의 유무, 연출 방식, 모티프 전개에 따른 놀이의 유형을 중심으로 하여 논의되어 왔다.11) 그런데 잡색놀음은 잡색의 성격화 유무, 성격 구현의 방식, 서사적 사건의 유무, 구조화의 여부 등에 따라 그 연행양상이 다양하게 나타난다. 따라서 모티프의 전개에 따른 놀이 유형의 분류보다는 잡색의 성격화·성격의 구현·서사적 사건·구조화 등에 초점을 맞추어 잡색놀음의 연행양상을 검토하고, 구체적인 연행양상과 의미의 분석을 통해 호남 잡색놀음의 변별적 특징을 논의할 필요가 있다.

무동놀이 또는 무동춤의 공연 형태는 그 분포 면에서 전국적이라고 할 수 있으나 주로 경기·충청과 강원 지역의 풍물굿 공연에서 지배적

---

11) 정병호,《농악》, 열화당, 1986, 97∼103쪽; 박진태,《한국 민속극 연구》, 새문사, 1998, 182∼221쪽;《동아시아 샤머니즘 연극과 탈》, 박이정, 1999, 141쪽; 김익두,〈한국 풍물굿 '잡색놀음'의 공연적/연극적 성격〉,《비교민속학》제14집, 비교민속학회, 1997, 205∼226쪽. 잡색놀음의 연행 단위, 극 형식과 내용에 따른 잡색놀음의 연행양상은 정병호에 의해 간략히 조명되었고, 탈 착용의 유무와 관련지은 논의는 박진태에 의해, 모티프의 유형과 전개에 따른 잡색놀음의 분류와 그 특성에 대한 분석은 김익두·박진태에 의해 이루어졌다.

인데, 무동과 잽이가 결합하여 농경모의 형태인 농사풀이로 나타나는 경우도 있다. 호남 풍물굿에서는 세 개의 마을이 연합하여 치르는 고을굿의 대동굿적 성격에서 변화되어 성장과 벽사의 의례를 중심으로 공연되는 남원 보절면의 삼동굿과, 여천 '백초 농악'의 무동인형에 의한 무동 가장놀이에서 그 공연양상을 볼 수 있다.

잡색의 성격화가 분명하게 되어 있는 경우, 그 성격 구현 방식에서 다양한 국면을 보이고 있다. 개인적·즉흥적·분절적·개방적으로 다각화된 놀이의 형태가 있는가 하면, 관계적·구조적·완결적·연속적인 방식으로 공연되는 형태가 있다. 이를 지역에 따른 구분 없이 놀이 형태로 나타내면 즉흥놀이, 양성놀이, 투전놀이, 비비새, 안놀음, 영감-할미놀이, 양반-노비놀이, 조리중-각시놀이, 지체다툼놀이, 자식자랑놀이, 대포수놀이, 광대놀이, 동물 가장놀이, 도둑잽이, 일광놀이 등으로 구분할 수 있다.

즉흥놀이는 잡색 개인을 중심으로 부여된 성격에 따라 춤이나 행동으로 노는 공연형태라고 할 수 있다. 즉흥놀이는 청관중을 상대로 하여 재담을 섞기도 하고, 잡색 간에 일시적으로 상황을 구성하여 이루어지기도 한다. 이러한 공연형태는 가락과 풍물잽이가 중심이 되어 펼쳐지는 풍물굿의 공연적 성격으로부터 비롯되는 공연형태라고 할 수 있으며, 전국적인 분포를 보인다. 다만 호남 풍물굿 잡색들에게 구현된 성격화의 정도가 다르기 때문에, 호남 풍물굿 잡색놀음에서 그 놀이의 형태와 내용이 다양하다. 따라서 즉흥놀이는 즉흥적이고 개별적이며 완결된 구조라기보다는 분절적이며 상황 설정과 그 내용의 전개가 우발적인 국면을 보이기 때문에 개방적인 형태를 띤다.

이 밖의 잡색놀음은 즉흥성과 우발성이 있기는 하지만, 잡색 간에 일정한 상황이 일정한 구조로 고정되어 있다. 이러한 유형으로는 비비새놀이, 안놀음, 영감-할미놀이, 양반-노비놀이, 조리중-각시놀이, 지체다툼놀이, 자식자랑놀이, 대포수놀이, 광대놀이, 동물 가장놀이, 도둑

잽이, 일광놀이가 있는데 성격화의 정도와 그 구현방식 및 서사성, 구
조화 등의 특징이 뚜렷하다. 특히 일광놀이와 도둑잽이는 호남 잡색놀
음에서만 보이는 연행형태로 독특한 놀이양상을 보여주고 있으며, 그
분포 또한 호남 전역에서 나타나고 있다.

　이와 같은 잡색놀음의 공연양상을 도표로 정리하여 나타내면 아래
와 같다.

<표-2> 잡색놀음 공연양상 일람표

구분 놀이 종류	분포 범위	성격화	성격 구현	서사성	구조화
즉흥놀이	전국	○	개별적	×	×
무동놀이	전국	×	×	×	○
무동 가장놀이	백초	○	관계적	△	○
동물 가장놀이	백초	○	관계적	△	○
영감-할미놀이	담양	○	관계적	○	○
조리중-각시놀이	영광	○	관계적	○	○
양반-노비놀이	화순	○	관계적	○	○
지체다툼놀이	영광	○	관계적	○	○
자식자랑놀이	영광	○	관계적	○	○
비비새놀이	거문도	○	관계적	○	○
안놀음	구례·해남	○	관계적	○	○
일광놀이	호남 우도	○	관계적	○	○
도둑잽이	호남 좌우도	○	관계적	○	○

(2) 잡색놀음의 모티프와 그 성격

　호남 잡색놀음은 전국의 거의 모든 잡색놀음의 연행양상을 포괄하
고 있으며, 호남 잡색놀음에서만 독특하게 생성·발전된 놀이 유형이
있다. 또한 성격화의 정도도 높으며, 잡색들의 성격구현 방식도 관계적
이며 구조적·완결적 국면을 보이고 있고 구조화의 양상도 서사적인

면을 띠고 있다.12)

화순군 능주면 관영리 풍물굿의 잡색놀음은 양반(영감)·각시·할미·대포수·조리중이 등장하여 삼각관계로 얽혀진 애정사건과, 임신·출산을 모티프로 하여 전개된다. 이를 '영감-할미놀이'라고도 하는데,13) 담양 금성면 석현리 풍물굿 잡색놀음에서도 이와 같은 양상이 보인다. 담양 석현리의 잡색놀음은 대포수·상좌중·각시·망구에 의해 이 '영감-할미놀이'가 연행되는데, 망구의 출산을 중심으로 이야기가 펼쳐진다. 두 지역의 잡색놀음은 영감을 사이에 두고 할미와 각시의 갈등이 드러나고 있으며, 할미의 출산을 중심으로 다른 잡색들의 역할이 배치되어 있다. 각각의 잡색들은 잡색놀음 공연 구조의 주변부에서 그들에게 부여된 성격을 표현하는 즉흥적인 상황극형의 놀이를 펼치고, 양반(영감)과 할미·각시는 공연 구조의 중심에 배치된 애정사건의 주역으로 등장해서 놀이를 한다. 또한 그 과정에서 유감주술적인 성행위의 장면들이 연출되고, 할미의 임신과 출산이라는 사건으로 잡색들의 행동이 집중된다. 이와 같이 영감-할미놀이는 사건들이 일련의 집중된 행동들의 계열 속에서 구조화된 국면을 보여주고 있다.

담양 무정면 영천리 죽산마을 풍물굿의 잡색놀음에서도 할미의 출산이 중요한 사건으로 다루어진다. 이 마을의 잡색놀음은 관영리와 석현리의 잡색놀음보다 등장인물의 유형 면에서 분화된 양상을 보인다. 이 마을의 잡색으로 대포수·양반·진사·할미·조리중·각시·창부·광대·남무동·여무동이 놀이판에 등장하는데, 양반과 할미광대는 부부이고 창부는 엉덩이춤을 추고 조리중은 탐욕스럽고 대포수는 힘과 지혜를 겸비한 놀이판의 중심인물이라는 등등, 성격 분화가 뚜렷하다. 이들은 굿판에서 즉흥적인 상황극을 연출하고, 할미의 출산을 중

---

12) 이영배, 앞의 글, 77~123 및 135~140쪽 참조.
13) 이경엽, 〈전남의 민속극 전통과 광대(탈) 전승〉, 《전통문화연구》 제3호, 용인대학교 전통문화연구소, 2004, 25~59쪽.

심사건으로 한 구조화된 잡색놀음을 공연하기도 하며, 판굿에서는 투전행위를 모티프로 한 도둑잽이를 연행하기도 하였다.

화순군 한천면 한계리 풍물굿의 잡색놀음은 '양반-노비놀이'라고도 불리는데14), 여자 노비와 남자 노비 또는 조리중이 양반을 놀리는 내용으로 되어 있다. 이 '양반-노비놀이'는 현실의 관계를 어느 정도 반영하기도 하지만, 그 관계를 전복적으로 밀고나가 전도시키는 일종의 풍자적·해학적 놀이라고 할 수 있다. 양반과 노비의 일상적인 생활의 한 단면인 '노비가 양반의 술시중을 드는 상황'을 설정해 놓고, 노비가 양반에게 반말을 하거나 양반의 술을 강제로 뺏어먹는 등, 현실에서 주어져 있지 않은 세계를 잡색놀음을 통해 '가능세계'로 재현하고 있다.

화양면 백초리 풍물굿의 판굿에서 가장놀이는 무동이 주축이 되는 무동 가장놀이와, 소·곰·호랑이·사자로 이어지는 동물 가장놀이, 거사와 각시가 중심이 되는 남녀 가장놀이, 그리고 동물 가장놀이와 남녀 가장놀이의 중간 형태인 말과 장군의 가장놀이로 연행된다. 이 가운데 무동 가장놀이는 무동받이들이 남녀를 본뜬 인형을 어깨 위에 태우고 남녀의 사랑을 표현한다. 남녀 가장놀이와 말·장군놀이는 놀이를 전승하는 집단의 소망과 관심사가 교미와 전투 그리고 사랑이라는 생물과 인간 모두에게 중요한 사건에 주술적·우의적·모방적·유희적인 방식으로 투사되어 있다.

남녀 가장놀이와 말·장군놀이는 그 놀이가 지향하는 가치와, 향유자에게 던지는 의미의 해석 정도에 따라, 집단의 갈등과 위기를 교정·봉합하는 사회극적 유형으로 볼 수 있다. 왜냐하면 말이 교미하는 장면과 교차하는 장군의 전투무용은 생식과정에서 일어나는 경쟁과 충족 또는 결핍이라는 동물과 인간의 원초적인 존재상태를 투사하는 것으로 보이며, 남녀의 사랑놀이는 충족과 결핍이라는 이중적인 존재상태를

---

14) 위와 같음.

표현한 것으로 고려되기 때문이다. 동물 가장놀이는 인간에게 중요하고 친숙한 동물에 빗대어 성적인 욕망이 대리충족되는 표현형으로 해석될 수 있고, 교미 자체가 뜻하는 생식의 목적이 투영된 풍농의례의 성격을 지니고 있다고도 볼 수 있다.

전남 구례군 산동면 위안리 하위마을의 안놀음과 여천군 삼산면 거문리의 비비새놀이(일명 말뚝이놀음)는 한때 전라남북도 지역에서 연행되었던 잡색놀음으로, 자세한 내용은 알 수 없지만, 잡색놀음이 사회와 조응하면서 사건을 공연 속에 전유하는 방식과 극적 전개 그리고 내용을 살펴볼 수 있는 자료이다. 안놀음과 비비새놀이에 등장하는 잡색의 공통적인 유형은 양반(시골양반, 샌님)·노친네·되(대)포수·말뚝이(양반댁 머슴)·조리중(바람난 중)·토끼 등의 산짐승인데, 안놀음에서는 제대각시(양반의 딸)가, 비비새놀이에서는 제밀집(제물포집)·비비새(영노)·초라니·기생 등이 각각 추가로 편성된다. 잡색의 유형 면에서는 비비새놀이가 좀더 다양하고, 줄거리에서도 비비새놀이에 '비비새'라는 괴물탈이 나와 그저 닥치는 대로 잡아먹겠다고 위협하는 대목이 추가되어 있다. 비비새는 영노와 비슷하며 일본 사람으로 인식되었다는 점이 다르다.

비비새는 식인종으로 인식되지만 실제 사람을 잡아먹는 장면이 있는 것이 아니고, 놀음판에 등장하여 "에미 애비도 먹는다"는 식으로 그저 닥치는 대로 잡아먹고 싶다는 대사를 하는 정도로 나타나며, 무서운 존재라기보다는 조롱의 대상이었다. 연희방식 면에서 볼 때, 안놀음에 견주어 비비새놀이가 대사보다는 춤이 공연의 주된 요소로 대사 한 자락이 끝나면 춤 한 쌍을 추는 식으로 전개되었다. 연희 장소도 안놀음은 동네의 넓은 마당이나 둥구나무 밑이었던 것과 달리, 비비새놀이의 연희 장소는 부둣가 넓은 곳이나 배 위 등이었다. 그 밖의 연행 내용은 안놀음과 크게 다르지 않고 비슷하다.

일광놀이와 도둑잽이가 전승되었거나 전승되고 있는 지역은 금산·

중평·임실·남원·곡성·승주·화순·고흥·김제·정읍·고창·
영광·광산·익산·담양·해남·진도 등지이다. 일광놀이로만 존재
하는 지역은 익산뿐이고, 도둑잽이의 형태로 잡색놀음이 연행되는 곳
은 금산·임실·남원·곡성·승주·화순·고흥·영광·광산·담양·
해남·진도 등지인데, 금산과 승주는 그 연행 문법이 망실(亡失)되어
서 구체적인 연행 내용을 알 수 없다. 고흥은 도둑잽이와 대포수놀이,
광대놀이가 잡색놀음으로 공연되었다고 하나 그 자세한 내용은 알 수
없다. 다만 잡색놀음이 서로 다른 공연 절차를 가지고 펼쳐졌다는 점에
서 구조적 분화가 일어난 유형에 속한다고 볼 수 있다. 임실·남원·
곡성·화순은 도둑잽이굿의 주요 모티프가 투전노름으로 상쇠가 투전
꾼들을 찾아내어 그 우두머리인 대포수를 처형한다. 대포수의 처형 이
후 임실과 곡성은 대포수를 재생시키고, 남원과 화순은 대포수를 매고
상여 나가는 시늉을 한다.

　영광의 잡색놀음은 도둑잽이굿 외에 구정놀이에서 잡색들이 일정한
모티프에 따라 재담을 하고, 부여된 성격에 따른 행동을 보이는 구조화
된 상황극 유형이 보고되었다.15) 그러나 영광 풍물굿의 현행 판제는 모

---

15) 《호남우도 풍물굿》(전라문화연구소, 1994)에는 판굿 순서가 모듬굿·입장굿
　　→인사굿→오채질굿→오방진굿→허허굿→도둑잽이굿→구정놀이→인사굿으
　　로 기록되어 있으며, 《농악》(정병호, 1986)에는 오채굿→벙어리늦은삼채→
　　오방진→일채·이채·삼채굿→콩동지기→호호굿(열두마치굿)→구정놀이
　　(소고→장구→잡색놀이→쇠꾼놀이)→노래굿 순으로 기록되었다. 도둑잽이
　　굿도 《호남우도 풍물굿》의 경우에는 허허굿과 구정놀이 사이에 배치되어 있
　　으나, 1994년 박용재(현 전라북도 도립국악원 연구원)의 조사에 따르면, 판
　　굿의 맨 마지막에 도둑잽이굿을 했던 것으로 기록되어 있다. 또한 1998년
　　'서울놀이마당'의 공연에서는 오방진굿 뒤에 도둑잽이굿을 연행하고 판굿의
　　마지막에 대포수와 양반이 나와 둘 다 할미에게서 얻은 자기의 자식 자랑을
　　잡색놀음으로 연행하였다. 그런데 《호남우도 풍물굿》과 박용재의 조사와는
　　달리, 오방진굿에 이은 도둑잽이굿은 김제·정읍·고창 등지에서 연행되는
　　일광놀이의 공연양상을 보였다. 대포수가 쇠를 훔치면, 상쇠가 나와 적군 가
　　운데 양반을 불러 쇠를 찾는다. 양반은 불갑사의 보살(조리중)을 부르고, 조

듬굿(입장굿)→아궁잽이굿→오채질굿→오방진굿→일광놀이·도둑잽
이굿→허허굿→대포수죽음마당→인물치레마당→조리승과 각시희롱마당
→자식자랑마당→구정놀이〔개인놀이 : 법구놀이(소고춤)→통북놀이→
쟁놀이→짝드름·부포놀이→장구놀이(설장구)〕→인사굿 순으로 전개
된다. 물론 실제 공연에서는 시간의 제한 등 공연 현장의 여러 변수가
있기 때문에, 이러한 판제가 모두 공연되는 것은 아니다. 환경의 변수에
따라 축소되기도 하는데, 특히 잡색놀음의 경우는 변수가 많다.

 현행 판제의 잡색놀음은 사각놀이·대포수죽음마당·인물치레마
당·조리승과 각시희롱마당·자식자랑마당 등이 있는데, 사각놀이는
다른 지역에서 일광놀이라고 부른다. 사각놀이가 배치된 연행 단위 즉
오방진굿과 허허굿 사이에서 도둑잽이굿이 연행되기도 하는데, 조리승
이 나발을 훔쳐 가면 아군과 적군으로 갈리어 서로 싸운다. 이때 진법
은 28수를 펴고, 가락은 33채를 치며 싸운다. 아군과 적군이 싸우다가
상쇠가 대포수의 투구를 삼치장(영기)에 꿰어 벗기면 대포수가 죽는
다. 대포수가 죽으면 잡색들은 불법이 높은 스님을 모셔와 대포수를 살
려내고 다 함께 노래굿을 하며 신나게 논다.[16]

 호남 풍물굿 잡색놀음은 구조화된 공연 단위에서 서사적인 국면을
보인다고 하였는데, 그 서사적 전개양상의 특징으로 볼 때 잡색놀음은
공연집단과 공동체의 반성적 행위를 형상적으로 반영하고 그 사회의

리중이 문복을 하는 과정에서 대포수가 도둑임이 밝혀지고 쇠를 찾는다. 또
한 2002년 영광군 묘량면 영당마을과 2005년 영광군 대마면 성산리 평금마
을에서 공연한 판굿의 경우에도 오방진굿 뒤에 일광놀이를 연행하였는데,
내용은 1998년과 대동소이하다. 현재 전승 현장에서 연희되는 실제 공연의
내용과 이전의 조사와 기록들이 도둑잽이굿의 연행 구조의 배치와 내용에서
차이를 보이고 있다. 현장성은 영광 잡색놀음의 문화적 정체성과 관련하여
매우 중요한 맥락이다. 따라서 잡색놀음의 종류와 연행 순서 및 구조적 배치
는 현행 판제를 따르고자 한다.

16) 영광 우도 농악의 상쇠 최용의 제보 및 자료.〔2006. 4. 23.〕

작동 방식과 관련된 이데올로기를 비추는 거울로서 작용한다. 이러한 특성은 공연학적 관점에서 볼 때 최소한 두 번 반복되어 공연된 집단 서사의 재현물이다. 한 번은 일상에서 경험한 사건 속에서 갈등과 위기를 거쳐 교정되거나 잠재적인 저항의 요소와 계기를 남겨둔 채 봉합되는 방식으로 작용하고, 두 번은 그러한 사건에 대한 경험이 공연의 모티프를 제공하여 모방되는 차원으로 작용한다.

　하나의 공연은 이러한 이중 반복을 한 패턴으로 조직하는 공연의 연속체이다. 그렇기 때문에 잡색놀음은 이중 반복을 통해 공연집단과 공동체에 새겨진 기억을 기본 모티프로 하여 거듭 반복되는 모방 행동의 연속체 즉 '사회극'17)적인 형태로서 공동체 사회와 조응한다. 왜냐하면 사회극은 어떤 사회 현상이 물리적인 차원을 넘어 의미화될 때 다시 말해 사건화될 때18), 발생하는 극적인 상태를 가리키는 용어이기 때문이다. 그러므로 사회극은 메타적인 차원에서 발생하고 작용하지만, 무대 또는 예술의 자율적인 장 속에서 모방된 미학적인 사건의 극적 상태와는 다르다.

---

17) "사회극은 체험의 모체이다. 이 모체로부터 교정의 제의나 법률적 절차들이 시작되고, 최종적으로 구전의 이야기나 문학의 이야기 내용들을 포함한 수많은 장르들에 걸친 문화적 이야기가 생겨나게 되었다. 위반·위기·그 결과로서 재통합 혹은 분열은 후대의 이러한 장르들의 내용을 제공하고, 여러 가지 교정적 절차들은 그것들의 형식을 제공한다. 사회가 복잡화되고 분업이 사회의 문화적 행동 양식을 갈수록 특수화–전문화함에 따라, 사회극에 의미를 부여하는 방식도 다양화한다. 그러나 사회극은 여전히 단순하고도 뿌리 깊은 것이다. 그것은 모든 사람들 각자의 사회적 체험의 일부이며, 지속을 바라는 모든 집단의 발전 사이클의 중요한 교차점이다. 사회극은 여전히 인류의 고통스러운 문제 …… 이다. 우리는 이러한 분명하고 익숙한 연속 관계성의 패턴에 대해 상용어구들만을 사용할 수 있을 뿐이다. 사회극은 동시에 우리 자신에게 우리 자신을 표명하는 우리 본래의 방식이며 어디에 권력과 의미가 있으며 어떻게 그것들이 분배되는가를 표현하는 우리 본래의 방식이다."(Victor Turner 지음, 김익두 외 옮김, 《제의에서 연극으로》, 현대미학사, 1996, 129쪽)

18) 이정우, 《사건의 철학》, 철학아카데미, 2003, 105~148쪽.

두 번 반복된 공연 연속체는 그 실효성이 없어질 때까지 이중적 반복의 패턴을 다시 반복하면서, 새로운 사회적 상태와 사건들을 경험하여, 기본 모티프에 새롭게 모방하고 해석한 의미들을 덧붙인다. 기본 모티프는 구술문화의 기억 형성과 관련지어 볼 때, 일정한 내용·문체·정형구적인 구조와 같은 방식[19]으로 공연자와 그가 속한 공동체에 기억된다. 그 기억은 때로 사회의 직접적인 압력으로 말미암아 변용되는데, 공연자는 청관중이 바라고 용인하는 것을 공연한다.[20] 호남 풍물굿 잡색놀음의 모티프들은 이러한 방식 속에서 기억되고 고정되고 변형된, 다소 유동적인 기억의 지도인 셈이다. 잡색놀음이 축소되고 망실된 과정도 이와 같은 공연의 전승·공연의 문법 속에서 새로운 사건을 담아내고 덧씌우는 실질적인 주체인 청관중이 사라지게 되면서 구술문화의 환경이 급격하게 변화되었기 때문이다. 그러나 그 흔적은 잡색놀음 전승과정의 기억 속에 여러 조각들로 남아 있다.

4. 맺음말

여기까지 호남 풍물굿 잡색놀음의 공연적 특성과 그 의미를 인물의 유형과 성격, 잡색놀음의 구조화 양태와 그 성격을 중심으로 논의하였다. 호남의 잡색은 본 연구에서 검토한 자료에서는 63개 유형으로, 다른 지역과 비교하여 그 종류가 많다. 특히 봉건적인 인물형과 근대적인 인물형이 나타나고 있어, 시대와 조응하여 잡색이 편성되었다고 할 수 있으며, 동물형에서 인형에 이르기까지 잡색의 성격화 범주도 넓다. 호남의 잡색들은 풍물잽이가 중심이 되는 공연 구조 속에서 즉흥적이고

---

19) Walter J. Ong 지음, 이기우·임명진 옮김, 《구술문화와 문자문화》, 문예출판사, 1997, 103쪽.
20) 위의 책, 106쪽.

상황적인 비양식성의 연행패턴을 보이기도 하지만, 판굿의 후반부에 구조화된 공연 형식으로 배치되어 양식성과 서사성이 강화되어 있다.

놀이의 종류 또한 개인적·즉흥적·분절적·개방적으로 다각화된 형태가 있는가 하면, 관계적·구조적·완결적·연속적인 방식으로 공연되는 형태도 있는데, 모티프의 전개와 유형에 따라 즉흥놀이에서 모티프와 주제가 일정한 구조 속에서 연극적으로 가공된 양성놀이, 투전놀이, 비비새놀이, 안놀음, 영감-할미놀이, 양반-노비놀이, 조리중-각시놀이, 지체다툼놀이, 자식자랑놀이, 대포수놀이, 광대놀이, 동물 가장놀이, 도둑잽이, 일광놀이 등으로 다양한 형태를 보이고 있다.

잡색놀음은 마을굿·무당굿·탈놀이와 같은 굿 문화에서 연원하는 동일 계통의 공연 양식으로 규정될 수 있다. 하지만 굿 문화에서 양식적으로 분화되는 과정 속에서 풍물굿의 공연구조로 통합되는 방향을 취했다고 볼 수 있으며, 마을굿 속의 탈놀이 또는 극놀이, 무당굿 속의 탈놀이 혹은 극놀이, 그리고 탈놀이 등과 구별되는 극적 공연 양식으로 펼쳐져 왔다고 할 수 있다.

풍물굿은 호남지역에서 상쇠가 이끄는 풍물잽이들에 의해 공연의 주도권이 강화되는 쪽으로 그 공연양식이 정립되는 과정을 밟아오면서도, 다른 한편으로는 풍물굿이 대동굿의 축제와 놀이를 이끄는 문화적 양식으로 민속적 삶과 사회에 자리 잡았기 때문에, 잡색놀음은 풍물굿에 종속되는 모습을 보이기도 하고 풍물굿의 놀이적·연극적 성격을 강화하는 양상을 보이기도 한다. 더욱이 호남 풍물굿 잡색놀음은 판굿의 극적인 공연 단위로 구조화되는 방식으로 어느 정도 양식화되었다고 할 수 있다. 호남 풍물굿 '잡색놀음'의 이러한 특징들은 비록 풍물굿 속에 배치된 극적인 공연 단위라고 할지라도, 굿 문화를 기반으로 하여 전개되어 온 연극 전통의 한 표현형 또는 문화형으로 고려할 수 있는 근거가 될 수 있을 것이다.

VIII 풍물굿과 복색

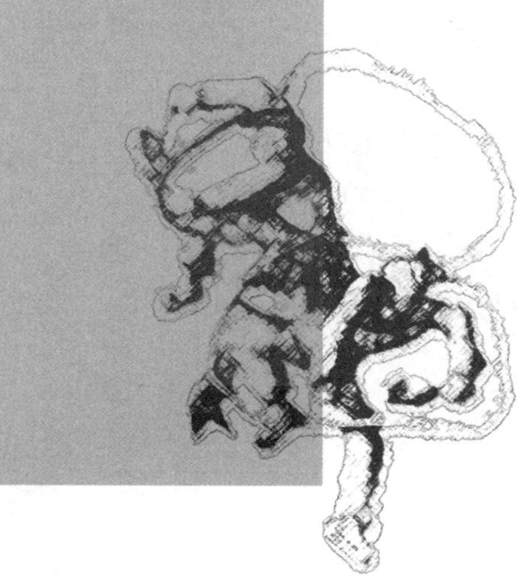

전립과 농악의 상모

이보형*

1. 머리말

농악수가 머리에 쓰는 모자에는 전립(氈笠)과 고깔이 있다. 농악의 전립(氈笠)은 '전립(戰笠)' 또는 '벙거지(벙치)'라고도 이른다. 또 여기에 상모라는 장식을 달고 이것을 돌리며 여러 가지 상모놀음을 하기 때문에 모자라는 뜻으로 '돌모'라 이르기도 하고, 또 흔히 전립을 머리에 쓰는 것을 '상모 쓴다'고 하듯이 전립 자체를 '상모'라 이르기도 하고 또는 '꼬꼬매'라 부르기도 한다.

그런데 군복에도 전립(氈笠), 전립(戰笠), 벙거지라 이르는 모자가 있다. 그 명칭이 같고 구조가 비슷한 것을 볼 때 농악복의 전립은 군복의 전립과 관련이 있을 것으로 짐작이 된다. 지금까지 농악의 전립과 군복의 전립이 관련이 있다는 것은 통념으로 알고 있었으나, 이를 구체적으로 구조와 기능을 비교한 연구가 없었다.

필자는 농악의 전립이 군복의 전립에 나타난 구조와 부분 명칭을 비교하고 농악의 전립과 군복의 전립의 공통점과 차이점을 규명하여, 농악의 전립이 군복의 전립에서 나왔다는 것을 증명하려고 한다. 그리고

---

* 민속학자.

농악의 전립에 달린 상모와 군복의 전립에 달린 상모에 나타난 구조적 차이를 규명하고, 그 차이를 기능의 차이로 보고 발생한 요인을 규명하고자 한다.

또 우리나라 군복의 전립과 같은 형태의 군모(軍帽)는 우리뿐만 아니라 만주족 및 몽골족과 같은 북방 민족의 전립과 구조가 비슷하므로, 그 근원이 같은 것으로 보고 우리 전립과 구조를 비교하여 보고자 한다.

농악복에서 전립에 달린 상모에는 '부포상'이라 하여 수실과 같은 부포로 된 상모와 '채상'이라 하여 긴 끈과 같이 된 상모로 두 종류가 있다. 그리고 부포상모와 채상모는 지역에 따라 구조적 차이를 보이고 있다. 그 구조적 차이를 규명하고, 군복의 전립에 달린 상모가 농악복의 전립에 달린 상모로 그리고 각 지역의 상모로 구조가 변화된 과정을 고찰하고자 한다.

농악수는 농악복의 전립에 달린 상모를 이리저리 돌리면서 이른바 '상모짓'을 하는데 동작에 따라 10여 가지의 기예가 있다. 이 같은 상모짓의 종류와 그 지역적 특성을 규명하고자 한다.

그리고 농악의 전립에 달린 상모와 군복의 전립에 달린 상모의 구조적 차이가 그 기능의 차이에서 발생한 동인(動因)을 고찰하고자 한다.

2. 군복의 전립(氈笠)·전립(戰笠)·벙거지

농악복에서 전립과 군복에서 전립의 구조를 비교하기에 앞서 먼저 군복에서 전립의 구조에 대하여 살피고자 한다.

조선 후기 군복 가운데 협수 동달이를 입고 쾌자를 걸치고, 상품(上品) 전립(氈笠)을 착용하는 상위군 복색을 구군복(具軍服)이라 하였으나, 창옷에 더그래를 걸치고 속칭 '벙거지', '벙테기', '벙치'라 이르던 하품(下品) 전립을 착용하는 하위 군복은 구군복이라 이르지 않았던 것 같다.

전립은 〈춘향가〉 군노사령(軍奴使令) 대목에서 "군노사령이 나간다 산수(山獸)털 벙거지"라고 하였듯이, 상하품 모두 전모(剪毛) 돈모(豚毛)와 같은 수모(獸毛)를 검게 물들이고 아교로 이겨 틀에 얹고 굳혀 복발(覆鉢)형 모옥(茅屋)에 양태(凉太)를 다는 모습으로 만들었다. 상품은 고운 털을 썼고 하품은 거친 털을 썼다 한다. 어느 경우나 전립은 검은색이다.

벙거지라는 말은 북방 외래어로 보는 이도 있는 것 같다.[1] 그리고 벙거지라는 말의 별칭인 '벙태기'가 청(淸)의 '마래기[末額]'와 가까운 말이라 한다면 '번거지'라는 속칭이 원래의 명칭일 것이다.

벙거지를 전립(氈笠) 또는 모립(毛笠)이라 이르는 것은 '수모(獸毛)로 만든 입자(笠子)'라는 뜻으로 재질을 가리키는 한자어겠고, 전립(戰笠)이라 이르는 것은 전투복으로 착용하는 입자(笠子)라는 뜻으로 기능을 가리키는 한자어인데, 전립(氈笠)이라는 음을 따서 음역한 것 같다. 오늘날에는 쾌자를 흔히 전복(戰服)이라 이르듯이 벙거지를 전립(戰笠)이라 이르는 경우가 많다.

벙거지는 쓰는 이의 품계에 따라 장식이 달랐던 것 같다. 고급으로 만든 것은 〈춘향가〉에 "남일광단(藍日光緞) 안을 올려"라 하였듯이, 흔히 남색 일광단(日光緞)이나 운문단(雲紋緞)을 안에 대어 치장하였고, 하정배의 벙거지는 안을 올리지 않았던 것 같다. 〈춘향가〉 군로사령에 "날나리 용자(勇字) 딱 붙이고"라고 한 것은 사병의 전립 모자 앞 쪽에 용자(勇字)를 붙인 것을 가리키는데, 장교나 하정배의 전립에는 용자가 없었다.

모자의 꼭대기에는 금속이나 옥석으로 꼭지를 달았는데 품계에 따

---

1) 심재완·이은창, 《한국의 관모(冠毛)》, 영남대학교 신라가야연구소, 1972, 53쪽.

라 금·은·옥·석을 가려 썼던 것 같다. 이를 '증자' 또는 '징자'라 이르고 한자로 '금증자(金曾子)', '정자(頂子)', '금징자(金徵子)'라 적고 있다. 입자(笠子) 가운데 옥으로 만든 고급 징자를 단 것를 옥로마(玉露馬)라 하는데 이것도 징자일 것이다. 징자는 전립 외 다른 모자에도 있고 장식으로 단 경우도 있다.

전립의 증자에는 장식으로 상모만 달았던 것 같다. 뒤에 품계가 높은 자가 착용하는 전립에는 증자에 상모와 공작미(孔雀尾)를 달았는데, 양자를 징자에 다는 것이 모양이 번잡하게 보이는 탓에 뒤에 공작미는 증자에 달아 앞으로 늘어뜨리고 상모는 모자에 두른 매듭끈에 달아 뒤에 늘어뜨리는 것으로 분화된 것 같다. 검기무(劍器舞)를 추는 기생이 착용하는 것은 '착전립(着氈笠)'이라 하여 쾌자를 걸치고 전립을 쓰는데, 이 경우에도 공작미와 상모를 달고 있다.

본디 상모라는 것은 모자·창검(槍檢)·기식(旗飾)·마구(馬具) 등 기물(器物)에 두루 다는 붉은 장식이며, 긴 수모(獸毛)나 대마(大麻)를 붉게 물들여 만들었다. 이를 때때로 상모(象毛)라 적는데 이따금 삭목모(朔木毛)라 적기도 한다. 전립에는 증자에 상모를 다는 것이 원칙이다. 상모를 흔히 '꼬꼬매'[2], '꼬꼬마리'라 이르는 것은 농악 상모에서 나온 별칭으로 보인다. 꼬꼬매라는 말의 어원을 필자는 '꼭꼭마'로 보고 있다. 농악에서 상모를 돌리는 놀음이 생기면서 '꼬꼬마'라는 바람개비를 가리키는 말로 대용한 것 같다.[3]

〈춘향가〉 신연맞이 대목에 "들 넓은 벙거지 남일광단(藍日光緞) 안을 올려 둥근 깃 채공작미(彩孔雀尾) 부포깃을 달아서"라고 한 것과 같이 상모를 일명 '부포깃'이라 이르기도 하였던 것 같다. 부포깃이란

---

2) 강화도에서 전립을 꼬꼬매라 하는 것을 현지조사에서 발견했는데, 이는 전립을 상모라는 말로 대신 이르듯이, 상모를 뜻하는 꼬꼬매라는 말로 전립을 가리키는 것 같다.

3) 이희승, 《국어대사전》, '꼬꼬마'조.

부풀어 오른 수실을 우리말로 '부포리'라 하는데, 깃처럼 만든 부포리를 부포깃이라 한 것 같다. 농악에서 수실상모를 '부포'라 하는데, 이 말도 부포리에서 나온 것임을 알 수 있다. 상모는 어느 기물에 다는 것이나 붉은색으로 염색하는 것이다. 고급 전립의 경우에는 우미모(牛尾毛)를 붉게 염색하여 상모를 만들어 달되, 붉은 끈으로 묶고 매듭을 달고 붉은 구슬 몇 개를 뀐 다음 모자 굽에 두른 매듭 끈을 매단다. 하정배가 썼던 하품 전립에서는 공작미를 달지 않고 상모만 징자에 달았는데 때로는 상모와 같은 장식도 없었던 것 같다.

전립에 다는 공작미는 공작의 화사한 꼬리깃을 끝에서 한 자 가량 잘라서 몇 개를 우선(羽扇)처럼 납작하게 묶되 짧고 부드러운 깃털 한 움큼을 엷은 자주색으로 물들여 당사로 함께 묶어 징자에 매달았다. 〈춘향가〉에 '채공작미(彩孔雀尾)'라 한 것은 이 깃털에 색을 들였다는 뜻으로 보인다.

모자와 양태(凉太)를 잇는 굽에는 흰 매듭실을 둘렀는데 실 끝을 나비 모양으로 매듭지었다. 하졸배의 벙거지에는 매듭 끈 대신 종이를 꼬아 만든 끈으로 맨 것이 보인다. 고급 전립의 모자 굽에 매는 매듭실에는 양 옆에 밀화(密花)를 매미 모양을 만들어 달았는데, 이를 속칭 '매미'라 하였다.[4]

양태 밑에는 입자 끈을 달아 턱에 매었다. 고급 전립에는 밀화영(密花纓)을 갓 끈에 산호 구슬을 꿰어 달 듯 달았는데, 〈춘향가〉에 "주먹 같은 밀화주(密花珠) 성성전(猩猩氈) 전도리 양 귀 밑에가 빛나고"라 하였듯이 성성전으로 전도리를 달기도 하였던 것 같다. 패영으로 단 밀화주가 주먹같이 커지면서 밀화패영은 갓끈 기능보다 장식 기능을·갖게 되고 따로 속 끈을 대신 달아서 전립을 매고, 밀화패영은 턱 밑에 길게 늘어뜨려 권위를 상징하는 장식으로 변한 것 같다. 물론 하졸배의

---

4) 강순제, 《조선시대 궁중복색》, 문화재관리국, 1981, 18쪽, '벙거지'조.

전립에는 본디 모습대로 밀화패영 없이 갓끈만 달았다.

3. 군복과 농악복에서 전립(氈笠)의 구조 비교

농악복에서 전립도 군복과 같이 전립(戰笠) 또는 벙거지, 병태기, 벙치라 불린다. 다만 군복의 경우와 달리 농악복에서는 전립을 '돌모'라 이르는 경우가 있고, 또 '상모' 또는 '꼬꼬매'5)라고도 하는데 이는 농악에서 상모의 기능이 커지면서 생긴 명칭으로 보인다. 전립을 돌모라 한 것은 상모가 돌아가는 모자라는 뜻으로 보이며, 상모라 한 것은 전립에서 상모의 기능이 커지면서 전립을 상모로 대칭한 것이라 할 수 있다. 그리고 '꼬꼬매'라 한 것은 꼬꼬매가 상모의 별칭이어서 전립 대신 불렀다고 말할 수 있다.

농악의 전립도 군복의 경우처럼 근래까지 수모(獸毛)로 만들어졌으나, 지금은 종이를 두껍게 붙여서 모자와 양태를 만들고 그 위에 천을 씌운 것이 보편화되었다. 농악의 전립도 군복의 전립처럼 검은색이 원칙이나, 요즘에는 붉은색 등 여러 색으로 만든 것이 생기고 있다. 하지만 이는 원칙이 아니다. 무형문화재로 지정된 농악 종목에 한해서는 검은색을 고수하도록 권하고 있다. 시골에서는 대나무로 패랭이처럼 엮어 모자와 양태를 만들고 천을 발라서 전립을 만들기도 하고, 강릉 농악의 '짚벙거지'에서 볼 수 있듯이 짚으로 먹서리를 만들듯이 벙거지의 모자와 양태를 만든 투박한 것도 있었으나 지금은 보기 힘들다.

옛날에는 농악복의 전립에서 모자의 굽에 흰 지승(紙繩)으로 테를 두르고, 양쪽에 흰 종이로 매미 모양으로 만들어 달았는데, 이는 군복의 전립에서 모자 굽에 매듭 끈을 두르고 양쪽에 밀화로 만든 매미 모

---

5) 강화도에서 전립을 '꼬꼬매'라 하였다. 〔1976년 강화도 현지 조사〕

양을 단 것과 같다고 할 수 있다. 지금은 지승을 달지 않고 굵은 실로 테를 두르고 매미는 달지 않으며, 아예 테를 두르지 않은 경우도 많다.

농악의 전립에도 군복처럼 모자 장상에 금속제 증자를 다는 것이 원칙이다. 그 이름은 군복처럼 '증자' 또는 '징자'라 이르지만 농악에서는 이 밖에도 '우늘'6), '꼭두마리'7), '돌모꼭지'8), '돌꼭지' 등 여러 가지로 부르고 있다. 농악에서 증자는 군복의 경우처럼 금속으로 만들기도 하나, 시골 사람들이 손수 전립을 만들 때 금속제를 구할 수 없으면 대추나무와 같은 단단한 나무를 깎아서 만든다. 지금 농악에서는 목제로 만든 것을 많이 쓴다.

농악의 전립은 상모를 반드시 징자에 달아 뱅뱅 돌리게끔 만들었다. 이것이 오늘날 농악에서 상모놀음이 발달하게 된 원인이다. 만일 군복의 고급 전립처럼 모자굽에 두른 끈에 상모를 다는 구조를 택하였다면, 상모를 돌릴 수 없어 오늘날과 같은 상모놀음은 생기지 못하였을 것이다.

상모를 징자에 매단 끈에는 구슬을 꿰어다는데, 이를 '구슬', '적자', '섭조시'라 이른다. 농악에서 상모끈에 꿰어 다는 구슬은 군복 전립의 상모에 다는 것보다 굵고 수효가 훨씬 많다. 이는 상모를 돌릴 때 원심력을 얻어 상모가 바람에 날리지 않게 하기 위함이다. 만일 그래도 상모가 가볍다 싶으면 무거운 납으로 만든 구슬을 하나 꿰어 넣기도 한다.

구슬이 끝나는 부분에 아주 조그만 상모를 짧은 깃털로 만들어 중등에 다는 경우가 있는데, 이를 지역에 따라서 '중등(中等)부포'라 이르

---

6) 경기도에서 징자를 '우늘'이라 이르는 수가 있다(심우성, 《안성농악 조사보고서》, 문화재관리국, 1972). '우늘'의 어의는 밝혀지지 않았다.
7) 징자를 '꼭두마리'라 하는 것은 '꼭대기'라는 말에서 나온 듯하다.
8) 징자를 '돌꼭지'라 이르는 것은 '상모가 돌아가는 축'이라는 뜻에서 온 것으로 보인다.

기도 한다. 상모를 부포라 이른다는 것은 앞에서 말한 바와 같이 상모가 부푼 수실, 즉 부포리 구조로 되었기 때문인 것 같다. 중등부포는 군복에서는 있었던 것 같지 않고, 농악에서 상모 끈이 멋없이 너무 길게 되어 이로써 시각미를 더하고자 한 것으로 보이는데, 실은 중등부포가 원 상모이고 부포상이나 채상은 이 상모에 곁들이는 장식이었는지도 모른다. 강릉 농악 전립에서는 구슬 다는 끈에 짧은 종이 수실을 수도 없이 많이 달아 '퍽상'이라 이르고 끝에는 짧은 채상을 다는데, 이것은 중등부포를 구슬로 덮어서 만들어 다는 데에서 생긴 것으로 보인다.

군복의 전립에서는 구슬 끝에 매듭을 매고 바로 상모를 달지만 농악 전립의 상모 경우에는 구슬 끝에 중등부포를 달고 여기에 다시 따로 길게 끈을 더 달아서 상모를 다는데, 이 긴 끈을 '물채'라 이르는 고장이 있다. 이렇게 농악에서 상모는 구슬이 많아지고 물채를 길게 달아서 군복 전립의 상모보다 훨씬 길게 된 것은 상모를 뱅뱅 돌릴 때 크게 원을 그리어 한삼 춤사위처럼 춤으로써 효과를 얻기 위함이라 할 수 있다. 농악에서 상모의 물채와 채상의 길이가 옛날보다 훨씬 길어졌다는 것이 현지조사를 통하여 확인되었다. 물채와 채상은 군복 전립의 상모에 없는 것으로, 농악 전립의 상모에서 독자적으로 발달한 것으로 보인다.

앞에서 말했듯이 농악에서 상모는 긴 물채에 다는데 부드러운 끈으로 된 물채에 달면 '부들상모', 뻣뻣한 끈으로 만든 물채에 달면 '뻣상모', 약간 뻣뻣한 끈으로 만든 물체에 달면 '반부들상모'라 이른다. 이와 같이 물채의 형태에 따라 상모 놀음이 달라진다.

군복 전립의 상모는 우미모(牛尾毛)나 대마(大麻)를 붉게 염색하여 만든 것이나, 농악의 상모는 종이나 두루미 겨드랑이 깃털로 만들어 형태와 색상이 전혀 다르게 되었다. 농악에서 종이나 깃으로 상모를 만드는 것은 상모가 한삼처럼 가볍게 날아서 춤사위가 되도록 하기 위함이며, 또 우모나 대마보다 종이나 깃이 부드러운 느낌을 주기 때문일

것이다. 농악의 상모는 모두 흰색으로 되었고 군복 상모처럼 붉게 염색
된 것은 거의 없다. 군복 상모는 물론 어느 기물에 다는 상모는 두루
아름다운 붉은색으로 염색하는 것이 원칙인데, 농악의 상모만 흰색인
것은 상모가 지니는 색에 대한 일반적 통념에서 벗어나는 것이 되지만,
이는 붉은색보다 흰색을 더욱 순결하고 친근하게 느끼는 우리 민족의
백의심성(白衣心性)에서 말미암은 것 같다.

군복의 상모는 부포리 상모뿐이나, 농악의 상모에는 부포리(수실)
모양으로 된 '부포상모'와 긴 채(테이프) 모양으로 된 '채상모'가 있다.
부포상모나 채상모나 모두 종이로 만드는 것이나, 호남지방에서 두루
미 겨드랑이 깃털로 부포상모를 만들어 상모놀음에 혁신적인 변화를
가져왔다. 요즈음에는 두루미 깃을 구할 수 없어 칠면조 겨드랑이 깃털
로 대신한다. 채상모에는 짧게 만든 '나비상', 두어 발 되게 만든 '채상',
매우 길게 만든 '열두발 채상', 또는 '열두발 상모'라 이르는 채상모가
있다. 꽹과리잽이는 부포상모를 달며, 다른 잽이는 고깔을 쓰거나 채상
을 단다. 소고잽이가 고깔을 쓸 경우에는 '고깔소고'라 이르고 채상모
전립을 쓸 경우에는 '채상소고'라 하여 구별한다.

농악복에서 전립은 훈령 끈과 속 끈으로 이중 끈을 다는 것이 상품
군복의 전립에서 속 끈과 밀화패영으로 이중 끈을 다는 것과 같다. 농
악에서는 훈령 끈을 약간 넓고 검은 천으로 길게 늘어뜨리는데, 이는
군복 전립의 밀화패영을 길게 다는 것과 같은 기능을 갖는다. 농악에서
밀화패영을 쓰지 않는 것은 그것이 너무 비싸기 때문이기도 하지만 농
악수가 격렬하게 움직일 때 패영이 흔들려 매우 불편하기 때문이다.

군복에서 전립을 착용할 때 고급의 경우에는 머리에 망건을 받쳐 쓰
고 저급의 경우 수건을 받쳐 쓴다. 농악에서는 수건을 받쳐 쓰는데 겉
에 장식용 수건을 겹쳐 씀으로써 전립을 받쳐 쓰는 속 수건과 장식용
으로 겉에 쓰는 꽃수건을 이중으로 쓰는 경우가 많다. 꽃수건은 이마에
꽃 모양으로 예쁘게 고를 매는 데에서 나온 말이며, 요즘에는 천으로

꽃을 만들어 끈을 달아 이마에 다는 꽃수건도 있다. 꽃수건은 농악 전립이 독자적으로 지닌 것으로 보인다.

4. 전립의 원류와 농악 상모의 변화

앞에서 살펴본 바와 같이 군복의 전립과 농악복의 전립은 근본적으로 구조와 명칭이 같다는 것을 알았다. 다만 전립에 다는 상모의 경우에는 서로 다르게 되었다는 것도 알았다. 군복의 경우에는 붉은색 긴 수모로 상모를 만들어 짧은 끈으로 매달고, 농악복의 경우에는 흰 종이나 깃털로 상모를 만들었고 긴 물체에 매다는 점이 다르다. 군복 전립과 농악복 전립 가운데 어느 것이 고형(古形)일까 하는 것은 증명하기 어렵지만 다른 북방 민족이 쓰는 전립과 비교해보면 군복의 전립이 고형일 것으로 짐작이 간다.

우리 전립은 북방 민족의 전립에서 온 것이라고 보는 것이 중론이다.9) 만주족이나 몽골족과 같은 북방 민족에 우리 전립과 비슷한 입자(笠子)가 있다. 전립은 전(氈)으로 만든 입자(笠子)의 정수리에 상모를 다는 간단한 구조에서 출발한 것 같다. 전립에 상모를 다는 것은 투구 정수리에 상모를 다는 북방 민족의 보편적인 복색에서 나온 것으로 보인다. 고구려 벽화에 보이듯이 우리 민족도 예로부터 투구에 상모를 달았는데 언제부터인지 전모에 상모를 다는 습속이 생긴 것 같다.

만주족의 전립은 우리의 전립과 구조가 같고 꼭데기에 징자를 달고 붉은 상모를 넓게 매달아 우리 군복의 전립과 비슷하다. 다만 우리 전립의 양태는 수평에 가깝게 약간 치켜 올라와 있는데, 만주족의 전립은 양태가 매우 위로 치켜 올려져 안올림이 드러나 보이게 되었다. 우리의

---

9) 심재완·이은창, 앞의 책.

안올림은 남색이나 만주족의 경우는 적색으로 된 경우가 많다. 이는 적색을 즐기는 민족성과 남색을 즐기는 민족성의 차이에서 말미암은 것 같다. 만주족의 전립에는 공작미(孔雀尾)를 앞으로 늘어뜨리는 의장(意匠)이 없는 것으로 보아, 공작미를 앞으로 늘어뜨리는 것은 우리의 독자적인 의장으로 보인다. 굵은 밀화패영을 길게 드리우는 것도 우리 복색의 특성인 것 같다.

중국에서는 청조(淸朝)에 만주족의 전립을 관복으로 착용하였는데 홍승원은 《연행가》10)에 "당사실로 당기하여 마래기를 눌러 쓰고"라고 한 것을 보면 청조의 전립을 '마래기'라 부른 것 같다. 마래기는 한자로 취음하여 '말액(末額)'이라 적은 것 같다.

마래기: 중국 사람들의 모자 한 가지, 청나라 때 고관들이 쓰는 모자, 둘레가 납작하여 투구와 비슷하며 금증자(金曾子)에서부터 거덥한 상모로 삥 둘러 덮혀 있음, 취음 말액(末額)11)

몽골의 전립은 만주족과 같이 양태가 치켜 올라가 있고 징자에는 붉은 상모를 달았으며 안올림도 붉은색으로 되었다. 요즘에는 상모를 달지 않고 양태를 4개의 원호(圓弧)로 오린 것을 상용하고 있다.

북방 민족의 전립이 모두 군복의 전립에 가까운 것으로 보아, 우리 전립 가운데 비교적 군복의 전립이 고형인 것 같다. 우리나라에서 전립이 언제부터 널리 쓰였는지 알 길이 없으나, 고려 우왕(禑王) 15년에 "동서반칠품이하전모사대(東西班七品以下氈帽絲帶) 서반육품고정립전모사대(西班六品高頂粒氈帽絲帶)"라는 기록이 있듯이 고려 말기에 전모가 관복에 쓰였는데 이것이 전립의 초기 형태가 아닌가 한다. 그러

10) 홍승원・백순철, 《연행가》, 신구문화사, 2005, 42쪽.
11) 이희승, 《국어대사전》, '마래기'조.

나 전립이 보편화된 것은 조선 중기 이후인 것 같다. 조선 후기 〈동가도(動駕圖)〉에는 갑옷에 투구를 쓰고 군복을 입은 호위군보다 전복(戰服)에 전립을 쓴 호위군사가 훨씬 많이 보이는 데에서 알 수 있다.

군악복의 전립이 농악복의 전립보다 고형이라면 이것으로써 농악 전립의 구조가 변천된 과정을 추적할 수 있을 것이다. 농악복의 전립도 초기에는 수모(獸毛)로 만들었고 정자에 우모나 대마로 만든 붉은 상모를 짧게 다는 형태로 되었을 것이다. 뒤에 상모의 재질이 흰 종이와 우모(羽毛)로 바뀌었던 것 같다. 오늘날 대부분 지역의 농악에서 상모는 종이로 만들어지며, 호남 농악의 부포상모는 우모로 만들어지는데, 김병섭·김성낙과 같은 농악 고로(古老)들에 따르면 두루미 겨드랑이 깃으로 상모를 만든 것은 그리 오래된 일이 아니라 한다.

농악에서 물채를 길게 다는 것은 지제(紙制) 부포리형 상모에서 비롯된 것으로 보인다. 오늘 부포상모는 물채가 부드러운 '부들상모'가 원형인 것 같다. 뒤에 호남 우도 농악에서 물채를 좀 뻣뻣하게 한 '반부들상모'가 나오고, 아주 뻣뻣한 '뻣상모'가 나온 것 같다.

부포상모에 테이프형 종이를 두 가닥 리본과 같이 달던 것이 강원도 '폭성'으로 된 것 같고, 아예 부포를 축소하고 채형(테이프형)으로 된 종이를 몇 가닥 단 것이 경기도 '나비상'으로 된 것 같다. 나비상에서 다시 테이프형 종이를 한 가닥으로 길게 발전시킨 것이 오늘날 흔히 보이는 '채상'으로 된 것 같다. 채상이 극도로 길어진 것이 '열두발 채상'이 된 것으로 보인다.

5. 농악에서 상모짓

부포상(부포형으로 된 상모)이든 채상(채형으로 된 상모)이든 간에, 상모를 이리저리 돌리며 갖가지로 벌이는 기예를 '상모짓' 또는 '상피

짓'이라 하고, 부포상 특히 우모로 된 부포상의 상모짓은 '부포짓'이라
한다.

채상이거나 부포상이거나 기본적인 것은 한 가지 방향으로 돌리는
외상모놀음(외상모, 외사, 외상피놀음)이 기본이다. 부포상모에 적용
되는 것이 외상모 외에도 좌우 양 방향을 교대로 돌리는 양상모(양사),
좌로 두 번 우로 두 번 번갈아 돌리는 사사, 상모를 앞으로 숙이고 다
시 세우기를 반복하는 퍼넘기기(찍엄상), 이 밖에 좌우치기, 번개상,
전조시(사방조시), 면조시(마상개) 등이 있다. 부들상모에 개꼬리상모,
뻣상모에는 돗대세우기·연봉놀이·이슬털이·산치기·양산치기·배
밀어기와 같은 부포짓이 있다.

6. 농악 문화와 상모짓의 발생 요인

기악인이나 무용인이 전립을 쓰는 경우는 다른 민족에도 보이나, 유
달리 한국 농악에서만 전립에 달린 상모로 공연하는 상모짓이 크게 발
달한 것은 다른 민족과 달리 농악수들이 춤꾼이나 놀이꾼의 반주 구실
을 하지 않고 스스로 음악을 연주하며 춤을 추고 놀이를 벌이는 공연
방식에서 비롯된 것 같다. 농악수들이 통영 오광대 탈춤의 반주악사처
럼 그저 반주악사 구실에 그쳤다거나, 동해안 별신굿 당맞이 악사와 같
이 행진음악 악사 구실에 그치고 다른 중요 놀음은 사제자나 놀이꾼
이 주도하였다면, 농악의 상모는 군대의 상모와 차이가 없었을지도
모른다.

농악수가 상모짓을 발전시킬 수 있었던 것은 농악수가 손수 음악을
연주하며 춤추고 놀이를 벌이는 농악의 문화적 특성과 관련이 있다고
본다.

당산굿·두레굿·걸립굿은 본디 무당이라는 사제자가 주재하였던

것이나, 남부지역의 의식에서는 무당이라는 사제자가 도태되면서 마을 사람들로 구성된 농악수가 행진음악의 연주는 물론 가무 의식을 행해야 하고 놀이를 전적으로 도맡지 않으면 안 되게 되었던 현실에 말미암은 것이다. 따라서 당산굿은 물론 두레굿이나 걸립굿과 같은 농악에서는 농악수 스스로가 악기를 연주하며 가무로 의식을 행하고 놀이를 이끌어야 한다. 이 경우에 춤추는 놀이꾼이나 놀이를 행하는 놀이꾼이 따로 없이 농악수가 악기를 연주하며 춤을 추게 되면 두 손이 악기 연주에 매어 있기 때문에 상모를 이리저리 움직이는 상모짓으로 춤을 대신하게 되는데, 여기서 상모짓이 발생된 것으로 보인다.

발생 초기에는 그저 농악수의 발림에 따라 상모가 단순하게 펄럭거리는 정도에 그쳤을 것이다. 농악복의 전립이 군복의 전립과 같은 형태로 출발하였다면 초기에 농악수의 전립에 달린 상모는 짧고 무거운 모제(毛制)로 되었을 것이기 때문이다. 그리고 이런 상모의 형태로는 오늘날과 같은 상모짓이 불가능하기 때문이다.

농악수가 스스로 춤사위를 위하여 상모짓을 필요로 하였고 이에 맞게 구조를 바꾼 것이다. 상모를 모제(毛制)에서 지제(紙制)로 바꾸고 원심력을 위하여 구슬을 무겁게 하고 춤사위 폭을 넓히기 위하여 물채를 길게 늘여 상모짓을 발전시켰는데 물채를 뻣뻣하게 하고 상모를 긴 테이프형이나 두루미 깃으로 바꾸면서 상모짓은 크게 발전하게 된 것이라 할 수 있다.

7. 맺음말

한국의 농악수들이 쓰는 전립은 군복의 전립과 같은 기원을 갖고 있으며, 이것은 북방 민족이 두루 쓰는 전립과 같은 근원에서 나온 것이다. 즉 수모(獸毛)로 만든 전모에 긴 붉은 모제(毛制) 상모를 단 것이다. 농악에서는 농악수들이 스스로 악기를 연주하며 춤추고 놀이를 하기 때문에 양손이 매어 춤을 추는 데 어려움이 있으므로 춤사위를 쉽게 하고자 상모짓을 개발하게 되었고, 상모를 지제(紙制)와 우제(羽制)로 바꾸고 물채를 길게 하여 상모를 채상과 부포상으로 분화시켜 상모짓을 최대한으로 크게 발전시킨 것이라 할 수 있다.

농악의 복식*

추은희**

1. 농악 복식의 형성배경

오늘날 농악대들이 착용하고 있는 농악 복식은 저고리, 바지로 구성되는 기본 복식과 그 위에 덧입는 덧옷류, 머리에 쓰는 쓰개류, 그리고 띠와 드림 등의 장식 요소로 이루어져 있다. 기본 복식은 외형상 어느 지역에서나 동일하며 농악 복식의 지역별 차이는 쓰개류와 장식 요소에서 나타난다. 농악의 기원이 노동과 관련이 있는 것으로 보았을 때 농악 복식 또한 노동복과 관련이 있었을 것이다. 우리 민족은 예부터 농사를 주업으로 삼았던 민족이며, 농악은 주로 농민들에 의해 연행되었기 때문에 농민들이 입는 농부복[1]이 기본 복식이었을 것으로 추정된다. 《한국복식사 사전》에 농부복은 "조선시대 생업에 종사하는 농부가 평소나 일을 할 때 입는 옷으로 옷감은 주로 무명, 삼베, 모시 등을 사용하였고 소매통이 좁으며 팔목에 토수(吐手)를 끼기도 하였다. 색은 흰색을 주로 사용하였고 더러움을 방지하기 위하여 감물을 들여 입기도 하였다. 개화기부터는 조끼가 유입되어 저고리 위에 착용하기도

---

* 이 글의 원 제목은 〈한국 농악복식에 관한 연구〉(전남대 박사논문, 2004)이다.
** 전남대학교 가정학 박사.
1) 김영숙, 《한국복식사 사전》, 민문고, 1988, 130쪽.

하였으며 행동에 편리하도록 발목을 간편하게 동여매었다. 또한 햇볕이 뜨거운 날은 방립(方笠)을 쓰기도 하였고 신은 초제(草製)의 신을 신었다"고 기록되어 있다.

현재 어느 지역이나 농악의 기본 복식으로 흰색의 저고리와 바지를 입는 것에서 알 수 있듯이 초기의 농악 복식은 농부들이 모내기나 풀베기, 김매기 등을 할 때 입는 농부복이었을 것이다. 바꾸어 말하면 농악 복식은 농악을 위해 특별하게 만든 옷이 아니라는 것이다. 그러나 농악이 마을농악 또는 고을농악으로 연행되면서 농악 복식에 쓰개나 덧옷, 띠 등의 의례적 요소가 추가되었을 것으로 보인다. 이러한 농악 복식의 형태는 오랜 시간을 거치면서 생활문화의 변화와 소재의 개량, 제작방법의 개선이나 다른 복식의 영향 등을 반영하면서 오늘에 이르렀을 것이다. 그러나 이러한 과정을 명확히 확인할 만한 자료는 충분히 남아 있지 않다. 그리하여 우선 여기에서는 농악 복식의 형성에 영향을 미친 것으로 간주되고 있는 외부 요소를 구체적으로 살펴보았다.

(1) 불교 영향

조선시대에 이르러 불교가 유교에 밀려 쇠퇴함에 따라 사찰의 재원을 확보하기 위하여 승려들이 직접 속계(俗界)에 내려가 걸립하거나, 인근의 농악단을 고용하여 민가를 돌아다니면서 집돌이를 하게 한 경우가 있었다.[2] 또한 감로탱화에서 볼 수 있듯이 사당패들이나 뜬쇠들이 절 행사에 동원되어 절 의례를 대행하는 경우가 있었다. 이러한 과정 속에서 농악 복식이 불교 요소를 일부 수용하였을 개연성이 있다.

연구자들은 불교가 농악 복식에 미친 영향의 대표적인 예로 농악대

---

2) 정병호, 《농악》, 열화당, 1986, 28쪽.

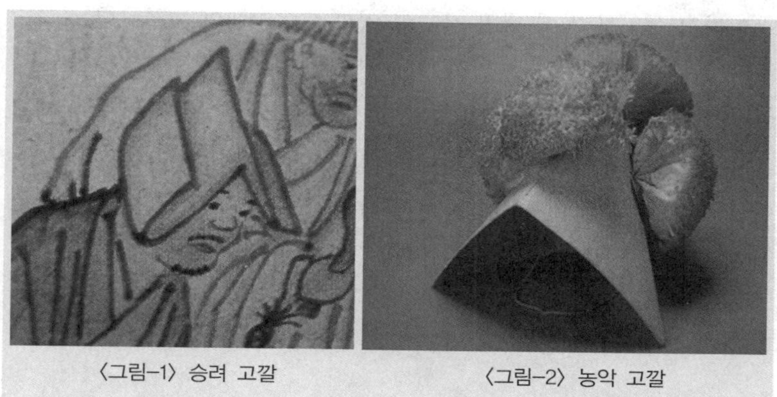

〈그림-1〉 승려 고깔　　　　　〈그림-2〉 농악 고깔

의 치배들이 쓰는 고깔과 삼색띠를 들고 있다. 그러나 농악대의 고깔과 승려들이 사용하는 고깔은 그 명칭이 같고 형태가 유사하지만, 농악대의 고깔에는 꽃이 달려 있고 승려들이 쓰는 고깔에는 꽃이 달려 있지 않다는 점에서 큰 차이가 있다. 형태 면에서도 승려의 고깔은 뒤를 접어 올리지만 농악대의 고깔은 그런 접음이 없다는 점도 다르다. 〈그림-1〉은 승려의 고깔 모습이며, 〈그림-2〉는 농악대의 고깔 모습이다.

　이러한 형태상의 차이에도 고깔이라는 명칭이 동일하다는 점에서 스님의 고깔과 농악대 고깔의 원류가 같다고 볼 수도 있다. 그러나 농악대의 고깔이 불교의 영향이라고 단정할 수 있는 확실한 근거는 없다. 정약용의 《아언각비》를 보면, "승도의 건(巾)을 방언으로 곡갈(曲葛)이라 하는데 현재 스님이 사용하는 고깔은 서산대사가 만들어서 사용하게 했다고 한다"[3]는 기록이 있다. 이러한 주장에 따르면 스님의 고깔은 임진왜란 이후에 생겨난 것일 수 있다. 그러나 농악을 우리나라에 불교가 전래되기 훨씬 이전에 기원한 민속예술로 볼 때 농악의 고깔이 불교의 고깔이 아닌 우리나라 고유의 상고변양(上古弁樣)에서 유래했다고 보는 것이 타당하다.

---

3) 《雅言覺非》卷2, "方言曰曲葛 …… 一摺之巾 本非華僧之制東僧西山休靜始著此巾"

따라서 농악 복식에 미친 불교의 영향은 농악대의 고깔보다는 조리 중의 복식에서 찾아볼 수 있다. 대부분의 농악대에서는 뒤치배인 잡색에 조리중을 포함시키고 있으며, 조리중은 승복인 장삼을 입고 송낙을 쓴다. 이는 농악 복식에 미친 불교의 영향으로 볼 수 있다. 한편 평택농악의 잡색인 사미는 스님이 쓰는 꽃이 달리지 않은 고깔을 쓰는데, 이것도 불교의 영향으로 볼 수 있다.

(2) 군관의 영향

농악대는 군대나 관의 행사에 동원되면서 군관과 밀접한 관련을 맺으면서 발전하였다. 이러한 과정에서 자연스럽게 농악 복식도 군관(軍官) 복식의 영향을 받았다. 특히 지방 관아(官衙)의 하급 군졸(軍卒)이나 관예(官隷)들이 입었던 복식의 영향을 많이 받았는데, 오늘날 농악 복식에서도 그런 요소를 많이 발견할 수 있다.

근대 이전의 군사제도에서 지방군은 의무병으로 주로 농민들 가운데서 징집되어 충원되었는데, 이들은 각 관아에 소속되어 있었다. 따라서 군(軍)과 관(官)은 따로 구성된 조직이 아니라 관(官)이 곧 군(軍) 조직이었다. 군역 의무를 지닌 농민들이 지방군을 구성했으며 동원된 병력은 고을에서 농한기를 이용하여 일정 기간 훈련을 받았다.[4] 이렇게 동원된 농민을 관리하고 훈련하는 직분을 군졸들이 담당하였다.

한편, 관예란 각 관아에서 부리던 하예(下隷)를 말하며, 고려시대에는 이들을 나장(螺匠), 소유(所由), 정리(丁吏), 초(抄)로 불렀고 조선시대에는 소속 직능에 따라 사령(使令), 나장(羅將), 조예(皂隷), 시노(侍奴), 소유(所由), 갈도(喝道) 등으로 다양하게 불렀다.[5] 이들

---

4) 안길정, 《조선시대 생활사》 하, 사계절, 2000, 235쪽.

5) 조예(皂隷), 군노(軍奴), 시노(侍奴)는 방언으로 급창(及唱)이라 했다(《雅言覺非》, 卷2, 弁, "今司憲府 義禁府 皂隷郡奴侍奴 方言曰 及唱").

을 통칭하여 군졸로 부르기도 하였다. 따라서 여기에서는 문헌에 등장하는 관예들이 입었던 복식을 좀더 구체적으로 살펴보고, 관예복이 농악 복식에 끼친 영향을 고찰하였다.

<표-1> 문헌에 보이는 관예복과 농악 복식의 비교

문헌	문헌의 관예복	현대의 농악 복식
고려사	단령(團領), 조의(皂衣)	반비의(半臂衣) 아청작의(鴉靑鵲衣) 벙거지, 행전(行纏)
경국대전	청반비의(靑半臂衣), 조건(皂巾)	
연산군실록	반비(半臂), 흑첩이(黑帖裏)	
춘향전	첩이〔天翼〕, 까치옷, 행전(行纏), 아청(鴉靑)쾌슈, 벙거지	
한양가	아청작의(鴉靑鵲衣)	

〈표-1〉에 보이듯이 이들 하예계급(下隷階級)이 입는 복식, 즉 관예복과 현대의 농악 복식은 여러 면에서 유사점이 있다. 무엇보다 벙거지, 무수(無袖)·단수(短袖) 등 반비의(半臂衣) 계통의 옷, 까치옷, 행전(行纏) 등에서 둘 사이 형태의 유사함을 발견할 수 있다.

먼저 문헌에 기록된 관예복을 구체적으로 살펴보면《고려사》에 나장(螺匠), 소유(所由)의 복식으로 조의(皂衣)가 나타나는데6), 여기서 조의는 반비의로 추정된다.7) 반비의는 《경국대전》8)에도 실려 있는 바와 같이 조선조에서도 나장의 복식으로 계속 사용되었다. 그리고 조선 중기 연산조9)에는《경국대전》의 제식(制式)과는 다른 첩이(帖裏)

---

6) 《高麗史》 卷72, "輿服一, 巡軍螺匠 團領衣 纏帶 所由團領皂衣"
7) 이경자, 〈官隷服飾考—使令과 羅將을 중심으로〉, 《한국의류학회지》 2권, 1978, 62쪽.
8) 《經國大典》 卷3, 禮典儀章, "羅將皂巾靑半臂衣"
9) 《燕山君日記》, 12年 4月, "羅將服色著半臂黑帖裏"

가 등장하는데, 이 첩이[天翼]10)는 연산조 이후 관예복으로 널리 착용되었다. 관예의 관모로 《경국대전》에 조건(皁巾)이 나타나는데 이는 나장들이 널리 착용했던 벙거지로 추정된다. 이 외에도 춘향전에 사령복으로 쾌슈11)와 행전이 보인다.

이것들을 정리해 보면 고려시대에서 조선시대로 이어지는 관예의 기본 복식은 벙거지-조건, 반비의, 첩이, 쾌슈, 까치옷, 행전 등이었다. 현대의 농악 복식을 보면 관예의 기본 복식이었던 반비의, 아청작의(까치옷), 벙거지, 행전 등이 착용되고 있음을 볼 수 있다.

어떻게 해서 관예복과 농악 복식이 형태 면에서 유사함을 보이게 되었는지 몇 가지 이유를 생각해볼 수 있다. 먼저 각 관아에서 1년에 몇 번씩 고을 농악을 개최했다는 사실과 관련이 있을 수 있다. 각 관아는 정초 나례희(儺禮戲) 때나 감사(監史)를 맞이할 때 마을농악의 잽이들이나 광대들을 동원하여 고을 농악을 개최하였다. 이러한 행사는 정기적인 성격이 강하였고 수백 명 이상이 동원될 정도로 대규모였는데 이때 농악 단원들이 관예복을 입었던 것이 아닌가 추측된다. 지역에 따라서는 쇠나 악수들만 관예복을 입는 곳이 있는데, 이는 이들만 고을 농악에 동원되었기 때문일 수 있다.

다른 이유로는 농민들이 군역에 동원되어야 했던 사정과 관련이 있을 수 있다. 앞서 본 바와 같이 농민들은 지방군에 소속되어 농한기에 군사훈련을 받았는데, 이들이 농악 복식에 관예복 요소를 받아들이는 역할을 했을 수 있다. 왜냐하면 이들은 마을로 돌아가면 곧 농악 대원이었기 때문이다. 그러나 농악 복식은 정규군의 복식인 구군복(具軍服)과는 다르다. 조선시대 정규군의 복식이었던 구군복은 관원 등이 갖추어 입는 의복으로 붉은색 동달이 위에 전복을 입고, 남색 전대(戰

---

10) 천익이나 철릭은 잘못 쓰는 명칭이다(《雅言覺非》, 卷2, "今俗 誤以爲天翼 或以爲綴翼").

11) 《雅言覺非》 卷2, "掛子 謂之快子者 華音之誤也 華音掛子作"

帶)를 띠며, 환도(環刀)를 차고 손에는 등채(藤策)를 들었다. 머리에는 작우(雀羽), 패영(貝纓)으로 장식한 전립을 쓰고, 목화(木靴)를 신었다. 동달이는 두루마기와 비슷하나 뒤가 트이고 주홍색 길에 붉은색 착수(窄袖)가 달린 옷으로 행동에 편리하도록 만든 것이었다.12) 농악 복식은 이러한 구군복과 관련이 있는 것이 아니라 나장이나 사령 등 군졸들이 입었던 관예복과 관련이 있을 것으로 보인다. 예컨대 반비의 계통의 옷 가운데 일명 '더그레'라고 일컬어지는 호의(號衣)를 보면 무수(無袖)와 단수(短袖) 두 종류가 있는데, 무수는 정규군이 입었고 단수는 관예인 나장(羅將)이 입었다.13) 현대의 농악 복식에서 쇠잽이들이 저고리 위에 입는 덧옷은 당연히 호의 가운데 정규군이 입는 무수가 아니라 사령(使令), 나장(羅將) 등 군졸들이 입는 단수(短袖)에서 영향을 받은 것이다.

(3) 전문 예인의 영향

마을농악이 성행하고 연행이 잦아지면서 자연스레 여기저기서 전문 예인(뜬쇠)들이 생겨났다. 두레패의 상쇠들이 전문 예인으로 나아간 현상은 전국적으로 보편적이었다.14) 마을에서 농악을 하며 연주 기량을 익힌 이들 예인들은 처음에는 품삯을 받고 이 마을 저 마을 두레가 난 곳에 불려 다니는 정도였다. 두레꾼들은 일을 할 때 흥겨운 농악으로 사기가 올라야 신명이 나서 일을 잘 하였다. 농악을 못 치면 두레꾼들은 일할 맛이 나지 않았기 때문에 멀리까지 가서라도 반드시 상쇠를 구했는데 뜬쇠들이 이런 곳에 불려 다녔다.15) 그러다가 전문적인 기능

---

12) 김영숙, 앞의 책, 1988, 65쪽.
13) 유희경, 《한국복식사연구》, 이화여대 출판부, 1989, 342쪽.
14) 권두현, 〈풍물의 기능과 연행양식 연구〉, 《농악》 2, 우리마당 터, 2001, 23쪽.
15) 위의 글, 24쪽.

을 발휘하여 이름이 알려진 전문 예인들은 농사철이면 농사를 짓다가 농한기에는 걸립을 나가기도 했고, 절걸립을 요청받아 활동하기도 했다. 더러는 농악 자체를 업으로 삼아 여기 저기 떠돌아다니면서 농악을 치고 기예를 보여주는 직업적인 유랑 연희패로 나아가기도 했다. 기능이 뛰어난 상쇠가 이 마을 저 마을로 불려 다니며 품삯을 받았다는 데에서, 절의 요청으로 절걸립을 하거나 남사당패로 활동하여 생계를 꾸려갔다는 데에서 마을농악 단원이 전문 예인으로 나아간 과정을 살펴볼 수 있다.

우리나라의 전문 예인에 대한 기록은 이미 삼국시대와 고려시대 문헌에 나타난다. 《삼국사기》16)에 나타나는 금척(琴尺), 가척(歌尺), 무척(舞尺)17)은 전문 예인들에 대한 기록이다. 고려시대 때 중국인이 쓴 《계림유사》에는 노래[倡] 광대를 수자[水作]라 했고 악공(樂工) 광대를 고자[故作]라 했다는 기록이 있다.18) 조선시대 때는 거사패, 사당패, 솟대쟁이패, 대광대패, 풍각쟁이 등 광대라는 신분 집단이 따로 형성되어 있었다.

우리나라의 주요 민속예능은 이들 전문 예인들에 의해 전승·발전되었다고 볼 수 있는데 이들은 농악 복식에도 많은 영향을 끼쳤다. 첫

---

16) 《三國史記》 卷32, 雜誌 第1 樂, "新羅時樂工皆謂之尺"

17) 척(尺)은 이두로는 '자'로 읽는다. '자'는 《아언각비》에서 수척(水尺)을 무자이(巫玆伊)라고 한 데에서 알 수 있듯이, '자이'로 음운 변화를 했다가 오늘날에는 '장이' 또는 '쟁이'로 쓰인다. 따라서 금척(琴尺), 가척(歌尺), 무척(舞尺)은 각각 가얏고장이, 노래장이, 춤장이로 해석된다. 척(尺)을 장(匠)이, 차비(差備), 잡이로 보는 또 다른 해석이 있다. 이 해석에서는 금척(琴尺), 가척(歌尺), 무척(舞尺)이 각각 가얏고잡이, 노래잡이, 춤잡이로 해석된다 (유영순, 〈조선조 감로탱화에 표현된 민속연희 복식 연구〉, 《전통복식 한복》 2, 우리마당 터, 2003, 275쪽).

18) '水作'으로 표시된 수자는 《삼국사기》에서는 '禾主', '禾尺' 등으로 표기되어 있으나 수가 어떤 뜻인지 알 수 없다. '故作'으로 표기된 '고자'의 '고'는 거문고와 가얏고의 '고'이다(류렬, 《조선말 역사》, 한국문화사, 1994, 104쪽).

째, 이들 전문 예인들은 서민 출신이고 또 늘 서민들 속으로 들어가 공연을 하면서 서민들이 지향하는 미의식을 적극 반영하였다. 그리하여 그들은 서민들 사이에서 연행되는 연주 양식은 물론 착용되는 농악 복식도 적극 수용하였다. 둘째, 이 전문 예인들은 절의 의례를 대행하는 과정에서, 또한 마을이나 고을의 행사에 가끔 동원되면서 의례적인 요소와 연희적인 요소를 수용하였다. 셋째, 이들 전문 예인들은 이 마을 저 마을을 돌아다니며 농악을 연주하는 과정에서 농악 복식의 일정한 통일성을 만들어내는 데 기여했을 수 있다.

따라서 오늘날 농악 복식은 이들 전문 예인들이 두레농악이나 마을 농악에서 착용되던 평상복 요소와 의례 복식적 요소를 수용하고, 여기에 연희적인 요소를 추가하여 무대 예술적 특징을 갖는 연희 복식으로서 독창화한 것이라 볼 수 있다.

2. 농악 복식의 변천과정

농악 복식은 기본 복식, 덧옷, 쓰개, 장식 등 다양한 요소로 구성되어 있다. 공통적인 기본 복식은 저고리와 바지이며, 이 위에 입는 덧옷으로는 반비의와 포가 있다. 쓰개에는 고깔, 전립, 건, 관, 패랭이, 초립, 흑립(갓) 등이 있고 장식에는 띠와 드림이 있다.

이 절에서는 농악 복식의 변천과정을 품목별로 고찰하였다.

(1) 기본 복식

앞에서 이미 살펴본 바와 같이 고대부터 농악이 제의나 노동 현장에서 농민들에 의해 연행되었기 때문에 농악의 기본 복식은 농사 지을 때 입었던 평상복이었을 것으로 추정된다. 시대의 흐름에 따른 기본 복식의 변화는 일반 서민들이 입었던 평상복의 변천과정을 따랐을 것으로 유추된다.

남자의 기본 복식은 저고리, 바지이다. 저고리는 유(襦), 바지는 고(袴)로 불렸으며 상고시대 이래 오늘날까지 우리 민족의 고유한 의복으로 이어져 내려오고 있다. 고구려 고분벽화를 통해 보면 당시의 저고리는 전개교임형(前開交衽形)으로 통이 좁은 소매〔窄袖〕에 길이는 엉덩이까지 내려왔다. 그리고 깃, 도련, 끝동에 선(襈)을 두른 형태였으며, 허리에 대를 매어 착용했다. 바지는 좁은 통에 부리를 여민 모습이었다.

그러나 중국의 영향을 받아 삼국의 고유 복식도 조금씩 변화를 보이기 시작했다. 그 가운데 저고리 깃에는 직령(直領)·곡령(曲領), 여밈에는 합임(合衽)·좌임(左衽)·우임(右衽), 소매의 형태와 길이에는 대수(大袖) 등 다양한 형태가 나타났다. 바지인 고(袴)의 경우에는 바지의 가랑이가 넓은 것과 좁은 것, 바지 부리를 여민 것과 여미지 않는 것의 형태가 나타났으며, 주로 신분이 높은 귀인들은 대구고(大口袴), 신분이 낮은 백성들은 홀태바지인 궁고(窮袴)를 입었다.

고려시대 복식에도 중국 복식의 영향이 있었다. 고려 초기에는 당·송 복식의 영향을 받았고 충렬왕 대에는 원나라 의복제도를 따랐으며, 그 뒤 공민왕 대에는 명나라 의복제도의 영향을 받았다. 그러나 이러한 중국의 영향에 따른 의복 변화는 상층계급에만 나타났고, 우리 고유의 기본 복식은 큰 변화 없이 서민계급에 의하여 꾸준히 이어져 왔다.

조선시대에는 훈민정음의 창제로 고유 복식의 명칭이 유(襦)에서 저고리〔赤古里〕로, 고(袴) 대신 바지〔把持〕로 불리게 되었다. 조선시대 중기·후기에 임진왜란과 병자호란이라는 양란을 겪으면서 복식이 차츰 독자적으로 형성되어 갔으며, 이때에 남녀 편복(便服)이 오늘날의 모습을 갖추게 되었다.

조선시대 초기에 저고리의 길이는 점점 짧아졌고 깃이 목판깃으로 바뀌었으며 안섶과 겉섶, 곁무가 넓어졌다. 중기에는 목판깃이 당코깃으로 변하고 곁무가 없어지는 형태의 변화가 나타났고, 후기에는 당코깃이 다시 둥그레깃으로 변하여 지금과 같은 모습으로 되었다. 바지는 삼각형의 무[當]인 밑바대 형식과 사폭의 형식이 조선시대 중기까지 공존하다가 조선시대 후기부터는 완전히 큰사폭, 작은사폭으로 구분되어 하나의 양식을 이루었다.19)

개화기는 의생활 전반에 변화를 가져온 시기로 1884년 갑신의제개혁(甲申衣制改革)에 따라 의복제도가 간편하고 실용적으로 바뀌게 되었다. 1895년에 포고된 단발령과 군복, 경무관복의 양복 착용령으로 우리 민족이 수천 년 입어 온 한복 대신 양장을 수용하는 대변혁기를 맞게 되었고, 1900년에는 단령이 양복으로 바뀌었다. 그러나 이러한 가운데에도 우리 한복이 완전히 자취를 감춘 것은 아니었고 1940년대까지는 간소화하는 단계를 거치며 착용되었다.20)

이러한 기본 복식은 현재 농악 복식의 중요한 구성요소로 이어져 오고 있다.

(2) 덧옷

덧옷은 기본 복식 위에 덧입는 옷으로 크게 '반비의'와 '포'로 구분될 수 있다. 반비의는 깃과 소매가 없거나 아주 짧은 형태의 저고리 위에 입는 덧옷이고, 포는 상하가 하나로 된 겉옷으로 '표의(表衣)'라고도 한다. 농악 복식의 덧옷으로는 배자, 더그레, 쾌자, 도포, 창의, 두루마기, 장삼 등이 있다. 이 가운데 배자, 더그레, 쾌자를 반비의로 분류하고 그 외의 덧옷은 포로 분류하여 각각의 변천과정을 구체적으로 살펴

---

19) 홍명화, 〈남자 한복 바지의 소고〉, 《전통복식 한복》 2, 우리마당 터, 2003, 185쪽.
20) 안명숙·김용서, 《한국복식사》, 예학사, 2003, 214쪽.

보면 다음과 같다.

반비의

반비의(半臂衣)는 그 의복명이 통일신라시대 흥덕왕 복식금령에 기록되어 있는 것으로 미루어[21] 보아 이미 통일신라시대 때부터 남녀 모두가 착용한 복식임을 알 수 있다. 고려사에도 반비의라는 명칭이 보이는 것으로 보아, 반비의가 고려시대에도 계속 착용되었던 것 같다. 조선 초에는 반비의가 중국의 호의(號衣)[22]라는 의복명의 영향으로 '호의'로 불리기도 했다.

① 배자

배자(背子)는 조선시대에 남녀 모두가 입었던 반비의로 저고리 길이보다 약간 길고 소매가 달리지 않은 형태이다. 이 배자는 조선 중기에 왕 이하 귀족계급 남자들이 평상복이나 상복(喪服)으로 입었고 조선 후기에는 왕 이하 평민 남자들이 평상복으로 입었다.

조선 중기에 배자의 형태는 교임양식(交衽樣式)으로 동정이 달리고 길이가 무릎 정도에 이르면서 옆트임과 뒤트임이 있는 네 자락 의복이었다. 이것이 후기로 가면서 합임양식(合衽樣式)으로 변하고 길이도 짧아져 허리 정도에 이르면서 옆트임만 있는 세 자락 의복이 되었다.[23] 조선 후기 송문흠(宋文欽)의 《한정당집》에 배자에 관한 다음과

---

21) 《三國史記》 卷33, 雜誌 第2 色服, "眞骨大等 …… 半臂袴並禁罽繡錦羅 ……, 六頭品女 …… 半臂禁罽繡羅繐羅 …… "

22) 호의(號衣)를 중국에서 전해진 것으로 보기도 하나 중국에서 사여(賜與)했다는 기록이 없는 것으로 미루어 보아, 중국 복식이 우리나라에 전해진 것은 아닌 듯하다(이주영, 〈조선시대 無袖衣에 관한 연구〉, 부산대 석사논문, 1993 참조).

23) 이주영, 위의 글, 55쪽.

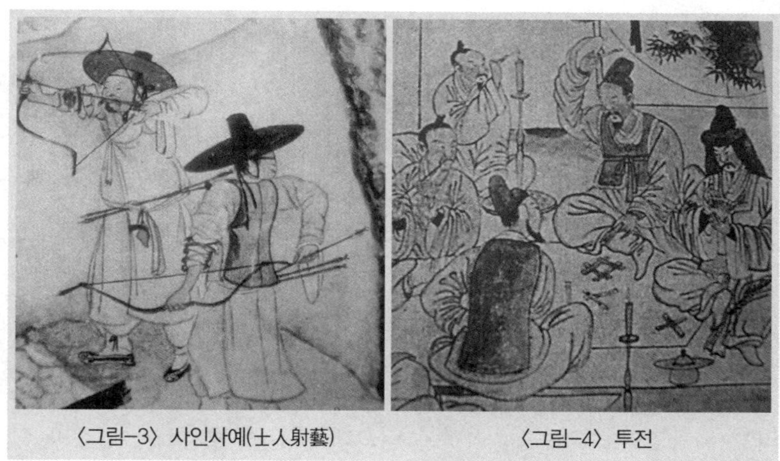

<그림-3> 사인사예(士人射藝)　　　　　<그림-4> 투전

같은 기록이 있다. "반비(半臂)라 하는 것은 지금의 괘자(掛子)와 비슷하다. 다만 괘자의 두 옷자락이 직수(直垂)한 것이 다를 뿐이다. 그 반비의 짧은 것은 지금의 배자다."[24]

　〈그림-3〉은 조선 후기 강희언(姜熙彦, 1710~1782)이 그린 〈사인사예〉로 양인이 배자를 입고 있는 모습이다. 〈그림-4〉는 김홍도(1745~?)의 아들인 김양기(金良驥, ?~?)가 그린 〈투전〉 풍속화로 평민이 배자를 입은 모습을 볼 수 있다. 그림에도 나타난 것처럼 약 1700년도 중반에는 양반들의 배자 착용 모습을 볼 수 있고, 1700년도 후반에는 평인들이 배자를 착용한 모습을 볼 수 있다.

　갑오개혁 이후에 양복이 들어오면서부터 남자들은 배자 대신 조끼를 입게 되었다. 원래 우리의 한복은 주머니가 없는 것이 특징이나 조끼는 주머니가 달려 있어 소지품을 보관하기에 편리하고 실용적인 옷이다. 따라서 현재 농악대의 복식 요소 가운데 하나인 조끼는 배자에서 변천되어 온 것으로 볼 수 있다.

---

24) 《閑靜堂集》, "其半臂者 與今之掛子略同 談掛子兩直垂 爲異其半臂 而短者卽今之背子也……"

② 더그레

더그레는 조선시대 각 영문(營門)의 군사와 마상재군(馬上才軍), 사간원의 갈도(喝道), 의금부의 나장(羅將)과 같은 하급관리들이 입었던 겉옷이다. 현재 전라 좌·우도 농악대의 쇠잽이들이 기본 복식에 덧입는 옷으로 농악대에서는 쇠옷, 동지기, 더거리 등으로 불린다. 쇠잽이가 입는 이 덧옷이 더그레의 형태와 일치하지는 않지만, 더그레에서 변화된 것이 아닌가 추정한다.

《경국대전》에 나장의 복식으로 "청반비의(靑半臂衣)"라는 기록이 있으며,25) 《가례도감의궤(嘉禮都監儀軌)》에는 '가문랄(加文剌)'이라는 의복명이 보이는데, 이것이 더그레의 한자 표기라는 견해가 있다.26) 즉 한자를 읽으면 '가문랄'이지만 이를 이두로 읽는다면 '加'는 더할 '가'고 '文'은 글월 '문'이며 '剌'은 어지러질 '랄'이기 때문에 이를 합하여 읽으면 '더글어'가 되며 이것이 '더그레'를 뜻한다는 것이다.

〈그림-5〉와 〈그림-6〉에서 더그레로 추정되는 의복을 찾아볼 수 있다.

〈그림-5〉 조선통신사행렬도

〈그림-6〉 수원능행도

---

25) 《經國大典》 卷3, 禮典, "羅將皂巾靑半臂衣 ……"
26) 유송옥, 《조선왕조 궁중의궤 복식》, 수학사, 1991, 154쪽.

〈그림-7〉 더그레 (1910년대)

　〈그림-5〉의 〈조선통신사행렬도〉에서 나장은 소매가 없고 옆이 트여 있는 세 자락 옷에 길이는 무릎 아래로 내려오고, 허리에는 띠를 맨 것을 볼 수 있다. 〈그림-6〉의 〈수원능행도〉에서 나장은 색동소매로 보이는 철릭 위에 깃과 동정이 없고 옷자락이 마주 닿는 합임양식인 옷을 입고 있으며 허리는 짧은 광대로 여미고 있다. 《경국대전》에 기록된 청반비의가 〈그림-5〉와 〈그림-6〉에서 보이는 덧옷이 아닐까 추정된다. 〈그림-7〉은 1910년대의 한 농악대 사진이며, 여기에서 악기를 연주하고 있는 사람들이 반소매 덧옷을 입고 있는 것을 볼 수 있다. 특히 가운데서 쇠를 치는 쇠잽이가 상쇠로 보이며 상쇠가 입은 색동소매 달린 반비의가 더그레로 보인다. 〈그림-5〉와 〈그림-6〉에서 보이는 반비의가 현재 농악대에서 쇠잽이들이 입는 더그레로 변한 것으로 추정된다.

　③ 쾌자

　쾌자는 농악대의 영기수와 잡색인 무동들이 기본 복식 위에 덧입는 덧옷이다. 쾌자의 형태는 소매, 무, 앞섶이 없고 뒷솔기 가운데 허리 부

〈그림-8〉 활쏘기　　　　　〈그림-9〉 안릉신영도(安陵新迎圖)

분 아래가 터져 있어 일종의 마상의(馬上衣)와 같다. 《아언각비》에서는 "괘자(掛子)를 쾌자(快子)라고 말하는 것은 중국음이 잘못 옮겨진 것이다. 중국음인 掛子〔쾌즈〕에서 만들어졌다"고 기록된 것으로 보아, 쾌자라는 명칭은 중국의 '괘자'로부터 전래되었을 것으로 보인다. 그러나 쾌자가 중국으로부터 사여(賜與)되었다는 기록은 보이지 않는다.

《조선상식문답》에 "후세에 와서는 답호(褡護)를 쾌자라 하여 하급 군속인 조예(皂隷)의 제복이 되어버렸지만 〈지봉유설〉에 세종조에 일시 사대부의 의복이다"[27]라고 기록되어 있다. 이러한 기록을 근거로 할 때 쾌자는 사대부의 의복이었던 답호이며, 이것이 뒤에 하급 군속의 제복으로 사용되었던 것 같다. 현재 농악대에서 영기수가 쾌자를 입는 것으로 보아 쾌자가 하급 군속의 제복이었다는 설을 뒷받침한다.

〈그림-8〉은 김홍도의 그림으로 장정에게 활 쏘는 방법을 가르치는 교관이 입고 있는 덧옷이 소매가 달리지 않고 옆이 트인 것으로 보아 쾌자로 보인다. 〈그림-9〉 또한 김홍도의 그림으로 기를 든 기수가 쾌

---

27) 최남선, 《조선상식문답》(풍속편), 보고사, 1993, 127쪽.

자를 입고 있는 모습이다. 현재 이리 농악대의 기수가 쾌자를 입고 있는 것으로 볼 때 농악 복식이 전통 복식의 맥을 잇고 있는 일면을 확인할 수 있다.

포

농악대에서 잡색들이 기본 복식 위에 덧입는 포(袍)의 종류에는 도포, 창의, 두루마기, 장삼이 있다. 도포는 잡색 가운데 양반이 기본 복식 위에 입는 포의 한 종류이며, 창의는 잡색인 창부가 입는 포이다. 두루마기는 도포와 창의가 시대의 변화에 따라 실용적으로 바뀐 것이며 현재까지 한복 예복으로 착용되고 있다. 장삼은 잡색의 조리중이 입는 포이다.

포는 삼국시대 직령교임식의 포에서 고려시대 백저포(白苧袍)를 거쳐 조선시대에 여러 종류로 변천되어 온 것이라 할 수 있다.28) 각각의 변천과정을 구체적으로 살펴보면 다음과 같다.

① 도포

도포는 조선시대 선비들이 평상복으로 입었던 소매가 넓고 깃이 곧은 겉옷이며, '도포'라는 명칭은 《선조실록》에 처음으로 나타난다.29) 《효종실록》에 도포를 입는 제도는 임진왜란 이후부터 있었다는 기록이 있다.30) 도포의 형태를 보면 깃이 직령과 같은 모양이며 소매는 폭과 길이가 넓은 광수(廣袖)로 네 폭으로 되어 있다. 허리에는 세조대를 띠고, 이 세조대의 색으로 품위를 가렸다. 도포의 특징은 뒤에 전삼이 달린 것인데, 전삼은 원래 뒤가 터진 마상의(馬上衣)의 하의가 드러나지 않도록 전부(展附)한 것이었으나 도포에 붙인 까닭은 예의를

---

28) 김인숙, 〈포제(袍制)와 치마(裳)〉, 《한국의 복식》, 문화재관리국, 1983, 195쪽.
29) 《宣祖實錄》 卷208, 40年 4月, "草綠裌道袍"
30) 《孝宗實錄》 卷80, 8年 正月, 癸丑, " …… 上曰 道袍之制 亦自壬辰後有之矣."

중시하던 유교적인 관념에 따라 노출을 피하기 위한 것으로 보인다.[31]

이러한 도포는 조선 중기 이후 조관(朝官), 사서(士庶)가 평상시 겉옷으로 입었으며 유생(儒生)은 공복(公服)이나 제복(祭服)으로 착용하였다. 《오주연문장전산고(五洲衍文長箋散稿)》에는 우리나라 사서인(士庶人)이 상복(常服)으로 도포를 입었으며, 도포에는 청색과 백색 두 종류가 있어 길사 때는 청색을, 평시에는 백색을 입었던 것으로 기록되어 있다. 또한 《조선상식문답》에 따르면 "도포는 사부(士夫), 유생(儒生)의 상복(常服)도 되고 통상(通常)시 예복이 되기도 했으며 최근에 다른 예복이 모두 사라짐에 따라 남자들의 유일한 예복이 되고 있다"[32]고 언급되어 있다.

한편 고종의 갑신의제개혁(1884)으로 광수의(廣袖衣)인 도포를 입는 것이 일시적으로 중지되었지만, 광무 원년(1897)에 다시 예복으로 부활되었고 일제시대(1935) 때에는 간소화한 개량 도포를 관혼상제의 예복으로 착용하였다.[33]

도포는 원래 신분을 드러내는 복식의 성격이 강하였기 때문에 오늘날 농악대에서도 양반을 나타내기 위한 표식 기능을 수행하고 있다. 〈그림-10〉은 작자 미상인 19세기 〈평생도〉의 회혼례(回婚禮) 부분 그림인데, 포의 뒤에 전삼이 부착된 것으로 보아 도포로 보이며, 이때 도포가 회혼례에 참석하기 위한 예복으로 착용된 것을 알 수 있다.

〈그림-11〉은 강희언이 그린 〈사인시음〉이며 여기에서 전삼이 부착된 도포를 입고 있는 선비의 모습을 볼 수 있다.

---

31) 양숙향, 〈조선 후기 일반 복식에 관한 연구―실학자의 복식관과 풍속화를 중심으로〉, 전남대 박사논문, 1996, 72쪽.
32) 최남선, 앞의 책, 121쪽.
33) 이왕직, 《조선왕조 궁중 관혼제례》, 민속원, 1992, 118쪽.

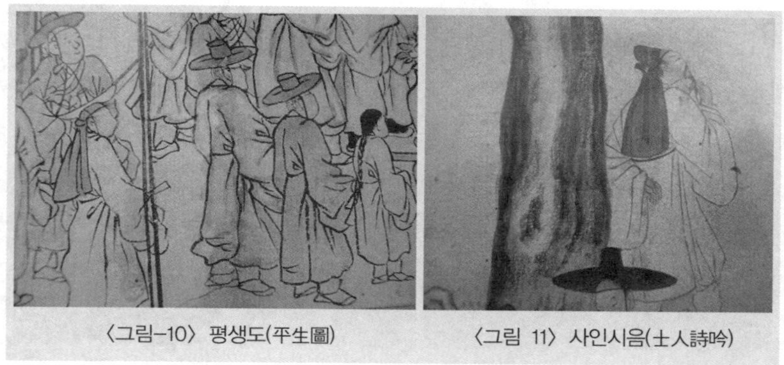

<table>
<tr><td>〈그림-10〉 평생도(平生圖)</td><td>〈그림 11〉 사인시음(士人詩吟)</td></tr>
</table>

② 창의

창의(氅衣)는 개화기까지 사대부와 서민층에서 입었던 포의 일종으로 사대부의 평거복(平居服)에는 겉옷으로, 공복(公服)에는 중의(中衣)로, 서민층에서는 겉옷으로 착용되었다.[34] 정조대 기록에 "창의는 비록 이것이 연거(燕居)할 때 입는 것이라고는 하나 그 또한 조관(朝官)의 복식에 매인 것이고, 공복(公服)의 속에 이미 청색을 사용하면서 사실(私室) 안에서는 반드시 백색을 착용하는 것은, 이 또한 여러 가지 색깔을 준비함으로써 한갓 재물을 낭비하는 것입니다"[35]라고 하였다. 순조 때에는 좌의정 심상규의 계언(啓言)에 "문음관(文蔭官)이 입었던 첩리(帖裏)가 변하여 창의가 되었다"[36]고 씌어 있다.

창의에는 대창의와 소창의가 있는데, 대창의는 중치막(中致莫)으로 불리고 소창의는 창옷으로 불리기도 했다. 대창의는 광수(廣袖)로 무[37]가 있고 뒷중심과 옆이 트인 네 자락 옷이다. 소창의는 착수(窄

---

34) 김영숙, 앞의 책, 1988, 459쪽.

35) 《正祖實錄》, 17年 10月 辛未, "且氅衣 雖是燕居所着 亦係朝官之服 而公服之裏 旣用靑色 私室之中 必着白色 此亦不但斑駁 徒作浪費之資"

36) 《純祖實錄》, 34年 4月 甲子, "次對左議政沈象奎 啓言"

37) 두루마기나 전복 등에 아래를 넓게 만들기 위하여 겨드랑이 아래에서부터 끝단까지 대는 딴 폭.

〈그림-12〉 기와이기　　　　　〈그림-13〉 연소답청(年少踏靑)

袖)로 무가 없고 양 옆이 트인 세 자락 옷이다. 〈그림-12〉는 김홍도의 그림으로 좁은 소매에 옆이 트인 창의를 입고 있는 것을 볼 수 있다. 〈그림-13〉은 신윤복의 그림으로 창의 앞자락을 뒤로 묶어 입은 것이 보인다. 현재 이리 농악대에서 쇄납수가 창의의 앞자락을 뒤로 묶어 입 는 것을 볼 수 있다.

③ 두루마기

두루마기는 '주의(周衣)'라고 불리기도 한다. 두루마기라는 이름은 골고루 터진 곳이 없이 막혔다는 것을 뜻한다. 예컨대 최남선은《조선 상식문답》에서 두루마기에 대해 "두루막이라 함은 전의(全衣)의 폭을 쭉 돌아가면서 다 막은 것이라 함이니 대개 옛날 남자 웃옷에는 양협 하(兩脇下)에 무가 없이 개통(開通)된 것과 무가 있어 봉합(縫合)한 것과의 이종(二種)이 있음으로 양협하(兩脇下)가 터져 삼폭(三幅)이 따로 도는 창옷이란 것에 대해 두루막이는 곳 전의(全衣)가 휘돌아서 다 막힌 것임을 나타내는 이름이다. 두루막이와 창옷과는 똑같이 소매 좁은 옷이로대 옆구리가 일개일합(一開一合)한 점에서 분별이 있으니 필시 창옷으로부터 두루마기의 차서(次序)로 발달되어 온 것일 듯하다”38)고 기록하고 있다.

이 기록에 따르면 창옷이 두루마기로 변화한 것을 알 수 있고, 오늘날 이리와 광산 농악대의 잡색인 창부와 홍작삼이 두루마기를 입는 것을 볼 때 농악 복식이 한국 전통복식의 변천과정을 따랐다는 추정을 지지하는 것임을 알 수 있다.

④ 장삼

장삼(長衫)은 도포와 비슷하나 소매가 넓고 길며 허리에는 큼직한 맞주름을 잡는 것이 특징이다. 이것은 승복(僧服)의 일종으로 '직철(直裰)'이라고도 한다. 현재 우리나라의 불교 교단을 대표하는 조계종의 승복은 직철형의 장삼이고, 태고종의 승복은 두루마기와 같은 형태인 광수(廣袖)의 직령포이다. 태고종의 두루마기형 포(袍)는 고종 21년 갑신의제개혁에 따라 도포 대신 입게 되어 승단에서도 그것을 그대로 받아들인 것으로 보인다.39)

장삼 이외에도 승려의 평복으로 동방의(東方衣)라는 옷이 있다. 이 동방의40)는 만암복(蔓庵服)이라고도 하며 저고리와 두루마기의 중간 형태를 지니고 있고 승려가 바지와 함께 평복으로 입고 있다. 대부분의 농악 현장에서 농악대의 조리중이 입는 옷을 장삼이라 부르고 있으나, 현재 농악대에서 조리중이 입고 있는 덧옷의 형태는 동방의로 보는 것이 더 타당하다.

---

38) 최남선, 앞의 책, 120쪽.
39) 임영자, 《한국 종교복식—불교와 도교복식을 중심으로》, 아세아문화사, 1990, 175쪽.
40) 유영자, 〈승복〉, 《한국의 복식》, 문화재관리국, 1983, 332쪽. 조계사 암도(岩度) 스님의 증언에 따르면 우리나라를 해동방(海東方)이라고 하였으니, 동방 사람들이 입는 옷이라는 뜻에서 동방의라고 하게 되었는데 발음상 쉽게 '동방이', '동방아'라고도 한다.

(3) 쓰개

농악대가 머리에 쓰는 쓰개류에는 앞치배들이 쓰는 고깔과 전립, 뒤치배인 잡색들이 쓰는 건·패랭이·초립·흑립(갓)·대포수관·정자관 등이 있다. 농악 복식에서 쓰개는 관중들에게 중요한 볼거리를 준다는 점에서 중요한 복식 구성요소이다. 이러한 쓰개들의 변천과정을 구체적으로 살펴보면 다음과 같다.

고깔

① 고깔의 유래

농악에서 고깔을 언제부터 쓰게 되었는지 그 연대를 알기는 어려우며 또 어떤 변천과정을 밟아 오늘에 이르게 되었는지도 불분명하다. 그러나 농악이 고대 농경사회에서 평상복 차림으로 연행되었을 것으로 추정되는 바와 같이, 고깔 또한 우리 민족이 예부터 누구나 착용했던 고깔에서 유래했을 것으로 추정할 수 있다. 김영숙은 농악의 고깔이나 승려들이 쓰는 고깔이 고구려 절풍(折風)에서 유래한 것으로 추정하였다.[41]

우리 민족은 고조선 초기부터 한반도와 만주 등지에서 널리 고깔을 착용해 왔음이 출토 자료와 고문헌을 통해 밝혀지고 있다.[42] 우리 고유의 고깔은 북방계의 스키타이 모(帽)와는 다르며 중국 고문헌에 변(弁)으로 기록되어 있는 것과도 다르다.[43] 스키타이 모(帽)의 형태는 고깔과 비슷하나 덮는 부분이 우리의 고깔보다 훨씬 넓고, 중국 고유의 변(弁)은 형태 면에서는 고깔과 비슷하나 봉합선의 방향이 다르다. 이

---

41) 김영숙, 〈고구려 관모에 관한 고찰〉, 《대한가정학회지》 5권, 대한가정학회, 1966, 764쪽.
42) 박선희, 〈고대 한국의 관모 재료와 종류〉, 한국고대학회, 2001, 135~137쪽.
43) 위의 글, 135쪽.

러한 봉합선 방향의 차이로 중국의 변은 좌우로 납작한 모습이고 우리
의 고깔은 앞뒤로 납작한 모습을 지닌다.44) 따라서 농악에서 쓰는 고
깔은 우리 고유의 고깔에서 유래했을 가능성이 높아 보인다. 이러한 가
능성을 입증하기 위해서는 우리나라 고대의 고깔을 좀더 구체적으로
살펴볼 필요가 있다.

먼저 고깔의 어원을 고문헌에서 찾아보면, 고사갈이(高思葛伊), 골
소갈(骨蘇葛), 소골(蘇骨), 유자례(遺子禮) 등으로 다양하게 표현된
다. 이는 순수한 우리말인 고깔을 소리옮김 하거나 뜻옮김 하면서, 또
는 이것을 후대 기록자들이 옮겨 적으면서 착오를 일으켜45) 이와 같이
다양한 한자 표현이 등장한 것으로 보인다. 예컨대《삼국사기》에는 다
음과 같은 기록이 있다.

> 북사(北史)에서는 고구려[高麗] 사람은 모두 머리에 절풍(折風)을
> 쓰는데, 그 모양이 고깔과 같고, 사인(士人)은 거기에다 두 개의 새 깃
> 을 더 꽂았다. 귀한 자는 그 관을 소골(蘇骨)이라 하는데……46)

이 기록 속의 소골에 대해 이여성은《조선복식고》에서 소골은 '솟
곳'의 음차로 볼 수 있고, '솟'은 위로 솟는다는 뜻이며 '곳'은 갓을 나
타내는 것으로, 소골이란 위로 솟은 '갓'을 의미한다고 해석하였다. 그
러나 류렬은 소골(蘇骨)이 골소갈이(骨蘇葛伊)의 준말 형태인 골소
(骨蘇)가 잘못 표기된 것으로 해석하였으며, 그 근거로 고대 중국인들
이 변방 민족들을 무시하기 위해 가끔 의도적으로 글의 순서를 바꾸었

---

44) 이은창,《한국복식의 역사》, 세종대왕기념사업회, 1978, 174쪽.
45) 예를 들어《後漢書》나《三國志》에 '折風'으로 표기된 것이《南齊書》에는 '析
風'으로 표기되는데 이는 글을 옮겨 적는 과정에서 나타난 오기로 보인다.
46)《三國史記》卷33, 雜誌 第2 色服, "北史云 高麗人皆頭着折風 形如弁 士人加揷
二鳥羽 貴者其冠曰蘇骨 ……"

다는 사실을 든다.47) 즉 소골(蘇骨)은 골소(骨蘇)의 의도적 오기이며 따라서 고깔은 '골소'의 음차 가운데 하나라는 것이다.

다른 예로《양서》제이전과《남사》동이전 신라조에는 다음과 같은 기록이 있다.

> 그 관(冠)을 유자례(遺子禮)라 하며 …… 그 절하는 것과 걸음걸이가 고려(고구려)와 비슷하다.48)

위의 기록에 나타난 유자례(遺子禮)의 유(遺)는 견(遣)자를 틀리게 쓴 것으로 '가시가리'의 소리옮김인 견자가례(遣子可禮)로 바로잡아 볼 수 있다.49)

위와 같이 고문헌에 나타나는 고사갈이(高思葛伊), 골소갈(骨蘇葛), 소골(蘇骨), 유자례(遺子禮) 등은 모두 하나의 대상, 곧 고깔을 일컫는 말이다. 위에서 보듯 고깔은 고어에서 '가시가리'로 표기되는데 현대어로 두 가지 해석이 가능하다. 하나는 이여성처럼 '뾰쪽한 모자'로 해석하는 것이고, 다른 하나는 류렬처럼 '꽃 모자'로 해석하는 것이다. 필자는 후자의 해석에 주목하며 오늘날의 농악대의 고깔도 '꽃 모자'와 관련이 있을 것으로 본다. 이는 어원에서도 유추할 수 있지만 고깔의 형태에 관한 문헌 기록에서도 확인할 수 있는 내용이다. 문헌에 나타나는 내용이나 유물 자료를 보면 우리나라 고대사회에서는 누구나 고깔을 썼으며 또한 꽃으로 장식했음을 볼 수 있다.

예를 들어 금관의 외관은 입화형장식(立華形裝飾)을 매달았는데,

---

47) 류렬,《세 나라 시기의 리두에 대한 연구》, 한국문화사, 1995, 43쪽; 강헌구, 《국어 어원학 통사》, 이회문화사, 2003, 41쪽.
48) 《梁書》, 諸夷傳, 新羅條, "其冠曰遺子禮 …… 其拜及行與高麗相類";《南史》, 東夷傳, 新羅條, "其冠曰遺子禮 …… 其拜及行與高麗相類"
49) 류렬, 앞의 책, 43쪽.

이는 농경시대의 유속50)으로서 과거 꽃으로 장식하던 것을 세공한 금속으로 장식하게 된 것이다.《주서》백제조에 "6품 이상은 관에 은화로 장식했다"는 기록51)이나《구당서》백제조에 "왕은 소매가 큰 자주색 도포에 …… 오라관에 금화로 장식하고 …… 관인들은 은화로 꾸민 관을 쓴다"는 기록52), 그리고 고구려나 신라에 나타나는 화지상입화식(花枝狀立華飾)의 기록은 모두 농경시대 고깔을 꽃으로 장식하던 유습이 이어져 온 것이라 할 수 있다. 위의 기록들을 뒷받침하는 것으로 이여성도 "고깔은 꽃으로 장식하는 것이 통례니 …… 대개 관모 위에 꽃을 장식하는 것은 동서고금의 통속이다"53)라고 기록하고 있다. 즉 이상에서 살펴본 것처럼 관모를 꽃으로 장식한 데에서 고깔이 유래했음을 알 수 있다.

② 고깔의 형태변화

고대의 고깔이 현대 농악의 고깔로 그대로 이어져왔다고 볼 수 없으며 그 사이에는 많은 변화가 있었을 것이다. 본 연구에서는 자료의 부족으로 고깔의 변화과정을 파악할 수 없었지만 고깔의 가장 특징적인 형태인 꽃에 대해서는 단편적인 자료가 남아 있어서 연구의 실마리를 찾을 수 있었다. 처음 고깔에 다는 꽃은 주로 생화를 사용했을 것이나, 후대에는 금속이나 천과 같은 재료로 꽃을 만들어서 고깔에 장식하였을 것이다. 예컨대, 삼국시대 화지상입화식(花枝狀立華飾)이나 은화식에서 볼 수 있듯이 금속으로 꽃 모양을 만들어 고깔에 꽂았다. 고깔에 천으로 만든 꽃장식을 달기도 했다. 〈춘향전〉의 농부가에 "패랭이

---

50) 유희경, 앞의 책, 599쪽.
51)《周書》, 異域百濟條, "六品以上冠飾銀華"
52)《舊唐書》卷199 上, 列傳, 第149 上 東夷 百濟, "其王服 大袖紫袍 …… 烏羅冠, 金花爲飾 …… 官人 盡緋爲衣 銀花飾冠."
53) 이여성,《조선복식고》, 범우사, 1998, 116쪽.

꼭지으다 개화[假花]를 꽂고서 마구잽이 춤이나 추어보세"[54]라는 대목에서 개화[假花]가 보이는데 이는 천으로 만든 꽃으로 추정된다. 유득공의 《경도잡지》에 "광대는 배우인데 비단옷에 누른 초립을 쓰고 비단 조각으로 만든 가화(假花)를 꽂고 공작선을 들고 어지러이 춤추며 익살을 부린다"[55]는 기록은 고깔에 장식하는 꽃을 천으로 만들었음을 뚜렷하게 밝혀준다.

오늘날 농악대의 고깔을 장식하는 꽃은 종이로 만들어진다. 고깔에 언제부터 종이꽃을 만들어 달게 되었는지는 알 수 없으나, 〈그림-14〉에서 1910년대 농악대에 종이꽃을 단 고깔이 있는 것으로 보아 그 이전부터 종이꽃 장식을 했음을 알 수 있다. 여기에 보이는 종이꽃의 크기는 오늘날의 것보다 훨씬 작다. 고깔의 종이꽃이 어울리지 않게 커진 것은 최근의 일로 추정된다. 〈그림-15〉는 현재 농악대의 고깔인데 큰 종이꽃이 달려 있는 것을 볼 수 있다.

이상과 같은 고찰을 통해 고깔이 우리 고유 복식의 일부였다는 것과 시대의 흐름에 따라 형태와 크기, 장식 및 재료가 변해왔다는 것을 확

〈그림-14〉 고깔 (1910년대)　　　　〈그림-15〉 현대 농악대 고깔

---

54) 뿌리깊은나무 편, 《판소리 다섯 마당》. 뿌리깊은나무, 1987, 82쪽.
55) 《京都雜誌》 卷1, 風俗 遊街, "廣大者 倡優也 錦衣 黃草笠 揷綵花 孔雀扇 難舞詼調"

인해 볼 수 있었다.

전립

① 전립의 유래

농악대가 쓰는 전립(氈笠)은 전모(氈帽) 또는 전립(戰笠)으로 불리며 벙거지(벙치)라고도 불린다. 전립의 윗부분에 매단 빨간색 꼭지를 상모라 하고, 상모에는 '부포상모'와 '채상모' 두 가지가 있다. 상모는 때로 '꼬꼬매'[56)로 불리기도 하며, 경우에 따라 상모 자체가 전립을 가리키는 용어로 사용되기도 한다. 농악에서 쓰는 전립도 고깔과 마찬가지로 언제부터 쓰게 되었는지, 어떤 변천과정을 밟아 오늘에 이르게 되었는지는 불분명하다. 농악대에서 쓰이는 전립이 만주족이나 몽고족의 전립에서 유래했다는 설[57)도 있으나 우리나라가 몽고나 만주의 영향을

〈그림-16〉 무덤 문지기의 전모
(안악 제2호 무덤)

〈그림-17〉 조미(鳥尾)가 달린 절풍
(장천 제1호 무덤)

---

56) '꼬꼬매'란 몽고어인 '고고매(苦苦妹)'에서 유래한 듯하다. 고고매란 몽고어로 봉황이라는 뜻인데 명주실로 거위의 털을 붙들어 매어 바람에 날리는 어린이들의 놀이를 일컫는 말이다(《京都雜誌》, "小兒用獨芮絲繁鵝毛順風而之號 苦苦妹 蒙古語鳳凰也").

57) 이보형, 〈전립과 농악의 상모〉, 《한국민속학》 29호, 한국민속학회, 1997, 127쪽.

받기 훨씬 이전인 고구려 시기에 이미 전모의 존재를 확인(⟨그림-16⟩, ⟨그림-17⟩)할 수 있다는 점으로 보아 이는 설득력이 약하다.

김영숙은 전모가 고구려의 절풍에서 유래했을 것으로 추정한다.[58] 이익은 《성호사설》에서 "통고(通考)에 이르기를 고구려 사람들은 절풍립(折風笠)을 쓰는데 만듦새가 고깔과 같다"[59]고 기록하였고, 일찍이 절풍(折風)의 어원을 말뜻에서 찾으려고 했다. 곧 그는 절풍을 겨울 서북풍과 관련시켜 바람을 막기 위해 겨울에 쓰는 관이라고 하였다.[60] 이여성도 이익과 같이 절풍을 "풍을 절하는 관모"라고 하여, 절풍이 지닌 한자의 의미로 해석한 바 있다. 그 어원이 어떻든 삼국시대 절풍은 관모의 기본형으로 귀족부터 일반 평민에 이르기까지 상하에 관계없이 착용되었다. 다만 절풍의 소재나 장식은 지역과 신분에 따라 차이가 났던 것 같다. 절풍의 소재로 백화피, 동물의 가죽[皮弁], 짐승털, 금속 등을 사용했음을 벽화나 유물에서 확인할 수 있다. 짐승털을 소재로 사용한 경우를 특별히 '전모(氈帽)'라고 일컬었을 것으로 추측된다.

절풍에는 여러 가지 장식을 했는데 그 장식이 지역마다 차이가 난다는 것은 주목할 만한 사실이다. 농경지역이 많은 백제는 주로 꽃이나 나뭇가지[花枝狀] 등의 장식을 사용했고, 산악지역이 많은 고구려는 새깃(鳥羽)을 사용했다(⟨그림-18⟩, ⟨그림-19⟩).

물론 백제지역에도 새 깃을 꽂은 절풍이 있었고 또한 고구려지역에도 화지상 절풍이 존재했지만 이는 흔치 않은 경우였다. 이들 장식의 차이가 절풍이 고깔과 전립으로 분립·발전하는 하나의 계기가 아니었을까 추측한다.[61] 즉 화지상 절풍은 꽃을 매단 고깔로 발전하고, 벽

---

58) 김영숙, 앞의 글, 764쪽.
59) 《星湖僿說》, "折風笠, 通考云 高句麗人加折風形如弁盖"
60) 《星湖僿說》 卷5, 萬物門, "折風笠, 折風塞風也"
61) 고깔에서 절풍으로 발전했다는 설(박선희)과 절풍에서 고깔이 나왔다는 설

〈그림-18〉 수렵도 조우관
(무용총 벽화)

〈그림-19〉 수렵도 조우관
(무용총 벽화)

화에 나타나는 새 깃을 꽂은 절풍은 '부포상' 전립으로 발전했을 것으로 보인다. 현대의 농악에서 논농사를 주로 하는 지역은 고깔을 쓰고, 과거 밭농사나 사냥을 주로 했을 산악지역에서 전립을 썼던 이유가 절풍의 이러한 분화·발전과 무관하지 않다고 생각한다.

위에서 본 것처럼 절풍은 새 깃 등으로 장식을 했는데 새 깃을 좌우에 한 개씩 꽂거나 정수리 부분에 여러 개를 한꺼번에 꽂기도 했다. 후자의 경우가 상모가 되었을 것으로 추정된다.

② 전립의 형태변화

이익에 따르면 절풍은 나중에 형태가 약간 변해서 패랭이로 되었다가 다시 입자(笠子)가 되었다고 한다.[62] 여기서 약간 변해서 패랭이가 되었다는 기록은 모(帽)의 첨(簷)과 관련이 있는 변화로 추측된다. 고려 초기의 저서인 《계림유사》에서 "입(笠)을 개(盖)라 하고 음은 갈

(김영숙)이 있는데, 여기서는 후자의 설을 따른다(박선희, 앞의 글, 140쪽; 김영숙, 앞의 글, 764쪽).
62) 《星湖僿說》 卷5, 萬物門 "折風笠, 中間秒變爲蔽陽笠 後來又變爲今俗笠子"

이다”라고 한 데에서 알 수 있듯이, 고려시대 때에는 ‘갈’ 즉 ‘가리’가 ‘입(笠)’이었다.63) 다시 말해, 절풍에서는 첨이 두드러지지 않았는데 패랭이에서는 짧은 첨이 두드러진 것이다.

이익에 따르면 절풍은 나중에 짧은 첨을 다는 형태로 변하는데, 사용 재료의 차이에 따라 벙거지와 패랭이[蔽陽笠, 平凉子]로 달리 불리운 듯하다. 형태는 같지만 재료를 가죽이나 짐승털을 사용한 경우에는 ‘벙거지’라 불리고 대나무와 천을 사용한 경우에는 ‘패랭이’로 불린 듯하다. 〈춘향가〉 군노사령 대목에서 “군노사령 나간다. 산수(山獸)털 벙거지”라고 기록되어 있듯이, 벙거지는 돼지털이나 소털과 같은 짐승털을 검게 물들이고 아교로 이겨 틀에 얹어 굳힌 다음 양태를 다는 형태로 만들어졌다.64) 최근에는 종이로 만들고 그 위에 천을 덧입혀서 만들기도 하나 원형은 모두 짐승털로 만든 것이었다. 이러한 벙거지는 고을의 나졸들, 사령 등 하급 관예들이 주로 사용했음을 이미 앞에서 본 바 있다.

패랭이는 대나무로 살을 만들어 엮어서 모자와 양태를 만들고 천을 씌워서 입(笠)을 만든 것이며, 이 형태가 농민들 사이에서는 더 일반적으로 사용되었다.65) 한편 〈그림-20〉 쌍계사 〈감로탱화〉에 나타나는 적(笛)을 부는 재인과 장구를 치는 재인의 쓰개는 패랭이와는 약간 다른 형태를 보이는데, 이것은 패랭이가 초립으로 넘어가는 중간 단계인 듯하다.66) 이와 같이 패랭이는 중간 형태를 거쳐 초립의 형태로 변화해간 것으로 추정된다.

한편 호암박물관에 소장된 1759년에 그려진 봉서암 〈감로탱화〉를

---

63) 《鷄林類事》, “笠曰盖(音渴)”

64) 이보형, 앞의 글, 128쪽.

65) 〈춘향전〉의 농부가에서도 “가화에 패랭이를 쓰고”라고 묘사되어 있다.

66) 양경애, 〈조선시대 감로탱화에 표현된 복식의 유형분석과 상징성 연구〉, 숙명여대 석사논문, 1988, 64쪽.

<table>
<tr><td>〈그림-20〉 쌍계사 감로탱화
(1728년, 甘露幀)</td><td>〈그림-21〉 봉서암 감로탱화
(1759년, 甘露幀)</td></tr>
</table>

보면 첨이 있는 쓰개를 쓴 재인과 첨이 없는 쓰개를 쓴 재인들이 함께 나타나는데, 이로 미루어 첨이 있는 쓰개와 없는 쓰개가 중세기에 상당 기간 공존했음을 알 수 있다(〈그림-21〉). 이러한 공존 기간을 거쳐서 조선 후기에는 첨이 있는 쓰개로 통일되었다.

1868년 홍국사 〈감로탱화〉(〈그림-22〉)와 1901년 대홍사 〈감로탱화〉(〈그림-23〉)에서는 재인들의 쓰개가 점차 원정형(圓頂型)으로 바뀌는 것을 볼 수 있다. 조선 후기의 감로탱화에서는 붉은색 상모가 달린 원정모(圓頂帽)가 재인의 모자로 자주 표현되어 있는데,67) 이 시기에 이르러 오늘날의 상모 형태가 완성된 것이 아닌가 추측한다.

---

67) 양경애, 앞의 글, 64쪽.

〈그림-22〉 흥국사 감로탱화
(1868년, 甘露幀)

〈그림-23〉 대흥사 감로탱화
(1901년, 甘露幀)

　오늘날의 상모 〈그림-24〉는 〈그림-22〉와 〈그림-23〉에 나타나는 상모가 달린 원정모에서 유래했을 것으로 추정한다. 한편 전모의 정자(頂子)가 문헌에 등장하는 것은 고려 공민왕대의 공복제정 기록부터이다.68) 이 기록에 근거하여 일반적으로 정자를 원나라 복식의 영향으로 간주하지만69) 명확하지는 않다.

---

68) 공민왕대에 제정된 군신관복(君臣官服) 제도에는 정자를 품계에 따라 백옥정자(白玉頂子), 청옥정자(靑玉頂子), 수정정자(水精頂子), 수품정자(隨品頂子), 무대수정정자(無臺水精頂子)로 나눈다(《高麗史》, "恭愍王 16年 7月 敎曰 …… 今後諸君宰樞代言判書上大護軍判通禮門三司左右尹知通禮門　黑笠白玉頂子　三親從諸摠郎三司副使入備身前陪後殿護軍黑笠靑玉頂子　諸正佐郎黑笠水精頂子　省臺成均典校知製敎員及外方各官員　黑笠隨品頂子　縣令監務黑笠舞臺水精頂子").

69) 강순제, 〈한국 립제의 변천에 관한 연구〉, 《복식》 창간호, 한국복식학회, 1977, 88쪽.

〈그림-24〉 상모 달린 전립 (1950년)

(4) 건(巾)

　　건은 원래 머리가 흘러 내려오는 것을 감싸기 위한 것으로 간편하고
활동에 편리한 머리쓰개 가운데 하나였다. 건의 개념은 패건(佩巾), 식
건(拭巾) 등 물건을 닦는 수건에서 비롯되었고, 이것이 발달하여 머리
쓰개인 복건(覆巾)이 되었다. 건은 초기에는 일정한 형태가 없는 한
폭의 헝겊으로 머리를 감싸기 위한 실용적인 측면에서 출발하여 장식
적 요소가 더해져 모(帽)로 발전하고, 여기에 다시 사회적인 요소가
첨부되어 관(冠)이 된 것이다.[70] 따라서 건은 우리 민족의 가장 오래
되고 소박한 두식(頭飾) 형태라 할 수 있다.

　　건은 왕에서부터 일반 서민에 이르기까지 모두 착용하였고 고구려
벽화를 보면 남자는 검은색 건을, 여자는 흰색 건을 썼음을 알 수 있으
며, 특히 악공들이 건을 쓰는 경우가 많았다.

---

70) 진미희, 〈한국 고대 관모에 관한 연구〉, 부산대 박사논문, 1997, 5쪽.

《자치통감》에 건에 대한 다음과 같은 기록이 있다.

> 내사직에 있던 양재사는 …… 궁중연회에서 술에 얼근히 취하게 되자 …… 종이를 잘라 수건을 만들어 쓰고 자색 도포를 입고 고구려 춤을 추었다.[71]

이 기록으로 보아 고구려 춤을 출 때 건을 둘렀다는 것을 알 수 있다.

앞에서 언급했듯이 건이 모(帽)와 관(冠)으로 발전했으나, 일반 서민들은 계속해서 건을 착용한 것으로 보인다.

농악대에서 건의 쓰임새는 세 가지 경우로 볼 수 있다. 먼저 뒤치배의 잡색인 할미와 각시는 건만 쓰는데, 여기서 건은 머리가 흘러내리는 것을 방지하기 위한 실용적인 목적으로 사용되는 것으로 볼 수 있다. 다음으로 앞치배들이 고깔이나 전립을 쓰기 전에 머리에 건을 받쳐 쓰는데, 이는 고깔이나 전립이 흘러 내려오는 것을 방지하고자 하는 것으로 이 또한 실용적 측면이 강해 보인다. 마지막으로 전립을 쓰고 난 후에 이마에 건을 두르는 경우가 있는데, 이 역시 실용적 측면이 있을 수 있으나 장식적 측면이 더 강했을 것으로 보인다. 왜냐하면 건을 묶어 매듭을 지었으나 오늘날에는 건에 꽃을 달아서 매는 꽃수건 형태로 변했기 때문이다. 〈그림-25〉는 1950년대의 농악대 사진으로 전립을 쓰기 전에 받쳐 쓰는 건이 보이고, 전립을 쓰고 난 뒤 앞에서 묶는 형태의 건도 보인다.

---

71) 《資治痛鑑》 卷207, 唐記 23, 長安 4年 7月, "楊再思爲內史 …… 宴集酒酣 ……再思炘然卽翦紙帖巾反披紫袍 爲高麗舞"

〈그림-25〉 1950년대 농악대

패랭이

패랭이[蔽陽笠]는 평량자(平凉子), 폐양자[蔽陽笠]라고도 하며 앞에서 본 바와 같이 절풍에서 발전한 것이고, 갓으로 이행하는 과정에서 나타난 형태로 이후 초립과 갓[黑笠]으로 발전하였다. 패랭이는 굵은 죽사로 성글게 '대우[笠帽]'와 '양태[笠簷]'를 엮은 것으로 기본적으로는 '모'와 '첨'의 구분이 분명하며 모정(帽頂)은 둥글다. 그런데 조선 초기에 세죽사로 짠 입(笠)에 흑칠을 한 흑립이 양반의 쓰개가 되면서 소색(消色) 그대로인 평량자는 말기에 이르기까지 역졸(驛卒), 보부상(褓負商), 백정배(白丁輩) 등 천인 계급의 것으로 남게 되었다.[72]

〈그림-26〉은 20세기 초기 사진으로 사진 속의 인물이 열두 발 상모놀이를 하고 있는 것으로 보아 전문 연예집단인 남사당패로 보인다. 여기서 남사당패가 조선 말기 천인들의 쓰개였던 패랭이에 열두발 상모를 달아 상모놀이를 하였음을 알 수 있다. 따라서 현재 농악대에서 나타나는 열두발 상모는 이와 같은 전문적 기예를 갖춘 남사당의 영향을 받은 것으로 보인다.

---

72) 강순제, 〈입모제(笠帽制)〉, 《한국의 복식》, 문화재관리국, 1983, 160쪽.

〈그림-26〉 패랭이 (20세기 초)

초립

초립(草笠)은 패랭이에서 조선의 전형적인 입제(笠制)인 흑립으로 옮겨가는 과도기적 단계에 있는 것으로 패랭이와 비슷하나, 재료나 제법상의 발전은 물론 대우[笠帽]와 양태[笠簷]가 더욱 분명해지고 있다. 즉 상협하관(上狹下寬)의 모옥(帽屋)과 원형의 입첨(笠簷)으로 구성되었고 모정(帽頂)도 평평해져 패랭이에서 흑립으로 가까워진 모습이다.

초립은 조선왕조 초기부터 대나무의 정밀한 것과 거친 것으로 등위를 가려 일반 백성이 모두 착용하였다.[73] 그러나 흑립이 생겨나자 초립은 패랭이와 함께 상민의 쓰개가 되었다. 《경국대전》에 따르면 별감(別監)의 주황초립(朱黃草笠)을 비롯하여[74] 궁연(宮延)의 세악수(細樂手), 사복(司僕)의 견마배(牽馬陪)와 기복시(起復時), 창우(倡優)는 연예석(演藝席)에서 초립을 쓰게 했고 국말까지 그대로 이어져

---

73) 강순제, 앞의 글, 162쪽.
74) 《經國大典》, "別監冠常服朱黃草笠"

왔다.75) 또한 의식 때에는 입식(笠飾)을 장식하기도 하였다. 창우가 썼던 초립이 현재 농악대 창부의 쓰개로 전승된 것으로 보인다.

흑립

흑립(黑笠)은 평량자와 초립을 거쳐 조선시대의 대표적인 입제로, 이는 고려 말엽에 이미 관인들의 입제가 첨이 있는 평량자 형으로 이행됨에 따라 조선시대 500년을 이어 내려온 사대부의 가장 중요한 관모로 착용되었던 것이다.76) 보통 사대부들은 평상시에도 의관을 갖추는 것을 예의로 삼았기 때문에 그들의 전용물이던 갓, 즉 흑립 착용을 거추장스럽게 생각하면서부터 상투 위에 갓 대신 여러 가지 관을 쓰게 되었다.

유득공의 《경도잡지》에는 "사대부들은 평상시 거처할 때 흔히 복건(幅巾), 방관(方冠), 정자관(程子冠), 동파관(東坡冠)을 쓰고 조사(朝士)들은 당건(唐巾)을 쓴다"77)고 기록되어 있다. 이러한 관들이 국말까지 양반들 사이에 사용된 것임을 알 수 있으며, 이 가운데 정자관이 널리 착용되었다. 현재 농악대에서는 잡색인 양반이 그들의 신분을 나타내기 위한 수단으로 흑립, 즉 갓을 쓰거나 정자관을 쓴다.

대포수관

농악대에서 뒤치배인 잡색들을 총지휘하는 대포수가 쓰는 관을 대포수관이라 한다. 농악대의 대포수는 등에 토끼를 매단 망태를 지고 총을 들고 있다. 대포수 역할이 갖는 더 큰 의미는 재앙을 물리치는 것이다. 이러한 역할을 맡은 대포수는 머리에 크고 특이한 형태의 관을 쓴다.

---

75) 유희경, 앞의 책, 354쪽.
76) 강순제, 앞의 글, 163쪽.
77) 《京都雜誌》卷1, 風俗巾服, "士夫平居 多戴 幅巾 方冠 程子冠 東坡冠 朝士 唐巾……"

<그림-27> 대포수관 (20세기 초)

〈그림-27〉을 보면 앞에서 농악대를 이끌고 머리에 특이한 모양의 관을 쓴 사람이 대포수일 것으로 추정된다. 왜냐하면 현재 농악대에서도 대포수관은 독특한 형태로 나타나기 때문이다. 대포수가 언제부터 이와 같이 특징적인 관을 쓰게 되었는지 알 수는 없다. 그러나 20세기 초기 사진인 위 사진에서 대열의 맨 앞에 대포수관이 보이는 것으로 보아 그 이전부터 썼을 것으로 보인다.

송낙과 삿갓

농악대에서 뒤치배의 잡색인 조리중이 쓰는 쓰개로 송낙[松蘿]과 삿갓이 있다. 송낙은 소나무 겨우살이를 촘촘히 엮어 만든 모자로 승려가 외출할 때 착용한 고깔형 쓰개이다. 삿갓은 더위와 비를 피하기 위해 사용된 것으로 보이며 농민이나 승려에게서 아직도 볼 수 있는 쓰개로 입(笠)에서 시작된 것이다.

이규경의 《오주연문장전산고》에 "지금 삿자리로 만든 삿갓도 그 모양이 고깔 같지 않던가. 절풍건은 곧 나제립이다"[78]라는 기록이 있다. 이 기록으로 보아 이규경은 삿갓이 절풍에서 나온 것으로 보았으며, 김 영숙 또한 송낙과 삿갓이 고구려의 절풍에서 시작된 것으로 보았다.[79]

따라서 현재 농악대에서 송낙과 삿갓이 사용되고 있는 것은 우리 민족 고유의 관모 전통을 잇고 있는 것으로 볼 수 있다.

어사화를 꽂은 관

이리 농악에서 잡색인 창부는 독특하게 머리에 어사화를 꽂은 관을 쓴다. 어사화는 조선시대 문무과에 급제한 사람에게 임금이 하사한 종이꽃으로 이를 복두(幞頭)의 뒷부분에 꽂았다.

이리 농악에서 창부가 어사화를 관에 꽂는 것은 농사에서 장원하기를 바라는 주술적인 의미와 농사의 중요성을 일깨워주기 위한 것이라는 설명도 있지만, 농사를 천하의 근본으로 인식하고 근면한 노동을 권장하는 뜻이라고 볼 수 있다.[80] 이리는 두레농악이 발달한 지역이며, 이 지역 농악대에 어사화를 꽂은 관이 남아 있다는 것은 이와 같은 설명을 뒷받침한다.

(5) 장식

농악 복식에서 장식은 농악대의 시각적 화려함을 더해 주는 중요한 복식 요소이며 여기에는 삼색띠와 드림이 있다.

---

78) 李圭景, 《五洲衍文長箋散稿》, "今野簟笠 其狀 獨不如弁乎 折風 卽羅濟笠也"
79) 김영숙, 앞의 글, 764쪽.
80) 박진태, 〈농악대 잡색놀이의 연극성과 제의성〉, 《한국민속학》 29호, 한국민 속학회, 1997, 482쪽.

삼색띠

농악대의 대부분의 단원들이 기본 복식 위에 독특하게 청색·황색·홍색의 삼색띠를 두른다. 때로는 녹색·황색·홍색의 삼색띠를 두르기도 하는데, 이는 기본 복식 위에 입는 조끼가 청색이다 보니 청색 대신 사람들의 눈에 더 잘 띄도록 색깔을 바꾼 것으로 보인다.

삼색띠의 유래에 대해서 정확히 알 수는 없으나 두레농악에서는 삼색띠를 두르지 않는 반면, 축원이나 걸립 및 연예 농악에서 삼색띠를 두르는 것으로 보아 여기에는 의례적인 의미 또는 연희적인 의미가 있는 듯하다. 의례적인 요소와 연희적인 요소를 포함하고 있는 삼색띠를 들어 농악 복식이 연예집단인 남사당의 영향을 받은 것으로 이야기하기도 한다.

띠에 관한 기록은 《통전》에서 찾아볼 수 있으며 고구려 궁중 음악의 악공들에 대한 다음과 같은 기록이 있다.

> 악공들은 자색 비단 모자에 새 깃을 장식하고 누런 큰 소매 달린 옷에 자색 비단 띠를 띠고 …… 대구고를 입고 적피화를 신고 오색물을 들인 줄로 장식하였다.[81]

이것은 궁중의 악공들에 대한 기록이지만 궁중 음악의 대부분이 서민들에 의하여 만들어졌으며 악공도 서민 출신이었다는 사실을 고려하면, 서민들이 연행했던 놀이에 이미 띠를 두르는 행위가 있었다고 유추해 볼 수 있다.

또한 대원군이 경복궁 중건 노역대(勞役隊)나 위안(慰安)행사에 참가한 농악대에게 여러 가지 상을 내린 것에서도 띠에 대한 기록이

---

81) 《通典》 卷146, 邦樂高麗;《三國史記》 卷32, 雜誌 第1 樂 高句麗樂, "通典云 樂工人 紫羅帽飾以鳥羽 黃大袖 紫羅帶 大口袴 赤皮靴 五色緇繩"

보인다. 예컨대, 진위면 봉남리(오늘날 평택군 진위면 봉남리) 유세기
의 부친인 유아무개는 솥전[釜工場]을 대대적으로 경영하면서 전국에
서 농악에 소질 있는 사람들을 종업원으로 고용한 뒤 농악을 연습시켜
'경복궁건축 위안공연'에서 대원군으로부터 '진위군대도농방권농지기
(振威君大都農坊勸農之旗)'라는 농기와 삼색의 어깨띠를 하사받았
고, 상쇠 김덕일은 '오위장(五衛將)'이란 벼슬을 받았다는 기록이 있
다.82) 이 같은 사실에 근거하여 대원군에 의해 경복궁이 다시 세워진
1867년(고종 4년) 이전부터 농악대에서 삼색의 어깨띠를 둘렀다는 사
실을 확인할 수 있다.

조선시대 풍속화에서도 어깨띠를 두른 것을 찾을 수 있다. 1786년
김홍도 그림으로 알려진 〈그림-28〉〈안릉신영도〉에서 오른쪽 어깨에
홍색띠를 두른 것이 나오고, 작가 미상인 18세기 〈그림-29〉〈동래부
사접왜사도〉에서도 가마를 매고 가는 가마꾼들의 오른쪽 어깨에 붉은
색 띠를 두른 것이 보인다. 그림에 보이는 이들은 조선시대 군졸에 속
한 사람으로 여기에서도 군졸 복식과 농악 복식이 일정한 관련이 있음
을 살펴볼 수 있다.

〈그림-28〉 안릉신영도(安陵新迎圖)　　〈그림-29〉 동래부사접왜사도(東來府使接倭使圖)

---

82) 평택문화원, 《평택군지》, 범한사, 1984, 695쪽.

〈그림-30〉 20세기 초 농악대

〈그림-30〉은 20세기 초기 농악대 사진으로 징·북·소고·쇄납을 부는 악수(樂手)들이 오른쪽 어깨와 왼쪽 어깨 그리고 허리에 띠를 두른 것을 볼 수 있다.

드림

더그레 뒷길에 황색·청색·홍색의 삼색 천을 길게 드리우는데 이것을 보통 '드림'이라 한다. 이 드림은 농악대를 총지휘하는 상쇠만이 달았는데 오늘날에는 쇠잽이들 모두 다는 경우가 있다. 상쇠는 농악단을 대표하는 사람으로 그가 입는 옷이나 장식은 다른 치배들의 것에 비해 화려하다. 상쇠는 드림뿐만 아니라 등에 둥글게 만든 원형의 쇠붙이나 거울을 양 옆에 달기도 하고 앞가슴과 등에 붙이기도 한다.

김홍도의 평생도(平生圖)로 전해지는 〈그림-31〉〈삼일유가〉는 풍속화로 창우의 옷 앞과 뒷길에 원형의 홍색 천을 붙인 것을 볼 수 있다. 이러한 모습은 현재 이리 농악의 상쇠 더그레 뒷길에 부착하는 원형의 거울과 일맥상통하는 것으로 보인다(〈그림-32〉).

〈그림-31〉 삼일유가(三日遊街)

〈그림-32〉 이리 농악의 상쇠

〈그림-33〉 더그레의 드림 (20세기 초)

　〈그림-33〉은 20세기 초기 농악을 연행하는 사진이다. 이 사진에서 가운데 쇠를 치는 쇠잽이의 뒷길에 드림을 맨 것으로 보아 상쇠일 것으로 추정한다. 이 사진에서 드림의 존재를 확인할 수 있는 것으로 볼 때 드림의 기원 또한 오래되었을 것이다.

IX 풍물굿과 사회

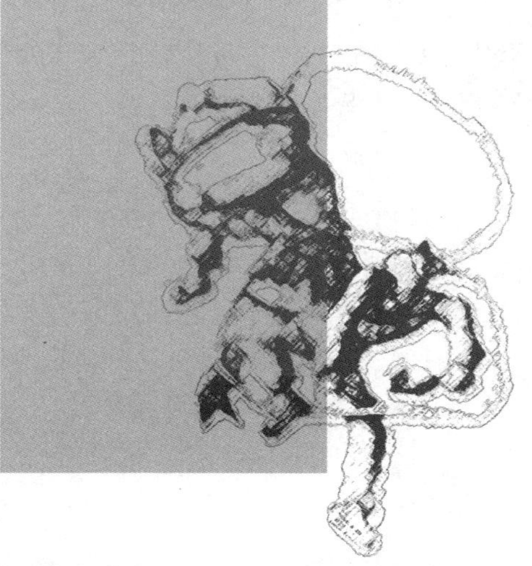

두레 공동체와 농악의 사회사

신용하*

1. 머리말

한국의 전통사회에는 농민들이 조직한 '두레'라고 하는 한국 민족 고유의 공동노동의 작업 공동체가 있었다. 두레는 조선왕조 시대에 답작(畓作)지대의 농촌사회에서는 어디서나 널리 시행되던 가장 중요한 작업 공동체였으며, 일제 강점기에는 많이 변질되고 소멸되었지만 중부 이남의 농촌 사회에서는 널리 볼 수 있는 노동조직이었고, 1945년 해방 후에도 지방에 따라서는 그 흔적을 찾아볼 수 있는 민속이었다. 두레는 마을의 '모든' 농경지의 농사 작업을 마을의 '모든' 성인 남자들이 '공동노동'으로 수행하면서 '상부상조' 아래 마을 성원들의 공동체적 연대를 형성·발전시켰던 조직이었다. 두레는 이 과정에서 '농악'을 발생시켜 '노동'과 농악을 융합시킴으로써 독특한 '농민문화'를 창조하여 발전시켰다.

특히 주목해야 할 것은 '두레'로 노동을 하면 개별적으로 노동을 하는 것보다 노동 능률이 훨씬 더 높았을 뿐 아니라 고통스러운 노동이

---

* 이화여대 석좌교수, 서울대 명예교수.

'즐거운 노동'으로 전환되는 놀라운 효과가 있었다는 사실이다. 두레는 이 점만으로도 한국 민족과 한국 농민이 역사적으로 창조해낸 슬기로운 제도와 문화였다고 말할 수 있을 것이다.

두레에는 지방에 따라서 '두레'라는 이름 이외에 공굴·궁굴이·제리·자리·조리·돌게·돌개김·동네논매기·향두품어리 등의 여러 가지 명칭이 있었다. 두레는 한문으로는 일반적으로 '사(社)'라고 번역하여 표기했으나, 일제 강점기에는 그것이 잡다하게 번역되어 이 외에도 농사(農社), 농계(農契), 농청(農聽), 계청(契聽), 거사(醵社), 목청(牧聽), 공청(公聽), 농기(農旗), 농악(農樂) 등의 여러 가지 이름으로 표기되었다.

'두레'를 한마디로 정의한다면, '한국 사회에서 독특하게 존재했던 공동노동을 위한 마을 성인 남자들의 작업 공동체(Arbeitsgemeinschaft)'라고 할 수 있다. 그것은 공동체적 조직이었으므로 기본적으로 '작업'에 관련된 것이었다. 한국 농촌 사회에서 공동노동을 위한 조직으로는 두레 이외에도 중요한 것으로 '품앗이'(또는 '품들이')와 여러 가지 '계(契)'가 있었다. 그러나 품앗이와 계는 사회학적으로는 개인적인 이해를 우선적으로 계산하여 반대급부를 교환하려고 임의적으로 조직한 '결사체(Gesellschaft)'였고 '공동체(Gemeinschaft)'가 아니었다. 그러나 두레는 개인적 이해를 계산하기보다 전체 사회적 집단적 이익을 추구하여 의무적으로 결합한 공동체였으며, 특정 작업의 공동 수행을 위하여 결합한 '작업 공동체'였다. 두레는 그 내용과 특성이 한국 사회와 한국 역사에서만 보이는 고유한 것이므로 '두레 공동체(Duregemeinschaft)'라는 독립된 학술용어를 가질 수 있는 작업 공동체였다고 할 수 있다.

여기서는 자료가 부족하지만 '두레 공동체'의 구조와 기능과 변동을 간단히 고찰해 보기로 한다.[1]

----

1) 필자는 농촌사·농민사에 관심을 가지면서부터 두레에 대한 연구논문을 쓰려

2. 두레의 기원과 변천

두레의 어원에 대해서는 몇 가지 구별되는 견해가 제시되어 있다.
첫째, 강정택(姜鋌澤)은 두레가 '윤번(輪番)'의 뜻을 드러낸 것이라
고 했으며,[2] 인정식(印貞植)도 두레는 윤번을 나타내는 것이라고 하
였다. 인정식에 따르면, 예컨대 갑·을·병·정의 네 명이 두레의 조
직에 참가하고 있다고 하면 그들은 네 명 모두 공동노동으로 갑의 전
답으로부터 을·병·정의 전답으로 일정의 순번에 따라서 경작하여
주는 것이다. 공동노동의 참가자가 일정의 윤번에 따라서 각각의 전답
을 공동 경작하는 데서 두레라는 용어가 나왔다고 한다. 그러므로 인정
식에 의하면, 두레라는 것은 하나의 형태의 표현이기는 하지만 공동노
동의 조직 그것을 나타내는 말은 아니라고 하였다.[3]

둘째, 이병도(李丙燾)는 두레의 어원이 원주(圓周)·위요(圍繞)의
뜻인 '둘레'·'둘려'에서 나왔다고 보았다. 이것은 마치 영어에서 원주
(圓周)의 뜻을 가진 'circle'이 도당(徒黨) 또는 사회의 뜻이 되고, 독
일어에서 'Verein'이 통일·통일자의 원뜻에서 결사의 뜻이 되며,
'Genosse'가 동무라는 뜻에서 조합원·당원·회원의 뜻으로 함께 통하
는 것과 같다는 것이다. 그는 우리나라의 결사의 명칭인 도(徒, circle),

고 자료상자에 두레항을 설정하여 자료를 모았다. 그러나 상당한 시간이 지나
갔음에도 불구하고 다른 항목과는 달리 자료가 모이지 않았다. 그 이유는 필
자의 노력 부족의 탓도 있지만 이 최하층 민중의 제도에 대해서는 지배층들이
관심이 없어서 기록을 거의 남기지 않았기 때문이기도 하였다. 두레에 대하여
알고 싶어하는 분들이 많으나, 해방 후 두레에 관한 본격적 연구논문이 한 편
도 없으므로 빈약한 자료에 의거해서라도 우선 불만스럽지만 서설적인 글을
쓰며, 미비한 점과 잘못 본 점은 다른 기회에 보완하려고 한다.

2) 姜鋌澤, 〈朝鮮に於ける共同勞動の組織とその史的變遷〉, 《農業經濟硏究》, 제17
 권, 제4호, 1941 참조.
3) 印貞植, 《朝鮮農村襍記》, 1943, 2~3쪽.

접(接), 계(契, association), 사(社, circle)가 모두 두레를 한역(漢譯)한 것이라고 하였다.4)

셋째, 필자의 견해로는 두레는 '두르다'의 고어에서 파생되어 나온 명사이며 그 부사인 '두루'의 뜻에서 볼 수 있는 바와 같이, '모두'나 '전체'를 나타내는 명사로서 '공동체' 그 자체를 나타내는 말이라고 보고 있다. 즉 두레는 두루의 뜻과 같이 모두·전체를 의미하는 명사이며, 공동체의 핵심적 특징은 그 전체성에 있기 때문에 두레는 공동체 그 자체를 나타내는 한국 고어라고 보는 것이다. 둘레가 그 주위와 주변을 나타내고 있는 명사인 데 비하여 두레는 그 주위와 주변 안의 모두·전체를 나타내는 말이라고 해석된다. 따라서 둘레는 두레와 같은 계열의 파생어이지만 별개의 명사라고 보는 것이다. '두르다'라는 말 속에는 ①둘레를 치다, ②모두를 포함하다, ③돌리다의 세 가지 뜻이 함께 포함되어 있다. 두르다가 부사로 전성된 두루를 보면 '모두', '전체적으로', '골고루', '빠짐없이'의 뜻이 포함되어 있다. 이러한 뜻의 '두르다'와 '두루'가 명사화된 것이 '두레'로서 '모두', '전체', '골고루 모두', '빠짐없이 모두'의 뜻을 가진 것이며, 공동체 그 자체를 나타내는 순수한 한국어라고 보는 것이다.5)

위의 세 가지 견해는 물론 대립되는 것이 아니라 상호보완적인 것이다. 두레의 뜻 속에는 ①공동체 성원을 '모두·전체·빠짐없이·골고루' 포함한다는 뜻과 ②다른 외부 세계와 '둘레'를 쳐서 경계를 긋는다는 뜻과, ③일을 '돌려가며' 차례로 한다는 뜻이 모두 포함되기 때문이다.

두레의 기원은 매우 오래된 것이어서 이미 삼한(三韓)·삼국(三國) 시대에 관한 문헌에 나타나고 있다. 두레는 발생 초기에서 1945년

---

4) 李丙燾, 〈古代南堂考〉, 《서울大學校文集》 제1집, 1954 참조.
5) 호남지방에서는 큰 두레를 '모둠차례'라고도 불렀는데, 이 용어에는 두레가 '모두', '모둠', '전체'의 뜻을 가진 것이었으며, 다음에 '차례', '윤번'의 뜻을 내포한 것이었음을 시사해 주는 것이라고 볼 수 있다.

까지 변천해 온 과정을 세 단계로 나누어볼 수 있다. 그 기준은 사회사적 관점에서 주로 ①'마을' 안에서 사회 신분·계급의 분화 정도와 ② 두레의 공동노동을 필요로 하는 작업의 성격에 의거한 것이다.

제1단계는 마을에 사회 신분·계급의 분화가 거의 없는 사회적 조건에서 마을의 모든 성년 성원들이 의무적으로 참가하는 두레이다. 이 단계의 두레는 농업 경작뿐만 아니라 수렵·어로·자연 재해 방비·외적 침입 방비 등 모든 작업에 사용된 것으로 보인다. 대체적으로 마을의 공동 경작이 해체되고 가족별 경작이 대두하는 촌락 공동체 해체기에 두레가 발생하여 그 뒤부터 삼국시대까지의 시기가 이 단계에 해당한다. 제2단계는 마을에도 사회 신분·계급의 분화가 더 나아가 귀족과 지주는 두레에 참가하지 않고 오직 평민과 생산 농민층만 의무적으로 참가하던 두레이다. 이 단계의 두레는 수전(水田)농업의 노동 수요가 폭주하는 작업에 주로 사용되는 한정된 제도로 되었다. 대체로 통일신라시대부터 조선왕조 말기까지의 시기가 이 단계에 해당된다. 제3단계는 일제 강점기의 두레로서 마을에도 화폐경제가 침투하여 지배하고 일제의 식민지 정책의 영향을 심하게 받아 변질된 내용과 형태를 가지는 두레이다. 이 단계의 두레에 대해서는 절을 나누어 설명하기로 한다.

제1단계의 두레에 대해서는 삼한의 풍속을 기록한 중국의 문헌에 그 편린이 남아 있다. 《삼국지》 위지 동이전 삼한(三韓)조 가운데 진한(辰韓)의 풍속을 적은 곳에 "그들은 서로 부르기를 모두 도(徒)라 한다(相呼皆爲徒)"6)라는 구절이 있는데, 이 '도'를 이병도는 두레의 음과 뜻을 함께 한자로 번역한 것이라고 풀이하였다.7) 매우 예리한 관찰이라고 생각된다. 또한 《후한서》 한(韓)조에는 삼한 사람들이 5월의

---

6) 《三國志》, 魏志 東夷傳 辰韓條, "名國爲邦 弓爲弧 賊爲寇 行酒爲行觴. 相呼皆爲徒" 참조.
7) 李丙燾, 앞의 글 참조.

봄갈이가 끝난 뒤에 귀신을 제사지내고 밤이 다하도록 술과 음식을 먹으며 무리를 지어 노래하고 춤추며 10월의 농사가 끝난 뒤에도 이와 같이 한다고 기록하였다.8) 비슷한 사실이 《삼국지》 위지 동이전에도 기록되어 있다.9) 이것은 뒷날 '호미씻이'와 '두레놀이'의 고대의 형태에 대한 관찰 기록이라고 볼 수 있다. 또한 《삼국사기》 신라 유리니사금(儒理尼師今)조에는 왕이 육부를 두 패로 나누어 두 사람의 왕녀로 하여금 각각 한 패씩 거느리고 두레와 같은 공동노동으로써 한 달 동안 길쌈을 경쟁하게 하여, 8월 한가위 날에 이르러 승패를 보아서 진 편은 음식을 마련하여 이긴 편에 사례하고 모두 노래와 춤과 놀이로 즐겼다고 기록하고 있다.10) 이것은 '두레 길쌈'의 기원을 나타내는 것으로서 이 시기에는 길쌈이 두레의 공동노동으로 수행되었음을 시사해 주는 것이다.

　이러한 단편적인 기록들에서 우리는 삼한·삼국시대에 두레라는 작업 공동체가 존재했음을 확인할 수 있다. 이 단계의 두레는 비단 평민들뿐만 아니라 모든 신분과 계급의 작업 공동체였으며, 농업 경작뿐만 아니라 사냥·어로는 물론이요, 길쌈·군사 등 모든 일에 관련되어 있음을 알 수 있다. 그러나 이러한 포괄적 성격을 띤 제1단계의 두레는 개별 가족 단위의 사회생활과 농업 경영이 발전하고 공동노동의 사회적 필요성이 감소해 감에 따라 점차 현저히 소멸되어 가는 과정에 있었음을 쉽게 추정할 수 있다. 특히 우리나라 농업에서 가족별 소경영의 끊임없는 발전은 제1단계의 두레를 소멸시켜 가는 과정이었다고 볼 수

---

8) 《後漢書》, 魏志 東夷傳, "常以五月田竟 祭鬼神 晝夜酒會 群聚歌舞 舞輒數十人 相隨 蹋地爲節 十月農功畢 亦復如之" 참조.

9) 《三國志》, 魏志 東夷傳 韓條 참조.

10) 《三國史記》 卷1, 新羅本紀 第1, 儒理尼今條, "王卽定六部 中分爲二 使王女二人 各率部內女子 分朋造黨 自秋七月旣望 每日早集大部之庭績麻 乙夜而罷 至八月 十五日 考其功之多小 負者置酒食 以謝勝者 於是歌舞百戱皆作 謂之嘉俳" 참조.

있다.

제2단계의 두레는 마을 내의 귀족과 지주는 참가하지 않고 평민과 생산 농민만이 참가하여 '수전(水田)' 농업의 수리 관개 작업, 모심기, 김매기, 수확 등에 결합된 작업 공동체로서 제1단계의 두레에서 질적으로 크게 변화한 것이다. 수전농업은 ①수리 관개 시설이 필요하고, ②짧은 시일의 적기에 노동 수요가 폭주하므로 개별 가족의 노동만으로는 적합치 않고 '공동노동'이 반드시 필요한 농법이었다. 이러한 사회적 필요성이 답작지대에서 소멸되어 가던 제1단계의 두레를 질적으로 변화한 제2단계의 새로운 두레로 재생시켰다고 볼 수 있다. 우리나라 농업의 역사에서 한편으로 가족별 소경영의 끊임없는 발전은 제1단계의 두레를 소멸시켜 가는 과정이었으며, 다른 한편으로 수전농업의 끊임없는 발전은 제2단계의 두레를 발생시키고 발전시켜 가는 과정이었다. 이 두 다른 방향으로 변화하는 동태가 농업 경영 지대의 분포에 있어서 전작(田作)지대에서 제1단계의 두레를 소멸시켜 버리고 답작지대에서 제2단계의 두레를 분포하게 하고 성행하게 한 직접적인 원인이었다고 볼 수 있다.

우리나라에서 수전농업이 시작된 기원은 멀리 삼국시대까지 거슬러 올라간다. 《삼국지》 위지 동이전 변진(弁辰)조에 "오곡과 벼를 재배한다(宜種五穀及稻)"11)라고 기록하고 있으며, 또 김해의 가야시대 패총에서 벼의 낟알이 출토되었음은 잘 알려진 사실이다. 또한 《삼국사기》 백제 다루왕(多婁王) 6년조에 "2월에 나라 남쪽의 주(州)·군(郡)에 처음으로 벼농사를 짓게 했다"12)고 기록되어 있다. 기원 33년 무렵부터는 지금의 전라도 일대에서 벼농사가 시작된 것이었다. 이러한 벼농사가 그 일부는 수전농업으로 경작되었다는 사실은 《삼국사

---

11) 《三國志》, 魏志 東夷傳 弁辰條, "土地肥美 宜種五穀及稻 曉蠶桑 作縑布" 참조.

12) 《三國史記》 卷23, 百濟本記 第1, 多婁王 6年條 "二月 下令國南州郡 始作稻田" 참조.

기》신라 흘해니사금(訖解尼師今)조에 "21년(기원 330년)에 처음으로 벽골지(碧骨池)를 개척했는데 그 연못의 언덕 길이가 1천 8백 보였다"[13]고 한 기록에서도 알 수 있다. 즉 삼국 시대에 이미 수전농업을 위한 김제(金堤)의 '벽골제'의 대규모 수리 관개 공사를 한 것이었다. 그러나 수전농업이 대대적으로 보급된 것은 고려왕조를 거쳐 조선왕조에 들어온 이후의 일이며, 특히 이앙법(移秧法)이 대대적으로 보급된 것은 조선왕조 후기라는 연구 결과가 나와 있다.[14]

제2단계의 두레가 성행한 것도 또한 고려왕조를 거쳐 조선왕조에 들어온 이후의 답작지대에서 나타난 일이며, 특히 제2단계의 두레가 극성한 것은 조선왕조 후기의 일이라고 볼 수 있다. 이 사실은 조선왕조 말기의 조사 보고에서 소급해 보아도 쉽게 알 수 있다. 실제로 조선왕조 시대에는 두레가 중부 이남의 답작지대 농촌 사회에서 어디서나 볼 수 있는 보편적인 농민의 작업 공동체였다. 조선왕조 시대, 특히 그 후기에는 통치자들이 방대한 기록과 문헌을 남겼음에도 제2단계의 두레가 '최하층 농민들'의 작업 공동체였다는 이유 때문에 거의 기록에 남지 못했다. 양반 관료들이 두레에 관한 단편적 기록을 남긴 경우는 다른 사건과 관련되었을 때 예외적인 경우였다.

예컨대 1738년(영조 14) 음력 11월 17일에 하나의 사건이 일어나서 이 시기에 두레가 성행했음을 간접적으로 전해 주고 있다. 즉 1737년(영조 13) 9월에 원경하(元景夏)가 문과에 장원 급제하여 호남별견어사(湖南別遺御史)로 임명되어서 전라도 일대를 암행하게 되었다.[15] 이때 원경하는 전라도 부안(扶安)에서 두레[社]의 농기와 농악기가

---

13)《三國史記》卷2, 新羅本紀 第2, 訖解尼師今, "二十一年 始開碧骨池 岸長一千八百步" 참조.

14) 金容燮,〈朝鮮後期의 水稻作技術〉,《朝鮮後期農業史研究Ⅱ—農業과 農業論의 變動》(신정 증보판), 지식산업사, 2007, 19~138쪽 참조.

15)《英祖實錄》卷45, 英祖 13年 9月 丁亥條 참조.

민중들의 반란 시에 군용물이 될 수 있다고 지나치게 염려하여 농기와 농악기들을 농민들로부터 몰수하였다. 이것을 전(前) 부안현감 안복준(安復駿)이 편철(片鐵)로 부수어 착복해버린 횡령 사건이 발생하였다. 이듬해 1738년에 전라도 일대를 조사한 호남 암행어사 남태량(南泰良)이 이 사건을 국왕에 보고하여 전 부안현감을 탄핵하게 되자, 국왕과 우의정·이조판서 그리고 비변사 당상들과 호남 암행어사 등이 비변사에서 회의를 열어 이 문제를 다루게 되었다.16)

이때 국왕과 신하들은 두레를 하는 백성들을 ‘민배(民輩)’라는 경멸적인 용어로 지칭하고 있으며, 국왕은 농기와 농악기를 사(社; 두레)에서 몰수한 것이 아니라 사(寺; 절)에서 몰수한 것으로 이해하여 ‘社’와 ‘寺’를 구분하지 못하고 있다.17) 신하들의 설명을 듣고 국왕이 왜 농민들이 꽹과리[錚]와 징[鉦]을 사용하는가 하고 묻자, 《승정원일기》에는 우의정 송인명(宋寅明)이 “민배가 농사를 짓고 수확을 할 때 모두[皆] 이 악기로써 일 나가는 자들을 고동(鼓動)한다”고 대답한 것으로 기록되어 있으며, 《영조실록》에는 “들에서 모든 사람들이 모두 함께[擧趾] 일할 때 혹 게을러서 힘써 일하지 않는 자가 있으면 이 꽹과리와 북을 두드리어 사기를 진작시키는 것이다”라고 대답한 것으로

---

16) 《備邊司謄錄》 弟104冊, 英祖 14年 11月 17日條 참조.

17) 《承政院日記》 第881冊, 英祖 14年 11月 17日 乙丑條, “上曰 元景河御史時 屬公者皆寺中旗幟 而今此書啓 有民間錚鼓旗幟 還給民間之請 民間曾亦有此物乎. 寅明曰 民輩耕穫之時 皆以此器 鼓動赴役者也 元景夏之當初禁斷 雖出於爲國慮患之意 此亦過慮 人心若離 鋤耰棘矜 皆可爲盜 何患無兵器 旣是民物 遽然屬公 則宜有民怨矣. 泰良曰 民物決不可屬 公何以處之乎. 上曰 安復駿之作位爲片鐵歸家者 豈不駭然哉 其旗幟 能如軍門恒用者乎. 泰良曰 皆是無用之物 而旣是百年民俗 亦難禁止矣. 寅明曰 旣奪之後 出給亦顚倒 自賑廳會錄取直用之何如. 上曰 復駿之所用 亦云非矣 則朝家何可取直取用乎 大臣鋤耰之言 誠是矣 陳勝吳廣 豈必待兵刃而興乎 元景夏未免過慮 此御史引蘇軾漏鼓之例 亦過矣. 泰溫曰 補賑則民輩 反爲得食其費矣. 上曰 此未免於割肉充腹也. 寅明曰 取直而給民輩 鑄錢時用之好矣. 上曰 堂堂之國 豈待民之錚鼓而用之乎 置之可也.” 참조

기록되어 있다.18) 국왕이 두레의 농기가 군대에서 사용하는 깃발과 같은 것인가 묻자, 호남 암행어사는 농기와 농악기가 군대용으로서는 무용지물이라고 응답하고, 이것(두레와 농악)은 이미 '백년 민속(百年民俗)'이므로 또한 금지하기가 어렵다고 대답하고 있다.

우리는 이 단편적인 기록에서도 호남 일대에서는 '모두' 두레의 공동노동이 성행했으며, '농악'이 두레에서 나온 것이고, 이 두레와 농악이 이미 오래된 '백년 민속'이라는 사실을 거듭 확인할 수 있다. 여기서 '백년 민속'이라 함은 1백 년이 된 민속이라기보다 '오래된 민속'이라는 뜻으로 이해하는 것이 정확할 것이다. 또한 우리는 이 기록에서 조선왕조의 지배층이 두레와 농악에 대하여 전혀 호의가 없었고 도리어 약간 적대적이었음을 알 수 있다. 그러나 조선왕조 후기에는 충청도·전라도·경상도·경기도·강원도·황해도 지방에서도 두레가 성행하여 농촌 사회의 가장 중요한 작업 공동체로서 실재하였다. 이 때문에 실학자들 가운데서는 '두레 공동체'를 자기의 개혁사상에 포용하는 경우도 나타나고 있다. 다산(茶山) 정약용(丁若鏞)이 그의 여전제(閭田制) 토지 개혁론에서 촌락민의 공동노동과 공동 경작에 의거한 협동농업 생산체제를 구상한 것은 당시의 두레의 실재와 성행에 사회적 기초를 둔 것이었다.19)

조선왕조 말기에 충청도지방에서도 두레가 성행했다는 사실은 김윤식의 일기에도 기록되어 있다. 김윤식은 1891년에 두레와 농기와 농악

---

18) 《英祖實錄》 卷47, 英祖 14年 11月 乙丑條, "上 引見大臣備堂及湖南御史南泰良. 泰良論劾 前扶安縣監安復駿貪饕不法 至取屬公之鉦鉦 碎作片鐵 歸私索. 上 駁之 命逮 問泰良 仍言前御史元景夏所屬公鉦鼓旗幟 宜還給民間. 上問曰 農人之用鉦鉦何也. 右議政宋寅明曰田野之間 勞於擧趾 或有懶不力作者 則擊金鼓以振其氣 然民間藏戎器 恐有意外之慮 故爾今旣屬官 還給亦顚倒 宜折直補賑資 否則宜用鑄錢也. 上曰 不然 苟爲盜也 鋤耰棘矜 皆可奮臂 陳勝吳廣何嘗有兵 堂堂國家 豈資民間之物 而補貨泉乎." 참조.

19) 愼鏞廈, 〈茶山丁若鏞의 閭田制 土地改革思想〉, 《奎章閣》 제7집, 1983 참조.

에 대하여 다음과 같이 기록하였다.

> 입춘절(立秋節)이다. 이른 아침에 창 밖에서 징과 북이 어지러이 울리는 것을 듣고 창을 열고 보니 마을 백성들이 농고(農鼓)를 하고 있었다. 용을 그린 기(旗)가 한 폭 있었는데 장대의 길이가 3장이었고 푸른색의 영기(令旗)가 한 쌍이었으며, 징·북·장고 등이 섞이어 나가면서 요란하게 귀를 울렸다. 또 신촌(新村)에 한(두레)패가 있는데 기와 복장의 색깔이 더욱 아름답고 좋았다. 이 본촌(本村) 마을이 먼저 기와 북을 세웠으므로 이를 선생기(先生旗)라 부르고 신촌(新村)의 기가 두 번 절을 하면 본촌(本村)의 기는 한 번 절하여 답하였다. 다음에는 두 마을의 대열이 합하여 마을을 돌면서 악기를 두드린 다음에 파하였다. 이 풍속은 마을마다 있는데 이름하여 두레[豆來]라 한다.[20]

또한 김윤식은 충청도 지방의 호미씻이(두레宴)의 관심에 대하여 역시 1891년의 일기에서 다음과 같이 기록하였다.

> 농가가 7월에 김매는 일을 이미 끝내면 술과 음식을 차려 서로 勞苦를 위로하며 북을 두드리고 징을 울려 서로 오락을 즐기는데 이를 두레연(頭來宴)이라고 한다. 잔치가 끝나면 농기(農旗)와 북을 갈무리하여 다음해를 기다린다. 오늘 본촌(本村)은 두레연을 벌이고 술과 떡과 고기로 잘 먹었다.[21]

---

20) 金允植,《沔陽行遣日記》, 1891年, 高宗 28年 7月 初4日條,《續陰晴史》(국사편찬위원회판) 上卷, 178쪽, "立秋節 早聞鉦鼓亂鳴於窓外 推窓視之 乃村民農鼓也. 建畵龍旗一面 桿長三丈 靑令旗一雙 鉦·鼓·杖鼓等屬雜進聒耳. 又有新村一牌 旗鼓服色更鮮好 以此村先建旗鼓 謂之先生旗 新村旗二偃 本村旗一偃以答之 兩村合鬧 繞場鼓擊而罷. 此俗村村有之 名頭來."

21) 金允植,《沔陽行遣日記》, 1891年, 高宗 28年 7月 27日條,《續陰晴史》上卷, 180쪽, "農家七月 耘事旣畢 設酒食相勞苦 擊鼓鳴鉦 以相娛樂 謂之頭耒宴. 宴罷藏

김윤식의 위의 일기는 두레의 풍속이 마을마다 있었으며, 두레에는 농기와 농악이 필수의 것이었음을 잘 전해주고 있다. 또한 이 기록은 농악의 모습을 알려주고 있으며, 농악에서는 농기와 함께 영기가 쓰이고 두레의 조직의 전후에 따라 농기에도 선생기(先生旗)와 제자기(第子旗)가 있음을 알려주고 있다. 또한 김윤식의 일기는 7월에 두레의 김매는 공동작업이 모두 끝나면 '호미씻이(두레宴)'를 성대하게 벌이어 두레의 공동노동의 노고를 위로하는 오락을 즐긴 다음 다음해를 위하여 농기와 농악기를 갈무리한다는 사실을 잘 설명해주고 있다.

조선왕조 말기에 경기도·충청도·강원도 일대를 선별적으로 조사한 보고서도 두레의 성행에 대하여 다음과 같이 보고하고 있다.

한국 농법 중 우리를 놀라게 하는 것이 있다면 우경(牛耕)과 공동노동(共同勞動)이라고 해야 할 것이다. 공동 노동은 한국 현하의 농법상으로는 필요한 노동 조직으로서 작업중 삽앙(揷秧)과 제초(除草) 등에 가장 많이 행해진다. 특히 논의 호미를 찍어 하는 제초에 음악을 연주하고 창가를 불러서 흥취를 첨가하는 것을 목격한다.

농자천하지대본(農者天下之大本) 또는 신농유업(神農遺業)의 문자가 있는 농기(農旗)를 세우고 그 부근에서 일에 들어간다. 여름날 논의 제초기에 시골을 돌아다니면 경쟁하는 징 소리를 듣게 되는 것은 농민들이 농기를 용감하게 펼치고 그 밑에서 휴식 시에 농악을 연주하기 때문이다. 그들은 이에 의하여 쾌감을 얻고 원기를 지어 일으킨다. 특히 아침부터 열심히 일에 종사하여 심신이 피로를 느껴서 행동에 느림이 오려고 하는 저녁 무렵에는 일부의 제초수(除草手)는 호미 대신에 악기를 들고 제초수의 뒤에 서서 활약장쾌(活躍壯快)한 농악을 연주하기 시작한다. 이에 제초수는 심기가 전청(轉晴)하여 곧 게으른 기운

旗與鼓 以待嗣歲. 今日本村設頭來宴 以酒餠及肉來饋."

을 없애고 피로를 잊고 호미의 찍음을 자기도 모르게 깊이 하는 것은
곧 자연스러운 세이라고 할 것이다.[22]

이는 그들이 조사한 강원도의 청간(淸間)·양양(襄陽)·이천(伊
川)·안협(安陜)지방에 두레가 성행함을 보고하고 있다. 또한 이 보
고서는 그들이 조사한 경기도의 연천(連川)·장단(長湍)·개성(開
城)·양천(陽川)·수원(水原)·진위(振威)·남양(南陽)지방에도
두레가 성행함을 알려주고 있다. 또한 이 보고서는 그들이 조사한 충청
도 태안(泰安)·해미(海美)·결성(結城)·대흥(大興)·청양(靑陽)·
서천(舒川)지방에도 두레가 성행함을 알리고 있다.[23]
조선왕조 말기에 전라도 일대를 선별적으로 조사한 같은 보고서도
조사 지역에 모두 두레가 성행하고 있음을 보고하고 있다.

이식·제초·수확 등 농번의 기절에는 근린 혹은 한 마을이 공동으
로 상호 원조하는 것이 많다…….
전라북도 임파(臨坡) 지방 : 촌내의 사업은 공동에 의한 것이 많고
노동과 같은 것도 이식·수확 등은 모두 상호 부조하여 행하는 것이
습관이다.
전라북도 전주(全州) 지방 : 모심기(田植)·제초 등은 촌락에 의하
여 30인 내지 50인이 상집(相集)하여 공동으로 노동하는 일이 있다.
단 수확의 때에는 각 호별로 이를 행하는 것이 습관이다.
전라남도 광주(光州)군 마곡(馬谷)면 지방 : 수도(水稻)의 이식·
수확·관개수의 설비 등은 촌내 공동으로써 이를 행한다.
전라남도 나주(羅州) 지방 : 마을에 의해서 모심기(田植) 등을 공동

---

22)《韓國土地農産調査報告》, 경기도·충청도·강원도편, 1906, 425~426쪽.
23) 위의 책, 426~428쪽 참조.

으로 한다. 그 밖에 농가 중에서 어떤 사정으로 경작을 끝낼 수 없는
것이 있을 때에는 근린이 상기(相寄)하여 이를 돕는다.

　전라남도 진도(珍島) : 이식·수확의 양기에는 공동으로 노동하는
일이 많다. 모심기〔田植〕를 할 때에는 종고(鍾鼓)를 울리고 속곡(俗
曲)을 노래하며 그 곡조에 맞추어 모심기를 하는 것이 습관이다.24)

이는 그들이 선별적으로 조사한 경상도 지방에서도 두레가 성행함
을 보고하고 있다.

　경상남도 김해군 칠산(七山) 화목리(花木里) 지방 : 벼의 이식 및
수확 등은 왕왕 근린이 공동으로써 이를 행하는 것이다.
　경상북도 인동(仁同)군 왜관(倭館) 지방 : 이식·수확과 같이 농번의
기절에는 근린이 상담하여 순차로 교대해서 공동 노동을 하는 것이 많다.
　경상북도 인동 지방 : 모심기〔田植〕의 때에는 공동으로 이를 행한다.
이와 같이 번망(繁忙)의 때에는 공동 노동을 행하는 것이 매우 많다.25)

이상과 같은 단편적인 자료들에서도 우리는 조선왕조 말기까지는
중부 이남의 답작지대에서 두레는 어디서나 볼 수 있는 농촌 사회의
보편적이고 지배적인 작업 공동체였음을 확인할 수 있다.

3. 두레의 조직

두레의 조직에 관한 자료는 조선왕조 말기 — 일제 강점기에 대한

---

24) 《韓國土地農産調査報告》, 경상도·전라도편, 1906, 369~370쪽.
25) 위의 책, 370쪽.

것밖에는 남아 있지 않으며 그것도 매우 단편적인 것들뿐이다. 이러한 단편적인 자료들일지라도 종합하여, 화폐경제와 일제 식민지 정책으로 말미암아 심하게 변질되기 이전의 조선왕조 말기에서 일제 초기까지의 전통적 두레 조직의 이념형을 재구성해 보기로 한다.

두레 성원의 자격은 한 마을(자연 촌락)의 16세 이상부터 55세 이하의 모든 성인 남자이며, 평균 20~30명으로 조직되었다. 그러나 큰 두레는 약 50명으로 구성된 것도 많이 있었다.26) 두레의 성원을 보통 '두레꾼' 또는 '두레패'라고 불렀다. 한문으로는 두레꾼을 보통 '서우배(鋤擾輩)'라고 하였다.

두레의 조직에서 원칙적으로 여성은 제외되었다. 여기에는 세 가지 이유가 있었던 것으로 보인다. 첫째, 두레가 담당하는 작업의 종류가 관습적으로 남성의 노동을 대상으로 하였다는 사실과 관련된 점이다. 둘째, 두레가 성인 남자 노동력을 1단위로 하여 반드시 균질적인 노동력의 소유자로 조직되는데 여성 노동력은 이 기준에 미달된다고 간주되었다는 점이다. 셋째, 두레는 공동 오락의 기능도 수행하는데 여성의 참가는 그에 적합하지 않다고 인지되었다는 점이다.

또한 두레의 조직에서 원칙적으로 ①미성년과 ②노인층은 제외되었다. 그 이유는 미성년과 노인층의 노동력이 성인 남자 노동력을 1단위로 한 기준에 미달한다고 여겼기 때문이다.

두레의 조직은 이와 같이 원칙적으로 성인 남자 가운데서 청년층과 장년층으로만 구성되었다. 그 중에서도 청년층이 두레 성원의 핵심이 되었다. 그 결과 두레는 가장 왕성한 노동력을 가진 (성인 남자 노동력 1단위를 모두 소유한) 균질적인 청장년층의 공동노동의 조직이 되었다.

두레는 반드시 '마을' (자연 촌락, 자연 부락) 단위로 조직되었다. 행정 단위의 동리(洞里)는 두레 조직의 단위가 아니었다. 예컨대 충청북

---

26) 《韓國土地農産調査報告》, 경상도·전라도편, 1906, 370~371쪽 참조.

도 제천군 금성면(錦城面) 구룡리(九龍里)는 소규룡리(小九龍里)·
자감동(自甘洞)·한천동(寒川洞)의 세 개의 자연 부락이 모여 이루
어진 행정 단위였는데, 그에 따라 구룡리에는 마을별로 소규룡리 두
레·자감동 두레·한천동 두레로 세 개의 두레가 동시에 존재하였
다.27) 일제 강점기 말기에 행정 단위별로 조직한 '동(洞)두레'28)도 있
었고, 한 마을 안에 작은 규모의 두세 개의 두레가 존재한 경우도 있었
으나 모두 예외적으로 변형된 것이었다. 두레는 원칙적으로 한 개 마을
(자연 촌락)에 하나씩 조직되었다.

한 마을의 성인 남자(청장년층)는 성인 노동력 1단위를 가지고 있다
면 두레에 의무적으로 가입해야 하였다. 즉 두레 가입에는 전체적·의
무적 성격이 있었다. 여기에는 '공동체적 구속력'이 존재하였다. 만일
정상적인 성인 노동력을 소유한 한 마을의 성인 남자가 두레에 가입하
기를 거부하는 경우에는 마을 성원들이 두문(杜門)·절교(絶交)·태
형(笞刑)을 하거나 마을에서 추방하는 제재를 가하였다. 본래의 두레
에서는 한 마을의 한 농민 가족이 1인의 성인 남자를 가졌든지 2인 또
는 3인의 성인 남자를 가졌든지 가리지 않고 그들 모두는 의무적으로
두레꾼이 되었다. 그러나 조선왕조 말기—일제 강점기 초기에는 화폐
계산이 농촌에 침투함에 따라 농민 가족별 의무를 공평하게 하기 위하
여 한 농민 가족은 1인의 성인 남자만을 내어 조직하는 두레도 나타나
게 되었다.

또한 본래의 두레에서는 성인 남자가 없는 과부나 병약자·노약자
의 농민 가족은 두레 참가 의무에서 무상으로 면제되었으며, 그러면서
도 두레의 공동노동의 혜택은 차별 없이 받도록 되어 있었다.

한편 미성년자와 다른 마을에서 흘러들어온 일꾼(떠돌이 또는 비루

---

27) 鈴木榮太郎, 〈朝鮮の村落〉, 《東亞社會硏究》, 제1집, 1943, 《朝鮮農村社會の硏究》,
1973, 23쪽 및 〈朝鮮農村社會踏查記〉, 위의 책, 252쪽 참조.
28) 豊田重一, 〈農社農樂に關する硏究〉, 《朝鮮彙報》, 1916년 4월호 참조.

치)은 그들이 원하는 경우에도 두레의 가입이 거부되었다.

미성년자가 16세가 되어 성년으로서 인정받고 두레에 가입하려고 할 때에는 '주먹다듬이'라는 의식을 행하였다.29) 촌락 공동체 시대의 성년식의 유제(遺制)로 보이는 이 관습은 원래는 육체노동의 능력을 증명하는 의식이었던 것으로 보이는데, 조선왕조 말기에는 두레의 가입 신청자가 기성 두레꾼들에게 주연을 베푸는 의식으로 되었다. 이것을 '진서턱'이라고 부르기도 하였다. 진서턱은 술 2두 정도였다. 미성년자가 주먹다듬이를 거쳐 두레에 가입이 인정되면, 그는 마을에서 품앗이와 같은 다른 교환 노동에서도 1인의 성인 노동력을 가진 일꾼으로 인정되고 계산되었으며 성인 일꾼으로서 사회적 대우를 받았다. 주먹다듬이는 지방에 따라 한문으로 진서(進鋤), 신입례(新入禮), 공배(公配)라고 표기하기도 하였다.30) 다른 곳에서 떠돌아 들어온 일꾼인 떠돌이나 비루치가 두레에 가입하고자 할 때에는 마을 안의 그의 고용주가 기존 두레꾼들에게 주연을 베풀어 형식상 공인받는 의식을 하는데 이것을 '바굴이'라고 불렀다. 이것은 작업 공동체의 동료 입회 의식이라고 볼 수 있는 것이었다.

조선왕조 시대에 양반제도와 지주제도가 일반화되어 한 마을 안에 양반·지주·부호가 함께 거주하는 경우에는 그들은 비생산 노동계급으로 마을 안에서 공인되어 두레에 참가하지 않았다. 그 대신 지주나 부호들은 머슴을 두레에 참가시켰다. 두레는 마을 안에서 모두 평민 신분의 조직이었으며, 실제로 생산 노동에 종사하는 자작농·소작농·머슴·농업 노동자 등 근로 농민만의 조직이었고, '민중'의 작업 공동체였다.

두레의 가입이 두레 공동체로부터 일정한 심사를 거쳐야 하는 것과

---

29) 姜銕澤, 앞의 글 및 印貞植, 앞의 책, 4쪽 참조.
30) 久間健一, 〈農民家族經齋と其の經營規模に關する硏究〉, 《朝鮮農業近代的樣相》, 1935, 162~163쪽.

같이 두레로부터 탈퇴하는 것도 일정한 심사를 거쳐야 하였다. 두레로부터 탈퇴하는 것은 마을 사람들과 두레 공동체에 의하여 인정된 특수한 유고의 경우가 아니면 불가능하였다. 여기에도 공동체적 구속력이 작용하였다.

두레의 역원(役員) 조직은 보통 다음과 같은 역할 분담의 원리에 따라서 6명으로 구성되었다.

① 두레의 대표이며 총 책임자

이것은 지방에 따라 영좌(領座) · 좌상(座上) · 행수(行首) · 영수(領首) · 반수(班首) · 좌장(座長) 등 여러 가지 이름으로 불리었다. 영좌의 역할은 두레의 총 책임자로서 두레꾼들을 통솔하며 작업 계획의 수립 및 작업 순번의 결정을 하고 수입의 처분을 지시하는 등 두레의 모든 일을 지휘하는 것이었다. 영좌는 마을에서 경험이 풍부하고 인망이 있으며 사리에 밝은 자작농 중에서 선출하는 것이 보통이었다.

② 대표를 보좌하는 역원

이것은 지방에 따라 도감(都監) · 공원(公員) · 집사(執事) · 소임(少任) 등으로 불리었다. 도감의 역할은 영좌를 보좌하고 영좌의 명령과 지시를 두레꾼들에게 전달하며 두레 공동체의 조직을 감독하는 것이었다.

③ 작업장에서 작업 진행 책임자

이것은 지방에 따라 수총각(首總角) · 총각대방(總角大方) 등의 이름으로 불리었다. 수총각의 역할은 작업장에서 작업 진행을 맡고 작업을 지휘하는 것이었으며 농기(農旗)의 기수(旗手)를 맡는 것이었다. 수총각은 일 잘하고 똑똑한 소작농이나 머슴 중에서 뽑는 것이 보통이었다.

④ 작업 진행 책임자를 보좌하는 역원

이것은 지방에 따라 조사총각(調査總角) · 청수(靑首) · 진수군 등의 이름으로 불리었다. 조사총각의 역할은 수총각을 보좌하고 작업장에서 일을 게을리 하는 사람을 조사하여 독려하는 것이었다. 조사총각은 똑똑한 머슴이나 미혼 청년 가운데서 뽑는 것이 보통이었다.

⑤ 회계와 서기의 일을 맡은 역원

이것은 보통 유사(有司)라고 불리었다. 유사의 역할은 두레꾼들의 출석을 점검하고 두레의 회계와 서기의 일을 하며 호미씻이와 농악의 관리를 하는 것이었다. 농민 중에서 특히 문자를 잘 알고 경리에 밝은 사람을 뽑는 것이 보통이었다.

⑥ 가축 방목을 감시하는 역원

이것은 보통 방목감(放牧監)이라고 불리었다. 방목감의 역할은 소를 방목하는 경우에 소가 논밭에 들어가서 농작물을 뜯어먹지 못하도록 감시하여 농작물을 보호하는 것이었다. 방목감은 두레에 가입하기 직전의 15~16세의 소년이나 두레꾼 가운데서 최연장자를 여러 명 두는 것이 보통이었다.

이상의 역원의 조직 체계는 전형적인 경우를 든 것이고 두레의 크기가 작은 경우에는 역원의 조직을 축소하기도 하였다. 실제의 예를 들면, 경상남도 울산 지방의 두레의 역원은 다음과 같이 조직되어 있었다.[31]

① 행수: 두레의 전체 통솔자
② 도감: 행수의 보좌역
③ 수총각: 작업 진행 반장 겸 기수
④ 조사총각: 수총각의 보좌역 겸 두레 작업의 감독역
⑤ 유사: 회계와 서기
⑥ 방목감: 소의 방목에 대한 감시역

또 하나의 다른 예를 들면, 강원도 평창 지방과 정선 지방의 두레의 역원은 다음과 같이 조직되어 있었다고 한다.[32]

① 영좌: 두레의 통솔자이며 최고 책임자

---

31) 姜鋌澤, 앞의 글 참조.
32) 한상복, 〈함께 일하고 함께 즐기던 두레〉, 《한국인》, 1983년 11월호 참조.

② 도감: 영좌의 보좌역이며 두레의 감독자

③ 총각대방: 작업 진행의 책임자

④ 청수: 작업장에서의 나태한 자를 조사하고 제재하는 역원

⑤ 유사: 회계와 서기

⑥ 방목감: 방목하는 소를 감시하는 소년

이러한 두레의 역원들은 두레 성원의 전체 회의에서 구두 의결에 따라서 민주주의적으로 선출되었다.

두레에서는 철저하게 조직 내의 민주주의가 지배하고 관철되었다. 영좌를 포함한 모든 역원들은 다른 두레꾼들과 마찬가지로 공동노동에 참가하면서 자기가 맡은 역할을 수행했으며, 영좌까지도 독재와 독단적인 행동은 할 수 없었고, 두레를 지극히 민주주의적으로 관리·운영하였다. 두레에서는 '농민 민주주의'가 지배하고 관철되었다고 말할 수 있다. 그러나 두레에서 규율과 규범은 엄격하였으며 두레꾼들은 두레의 규율과 규범을 잘 준수하였다. 영좌의 명령과 지시는 존중되어 잘 수행되었으며, 두레꾼들은 규율에 따라 질서 있게 작업 활동을 하였다.

두레의 역원은 마을과 농촌사회 일반에서 큰 '위신(community prestige)'을 가지고 있었다. 마을 성원들은 두레의 역원들을 이(李) 영좌, 김(金) 도감, 박(朴) 유사 등의 호칭으로 불렀으며, 이것은 존경과 위신의 의미를 내포한 것이었다.33) 두레 역원의 임기는 원칙적으로 1년이었으나, 특별한 유고 사항이 있지 않은 한 잘 교체하지 않았다.

두레는 하나의 작업 공동체로서 해마다 새로 결성하는 것이 아니라 마을에 해를 넘어 항상 실재하는 장기적 공동체의 하나였다. 두레의 1년은 ①작업기와 ②준비기로 나뉘었다. 작업기는 대체로 모내기가 시

---

33) 마을의 두레 성원들이 두레의 역원들을 이러한 호칭으로 불러 존경과 위신의 의미를 부여한 곳에는 양반들이 향약(鄕約)의 역원을 비슷한 호칭으로 불러 위신을 부여했던 데 대결의식이 작용했으며, 평민 농민들의 두레공동체에 대한 높은 자부심과 긍지가 나타나 있었던 것이라고 볼 수 있다.

작되는 6월부터 김매기가 끝나서 호미씻이가 열리는 7월까지의 기간이
었다. 준비기는 호미씻이가 끝난 후부터 다음해 모내기가 시작되기 직
전까지의 기간이었다. 작업기가 시작되면 두레의 성원들은 농청(農廳)
에 모여서 전체 회의를 열어 두레의 역원을 선출하고 두레의 작업 활
동을 시작하였다. 작업기가 끝나면 두레꾼들은 개별 가족노동으로 돌
아가지만 두레는 해체되는 것이 아니라 단지 준비기에 들어가는 것이
어서 영좌의 지시 아래 다음 해 두레의 작업 활동을 준비하였다. 이와
같이 두레의 지속에는 작업기와 준비기가 순환하였다.

　두레가 성행했던 시대에는 마을 가운데 두레의 본부로서 농청(農
廳)34), 공청(公廳), 동사(洞舍), 공회당(公會堂)이라고 부르는 공동
건물이 있었다. 이것은 두레 성원들의 공동 집합소이고 회의소였으며,
실내의 공동 노동 장소였고 공동 휴식 장소였다. 두레의 미혼 청년 성
원들은 취침도 주로 여기서 하였다. 농기(農旗)와 농악기(農樂器)와
공용 농구도 여기에 보관하였다. 공청의 주위에는 방어적 성격의 튼튼
한 울타리를 세우고 당번을 정하여 두레꾼들이 돌아가면서 이 공동 집
회소를 지켰다.

　두레에는 반드시 농기와 농악이 있었다. 농기는 '두레기'라고도 하는
데 '농자천하지대본(農者天下之大本)'이라고 쓴 세로로 된 대형 깃발
이었다. 글씨의 배경에는 승천하는 용을 그려넣기도 하였다.35) 이 때
문에 농기는 때로는 용둑기[龍纛旗]라는 별명으로 불리기도 하였다.
이 농기는 두레의 상징으로서 군대의 군기와 같은 성격을 지녔으며 농
민의 자부심과 단결을 나타내는 표상이었다. 따라서 농민들은 농기를
매우 신성시하였다.36) 농기를 세워두면 어떠한 고귀한 신분의 양반이

---

34)　농청(農廳)이 두레의 본부이며 공동집회소였기 때문에 지방에 따라서는 두
　　레를 바로 농청이라고 호칭하는 곳도 있었다.
35)　金允植,《沔陽行遣日記》, 1891年, 高宗 28年 7月 初4日條,《續陰晴史》(국사편
　　찬위원회판) 上卷, 178쪽 참조.

라도 말을 타고 그 앞을 지나가지 못했으며 반드시 말에서 내려서 경의를 표하고 걸어가야 했다. 만일 이것을 위반하면 그 두레의 처벌을 받는 것이 관습이었다.[37] 농기에 대한 경시나 멸시는 바로 그 두레에 대한 경시나 멸시로 간주되어 두레꾼들의 격렬한 공격과 투쟁의 대상이 되었다.

각 마을의 두레의 위신에 따라 농기에도 위신에 차이가 있었다. 여러 마을의 두레 사이에는 ①그 조직의 역사의 길이나 ②줄다리기·홰싸움·석전(石戰) 등 경기의 승패나 ③'두레싸움'의 승패나 ④부역에서 세운 공훈과 표창의 차이에 따라 '선생두레'와 '제자두레' 또는 '형두레'와 '아우두레'의 권위와 위신의 차별이 있었다. 그에 따라 각 두레의 농기가 지닌 권위와 위신에도 차별과 차이가 부여된 것이었다. 놀이의 경기 장소에서나 부역 장소에 여러 마을의 두레들이 농기를 들고 모일 때에는 권위 있는 농기에 대하여 다른 농기들은 농기를 숙여 경의를 표하는 예(禮)를 표해야 했으며, 들에서 두레들이 행진하는 도중에 서로 마주치는 경우에도 권위 있는 농기에 대하여 길을 양보하고 농기를 숙여 역시 경의를 표하는 예를 갖추어야 했다. 만일 이 경의를 표하는 예를 갖추지 않으면 모욕과 멸시로 여겨 두레들 사이에는 이른바 '두레싸움'이 격렬하게 벌어졌다.

농악도 두레에 부속된 필수적인 것이었으며 두레의 한 구성 요소를 이루는 것이었다. 원칙적으로 농악이 없는 두레는 없었다. 이 때문에 지방에 따라서는 두레를 바로 농악이라고 부르기도 하였다. 농악은 두레의 공동노동으로 노동 능률을 높이고 노동을 즐겁게 하며, 두레를 작업 공동체로서 단결시키는 데 큰 기능을 수행하는 등 매우 중요한 것이었다. 농악에 대해서는 절을 바꾸어 설명하기로 한다.

---

36) 李覺鍾, 〈契に關する調査〉, 《朝鮮》, 1917년 8월호 참조.
37) 長其昌, 〈農社に就て〉, 《朝鮮彙報》, 1917년 8월호 참조.

이상에서 서술한 것이 본래의 전형적 두레이다. 그런데 일제 강점기의 관찰자들은 이 본래의 전형적 두레에서 파생되어 나온 다른 종류의 두레들의 존재를 보고하고 있다.

그 하나는 역사가 오랜 '여자두레'로서 마포(麻布)와 면포(綿布)를 짜는 데 두레를 조직해서 여성들이 함께 모여 성원의 베를 순번으로 직조해 주는 조직이 있었다. 마포를 짜는 여자두레를 '삼두레' 또는 '두레삼'이라고 불렀고, 면포를 짜는 여자두레를 '베두레' 또는 '두레베'라고 불렀다. 이러한 여자두레들은 함께 모여 함께 즐기면서 작업했을 뿐 아니라 저마다 장기(長技)에 따라서 가공 공정을 분업적으로 작업함에 따라 노동 능률과 노동 생산성을 높였다.[38]

또한 본래의 전형적 두레에는 가입할 자격이 없는 미성년자들의 '아이두레'와 노인층의 '노인두레'도 곳에 따라서는 존재했다고 보고되었다.[39] 아이두레가 존재했던 지방에서는 본래의 두레를 어른두레라고 불렀으며 아이두레는 어른두레의 지도와 감독을 받았다. 아이두레는 주로 풀베기 일을 하였다.[40] 또한 특수한 작업을 두레를 조직하여 공동노동으로 수행하기도 하였다. 예컨대 퇴비용의 풀을 베는 작업을 성인들도 두레를 조직해서 수행하여 '두레풀'이라고 불렀다.[41] 이러한 두레들은 물론 농기와 농악을 사용하지 않았으며, 역원의 조직도 없고 마을의 전원이 참가하는 의무가 있는 것도 아니었다. 이러한 두레들은 본래 두레로부터의 파생체라고 볼 수 있을 것이다.

---

38) 姜鋌澤, 앞의 글 참조.
39) 鈴木榮太郎, 〈朝鮮農材社會踏查記〉, 앞의 책, 200쪽 참조.
40) ______, 〈湖南農村調査野帳拔書〉, 《朝鮮》, 제352호, 1944년 10월호, 앞의 책, 323쪽 참조.
41) 姜鋌澤, 앞의 글 참조.

4. 두레의 공동노동

　두레가 하는 작업의 종류는 지방에 따라 ①관개·모내기[移秧]·
김매기[除草]·수확 등을 모두 포함하는 경우[42]와 ②관개·모내기·
김매기를 포함하는 경우[43]와 ③김매기만 하는 경우[44]의 세 가지가 있
었다. 이 가운데서도 ②의 관개와 모내기와 김매기를 두레로 하는 경
우가 가장 널리 보급되어 있었다.[45] 두레가 작업을 하는 농지는 그 마
을의 '전체 농지' 전부였다. 두레는 마을의 전체 농지를 모두를 자기의
1개 경영지로 여겼으며, 여기에서 공동체적 성격이 강하게 나타나고
있었다. 그러나 마을의 전체 농지는 두레로부터 받는 혜택의 성격과 관
련하여 ①마을의 공유지, ②과부·병약자 등 노동력 결핍자의 경작지,
③일반 농민의 경작지, ④지주의 경작지 등이 저마다 차이가 있었다.
　① 마을의 공유지는 일제에 의한 '토지조사사업'이 실시되기 이전
조선왕조 말기에는 약간 남아 있었는데[46] 이 토지는 마을 농민들이 의
무적으로 공동 경작해야 할 성격의 것이므로 두레의 공동노동은 당연
히 해야 할 일을 수행하는 의미를 갖고 있었다.
　② 과부·병약자 등 노동력 결핍자의 농지는 두레의 공동노동으로
부터 가장 큰 혜택을 받았다. 두레는 과부의 농지에 대해서는 두레꾼을

---

42) 《韓國土地農産調査報告》, 경상도·전라도편, 1906, 369쪽 참조.

43) 《韓國土地農産調査報告》, 경기도·충청도·강원도편, 425쪽 참조.

44) 加藤末郎, 《韓國農業論》, 1904, 168쪽 및 《韓國土地農産調査報告》, 경기도·
　　충정도·강원도편의 수원의 사례, 426쪽 참조.

45) 삼남지방에서는 전작(田作)에서도 두레의 공동노동을 하는 사례가 보고되고
　　있으나, 이것은 예외적 현상이었고, 일반적으로는 두레의 공동노동은 수도답
　　작(水稻畓作)에서 실행되었다.

46) 《朝鮮總督府月報》, 제3권, 제3호, 1913년 3월호, 139쪽의 〈共同耕耕地調査〉에
　　의하면, 1912년 1월 말 현재 마을의 공동경지는 전국에 9백 개소, 1,621.6정보
　　(町步)에 달하였다. 이로 미루어 조선왕조 말기에는 마을의 공유지가 약간
　　남아 있었음을 알 수 있다.

낼 수 없음에도 무상으로 공동노동을 해 주었으며, 특히 병자의 농지에 대해서는 이를 철저히 원조하여 무상으로 공동노동을 해 주었다. 이러한 농지에 대해서 두레는 마을 안의 불우한 처지에 놓여 있는 성원과 노동력 결핍자에 대한 공동 부조의 성격을 갖고 있었다.

③ 일반 농민의 경작지는 실제로 두레에 참가하고 있는 마을 농민들의 개별(가족별) 경작지로서 이에 대해서 두레는 상호 부조의 성격을 갖고 있었다.47) 여기에는 일반 농민의 자작지와 소작지가 모두 포함되므로 마을의 전체 농지 중에서 가장 큰 비중을 차지하였다.

④ 지주의 경작지는 지주가 머슴을 고용하여 직영하는 농지로서 비록 지주가 머슴을 두레꾼으로 참가시켰다고 할지라도 그 노동 비율에서 두레의 공동노동으로 상당히 큰 경제적 혜택을 입었다. 이 때문에 지주(또는 대농)는 두레로부터 받는 경제적 이익 정도의 반대급부를 두레 유사(有司)의 계산에 따라 현물이나 화폐의 형태로 두레에 지불하도록 하는 관습이 만들어져 있었다.

두레는 마을의 이러한 각종의 농지 전체에 대하여 수전농업의 수확에 큰 영향을 미치는 실기를 범하지 않도록 공동으로 확고하게 보장하였다. 해마다 모내기철이 다가오면, 마을의 두레꾼들은 농청에 모여 회의를 열고 두레의 새로운 가입자를 심사하여 주먹다듬이를 하고 역원의 선출을 하였다. 역원이 선출되면 영좌의 사회 밑에서 그 해에 두레의 공동노동을 해야 할 작업 일수를 마을의 총 경지 면적과 두레꾼 수를 대비하여 산정하고 작업 순서를 정하였다. 작업 순서는 대체로 ① 일의 완급과 ②관습에 의거하여 정했으나, 마을의 사정에 따라 여러 가지 변용이 있었다.48) 또한 이 회의에서는 그 해에 동원할 축력(畜力,

---

47) 전통적 두레의 공동노동에서는 두레에 참가하는 마을 농민들 중에서도 대농(大農)이 소농(小農)보다 약간 더 혜택을 많이 받는 경향이 있었다. 이 때문에 대농은 그 초과 혜택을 받는 부분을 자발적으로 향연, 공동식사, 또는 기부금의 제공 등의 형태로 보상하는 것이 관습으로 되어 있었다.

실제로는 소)의 순서도 정하였다. 축력은 마을 내의 소를 전부 동원하여 순번으로 돌아가면서 사역하였고, 축력 제공의 많고 적음은 회계하여 청산하지 않았다.

두레의 작업 활동의 준비가 끝나면 두레꾼들은 '호미모둠'을 하고 내일 시작할 공동작업의 예비 연습을 겸하여 전날 밤에 농악을 열었다. 그때에는 대체로 농청에 모여서 '진서턱'과 두레의 작업 활동의 시작을 축하하는 간단한 향연을 벌이고 밤이 늦도록 농악을 울리며 농악에 맞추어 돌아가며 춤을 추었다.

두레의 공동 작업이 시작되어 작업장으로 출역할 때에는 ①농청에 집합하여 대오를 지어 나가는 경우와 ②바로 작업장으로 집합하는 경우 두 가지가 있었으나 전자가 지배적이었다. 전자는 작업장이 마을로부터 약간 먼 지점에 위치한 경우에 행해졌고, 후자는 작업장이 마을에 가까운 경우에 드물게 행해졌다. 어느 경우에나 출역 시간은 '해뜨는 시간'이 기준이 되었다. 두레의 출역이 있는 날에는 새벽에 농청이나 마을의 작은 수풀공원인 사장(射場)·사정(射亭)에서 농악대가 북이나 농악을 쳐서 집합을 알렸다. 두레꾼들은 이 신호에 따라 농청이나 사장에 집합하여 대오를 지어서 작업장으로 행진하였다. 대오의 맨 앞에 수총각이 기수가 되어 농기를 앞세우고 나갔다. 농기 다음에는 농기를 호위하는 영기(令旗)가 뒤따랐다. 그 다음에는 농악이 뒤따랐다. 농악은 상쇠의 인도하에 한 조(組)를 만들어 대오가 작업장에 도착할 때까지 강렬하고 전투적인 독특한 리듬으로 '길군악'이라는 행진 주악(奏樂)을 두드렸다. 그 다음에는 일반 두레꾼들이 호미를 들고 일렬 종대로 농악에 맞추어 흥을 내면서 행진하였다. 두레가 농청으로부터 작업장까지 행진하는 광경은 하나의 장관이었다.

---

48) 姜誕澤, 앞의 글에 의하면, 일제 강점기에는 작업 순서를 대농(大農)의 작업부터 우선적으로 해주고 주식(酒食)의 서비스를 받는 왜곡된 형태도 있었다고 한다.

두레가 작업장에 도착하면 영좌는 농기와 영기를 논두둑에 꽂아 세워놓고 작업의 시작을 지시하였다. 두레꾼들은 영좌의 지시에 따라 일제히 작업에 들어갔다.

마을로부터 작업장이 가까운 경우에는 두레의 역원이 미리 작업장에 나가 농기를 논두둑에 꽂아 세우고 농악이나 집합 날라리를 울렸다. 두레꾼들은 이 소리를 듣고 농기를 목표로 하여 집합해서 영좌의 지시를 기다리다가 그의 통솔 아래 일사불란하게 보조를 맞추어 작업을 시작하였다.49)

두레의 공동노동의 큰 특징의 하나는 '노래하며 일하는 것'이었다. 두레꾼 가운데서 노래를 잘하는 일꾼이 '앞소리', '솔소리'라고 불리는 선창자로 뽑혀 먼저 선창을 해서 '먹이면', 두레꾼들은 열심히 작업을 하면서 일제히 합창으로 '받아서' 따라 불렀다. 노래에 흥을 돋구고 박자를 넣기 위하여 논두둑이나 일꾼 뒤에서 한 사람이 농악의 북이나 장구나 꽹과리를 쳐서 반주를 하기도 하였다.50) 1884년경에 한국을 여행한 칼즈(W. R. Carles)는 한국인들의 모든 노동에서 일하면서 노래하는 이러한 광경이 얼마나 인상 깊었던지 "한국인들은 언제나 공동으로 노동하기를 즐기며, 일꾼들의 대부분은 노래를 부르고 있었다"51)고 기록하였다.

두레꾼들은 선창자가 지치면 편을 둘로 나누어 두 편이 노래의 절을

---

49) 姜證澤, 앞의 글에 의하면, 두레의 공동노동을 위한 두레꾼의 집합신호로서 '집합나팔(集合喇叭)'을 위주(吹奏)했다고 기록하고 있는데, 이것은 '날라리〔胡笛〕'를 일본어로 논문을 쓰면서 '喇叭'로 기록한 것으로 보인다. 농악에 쓰인 악기는 날라리(새납)이었고 喇叭은 없었다.

50) 鈴木榮太郎, 〈朝鮮農村社倉瞥見記〉, 《民族學硏完》 新제1권, 제1호, 1943, 앞의 책, 122쪽 참조.

51) W. R. Carles, *Life in Corea*, 1894, London. p.180의 "About 100 of them were at work ……, Coreans always seem to enjoy working in company, and many of the men were singing." 참조.

바꾸어 부르면서 흥을 돋우었다. 두레꾼들은 풍년가, 농부가, 천하태평
악 등을 비롯해서 그들이 아는 모든 노래를 합창했으며, 아는 노래가
떨어지면 선창자가 노래를 만들어 가면서 합창하였다. 이 과정에서 많
은 새로운 농민의 노래와 가사가 창작되기도 하였다. 두레의 공동노동
에서는 이와 같이 작업이 끝날 때까지 종일 노래를 부르며 일하였다.
두레의 '노래하며 일하는 양식'은 노동의 고통을 명랑한 정서로 해소하
여 '즐거운 노동'으로 전환시키는 데 크게 작용하였다.

두레의 작업은 수총각의 지휘 아래 매우 규율 있고 능률적으로 전개
되었다. 작업의 속도는 개별 노동의 경우보다 언제나 훨씬 빠른 속도로
돌격전과 같이 규율 있게 공동 보조를 맞추면서 진행되었다. ①매우
빠른 속도, ②규율, ③공동 보조는 두레의 공동노동에서만 볼 수 있는
3대 특징이었다. 때문에 두레의 공동노동 성과가 개별 노동의 성과를
합계한 것보다 언제나 훨씬 크고 노동 능률과 노동 생산성이 높았다.

보통 큰 두레에서는 두레의 공동노동을 율동화하고 노동 능률을 높
이기 위하여 북 치는 큰북잡이는 논두둑을 따라다니고, 꽹과리 치는 쇠
잡이 한 사람을 따로 떼어 논 안의 김매는 일꾼들 뒤에서 농악을 쳐서
박자와 흥을 맞추도록 하였다. 또한 두레꾼 가운데 일부가 이른 아침부
터 빠른 속도로 진행된 작업으로 피로를 느끼어 행동이 느려지기 시작
하는 저녁 무렵에는 일부 두레꾼이 호미 대신에 악기를 들고 김매는
두레꾼들의 뒤에 서서 활기 넘치고 장쾌한 농악을 연주하여 독려하면,
작업하는 두레꾼들은 심기일전하여 피로를 잊고 자기도 모르는 사이에
호미를 논바닥에 깊이 찍으며 작업 속도를 높였다.[52]

두레의 공동노동의 또 하나의 큰 특징은 '공동 식사'와 '공동 휴식'이
었다. 농민들은 공동 식사가 붙는 작업을 '젖은조리'라고 부르고 공동
식사가 붙지 않는 작업을 '마른조리'라고 불렀는데, 두레는 언제나 젖

---

[52] 《韓國土地農産調査報告》, 경기도·충청도·강원도편, 426쪽 참조.

은조리로서 공동 식사가 중요한 행사 가운데 하나였다. 공동 식사는 농민의 말을 빌면 '한 솥의 밥을 먹는 것'으로서 이것은 두레꾼들의 연대 관념과 노동의 결속을 더욱 강화하는 작용을 하였다. 또한 두레에 참가한 가난한 농민이나 머슴들에게 공동 식사는 일 년 중에 성찬을 갖는 기회도 되었다. 두레꾼들은 공동 식사에서 한 덩어리가 되어 기쁨과 즐거움을 느끼고 공동체 의식과 단결을 더욱 강화하였다. 공동 식사는 마을의 부인들이 조를 만들어서 또는 농가별로 일정의 윤번을 정하여 돌아가면서 정성껏 준비하였다.[53]

공동 휴식은 공동 식사와 통합되어 있었다. 따로 휴식 시간을 설정하지 않고 공동 식사 시간을 충분히 설정하여 동시에 공동 휴식을 취하도록 제도화하였다. 농민들은 공동 휴식이 붙는 공동 식사를 '참'이라고 불렀다. 두레에서는 공동 휴식도 공동 작업과 마찬가지로 '공동'으로 규율 있게 하였다. 예를 들면 혼자 빨리 작업을 끝낼 수가 없었음은 물론이요 빨리 식사를 끝냈다고 해서 다른 두레꾼의 식사 중에 눕거나 담배를 피거나 할 수 없었다.[54] 두레의 공동 식사는 하루에 보통 5회 있었다.[55] 즉 ①아침, ②곁드리, ③점심, ④곁드리, ⑤저녁의 공동 식사가 그것이었다.

두레의 공동노동은 보통 해뜰 무렵에 시작하여 약 1시간 정도 작업을 한 다음 '아침'에 공동 식사를 하였다. 다음에는 오전 작업이 시작되어 약 2~3시간 작업을 하면 오전의 '새참'(사이의 참)인 '곁드리'가 나와서 휴식을 취하였다. 곁드리로는 보통 막걸리와 간단한 식사가 나왔다. 다시 작업을 시작하여 정오가 되면 '점심'의 공동 식사와 휴식이 시작되었다. 점심의 공동 식사와 공동 휴식은 더욱이 성대하였다. 점심의 공동 식사는 반드시 어육이 붙은 뜨거운 식사와 술이 준비되어서

---

53) 印貞植, 앞의 책, 11~12쪽 참조.
54) 姜鋌澤, 앞의 글 참조.
55) 《朝鮮の聚落》, 朝鮮總督府, 중권, 1933, 175쪽 참조.

두레꾼들은 즐거운 식사를 충분히 하였다.

점심식사를 끝내면 반드시 한 차례 농악을 벌이었으며, 두레꾼들은 농악에 맞추어 춤을 추고 돌면서 풍년가나 농부가 등 노래를 소리 높이 합창하였다. 농악 한 판이 끝나면 낮잠을 자는 차례로서 두레꾼들은 나무 그늘 등을 찾아서 약 1시간 정도 잠을 잤다. 외국인들은 이 관행을 관찰하고는 이해할 수 없다는 기록을 남겨 놓았다.56) 이러한 공동 휴식과 공동 오락은 고통스러운 노동을 즐거운 노동으로 전환시키고 피로를 회복하여 노동을 재창조하는 두레의 중요한 구성 요소였다.

점심의 공동 휴식 뒤에 완전히 피로를 회복한 두레꾼들은 오후에도 오전과 마찬가지의 속도가 매우 빠르고 강도가 높은 능률적인 공동노동을 진행하고, 곁드리와 저녁의 공동 식사와 공동 휴식을 가졌다. 두레의 공동노동은 해지는 때를 기준으로 하여 끝내었다.

두레의 하루의 총 작업 시간은 약 12시간이었는데, 그 중에서 실제의 노동 시간은 약 8시간이었고, 나머지 약 4시간은 공동 식사·공동 휴식·공동 오락의 시간이었다.

두레의 하루의 공동노동이 끝나고 농청으로 올 때에는 아침에 출역할 때와 마찬가지의 순서로 농기를 앞세우고 농악을 울리면서 돌아왔다.57) 그러나 이때에는 하루종일 고된 노동을 했음에도 두레꾼들은 피로한 줄을 모르고 아침보다 더 흥에 겨워서 농악에 맞추어 힘차게 소리 높이 노래를 합창하면서 어지러이 춤을 추며 돌아왔다.58)

---

56) E. S. Brunner, "Rural Korea: A Preliminary Survey of Economic, Social and Reli-gious Condition" in *The Christian Mission in Relation to Rural Problems*, 1928, New York, p.116, "In his stay in Japan, the author rarely saw an idle man. Korea it is no unusual thing to see men smoking at their ease, even sleeping in mid afternoon out in the field"라고 하여 두레꾼들의 낮잠 자는 관습을 게으른 관습으로 혹평하고 있는데, 이것은 두레의 구조와 내용을 모르는 외국인 여행자의 피상적 관찰에 불과한 것이다.

57) 久間健一, 〈勞働隊制度と雇只隊度〉, 《朝鮮農業の近代的樣相》, 220쪽 참조.

두레의 공동노동의 조직 속에는 이와 같이 노동 능률과 노동 생산성을 높일 뿐만 아니라 고통스러운 노동을 즐거운 노동으로 전화시켜 즐거움과 노래 속에서 생산 노동을 해내는 한국 민족과 한국 농민의 슬기와 지혜가 제도화되어 있었다.

두레의 공동 작업이 김매기의 마지막 벌을 끝냈을 때에는 그들은 그 해의 공동노동에서 가장 우수한 두레꾼을 뽑아 이를 '두레장원(壯元)'이라고 불렀다.[59] 그들은 김매기의 마지막 벌의 모든 작업이 끝난 최종일에는 두레장원의 머리에 버드나무 잎이나 꽃으로 월계관(月桂冠)을 만들어 씌우고 먹물로 얼굴을 단장하고 목면(木棉)으로 장식을 한 황소 등에 태워서 농립(農笠)으로 일솔(日率)을 만들어 받치고, 농악으로 풍악을 잡히고 '오잔소리'라는 노래를 합창하며 의기양양하게 농청으로 돌아와서 두레장원의 집과 마을을 한 바퀴 돌았다. 두레장원에는 대체로 일 잘하는 '큰머슴'이 뽑히게 마련이었는데, 이때에는 그 머슴을 고용한 지주나 대농은 장원례(壯元禮), 또는 등풍연(登豊宴)이라고 부르는 주연(酒宴)을 의무적으로 베풀지 않으면 안 되었다.[60]

두레꾼들은 두레의 공동 작업이 끝나는 날 장원례에서 농악을 울리고 밤이 깊도록 즐거움에 넘쳐 어지러이 춤추고 노래하였다. 두레장원과 장원례의 행사가 끝나면 한 해 두레의 공동 작업의 작업기는 일단 끝나고 준비기에 들어가기 위하여 호미씻이를 하게 되는 것이다.

---

58) 《韓國土地農産調査報告》, 경기도·충청도·강원도편, 426쪽 참조.

59) 두레장원의 관습은 양반의 과거제도 및 양반문화에 대한 두레농민들의 대항의식과 두레의 공동노동에 대한 높은 자부심·긍지를 나타내는 관습이라고 할 수 있다.

60) 마을에 지주가 거주하지 않거나 두레장원에 머슴이 아닌 일반 농인이 선정되면 장원례(壯元禮)는 마을의 대농이나 성원들이 윤번으로 돌아가면서 개설하였다.

5. 호미모둠과 호미씻이

두레에 있는 독특한 의식과 행사로서 '호미모둠'과 '호미씻이'가 있었다.[61]

호미모둠은 두레의 공동작업(실제로는 모내기)이 시작되기 직전에 두레꾼들이 농청에 모여 역원을 선출하고 작업의 준비를 완료한 날 저마다 자기의 호미를 한 개씩 농청에 모두는 의식(儀式)이었다. 이것은 그 해 두레의 공동작업의 재결성을 확인하는 표시임과 동시에 두레의 단결을 다짐하는 의식이었다고 볼 수 있다. 두레꾼들은 두레의 작업 기간에는 작업장에 나갈 때 호미를 농청에서 받아서 일터로 나가고 하루의 작업을 마치고 돌아와서는 다시 호미를 농청에 맡기어 모두는 것이 관행이었다. 이러한 호미모둠의 농구 공동 보관 의식은 두레의 작업 기간이 모두 끝나서 '호미씻이'가 있을 때까지 계속되었다. 두레꾼들은 호미씻이를 끝낸 뒤에야 자기의 호미를 각자의 집으로 가져갔다. 호미모둠의 의식은 두레가 단순한 결사체가 아니라 공고한 '작업 공동체'임을 상징적으로 나타내주는 것이라고 할 수 있다.

호미씻이는 그 해의 공동 작업을 김매기의 마지막 벌까지 모두 끝낸 뒤에 두레의 공동 작업의 성과를 총결산하고 그것을 스스로 축하하는 두레의 '축제'이었다. "올해의 공동 작업을 모두 끝냈으므로 내년의 작업을 위하여 호미에 묻은 흙을 씻어둔다"는 뜻에서 이러한 이름이 나온 것으로 보인다. 호미씻이는 지방에 따라서는 이 이름 이외에도 낟알이·공굴(公屈)·공회(共會)·백중놀이·두레연·두레놀이·머슴

---

61) 《朝鮮の鄕土娛樂》, 朝鮮總督府資料, 제47집, 1941에 의하면, 호미씻이의 관습은 경기도·충청북도·충청남도·전라북도·전라남도·경상북도·경상남도·황해도·강원도 지방에서는 어디서나 볼 수 있는 보편적 민속이었으며, 그 밖에도 평안북도의 정주(定州, 322쪽), 철산(鐵山, 324쪽)과 함경북도의 안변(安邊, 343쪽)에서 관행되던 민속이었다. 호미씻이의 분포는 두레의 분포를 시사해 준다고 할 것이다.

놀이·술메기 등이 있었다. 호미씻이는 대체로 음력 7월 15일의 백중(百中)날에 열렸다. 그때까지 김매기의 마지막 벌을 끝내지 못한 만부득이한 경우에만 이를 백중날에 열지 못하고 따로 길일을 택하여 개최하였다. 지방에 따라서는 호미씻이 이외에도 모심기를 끝낸 후에 '낟알이'62)니 '써레씻침'의 축제를 하는 일도 있었다.63) 또한 김매기의 '새벌(만물)'을 끝냈을 때에도 '만두레'라 하여 농청에서 축제를 벌이기도 하였다.64)

호미씻이는 그 마을의 동산이나 마을 옆에 넓은 들에서 열리는 것이 보통이었다. 본래 호미씻이의 구성은 ①마을 회의, ②농악과 놀이, ③향연으로 구성되어 있었다. 촌락 자치제가 존재했던 시대에는 마을 회의[洞會]는 호미씻이 때에 열리어 마을의 주요 사항을 토론하고 의결한 다음 농악과 놀이로 들어갔다. 그러나 촌락 자치제가 해체된 이후에는 마을 회의는 무력한 것이 되었으므로, 많은 호미씻이들이 마을 회의를 열지 않고 바로 농악과 놀이로 들어가게 되었다.

호미씻이에서 농악은 두레의 공동노동 과정에서의 '본농악'보다 더 확대된 것이었다. 이때에는 두레꾼들이 거의 모두 농악에 참여할 수 있도록 '소고잡이'와 '법고잡이'의 수를 늘렸다.

또한 호미씻이에서 농악은 '잡색'을 풍부히 넣어서 무동·포수·중·각시·양반·창부·탈광대 등이 농악에 맞추어 노래하고 무용을 할 뿐 아니라 연극과 덕담과 재주를 배합하여 흥을 돋우게 하였다. 호미씻이에서 농악은 또한 농기를 선두로 하여 상쇠의 선도 아래 전 농악대

---

62) 姜鋌澤, 앞의 글에 의하면, 경상남도 울산지방에서는 모내기와 초벌 김매기가 끝난 직후 1일의 공휴일을 정하여 주연을 베푸는데 이를 '낟알이' 또는 '선수연(洗手宴)'이라고 했다고 한다.

63) 鈴木榮太郎, 《湖南農調査野帳拔書》, 앞의 책, 320쪽에 의하면, 전라남도 보성지방에서는 모내기가 끝난 직후 '써레씻침'이라는 작은 주연(酒宴)을 열었다고 한다.

64) 宋錫夏, 〈만두레〉, 《韓國民俗考》, 1961, 30쪽 참조.

가 '진법놀이'라고 하는 여러 가지 내용과 양식의 매스게임을 하면서 놀았다. 두레꾼들은 호미씻이의 농악에서는 '잡이'를 맡든지 '잡색'의 어떠한 역할을 맡든지 하여 모두 농악에 참여하는 것이 원칙이었다. 지방에 따라서는 호미씻이 때에 농악 이외에도 씨름·줄다리기 등의 다른 놀이를 곁들이는 경우도 있었다.

호미씻이의 향연은 특히 성대한 것이었다. 호미씻이 때에는 반드시 소나 돼지를 도살하여 일부는 마을의 가족들에게 나누어서 그들의 노동을 위로하고 두레꾼들과 남자들은 호미씻이에서 술과 고기의 잔치를 벌였다.65) 이 날만은 가난한 농촌 마을도 풍요한 향연을 가졌다. 원칙적으로 호미씻이에는 두레꾼과 마을의 남자들만 참석하는 것이었으나, '공동 향연'을 위한 음식 준비는 마을의 부인들이 담당하였고, 어린이들은 무동이 되거나 관람자였으므로, 공동 향연에는 두레꾼과 마을을 성년 남자뿐만 아니라 마을의 부녀자들과 어린이들도 모두 평등하게 참가하여 잔치의 음식을 나누어 들었다. 따라서 호미씻이는 온 마을 사람들의 축제가 되었으며 농민들의 '최대의 축제'가 되었다. 두레꾼들과 마을의 성원들은 호미씻이를 통하여 노동의 피로도 씻고 마을 성원들의 공동체 의식과 단결을 강화하였다.

호미씻이가 끝나면 두레의 유사(有司)가 한 해의 '셈[會計]'을 하였다. 화폐경제가 농촌에 깊이 침투하기 이전까지는 과부와 병자가 있는 농민 가족은 물론이요, 두레꾼 상호 간에도 계산을 하지 않았다.66) 오직 지주와 대농으로부터만 경지 면적의 크기에 따라 정확하게 반대급부를 산출하여 공동노동의 보수를 받아내었다. 그러나 화폐경제가 농

---

65) 金允植,《沔陽行遣日記》1891年, 高宗 28年 7月 27日條,《續陰晴史》上卷, 180쪽 참조.

66) 두레꾼들의 가족별 경지면적이 대체로 균등했던 시대에는 두레꾼 상호 간에는 '셈'을 하지 않아도 자동적으로 합리적 셈이 이루어진 것이나 다름이 없었다고 볼 수 있다.

촌에 깊이 침투한 이후에는 과부와 병자가 있는 농민 가족의 토지에 대해서만 반대급부를 면제해 주고, 그 밖에는 계산을 정확하게 하였다. 지주와 대농이 경지 면적에 비례하여 일정한 보수를 지불해야 함은 물론이요, 유사는 두레꾼 1인당 평균 작업 면적을 산출하여 두레꾼 상호 간에도 자기가 투입한 노동력의 작업 면적보다 광대한 경지 면적을 가진 두레꾼은 초과 면적에 비례하여 보수를 지불하도록 하였다.

그러나 두레의 수입은 두레 성원이 서로 분배하지 않고 두레의 공동 비용을 충당하는 데 사용하였다. 여기에 화폐경제의 침투 아래에서도 두레의 공동체적 성격이 존재하였음을 알 수 있다. 두레의 수입으로는 먼저 호미씻이의 비용을 지불하였으며, 나머지는 농악기의 구입이나 수선 등 두레의 공동 경비로 충당하였다. 그래도 두레의 수입에 잔고가 있는 경우에는 이를 마을의 동계(洞契)나 호포계(戶布契)에 편입하여 마을의 공동 비용으로 사용하게 하였다.67) 그러나 일제 강점기 이후에는 두레의 공동 작업의 보수 지불과 두레의 수입의 처분 방법에 근본적인 변질이 일어나기 시작하였다.

6. 두레와 농악

농악은 두레 공동체의 중요한 구성 요소 가운데 하나였다. 여기서 강조해야 할 것은 농악이 두레에서 발생했다는 사실이다. 필자는 두레의 공동노동의 산물로서 집단 노동 음악으로 농악이 발생하여, 두레 공동체의 불가분의 한 구성 요소가 되고 여러 가지 형태로 발전하였다고 본다.68) 농악은 지방에 따라서 풍물·풍장·걸궁·매굿·매귀·군

---

67) 張基昌, 앞의 글 및 猪谷善一, 《朝鮮經濟史》, 1928, 36쪽 참조.
68) 《朝鮮の鄕土娛樂》에 의하면, 농악의 분포는 두레와 호미씻이의 분포와 대체로 일치하고 있어서, 경기도·충청북도·충청남도·전라북도·전라남도·

물·농고(農鼓)·상두 등 여러 가지 이름으로 불리었다. 필자는 음악에 대해서는 전혀 문외한이므로 여기서는 두레와 농악의 관계에 대한 사회사적 설명만 간단히 붙이려고 한다.

한국 농민들이 두레의 한 구성 요소로서 농악을 발명하여 결합시킨 것은 기본적으로 두레의 공동노동을 즐겁게 하고 노동 능률을 제고하기 위한 것이었다. 그것이 공동노동이었기 때문에 집단 노동 음악으로서 농악이 발생할 수 있었던 것으로 보인다. 농악이 두레의 공동노동에 미친 영향으로서 특히 다음과 같은 점들을 들 수 있다.

첫째, 농악은 두레의 공동노동에 리듬을 줌으로써 노동을 율동화하여 노동 능률을 드높이는 데 크게 기여하였다. 둘째, 농악은 두레의 공동노동에 음악을 결합시키어 '즐거움'을 창출함으로써 고통스러운 노동을 '즐거운 노동'으로 전화(轉化)하는 데 크게 기여하였다. 셋째, 농악은 두레의 공동노동과 휴식을 유기적으로 결합함으로써 농민들의 피로를 회복하도록 하는 데 크게 기여하였다. 넷째, 농악은 두레의 공동노동에 전투적이고 장쾌한 음악과 율동을 공급함으로써 농민들의 사기를 진작시키는 데 크게 기여하였다. 다섯째, 농악은 두레의 공동노동에 즐거움과 보람을 공급해 줌으로써 농민들의 농업 노동 종사에 대한 자부심과 긍지를 배양하는 데 크게 기여하였다. 여섯째, 농악은 두레의 공동노동에 오락과 단결을 공급함으로써 농민들의 공동노동을 재창조하는 데 크게 기여하였다.

한편 농악이 '두레의 공동노동'에서 발생하여 그 중요한 구성 요소로 되었다는 사실은 농악의 가락으로 하여금 다른 음악과는 쉽게 구분할 수 있는 독특한 성격을 갖게 하였다. 농악의 가락의 특성으로서는 무엇보다도 ①약동적이고 ②격동적이며 ③전투적이고 ④장쾌하며 ⑤

경상북도·경상남도·황해도·강원도 지방에서는 보편적인 관행이었으며, 그 밖에도 함경남도의 함주(咸州, 336쪽)와 함경북도의 길주(吉州, 357쪽)에서 관행되었다고 보고되고 있다.

정열적이고 ⑥낙천적이며 ⑦생산적이고 ⑧견실하다는 점이 주목된다. 농악의 가락의 이러한 특성은 그것이 두레의 공동노동의 산물이라는 사실과 분리해서는 이해될 수 없는 특징인 것이다.

농악에 사용되는 도구와 배역은 기본적으로 ①농기(農旗), ②영기(令旗), ③꽹과리[쇠, 錚], ④징[鉦], ⑤장구[長鼓], ⑥큰북[大鼓], ⑦작은북[小鼓], ⑧법고(法鼓), ⑨날라리[새납; 胡笛] 그리고 ⑩잡색(雜色) 등이었다. 그러나 지방에 따라서 이 도구의 연주자와 배역을 배치하는 숫자와 내용이 각양각색이어서 농악의 규모와 내용에도 현저한 차이가 있었다. 조선왕조 말기의 삼남지방의 농악을 중심으로 하여 그 '이념형'을 재구성해 보면 대체로 다음과 같이 정리할 수 있다.

① 농기: 두레의 상징적 표상으로서 앞서 설명했으므로 자세한 것은 생략한다. 대체로 '農者天下之大本'이라는 문자를 쓴 가로가 좁고 세로가 긴 대형 깃발로서, 깃대 끝에는 '꿩장목'이라고 부르는 꿩의 꼬리 깃털을 모아 만든 봉을 달고 그 밑 양편에 용머리를 새겨서 단청한 나무를 대었다. 농기는 두레의 상징이기 때문에 최고급 천을 사용하여 제작하였다.[69]

② 영기: 농기를 호위하고 농악대와 진법놀이의 신호기로 사용하는 깃발로서 가로가 길고 세로가 약간 짧은 장방형에 가까운 깃발이었다. 기폭의 중앙에 '令'자를 쓰고 기폭의 둘레에는 깃털을 달았다. 깃대의 끝에는 놋쇠나 철로 만든 일지창(一枝槍)이나 삼지창(三枝槍)을 달았다. 영기는 보통 붉은색과 푸른색의 두 가지를 사용하였다.

---

69) 《韓國土地農産調査報告》, 경기도·충청도·강원도편, 427쪽에는 경기도 수원군 화서문(華西門) 외에서 조사한 가로 6척, 세로 2척 크기의 농자천하지대본(農者天下之大本)의 농기와 수원군 현곡동(玄谷洞)에서 조사한 '신농유업(神農遺業)'의 농기를 그림으로 그려서 보고하고 있다. 그러나 '신농유업'의 농기는 예외적인 것이었고, '농자천하지대본'의 농기가 일반적인 것이었다.

③ 상쇠: 꽹과리 제1주자이며 농악의 실질적 지휘자였다. 상쇠는 꽹과리 중에서도 소리가 강하고 우렁찬 '수꽹과리'를 사용하였다. 상모를 썼다.

④ 부쇠: 꽹과리 제2주자였다. 상쇠를 도와 합주하며, 꽹과리 가운데서도 소리가 연한 '암꽹과리'를 사용하였다. 상모를 썼다.

⑤ 삼쇠: 꽹과리 제3주자였다. 꽹과리의 종류는 부쇠와 동일하였다. 상모를 썼다.

⑥ 수징: 징의 제1주자였다. 상모를 쓰지 않고 고깔을 썼다.

⑦ 부징: 징의 제2주자였으며, 수징을 보좌하여 합주하였다. 고깔을 썼다.

⑧ 상장고(수장구): 장구 제1주자였다. 고깔을 썼다.

⑨ 부장고: 장구 제2주자였다. 고깔을 썼다.

⑩ 큰북잡이: 큰북의 제1주자였다. 고깔을 썼다. 농악의 규모에 따라 큰북을 2개 사용하는 일도 자주 있었다.

⑪ 상소고: 소고의 제1주자였다. 머리에 고깔을 쓰지 않고 상모를 썼다. 소고를 침과 동시에 무릎을 높이 올리고 튀어오르는 듯하면서 잡아도는 '소고춤'을 추었다.

⑫ 부소고: 소고의 제2주자였다. 상모를 썼다. 상소고와 같다.

⑬ 삼소고: 소고의 제3주자였다. 상모를 썼다. 부소고와 같다. 농악에 따라 소고 숫자는 자유로이 늘리며 최고 8개까지 사용하였다.

⑭ 상법고(상버꾸): 법고의 제1주자였다. 법고는 소고보다 좀더 작은 북이었다. 상모를 썼다. 농악에 따라서는 소고와 법고를 구별하지 않고 소고나 법고로 통일하여 사용하기도 하였다. 법고를 침과 동시에 '법고춤'을 추었다.

⑮ 부법고: 법고의 제2주자였다. 상모를 썼다. 상법고와 같다.

⑯ 삼법고: 법고의 제3주자였다. 상모를 썼다. 부법고와 같다. 농악에 따라 법고의 숫자는 자유로이 늘리며 최고 8개까지 사용하였다. 맨

끝번의 법고잡이는 12발의 긴 상모를 쓰고 돌리기도 하였다.

⑰ 날라리잡이: 날라리[쇄납, 胡笛]의 연주자였다. 고깔을 썼다.

이상의 것이 두레의 공동노동에서 사용하는 '본농악'의 편성이었다. 그러나 휴식 때에나 호미씻이·두레놀이의 행사를 할 때에는 잡색을 첨가하여 흥취를 더욱 돋우고 내용을 더욱 풍부하게 하였다. 잡색의 내용은 지방에 따라 다양했으나, 삼남 지방에서 주로 사용했던 잡색에는 다음과 같은 것이 있었다.

⑱ 무동(舞童): 성인의 어깨 위에 올라서서 춤추는 소년이었다. 무동은 노랑 저고리에 붉은 치마와 남색 쾌자를 입고 여장을 하며 손에 수건을 들고 고깔을 쓰고 여자춤(무동춤)을 추었다. 무동은 2층과 3층 무동을 많이 서고 최고 5층무동까지 섰다. 무동의 숫자는 상무동, 부무동, 삼무동…… 등의 이름으로 소고나 법고의 숫자에 맞추어 보통 6무동을 사용했으나 최고 8무동까지 사용하기도 하였다.70)

⑲ 포수(대포수): 사냥꾼을 가장한 무용수였다. 짐승의 털모자를 쓰고 나무로 만든 총과 꿩망태를 메었다. 춤을 담당했으나 재담과 덕담도 곁들였다.

⑳ 중: 승려를 가장한 무용수였다. 흰 장삼에 가사를 띠고 흰 고깔을 썼으며 등에 바랑을 지고 손에 염주를 들었다. 어른 중과 함께 애기중(사미)을 사용하기도 하였다.

㉑ 각시: 여장을 한 남자 무용수였다. 흥취를 돋우기 위하여 물감을 들인 여러 가지 색의 치마 저고리를 입고 머리에 수건을 쓰고 여자춤을 추었다. 각시는 보통 2~3명을 사용하였다.

㉒ 양반: 양반을 가장한 무용수였다. 도포를 입고 뿔관(정자관)을 쓰고 수염을 달고 손에는 부채나 담뱃대를 들고 춤을 추었다. 농악에서

---

70) 《韓國土地農産調叢報告》, 경기도·충청도·강원도편, 427~428쪽 및 《朝鮮の 鄕土娛樂》, 부록 12쪽의 '무동 사진' 참조.

는 양반이 왜소한 이방인으로 취급되었다.

㉓ 창부: 무당 차림을 한 남자 광대로서 무용수임과 동시에 소리꾼이었다. 패랭이를 쓰고 청창옷을 입고 무당춤을 추거나 소리를 하였다.

㉔ 탈광대: 탈을 쓴 무용수였다. 보통 할미광대와 영감광대가 많이 사용되었으나 지방에 따라 여러 가지 탈이 쓰였다. 할미광대와 영감은 마주 보고 춤을 추면서 동시에 사람들을 즐겁게 웃기기 위한 재담을 하였다.

위의 농악대의 편성 중에서 '본농악'의 농악기를 치는 사람들을 '잡이(재비)'라고 불렀다. 잡이의 복장에는 일정한 양식이 있었다. 농악복의 원형은 군복에서 나온 것으로 보이나 번거로우므로 보통 평상시의 저고리와 바지에 '띠'를 둘러 대신하였다. 농악의 띠는 홍색 · 청색 · 황색의 세 가지를 사용했는데, 홍색과 청색의 띠는 '가름띠'라고 하여 좌우 어깨로부터 밑으로 비껴 두르고, 황색 띠는 '허리띠'라고 하여 그들을 받아 넣어서 허리를 동여매었다. 오직 상쇠만이 좌우 어깨에 황색 띠를 하나 더 둘러서 지휘자임을 표시하였다.

농악의 상모는 군모인 벙거지를 변형하여 꽃을 단 것으로서, 상모 위에 '돌대'를 붙이고 '초리'라는 막대기를 달아서 돌릴 수 있게 만든 것이었다. 원칙적으로 ①꽹과리를 치는 쇠잡이와 ②소고를 치는 소고잡이와 ③법고를 치는 법고잡이는 상모를 썼으며, 그 외에는 고깔을 썼다. 상모 중에서도 쇠잡이들은 원칙적으로 상모의 초리 끝에 새의 꼬리깃털로 만든 '부포'를 단 상모를 써서 돌리고, 소고잡이와 법고잡이들은 상모의 초리 끝에 부포 대신 백지를 붙여서 만든 길이 3자 정도의 '부전지'를 단 상모를 써서 돌리었다. 그러므로 농악에서 종이 원을 그리는 재주는 소고잡이와 법고잡이의 재주였다. 맨 끝의 법고잡이는 상모 돌리기에 재주가 있는 잡이를 임명하여 12발의 긴 부전지를 돌리게 하기도 하였다. 그 밖의 징잡이, 큰북잡이, 장구잡이, 날라리잡이가 쓰는 고깔은 꼭지와 전후좌우에 종이로 만든 꽃을 붙여 장식하였다.

  이상에서 기술한 농악의 편성은 하나의 이념형을 만들어 본 것이고, 두레 공동체의 규모에 따라 이보다 훨씬 큰 규모의 농악대가 조직되기도 하였다. 농악의 규모가 이와 같이 컸기 때문에 농악의 조직과 유지에는 상당한 비용이 필요했으며, 두레의 공동노동의 수입이 뒷받침되지 않으면 유지하기가 어려웠다.

  두레의 농악은 작업장에 나갈 때, 작업장을 이동할 때, 작업장에서 돌아올 때 등에는 잡색 없이 본농악만 치는 것이 보통이었다. 이때에는 '길군악'이라고 하는 장쾌하고 전투적인 행진곡을 쳐서 마치 전장에 나가는 전사들처럼 씩씩하게 행진하였다. 두레의 공동노동의 작업 도중에는 농악을 더욱 단순화하여 논두둑에서 큰북잡이가 큰북을 치고 논 안에서는 한 사람의 쇠잡이가 꽹과리를 치면 이 리듬에 맞추어서 율동적으로 작업을 진행하였다. 보통 작업 도중에는 농악을 치지 않다가 피로가 올 때쯤 주기적으로 농악을 치기도 하였다.[71] 두레의 공동노동의 휴식 때에는 본농악을 모두 치며 무동 정도의 잡색을 배합하는 것이 보통이었다.

  두레의 농악이 극치를 이루는 것은 호미씻이·두레놀이에서이다. 이때에는 본농악 외에 잡색을 풍부히 넣어 농악의 내용이 5차원이 통합된 민중 집단 예술의 극치를 이루었다. 즉 ①상쇠의 꽹과리를 선두로 한 타악기들의 연주, ②가락에 맞추는 선창과 합창, ③잡이들과 잡색들의 각색 무용, ④잡색들을 중심으로 펼쳐지는 재담과 연극, ⑤상모 돌리기와 땅재주를 비롯한 각색 재주놀이 등의 다섯 가지 차원의 민중 예술이 하나로 배합되어 농악은 야외의 집단 음악과 집단 무용으로 전개되었다. 이때 상쇠는 가락과 진행을 이끄는데, 두레 농민들이 즐겨 치는 농악 가락으로는 길군악·만장단·덩덕궁이·다드래기·굿거리·중모리·자진모리·휘모리·장풍장 등이 가장 널리 연주되

---

71) 《韓國土地農産調査報告》, 경기도·충청도·강원도편, 426쪽 참조.

었다.[72] 농악의 가락의 장단은 한 가락에 들어가는 징의 채수에 따라 숫자를 붙여서 표시하는데 채수가 올라갈수록 박자가 빨라졌다. 조선 왕조 말기 두레농악의 상쇠들은 보통 12채까지 쳤다고 온다.

두레농악의 춤도 매우 씩씩하고 약동적이었다. 그 중에서도 한쪽 무릎을 높이 올리며 뒷발을 힘차게 치면서 잡아도는 소고춤과 법고춤을 비롯하여, 빠른 가락에 맞춰 상체를 좌우로 흔들면서 휙휙 내닫다가 뚝 그치고 다시 내닫는 농악춤은 모든 두레패들이 출 줄 알고 사랑했던 농민의 춤이었다. 호미씻이·두레놀이에서 농악은 30명 안팎의 큰 규모이므로 농악대원들이 열을 지어 율동하는 양식도 예술화되어 '진법놀이'라는 매스게임을 창조해 내었다. 두레 농민들의 즐겨하던 진법놀이(매스게임)로서는 팔진도법·멍석말이·사통백이·당산벌림·가새말림·갈림법고·고사리꺾기 등이 주로 펼쳐졌었다고 한다.[73]

조선왕조 시대에 최하층 농민들이 홍색·청색·황색의 강렬한 색조의 복장을 하고 장쾌하고 전투적인 농악 가락을 울리며 약동하는 씩씩한 춤을 추면서 흥겹게 돌리는 상모는 조선 봉건사회의 농민들이 양반과 지주들의 착취 밑에서도 낙천적으로 성장하며 약동하고 있었음을 상징적으로 나타내 준 것이었다.

또한 일제 치하의 캄캄한 어둠의 시대에도 한국 농민들의 장쾌한 농악 가락과 튀어오르는 듯한 상무적인 춤과 우렁차고 낙천적인 합창은 제국주의자들의 탄압에 굴하지 않는 한국 민족의 불굴의 생명력과 낙천적인 생활 양식을 상징적으로 나타내 주었다. 일제의 관찰자들이 두레의 농악을 보고 '조선 농부의 농사는 전적으로 축제의 소동'[74]이라

---

72) 《韓國土地農産調査報告》, 文化公報部文化財管理局, 제1~13집, 1969~1982에는 아직도 각 지방에 남아 있는 농악을 조사 보고하고 있으며, 이보형(李輔亨) 등은 농악의 가락을 채집하여 악보를 만드는 귀중한 작업을 하고 있음을 읽었다. 이 부분의 집필에는 이 조사보고서의 도움을 많이 받았다.

73) 《韓國土地農産調査報告》 제13집, 農樂·豊漁祭·民謠篇 참조.

고 비판하고 있는 것은 다분히 질시에 넘친 것이었다.

농악은 두레에서 발생하고 두레 공동체의 한 구성 요소였지만, 일단 성립되자 비단 두레의 공동노동과 호미씻이에서뿐만 아니라 마을 안의 농민들의 명절에 예술과 오락을 공급하여 봉사하였다.75) 예컨대, 농민들의 명절인 설·정월 대보름·단오·백중·한가위 등에는 두레의 농악대가 농악을 쳐서 봉사하였고, 동제(洞祭) 등 마을의 행사 때에도 농악을 쳤다.76) 특히 정월 대보름의 '마당밟기' 농악은 성대하였다. 어촌에서는 어선의 진수 때에나 출어와 귀항 때에도 농악을 쳤다. 이러한 농악은 두레농악의 마을 성원들에 대한 부차적 봉사 형태라고 볼 수 있는 것이었다.

조선 후기에 서민층(양인 및 천민층)의 사회적 지위가 상승하고 상업 자본이 성장하며 서민 문화가 발흥함에 따라 두레에서 발생하여 두레의 구성 요소이었던 농악은 두레로부터 분화되어 점차 독립적 민중 예술로 발전하는 경향을 보였다. 두레로부터 농악의 분화는 사회사적 관점에서 보면 다음과 같은 세 개의 단계를 거쳤다고 볼 수 있다.

첫째는 '집돌이 농악'이었다. 두레의 농악대가 농악기의 구입이나 수선에 경비가 필요하거나 두레패들의 놀이 비용이 필요할 때에는 농한기에 마을 안의 각 집이나 부농의 집을 돌면서 농악놀이를 해 주고 오락을 즐김과 함께 기부를 받아서 비용에 충당하였다. 그러나 집돌이 농악은 예술과 오락의 순전한 무상 봉사가 아니라는 점에서는 두레농악에서 분화되기 시작한 것이었지만, 아직도 마을 안에서의 일이고 오락성이 주이며 수입은 부차적이라는 점에서 분화의 시작을 보임에 지나지 않는 것이었다고 볼 수 있다.

---

74) 《朝鮮農村視察報告書》(저자 불명), 1930 및 姜鋌澤, 앞의 글에서 재인용.

75) 宋錫夏, 〈農樂〉, 《韓國民俗考》 348~349쪽 참조.

76) 金允植, 《沔陽行遣日記》 1891年, 高宗 31年 2月 初1日條, 《續陰晴史》 上卷, 299쪽 참조.

둘째는 '걸립패 농악'이었다. 마을의 농민들이 농악대를 조직하여 처음부터 수입을 목적으로 하고 오락은 부차적으로 하여 자기 마을의 부농이나 지주의 집뿐 아니라 다른 마을과 장마당까지 돌면서 농악을 쳐주고 쌀이나 화폐로 반대급부를 모았다. 걸립패 농악은 잡색을 많이 넣고 규모가 크며 '굿' 농악을 많이 치는 것이 특징이었다. 이 때문에 그것은 '굿중패 농악'이라는 별명을 갖기도 하였다. 그들은 당산굿·샘굿·고사굿·마당굿·판굿·터주굿·조왕굿 등 굿을 하는 농악을 많이 쳤으며, 상쇠놀이·장구놀이·법고놀이·열두 발 상모·무동놀이 등 개인놀이를 첨가하여 연예적 성격을 강하게 띠기 시작했다. 걸립패 농악은 두레로부터 현저히 분화된 농악이었다고 볼 수 있다.

셋째는 '남사당패 농악'이었다. 농악을 전문으로 하는 사람들이 완전히 독립된 직업적 농악대를 조직하고 장마당과 큰 마을과 도시를 순회하면서 흥행하여 그 보수를 받아서 생계를 유지하였다.77) 남사당패농악은 농악뿐만 아니라 줄타기·땅재주·버나돌리기·광대놀이·꼭두각시 등 재주와 연극을 풍부하게 넣어 흥행성을 높이었으며 재주가 뛰어나고 전문적이었다. 또한 남사당패 농악이 치는 농악은 주로 '판굿'의 규모가 크고 화려하며 기예가 뛰어난 전문적인 것이어서 무대 연예적 성격을 많이 지니는 것이었다. 남사당패 농악은 두레로부터 완전히 분화되어 나가버린 농악이었다고 볼 수 있다.

위의 세 가지 농악은 두레로부터 분화된 단계를 나타냄과 동시에 조

---

77) 조선 후기의 서민문화의 성장과 직업적이고 전문적인 남사당패 농악의 두레 농악으로부터의 완전한 분화에도 불구하고 창우(唱優)를 칠반천인(七班賤人)의 하나로 규정하는 사회신분제도는 남사당패 농악의 담당자인 남사당패를 창우의 일종으로서 두레농악의 근로농민보다 천민시하여 전문적 농악대의 발전을 제약하였다. 갑오경장에 따라 남사당패의 천민신분은 해방되었으나 16년 후에 나라가 일제의 식민지로 강점으로써 그들이 전문적 농악을 자유롭게 발전시킬 수 있는 기간이 없었다. 농악의 무대연예적 발전은 역사적으로는 제대로 개화시키지 못한 남겨져 있는 과제라고 할 것이다.

선 후기 이후부터 동시 병존하여 농악의 유형을 나타내는 것이기도 하였다. 우리가 여기서 주목할 것은 농악은 두레에서 발생해 나온 것이며 ①집돌이 농악, ②걸립패 농악, ③남사당패 농악 등 모든 농악들이 두레농악으로부터 분화되어 나왔다는 사실이다. 두레의 농악은 한국 농민들이 공동노동의 과정에서 창조해낸 풍부하고 독특한 내용의 집단적 농민 음악이며 농민 예술대였다.

7. 두레의 사회적 기능

두레는 그것이 조직되어 있던 농촌 사회에서 다음과 같은 몇 가지 중요한 사회적 기능을 수행하였다.

① 협동생활 훈련의 기능

두레는 마을 성원들에게 자연과 투쟁하면서 공동노동에 의거한 협동작업을 훈련시켜 줌과 동시에, 농촌 사회생활 일반에서 조직적 협동생활을 하는 훈련을 공급해 주는 기능을 수행하였다. 농민들의 사회생활 양식을 협동생활의 유형으로 훈련시켜 준 것은 농민들이 힘겨운 자연과 투쟁하고 빈곤한 사회 생활의 고난을 효과적으로 극복하고 공동체적 관계의 사회생활을 영위하도록 하는 데 크게 기여하였다.

② 노동 쾌락화의 기능

두레는 농촌 사회에서 농경과 관련하여 고통스러운 노동을 '즐거운 노동'으로 전환하는 기능을 수행하였다. 특히 간단한 도구만으로 자연과 대결하는 농업 노동은 고되고 고통스러운 것이었는데 두레는 이것을 즐거운 노동, 흥겨운 노동으로 전화시키는 놀라운 기능을 발휘하였다. 노동을 즐겁게 하는 것은 인간의 사회생활에서 가장 중요하고 가치 높은 일이므로 두레의 이 기능은 특히 주목해야 할 매우 중요한 것이라고 할 수 있다.

③ 노동 능률 제고의 기능

두레의 공동노동은 노동 능률을 제고하고 따라서 노동 생산성을 제고하는 중요한 기능을 수행하였다. 두레의 공동노동의 성과는 개별 노동의 성과의 합계보다 언제나 훨씬 더 컸다. 예컨대 충청북도 제천군 금성면 적덕리의 사례를 보면, "집집이 따로따로 일하여 3일 걸리는 일이 두레에서 하면 2일 만에 끝났다."[78] 즉 두레의 공동노동은 개별 노동의 합계보다 50퍼센트의 노동 능률의 제고를 이루었다. 이것은 경제적으로도 두레가 얼마나 효율적인 작업 공동체이었는가를 잘 증명해주는 것이다. 두레는 또한 마을의 전체 농지의 경작에 대하여 때를 놓치지 않고 적시에 필요한 작업을 완결하게 함으로써 마을의 전체 농지의 토지 생산성의 제고와 마을의 총 수확량을 높이는 데에도 크게 기여하였다.

④ 공동 부조의 기능

두레는 마을 안의 과부와 병약자의 농민 가족에 대하여 무상으로 공동 부조를 하고 두레 성원 사이에 상호 부조를 하여, 총체적으로 마을 전체에 대하여 공동 부조를 하는 중요한 기능을 수행하였다. 두레의 공동 부조 기능은 농업 경영에 관한 한 과부와 병약자의 농민 가족에 대하여 공동체적 사회 보장의 기능을 실현해 주었으며, 마을 성원 전체에 대해서도 상호 부조는 물론이요, 그들의 유고(有故) 시 공동체적 사회 보장을 제도적으로 약속해 주었다. 두레의 이러한 공동 부조의 기능은 촌락 공동체가 해체된 이후에도 마을의 공동체적 성격을 유지하는 데 큰 역할을 하였다.

⑤ 공동 오락의 기능

두레는 마을 성원들과 농촌 사회에 공동 오락을 공급하는 중요한 기능을 수행하였다. 특히 두레에 부속된 농악과 놀이는 단조롭기 쉬운 농촌 사회 생활에서 즐거운 오락을 공급하는 데 큰 구실을 하였다. 뿐

---

78) 鈴木榮太郎, 《韓國農村社會踏査記》, 앞의 책, 253쪽

만 아니라 두레가 농촌 사회에 공급한 공동 오락의 특징은 건전하고 생산적이고 건강한 오락으로서 농민들의 노동 재창조와 농민들의 생활과 생산을 향상하는 데 직결된 것이었다.

⑥ 생활 활성화의 기능

두레는 자연적·사회적으로 침체하기 쉬운 농촌 사회에서 농민의 생활을 활성화시켜 주는 중요한 기능을 수행하였다. 농촌은 거대하고 압도적인 자연에 대하여 간단한 도구만으로 대결해야 했기 때문에 침체되기 쉬운 것이었으며 지배층의 착취와 억압을 역사적으로 항상 받아 왔기 때문에 침체되기 쉬운 곳이었다. 두레는 이러한 농촌 사회에서 농민들에게 생기와 활기를 불어넣어 주고, '천하지대본'에 종사하는 농민 계층으로서 뿌리 깊은 자부심을 배양해 주었으며, 농민의 사회 생활을 역동적으로 활성화시키는 중요한 기능을 담당하였다.

⑦ 공동 규범의 기능

두레는 마을과 농촌 사회에 자치적으로 공동의 규범과 규율을 공급하는 중요한 기능을 수행하였다. 특히 두레의 공동 규범은 마을과 농촌 사회의 핵심적 세대인 '청장년층'의 사회생활에 규율을 주어 마을 전체와 농촌 사회가 스스로 질서와 규율을 갖게 하는 데 큰 역할을 하였다.

⑧ 사회 통합의 기능

두레는 마을의 성원들이 분열되지 않고 단결되도록 하는 사회 통합의 중요한 기능을 수행하였다. 두레는 공동노동과 공동 부조와 공동 규범과 공동 오락과 공동 향연을 통하여 마을 성원들의 사회적 연대와 단결을 산출하여 강화하였으며 마을이 하나의 협동적인 생활 공동체로 통합되도록 하는 데 큰 구실을 하였다.

⑨ 공동체 의식 함양의 기능

두레는 마을 성원과 농민들에게 공동체 의식을 함양하는 중요한 기능을 수행하였다. 농촌 사회에 '이익사회'의 요소가 깊이 침투하여 마을과 농촌 사회의 조직 원리가 공동체적 성격을 상실해 가는 사회 변동 속에서, 두레는 해마다 주기적으로 공동노동과 공동 부조와 공동 오락과 공동 향연을 베풀어 마을 성원과 농민들에게 '우리 의식'을 일깨우고 공동체 의식을 함양하는 데 큰 역할을 담당하였다.

⑩ 농민 문화 창조의 기능

두레는 농촌 사회에서 독특한 농민 문화를 창조하는 모태가 되는 중요한 기능을 수행하였다. 두레는 농악을 탄생시켰으며 여러 가지 농민적 놀이와 음악과 가사와 무용을 탄생시키고 민속을 만들어 내었다. 근대 이전에는 농민이 민족 성원의 대부분이었으므로 이것은 동시에 독특한 민족 문화의 일부를 창조하는 것도 되었다. 두레를 모태로 하여 창조된 농민 문화와 민족 문화는 노동과 생활에 직접적으로 결합된 생산적이고 견실한 내용을 가진 것이 큰 특징이었다.

두레는 농촌 사회에서 이상과 같은 중요한 사회적 기능을 수행했으므로 농민들은 두레를 매우 귀중하고 자랑스러운 그들의 작업 노동 공동체로 여겨왔다.

8. 일제 강점기 두레의 변화

1910~1945년의 일제 강점기의 두레는 화폐경제가 농촌 사회에 한층 더 침투하고 일제 식민지 정책의 영향으로 말미암아 현저한 변화를 겪게 되었다. 일제 강점기에서 두레의 변화는 ①두레의 쇠퇴와 소멸, ②남은 두레의 공동체적 성격의 변질, ③농악의 쇠퇴와 소멸 등이 가장 특징적인 것이었다.

일제 강점기에 두레 공동체는 눈에 띄게 쇠퇴하고 다수가 소멸되었다. 일제 말기의 관찰 보고서들은 조선왕조 말기까지 크게 성행했던 두레가 20년 전, 10년 전 또는 몇 년 전에 소멸되어 당시에는 존재하지 않게 된 마을의 사례들을 보고하고 있다.[79] 일제 강점기에 두레 공동체가 쇠퇴하고 소멸된 원인으로서 다음과 같은 몇 가지 점이 가장 중요한 것이라고 생각된다.

첫째, 화폐경제가 농촌 사회에 한층 더 침투하고 지배하게 됨에 따라 개인적인 '이익 계산' 추구가 일반화하고 철저하게 되었다는 점이었다. 화폐경제의 농촌 지배로 마을의 공동체적 성격은 크게 퇴색하고 마을의 봉쇄적 성격도 붕괴되었다. 마을 성원들도 개인적 이익 계산을 추구하게 됨으로써 종래의 전 촌락의 공동 부조 체제와 협동 체제는 현저히 무너지게 되었다.

둘째, 일제의 토지조사사업에 따른 '마을 공유지'의 소멸을 들지 않을 수 없다.[80] 조선왕조 말기에도 토지는 거의 대부분이 사유 토지이고 촌락 공유지는 작은 면적이었지만, 그 작은 면적의 촌락 공유지가 두레의 존속에 중요한 물질적 토대 가운데 하나였다. 일제의 토지조사사업은 촌락 공유지를 거의 모두 해체시키고 무주한광지(無主閒廣地)의 마을 성원들에 의한 개간권(開墾權)도 소멸시켜 버림으로써 두레의 공동노동의 필수적인 경제적 기초 가운데 하나를 해체해 버렸다. 이것은 두레의 존속을 끝까지 뒷받침할 경제적 기반의 하나를 소멸시켰음을 의미하는 것이었다.

셋째, 일제의 식민지 정책에 말미암아 마을의 '자치성'이 철저하게 소멸된 것을 들지 않을 수 없다. 조선왕조 말기까지는 마을에 마을 성원들에 의한 자치제의 성격이 상당히 남아 있었다. 그러나 일제는 마을의 독립적·자치적·민족적 성격을 경계하고 두려워한 나머지 마을의 자치성을 철저히 소멸시키고 한국의 마을들을 일제의 행정 관청(면사무소와 경찰관 주재소)이 직접 전제적(專制的)으로 그리고 파쇼적으

---

79) 姜鋌澤. 앞의 글 및 鈴木榮太郎,〈朝鮮の農村社會集團について〉,《朝鮮總督府調査月報》 제14권 제9·11·12호, 1943, 64쪽;〈朝鮮農村社會踏査記〉, 같은 책, 199쪽 참조.

80) 愼鏞廈,《朝鮮土地調査事業硏究》, 지식산업사, 1982, 102쪽 참조.

로 장악하여 지배하는 체제를 만들었다. 이에 따라 자치적 성격을 가진 두레 공동체도 쇠퇴하고 소멸되지 않을 수 없었다.

넷째, 일제 강점기에 농촌 사회 내에서의 농업 임금 노동자 계층의 진출을 들지 않을 수 없다. 일제의 토지조사사업 등을 비롯한 식민지 정책의 강행에 따라 농민의 계급 분화가 더욱 격화되고 자작농과 자소작농의 영세 소작농으로 몰락하는 것이 급속히 진행되었을 뿐 아니라 소작지에서도 분리된 농업 임금 노동자층이 농촌 내에 현저하게 형성되어 진출하게 되었다.[81] 항상적인 농업 임금 노동자층은 저렴한 임금으로 지주나 대농에게 고용되었으므로 농촌에서 노동력 수요의 폭주기에도 일용(日傭) 계약이 가능하게 되어 두레의 사회적 필요성을 절감시켰다.

다섯째, 농업 노동에 대한 여성 노동력 진출을 들지 않을 수 없다. 일제 강점기의 후기에는 전라북도 남원군의 농촌 실태 조사에서 보고되고 있는 바와 같이 여성 노동력이 모내기 작업에 참가하였으며 희소하지만 때로는 김매기 작업에도 진출하기 시작하였다.[82] 이러한 농업 노동의 여성 노동력 진출은 이 작업들에서 남성 노동력에 대한 수요의 폭주를 완화시켰고, 따라서 두레의 사회적 필요성 완화시켰다.

여섯째, 일제 강점기에 자작농층의 몰락이 두레 공동체를 지킬 농촌 사회 내의 계층적 기반을 크게 약화시킨 것을 지적하지 않을 수 없다. 자작농층은 농촌 사회 안에서 척추가 되는 계층으로서 농민 문화의 보호층이었다.[83] 이러한 자작농층의 몰락으로 두레의 농악과 향연은 물론이요 두레 공동체 그 자체를 유지시킬 계층적 기반이 눈에 띄게 약화되었다.

---

81) 농촌사회에서의 농업 노동자층은 조선왕조 후기에 이미 형성되기 시작한 것이었으나 일제 강점기에는 그것이 현저한 사회계층으로 확립되었으며 중요한 사회적 역할을 수행하기 시작하게 되었다.

82) 大野保, 〈朝鮮農村の實態的硏究〉, 《大同學院論叢》 제4집, 1938 참조.

83) 朴明圭, 〈日本帝國業義下 自作農民層의 性格에 관한 考察〉, 프린트, 1980 참조.

일곱째, 일제의 식민지 정책에 따른 농민들의 '막걸리' 제조 금지와 농악에 대한 적대행위를 들지 않을 수 없다. 일제는 한국의 쌀을 더 많이 일본으로 착출해 가기 위한 정책의 일환으로, 한국 농민들의 농업 노동과 두레에 필수적인 막걸리를 농민이 사적으로 제조하는 것을 금지하였으며, 농악을 엉뚱하게 '낭비적' 민속이라고 적대시하였다. 이것은 공동 오락과 공동 향연이라는 두레의 요소를 파괴시켜 두레가 쇠퇴하고 소멸하는 데 크게 작용하였다.

여덟째, 일제 식민지 정책과 관련된 농업 경영조직의 변화와 제초기(除草機)의 보급이 미친 영향을 들지 않을 수 없다. 일제의 식민지 농업정책은 일제의 공업 원료를 공급하기 위하여 면화·담배 등의 재배와 양잠의 겸업을 강제적으로 장려하였다. 이에 따른 기형적인 농업 경영의 다각화와 겸업 농가의 증가도 두레의 쇠퇴에 간접적으로 영향을 끼쳤다. 제초기는 노동 능률에 큰 차이를 못 낸 아직 단순한 도구로서 일제 말기에만 겨우 보급되기 시작하므로 두레의 소멸에 실제로는 큰 영향을 미치지 않았으나, 그 성격상 발전되면 김매기 작업에서 두레의 소멸을 촉진할 수 있는 것이었다.

아홉째, 일제의 식민지 정책의 두레에 대한 탄압과 다른 '공동작업반'에 의거한 대체를 들 수 있다. 일제는 태평양전쟁 발발 뒤에는 두레 대신 14~15세 이상의 남녀가 모두 참가하는 이른바 '애국반' 단위의 '공동작업반'을 편성하여 장려하고 전통적 두레를 정책적으로 해체하였다.84) 일제의 이 식민지 정책은 일제 강점기 말기에 많은 두레를 급격히 소멸시켰다.

위와 같은 요인들로 말미암아 일제 강점기에 다수의 두레가 쇠퇴하고 소멸되었음에도, 두레는 긍정적인 사회적 기능으로 일제의 식민지 정책의 압력 아래에서도 일제 강점 전기에는 널리 성행하였으며 일제

---

84) 鈴木榮太郎, 〈湖南農村調査野帳拔書〉, 앞의 책, 316~317쪽 참조.

강점 후기에도 지배적 노동 조직 제도의 하나로서 강인하게 존속하였다. 하나의 사례로 충청남도 홍성(洪城)군의 경우를 보면 〈표-1〉에서 알 수 있는 바와 같이, 1915년 현재 197개의 두레가 존재하고 있었다. 이것은 마을(자연 촌락)의 수보다는 적은 것이지만 행정 단위로서의 139개 이(里)보다는 58개가 더 많은 것이었다. 이 시기에 홍성군에서는 아직도 여름의 김매기 작업은 거의 전부를 두레의 공동노동으로 수행하고 있었다고 보고되었다.[85] 또한 이 시기에 일반적으로 전라도와 충청도와 경상도지방에서 모내기와 김매기의 작업은 여전히 두레의 공동노동에 의존하는 비율이 매우 높다고 보고되었다.[86]

〈표-1〉 충청남도 홍성군의 두레 수와 농악수 (1915)

면 별	행정상의 마을 수	두레 수			농악 수(조)
		농악을 갖춘 것(조)	농악이 없는 것(조)	계(조)	
홍양	10	7	–	7	49
홍북	14	21	–	21	84
금마	13	12	–	12	72
홍동	18	21	16	37	105
장곡	16	27	–	27	166
광천	10	20	9	29	100
은하	11	3	2	5	15
용천	11	10	–	10	50
서부	10	15	–	15	70
고도	14	16	6	22	111
구항	12	12	–	12	60
계	139	164	33	197	882

| 자료 | ① 두레 수와 농악 수는 豊田重一의 〈農社農樂に關する硏究〉에 의한 것임
② 행정상의 이(里) 수는 越智唯七의 《新舊對照朝鮮全道府郡面里洞名一覽》에 의한 것임

일제 강점기 말기까지 중부와 남부의 한국에서는 두레가 존속하여 지배적 노동 형태의 하나로서 존속하였다. 일제 강점 말기까지 존속한

---

85) 豊田重一, 앞의 글 참조.
86) 張基黑, 앞의 글 및 姜鋌澤, 앞의 글 참조.

두레는 그 성격상 세 개의 유형으로 나누어 볼 수 있다. 즉 ①전통적 유형: 화폐경제의 침투와 일제의 식민지 정책의 압력 아래에서도 전통적 두레 공동체의 성격을 비교적 그대로 간직한 유형, ②변질된 유형: 두레 공동체의 성격이 화폐경제의 침투와 일제 식민지 정책의 영향으로 변질된 유형, ③새 제도로서 파생된 유형: 사회적 조건의 변화로 말미암아 두레 공동체로부터 새로운 제도가 파생된 유형이 그것이다.

이 가운데서 ①의 전통적 유형은 앞 장에서 설명한 작업 공동체로서 두레의 성격을 그대로 간직하고 있는 것이므로 다시 설명할 필요가 없을 것이다. ②의 변질된 유형의 내용은 ㉠공동체적 성격의 퇴색, ㉡임금 계산의 지배, ㉢청부 임금 노동제도로의 성격 변화 등이 특징적인 것이었다.

일제 강점기에 변질된 두레는 공동체적 성격이 현저히 퇴색하여 과부나 병약자의 토지에 대한 무상의 공동노동은 일정한 보수를 받아내는 것으로 변하기 시작하였다.[87] 물론 이때의 보수는 임금보다는 훨씬 저렴한 것이었지만 조선왕조 시대의 무상 공동 부조에 견주면 질적으로 변화하기 시작한 것이었다. 또한 두레에의 가입이나 두레 성원들에 대한 공동체적 구속력도 현저히 약화되어 성원들의 '임의성'이 크게 지배하게 되었다. 변질된 유형의 두레에서는 또한 '임금 계산'이 철저하게 지배하게 되었다. 이것은 두레 성원 자신들의 토지에 대해서도 정확하게 적용되었다. 두레는 마을의 각 호(戶)의 경작 면적과 총 경작 면적을 산출하고 두레의 노동력을 산정하여 소요 노동 일수를 계산해낸 다음 경작 면적 1두락당 반대급부와 두레 성원 1인당 임금을 계산하여 결정하였다. 두레 성원 상호 간에도 자기의 경작지의 면적이 자기 두레의 노동량에 해당하는 면적보다 광대한 경우에는 정확히 그 차액의 반대급부를 계산하여 두레에게 지불해야 했으며, 반대로 자기 경작지의

---

87) 姜鋌澤, 앞의 글 참조.

면적이 자기가 두레에 제공하는 노동량에 해당하는 면적보다 적은 경우에는 정확히 그 차액을 계산하여 두레로부터 임금을 지불받았다.[88] 그러므로 두레에 2인 또는 3인의 두레꾼을 낸 농민 가족이 경작 면적이 적은 경우에는 정확하게 임금이 계산되어 두레로부터 그것을 지불받았다.[89] 지주와 대농이 1두락당 일정의 보수(임금)를 경작 면적에 따라 정확하게 계산하여 두레에 지불해야 했음은 물론이다.

일제 강점기에 변질된 유형의 두레에서 무엇보다도 주목해야 할 특징 가운데 하나는 두레의 수입을 모두 두레의 공동 비용으로 사용하지 않고 먼저 두레 성원들에게 임금으로 분배했다는 사실이다. 변질된 유형의 두레에서는 두레의 수입을 먼저 임금으로서 두레 성원들에게 정확히 계산하여 분배하였다. 그리고 분배하고 남은 수입 부분만 호미씻이의 비용과 농악의 유지 비용에 충당하였다. 이것은 두레의 수입 전부를 호미씻이와 농악 등 공동 비용으로 사용하고 수입을 두레 성원들에게 개별적으로는 분배하지 않던 전통적 유형과는 질적으로 크게 변화된 모습이었다. 그러므로 변질된 유형에서는 호미씻이가 크게 축소되었으며 농악의 악기의 구입이나 유지가 매우 어렵게 되었다.

또한 일제 강점기의 두레의 변질된 유형에서는 지주나 대농들이 자기 경작지의 모내기나 김매기 작업을 1두락당 임금을 정하여 두레에게 도급을 주고, 그에 따라 두레는 청부 임금 노동제도의 성격을 갖는 것으로 바뀌기도 하였다. 이 경우에 두레의 공동 식사는 물론 지주가 부담하였다. 두레의 공동노동은 노동 능률이 개별 노동의 합계보다 훨씬 높았기 때문에 변질된 유형의 두레에서 두레 성원들의 임금 수입이 개별 노동의 임금 수입보다 낮지 않으면서도 한편 지주가 지불하는 1두락당 보수(임금)는 개별 노동을 고용하는 것보다 저렴할 수 있었다.

---

88) 鈴木榮太郎, 〈朝鮮の農村社會集團について〉, 앞의 책, 64~65쪽 참조.
89) ______, 《韓國農村社會踏査記》, 앞의 책, 252쪽 참조.

충청남도 홍성군의 사례를 보면, 김매기의 경우 두레의 공동노동에 의거할 때에 지주가 지불하는 1두락당 보수는 17전이었는데, 보통 인부를 고용하여 작업을 했을 때에는 23전이 소요되었다. 즉 두레의 경우가 보통 인부를 고용했을 때보다 26퍼센트 더 저렴하였다. 〈표-2〉와 〈표-3〉에서 볼 수 있는 바와 같이, 공동 식사[酒食代]의 비용을 포함하는 경우에도 1두락당 두레의 비용은 32전이었던 데 견주어 개별 노동의 비용은 35전 5리로서 두레의 경우가 9.1퍼센트 더 저렴하였다. 예컨대 30두락을 경작하는 지주는 김매기 1회의 작업만으로도 두레에 의거할 경우에는 개별 노동(보통 인부)을 고용하는 경우에 비하여 1원 20전의 비용을 절감할 수 있었다. 뿐만 아니라 두레에 의존하는 경우에는 작업 시간이 훨씬 단축되어 실기(失期)를 하지 않는 이점이 있었다.[90]

이러한 이유 때문에, 일제 강점기에 중부 한국 이남의 지주들은 변질된 유형의 두레를 청부 임금 제도의 성격을 가진 것으로 생각하여 모내기와 김매기의 작업에 많이 활용하였다.

〈표-2〉 두레에 의한 김매기의 임금과 비용 (1915)

비목	면적 및 인원	1두락당 단가	30두락당 금액	비고
임금	30두락	0.170엔	5.10엔	두레 인원 수는 60명이 반일(半日)에 작업 종료함.
주식(酒食)비용	60명	0.075	4.50	술은 오전 1회, 점심은 1회, 1명당 7전 3리임.
합계			9.60	1두락당 김매기 비용은 32전에 해당함.

| 자료 | 豊田重一의 〈農社農樂に關する硏究〉에 의한 것임

---

90) 豊田重一, 앞의 글에 의하면 두레의 공동노동에 의존하는 경우 작업이 약간 소루해지는 경향이 있었으나 이 결함은 두레의 공동노동이 실기(失期)를 하지 않는 장점에 의하여 충분히 상쇄되고도 남았다고 한다.

〈표-3〉 보통 인부에 의한 김매기의 임금과 비용 (1915)

비목	면적 및 인원	1두락당 단가	30두락당 금액	비고
임금	30두락	0.23엔	6.90엔	인부 30명은 1명이 1일에 1두락의 작업을 함. 술은 오전과 오후 각 1회. 점심은 1회분임. 부속한 15명의 점심비용임. 1두락당 김매기 비용은 35전 5리임.
주식(酒食) 비용	30명	0.10	3.00	
인부 가족 주식 비용	15명	0.05	0.75	
합계			10.65	

| 자료 | 豊田重一의 〈農社農樂に關する硏究〉에 의한 것임

　　일제 강점기에 사회적 조건의 변화로 말미암아 두레 공동체로부터 새로운 제도로서 파생된 유형으로 대표적인 것이 고지대(雇只隊)제도였다.[91] 일제 강점기에 농민 계층의 분해와 몰락이 더욱 빠르게 진행되어 농촌 사회 안에 영세농과 농업 노동자층이 축적되고 빈곤이 더욱 심화되자, 영세농과 농업 노동자층은 두레를 모방하여 노동 단체를 조직하고 절량기(絶糧期, 12월~3월)에 지주 또는 대농과 미리 단체노동 계약을 하고 작업을 청부받아서 임금의 일부를 미리 받아 가족의 생존을 유지하였다. 농번기가 오면 그들은 전에 계약한 작업을 의무적으로 단체 노동으로써 수행하고 나머지 임금을 받았는데 이를 '고지대'라고 불렀다. 그러나 고지대는 비록 그 기원이 두레에서 변형되어 나온 것이라 할지라도 공동체적 성격은 처음부터 전혀 존재하지 않은 극빈한 영세농과 농업 노동자들의 임의적 결사체였으며, 일제 강점기의 가혹한 식민지 착취 아래에서 절량기에 아사(餓死)될 형편에 있던 영세농과 농업 노동자들이 저임금을 불가피하게 감수하고 자구책으로서 만든 특수한 단체노동 조직이었다. 따라서 고지대는 두레와 별개의 제도

---

91) 久間健一, 〈勞動隊制度と雇只隊訓度〉, 앞의 책, 211~297쪽 참조.

로서 독립적으로 고찰해야 할 노동제도라고 할 것이다.

일제 강점기의 두레의 변화 중에서 또한 주목해야 할 것이 농악의 쇠퇴와 소멸이었다. 변질된 유형의 두레에서는 농악기를 구입하거나 수선할 능력이 없었기 때문에 농악은 날로 쇠퇴하고 소멸하였다. 뿐만 아니라 농악을 민족적인 것이며 '낭비적'인 것이라고 적대시한 일제의 식민지 정책은 농악의 쇠퇴와 소멸에 더욱 박차를 가하였다. 그 결과 일제 강점기에는 조선왕조 시대와는 달리 농악 없는 두레가 현저히 나타나게 되었다.

예컨대 충청남도 홍성군의 경우를 보면, 이미 1915년에 총 197개의 두레 중에서 농악이 있는 두레가 83.2퍼센트인 164개이었고, 농악 없는 두레가 33개로서 총 두레 수의 16.8퍼센트에 이르게 되었다. 또한 농악 있는 두레도 그 농악의 구성과 규모가 최소한의 것으로 단순화되고 축소되어 8인으로 구성된 농악이나[92] 5인으로 구성된 농악의 사례들이 보고되었다.[93] 일제는 1941년 태평양전쟁을 도발한 이후에는 공출제를 실시하여 농악의 징과 꽹과리 등 쇠붙이 악기를 공출로 약탈하였다. 악기를 빼앗긴 농악은 이에 따라 결정적 타격을 입고 일제 강점 말기에 급속히 소멸하게 되었다.

일제 강점기에 두레는 이상에서 간단히 고찰한 바와 같이 현저히 변질되고 쇠퇴하고 소멸되었다. 그러나 일제 강점기에 존속했던 두레 공동체는 일제의 가혹하기 비할 데 없는 식민지 착취와 민족말살정책 아래에서도 농촌 사회에서 한국 농민들이 민족적 전통을 지키며 상부상조하면서 생존하는 데 커다란 역할을 수행하였다.

---

92) 豊田重一, 앞의 글 참조.
93) 鈴木榮太郎, 《朝鮮農村社會踏査記》, 앞의 책, 200쪽 참조.

9. 맺음말

지금까지 고찰에서도 알 수 있는 바와 같이 두레와 농악은 한국 민족과 한국 농민이 오랜 역사에 걸쳐 만들고 발전시킨 슬기로운 사회제도이며 문화였다. 인류가 자연과의 투쟁 속에서 노동을 통하여 모든 문화를 창조해 온 이래, 이 신성한 노동은 너무나 고통스러운 노동으로 변화되어 왔다. 많은 사람들이 고통스러운 노동을 즐거운 노동으로 만들기 위하여 여러 가지 제도의 고안을 해 왔지만 별로 성공을 거둔 것 같지 않다.

두레는 개별적으로 하면 힘겹고 고통스러운 작업이 될 수밖에 없는 일을 공동노동의 작업 공동체를 만들고 농악과 함께 융합시킴으로써 노동 능률을 크게 제고시킴과 동시에 고통스러운 노동을 즐거운 노동으로 전화시키는 데 훌륭히 성공하였다.

한국 농민들은 '두레 공동체'를 통하여 상호 부조와 공동 부조의 협동적 생활 양식을 발전시켰으며 집단 성원의 연대와 단결도 드높였다.

한국 농민들은 두레를 통하여 함께 일하고 함께 즐기면서 농악을 비롯하여 생산적 생활과 결합된 아름답고 씩씩한 음악과 무용과 놀이 등의 민족 예술과 민중 예술을 창조하고 발전시켰다.

종래 한국의 역사 연구는 고위의 중앙 정치의 역사와 지배층의 역사를 구명하는 데 집중해 온 것이 사실이다. 물론 이러한 부문의 연구는 중요하고 절실한 것이다. 그러나 여기에 그치면 역사의 일부분을 밝히고 앎에 그치고 마는 것이다. 새로운 역사로서 사회사(社會史)는 그 저변에서 역사를 이끌어 온 민중의 생활사와 민중의 일하던 역사를 동시에 깊이 구명하여 사회 '전체'의 내용을 심층까지 밝히지 않으면 안 될 것이다. 앞으로 두레의 연구는 사회의 심층에 있는 민중의 생활사 연구로서 더욱 진전되어 종래의 역사 해석을 보완해 나가야 할 것이다.

한국 민족은 근대화를 수행하는 데 결정적으로 중요한 시기에 일제의 식민강점기를 겪었기 때문에 수많은 아름답고 창조적인 민족적 전통과 민족 문화 유산을 근대적으로 계승·발전시키지 못하고 잃어버렸다. 최근에 뒤늦게나마 민족 문화 유산을 발굴하고 민족적 전통을 자기 시대에 적합하게 창조적으로 계승·발전시키려고 하는 각성이 일기 시작하고 있는 것은 다행스러운 일이다.

우리가 민족 문화 유산과 민족적 전통 속에서 아름다운 유산을 찾는 작업을 한다면 두레와 농악은 그 첫째 등급에 꼽힐 것들일 것이다. 공동노동과 고통스러운 노동에서 즐거운 노동으로의 전화와 상부상조는 어느 시대에나 필요한 것이라고 한다면, 두레와 농악은 오늘날에도 우리 시대에 적합하도록 창조적으로 계승·발전시켜야 할 중요한 문화 유산이 아닌가 연구하고 검토할 필요가 있지 않을까 한다.

호남 좌도 풍물굿 예인들의 활동 양상
― 좌도 풍물굿 쇠잽이들을 중심으로

양진성*

1. 머리말

지금까지 진행된 풍물굿 예인들에 대한 조사·연구는 판소리, 산조 등과 같이 개인 활동가에 의해 주도되는 예술영역과 구분 없이 이해하려고 한 오류가 있었다. 이로 말미암아 발생한 문제로는 생계형의 전문 예인집단과 개인에게 집중적인 조명이 비춰졌다는 것이다. 풍물굿의 경우 특히 호남지역의 풍물굿은 굿의 목적, 공연집단의 성격, 공연내용에 따라 좌도와 우도로 현저히 구분되는데, 앞서 지적한 대로 생계형의 전문 예인들이 주도한 우도지역 풍물굿 예인들에 비해 좌도지역 풍물굿 예인들은 그다지 연구 대상으로 주목받지 못해왔다. 그럴 수밖에 없는 이유는 우도 풍물굿 예인들은 주로 전문적인 예인집단 출신으로 생업으로 공연활동을 펼친 이들이 많아 그 자취를 조사하는 데 좌도지역의 예인들에 비해 훨씬 쉬웠던 것과 달리, 좌도지역 예인들의 경우는 마을 단위의 공동체 집단을 중심으로 형성된 공연집단과 걸립 연예굿보다는 마을굿 공연형태를 갖춘 지역이 대부분이다 보니 상대적으로

* 원광디지털대학교 전통공연예술학과 교수.

각각의 예인에 대한 주목이 미약했던 것으로 보인다.

본 연구는 호남 풍물굿에서도 좌도지역 풍물굿 예인들에 한정하여 그들에 대한 예인적 삶을 고찰하고, 그들의 활동 전개양상과 그 특징을 분별해보고자 한다. 풍물굿에 대한 연구는 다른 분야의 공연예술에 비해 그 폭이 넓다고 볼 수 없는 실정에서 과거 민속예술의 현장에서 수고를 다한 예인들의 활동과 삶을 재조명하고 보다 상세하게 기술·정리하는 것도 풍물굿의 일차적 자료를 축적해 가는 과정적 의미를 지닌다고 사료된다.

그런데 좌도지역 풍물굿의 경우 상쇠의 주도 아래 음악적인 내용은 물론, 공연 성격과 활동영역까지 규정되는 점이 다른 지역에 비해 훨씬 강한 것이 특징이다. 그 이유로 다른 지역의 풍물굿 예인들은 전문 예인이 다수를 차지하며 서로 이합집산이 잦았던 것과 달리, 이 지역은 인물 사이의 교류가 흔하지 않았다는 점을 들 수 있다. 또한 이동식 공연보다는 마을굿패에 따른 마을 정착형의 공연문화가 지배적이었다는 점도 꼽을 수 있다. 이것을 좀 다르게 표현하면 상쇠를 제외한 다른 역할의 치배가 알려지기 매우 어려운 공연 체계이자 공연 환경이었다고 할 수 있겠다.

여하간 이 글에서는 이러한 좌도지역의 공연문화적 특성을 감안하여 상쇠나 쇠잽이 출신으로 당대에 인정을 받은 인물들을 집중·조명하기로 하며, 다른 역할의 치배들 가운데 장구나 소고로 유명한 예인들이 있으나 본 연구 대상과 관련한 인물들만 참고로 거론하고자 한다.

2. 호남 좌도 풍물굿의 갈래와 성격

호남지역 좌도 풍물굿 예인들의 활동사에 대한 이해를 넓히기 위해서는 이 지역 풍물굿의 갈래와 성격에 대해 개괄적으로나마 살피고 넘어가는 것이 필요하다.

(1) 지역적 구분

　호남지방의 풍물굿은 크게 좌도와 우도로 구분하고 있는데 좌도 권역은 동부 산간지대이고 우도 권역은 서부 평야지대로 획을 가르고 있다. 또한 기존 연구에서 좌도 풍물굿은 동북부와 서남부로 이분하는 경우가 있는가 하면, 보다 세밀하게 북부지역·중부지역·남부지역으로 나누고 있기도 하다.[1] 지역성에 따른 풍물굿 권역의 구획 구분이 얼마나 의미가 있는지는 재점검되어야 하겠지만 우선 그 접근의 편의성과 효율성은 크다.[2]

　좌도지역에 해당하며 풍물굿이 전승되고 있는 곳은 금산·무주·장수·진안·완주·전주·임실·순창·운봉·남원·곡성·구례·화

---

1) 《한국민속종합조사보고서》에는 호남 좌도 풍물굿은 전라도 동부지역 풍물굿을 가리키며 금산·무주·전주·진안·남원·임실·순창·곡성·구례·화순·승주 지역에 전승되고 있다고 하며, 호남 우도 풍물굿이 전승되는 지역을 전라도 서부지역이라 하고, 익산·옥구·김제·부안·정읍·고창·영광·장성·함평·나주·광주·장흥·강진·영암·무안 등지를 해당 지역으로 꼽고 있다. 이 보고서는 호남 좌도 풍물굿에서는 임실 필봉 풍물굿, 화순 한천 풍물굿을 조사하였고, 호남 우도 풍물굿에서는 이리 풍물굿과 영광 풍물굿을 각각 조사하여 싣고 있다(《한국민속종합조사보고서—농악·풍어제·민요편》, 문화재관리국, 1982, 41쪽~84쪽 참조).

2) 이른바 좌도 풍물굿은 우도 풍물굿에 비하여 마을굿적인 요소가 더욱 강하고, 단체놀이에 치중하며, 윗놀음이 발달했으며, 이와 달리 우도 풍물굿은 전문 예인집단에 의한 풍물굿이 성행한 곳으로 기교가 화려하고 개인놀이가 비교적 발달했으므로, 대비적 특성이 거론되어 왔다. 그러나 이 역시 현재적으로는 그다지 의미 있는 이야기는 아니다. 좌도지역 중에서도 마을 공동체에 의한 굿으로서 마을굿적인 요소가 잘 전승된 지역이 있는가 하면, 마을 공동체에 의한 풍물굿에서 전문적인 예인 활동으로 굿의 내용이 형식화·무대화된 형태의 굿이 전승되고 있는 지역도 있기 때문에 앞서도 짧게 거론한 것처럼 기존 연구서들의 좌도와 우도 풍물굿의 특징은 많은 부분 현재적 의미를 상실하고 있다.

순 등이며, 이들을 저마다 형태적·음악적 특징의 유이성에 따라 구분하면 좌도 동북부 지역굿은 금산·무주·장수·진안·전주·완주·남원(운봉, 아영, 산내면 등의 산간부) 일부가 해당되고, 좌도 서남부 지역의 굿은 임실·순창·남원 일부(평야부)·곡성·구례·화순·순천 등이 해당된다. 기존 연구서에 따르면 좌도 동북부지역의 굿이 경상도 풍물굿과 비교적 가까우며, 서남부지역의 굿은 호남 우도 풍물굿과 유사한 점이 많다고 거론되었다.[3]

현재 좌도지역에서 전승되고 있는 풍물굿은 국가 중요무형문화재로 지정받은 임실 필봉 풍물굿, 전라북도 지정 문화재인 남원 풍물굿과 진안 풍물굿, 전라남도 지정 문화재인 곡성 풍물굿과 화순 한천 풍물굿 등이 있다. 이 가운데 화순 한천 풍물굿은 기존 연구서들의 연구 대상에서 누락된 경우가 많았는데, 그 이유는 화순 풍물굿이 좌도에서 우도 풍물굿으로 음악적 내용을 달리했다가 다시 좌도 풍물굿으로 선회한 이력이 있기 때문에 일관된 굿 내용을 유지했으리라고 보기 힘들기 때문으로 명시되었다.[4]

(2) 굿 내용과 공연집단의 성격에 따른 구분

앞에서 말했듯이 현재 좌도지역 가운데 풍물굿이 변별성을 가지며 전승되는 지역은 임실, 남원, 진안, 곡성, 화순을 들 수 있다. 이 지역들 가운데 화순을 제외하고 임실·남원·진안 지역은 굿 절차의 구성과 진행 순서, 가락 명칭 등에서 상당 부분 공통점을 가지고 있으나 판의 구성은 조금씩 달리하고 있다. 곡성의 풍물굿은 선행 연구자에 따르면

---

3) 《호남좌도풍물굿》(전북대학교 박물관 총서 12), 전북대학교 박물관, 1994, 10~13쪽 참조.

4) 김현숙, 〈호남 좌도농악에 관한 연구—임실과 진안의 판굿을 중심으로〉, 서울대 석사논문, 1988, 3~4쪽 참조.

임실 필봉의 굿가락과 매우 흡사하다고 하는데, 이는 계보상 좌도 풍물 굿 예인들 가운데 확인되는 기록에서 처음에 해당하는 전판이 계통의 굿에서 공통적인 영향을 받은 까닭으로 해석된다.5) 현재 곡성 풍물굿 은 박대업이 상쇠를 맡고 있으나, 이른바 전판이 계보로 알려진 전 곡 성 풍물굿 상쇠 기창수의 굿 내용을 현재 곡성 풍물굿이 그대로 전승 하고 있는지 여부는 아직 확인 절차가 남아 있다.6)

이상 호남 좌도 풍물굿의 전승지역에서 곡성과 화순을 제외한 세 지 역, 임실·남원·진안의 풍물굿을 계보 또는 굿 내용을 중심으로 나누 어 보면, 임실 필봉의 풍물굿은 전판이 계통의 풍물굿에 영향을 받았으 며, '전판이–이화춘–박학삼–송주호–양순용–양진성' 계보로 이어지 는 마을굿패에 의해 유지·전승되어 온 것이다.7) 진안 풍물굿은 아직 까지 최상위 계보를 확인할 길이 없으며, 확실한 것은 김봉렬 상쇠로 대표되는 마을굿패에 의한 굿 내용을 전승하고 있다는 점이다. 진안 풍 물굿은 선행연구에 따르면 좌도 풍물굿 권역에서 무주·진안·장수· 전주를 아우르는 북부지역에 해당하는 굿으로, 이 지역 출신 명인으로 는 쇠잽이의 김수동(진안 용담), 장구잽이의 최상근(금산) 등이 있다. 뚜렷한 계보는 밝혀진 바 없는데, 다만 김수동과 최상근은 각각 자신의

---

5) 김현숙은 그의 논문에서 "전판이 계보로 확실한 것은 곡성과 임실 두 고장밖 에 없다"고 하였으며, 곡성을 현지 답사하여 당시 곡성 풍물굿의 상쇠였던 기 창수가 생전에 녹음했던 판굿 테이프를 입수하여 분석한 결과, 임실의 것과 별 차이가 없다고 한 바 있다. 그가 입수한 테이프는 기창수가 상쇠를 이끌던 때 끝쇠를 맡았던 박대업으로부터 제공받은 것이다(김현숙, 앞의 글, 6~7쪽 참조).
6) 곡성 풍물굿의 전승 계보에서 기창수와 박대업의 관계는 다음 장에서 상세히 기술하고 있다.
7) 필봉 풍물굿 전승 계보에 대해 언급된 책으로는 이보형·정병호, 《필봉농악》, 문화재관리국, 1980; 《한국민속종합조사보고서》(농악·풍어제·민요편), 문 화재관리국, 1982 등이 있고 김현숙, 《호남 좌도농악에 관한 연구—임실과 진 안의 판굿을 중심으로》, 서울대 석사논문, 1988 외 여러 학위논문들에서 거론 되었다.

이름을 건 굿패를 조직하여 전문 예인집단과 같은 활동을 펼쳤던 것으로 보아 북부지역의 풍물굿은 중부와 남부지역의 마을굿 중심 풍물패 활동과는 조금 차이가 있는 것으로 보인다. 남원 독우물 풍물굿은 계보상으로 전판이 계통에서 출발하였지만,8) 초대 상쇠인 유한준이 포장 걸립패를 조직하여 전문 연예집단 성격의 활동을 펼친 이력이 있고, 현재 상쇠 유명철 또한 '뜬쇠' 활동 경력이 상당 기간 있었으므로 지역 정착형의 마을굿패에 의한 굿 성격을 담지하고 있다고 보기는 어렵다.

다음의 〈표-1〉은 임실 필봉굿과 진안 중평굿, 남원 독우물굿의 판굿의 구성과 절차굿 진행순서를 정리한 것이다.

〈표-1〉을 보면 임실 필봉굿과 진안 중평굿, 남원 독우물굿의 판굿에 쓰이는 절차굿들의 명칭은 저마다 약간씩 차이를 보이지만 그 구성은 거의 같다고 볼 수 있다. 그런데 세 지역의 마당밟이굿을 자세히 보면 특별한 점이 눈에 뜨인다. 진안 풍물굿과 남원 풍물굿의 경우, 패물타령·비단타령·업타령·노적타령·액막이타령 등 다양한 고사소리가 있지만 필봉 풍물굿의 경우는 마당밟이굿에서 부르는 성주풀이 외에 고사소리가 많지 않다는 점이 바로 그것이다. 마을 공동체 성원으로 구성된 굿패의 고사소리는 무속 예인이 부르는 고사소리처럼 전문적이지 않는 것이 당연하다. 그런데 진안과 남원의 고사소리는 경기도 남부

---

8) 남원 풍물굿 또한 전판이 계통에서 출발하였다는 것은 김현숙에 의해 밝혀졌다. 김현숙은 1987년 그의 학위논문을 위한 현지조사와 지면조사 중에 곡성의 기창수와 가까웠던 곡성의 제보자 선판금으로부터 "유한종은 남원 사람이고, 기창수에게 배웠는데 북도 농악이 세어서 이름이 먼저 났다"는 제보, 곡성의 박대업 제보자로부터 "전판이-이화춘-기창수로 이어지는 곡성 풍물굿의 계보 중에 유한종이라는 사람이 있다"는 제보, 필봉 풍물굿 양순용 상쇠로부터 "남원 금지 풍물굿 상쇠 유명철의 부친은 유한종인데, 이화춘 바로 아래의 큰 상쇠이며 부쇠 강삼쇠와 함께 남원 독우물〔金池〕 사람"이라는 제보들과 함께, 이보형이 조사·작성한 《전라북도국악실태조사》의 "남원 금지농악 상쇠 유명철의 부친은 유한준으로 이름난 상쇠였다"는 기록을 교차·확인한 결과 밝혀낸 사실이다.

〈표-1〉 좌도지역 풍물굿 판굿의 절차굿 구성과 진행순서

임실 필봉 풍물굿(양순용)		진안 중평 풍물굿 (김봉렬)	남원 독우물 풍물굿 (유명철)	
앞굿	굿내는 가락	어름굿–풍년질굿–인사굿	앞굿	어울림굿
	질굿(오채질굿)	열두마치굿 (채굿과 동일)		입장굿
	채굿	품앗이굿 (미지기굿과 동일)		풍류굿
	호허굿	호호굿		채굿
	풍류굿	영산굿		진풀이굿
	참굿	춤굿		호호굿
	방울진굿	잔지래기(개인놀이)		영산굿
	미지기굿	돌굿		노래굿
뒷굿	가진 영산굿	일광놀이		춤굿
	노래굿	도둑잽이		등지기굿
	돌굿(춤굿)	파장굿		미지기굿
	재능기영산굿(개인놀이)		뒷굿	도둑잽이
	수박치기			문굿
	등지기			재능기
	도둑잽이			
	탈머리			

무악의 직업 무속인이 부르는 고사소리[9]와 같은 종류의 것으로 보인다. 이는 마을굿에 직업 소리꾼을 불러다 고사소리를 연행하게 한 영향으로 추측되거나 또는 고사소리를 할 줄 아는 인물이 굿패에 새로 영입된 결과로 볼 수 있다.[10] 또한 남원 풍물굿 유한준굿패와 같이 마을

---

9) 고사소리는 화랭이가 부르는데, 화랭이는 경기도당굿의 남무(男巫)를 이르며, 여무(女巫)와 함께 굿 절차를 이끌어 가며 소리를 연행하는데, 이들의 창법은 '어정제 소리'와는 달리 '판패개 소리'라 하여 판소리 창법과 같다.

10) 김봉렬 상쇠 현존 시 그의 굿패에서 실제로 고사소리를 불렀던 이는 상쇠인 김봉렬이 아닌 소고잽이인 고재봉이었다. 연구자의 현장조사에 따르면 고재봉은 원래 진안 중평마을 출신이 아닌데, 뒤에 김봉렬이 진안지역에서 제법 알려진 상쇠가 되자 그의 굿패에 합류한 인물이다. 그가 고사소리를 어떤 인물에게 배웠는지는 자세히 확인할 수 없으나 당시 진안 읍내에 거주하는 한 사람으로부터 익혔다는 제보만 확인할 수 있었다. 즉 고재봉은 진안 중평굿

굿에서 출발한 굿이지만 포장걸립 형태의 연행활동을 펼치며 다양한 지역의 굿 명인들과 교류하면서 생겨난 결과로도 추측해 볼 수 있다.11)

이를 정리하여 말하면 연행집체의 활동 전개과정에 따라 실재의 변화가 발생하지 않을 수 없으며, 또 한편으로 같은 권역에 드는 좌도 풍물굿 안에서도 성격을 달리하는 계통 구분이 가능하다는 것이다. 결국 필봉 풍물굿과 진안 풍물굿, 남원 풍물굿 삼자의 차이는 연행 장소의 고정성과 이동성, 연행집체의 고정성과 유동성이 그 원인이라고 할 수 있다.

3. 활동 예인들의 행적

호남지역 풍물굿 예인들에 대한 조사와 기록은 1965년에 문화재관리국에서 펴낸 조사보고서 《농악12차》(1965)가 첫 결과물이라고 할 수 있다. 박헌봉·유기룡이 조사하고 정리한 이 보고서에는 '농악인명록'이라 하여 당시 구전으로 확인되거나 실존하고 있는 풍물굿 예인들

과는 상관없이 고사소리를 다른 경위를 통해 익혔고, 뒤에 중평굿패에 합류하면서 자신의 장기를 발휘한 것으로 확인된다.

11) 현재의 남원 풍물굿은 유한준이라는 상쇠가 독우물 마을의 성원들과 인근 지역 풍물굿 연행자들을 모아 포장걸립 형태의 연행활동을 전개해 유명세를 얻었고, 그의 굿 내용이 강태문-유명철로 계승된 굿이다. 따라서 남원 풍물굿은 마을에 깊숙이 자리 잡아 마을 성원에 의해 연행·전승된 굿이라기보다는 출발은 마을굿으로 시작했지만 전문 연희패의 연행활동에 맞게 그리고 포장걸립 연행과정에서 다른 지역의 굿 내용을 일부 받아들인 '전문 예인형 굿'으로 그 계통을 분류할 수 있을 것이다. 이러한 전승배경을 가진 남원 풍물굿에서 부르는 비단타령·패물타령 등의 고사소리는 경기 남부 무악인 경기도당굿의 화랭이무가에서 불리는 사설과 거의 비슷하다. 단정할 수는 없지만 유한준굿패의 포장걸립 연행활동과 오늘날 남원 풍물굿의 상쇠 유명철 또한 여성농악단과 여러 포장걸립패에서 활동한 경력에 기인한 다른 지역 농악과의 교섭 결과로 이해된다.

의 생몰 연대와 이름을 기술하고 있는데, 출생지와 나이 이상의 정보는 확인할 수 없다는 안타까움을 남기고 있다. 또한 명인들의 출생지 또한 제대로 된 확인 절차 없이 기록되어 있어 뒤에 밝혀진 사실과는 다른 것도 많아 후학자들에게 혼선을 일으키기도 한다.

호남 풍물굿 예인들에 대한 다음 기록으로는 홍현식 · 김천홍 · 박헌봉이 공동으로 조사 · 집필한 《호남농악》(1967)을 들 수 있다. 그러나 이 보고서는 우도 풍물굿 예인들 속에 전판이 · 이화춘과 같은 좌도지역 예인들을 포함시키고, 다시 좌도지역 풍물굿 예인들 명단에 또 한 번 기록하고 있어 혼란을 더하고 있다.

호남 좌도지역 예인들에 대한 조사와 기록은 1980년에 들어서야 일관성 있게 정리된 것으로 보이는데, 이보형 · 정병호에 의해 작성된 《필봉농악》(1980)을 시작으로 《한국민속종합조사보고서》(1982), 《전북국악실태조사》(1982)가 시간이 흐를수록 신상명세 수준에서 벗어나 구체적 활동과 사사관계 파악 등으로 확대되게 되었다.[12]

그러나 기존 보고서들의 내용은 매우 소략하고, 한정적이어서 실제로 예인들의 활동과 재능 · 특징 등에 대한 정보를 찾을 수 없기 때문에, 이러한 부분들은 관련자 또는 현지 제보자들을 찾아내는 방법밖에 없으며, 그들의 이야기가 매우 소중한 일차 자료가 될 수밖에 없는 한계를 지닌다는 점을 앞서 밝혀두고자 한다.

이 절에서는 앞에서 나열한 호남 좌도지역 풍물굿 예인들에 대한 기존의 보고서와 연구 논문들을 바탕으로 하여 예인들의 활동 시대를 유추하고, 연구자의 조사 결과와 함께 기존 연구자들의 수고를 통해 얻은 제보들을 활용하여 기술하도록 하겠다.

---

12) 이보형 · 정병호, 《필봉농악》, 문화재관리국, 1980; 《한국민속종합조사보고서》(농악 · 풍어제 · 민요편), 문화재관리국, 1982; 이보형, 《전라북도 국악실태조사》, 문화재관리국, 1982.

(1) 20세기 이전~해방 이전

전판이

전판이의 출생지와 나이를 밝히고 있는 책은 《농악12차》가 최초이다. 이 책에는 당시 다른 지방의 풍물굿 예인들과 함께 호남지방의 예인들을 '농악인명록' 항에 기술하고 있는데, 호남지방 예인으로 전판이 이전에 김탕개(당 112세, 전북 진안군), 안성암(당 101세, 전북 임실군), 이상화(당 100세, 전북 진안군) 등을 기록하고 있으며, 이어 전판이는 당 96세로 전북 진안군 출신으로 기록되어 있다.13) 현재까지 전판이의 정확한 나이는 알려지지 않았지만 여러 기록과 제보자들의 이야기로 볼 때 1868년이나 1870년 초 태생으로 유추되고 있다. 그 출생지에 대해서도 진안과 김제 및 남원으로 각각 엇갈리고 있기는 하나 김제 출생으로 남원, 전주, 임실, 곡성에 이르기까지 좌도지역의 넓은 영역에 거쳐 활동과 영향을 미친 인물로 보인다.

세간에서 '전판'이라고도 불렸던 전판이의 활동 무대와 재능 등에 대한 구체적인 구술 확보는 매우 힘든 것이 사실이다. 그런데 현재 좌도지역에서 특징적인 굿이 전승되고 있는 임실 필봉, 남원, 곡성 등이 모두 한결같이 전판이의 영향을 받은 것으로 알려져 있다.14) 이로 볼

---

13) 《농악12차》는 무형문화재 관리국에서 1965년 박헌봉과 유기룡이 조사·정리한 책으로, 상당 부분 수정 보완되어야 할 부분이 많다. 그러나 인명록 부분은 현재 현장에서 확인 가능하지 않은 인물들의 이름·출생지·나이를 적고 있어, 확인 여부를 실시할 수 있는 1차 자료로써 의의를 가지고 있다. 한편 좌도지역 예인들이 다 타계한 예인들 끝에 현존 인물로 기창수를 기록하고 있는 점으로 보아, 상당수 기창수에게 듣거나 확인한 내용들에 근거해서 정리하지 않았을까 하는 추정된다.

14) 전판이의 영향을 받은 좌도지역 풍물굿으로 박학삼·송주호·양순용으로 이어지는 임실 필봉 풍물굿과, 남원시 주생면 옹정리 독우물 마을의 유한준을 중심으로 형성된 현재의 남원 유명철패 풍물굿의 상위 계보도 이 '전판이'라는 사람과 연결시키고 있고, 그 인근의 전남 곡성군 곡성읍 죽동마을의 기창

때 전판이는 좌도지역 안에서 과거에 매우 유명한 풍물굿의 예인이었던 것만은 확실하다.

현재로서는 이 세 지역 모두 전판이와의 연관성을 증명할 기록 자료는 존재하지 않으나, 전통사회의 풍물굿 공연문화상 기량이 뛰어난 풍물굿 예인이 출신지역을 넘어 다양한 지역에서 공연활동을 전개·활약했음을 볼 때에 전판이와 필봉·남원·곡성지역 풍물굿과의 관계를 완전히 배제할 수는 없다. 이는 연구자가 진행한 현장조사에서도 여러 차례 확인한 것인데 장수 출신의 장구 예인 장두만이 이곳 임실군 청웅면에까지 그 세력을 뻗치고 있었다는 점, 이른바 '상쇠 모셔오기'라는 독특한 방책을 통해 유명한 상쇠로부터 굿을 익히는 문화가 필봉풍물굿뿐 아니라 다른 지역에서도 발견된다는 점15) 등이 그 사례이다.

또한 전판이에 대한 구술 증언은 그리 어렵지 않게 확보할 수 있는데 전 필봉 풍물굿 상쇠 양순용과 현 필봉 풍물굿 보유자(장구) 박형래로부터 전판이라는 인물이 필봉굿에 끼친 영향력은 확인하였고, 필자가 현장조사에서 만난 임실군 청웅면의 박병기16)는 이화춘의 부쇠를 한 '양부쇠'17)로부터 '전판이'에 관한 이야기를 많이 들었다고 증언해 주었다. 전판이에 대한 또 다른 제보는 역시 필자가 현장조사를 하던 중에 만난 임실군 오수면의 마을 상쇠인 전갑철에게서도 확인할 수 있었다. 전갑철은 전판이가 쇠를 잡은 전주의 한 굿판을 참관한 기억이 있는데 '재미졌다'는 표현으로 회고를 들려주었다.

수를 중심으로 형성된 현재의 곡성 박대업패의 풍물굿의 상위 계보도 이 '전판이'로 알려졌는데 그 중간 인물로 이화춘이 있다.

15) 필봉 풍물굿 상쇠였던 고 양순용에게 부포짓을 가르친 김문식도 자신의 생활 지역을 벗어나 한때 인근 마을인 임실군 강진면 이목리/'배나무실'에서 일정의 대가를 받으며 상쇠를 했다고 한다. 그는 '부포놀음'에 뛰어났다고 한다.

16) 전북 임실군 청웅면 구고리 440번지에 거주. (91세, 1914년생)

17) 임실군 청웅면 구고리에 거주하는 양학동의 부친.

전판이의 굿판과 굿가락이 어떠했고 현재 전승지역의 굿가락과 어떤 공통점과 차이점이 있는지 알 수 없는 상태이나, 우도지역에는 없는 외마치 질굿가락이 그에 의해 좌도지역에 넓게 수용되었으리라 짐작할 만한 단서는 존재한다. 그 근거 가운데 하나로 필봉 풍물굿 보유자인 박형래는 "필봉 풍물굿의 초대 상쇠인 박학삼을 필봉마을의 굿 선생으로 모시면서 기존의 오채질굿 대신 외마치질굿을 길군악 가락18)으로 치게 되었다"고 하였다. 그런데 박학삼은 이화춘에게 풍물굿을 배운 것으로 알려진바, 전판이와 이화춘의 계보가 보다 여실히 규명된다면 그 가능성을 더욱 높이는 것이라 본다.

이화춘

이화춘에 대한 가장 오래된 기록은 《농악12차》의 '농악인명록'으로, 이 보고서에서 이화춘은 좌도 예인으로 전판이 다음 차례로 올라와 있는데 당시 90세이며 전북 임실군 출생으로 기록되어 있다. 이 기록으로 짐작하건대 전판이와는 그리 연배 차이가 있는 것으로 보이지 않는다.19) 필자가 조사한 결과로는 이화춘이 출생한 마을까지는 확실히 알 수 없었으나, 전북 임실군 청웅면 면사무소에 보관되어 있는 주민 호적 등본에서 오래된 문서에 대한 '기록말소' 표시와 함께 '이화춘(李花春)'이란 이름이 기재된 자료를 열람할 수 있었다.

이화춘은 기존 연구서들에서 한결같이 전판이에 이어 좌도지역에 두루 영향을 미친 인물로 계보에 등장한다. 특히 풍물굿 예인들에 대해 현장조사를 여러 번 진행하고 그 성과들을 기록해 온 이보형의 논문에는 이화춘이 곡성 풍물굿의 기창수에게까지 풍물굿을 사사했다고 한

---

18) 풍물패가 이동시에 치는 가락을 '길군악' 가락이라 부른다.

19) 위 기록에서 한 가지 중요하게 생각되는 것은 이화춘과 전판이 이전 인물로 안성암이라는 인물이 이화춘과 같은 전북 임실군 출생이라는 점인데, 임실 지역의 풍물굿 문화사 연구에 도움이 될 만한 정보로 보인다.

기창수의 증언이 실려 있다.[20]

이화춘이 좌도지역에서 유명한 풍물굿 예인이었다는 사실은 현재 전라남도 지정 무형문화재인 곡성 풍물굿의 현 보유자 박대업[21]으로부터도 다시 한 번 확인할 수 있었다. 박대업은 전 곡성 풍물굿의 상쇠였던 기창수가 이화춘으로부터 굿을 익혔다고 증언해 주었다. 이를 바탕으로 기존 연구서들에서 이화춘이 전판이와 계보상 관계를 맺고 있음은 크게 어긋난 연구 결과가 아니라고 본다.

필자는 최근의 현장조사를 통해 이화춘의 출생지로 밝혀진 임실군 청웅면에서 이화춘과 같은 마을에서 출생한 제보자 박병기으로부터 이화춘의 출생지와 활동영역 및 전판이와의 관계를 짐작할 수 있는 제보 자료를 꽤 확보하였다.

박병기의 제보[22]에 따르면 이화춘이 살았던 마을은 임실군 강진면 백련리 서창마을이며, 현재 살아 있다면 확실히는 모르지만 현재 91세인 제보자보다 약 30세 연상이라고 하니, 약 120여 세 정도가 되었을 것이라 한다.[23] 그가 알기로는 진안·장수·순창·남원 근방에서는

---

20) 이보형, 〈풍물굿에서 길굿(길군악)과 채굿〉, 《민족음악학》 제6집, 서울대 동 양음악연구소, 1984, 32쪽 각주 2) 참조.

21) 현 전라남도 지정 무형문화재인 곡성 풍물굿의 상쇠이자 보유자. 12세 때 기 창수가 이끄는 굿패에서 사쇠를 맡아 치다가 고향을 등지고 외지로 나갔는 데, 다시 1982년에 귀향했다고 한다. 그가 귀향한 1982년에는 기창수 나이가 이미 82세에 달해, 공연을 할 수 없을 만큼 노쇠해 있었다고 한다. 실제로 그는 기창수로부터 실제적으로 굿을 익힌 것은 아니라고 한다. 남원의 유명 철 상쇠와는 굿판에서 함께 공연 활동한 경험이 여러 차례 있었다고 한다. 이는 필자가 박대업 상쇠와 2008년 1월에 나눈 면담 내용을 정리한 것임.

22) 이 내용들은 2004년 4월 29일 오후 5시에 청웅면 우정다방에서 현재 필봉 풍물굿 상쇠인 양진성이 전북 임실군 청웅면 구고리 440번지에서 태어나 이 곳에 계속 거주해 온 박병기(남, 91세, 1914년생)와의 인터뷰 내용 가운데 이 화춘과 관련한 제보 내용만을 정리한 것이다.

23) 이화춘의 나이는 김현숙의 논문에서 참고 된 《농악12차》의 '풍물굿인명록' 에 의하면 1875년 출생이 되므로 제보자가 120여 세 정도로 기억하는 것과 일치하고 있다. 여기서 제보자의 제보가 가진 정확성이 입증된다.

'이화춘 선생' 하면 풍물굿으로 그이를 앞설 이가 없었다고 한다. 이화춘은 한쪽 다리를 많이 절었다고 하는데, 굿을 칠 때 특히 '영산 다드래기굿'24)을 칠 때 '숫짝숫짝'25) 하고 상모짓을 하면서 돌아가는 것이 번개나 회오리바람 같았다고 한다. 그의 쇠가락은 매우 어려워서 이 가락을 따라 칠 수 있는 사람이 없었으며, 청웅면 구고리 마을에서 양학동의 부친인 양부쇠만 겨우 따라쳤다고 한다.

제보자가 이화춘에 대해 자세한 이야기를 들은 것은 이화춘 밑에서 부쇠를 친 양부쇠로부터인데 그에게서 '전판이'라는 사람에 대한 이야기도 들은 적이 있다고 하였다. 그에 따르면 이화춘은 무속집안 출신의 재인이었으며 전판이도 마찬가지라고 한다.

이화춘의 자손들은 없으며 굿을 업으로 삼아 생계를 이었다고 한다. 이화춘 생존 시 청웅면 일대에서 큰굿을 칠 때에는 진안26)에서 '장두만'27)이라는 장구잽이를 불러다가 쳤다고 한다. 장두만과 이화춘이 굿을 치면 아주 볼 만했다 한다.28) 이화춘의 재능을 짐작하게 하는 일화 가운데 하나로 다른 마을 굿패가 마을에 와서 '문굿'을 치려면 이화춘이 질문을 내는데 대부분 답을 못하고 쫓겨가거나, 이화춘의 '문굿'을 다른 데에서 온 굿패가 따라 치지 못해 마을에 들어오지도 못한 채 다

---

24) 호남 좌도지역 풍물굿에서만 볼 수 있는 가락이다. 다른 굿가락보다 음악적 완성도가 매우 높으며, 상쇠의 재능을 발휘할 수 있는 가락으로 좌도굿의 유명한 상쇠들은 영산굿에 뛰어났다고 한다.

25) 제보자 박병기 옹이 영산 다드래기 가락을 의성어로 흉내낸 것이다.

26) 여러 제보들에 따르면, 장두만의 출생지는 전북 장수군 장계면 장계리인데, 두 지역이 인근 지역이라서 제보자가 착각한 것으로 보인다.

27) 장두만/장기준(張基俊, 1887~1947): 장두만은 필봉 풍물굿에 큰 영향을 미쳤을 것으로 추정되는 이화춘의 걸립굿에서 수장구를 쳤다는 사실로 보아, 필봉 풍물굿에서도 매우 중요한 사람이다. 장두만에 관해서는 진안 출신이라는 설과 장수 출신이라는 설이 있으나, 여러 제보들로 미루어 보아 장수 출신으로 보인다.

28) 장두만이 청웅면뿐만 아니라 임실지역 다른 면에서도 모습을 드러냈음을 필자가 2004년에 실시한 현장조사에서도 확인한 바 있다.

쫓겨갔다고 한다.

(2) 20세기 이전~정부 수립 직후

박학삼

박학삼/박판봉(朴判鳳, 1884~1968)은 이화춘 등으로부터 풍물굿을 배운 뒤, 필봉마을로 이주하여[29] 기존 마을굿 수준의 필봉 풍물굿을 걸립패 수준으로 끌어올린 주요한 인물이다. 전북 임실군 강진면 면사무소에 보관되어 있는 호적대장에 따르면, 그의 호적명은 박학삼이 아니라 박판봉(朴判鳳)이며, 1884년 11월 10일에 태어나 임실군 덕치면 물우리에서 살다가 1917년 5월에 임실군 강진면 문방리로 이사해 살았다. 그 뒤 1920년 9월에 다시 임실군 강진면 필봉리 264번지로 거처를 옮겨 살았으며, 1968년 12월 6일에 임실군 강진면 갈담리 370번지에서 사망하였다. 그가 사망하던 당시의 본적지 주소가 임실군 강진면 필봉리 264번지로 되어 있고, 필봉마을 사람들의 고증으로 보아 그가 필봉마을에 오래 살았음을 알 수 있다.

'박학삼'은 그의 윗대 상쇠인 '이화춘'과 아주 가까운 이웃 마을에 살았으므로, 이화춘에게서 풍물굿을 배웠을 것으로 추정된다. 박학삼이 살던 마을과 이화춘이 살던 마을은 도랑을 경계로 인접해 있다. 제보자

---

29) 현재 필봉 풍물굿의 수장구를 담당하고 있는 박형래의 제보에 따르면, 박학삼은 원래 임실군 덕치면 물우리에서 출생하였으나, 임실군 강진면 수방리로 이주하여 살았는데 필봉마을 풍물굿패가 실력이 모자라 다른 마을에 걸립을 갔다가 심한 멸시를 당하는 사건이 발생한 뒤에, 필봉마을 사람들이 박학삼을 필봉마을로 거의 강제로 이주시켰다고 한다. 그 이주의 대가는 필봉마을에서 그가 살 집터와 집을 제공하고, 생활을 할 수 있는 터전을 마련해준다는 것이었다 한다. 이에 박학삼은 이 조건을 받아들여 필봉마을로 터전을 옮기게 되었으며, 필봉마을에서 술집을 하면서 필봉마을 풍물패의 상쇠를 맡아 왔다고 한다.

박병기도 '박학삼'은 '이화춘'과 가까운 마을에 살았다고 증언하였는데 제보자가 사는 임실군 청웅면 구고리 마을의 양상쇠와 박학삼이 늘 함께 어울려 다녔다고 한다.

박학삼은 이른바 필봉마을 주민들에 의해 '상쇠 모셔오기'30)로 필봉마을에 안착했다는 것, 농사를 짓지 않고 마을에서 굿선생과 술장사로 생업을 이었다는 것31) 등의 사실로 미루어 볼 때 완전한 '두렁쇠'라기보다는 출신은 무계, 즉 전문 예인집단은 아니나 재능이 뛰어나 기예를 일정 생계 수단으로 삼은 인물로 보아야 한다.

필봉 풍물굿의 실질적인 굿 내용은 보통의 마을 공동체 성원이 이룬 것보다 훨씬 전문적인 기량과 잘 짜인 판제와 굿 가락을 담지하고 있다. 필자는 필봉 풍물굿의 이러한 기량의 발전이 전문 예인이었던 이화춘으로부터 굿을 사사받은 박학삼이 필봉 풍물굿의 상쇠로 영입된 결과물이라고 해석한다.

박학삼이 필봉 풍물굿 형성에 끼친 음악적 영향에 대해 빼놓을 수 없는 중요한 사실은 그가 필봉마을로 이주하기 전까지는 필봉 풍물굿 패는 '오채질굿'을 길굿으로 사용하였다고 한다. 그런데 박학삼이 필봉마을로 이사를 오고 필봉 풍물굿의 상쇠를 맡게 된 뒤부터는 그가 가지고 온 '외마치질굿'을 길굿으로 사용하고, 종래의 길굿 가락이었던 '오채질굿' 가락은 필봉 풍물굿의 '채굿'인 '7채굿' 속에 포함시켜 '채

---

30) 판소리 명창들에게도 이른바 거주할 만한 집과 생계비를 대접받고 출신 지역이 아닌 다른 지역에 가서 소리선생과 활동을 펼친 문화가 있었다. 일제시대에 담양의 박석기라는 인물이 명창 박동실을 소리선생으로 초빙해 여러 예술가들을 기르도록 후원했던 것은 오랜 일화이고, 약간 성격이 달라졌지만 최근에도 명창을 자기 지역에 초대해 물심양면으로 대접하며 지역 문화를 선도하도록 돕는 후원 문화가 있다고 한다. 이런 사실은 필자가 판소리선생으로 모셨던 전정민 명창으로부터 들은 것이다.

31) 고 양순용의 생존 시 증언에 따르면 정읍지역에서 장구잽이로 이름을 날리다 그 뒤에 임실군 운암면에 와서 생을 마감한 무계 출신의 신기남도 술을 팔며 예인 활동을 지속했다고 한다.

굿'을 칠 때에 치게 되었다 한다.32)

유한준

유한준은 1900년 남원 금지면 상귀리에서 출생하였다. 결혼한 뒤에 금지면 옹정리로 이사하여 생활을 이어갔는데, 가세가 빈곤하여 생계를 위해 김제 등지로 머슴일을 다니면서 틈틈이 풍물굿 가락을 익혔다고 한다.33)

유한준은 앞 장의 각주에서 잠시 짚었듯이 전판이 계보로 이어지는 풍물굿을 익힌 것으로 판단된다. 남원 독우물굿에 대해 연구한 김정헌은 유한준이 기창수와 함께 전판이에게 직접 사사받은 것으로 밝히고 있으나, 그 사실 여부는 아직 확인되고 있지 않다.34)

---

32) 현재 필봉 풍물굿 수장구를 맡고 있는 박형래의 제보. 여기서 중요하게 언급하고 갈 것은 '외마치질굿'이 좌도 풍물굿 지역의 동부에서 남부지대에 해당하는 남원·곡성에서 주로 많이 치는 가락이라는 점이다. 전판이가 남원 출신이고 그가 좌도지역에서 상당한 권역을 가지고 활동했던 인물임을 떠올려보면, 박학삼을 통해 외마치질굿이 필봉 풍물굿에 유입된 것도 전판이와 모종의 상관성이 있음을 배제할 수 없게 한다. 즉, 필봉 풍물굿의 상쇠 계보에서 실질적인 상위 인물인 이화춘이 여러 제보자들의 언급에서 확인되는 것처럼 전판이와 관계를 가지고 있고, 그런 이화춘에게 많은 영향을 받은 박학삼이 외마치질굿을 필봉 풍물굿의 길군악 가락으로 유입시킨 인물이라는 사실을 나열해 볼 때 그 가능성을 배제할 수 없게 된다. 지금까지 기존 보고서나 연구서들에는 전판이가 좌도 풍물굿 가운데 남원, 곡성, 임실의 계보상 최상위 인물로 기록될 만한 구체적인 입증자료는 제시되지 않고 있다. 현재 전판이라는 인물을 실존적으로 입증할 길이 희미하지만 분명 현장조사에서 입수된 제보나 기타 형식의 자료가 존재했기 때문에 기존 보고서나 연구서에서 좌도 풍물굿의 계보를 그릴 수 있었을 것이다. 이런 실정에서 본 연구자는 좌도지역 풍물굿 가락의 친연성과 상이점 그리고 가락의 유통 관계를 통해 계보를 실증적으로 확인하는 방법이 있음을 제시하고자 한다.
33) 김정헌, 〈남원농악의 연구〉, 전북대 석사논문, 2003, 14쪽 참조. 《농악12차》에는 유한준이 김제 사람으로 명시되어 있는데, 이는 와전되거나 조사 당시 구술 증언을 한 것으로 보이는 기창수가 잘못 알고 있었을 가능성도 있다.
34) 이화춘에게 굿을 배운 전 곡성 풍물굿의 상쇠 기창수의 경우 1895년 생으로

유한준이 세상에 이름을 알리게 된 것은 해방 이후 생겨난 민속예술 경연대회의 배경이 컸던 것으로 보인다. 예인이 활동하던 당시 호남지역에서는 우도 풍물굿 다수의 명인들로 구성된 정읍 농악단이 활발한 활동을 펼치고 있었다. 이 시기 유한준, 강태문, 김수동, 장두만, 최상근 등 좌도지역 풍물굿 예인들이 대회 참가를 위해 결집하여 대회에서 우수한 성적을 거두자, 유한준이라는 이름이 세간에 회자되기 시작하였고, 이후 예인은 포장걸립패를 조성하여 활동영역을 넓혀 갔다. 유한준이 주축이 된 포장걸립 활동에 함께한 사람들은 남원 금지면 독우물 출신의 사람들이 많았고, 남원 인근을 중심으로 포장걸립, 마당밟이, 각종 대회 참가, 군소 행사 참가 등으로 분류해 볼 수 있는 활동을 펼쳤다고 한다.35)

유한준이 당시 좌도지역에서 매우 이름 있는 상쇠였음은 전 필봉 풍물굿의 상쇠 양순용의 증언36)에서도 확인되는 사실이다. 그러나 불행하게도 유한준의 활동은 그리 길게 가지 못했다. 유한준은 1952년에 아주 불행한 죽음을 맞이하였다. 남원 인근인 순창군 팔덕면 월곡리에 빨치산이 출현하여 야간에 풍물굿 공연을 금지하는 치안당국의 금지령이 있었음에도 공연을 진행한 결과 고초를 겪게 된 것이 원인이 되어, 이듬해 사망하고 말았다. 그의 사망으로 생긴 공백을 메우고자 그의 밑에서 부쇠를 치며 활동을 함께한 강태문이 금지면 독우물 출신의 사람

1875년 생 이화춘과 약 20세 가량 차이가 있고, 1869년 출생을 짐작되는 전판이와는 약 25세의 차이를 보인다. 유한준은 1900년 출생으로 기창수와는 5년 정도의 차이를 보인다. 기창수가 17세가 되어서 풍물굿에 입문하고, 그 뒤 이화춘에게 굿을 배웠다는 기록과 구술 증언은 있으나, 기창수 스스로가 전판이에게 직접 굿을 배웠다는 생전 증언은 확보할 수 없었다. 따라서 기창수와 비슷한 시기에 굿을 익히고, 활동을 전개한 유한준이 전판이에게 직접 굿을 전수받았다는 견해는 유보할 필요가 있다고 본다.

35) 김정헌, 앞의 글, 14~20쪽 참조.

36) 양순용은 "유명철의 부친은 유한종(준)인데 이화춘 바로 아래의 큰 상쇠이며 부쇠 강삼쇠와 함께 남원 독우물〔金池〕 사람"이라고 하였다.

들을 규합하여 '독우물농악단'을 조직하고 상쇠를 맡아 1958년까지 활동을 이어갔다고 한다. 그 뒤 구성 인원과 활동 근거지가 독우물이 아닌 남원 시내의 '조산동농악단', 광한루 인근의 '천거리농악단' 등으로 바뀌게 되면서 유한준에서 비롯된 남원 독우물굿은 시들어 갔으며, 아들인 유명철이 남아 있던 '천거리농악단'마저 당시 장구로 이름을 얻어 굿패를 조직한 '최상근 일행'에 합류되면서, 사실상 한때 좌도지역을 대표했던 '유한준 굿패'의 이름은 사라지게 되었다.

그의 활동이 세간에 알려져 꽃을 피운 시기는 그리 길지 않았지만, 그의 재능과 포장걸립 등의 활발한 연행 활동은 전문 예인집단 출신 위주의 풍물굿이 아닌 마을굿 성향37)이 짙은 좌도 풍물굿의 예술적 영역을 넓혔다는 점에서 매우 큰 의의를 가진다.

(3) 20세기 초·중기~1980년 이전

강태문

강태문은 1903년 전북 남원군 금지면 옹정리에서 출생하여 1965년에 사망하였는데 '강삼쇠' 또는 '강상쇠'로 알려진 바 있으며 기록으로는 《농악12차》에서 처음 보인다. 좌도 풍물굿의 걸출한 상쇠였던 유한준 밑에서 부쇠를 쳤던 그는 필봉 풍물굿의 전 상쇠이자 보유자였던 양순용과 현 필봉 풍물굿 보유자인 박형래도 그의 이름을 기억하고 있는 데에서 알 수 있듯이, 유한준과 함께 1950년대 무렵 꽤 유명세를 얻었던 것으로 보인다.

그러나 유한준 생존 시에는 그의 그늘에 가려 상쇠로 활동하지 못했기 때문에 활동력이 밝혀진 바 없고 이후 몇 년 동안 활동한 정보만

---

37) 여기서 '마을굿 성향'이라 함은 전문 예인집단 출신이 아닌 마을 공동체 집단으로 이루어진 굿패와 그들의 공연 여러 요소들을 동일하게 또는 유사하게 내포하거나 표출하는 것을 뜻한다.

얻을 수 있다. 1952년 유한준이 갑작스레 사망하게 되어 '유한준 포장
걸립패'는 해체되기에 이르는데, 강태문이 금지면 옹정리 출신의 농악
인들을 규합하여 '독우물농악단'을 조직하고 상쇠를 맡아 포장걸립은
하지 않고, 마당밟이 걸립굿에 치중한 공연활동을 펼쳤다고 한다. 그러
나 1958년에는 남원시 조산동으로 이주하여 '조산농악단'을 창단하게
됨에 따라 '독우물농악단'은 활동이 더 이상 이어지지 않았고, '조산농
악단' 또한 강태문이 노쇠하게 됨에 따라 남원시 광한루 인근의 '천거
리농악단'으로 재창단되었다.

좌도지역 소고잽이로 유명했던 홍유봉에 따르면 강태문은 '윗놀음'
으로는 유한준을 능가할 정도로 뛰어났다고 하나, 군법에는 다소 자질
이 부족했다고 한다.[38]

기창수

기창수는 전남 곡성군 출신으로 《농악12차》에는 당 67세로, 이보형
의 논문에는 을미생(1895년)으로 기록되었으며 1983년에 타계하였다.
이보형의 현지조사를 통한 기록에 따르면, 기창수는 17세부터 임실 출
신 이화춘 문하에서 풍물굿을 수업했고 28세부터 상쇠를 맡았다고 한
다.[39]

지금까지 좌도 풍물굿에 대한 보고서와 연구서들을 살펴보면, 기창
수는 전판이 계보에 속하는 굿을 연행한 인물로 보인다. 그가 이화춘에
게 굿을 배운 것은 틀림없고, 앞서 이화춘과 전판이의 관계가 여러 구
술과 정황들로 확인되는 것을 볼 때, 기창수 또한 전판이 계보를 따르
고 있다고 봐도 무방할 것이다.

기창수의 활동 행적은 자세히 밝혀진 바 없으나, 현 곡성 풍물굿의

---

38) 김정헌, 앞의 글, 21~23쪽 참조.
39) 이보형, 앞의 글, 32쪽 참조.

상쇠 박대업으로부터 그가 직업적인 예인이었다는 제보를 확보할 수는 있었다.[40] 기창수가 지역에서, 특히 호남 좌도 풍물굿 예인들 사이에는 꽤 알려진 인물이었음은 여러 간접적인 정황들로 유추해 볼 수 있다. 그 첫째는 최초의 풍물굿 조사보고서라고 할 수 있는 《농악12차》에 현존 인물로는 유일하게 기재된 점과, 그의 진술들이 《농악12차》는 물론 이보형의 《전라북도 국악실태조사》 보고서에도 상당한 영향을 주었다는 점이다.[41]

둘째는 유명철, 홍유봉, 박대업 등 좌도지역 풍물굿 관련 인물들이 기창수와 함께 여러 굿판을 함께 했던 경험담으로부터 그가 좌도지역에서는 상당히 넓은 영역에서 활동했었음을 알 수 있다.

셋째는 기창수와 생존 시 가까웠던 인물의 제보에서 유추해 보건대, 기창수와 절친했던 선판금의 제보[42]를 그대로 인용해 보면 "유한종은 남원 사람이고, 기창수에게 배웠는데 북도(北道) 농악이 세어서 이름이 먼저 났다"고 한다. 유한종은 남원 독우물굿의 상쇠 유한준으로 밝혀졌는데, 유한준이 기창수에게 배웠다는 사실은 더 이상 확인할 길이 없으므로 논외로 하고, 다만 기창수가 전판이–이화춘으로 이어지는 계통의 풍물굿을 연행했으며 꽤 이름을 얻었던 것만은 사실이라는 점을 주목하고자 한다.

기창수의 판제와 가락은 1975년 8월에 녹음한 자료가 국립문화재연구소에 소장되어 있으며, 2002년 CD로 기획·제작되어 발행된 상태이다.[43]

---

40) 필자가 2008년 1월에 박대업 상쇠에게 제보받은 내용.
41) 《호남농악》(1967)의 조사자 가운데 한 명인 홍현식은 생존 시 연구자와의 면담에서, 1960년대 조사 당시 호남 좌도지역 농악 예인들에 대한 정보는 조사자와 제보자들이 다방(찻집)에서 만나 인터뷰하는 형식을 취했다고 말해 준 바 있다.
42) 김현숙 연구자가 제보받은 내용을 빌려옴.
43) 〈국립문화재연구소 소장 자료 시리즈(22) 호남 좌도농악(곡성 죽동농악)〉,

(4) 20세기 초·중기~2000년 이전

김봉렬

김봉렬은 전북 진안군 성수면 도통리 중평마을의 출생으로 호적에는 1914년생으로 되어 있다. 출생부터 타계까지 이 마을에서 줄곧 농사와 목수일을 생업으로 삼으며 살았고, 진안 중평마을의 토박이였다.

김봉렬은 18세 때 진안군 백운면 주천마을에 살던 김인철(작고, 당 139세·정도)이라는 인물에게 2년 동안 수시로 굿을 배웠는데, 20세 때 진안군 마령면에 살던 하정수(작고, 당 108세 정도) 밑에서 중쇠를 쳤으며, 25세부터 중평마을의 상쇠를 맡았다고 한다.[44) 이렇게 본다면 현재 진안 중평 마을굿으로 알려진 진안 풍물굿은 실제 김인철의 굿이 김봉렬을 통해 중평마을에 수용·안착된 결과라고 할 수 있다.

김봉렬은 산간지역 마을굿의 선이 굵고 빠른 쇠가락을 장기로 많은 굿판을 공연하며 그 이름을 알려왔다. 좌도 풍물굿 출신이며 쇠·장구 잽이로 이름을 날린 김수동(쇠, 진안 용담)·최상근(장구, 금산)과 함께 굿을 쳐 본 경험이 있었는데, 그의 생전 증언에 따르면 자신이 치는

국립문화재연구소 기획·제작, (주)서울음반 제조 KICP-058~059, SBCD-4847-1~2(2CD 비매품 한정판), 1975년 8월 녹음, 2002년 12월 14일 제작, 2002년 12월 16일 발행, 기획·진행 : 박상국·송민선·박대남, 국문 해설 : 이보형, 영문 번역 : 해이만, CD 디렉터 : 양정환, 국·영문 해설지(총 20쪽) 내장.
〔CD 1(53:54)〕 (상쇠 : 기창수, 부쇠 : 강순동, 장구 : 김재섭, 징 : 김종록)
1~8. 앞굿(채굿), 9~21. 뒷굿(놀음굿), 22~28. 걸궁굿
〔CD 2(59:00)〕 (상쇠 : 기창수, 창 : 박몽규·선판금)
1. 앞굿(채굿), 2. 호호굿, 3. 태백굿, 4. 미지기굿, 5. 풍류굿, 6. 된삼채, 7. 굿거리, 8. 연풍대, 9. 등맞추기, 10~16. 앞굿(채굿), 17. 호남 좌도들노래, 18. 기창수 상쇠가락, 19. 풍류굿, 20. 긴삼채, 21. 등맞추기, 22. 도둑잽이, 23. 진풀이, 24. 대포수놀이, 25. 재넘기, 26. 탈머리, 27. 풍류굿, 28. 인사굿, 29. 날당산굿, 30~41. 12채굿
44) 김현숙, 앞의 글, 4쪽 각주 7)의 내용 및 필자의 조사 내용 정리.

굿가락과 김수동·최상근의 굿 내용이 비슷하다고 하였다.[45)]

　김봉렬은 지역을 벗어나서 공연활동을 전개한 이력이 매우 적은 인물이다. 기록에서 그의 대외 활동 가운데 가장 두드러진 이력은 제1회 민속예술경연대회에서 호남 좌도 농악대 소속으로, 김수동(상쇠), 박오복(쇠, 전주), 유명철(쇠, 남원), 최상근(상장고), 정오동(법고, 전주), 한판옥(법고, 장수), 주기환(법고, 금산), 홍귀선(법고, 전주) 등과 함께 출전한 것이다. 당시의 굿패 편성을 두고 김현숙은 "한 농악대의 연주 내용은 상쇠와 상장고에 의하여 좌우되는바, 그 농악대의 상쇠 상장고는 김수동·최상근이었고, 그들의 출신지가 진안·금산이고 보면 북부 계보의 농악을 연주했음이 틀림없다"고 밝혔다.[46)]

양순용

　양순용 상쇠는 1941년 임실군 필봉리에서 태어났고 1995년에 작고하였다. 그가 풍물굿에 입문한 것은 13세가 되던 해로, 당시 박학삼 상쇠가 주도하는 굿판에서 끝쇠를 치기 시작한 것이 기점이 되어 14세에 필봉 풍물굿의 상쇠를 맡았다.[47)] 당시 그의 나이가 매우 어렸기 때문에, 사람들은 그를 '애기상쇠'라 했다 한다.[48)] 양순용은 박학삼에게서 가락과 굿 체계를 배운 뒤에 인근의 마을인 임실군 강진면 이목리(배나무실)에서 상쇠를 하고 있던 전북 순창군 동계의 김문식(1905~1975)[49)]에게서 '부포놀음'을 배웠다 한다. 당시 임실군 지역에서는 풍물굿

---

45) 김현숙, 〈호남 좌도농악에 관한 연구―임실과 진안의 판굿을 중심으로〉, 서울대 석사논문, 1988, 5쪽 참조.

46) 위와 같음.

47) 20세가 되던 해에는 순창 동계에 거주하며 인근 지역에 뛰어난 상쇠로 인정받아 걸궁굿 연합 상쇠를 맡아 하던 김문식에게 부포놀음을 전수받았다.

48) 2004년 현재 필봉 풍물굿 수장구 박형래의 제보.

49) 고 양순용은 김문식이 순창군 동계면에 살았다고 하였으나, 김문식이 살던 마을을 필자가 직접 조사해본 결과 행정구역으로는 이곳이 임실군 덕치면

공연이 성행하여 5일장마다 굿판이 벌어졌으며 당시만 해도 풍물을 치는 마을이 많아 마을 사이 풍물굿 경합이 이뤄지곤 하였다. 이때에 양순용은 필봉마을 주민들과 굿패를 만들어 필봉 마을굿뿐만 아니라 여러 곳들을 돌아다니며 '소방서굿' 등 각종 걸립굿들을 쳤다. 1959년 8·15 해방기념 임실 '농악경연대회'에서 임실군 강진면 이목리의 뜬쇠 김문식패와 문방리 송주호[50]패 등과 경연하여 1등을 한 이후로, 이 굿패는 임실군지역뿐만 아니라 김문식의 활동영역이었던 순창 읍내와 순창군 구림면, 정읍군 산외 등지로 '걸립굿'을 많이 다녔다 한다.[51] 그 뒤 양순용이 20대에 한쪽 눈을 실명하게 되고 굿패를 이루었던 몇몇이 가정 사정을 이유로 고향을 떠나 살게 되어 마을 풍장 굿패가 잠시 와해되고 양순용만 혼자서 더욱 더 풍장에 몰두하게 되었다. 1970년에 들어서면서부터 시군 농악경연대회가 많이 생겨서 이런 대회에 나가는 30~40명 단위의 시군 농악패들이 많이 나타나게 되었다. 이 무렵에 양순용이 필봉마을 4H클럽의 10대 젊은이들에게 풍장을 가르

천담리임이 확인되었다. 양순용이 김문식이 살던 마을을 순창군 동계면으로 생각한 것은 그 마을이 서로 인접해 있기 때문으로 판단된다.

50) 송주호는 필봉 풍물굿의 2대 상쇠를 하였지만, 필봉 상쇠를 양순용에게 넘겨준 뒤 그의 본 거주지인 문방리에서 다시 마을굿패를 형성하였다.

51) 필자의 어린 기억에 이 마을에서 남쪽 2킬로미터 떨어진 지점에 있는 강진면 면소재지의 '갈담장' 장날에는 풍장/풍물 악기를 파는 곳이 있었고, 장날만 되면 그 근처에는 굿을 좋아하는 각 지역의 사람들이 모였으며, 그들은 이곳에 모여서 온종일 굿을 치고 놀다가 새벽녘이 되어서야 헤어져 집으로 돌아오곤 했다. 양순용(1942~1995)도 그런 사람들 가운데 대표적인 사람이었다. 양순용은 이 '갈담장'의 쇠잽이였으며, 그와 한패를 이룬 잽이들은 필봉마을 출신의 장구잽이 유복천, 임실군 덕치면 출신의 소고잽이 조연섭, 임실군 강진면 갈담 출신의 박종윤, 필봉마을 출신의 징잽이 김영렬 등 10여 명이었다. 이 당시 치배들은 특별한 치복을 따로 입고 치는 것이 아니라, 그저 평상복들을 입고 쳤다. 이 갈담장 장날 굿판에는 굿을 보는 사람들도 많았으며, 술도 마시고 노래도 하고 소리도 하고 유행가도 불렀다. 술은 굿을 보는 사람들이 샀던 것 같다. 새마을운동 이후에는 마을 풍물굿이 더욱 쇠퇴했으며, 이 갈담장 굿판이 굿의 보존 역할을 한 셈이었다.

치기 시작했고, 이로써 순수하게 필봉마을 사람들로 이루어진 60여 명 정도의 필봉마을 풍물굿패가 이루어지게 되었으며, 이후부터 이들을 주축으로 '호남농악발표회' 등 임실군 대표로 각종 풍물굿 굿판이나 경 연대회에 본격적으로 참가하기 시작했다.

1970년대 초부터는 차츰 대학생들도 하나둘씩 이 필봉마을로 '풍장' 을 배우러 들어오기 시작했고, 이때 양순용은 다른 지역의 풍물굿 명인 들과도 본격적으로 만나기 시작한다. 특히 양순용은 신기남52) 명인과 매우 잦은 만남을 가졌을 뿐만 아니라, 큰 굿을 칠 때는 대부분을 함께 했다고 한다.

양순용이 본격적으로 세간에 널리 알려지기 시작한 것은 1977년도

---

52) 신기남은 애초 우도 풍물굿의 장구 예인으로 널리 알려져 왔다. 신기남의 고 향은 정읍이고, 그가 풍물굿을 익힌 스승은 정읍 풍물굿단 출신의 장구 예인 인 김홍집이다. 또한 그가 젊은 시절 공연활동을 전개한 지역과 그에게 장구 로 실력을 인정받은 곳도 우도 풍물굿 지역이었으나, 전북 임실군 운암면으 로 이주해 와서 작고할 때까지 정착하여 살았다. 그의 이주는 문화적으로 볼 때, 우도 풍물굿 권역에서 좌도 풍물굿 권역으로의 이동으로 볼 수 있다. 실 제로 그는 운암면으로 이주한 뒤에는 우도 풍물굿 예인·집단과의 교류보다 는 좌도지역 풍물굿 집단 또는 예인과의 교류가 훨씬 잦았던 것으로 보인다. 특히 같은 행정권에 소속된 임실 필봉 풍물굿의 양순용과 함께 굿판에 서는 일이 많았는데, 주로 판굿 가운데 '개인놀이'를 선보이는 '군영놀이'에서 주 목을 받았다고 한다. 양순용 상쇠의 생전 증언에 따르면 우도굿을 배운 신기 남이 좌도 굿가락을 치는 필봉 풍물굿 판굿을 함께 공연할 때 별 어려움 없 이 적응했다고 한다. 이는 좌도굿이 우도굿에 비해 음악적으로 소박하기 때 문이 아니라 전문 예인집단에서 전문 예인으로 활동한 신기남이 보유한 재 능이 매우 숙련된 것이었기에 가능하였는데, 주목할 만한 증언은 그의 좌도 굿가락 인식 방법이다. 예를 들면, 필봉 풍물굿의 판굿 가락을 '굿거리형', '자진모리형' 등으로 구분하여 인식하고 공연하였다고 하는데, 이는 그가 이 전에 학습받은 굿가락 체계 위에서 새로운 가락들을 인식하는 나름의 방식 이 있었음을 뜻한다. 다른 한편으로는 전통사회의 우도굿과 좌도굿의 굿가 락이 전혀 이질적인 것이 아니라 서로 통하는 점이 더욱 많았는데 과정에서 서로 다른 지향점과 활동 전개를 보이며 음악적으로도 현저히 달라지게 됐 을 것으로 본다.

서울 국립극장에서 주최한 '호남농악발표회'에 전사종·전사섭 등 우
도지역 명인들과 함께 쇠잽이로 참가한 것이 계기가 되었는데, 그는 물
론 필봉 풍물굿까지 이름을 알리는 계기가 되었다. 그리고 1977년 6월
에는 전주대사습놀이 전국대회에서 '차하상'을, 그 다음 해인 1978년에
는 다시 이 전주대사습놀이 전국대회에서 장원상을 수상하여 필봉굿이
전국적으로 두각을 나타내는 계기가 되었다.53) 1980년 8월에는 문화
재관리국(문화재청)의 무형문화재 발굴·보존 정책의 일환으로 이 마
을에서 '제1회 호남 좌도 임실 필봉농악 발표회'를 열게 되었으며, 같
은 해 10월에 제주도에서 열린 '제21회 전국민속경연대회'에서 이 마
을의 굿패들을 중심으로 구성된 '호남 좌도 임실 필봉농악단'이 장원상
을 수상하게 되었다. 또한 1983년에는 전북 남원시 보절면 괴양리의
'남원 삼동굿'이 전국 민속경연대회에 참가하기 위해 양순용을 이 '삼
동굿'의 상쇠로 초청하였고, 이 대회에서 대통령상을 수상하여 양순용
상쇠의 명성이 더욱 커지게 되었다.

이러한 화려한 수상 경력이 쌓이게 되면서 필봉굿을 배우기 위해 전
국적으로 수많은 사람들이 찾아오게 됨에 따라, 1995년 그가 작고하기

---

53) 김익두·김정헌 공저,《남원농악》, 한국농악보존협회, 남원시지회, 2006, 199
쪽에 실린 유명철과 한 잡지와의 대담 내용 중에서 "1977년도나 1976년 무렵
좌도 농악을 칠 줄 아는 사람만 모두 모집하여 전주대사습놀이에 출전, 장원
수상을 했었는데 그 당시 유명철 자신이 상쇠를 하고 양순용이 부쇠를 했으
며 필봉 농악 단원이 상당수 포함되었었다"는 대담 기록이 있는데 이것은 잘
못된 것이어서 정정을 요구한다. 왜냐하면 1978년 당시 대사습놀이에서 장
원을 거둔 것은 '필봉농악단'이었으며 당시 상쇠는 양순용이 맡았음이 분명
하기 때문이다. 이는 당시 농악 단원으로 출전했던 필봉농악단 단원들과 당
시 단원들의 식사를 맡아 함께 참여했던 양순용의 부인으로부터도 확인한
것이며, 당시 수상한 상장에도 '필봉농악단'이라는 수상자 명단이 확실히 명
시되어 있으며, 당시 사진 자료도 필봉농악보존회 사무실에 비치되어 있다.
필봉 풍물굿이 이 대회에서 장원을 하게 됨으로써 학계와 학자들의 주목을
받게 되어 1980년 '임실필봉농악 발표회'가 열리게 되는 계기가 되었음은 주
지의 사실이다.

까지 그에게 필봉 풍물굿을 직접 전수받은 이들이 4만여 명에 이르렀다.

한때 양순용 상쇠는 경제적 이유와 필봉마을에서 농악단 활동 유지가 여의치 못해 마침 남원 삼동굿을 통해 맺어진 인연과 그들의 제안으로 남원시 보절면 금다리 호동마을로 거주지를 옮기게 되는데, 그곳에서도 활발한 공연활동과 필봉굿 전수교육을 이어갔다. 이로 말미암아 한때 필봉마을에서 풍물굿 공연은 잠시 주춤해졌으나 양순용의 계획으로 1987년 2월에 7년 만에 '제2회 호남 좌도 임실 필봉농악 발표회'를 개최하였고, 이때 문화재관리국 무형문화재 담당 관련자들을 비롯한 여러 전문 관련자들도 이 발표회에 참여하였다. 이 해부터 '서울 놀이마당'에서 해마다 2회씩 필봉 풍물굿 정기공연을 시작하여 2006년까지 이어지고 있다. 1988년 4월에는 다시 필봉마을에서 '제3회 호남 좌도 임실 필봉농악 발표회'를 갖게 되었고, 그 해 8월에 마침내 '호남 좌도 필봉농악'이 '중요무형문화재 제11-마호'로 지정되기에 이르렀다. 무형문화재 지정 이후로 양순용 상쇠의 활동과 유명세는 더욱 빛을 발하여 국내는 물론 일본에도 필봉굿 동호회가 결성되게 되었다. 그의 이러한 활동과 노력이 있었기에 오늘날 필봉굿이 전국적으로 활발한 공연과 전승활동을 이어가고 있는 풍물굿 가운데 하나로 자리매김 할 수 있었다.

양순용 상쇠는 '부들상모' 일명 '개꼬리상모'로 하는 부포놀음이 뛰어났으며, 개인의 재능기를 뽐내는 '허튼가락의 명수'로 꼽힌다. 무엇보다 '재능기영산' 가락의 구성과 부드러운 쇠가락은 판굿에서 참여자들의 흥을 돋우기로 유명했다.

(5) 20세기 중기~현재

유명철

유명철은 1942년 남원시 금지면 상귀리에서 태어나 현재까지 이곳에서 거주하고 있다. 그가 풍물굿을 처음으로 익힌 것은 《굿》과의 대담 내용에 따르면 열일곱 살이라 하니 1958년 즈음이 되는데, 부친이 이끄는 유한준패에서 부쇠를 치던 강태문을 첫 스승으로 삼았다고 한다. 그런데 《남원풍물굿》에는 유명철이 풍물굿에 입문한 때가 1957년이고 강태문 상쇠가 이끄는 '독우물풍물굿단'의 마당밟이굿에 농구로 참가한 것이 시초라고 하여 약간의 착오가 발생한다. 이후 강태문이 남원 시내에서 조직한 '조산농악단'과 '천거리농악단'에서 일정 시기 활동하다, 1959년 남원춘향제 행사에서 함께 개최된 전국농악경연대회에서 당시 장구로 유명세를 얻었던 금산의 최상근에게 발탁이 되어 '최상근일행'이라는 포장걸립패의 삼쇠로, 군입대를 한 1961년 직전까지 굿 활동을 전개했다.[54]

그가 군대를 제대한 뒤에는 이전과는 전혀 다른 활동무대가 펼쳐지는데, 그 이유는 이전에 몸담았던 '최상근일행' 단체가 당시 여성농악단에 몰린 세간의 주목에 못 이겨 해체 상황에 이르렀기 때문이다. 이 시기 유명철은 남원국악원의 국악원장을 하던 이한량의 권유를 받아 남원여성농악단(춘향여성농악단의 전신)에서 다시 활동을 재개하면서 이후 3~4년 동안을 거쳐, 김제 백구 여성농악단, 전주 아리랑 여성농악단, 부안 여성농악단, 정읍 태인 여성농악단 등의 단체들에서 개인놀이 공연형태로 공연활동을 펼쳐나갔다.

그러나 집안의 애사가 끊이지 않아 풍물굿을 접을 결심을 하고 1979

---

54) 위의 내용은 잡지 《굿》과 김정헌의 〈남원농악연구〉 논문을 참고하여 정리한 것임.

년 이후로는 전혀 굿판에 발을 디디지 않았고, 1981년에는 가지고 있던 굿물(악기, 전립 등)도 아는 편에 넘겨주었다고 한다. 그러다가 1994년 몇몇 젊은이들의 권유로 남원 시내에 강습소를 마련하고 강습을 하기 시작한 것이 재기의 기회가 되어 1998년 전라북도 지정 '남원농악'의 기능보유자로 지정받게 되었다.

요컨대 유명철이 '독우물농악단'을 이끌었던 강태문에게 굿을 배운 기간은 1957년부터 길게 잡아 2~3년 안팎으로 보이며, 1959년 한 대회에서 최상근에게 발탁되어 '최상근일행'에서 삼쇠로 활동하다 1961년 군입대하기까지가 좌도 풍물굿을 익히고 닦은 시간으로 보인다. 이후에는 여성농악단에서 좌도 풍물굿 공연을 맡아 하다가 1979년부터 1994년까지 약 15년 동안의 긴 휴식기를 거쳐 1994년부터 활동을 재개하였고, 1998년에는 전라북도 지정 무형문화재 기능보유자로 지정되었으며, 1999년부터는 남원시립풍물굿단 부단장을 맡아 지속적인 활동을 펼치고 있다.

유명철 예인의 굿은 전판이 계보로 알려진 유한준의 '독우물굿'을 강태문을 통해 전승받은 것이라고 한다. 그러나 독우물굿 자체가 일반적으로 알고 있는 마을 공동체 성원에 의한 '마을굿'과 동일한 것이 아니고, 실질적인 독우물굿의 창시자인 유한준이 포장걸립 형태의 공연활동을 전개했던 것처럼 전문 연예성이 짙은 굿으로 바라봐야 한다. 또한 유명철 예인이 전개한 활동력도 생계형의 공연활동이었기 때문에 이 점을 감안하여 오늘날 남원 풍물굿의 성격과 공연요소들을 이해할 필요성이 있다.

유명철은 부포짓(상모놀음) 즉 '윗놀음'이 뛰어나 주목을 받고 있으며, 자신이 직접 인근의 무속인을 개인 선생으로 모시고 익힌 다양한 고사소리들을 보유하고 있다.

4. 예인들의 활동양상과 특징

이 절에서는 좌도지역 풍물굿 예인들의 활동양상과 그 특징에 대해 고찰해 보고자 한다. 그 이유는 동일한 좌도 권역 안에서도 매우 다른 성격을 지닌 굿패와 예인들이 있었고, 그들의 공연 활동 전개양상에 따라 호남 좌도 풍물굿의 다양한 면모가 드러날 수 있을 것으로 기대되기 때문이다.

좌도지역 풍물굿 예인들의 공연 활동은 소속 굿패의 성격과 공연 목적 등에 매우 깊은 상관성을 맺고 있다. 굿패의 성격은 대체로 전문 연예집단이냐, 마을 공동체집단이냐로 분류하여 논할 수 있다. 또한 굿패의 공연 목적은 생계를 위한 공연이냐, 마을 공동체 문화적 관습이냐로 구분하여 볼 수 있겠다. 그러나 두 가지 모두 사회문화적 배경이 바탕이 될 수밖에 없으므로, 시대에 따른 사회·문화적 변천과 또 그에 따른 풍물굿 굿패의 성격 변화와 공연 목적의 변화도 함께 주시해야만 한다.

과거 전통사회의 경우 기량의 우열과 상관없이 직업굿패와 마을굿패의 영역과 공연양상이 뚜렷이 구분되었을 것으로 추정되지만, 20세기 들어서 특히 해방 이후 풍물굿 예인들의 활동은 양자 사이에 변별점이 뚜렷이 나타나지는 않는다. 즉, 전문 예인으로 출발하지는 않았지만 그 기량이 뛰어나 인근 지역을 중심으로 점점 유명세를 얻으면 굿이 생계와 별개였던 예인도 차츰 생업으로 전환되는 형태로 바뀌게 되었기 때문이다.

좌도지역의 풍물굿 예인들로 세간에 이름이 알려진 이들은 대체로 공동체 집단으로 이루어진 마을굿패의 상쇠 출신들이다. 기록으로 상세한 확인이 불가한 전판이(쇠, 남원)는 논외로 하고, 이화춘(쇠, 임실—무속출신)을 제외한 기창수(쇠, 곡성), 유한준(쇠, 남원), 박학삼(쇠,

임실), 김봉렬(쇠, 진안), 양순용(쇠, 임실) 등이 모두 굿패의 상쇠를 맡아 지휘해 온 인물들이다. 그 이유는 과거 이 지역 예인들이 개인적인 기예보다는 공동체적인 굿 내용을 가졌고, 그 공연 목적이 개인적인 것이 아닌 공동체적 목적과 동일시되는 경우가 대부분이었기 때문에 예외적으로 집단을 벗어난 활동영역을 보이는 인물이 손에 꼽힐 정도였기 때문이다. 이들의 또 한 가지 공통적인 특징은 출신 마을에서 정착하여 활동했다는 점이다.55) 바로 이러한 정착형 활동 방식이 상대적으로 외부의 주목을 늦게 받게 된 원인이 되기도 한다.

이러한 양상과 관련하여 잠시 우도지역 풍물굿 예인들과 비교해 보겠다. 무속집단 출신의 전문 예인집단이 주류를 이루는 우도지역 풍물굿의 예인들의 폭은 매우 넓다. 즉 쇠잽이와 장구잽이를 비롯하여 소고잽이와 잡색에 이르기까지 그 전문적 기량이 잘 알려져 정리되었는데, 그 이유는 좌도와 우도의 공연활동 영역과 관련이 있다. 전문 유랑 예인집단의 공연활동은 마을굿 위주의 굿패 활동에 비해 훨씬 넓을 뿐 아니라, 다수 대중과의 만남도 빈번해지면서 그들의 재량을 과시하고 이름을 얻을 기회가 좌도굿의 예인들에 비해 훨씬 다양하고 수적으로도 우세했다는 것이다. 따라서 마을굿을 중심으로 발달된 좌도지역은 이름을 얻은 쇠잽이와 장구잽이의 수가 상대적으로 적을 뿐만 아니라, 적을 옮겨 활동한 이들을 제외하고는 다른 악기로 알려진 예인들이 한정적이다. 그러나 보유한 기량이 상대적으로 떨어지는 것은 아니며 그들에게 주어졌거나 선택한 음악활동의 차이로, 우도지역과 좌도지역의 풍물굿 음악문화의 차이라고 판단하는 것이 옳다고 본다.

다음으로 주목되는 양상은 대체로 마을굿패 출신의 예인들은 시대에 따라 공연활동의 목적과 생계가 점점 밀착형으로 바뀌는 양상을 볼

---

55) 출신 지역에 정착하는 것을 벗어나 대외적으로 뜬쇠 활동을 펼친 예외적인 사례에는 유한준(쇠, 남원), 유명철(쇠, 남원), 김수동(쇠, 진안), 장두만(장구, 진안), 최상근(장구, 고창), 신기남(장구, 정읍·임실)이 있다.

수 있다는 점이다. 과거 전통사회에서 좌도지역 예인들의 공연 목적은
마을 공동체의 문화적 필요에 따라 결정되었다. 그러나 시대의 흐름에
따라 사회경제적 활동의 다양화, 예술문화의 경제적 가치에 대한 인식
의 변화, 농경 생활문화의 변화 및 두레 공동체의 무효용성 등 많은 요
인이 과거의 굿 연행 목적과는 다른 생업적인 연행으로 밀착되어 가는
양상을 낳은 것이다.

그러나 별도로 유명세를 얻으면 그 지역의 굿이 벌어지는 곳에 이른
바 '모시기' 형식의 일시적 참여가 자주 이루어졌는데, 이러한 경우까
지 공연 목적에 따른 활동양상의 범주에 넣을 수는 없다고 본다.

그렇게 본다면 생계를 목적으로 공연활동을 전개한 사람으로는 지
금까지 알려진 좌도지역 예인들 가운데 유일한 무속 집안 출신인 이
화춘의 경우가 확실한 생계형 예인에 해당한다. 또한 직접 걸립굿패를
조성해 포장걸립 형태의 공연활동을 펼친 유한준, 최상근과 그러한 굿
패에 적을 담고 활동한 강태문, 김수동, 유명철 등이 해당된다고 볼 수
있다. 이 밖에 기창수 또한 제보자에 따르면 굿을 생업으로 삼은 이
이다.

이와 같이 생업을 목적으로 하는 이들의 공연활동 전개양상은 호남
우도지역이나 평택, 안성 등의 전문 연예집단과 매우 유사한 활동 방식
을 갖는다. 먼저 이들은 일정의 보수를 체결하여 짧게는 1회에서 길게
는 수년 동안 공연하는 방식을 지닌다. 또한 공연 내용도 마을굿 연행
현장의 내용과는 달리 무대형식의 정해져 단시간에 관객을 사로잡기
위해 화려한 볼거리와 기예를 보여주는 데 주력하게 됨으로써, 마을굿
의 느슨함과 자연스러운 형식미를 떠나, 좀더 자극적인 기교 가락과 정
돈된 형식을 갖추게 되는 양상을 띤다. 현재 좌도지역 풍물굿 전승지역
가운데 남원 유명철 상쇠의 판굿 체계와 가락이 이러한 특징을 잘 보
여주고 있다.

한편 공동체문화형과 생계형의 중간에 해당하는 공연활동 목적을

가지는 예인들도 있다. 그 대표적 사례로는 임실 필봉 풍물굿의 양순용을 들 수 있겠다. 양순용 상쇠는 농업을 가업으로 삼은 집안에서 태어나, 두레 문화에서 성장했고 풍물굿에 대한 입문도 두레 조직 형식의 마을굿패로서 출발하였다. 그 뒤 개인적 기량을 인정받고 무형문화재 보유자로 지정받아, 전승활동은 물론 교육적 측면에서도 많은 성과를 남겼다. 그러나 타계하기 전까지 농업을 주 생계수단으로 삼은 이이다. 그런데 그가 공연활동에 소요한 시간과 생업인 농사에 쏟은 시간을 대비시킨다면 절대적으로 공연활동과 교육활동 등 예인적 활동이 크게 차지하고 있다. 이것은 사회경제적 배경과 문화적 인식 변화와 상관없이 예인의 개인적 의지에 따라 경제적 목적과 예술적 목적이 반드시 일치하지 않을 수 있음을 보여주는 사례이다. 또한 그는 활동의 근거지를 옮기지 않은 정착형 예인으로 볼 수 있는데, 예인의 이러한 마을굿적 활동 특성이 본인이 주도하는 판굿의 체계와 가락에서도 잘 드러난다.

김봉렬의 경우는 가장 공동체문화형의 공연활동을 펼친 것이라고 할 수 있는데, 그 이유는 자의적인 선택이 주요하다고 할 수 있으나, 다소 객관적인 상황에도 원인이 있었다고 할 수 있다. 그는 좌도지역에서 개인적인 재능이 뛰어난 상쇠로 인식되었다기보다는 체계 있으면서 때 묻지 않은 마을굿을 보유한 인물로 먼저 관심을 받았다. 그런데 세간에서 주목받기 시점에는 그가 이미 꽤 노쇠하였을 뿐만 아니라, 개인 종목이 아닌 집단공연 종목은 무엇보다 탄탄한 굿패 조성이 우선 조건에 드는데 농촌 공동체 사회의 해체가 급속히 이뤄지는 환경에서 마을굿패의 유지·존속이 어려웠던 것이 가장 큰 장애였을 것으로 짐작된다. 이런 객관적 환경과 예인의 의지에 따른 활동양상이 그가 직업적인 공연자로 나서지 않은 배경이 된 듯하다.

5. 맺음말

이 연구는 호남 풍물굿에서도 좌도지역 풍물굿 예인들에 한정되어 그들에 대한 예인적 삶을 고찰하고, 그들의 활동 전개양상과 그 특징을 분별해보고자 하였다.

이 연구에서는 호남 좌도지역에서 풍물굿으로 세간의 주목을 받은 예인들의 신상명세와 관련 일화를 비롯하여 그들의 활동양상 및 특징에 대해 주로 지면조사(paper work)와 현장조사(field work) 방법을 활용하였다. 아울러 연구자는 예인들의 활동양상과 그 특징을 밝히기 위해 소속 굿패의 성격(마을굿패, 포장걸립굿패), 공연 내용의 계통(마을굿, 포장걸립형 연예굿), 공연 목적(공동체문화형, 생계형), 활동 공간(마을굿 정착형, 대외적 걸립굿형, 변천형) 등의 요소들을 깊게 고려하였다.

그 결과들을 요약해보면 다음과 같다.

좌도지역 예인들은 주로 마을굿패 출신의 상쇠나 쇠잽이들이다. 좌도지역 예인들의 경우 대체로 출신 지역에 정착하여 마을 공동체 성원으로 조직된 굿패의 리더 역할을 맡으며, 농업으로 대표되는 별도의 생계 수단을 가졌던 것이 초기의 특징이었다. 그런데 그 예외에 해당하는 사례도 있어, 이화춘 같은 예인은 무계 집안 출신으로 전문 예인의 성격을 띠는 인물이며, 기창수의 경우 출신은 알려지지 않았으나 후대 제보자에 따르면 굿 치는 것을 직업으로 삼은 인물로 알려졌다. 이 시기 예인들의 활동 공간은 주로 출신 마을을 중심으로 한 중소 범위의 소속 지역이었을 것으로 추측되지만, 기록이나 구술에 등장하는 활동 모습 또한 소략하지만 주로 생계형 굿패나 예인들에 관한 것이다.

한편 해방 직후에 풍물굿 자체를 생업으로 삼아 생계를 적극적인 공연활동을 펼치는 이른바 '좌도 풍물굿 뜬쇠'들이 있었는데, 유한준·최상근 등이 자기 이름을 건 포장걸립패를 결성하여 공연활동을 펼쳤고,

장두만·김수동·강태문·유명철 등이 그와 같은 단체에 소속되어 활동했던 것으로 보인다.

이들 세대 이후 생계와 공연활동의 목적이 밀착되는 양상은 더욱 강화되는데 그 이유는 사회경제적 활동의 다양화, 예술문화의 경제적 가치에 대한 인식 변화, 농경 생활문화의 변화 및 두레 공동체의 무효용성, 대회식 농악 공연문화 증가 등 여러 배경이 작용한 결과로 보인다. 이런 환경 속에서 직업적인 공연활동을 펼친 이로는 강태문·신기남·유명철 등이 해당한다고 볼 수 있다.

그러나 환경의 변화가 예인의 공연활동에 절대적인 영향력을 끼쳤다고 할 수 없는 사례도 발견할 수 있다. 그 대표적 사례로는 진안 중평굿의 김봉렬과 임실 필봉굿의 양순용을 들 수 있겠다. 이 둘 모두 농업을 주된 생계수단으로 삼았고 타계 시점까지도 농사와 예술 활동을 병행하였다. 이 두 예인의 공통점은 마을굿패 본연의 성격인 마을 공동체의 집단적인 목적과 요구에 기반한 활동전개를 주 골자로 한 것인데, 필자는 이러한 예인의 활동 목적을 생계형에 대조되는 용어로 공동체문화형이라 정의하였다.

위와 같이 좌도지역 풍물굿 예인들의 삶과 예술 활동을 통해서 드러난 양상들은 단지 개인의 특수한 상황이 아니라 좌도 풍물굿 권역의 특성으로 일부 삼을 수도 있을 것이다.

X 풍물굿과 사상/철학

환웅과 풍물굿
— '삼즉일' 구조의 프랙탈 개념을 중심으로   _ 조춘영

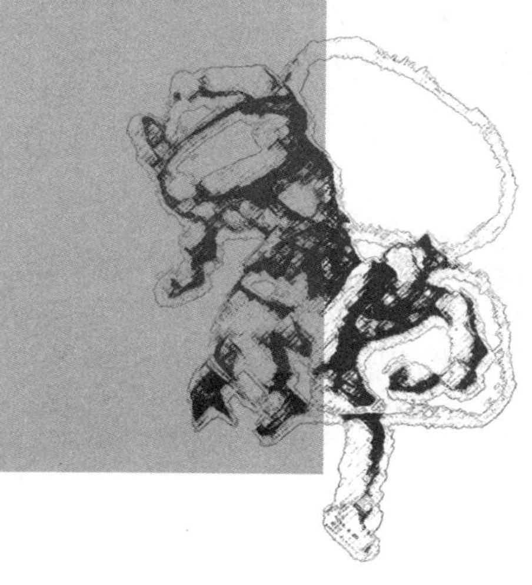

환웅과 풍물굿
─ '삼즉일' 구조의 프랙탈 개념을 중심으로

조춘영*

1. 머리말

'농악'이라고 알려진 풍물굿1)은 1980년대 이후로 다시 주목받으며 도시·교육 현장에서도 전승되고 있다. 불과 한 세대 전까지만 해도 각 지역의 마을마다 정월과 단오, 백중이 되면 풍물 소리가 울려퍼졌다. 풍물굿은 어떠한 민속놀이보다 더 널리 그리고 깊게 마을의 신앙과 더불어 이 땅에서 이어져 내려왔다. 일반적으로 풍물굿은 음악·무용·연극·노동·종교·신앙 등 다양한 영역이 포함된 총체적인 문화로 이해될 수 있다.

이러한 풍물굿은 일부 이북지역을 포함하여 전국적 분포를 보이는 민중들의 일반 문화 그 자체였다. 그 가운데서도 핵심적인 역할로는 마을당산굿(동신제)2)과 마당밟이(지신밟기)3)가 있다. 풍물굿에는 어느

---

* 성균관대학교 동양철학과 박사과정.

1) 김원호, 〈풍물굿의 공동체적 신명〉, 《민족과 굿》, 학민사, 1987, 102쪽 참조. 이 글에서는 김원호 글의 논지를 받아들여 '풍물굿'이라는 용어를 사용한다.

2) 동신제의 종류에 관해서는 김태곤의 《동신당》(대원사, 1992)을 참조. 여기서 마을당산굿은 풍물굿을 중심으로 신목(神木)인 당산나무를 대상으로 제를 지

지방을 막론하고 정월 보름날 하는 '당산굿'과 '샘굿' 그리고 '지신밟기' 등의 토착신앙적 내용의 굿이 있다. 말하자면 '당산굿'은 신을 맞이하여 마을의 무사와 번영을 위하여 기원 드리게 되는데 이때 당에 내린 신은 신대(성황기, 농기, 영기 등은 신대의 역할을 한다)로 받아 길놀이를 하면서 마을로 돌아와 공동 우물에 가서 '샘굿'을 하여 축원하고 이어서 집집마다 돌아다니면서 이른바 '지신밟기'를 한다.[4]

필자는 이 글에서 풍물굿 치배들의 구조와 악기 및 굿물의 역할과 의미에 대하여 살펴보고자 한다. 풍물굿의 기원은 바로 단군신화 가운데 환웅신화와 삼신사상에 있다는 것을 말하고자 한다. 풍물굿에서 마을당산굿과 지신밟기의 원형은 태백산정 신단수에 천부인 세 개를 받아 풍백, 운사, 우사를 거느리고 홍익인간, 재세이화를 하고자 한 환웅신화에 있다고 보는 것이다. 또한 그 방법론과 구체적 내용은 삼즉일(三卽一) 구조와 삼신(三神)사상[5](天地人 三才論, 三一哲學, 三數分化世界觀[6])으로 이해된다. 그리고 그 지향점은 광명 세상이며 하나가 된 대동 세상이라는 것이다. 이를 통해 풍물굿패의 상쇠는 태양을 지고 세상에 내려온 환웅이자 무당이자 삼신이라는 것을 밝히고자 한다.

내는 것을 가리킴.

3) 정초에 신년을 맞이하여 풍물굿을 치면서 나쁜 액을 몰아내고 좋은 복을 불러들이고, 집안 식솔들의 무사평안을 빌어주고자 마을 사람들과 풍물굿패가 집집마다 방문하여 고사굿을 하는 의식굿이다. 지역에 따라 '뜰밟이', '답정굿', '지신밟기' 등으로 불린다. 이에 관해서는 양진성의 《호남좌도 임실 필봉굿》, 신아출판사, 1999, 114쪽을 참조.

4) 정병호, 〈현장을 통해 본 농악의 특징과 전승 문제〉, 《한국의 민속예술》(임재해 엮음), 문학과지성사, 1988, 233쪽.

5) '삼즉일 구조'는 가치중립적으로 '셋이 하나요, 하나가 셋'인 구조적 측면의 개념이고, '삼신사상'은 환인·환웅·단군의 삼신국조신앙을 기원으로 하여 민간에서 전해지는 삼신신앙까지 어떤 가치지향적 측면의 개념이다. 이 글에서는 본 개념 정립에 관한 문제를 잠시 뒤로 미루고자 한다.

6) 우실하, 《전통문화의 구성원리》, 소나무공동체, 1998.

2. 풍물굿 해석의 틀, 프랙탈의 미학

한국의 전통문화를 프랙탈 생태학, 프랙탈 미학의 시각에서 접근한 시도가 최근에 있었다. 심광현은 자신의 책 《프랙탈》과 《홍한민국》[7]에서 '프랙탈' 개념을 중심으로 우리 전통문화 전반을 해석하고, 이를 통해 현대의 모순을 극복해 나아갈 수 있다고 밝히고 있다. 이러한 프랙탈 개념은 전통의 시·공간관과 문화, 예술 등을 새롭게 해석할 수 있는 틀을 제시해 준다는 데 분명 현재적 의미가 있다고 본다. 이미 프랙탈을 통해 전통문화를 해석한 연구에는 김상일[8], 임재해[9], 이종진[10] 등의 연구가 있다. 그러면 먼저 본 논문의 구조와 풍물굿의 해석 방식으로서 프랙탈 개념을 소개하고자 한다. 코흐곡선에서 보면, 프랙탈 도형을 만들 때 최초의 직선이나 도형이 있다. 이를 '창시자(創始者, initiator)'라고 부른다. 여기에 프랙탈 도형을 만드는 규칙이 주어졌을 때 생긴 도형을 '생성자(生成者, generator)'라고 부른다.

---

7) 심광현, 《프랙탈》, 현실문화연구, 2005; 심광현, 《홍한민국》, 현실문화연구, 2005.
8) 김상일, 《카오스와 문명》, 동아출판사, 1994; 김상일, 《초공간과 한국문화》, 교학연구사, 1999; 김상일, 《한의학과 러셀 역설 해의》, 지식산업사, 2005.
9) 임재해, 〈설화에 나타난 우주론적 공간인식〉, 《기층문화를 통해 본 한국인의 상상체계》 상(최인학 외), 민속원, 1998, 198~224쪽; 임재해, 〈시간주기의 프랙탈 현상과 시간인식〉, 《기층문화를 통해 본 한국인의 상상체계》(최인학 외), 민속원, 77~112쪽.
10) 이종진, 〈풍물굿의 가락구조와 역동성〉, 안동대 석사논문, 1996.

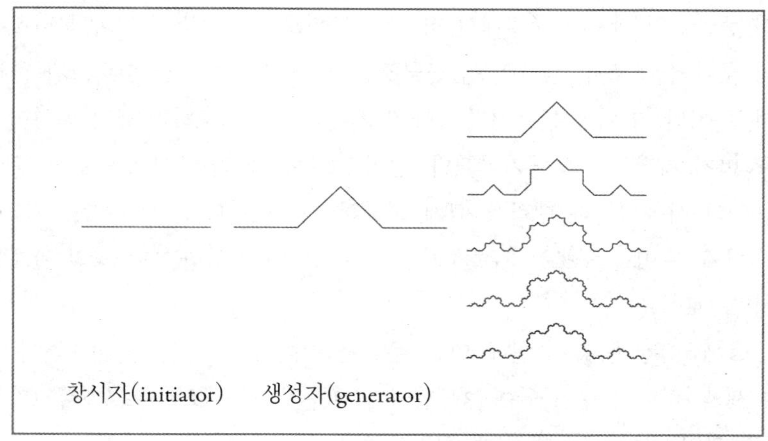

〈그림-1〉 프랙탈 도형-코흐곡선에서의 창시자와 생성자

코흐곡선은 일정한 길이의 선분의 창시자로부터 시작을 한다. 생성자는 선분을 3등분 해서 가운데의 선분을 위로 구부려 올려 만든다. 이렇게 해서 생성자는 길이가 원래 선분의 3분의 1인 선분 네 개로 이루어진다. 이 생성자의 각 선분이 다시 창시자가 되어, 가운데 부분을 구부려 올려서 생성자를 만든다.[11] 이렇게 '**층위**'[12]를 축소해 가면서 생성자를 만드는 과정을 반복하면 코흐곡선이 나온다. 이 작업은 '무한히 반복'될 수 있다. 코흐곡선은 부분이 전체와 닮은 전형적인 프랙탈 도형이다. 이 곡선은 각 부분을 확대하면 전체와 일치하는 '자기닮음 구조'로 일관되어 있고 그 구조는 본질적으로 변하지 않는다.

어떠한 층위에서도 자기닮음 구조를 유지한다는 데 프랙탈 개념의 핵심이 있다. 이 글에서는 풍물굿의 구조가 각 층위마다 삼즉일(하나가 셋이요, 셋이 하나이다) 구조를 유지하고 있다는 데 주목한다. 그래

---

11) 김용운 · 김용국, 《프랙탈과 카오스의 세계》, 우성, 1998, 37쪽.
12) '층차' · '위계' 등의 유사 개념이 있다. 층위는 하나의 단위를 가지며 위 · 아래 층위와 '부분/요소'와 '전체/부류'의 관계를 가진다.

서 풍물굿패 전체의 층위에서 더 작은 층위로 들어가면서 결국 하나하 나 굿물의 구조가 '삼즉일—삼신구조를 지향'한다는 것을 밝히고자 한 다. 하지만 그 이전에 프랙탈 구조가 기본적으로 내포하는 철학적 의미 를 먼저 지적하고 넘어가야겠다. 먼저 그 논리에 대한 이해를 통해 풍 물굿의 사유체계와 맥락을 쉽게 이해하고자 함이다.

첫째, 프랙탈 구조는 '무한' 개념을 전제하며 무한한 '그물망의 관계 성'을 보여준다.

둘째, 유한한 공간 안에 있는 무한한 길이라는 '역설'을 내포한다.

셋째, 하나의 주기 안에 '3분할이라는(주기 3) 구조'[13]로 '태극원기 함삼위일'[14]의 구조를 쉽게 설명해준다.

넷째, '전일적 세계관'과 '순환적 과정'을 보여준다.

다섯째, '자기복제'와 '자기반복'을 한다. 이는 스스로 끊임없이 주름 접기와 펴기를 반복하면서 자기 복제를 수행하고 연속된 변주를 통한 비정형적 자기 조직화의 과정을 말한다.[15]

여섯째, 공간 자체와 공간을 차지하는 것이 서로 일치한다. 이는 배 경과 전경, 메신저와 메시지, 형식과 내용이 일치하는 것으로 연관되어 해석될 수 있다.

---

13) 프랙탈 기하학의 도형들을 보면 대부분 3단위/3주기와 관계된 것을 볼 수 있다. 주기 3과 프랙탈에 대한 연구는 끊임없이 진행 중인데, 미국의 물리학 자 제임스 요크는 미국의 학술지인 《미국 수학 월간지》에 〈주기 3은 카오스 를 내포한다〉라는 논문을 기고하였으며, 이 논문은 카오스 이론이 탄생하는 배경이 되는 것으로 평가받고 있다(김상일, 《러셀 역설과 과학혁명 구조》, 솔, 1997, 181쪽; 김용운·김용국, 앞의 책, 85~87쪽 참조).

14) 후한 초기의 학자 반고(班固)가 지은 《한서(漢書)》의 〈율력지(律歷志)〉는 태극을 "太極元氣 函三爲一" 즉, "태극의 원기는 셋을 함유하고 있으면서 하 나가 된다"고 하였다. 이는 태극이 3기(三氣)를 함유하고 있는 1기(一氣)라 는 것이다. 이는 삼일철학과 삼태극의 논리를 보여준다고 하겠다. 이 논리는 다름 아닌 '프랙탈적 구조'를 보여준다(우실하, 《전통음악의 구조와 원리》, 소나무, 2004, 220~233쪽 참조).

15) 심광현, 《프랙탈》, 현실문화연구, 2005, 29쪽.

일곱째, 모든 개체가 '자기언급'을 하며 부분 속에 전체가 들어갈 수 있는 논리를 보여준다.

지금까지 프랙탈 개념에 대한 철학적 의미와 맥락에 대하여 간단히 살펴보았다. 이제 풍물굿패와 풍물굿 전체 과정과 굿물(대소 도구들)에 이르기까지 각 층위마다 나타나는 삼즉일–삼신구조와 그러한 지향의식을 차례대로 살펴보기로 하자.

3. 풍물굿패의 전체 구성

풍물굿은 전국적 분포를 보이지만 지역과 마을마다 저마다 독특한 개성을 가진다. 지역마다 사투리인 방언이 있듯이 풍물굿도 가락과 춤, 제의형식과 모시는 신격, 악기 배치와 굿물 구성 등이 마을마다 다르다. 모든 풍물굿패 가운데서 공통적 요소를 추출하여 전체 구성을 살펴보자. ①농기, ②영기, ③꽹과리(쇠, 錚), ④징(鉦), ⑤장구[長鼓], ⑥큰북[大鼓], ⑦소고(小鼓), ⑧날라리(새납, 胡笛), 그리고 ⑨잡색16) 등으로 구성되어 있다.

위 구성은 같은 역할들을 묶어서 크게 보면 세 부류로 나누어질 수 있다.17)

기수군 — — — — — 앞치배 — — — — — 뒤치배/잡색

---

16) 잡색의 일반적 구성은 무동, 대포수, 중, 각시, 양반, 창부, 화동, 할미, 탈광대 등이 있다.

17) 박전렬, 〈걸립의례의 공간구성〉, 《농악》 5, 우리마당 터, 2003, 85쪽; 김익두, 〈풍물굿의 공연원리와 연행적 성격〉, 《한국민속학》 27집, 민속학회, 1995, 99쪽.

이렇게 세 요소의 군이 하나의 풍물굿패를 이루어 풍물을 연행하니, 이 구조는 바로 삼즉일 ― 곧 삼신의 구조이다. 이 요소들 중 하나라도 빠진다면 엄격한 의미의 풍물굿패가 아니라고 볼 수 있다. 이제 각 요소들의 역할과 성격을 살펴보도록 하자.

(1) 기(旗)의 의미와 역할

먼저 기수(旗手)들이 들고 있는 기의 의미에 대하여 살펴보자. 기수들이 드는 기는 굿의 목적에 따라, 지역에 따라 형태와 명칭이 다양하게 나타난다. 두레굿·마을굿·무당굿·풍어굿 등의 목적에 따라 그 명칭은 용당기·용둑기·용기·서낭기·낭기·두레기·덕석기·농상기·농기·당기·대기[18])와, 대기·용기·용신기·성황기[19])·천왕기와, 신장대·명두대·도당대·일월대·서낭대와, 선주기·대어기·남서낭기·삼각기·기·성주기·뱃기[20]) 등이 있다. 풍물굿과 관련하여 모시는 기의 명칭과 신격은 이보다 더 많을 것이다. 하지만 이 많은 기들의 쓰임새는 모시고 있는 신의 신체(神體)로 집약된다. 그리고 중요한 점은 멈추어 있는 신체가 아닌 '이동이 가능한 신체'라는 것이다. 거기에 몸주가 실려 있기 때문이다. 서낭기에 서낭님을 모시고 풍물굿을 진행해 가는 것이다. 축원·주술의 풍물굿에서 그 힘의 근원은 바로 기에서 나오는 것이다. 이러한 농기는 '신대'에서 파생된 것이라 믿어진다. 이보형은 〈신대와 농기〉에서 다음과 같은 결론을 내린다.

신대는 흔히 생목지에 실·백지·헝겊을 단 형태로 되었던 것이나,

---

18) 심우성, 〈평등과 협화의 사상과 농악의 역사·사회성〉, 《한국의 민속예술》 (임재해 엮음), 문학과지성사, 248쪽.
19) 정병호, 앞의 책, 38쪽.
20) 하효길, 《현장의 민속학》, 민속원, 2003, 64쪽.

긴 죽간 끝에 꿩장목을 달고 방울과 버레줄을 달며, 용도를 그리거나 신위를 쓴 기폭을 단 신기 형태로 진화된 것으로 보이며 이러한 형태는 농기의 구조와 같은 것이다. 농기에도 생목지·백지·용도·신위·방울·버레줄과 같은 신대의 특징을 갖는 구조로 되어 있다.[21]

이를 정리해 보면 신대→신기→농기로 분화·발전해 간 것[22]으로 유추해 볼 수 있다. 그리고 조금 더 근원을 올라가면 신대는 '신목(神木)'에 뿌리를 두고 있다. 이 신목은 마을굿에서는 구체적으로 당산나무[23]가 된다. 그렇기 때문에 풍물굿패가 두레를 나갈 때나 마당밟이를 할 때에 반드시 당산굿(당산제)부터 지내는 것이다.

신목으로부터 분화해 간 것으로 신대와 신간, 솟대 등이 있다. 이러한 기둥은 장대나 돛대 그리고 나무와 마찬가지로 세계축과 관련되어 있었다. 북아시아 샤머니즘의 기본 우주관념에서는 상계, 중계, 하계라는 3개의 우주 층이 있다고 한다. 3개의 우주 층은 바로 세계축에 의하여 서로 연결되어 있기 때문에, 각 우주 층 사이의 교통이 가능한 것이라고 한다.[24] 이러한 의식의 근원은 바로 환웅이 내려온 태백산정의 신단수(神檀樹)와 맞닿는다.

(2) 앞치배의 의미와 역할

다음은 앞치배의 역할을 살펴보자. 풍물굿은 꽹과리·징·장구·북

---

21) 이보형, 〈신대와 농기〉, 《한국문화인류학》 8집, 문화인류학회, 1976, 쪽수 미상.
22) 신미섭, 〈두레농악에 관한 연구〉, 중앙대 석사논문, 1996, 43쪽.
23) 문화재관리국이 1969년에 발간한 한 보고서에는 신당의 형태로서 신목을 모시는 경우가 5천여 개 지역으로 집계되었다(이종철·박호원, 《서낭당》, 대원사, 1994, 53쪽).
24) 이필영, 《솟대》, 대원사, 1990, 49쪽.

의 타악기와, 소고25) · 나발 · 태평소로 구성된다. 나발은 특정 시점에만 불게 되어 그 구실을 하며, 태평소는 유일한 선율악기로서 풍물굿 소리에 흥을 더하여 준다. 풍물굿은 이들을 포함하여 쇠, 징, 장구, 북, 소고 등 타악기가 장단을 엮어가며 판을 구성해 나간다. 모두 악기를 메거나 들고 서서 상쇠의 지휘에 따라 대열을 지어 다양한 형태의 진풀이26)를 만들어간다는 점이 특징이다. 풍물굿에서 이 앞치배의 역할은 다음과 같다.

 ① 제의를 진행한다.
 ② 두레 등에서 농사일을 일꾼과 함께 진행한다.
 ③ 줄다리기, 차전놀이, 기접놀이 등 놀이의 진행을 받쳐준다.
 ④ 완결된 연예예술 형태인 판굿을 연행한다.
 ⑤ 쇠춤, 장구춤, 북춤, 소고춤 등 무용을 연출한다.
 ⑥ 군사훈련에 연원하는 집단적 진풀이를 엮어낸다.

이렇듯 풍물굿패의 앞치배는 다양한 역할을 하고 있는데, 악기를 울려 장단을 일구어 가면서 전체의 틀을 형성해 주는 구실을 하고 있다.

---

25) 소고는 작은북으로 불리며 형태와 명칭은 지역마다 다양하다. 일반적으로 소고는 소리를 만들어내는 악기의 역할보다는 관객과 풍물굿패를 이어주는 춤과 연극적 역할의 비중을 더한다.

26) 진풀이란 진을 싸는 놀이를 말하는 것으로 상쇠의 지휘에 따라 행진놀이를 하게 되는데 지역에 따라 다양한 양상을 띠고 있다. 원진, 일자진, 태극진, 멍석말이, 삼방진, 오방진, 달아치기, 을자진, 미지기, 8자진 등 지역마다 특성을 달리하며 수십여 종의 진풀이가 있다. 이에 대한 본격적 연구는 손우승의 〈풍물의 진법의 전개과정과 연행원리〉(안동대 석사논문, 2002)를 참조.

(3) 뒤치배(잡색)의 의미와 역할

마지막으로 뒤치배인 잡색의 역할을 살펴보자. 잡색의 기본적인 배역으로 무동, 대포수, 각시, 양반, 중, 창부, 화동 등[27]이 있다. 그리고 여기에 지방마다 특색을 살려 탈을 쓰기도 하고 각 상징물을 만들어 새로운 성격을 만들기도 한다. 대개 잡색은 풍물굿패의 제일 뒤에 따라 다니면서 악기를 매지 않고 저마다 성격(캐릭터)에 맞는 행동과 춤을 선보인다. 풍물굿패와 관객 사이를 오가며 끊임없이 판을 풍성하게 엮어 나간다. 제의 현장에서는 제의를 주관하기도 하고 진행을 도와주며, 두레굿에서는 노동을 총괄·감독·관리하기도 한다.[28] 또 판굿이 열리면 원 안과 밖을 오가며 관객을 끌어내기도 하고,[29] 도둑잽이와 같은 잡색놀이의 극을 짜기도 한다.[30]

조동일은 연극학적 관점에서 풍물굿의 기원을 추적하고 가면극과 관련하여 잡색들의 기능과 역할을 논의하였다.[31] 그는 풍물굿패가 연행하는 마을굿을 가면극의 기원으로 추정하고, 그 굿의 주역을 담당하였던 신(神)가면 착용자가 인간가면 착용자로 전화(轉化)하면서 풍물굿의 양반광대극이 생겨났다고 하였다.[32]

이상의 논의를 통해 보면 풍물굿패는 '신체(神體)인 기'(그 공동체에서 모시는 신을 받은)를 중심으로 '앞치배'가 전체 틀을 만들고 '뒤

---

27) 정병호, 앞의 책, 1988, 37쪽 및 135~262쪽에서 각 지역별 잡색들의 구성을 살필 수 있다.

28) 박흥주, 〈풍물패의 대장은 상쇠가 아니라 대포수〉, 《굿》, 2004, 쪽수 미상.

29) 박전렬, 앞의 책, 쪽수 미상.

30) 이영배, 〈필봉 풍물굿의 공연 구조, 원리와 사회적 의미〉, 전북대 석사논문, 2000, 13쪽.

31) 조동일, 〈조선후기 가면극과 민중의식의 성장〉, 《창작과 비평》 봄호, 1972, 232~268쪽.

32) 이영배, 앞의 글, 2000, 8쪽.

치배'가 관객과 신과 풍물굿패를 오고가며 내용을 완성해가는 구성이라고 할 수 있다. 이렇게 세 구성 요소들이 하나 되어 풍물굿패를 형성하여 삼즉일-삼신구조를 만들어낸다.

(4) 기수군과 앞치배 안에서 삼즉일-삼신 구조

이제 각 동류의 치배 층위에서 삼즉일 구조가 어떻게 형성되는지를 살펴보기로 하자. 여기서 기수군과 앞치배는 삼즉일 구조로 이해할 수 있으나, 잡색은 각양각색의 성격과 상징이 지역마다 모두 다르고, 체계적으로 구조화하는 데 어려움이 있어 논외로 한다. 그래서 기수군과 앞치배의 구조만 차례로 살핀다.

기수군

앞에서 말한 대로 기는 신이 내린 신체(神體)의 의미와 역할을 지닌다. 그런데 실제 풍물굿패에 기는 하나가 아니고 농기(서낭기)를 중심으로 영기 2기가 보좌하는 형세로 셋이 하나를 이루고 있다. 전국 대부분의 지역에서는 영기를 음양기(청·적기, 암기·수기)로 인식하여 중요하게 사용하는 것으로 보인다. 현재 연행되는 대부분 지역의 풍물굿패 행렬에서는 농기와 영기 2기로 삼즉일-삼신의 구조를 유지하고 있다. 그렇다면 농기와 영기는 그 역할과 성격에 어떠한 차이가 있는지를 살펴보자.

대개 농기(서낭기)는 제일 윗부분에 꿩장목과 방울을 달고 영기에는 삼지창을 꽂아서 형태로 구별을 한다. 신대와 유사한 문화의 일종인 솟대의 구성요소를 장대와 새로 나누어 이해를 한 이필영은 이를 우주나무와 하늘새의 결합으로 보았다.[33] 필자는 이러한 구도가 농기에도

---

33) 이필영, 앞의 책, 1990.

적용될 수 있다고 본다. 왜냐하면 꿩장목은 물론 농기에 올리게 되는 용34)이나 방울도 하늘과 땅을 이어주는 구실을 하고 있기 때문이다. 농기의 역할은 주로 마을 당산(서낭)의 신을 이어받은 신체로서 기능을 하여 풍물굿패의 중심을 잡아주고, 굿패의 바람과 의지를 하늘에 알리고 실행하는 근거로 작용한다.

이제 꼭대기에 삼지창을 단 영기가 어떻게 쓰이는지를 살펴보자.

> 영기(靈旗)는 일명 신령기(神令旗)나 군기(軍旗)라고 하는데, 농경 생활을 할 때는 이것을 법기(法旗)라 부르기도 하며 또한 음양기(陰陽旗), 청기(수컷) · 홍기(암컷) 또는 장군기(將軍旗)라 하기도 한다. 영기는 농악을 진행할 때 지휘기로서의 기능을 수행하는데, 진도나 영광의 신청농악패들은 농악을 할 때 먼저 성황기로 영기를 대신하여 이른바 영 받는 농악을 하였다고 하며 …… 이것 또한 신령을 받는 풍속에서 나온 예능 형태라 할 수 있다.35)

이러한 영기는 당산굿을 할 때 당산 입구에 문을 잡아 잡귀의 침입을 막으며, 걸립꾼이 마을로 들어설 때 입구의 문을 잡기도 한다. 또 영기는 농기를 호위하고, 풍물굿패의 진법놀이의 신호기로 사용하기도 한다.36)

이를 통해 보면 기수군 안에서 구도상 농기는 중심 신체를 뜻하며, 영기는 이를 양 옆에서 보좌하여 구체적인 사안에서 실행 · 실천하는 역할을 하고 있음을 알 수 있다.

---

34) 평택 풍물굿의 농기 형태를 참조.
35) 정병호, 앞의 책, 1988, 40쪽.
36) 신미섭, 앞의 책, 1996, 44~45쪽.

앞치배의 구조 - 환웅과 풍백·운사·우사의 신화

풍물굿의 전개는 타악 연주를 근간으로 하여 이루어진다. 꽹과리·징·장구·북이 어떠한 구조로 짜였는지 살펴보기로 하자.

풍물굿에는 30~40여 명이 되는 인원을 이끄는 이가 있으니 바로 상쇠이다. 상쇠는 가락을 풍물굿패들에게 전달하고 동제(洞祭)에서는 제관이 되며, 집돌이로 지신밟기를 할 때는 고사창을 하고, 판굿에서는 진풀이의 선도자가 되는 등 풍물굿 전반을 총지휘한다. 특히 정병호에 따르면 상쇠의 지위는 무격이었을 것이므로 꽹과리를 울려 신을 맞이하고 신과 교감하거나 잡귀를 몰아냈을 것이며, 멍석말이와 같은 행악놀이의 선도자가 되어 이승과 저승을 이어 영생한다는 무교와 불교적 종교관념을 실수(實修)하는 신관적 기능을 가지고 있었으며, 한편 군관이기도 하였을 것이라고 한다.37) 이렇듯 상쇠는 그 역할이 갖는 중요성이 다른 치배들과는 다르다는 것을 알 수 있다. 그렇다면 다른 치배들과의 관계는 어떠한가?

풍물굿은 꽹과리·징·장구·북으로 구성되는데 그 재료와 음색과 역할이 저마다 다르다. 그 상징·역할·구도의 근원은 바로 환웅과 풍백·운사·우사의 신화에 있다. 징-풍백, 장구-우사, 북-운사가 되어 풍물소리를 내되 그 중심에서는 환웅이 천둥 번개 소리로 총지휘를 하는 구도이다. 음악적으로는 따지지 않겠으나 또한 상쇠의 꽹과리는 음색과 의미상 풍물의 소리를 이끈다고 할 수 있다. 여기에서는 치배들의 복색과 굿물의 상징 비교를 통하여, 상쇠가 환웅이고 나머지 치배가 풍백·운사·우사의 하늘에서 내려온 신적인 존재라는 것을 밝히고자 한다. 풍물굿의 기원은 환웅으로부터 시작된다고 보는 것이 마땅하리라. 그 이유를 《삼국유사》의 해석과 함께 비교해보자.

---

37) 정병호, 앞의 책, 41쪽.

① 下視三危太白可以弘益人間

현세를 중시하는 인식을 토대로 널리 인간과 만 생명을 이롭게 하고자 하는 풍물굿의 목적에 부합한다.

② 乃授天符印三箇

일반적으로 칼, 방울, 거울, 북 등으로 해석되는 천부인은 풍물굿에서 삼지창이 칼로 변형되어 방울, 거울, 북이 실제로 쓰이고 있다. 그리고 상쇠의 꽹과리는 거울(빛)과 방울(소리)의 상징을 아울러 가진다고 해석할 수 있다. 이는 이후 다시 설명하기로 한다.

③ 降於太白山頂 神檀樹下 謂之神市 是謂桓雄天王也

태백산과 신단수, 신시의 개념은 산 숭배와 마을의 당산나무로 이어지고, 이 마을이 바로 우주의 중심이라는 사고로 확대된다. 이러한 모든 일을 의도를 가지고 기획한 자가 바로 환웅이니 풍물굿의 시조가 아닐 수 없다.

④ 將風伯雲師雨師 …… 在世理化

상쇠가 나머지 치배들을 이끌고 뜻을 펼쳐가는 구도와 그 상징은 이 대목과 합치한다. 그 세계는 저 세계가 아니요, 바로 이 현세인 것이다.

이상 문헌 해석의 차원을 넘어 굿물의 상징을 통해서도 환웅과 풍물굿의 연관을 설명할 수 있다. 우선 앞치배 모두에게 공통되는 복색은 흰색 치복과 삼색띠의 착용, 그리고 머리에 무언가(대개 쇠잽이는 전립, 나머지 치배는 고깔을 쓴다)를 쓴다는 점이다. 삼색띠는 보통 청, 적, 황이 쓰이고 고깔은 전국적 분포를 보여 풍물굿 장르의 완결성을 보여준다. 다만 착용하는 방식과 그 형태는 지방마다 다르고 시간이 지나면서 변화되기도 한다. 삼색띠는 보통 천지인 삼재의 색으로 이해된

다. 그런데 그 착용법에 독특하면서도 뚜렷한 목적 의식을 가지는 듯하
다. 징·장구·북 치배들은 보통 두 색띠를 양 어깨에 걸어 대각선으
로 해서 뒤로 묶는다. 그리고 나머지 띠를 허리에 묶어 뒤꽁지에서 삼
색을 가지런히 정리한다. 앞으로는 X자형(삼각형)이요, 뒤로는 새 꼬
리처럼 자연스럽게 늘어뜨린 모양이다. 상쇠는 상의(더거리) 뒤편에
삼색띠를 삼각구도나 일자구도로 지어 매단다. 이를 삼색드림이라고
한다. 그리고 지역에 따라서는 상쇠의 등에 거울을 붙혀 해와 달을 상
징하고 지위와 위엄을 뽐내기도 한다.38) 그런데 이 뒤로 삼색띠를 늘
어뜨린 모양새는 새39)나 신선을 표현한다고 볼 수 있다. 환웅이 하늘
에서 풍백·운사·우사를 거느리고 지상에 내려오는 신적 존재이며,
이 상징들이 위와 같이 표현되는 것이다. 그리고 바로 상쇠의 '꽹과리'
라는 악기와 전립의 '부포'를 통해 이러한 신화적 상징을 해석해 보자.

　　단군설화는 한울님의 자손, 아들이라고 생각하는 '태양'숭배(토템)
부족인 '한'(한, Han)부족의 수장 '환웅'이 무리 3천을 이끌고 주도하
여 곰토템부족인 '맥'부족 및 범토템부족인 '예'부족과 결합하여 '조선'
이라는 최초의 고대국가를 건설했다는 사실을 전해주는 구전역사인 것
이다 …… 태양숭배 토템부족은 환인·환웅에서 선명하게 드러나는
'한'(한·Huan· Han)부족이다. 이들은 '한울님'의 아들, 자손이라고
생각하며, 태양(해), 밝음(광명), 햇빛, 새빛(東光)을 숭배한다.40)

---

38) 정병호, 앞의 책, 46쪽. 호남과 영남지방에서 등에 쇠붙이로 만든 동그란 거
　　울(화순 풍물굿에서는 '공모'라 하고, 금릉 빗내 풍물굿에서는 '홍박씨'라 한
　　다)을 붙이고 있다. 거울을 붙이는 이유는 구전에 따르면 장군 표시로서 광
　　채를 내어 위력을 보이게 하기 위한 것이라 한다. 한강 이북지방의 무속에서
　　무구로 쓰는 명도(해, 달, 별을 상징한 것)나 화경(애기씨 거울)과 비슷한 것
　　이라고 설명하고 있다.
39) 정병호, 《한국의 전통춤》, 집문당, 2002, 453쪽. 진도 소포농악에서는 하늘에
　　서 땅으로 내려오는 기러기춤으로 형상화되기도 한다.

신용하는 환웅이 이끄는 부족은 바로 태양, 밝음(광명)을 숭배한다
고 밝히고 있다. 여기서 상쇠의 꽹과리는 태양을 상징하는 것으로도 이
해될 수 있다. 꽹과리의 명칭은 쇠, 매구, 깽매기, 깽쇠, 광쇠, 꽝쇠, 깡
쇠, 소금, 동고, 쟁, 울쇠, 설쇠, 갱정 따위로 불리는데41) '광쇠'와 '꽝
쇠', '깡쇠'가 빛의 의미를 가지는 명칭이다. 앞서 이야기 한바 꽹과리
소리가 천둥 번개를 표현한다고 할 때에는 빛과 소리가 하나라는 선진
적인 의식도 엿보인다. 그리고 전라도 일부 지역에서 꽹과리를 중심으
로 일광놀이42)라는 잡색극을 벌이는데, 여기서 꽹과리가 태양으로 인
식된다.

그리고 상쇠가 머리에 쓰는 전립과 그 끝에 달린 새털인 부포의 상
징은 무엇인가? 나머지 치배들은 고깔을 쓰는데 반해, 상쇠를 포함한
쇠치배는 움직이는 새털 부포를 매어 쓴다. 이는 앞서 살핀 농기에서
꼭대기에 꿩장목을 다는 의미와 상통한다고 볼 수 있다. 신용하는 새
숭배에 대하여 다음과 같이 밝히고 있다.

고조선문명권의 형성과 결합에 동인의 하나를 형성한 것이 동일한
'태양숭배', '하느님 숭배', '천제숭배' 사상이었다. 그들은 스스로를 '태
양신의 자손', '하느님의 자손', '천손(天孫)'이라는 의식을 갖고 있었으
며, '태양', '하늘', '하느님'과 자기들을 연결시켜 주는 동물매체를 '새'
(鳥)라고 생각하여 '솟대문화', '소도문화(蘇塗文化)'를 공통으로 형성
하여 갖고 있었다. 고조선문명권의 원민족들은 '태양'과 '새'를 결합하
여 태양신을 상징적으로 형상화할 때는 '삼족오(三足鳥)', '세발 까마

---

40) 신용하, 〈한국 원민족 형성과 고조선 국가 형성〉, 《한국 원민족 형성과 역사
   적 전통》, 나남출판, 2005, 27~28쪽.
41) 김행덕, 〈꽹과리〉, 《농악》 9, 우리마당 터, 2004, 344쪽.
42) 박진태, 〈영광농악의 잡색놀이 연구〉, 《농악》 5, 우리마당 터, 2004, 쪽수 미
   상. 이 논문에서 일광놀이의 전반적인 연행 구조를 밝히고 있다. 이리 풍물
   굿, 영광 풍물굿, 김제 풍물굿 등에서도 이를 연행한다.

귀'로 상징화하여 그리고 표현하였다.[43]

상쇠의 머리끝에 달린 부포는 다름 아닌 새털이며 이는 태양, 하늘, 하느님, 삼족오 신앙과 연관해서 이해해야 한다. 왜냐하면 부포는 꼭 흰색이어야 한다. 어느 지역이고 전립 위의 부포는 깨끗한 흰색으로 쓰는 것을 볼 수 있다. 여기서의 흰색[44]은 태양과 광명을 뜻한다. 이렇듯 상쇠의 꽹과리와 전립의 부포는 태양, 하느님, 천제, 삼족오(새) 상징을 적극적으로 표현하며 하늘에서 내려온 환웅을 의미한다고 정리할 수 있다.

(5) 각 신체 층위의 삼즉일–삼신 구조

풍물굿패에 보이는 기와 치배들 각각의 신체 또한 삼즉일–삼신구조로 인식되고 있음을 살펴본다. 여기에서 잡색은 머리에 무엇인가를 쓴다는 의미에서 앞치배들과 맥락을 같이한다. 따라서 기와 치배들의 구조만 논의하기로 한다.

기 신체의 삼즉일–삼신 구조

풍물굿에서 기는 '깃대'와 '기폭'과 '꼭대기에 올리는 상징물'의 세 요소가 모두 중요한 의미를 가진다. 농기와 영기의 깃대는 원래 신대에서 유래하므로 기의 중심을 이룬다. 이 깃대는 신목→신대→신간(솟대)→신기→농기로 분화·발전하여 산신숭배, 수목숭배(세계수 신앙) 표현의 일종으로 볼 수 있다. 이 깃대를 중심으로 농기는 꿩장목, 방울

---

43) 신용하, 〈고조선 문명권의 삼족오 태양 상징과 조양 원태자벽화묘의 삼족오 태양〉, 《한국 원민족 형성과 역사적 전통》, 나남출판, 2005, 92~93쪽.

44) 정병호, 앞의 책, 294쪽. 이 글에서 정병호는 고대인은 태양숭배의 제사를 지낼 때 흰 옷을 입었던 것으로 추정된다고 주장한다.

등을 꼭대기에 달고 용, 백호, 신농유업(神農遺業)이나 농자천하지대본(農者天下之大本)이라는 내용의 기폭을 매단다. 그리고 영기는 삼지창을 꼭대기에 달고 삼각형이나 사각형 형태의 기폭에 '영(令)'자를 쓴다. 이를 정리하면 다음과 같다.

<표-1> 농기와 영기의 구성표

	영기	농기
꼭대기	삼지창, 지전, 색드림	꿩장목, 방울, 색드림
깃대	대나무	대나무
기폭	令	용그림, 신위, 신농유업, 농자천하지대본

위와 같이 농기와 영기의 구조는 '깃대', '기폭', '꼭대기 상징물'의 세 요소가 하나 되어 기를 만들고 있는 것을 볼 수 있다. 저마다 요소는 독립적이면서도 서로 연관된 의미를 지니고 있다.

치배 몸의 삼즉일—삼신 구조

악기를 메고 서서 열을 지어 움직이는 앞치배 각각의 신체에 대한 인식은 앞서 살펴본 기와 상관되면서도, 한층 복잡하고 중층적인 구조를 보인다. 머리에는 전립이나 고깔을 쓰고, 몸통으로는 악기를 메거나 들기 때문이다. 이는 수직적으로도, 수평적으로도 삼즉일 구조를 취하여 중층적이다.

먼저 수평적 관점에서 앞치배의 몸 구조를 살펴보자. 풍물굿의 앞치배는 악기를 메거나 들면서 이동을 한다. 악기와 내 몸이 만들어 내는 구조를 보면, 풍물굿에서 악기는 대상이 아니고 내 몸의 일부가 된다. 몸과 악기를 이어주고 메타화하는 '채'가 있기 때문이다. 몸(주체)은 채를 대상으로 하고, 채는 악기를 대상으로 한다. 그런데 악기를 몸통에 메거나 손에 들게 되면서 채의 방향은 악기와 내 몸을 향하게 된다.

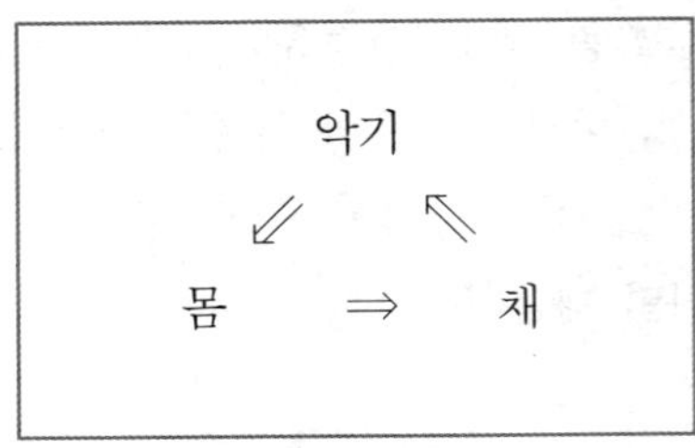

  결국 내 몸 자체가 악기와 일체가 되면서 채는 내 몸을 대상화하게
되는 순환관계가 형성된다. 그런데 채는 다름 아닌 내 몸(손)이 주체가
되어 다루는 것이니 이 또한 주체가 된다. 몸과 채는 각각 주체이면서
동시에 객체가 되는 역설이 발생한다.45) 이때 단순히 채를 이용한다고
해서 이러한 관계가 성립되는 것은 아니다. 풍물굿의 악기와 채와 몸의
관계가 순환하여 하나 되는(삼즉일-삼신) 구조는 악기를 메고 걸어다
니며 춤을 추기 때문에 가능한 것이다.

  이제 수직적 관점에서 앞치배의 신체에 대한 인식을 살펴보자. 이미
무용계에서는 춤동작(춤사위)이 윗춤, 아랫춤, 온몸춤으로 3분되어 구
성된다는 설명을 하고 있다.46) 이는 우리의 신체를 3분하여 이해하는
이 글의 취지와 상통한다고 볼 수 있다. 그러나 풍물굿에서는 더욱 명
확하게 삼즉일-삼신구조가 표현된다고 할 수 있다.

  풍물굿의 앞치배는 악기를 메고 머리에 전립과 고깔을 쓴다. 전립을
돌리고 고깔의 꽃을 놀리는 등 다양한 윗놀음을 만들어 내는 것이다.
그래서 풍물굿에는 전립과 고깔을 이용한 '윗놀음'이 있고, 악기·손·

---

45) 내 몸이 악기가 되는 경우가 있다. 악기 없이 채만 가지고 내 손이나 무릎을
    치면서 연습하기도 하고, '무릎장단'이라고 하여 손으로만 무릎을 치며 장단
    을 연습하는 방법이 있다. 이때 내 몸은 주체이면서 대상이다.
46) 임학선, 〈명무 한성준의 춤 구조 연구〉, 한양대 박사논문, 1997, 85~126쪽.
    그는 이 논문에서 춤사위 본, 기법, 장단, 호흡, 동작질량, 동작선, 기본틀 등
    을 모두 세 부분으로 나누어 이해하고 있다; 허순선, 《한국의 춤사위와 무보
    틀》, 형설출판사, 2005, 52쪽.

팔로 만들어 내는 '중간놀음(악기놀음)'이 있고, 발·다리로 연출하는 '아랫놀음'이 있다. 대표적으로 상쇠가 만들어내는 윗놀음에는 외사, 양사, 사사, 나비상, 전조시, 부포내림(또아리얹기), 개꼬리상모, 연봉놀이 등이 있다.[47] 중간놀음(악기, 팔, 손놀음)과 아랫놀음(제자리, 걸음, 뜀 등)은 상황에 따라 그 종류가 무수히 많다.

이상에서 보듯이 신체를 세 부분으로 나누어 인식하는 삼즉일의 구조는 여기에서도 나타난다.

6. 삼즉일–삼신 구조를 드러내는 굿물

이제 마지막 층위에서 삼즉일–삼신의 구조인 굿물들을 하나하나 살펴보기로 한다. 여기서는 삼지창과 고깔, 삼색띠와 삼태극, 전립의 순서로 그 역할과 의미를 살펴본다.

(1) 삼지창과 고깔

영기 위에 꽂는 삼지창과 징, 장구, 북 치배가 머리에 쓰는 고깔은 그 형태가 유사하다. 삼지창은 그 형태 그대로 삼즉일–삼신을 나타내고, 고깔은 꽃을 달아 꾸미긴 했지만 그 원형은 '山자 형태'로 역시 같은 구조를 보인다.

삼지창을 쓰는 영기는 전국 어느 지역 풍물굿에도 꼭 등장하는 기이다. 이 영기의 힘은 바로 '삼지창'에서 나온다고 볼 수 있다. 바로 삼신의 표상[48]이기 때문이다. 삼지창은 풍물굿뿐만 아니라 무굿에서도 중

---

47) 김원호, 《풍물굿 연구》, 학민사, 1999, 114~118쪽. 쇠잽이의 윗놀음은 전국적으로 분포하지만, 전립의 형태와 장단에 따라서 무수한 다양성을 보인다. 여기서는 남원 풍물굿의 유명철 명인이 연출하는 놀음이다.

요한 무구(巫具)로 사용되어진다. 삼지창이 하늘의 신과 교통할 수 있는 매개의 역할을 하는 것으로 이해할 수 있겠다.

고깔의 형상은 화려한 꽃에 가려 그 원형과 상징을 파악하기 어렵다. 하지만 승무나 무굿의 제석거리 등에서 보이듯이 원형의 고깔은 흰색으로 山자 형태를 만들고 있다. 위로 솟은 고깔 모양에 귀엣부분을 한 번 접어 올려줌으로써 꼭지가 셋인 산의 형태를 만들어 낸다. 일반적으로 고깔이 불교에서 전래된 것으로 전해지나, 《삼신민고》에서 조자룡은 삼신사상과 연관해서 고깔의 기원을 찾고 있다. 山자형의 고깔은 바로 삼신일체 사상에 그 뿌리를 두고 있다고 명쾌하게 밝히고 있다. 그러한 사상을 불교에서 차용한 것이라고 볼 수 있다.

이러한 삼지창과 고깔의 구조를 보면 3개의 끝으로 분화된 모습과, 그 세 끝이 하나의 기둥으로 수렴되는 형상을 보인다.

(2) 삼색띠와 삼태극

풍물굿패는 하얀색 바탕 치복에 검은색이나 적색 저고리를 덧입고 적·청·황의 삼색띠를 두른다. 그리고 소고에 새겨지는 삼태극 문양은 삼색띠의 그것과 다르지 않다. 삼태극 형상은 삼즉일(三卽一)의 삼신(三神) 구조를 표현하는 것에 다름 아니다.

삼색띠의 착용법과 그 의미를 보자. 보통 두 색의 띠는 양 어깨에 X자형으로 가로질러 허리 뒤에서 묶고, 나머지 한 색띠는 허리에 묶어 뒤에서 삼색띠를 한데 모아 자연스럽게 나비 모양으로 풀어낸다. 쇠치배는 3색 드림[49]이라 하여, 파랑·붉은·노랑색 띠를 등짝에다 붙이

---

48) 박흥주, 앞의 책, 130쪽.
49) 3색 드림에는 여러 경우가 있다. 뒤편에 2색 띠만 다는 경우, 3색을 일렬로 다는 경우, 위의 경우가 있다. 지역에 따라 상쇠도 나머지 치배와 같은 형태로 착용하는 경우도 있다.

는 것으로서 가운데에 노랑색 천을, 좌측에다 파랑색 천을, 우측에다 붉은색 천을 붙인다. 이때 가운데 노랑천이 좌우의 파랑·붉은 천보다 한 치 올라가게 하여 세 꼭지점이 삼각형을 이루도록 한다.50) 이렇게 삼색띠가 X자형이나 삼각형을 그리고 있는 것을 볼 수 있다. 이는 천지인 삼재의 기하학적 표현인 원방각의 표상 가운데 인간을 나타내는 삼각형 형상이라고 해석할 수 있다.

(3) 전립의 기원과 구조

부포가 달린 전립을 돌리는 상쇠의 모습에선 우주의 기운을 돌리는 듯한 인상을 받곤 한다. 전립은 그 자체로 상징성이 있지만 거기에 더해 그것을 가지고 놀고 춤을 춘다는 점이 중요하다. 필자가 살펴본 바에 따르면 전립의 각 부분들은 과정을 달리해 발전되어 왔다. 이에 대해 살펴보기로 하자.

전립은 크게 세 부분으로 나눌 수 있다. '**전립**(모자부분)'과 '**부포**(새털)'와 그 연결 부분인 '**정자**' 부분으로 나뉜다고 볼 수 있다. 전립(戰笠)은 싸움꾼이 쓰는 갓이라는 뜻으로서 그 모양이 반달형의 운두에 좁은 양태가 있고 꼭대기에 상모가 달렸다. 민간에서는 '벙거지'라고도 불렀다.51)

그리고 전립과 부포 사이에 있는 정자(頂子)는 원래 흑립이나 전립의 정상에 장식한 꾸밈새로 일명 '징자', '증자'라고도 한다. 관직에 따른 정자의 사용 규정은 고려 공민왕 16년(1367년) 7월에 처음 제정되었는데, 직품에 따라 백옥, 청옥, 수정 등의 정자를 흑립에 달도록 하였다.52) 또한 금동제나 은제의 정자가 있는데, 그 양식은 박산 모양과 연

---

50) 박홍주, 앞의 책, 131쪽.
51) 과학백과사전종합출판사 편, 《조선의 민속전통》 2 (옷차림 풍습), 1994, 177쪽.
52) 장숙환, 《전통 남자 장신구》, 대원사, 2003, 106~107쪽.

꽃, 연봉, 매화, 박쥐, 윤보무늬 등을 조각하거나 투각하였다. 중간 부위는 360도 회전이 자유롭고 상모나 공작우(孔雀羽)를 달 수 있는 고리가 붙어 있다.

　양반과 왕족들이 주로 사용하던 정자는 그 모양과 구조가 다양한데, 공작우를 달 수 있는 고리가 풍물굿에 쓰이는 전립의 징자의 기원이 되리라 추측된다. 이러한 구조가 발전하여 부포를 돌릴 수 있는 구조의 전립 징자가 나오게 되는 것이다.

　전립의 끝 부분에 달리는 부포는 지역에 따라 부들상모, 뻣상모, 총체모양 상모 등이 있다. 고대의 절풍에 새 깃을 꽂은 전통, 삼국시대에 관식을 새 날개와 깃털 모양으로 꾸민 것53), 조선조에 왕과 양반층에서 공작우를 단 것54)과 연관된다고 해석할 수 있다. 농기와의 상관관계 속에서 보았을 때에 전립의 부포는 태양, 하늘, 하느님, 삼족오 신앙이라고 볼 수 있다. 부포가 꼭 흰색인 것을 보면 태양과 광명을 상징한다고 이미 앞에서 밝혔다. 정리하면 부포는 태양, 하느님, 천제, 삼족오(새) 신앙을 풍물굿에서 면면히 전승하여 온 것이 근대에 쇠치배의 전립으로 완성된 것이라 볼 수 있다. 이렇게 전립은 '**전립**(모자 부분)'과 '**부포**'와 '**정자**'가 저마다 기원을 달리하며 한데 모여 풍물굿 쇠치배가 쓰는 전립으로 완성되었다. 이 또한 삼즉일-삼신의 구조를 보인다고 해석할 수 있겠다.

7. 맺음말

지금까지 풍물굿패 구성요소들의 의미와 구조를 살펴보았다. 풍물굿

---

53) 임영주, 《한국의 전통문양》, 대원사, 2004, 40~41쪽.
54) 위의 책, 95쪽.

패의 각 층위가 삼즉일-삼신 구조로 되어 있음을 보았고, 프랙탈이란 개념을 통해 그 논리적·철학적 맥락을 연관시켜 보았다. 결국, 상쇠를 중심으로 한 풍물굿패55)는 환웅을 따라 하늘에서 내려와 현세를 널리 이롭게 하고자 하는 삼신(선인)으로 해석될 수 있다고 하겠다. 광명 세상을 지향하며, 소리를 통해 이를 이룩하고자 하는 빛과 소리의 통합적 인식도 있었다. 상쇠가 환웅이라는 근거로 삼색띠의 드림과 꽹과리, 전립의 부포 등의 상징물을 들었다.

특히 이 글에서는 의식의 역사로서 풍물굿이 원형을 간직하면서 어떠한 지향을 가져왔는지에 중점을 두어왔다. 그 뒤 풍물굿의 연구는 물론 더욱 심화·확대되어야 한다. 종교·신앙적 측면, 무용학적 측면, 음악적 측면, 악기론적 측면, 생태학적 측면 등등의 다양한 관점에서 해석되어 풍물굿이 드넓은 인류의 문화에 새로운 기운을 불어넣기를 기대한다.

---

55) 임재해는 그의 논문 〈굿문화의 정치적 기능과 무당의 정치적 위상〉,《比較民俗學》 26, 比較民俗學會, 2004, 284쪽에서 "강신무를 신들린 무당, 세습무를 대물린 무당, 광대무는 신오른 무당"으로 정리하였다. 이는 풍물굿패가 '주체적으로' 신이 오른 무당이라는 측면에서 해석할 수 있는 방향을 제시한다. 이 글의 취지와도 상통한다.

부록

풍물굿 연구 자료 목록

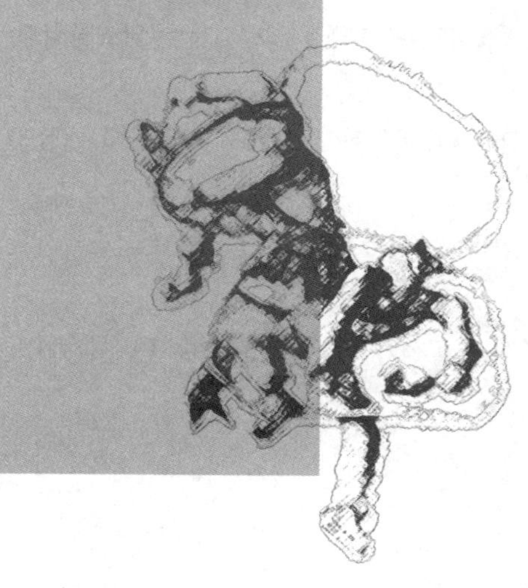

1. 학회지 및 간행물 자료

강미란, 〈마을굿과 두레굿의 농악—중부이북지방을 중심으로〉, 《무용학회
　　　논문집》 8, 대한무용학회, 1986.
강용권, 〈급변하는 사회에서의 한국문화의 전통성—연희분야〉, 《한국문화
　　　인류학》 7, 한국문화인류학회, 1975.
강원희, 〈예천동제(부락신앙)〉, 《한국민속학》 21, 한국민속학회, 1988.
강정원, 〈동제 전승주체의 변화〉, 《한국민속학》 36, 한국민속학회, 2002.
고보윤, 〈풍물놀이를 위한 태평소 지도방안〉, 《국악과 교육》 20, 한국국악
　　　교육학회, 2002.
권도희, 〈20세기 초 음악집단의 재편〉, 《동양음악》 20, 서울대동양음악연
　　　구소, 1998.
권순호, 〈놀이문화로서의 음악활동〉, 《음악과 문화》 5, 세계음악학회, 2001.
권오성, 〈한국전통음악 장단연구의 문제점〉, 《한국음악연구》 19, 한국국악
　　　학회, 1991.
＿＿＿, 〈한국의 축제와 음악〉, 《국제아세아민속학》 2, 국제아세아민속학
　　　회, 1999.
권진미, 〈농악의 교육적 활용방안에 관한 연구〉, 《한국음악학논집》 3, 한국
　　　음악사학회, 1999.
권희덕, 〈농악의 효율적 지도〉, 《국악과 교육》 12, 한국국악교육학회,
　　　1994.
금장태, 〈제천의례의 역사적 고찰〉, 《대동문화연구》 25, 성균관대 대동문
　　　화연구원, 1990.
김경녀, 〈청도 차산농악에 관한 연구〉, 《한국음악학논집》 2, 한국음악사학
　　　회, 1994.
김경희, 〈꽹과리 음향 선호도 조사 보고서〉, 《국악원논문집》 10, 국립국악
　　　원, 1998.

김기형, 〈삼동굿놀이의 본래 모습에 대한 추론〉, 《한국민속학》 31, 한국민
　　　속학회, 1999.

김대성, 〈박홍남류 설장구 가락연구 〉, 《민족음악의 이해》 3, 민족음악연구
　　　회, 1994.

김명곤, 〈두렁쇠 50년에 만고풍상만 서리고: 상쇠 김봉열〉, 《음악동아》 1
　　　월호, 동아일보사, 1985.

＿＿＿, 〈어떻게 허먼 똑똑헌 제자 한 놈 두고 죽을꼬?〉, 《임실 '설장구잽
　　　이' 신기남의 한평생》, 뿌리깊은나무, 1992.

김미숙·박은영, 〈호남 우도농악의 설장구 춤사위에 관한 연구—광주·전
　　　남지방의 무형문화재 3인을 중심으로〉, 《문화연구》 6, 한국문화학
　　　회, 2001.

김삼진, 〈풍물굿〉, 《남도민속학 개설》, 태학사, 1998.

김선풍, 〈한국민속놀이론〉, 《중앙민속학》 1, 중앙대 민속학연구소, 1989.

＿＿＿, 〈한국농경의례와 농신〉, 《중앙민속학》 5, 중앙대 민속학연구소,
　　　1993.

김성혜, 〈조선일보의국악기사(2)1920년—1940년〉, 《한국음악사학보》 13, 한
　　　국음악사학회, 1994.

김세중, 〈대상, 담론, 메타담론의 차이를 넘어서: 한국음악의 장단과 서양
　　　음악의 리듬 비교〉, 《음악과 문화》 2, 세계음악학회, 2000.

김양곤, 〈韓國의 農樂舞에 對한 研究(Ⅰ)〉, 《서울교대논문집》 1, 1968.

＿＿＿, 〈한국의 농악무에 대한 연구〉, 《서울교육대학 논문집》, 서울교대,
　　　1968.

＿＿＿, 〈韓國의 農樂에 關한 研究[Ⅱ]〉, 《서울교대논문집》 9, 1976.

＿＿＿, 〈한국농악의 지방별 특징에 관한 조사연구〉, 《무용》 제3집, 한국문
　　　화예술진흥원, 1976.

김영란, 〈호남 좌, 우도 농악의 놀이적 특징 비교〉, 《한국레크리에이션교육
　　　학회지》 2, 한국레크리에이션교육학회, 2000.

김영운, 〈한국 토속악기의 악기론적 연구〉, 《한국음악연구》 17, 한국국악

학회, 1989.

김월덕, 〈전북지역 마을굿의 구조와 의미〉, 《한국민속학》 38, 한국민속학회, 2003.

김유경, 〈호남좌도 필봉―금다리 정월 풍물〉, 《한국연극》 4, 한국연극협회, 1988.

김윤희, 〈안채봉 소고춤사위에 관한 연구〉, 한국문화학회학술발표회, 한국문화학회, 1999.

______·신현균, 〈굿 수행 과정에서 무속인의 신체체험의 민속지학적 접근 가능성 탐색〉, 《움직임의 철학》, 한국체육철학회, 2003.

김은영, 〈비산농악 및 소고춤 지도에 관한 연구〉, 《국악교육》 15, 한국국악교육학회, 1997.

김익두, 〈전북의 농악〉, 《문화예술》 8, 한국문화예술진흥원, 1986.

______, 〈풍물굿의 공연원리와 연행적 성격〉, 《한국민속학》 27, 민속학회, 1995.

______, 〈한국 풍물굿 잡색놀음의 공연적 연극적 성격〉, 《비교민속학》 14, 비교민속학회, 1997.

______, 〈한국의 연극적 공연 양식에 있어서의 공소와 공연자 청관중 상호작용의 원리에 관하여〉, 《한국언어문학》 41, 한국언어문학회, 1998.

______, 〈민족공연학 연구 서설〉, 《역사민속학》 9, 한국역사민속학회, 2000.

______, 〈남원농악고증〉, 전라북도, 2004.

김인우, 〈풍물굿과 공동체적 신명〉, 《민족과 굿》, 학민사, 1987.

김재영, 〈정읍 농악과 신종교〉, 《한국종교사 연구》 10, 한국종교사학회, 2002.

김정업, 〈農樂의 起源과 形態〉, 《國語國文學》 1, 1973.

김정헌, 〈농악의 노래굿에 관한 고찰〉, 《공연문화연구》 15, 한국공연문화학회, 2007.

______, 〈호남좌도 '남원농악'의 공연적 특징과 변천과정〉, 《공연문화연구》

14, 한국공연문화학회, 2007.

김진구, 〈고깔의 비교 언어학적 연구〉, 《복식문화연구》 3, 복식문화학회, 1995.

김창민, 〈동제 수행의 규범적 규칙과 실제적 규칙〉, 《한국문화인류학》 21, 한국문화인류학회, 1989.

김창욱, 〈일제강점기 음악의 사회사—신문, 잡지(1910~1945)를 중심으로〉, 《음악학》 11, 한국음악학학회, 2004.

김태곤, 〈한국농악의 지방별에 관한 조사 연구〉, 《무용》 3, 한국문화예술진흥원, 1976.

김해숙, 〈한국전통음악의 장단구조와 빠르기에 관한 연구〉, 《한국음악사학보》 27, 한국음악사학회, 2001.

______, 〈한국전통음악 장단연구의 현황과 과제〉, 《한국음악연구》 35, 한국국악학회, 2004.

김헌선, 〈농악에서 채보와 분석의 문제에 관한 논평〉, 《한국음악연구》 19, 한국국악학회, 1991.

______, 〈사물놀이의 세계〉, 《풍물굿에서 사물놀이까지》, 귀인사, 1991.

______, 〈풍물의 전승주체〉, 한국민속학회, 158차 하계학술대회자료집, 2002.

______, 〈무속과 정치—쇠걸립, 쇠내림, 사제계승권을 중심으로 해서〉, 《비교민속학》 26, 비교민속학회, 2004.

김현숙, 〈농악에서 채보와 분석의 문제〉, 《한국음악연구》 19, 한국국악학회, 1991.

김혜정, 〈전남지역 매구의 길굿에 대한 연구〉, 《한국음악연구》 27, 한국국악학회, 1999.

김홍우, 〈임실'필봉농악'〉, 《한맥문학》 20, 한맥문학사, 2007.

노동은, 〈조선후기 음악연구 1〉, 《음악학》 1, 한국음악학학회, 1988.

______, 〈조선후기음악연구〉, 《한국음악사학보》 15, 한국음악사학회, 1995.

박미경, 〈전통음악과 서양음악 분석론—그 적용가능성의 탐색〉, 《세계음악학회 총서》 1, 세계음악학회, 2000.

박미경, 〈한국의 음악연구에 쓰인 악보에서 드러나는 쟁점들〉, 《세계음악
　　　학회 총서》 1, 세계음악학회, 2000.

_____, 〈즉흥성연구의 시안: 채보와 비교를 통한 해석〉, 《음악과 문화》 7,
　　　세계음악학회, 2002.

박순호, 〈삼동 굿놀이와 지네밟기〉, 《한국민속학》 15, 한국민속학회, 1982.

_____, 〈전북의 솟대 고〉, 《한국민속학》 18, 한국민속학회, 1985.

박은하, 〈설장구 춤사위 연구—경기·충청 농악 양도일 명인〉, 《무용예술
　　　학연구》 8, 한국무용예술학회, 2001.

박전열, 〈풍각쟁이의 기원과 성격〉, 《한국민속학》 11, 한국민속학회, 1979.

_____, 〈걸립의례의 공간구성—한국과 일본의 사례를 비교하며〉, 《중앙민
　　　속학》 3, 중앙대 민속학연구소, 1991.

_____, 〈동제에 있어서 걸립의 문제—한국과 일본의 걸립패 활동방식을
　　　중심으로〉, 《한국민속학》 34, 한국민속학회, 2001.

박종설, 〈민속악 장단구조에 관한 분석 연구〉, 《한국음악연구》 19, 한국국
　　　악학회, 1991.

박진태, 〈농악대 잡색놀이의 연극성과 제의성〉, 《한국민속학》 29, 민속학
　　　회, 1997.

_____, 〈영광 농악의 잡색놀이 연구〉, 《비교민속학》 15, 비교민속학회,
　　　1998.

_____, 〈고전희곡사의 시대구분〉, 《공연문화연구》 1, 한국공연문화학회,
　　　2000.

_____, 〈진주·삼천포 농악의 전승실태와 보존방안〉, 《인문예술논총》 23,
　　　대구대학교 인문과학예술문화연구소, 2002.

박현국, 〈당산신 모티프 설화와 당산제의 고찰〉, 《한국민속학》 22, 한국민
　　　속학회, 1989.

_____, 〈정읍 지역 당산제 고찰〉, 《한국민속학》 27, 한국민속학회, 1995.

박흥주, 〈풍물굿의 구성원리: 최소원칙과 최대원칙〉,《민족예술》26, 한국
　　　민족예술인 총연합, 1997.

＿＿＿, 〈도시마을굿의 축제성 전승 방안〉,《한국문화연구》6, 경희대 민속
　　　학연구소, 2002.

배영동, 〈농업에서 노동과 놀이의 관계〉,《민속연구》6, 안동대민속학연구
　　　소, 1996.

백대웅, 〈전통음악의 시대적 분류와 공간적 분류〉,《한국음악연구》20, 한
　　　국국악학회, 1992.

＿＿＿, 〈전통음악의 새로운 해석—18세기 음악양식의 변화를 중심으로〉,
　　　《음악학》4, 한국음악학학회, 1997.

＿＿＿, 〈18, 19 세기 서울의 도시문화 변천에 따른 음악문화의 변화 양상〉,
　　　《민족문화연구》31, 고려대민족문화연구소, 1998.

＿＿＿, 〈20세기에 전개된 전통음악의 양상과 미래적 전망〉,《음악과 문
　　　화》4, 세계음악학회, 2001.

＿＿＿, 〈18세기 음악환경과 전문예능인들의 음악활동연구〉,《한국음악사
　　　학보》26, 한국음악사학회, 2001.

백일형, 〈장단과 관련된 학술용어〉,《한국음악연구》25, 한국국악학회,
　　　1997.

변미혜, 〈정간보의 기보체계에 관한 연구〉,《국악과 교육》14, 한국국악교
　　　육학회, 1996.

성재형, 〈농악의 각 지방별 특색에 관한 연구분석〉,《무용학회논문집》9,
　　　대한무용학회, 1987.

소진섭, 〈부천의 농악〉,《경기향토사학》5, 전국문화원 연합회 경기도지회,
　　　2000.

손용배, 〈한국농악소고〉,《한국무용》15호, 1983.

손우승, 〈일제강점기 풍물의 존재양상과 성격〉,《실천민속학연구》9, 실천
　　　민속학회, 2007.

손인애, 〈사당패소리 방아타령 연구—서남해 도서지역의 남사당패소리를

중심으로〉, 《한국민요학》 15, 한국민요학회, 2004.

손태도, 〈광대 집단에 대한 연구 1—경기 이남의 화랑, 무부, 광대의 관계〉, 《판소리연구》 11, 판소리학회, 2000.

______, 〈광대 고사 소리에 대하여〉, 《한국음반학》 11, 한국고음반연구회, 2001.

______ · 이자균, 〈광대 집단에 대한 연구 2〉, 《공연문화연구》 2, 한국공연문화학회, 2001.

손태도, 〈19세기 광대 집단의 음악 문화〉, 《동양음악》 24, 서울대동양음악연구소, 2002.

송 범, 〈농악형식에 나타난 무용에 관한 연구〉, 《예술논문집》 제31집, 대한민국예술원, 1992.

송기태, 〈호남풍물굿의 전승과 전문예인집단 연희의 수용〉, 《남도민속연구》 11, 남도민속연구, 2005.

______, 〈세습무집단의 풍물굿 연행과 지역풍물굿의 전승: 고창과 영광지역을 중심으로〉, 《남도민속연구》 15, 남도민속학회, 2007.

______, 〈풍물굿〉, 《남도민속연구》 14, 남도민속학회, 2007.

송방송, 〈광대와 그 음악전통〉, 《한국음악사학보》 18, 한국음악사학회, 1997.

송수남, 〈농악에서 파생된 한국 민속무용〉, 《예술과비평》 19, 서울신문사, 1990.

송정은, 〈남사당 풍물굿에 내재된 현대적 수용가치에 관한 연구〉, 《움직임의 철학》, 한국체육철학회, 1998.

신경숙, 〈19세기 연행예술의 유통구조〉, 《어문논집》 43, 민족어문학회, 2001.

신세기 레코드, 〈국악대전집 제3집, P.6: 악기(농악 · 산조)〉, 1968.

신용하, 〈두레공동체와 농악의 사회사〉, 《한국사회연구》 2, 한길사, 1984.

______, 〈두레와 농민문화〉, 《현대 자본주의와 공동체 이론》, 한길사, 1987.

심우성, 〈평등과 화합의 사상〉, 《문학사상》 72호, 문학사상사, 1978년

9월호.

심우성, 〈평등과 화합의 사상과 농악의 역사·사회성〉, 《한국의 민속예술》, 문학과지성사, 1988.

안상봉, 〈소학지희의 개념과 역사적 전개〉, 《공연문화연구》 1, 한국공연문화학회, 2000.

野村伸一, 〈농악과 예능〉, 《민족문화》 8, 1997.

양재연, 〈위지동이전에 나타난 제천의식과 가무〉, 《대동문화연구》 13, 성균관대 대동문화연구원, 1979.

양진성, 〈풍물굿 예인들의 활동 양상: 호남 좌도 풍물굿 쇠쟁이들을 중심으로〉, 《국어문학》, 국어국문학회, 2008.

양향진, 〈광양 용강풍물굿 연구: 진주·삼천포농악과의 마당밟이를 중심으로〉, 《남도민속연구》 14, 남도민속학회, 2007.

오승지, 〈농악의 본질과 판굿의 의미에 관한 연구〉, 《학술논문집》 9, 한국무용협회, 2002.

원숙재, 〈전통음악의 가락과 장단 용어에 관한 분석검토〉, 《한국음악학논집》 2, 한국음악사학회, 1994.

유대안, 〈날뫼북춤에 나타난 장단의 특성분석〉, 《음악과 문화》 11, 세계음악학회, 2004.

유옥재, 〈한국 농악의 지역적 특징에 대한 연구〉, 《인문학연구》 21, 강원대학교, 1985.

윤광봉, 〈한국연희와 역사적 전개〉, 《공연문화연구》 1, 한국공연문화학회, 2000.

윤명원, 〈농악에서 채보와 분석의 문제에 관한 논평〉, 《한국음악연구》 19집, 한국국악학회, 1991.

______, 〈한국전통음악장단의 불규칙성에 관한 연구〉, 《한국음악연구》 31, 한국국악학회, 2002.

______, 〈풍물놀이와 사물놀이의 음악적 차이〉, 《음악과 민족》 32, 민족음악학회, 2006.

윤미라, 〈이동안, 진쇠춤 연구〉, 《무용학회논문집》 13, 대한무용학회, 1991.

______, 〈민속춤에 내재된 춤 image에 관한 연구—농악·탈춤을 중심으로〉, 《무용학회논문집》 16, 대한무용학회, 1994.

윤용진, 〈민간신앙과 사회변혁〉, 《역사속의 민중과 민속》, 한국역사민속학회, 이론과 실천, 1990.

이경엽, 〈도서지역의 민속연희와 남사당노래 연구〉, 《한국민속학》 33, 한국민속학회, 2001.

______, 〈무속의 전승 주체—호남의 당골제도와 세습무계의 활동〉, 《한국민속학》 36, 한국민속학회, 2002.

______, 〈서남해 지역의 남사당 관련 민속연희와 연희자 연구〉, 《공연문화연구》 5, 한국공연문화학회, 2002.

이경호, 〈한국 풍물춤의 전반적 성격과 무용학적 특성〉, 《대한무용학회》 제24호, 대한무용학회, 1998.

이보형, 〈농악〉, 《한국민속학》 2, 한국민속학연구회, 1970.

______, 〈농악의 채에 대한 음악적 고찰〉, 《한국민속학》 2, 한국민속학회, 1970.

______, 〈신대와 농기〉, 《한국문화인류학》 8, 한국문화인류학회, 1976.

______, 〈살푸리와 도살푸리와 동살푸리의 비교〉, 《민족음악학》 2, 서울대 동양음악연구소, 1978.

______, 〈韓國農樂의 音樂的 特性과 社會的 機能〉, 《明大》 9, 1978.

______, 〈쇠가락의 충동과 그 다양성〉, 〈농악의 용어 해설〉, 《문학사상》 72호(9월호), 문학사상사, 1978.

______, 〈농악〉, 《한국의 민속예술》, 한국문화예술진흥원, 1978.

______, 〈농악의 용어 해설〉, 《문학사상》 72, 문학사상사, 1978.

______, 〈농악과 장구〉, 《어떻게 하면 똑똑한 제자 한놈 두고 죽을꼬》, 뿌리깊은나무, 1981.

______, 〈마을굿과 두레굿의 의식구성〉, 《민족음악학》 4, 서울대 동양음악

연구소, 1981.

이보형, 〈농악에서 길굿과 (길군악) 채굿〉, 《민족음악학》 6, 서울대 동양음악연구소, 1984.

______, 〈강릉농악의 특질〉, 《강원민속학》 3, 강원민속학회, 1985.

______, 〈농악으로 벌이는 마을굿 당산제〉, 《한국인의 놀이와 제의: 풍물굿》, 평민사, 1986.

______, 〈한국민속음악장단의 대강박(대박), 박, 분박(소박)에 대한 전통기보론적 고찰〉, 《국립국악원논문집》 4, 국립국악원, 1992.

______, 〈리듬형의 구조와 그 구성에 의한 장단분류 연구—사설의 율격이 음악의 박자와 결합되는 음악적 통사구조에 기하여〉, 《한국음악연구》 23, 한국국악학회, 1995.

______, 〈우도농악 판굿 해설〉, 《한국음반학》 6, 한국고음반연구회, 1996.

______, 〈고사소리 해설·사설〉, 《한국음반학》 7, 한국고음반연구회, 1997.

______, 〈장단리듬형의 형태구조 및 통사구조와 그 변화연구〉, 《민족음악학》 19, 서울대동양음악연구소, 1997.

______, 〈전립과 농악의 상모〉, 《한국민속학》 29, 한국민속학회, 1997.

______, 〈농악의 미의식 민속예술의 정서와 미학〉, 《한국민속학》 30, 민속학회, 1998.

______, 〈장단리듬 표면구조의 생성 변형 원리〉, 《국악원논문집》 10, 국립국악원, 1998.

______, 〈한국제의식과 연희와 민속놀이에서 우회전과 좌회전의 상징성〉, 《국제아세아민속학》 2, 국제아세아민속학회, 1999.

______, 〈장단 리듬 심층구조(원박)에 의한 표면구조 제어 기능〉, 《한국음악연구》 31, 한국국악학회, 2002.

______, 〈농악장단의 종류와 분류체계〉, 《한국전통음악학》 4, 한국전통음악학회, 2003.

이수정, 〈동아일보의 국악기사(1)1921년—1940년〉, 《한국음악사학보 12》, 한국음악사학회, 1994.

이수정, 〈동아일보의 국악기사(2)1921년—1930년〉, 《한국음악사학보 14》,
    한국음악사학회, 1995.

이애주, 〈춤사위 어휘고〉, 《관악어문연구》 1, 서울대 국문과, 1976.

______, 〈고대제천의식에 나타난 춤의 구조〉, 《국제아세아민속학》 2, 국제
    아세아민속학회, 1999.

이연경, 〈다양한 리듬지도 접근방식에 대한 비교 분석〉, 《음악연구》 21, 한
    국국음악학회, 2000.

이영배, 〈잡색놀음연구: 진안, 임실, 남원 풍물굿의 사례를 중심으로〉, 《한
    국민속학》 37, 한국민속학회, 2003.

______, 〈풍물굿 연구의 심화를 위한 제언—풍물굿 연구담론의 위상 점검
    과 새로운 방향 모색〉, 《한국민속학》 39, 한국민속학회, 2003.

______, 〈잡색놀음연구 2: 고창·김제·부안·이리·영광 풍물굿의 도둑댑
    이굿을 중심으로〉, 《한국언어문학》 53, 한국언어문학회, 2004.

______, 〈호남 풍물굿 '잡색놀음'의 공연적 특성과 그 의미〉, 《우리어문연
    구》 제27집, 우리어문학회, 2007.

______, 〈풍물굿의 제의적 속성과 양식에 관한 시론: 위도 띠배굿과 남원농
    악의 대비를 중심으로〉, 《실천민속학 연구》, 실천민속학회, 2007.

이용식, 〈호남 좌도농악의 여러 양상에 대한 내관적(內觀的, emic) 비교〉,
    《동양음악》 25, 대동양음악연구소, 2003.

______, 〈호남 좌도농악의 갈래〉, 《한국음악연구》 35, 한국국악학회, 2004.

______, 〈음악가집단의 성격에 따른 음악문화의 특성: 호남좌도농악의 마
    을굿과 걸립농악의 비교를 중심으로〉, 《한국음악연구》 41, 한국음
    악학회. 2007,

이창식, 〈한국의 연희(演戲) 유희(遊戲) 총일람(總一覽)〉, 《비교민속학》 9,
    비교민속학회, 1992.

이현수, 〈마을 공동제의의 변모양상: 호남 지방을 중심으로〉, 《비교민속
    학》 18, 비교민속학회, 2000.

이홍리, 〈농악에 나타난 춤의 유형〉, 《무용한국》 42, 무용한국사, 1992.

이홍리, 〈북춤의 유형별 고찰〉, 《무용학회논문집》 19, 대한무용학회, 1996.

임동권, 〈농악과 생활사·농경생활자의 반주〉, 《문학사상》 9월호, 문학사상사, 1978.

임수정, 〈승전무음악 연구—북춤을 중심으로〉, 《음악과 민족》 23, 민족음악학회, 2002.

임재해·박혜영, 〈마을굿에서 풍물의 기능과 제의 양식변화〉, 《비교민속학》, 비교민속학회 35, 2008.

임진택, 〈풍물굿이란 무엇인가〉, 《영광문화》 14, 대구대학교. 1992.

장사훈, 〈민족문화관계문헌목록—1945년 이전〉, 《민족문화연구》 1, 고대 민족문화 연구소, 1964.

______, 〈국악관계 저술논문 목록—1945년 이후〉, 《민족문화연구》 4, 고대 민족문화 연구소, 1970.

______, 〈악복(樂服)과 무복(舞服)의 역사적 변천에 관한 연구〉, 《민족음악학》 7, 서울대 동양음악연구소, 1985.

장유경, 〈날뫼북춤의 연구—춤사위의 무용화를 중심으로〉, 《무용학회논문집》 6, 대한무용학회, 1984.

장휘주, 〈사당패의 집단성격과 공연내용에 대한 사적 고찰〉, 《한국음악연구》 36, 한국국악학회, 2004.

전경욱, 〈조선조 전통공연예술의 계통과 성립과정〉, 《국악원논문집》 11, 국립국악원, 1999.

______, 〈재승계통의 연희담당층〉, 한국민속학회 158차 하계학술대회자료집, 2002.

전은자, 〈민속춤의 성향분석과 변형에 관한 연구〉, 《무용학회논문집》 19, 대한무용학회, 1996.

______, 〈소고무의 구조적 분석에 의한 실체 연구〉, 《무용학회논문집》 23, 대한무용학회, 1998.

______, 〈변형된 장고춤의 동작분석을 통한 미적 가치〉, 《무용학회논문집》 29, 대한무용학회, 2001.

674

전인평, 〈굿거리 장단의 변주방법〉, 《민족음악학》 3, 서울대 동양음악연구소, 1979.

정병호, 〈고대 무속무용에 영향받은 전통무용: 가면무극과 농악무를 중심으로〉, 《무용》 제3집, 한국문화예술진흥원, 1976.

______, 〈민속무용의 춤사위에 관한 연구〉, 〈한국민속학〉 제10집, 민속학회, 1977.

______, 〈농악의 예능적 특성〉, 《창론》 3, 중앙대 한국예술연구소, 1983.

______, 〈춤사위考〉, 《한국민속학》 18, 민속학회, 1985.

______, 〈농악예능의 상징성과 의미에 관한 일고찰〉, 《월산 임동권박사 송수기념 논문집》, 집문당, 1986, 《한국무용》 23, 무용한국사, 1987.

______, 〈농악문화와 유래〉, 《음악교육》, 1988. 11. 12.

______, 〈농악의 잡색극〉, 《한국연극》 4월호, 한국연극협회, 1988.

______, 〈현장을 통해 본 농악의 전승 문제〉, 《한국의 민속예술》, 문학과지성사, 1988.

______, 〈농악의 판굿연극〉, 《한국연극》 8월호, 한국연극협회, 1988.

______, 〈농악의 편성과 기(旗)〉, 《음악교육》 38, 세광음악출판, 1989.

______, 〈농악의 형성〉, 《음악교육》 37, 세광음악출판, 1989.

______, 〈남도 민속예술의 특징〉, 《민속예술》, 교문사, 1989.

______, 〈농경의례와 민속춤〉, 《중앙민속학》 5, 중앙대 민속학연구소, 1993.

______, 〈농악의 지역적 분포와 그 놀이의 양태〉, 《한국민속놀이의 종합적 연구》, 민속학회, 1993.

______, 〈놀이판의 구조와 기능〉, 《놀이문화와 축제》, 성균관대 출판부, 1996.

______, 〈농악의 잡색놀이에 나타난 연극적 성격고찰〉, 《남도 민속학회진전》, 태학사, 1998.

정회갑, 〈한국민속무에 사용되는 음악연구—전북농악을 중심으로〉, 《서울대음대학보》 3, 서울대 음대학생회, 1966.

______, 〈경기도 농악의 연구〉, 《서울대 음대 학보》 4, 서울대학교, 1968.

조경만, 〈자연·초자연과 풍물연희의 문화〉, 《민족예술의 이해》, 민족문화
　　사, 1989.

조동일, 〈농악대의 '양반광대'를 통해 본 연극사의 몇 가지 문제〉, 《童山申
　　泰植博士頌壽紀念論叢》, 계명대 출판부, 1969.

＿＿, 〈조선후기 가면극과 민중의식의 성장〉, 《창작과비평》 봄호, 1972.

조춘영, 〈환운과 풍물굿: 삼즉일(三卽一) 구조의 프랙탈(fractal)개념을 중
　　심으로〉, 《단군학연구》 14, 단군학회, 2006.

＿＿, 〈풍물굿의 탈현대성: 복잡계 패러다임을 중심으로〉, 《동양예술》
　　12, 한국동양예술학회, 2007.

주강현, 〈마을 공동체와 마을굿 두레굿 연구〉, 《민족과 굿》, 학민사, 1988.

＿＿, 〈농기 의례와 놀이고〉, 《한국민속학보》 6, 한국민속학회, 1995.

＿＿, 〈일제식민지시대 두레의 문학적 형상화—두레와 문학의 힘, 풍속의
　　힘〉, 《한국문화연구》 1, 경희대 민속학연구소, 1998.

주영자, 〈한국 장고 음악에 나타난 Rhythm과 Movement 연구〉, 《한국문화
　　연구원 논총》 51, 이화여대, 1981.

＿＿, 〈민속악 리듬연구〉, 《주제연구》 9, 이화여대 한국문화연구원,
　　1985.

＿＿, 〈한국 민속악 Rhythm 구조 연구〉, 《한국문화연구원 논총》 제51집,
　　이화여대, 1986.

주종환, 〈강원도 농악에 관한 고찰〉, 《강원교육》, 1975.

지춘상, 〈농악의 연희성·놀이 문화의 원초형〉, 《문학사상》 9월호, 문학사
　　상사, 1978.

진도군, 〈신바람나는 진도 농악〉, 《옥주의 얼》, 진도군청, 1985.

채희완, 〈한국춤의 정신 한국춤의 원형을 찾아서〉, 《학술발표논문집》, 한
　　국무용예술학회, 2001.

최덕원, 〈남도 농악놀이 소고〉, 《순천대학논문집》 5, 1986.

최자운, 〈호남지역 농악대 고사소리의 기능과 유형〉, 《구비문학회 2006년
　　춘계학술대회자료집》, 구비문학회, 2006.

한만영, 〈농악〉, 《한국예술개관》 1, 대한민국예술원, 1975.

한상수, 〈농악의 기원에 대한 고찰〉, 《인문과학논문집》 26, 대전대 인문과
　　　　학연구소, 1998.

______, 〈농악의 변천과정〉, 《대전어문학》 18, 대전대 국어국문학회, 2001.

한양명, 〈민속예술을 통해 본 신명풀이의 존재양상과 성격〉, 《비교민속학》
　　　　22, 비교민속학회, 2002.

홍현식 외, 〈농악의 기원설〉, 《호남농악》, 문화재관리국, 1967.

자료집, 〈왜정하 정기간행물 소재 국악관계기사 1〉, 《민족음악학》 7, 서울
　　　　대동양음악연구소, 1985.

______, 〈왜정하 정기간행물 소재 국악관계기사 2〉, 《민족음악학》 8, 서울
　　　　대 동양음악연구소, 1986.

______, 〈왜정하 정기간행물 소재 국악관계기사 3〉, 《민족음악학》 9, 서울
　　　　대 동양음악연구소, 1987.

______, 〈왜정하 정기간행물 소재 국악관계기사 4〉, 《민족음악학》 10, 서
　　　　울대 동양음악연구소, 1988.

______, 〈왜정하 정기간행물 소재 국악관계기사 5〉, 《민족음악학》 11, 서
　　　　울대 동양음악연구소, 1989.

______, 〈왜정하 정기간행물 소재 국악관계기사 6〉, 《민족음악학》 12, 서
　　　　울대 동양음악연구소, 1990.

______, 〈왜정하 정기간행물 소재 국악관계기사 7〉, 《민족음악학》 13, 서
　　　　울대 동양음악연구소, 1991.

______, 〈왜정하 정기간행물 소재 국악관계기사 8〉, 《민족음악학》 14, 서
　　　　울대 동양음악연구소, 1992.

竹下隆三・武田明治, 《農樂》, 東京 : 大日本圖書, 昭和 49, 1974.

Keith Howard, 〈음악적 언어와 사회적 음악〉, 《한국음악연구》 12, 한국국
　　　　악학회, 1982.

______, 〈무속음악에 사용된 굿거리 장단에 대한 고찰〉, 《한국음악사학보》

11, 한국음악사학회, 1993.

Mantle Hood, 〈채보와 기보법〉, 《세계음악학회 총서》 1, 세계음악학회, 2000.

Nathan Hesselink, 〈한국의 타악 풍물에서의 교수법 : 적용과 생존의 두 가지 사례 연구〉, 《한국음악사학보》 22, 한국음악사학회, 1999.

______, 〈동전의 양면: 호남 좌우도 농악 동근론〉, 《동양음악》 21, 서울대 동양음악연구소, 1999.

______, 〈한국풍물에 박자구조를 밝혀내는 결정체로서의 춤〉, 《음악과 문화》 4, 세계음악학회, 2001.

______, 〈길군악 칠채의 장단 패턴: 풍물의 남-북 지역 구분법〉, 《동양음악》 25, 서울대동양음악연구소, 2003.

Nicholas England, 〈채보와 분석에 대한 심포지엄〉, 《세계음악학회 총서》1, 세계음악학회, 2000.

2. 학위논문

강원경, 〈국악과 서양음악의 리듬적요소에 관한 연구〉, 동아대 석사논문, 1979.

강희수, 〈남원독우물굿 연구〉, 서남대 석사논문, 2003.

고전금, 〈필봉농악 판굿에 나타난 소고춤의 춤사위 연구〉, 이화여대 석사논문, 1998.

공성재, 〈천왕메기 중 "비산농악 장단"의 음악적 특징 연구〉, 경북대 석사논문, 2007.

곽정숙, 〈경북지방의 農樂舞 연구: 금릉빗내·예천통명·대구고산 농악을 중심으로〉, 중앙대 무용교육학 석사논문, 1985.

권두현, 〈풍물의 기능과 연행양식 연구〉, 안동대 민속학 석사논문, 1993.

권선오, 〈청도차산 농악에 관한 연구〉, 부산대 석사논문, 1989.

678

권오성, 〈웃다리 농악의 칠채 가락에 관한 연구: 송순갑의 쇠가락을 중심으
　　　로〉, 용인대 석사논문, 2004.
권은영, 〈여성농악단 연구〉, 전북대 국문학 석사논문, 2003.
길석근, 〈전라좌도 농악의 판굿가락 분석―김봉열 판굿가락을 중심으로〉,
　　　용인대 예술대 석사논문, 1999.
김경화, 〈민속춤의 민중의식과 현대적 계승에 관한 예비적 고찰〉, 이화여대
　　　석사논문, 1990.
김민선, 〈우도농악판굿 가락과 사물놀이 우도가락의 비교연구〉, 서울대 대
　　　학원 석사논문, 2007.
김병곤, 〈안성남사당 풍물가락과 대전웃다리 풍물 가락 비교 연구〉, 목원대
　　　석사논문, 2006.
김병찬, 〈지신밟기 소리의 전승원리 연구〉, 동아대 석사논문, 2003.
김상섭, 〈사물놀이를 통해본 새로운 전통의 창출과 그 사회적 의미〉, 안동
　　　대 석사논문, 2000.
김선태, 〈전북우도풍물 전승과 ‘여성농악단’의 역할〉, 안동대 석사논문,
　　　2003.
김소은, 〈농악과 탈춤의 사회적 기능에 관한 고찰〉, 동국대 석사논문, 1997.
김영선, 〈풍물놀이 지도실태에 관한 연구〉, 부산대 교육대학원 석사논문,
　　　1989.
김옥희, 〈호남 농악 판굿의 진풀이에 관한 연구〉, 이화여대 체육교육학 석
　　　사논문, 1985.
김원민, 〈남사당 풍물의 변화양상 고찰〉, 한국예술종합학교 석사논문,
　　　2008.
김원숙, 〈풍물이 사회에 미치는 파급효과 연구〉, 중앙대 석사논문, 2006.
김익두, 〈한국 민속예능의 민족연극학적 연구〉, 전북대 국문학 박사논문,
　　　1989.
김정헌, 〈남원농악 연구〉, 전북대 음악교육학 석사논문, 2003.
　　　　, 〈호남좌도농악 연구〉, 전북대 박사논문, 2008.

김지영, 〈필봉농악의 내용과 형태에 관한 연구〉, 이화여대 체육교육학 석사
    논문, 1987.

김진숙, 〈사회·문화적 측면에서 본 호남풍물굿에 관한 연구: 공동체 의식
    을 중심으로〉, 이화여대 대학원 석사논문, 2001.

김진영, 〈진주삼천포 12차 농악에 관한 연구: 설장고 춤을 중심으로〉, 경성
    대 교육대학원 석사논문, 2007.

김학주, 〈좌도영산가락에 관한 음악적 고찰〉, 한국정신문화연구원 석사논
    문, 1987.

김한기, 〈경북 남부지방농악의 가락에 관한 연구〉, 계명대 음악교육학 석사
    논문, 1990.

김현숙, 〈호남좌도농악에 관한 연구: 임실과 진안의 판굿을 중심으로〉, 서
    울대 국악학 석사논문, 1987.

김혜경, 〈부산 농악에 관한 연구〉, 한국교원대학교 석사논문, 2001.

김효은, 〈농악무에 관한 연구〉, 숙명여대 석사논문, 1999.

남성진, 〈진주·삼천포 풍물의 전통형성과 전승주체의 현실대응〉, 안동대
    학교 석사논문, 2003.

류창열, 〈충청웃다리 농악의 장단 및 대형변화에 따른 움직임 고찰〉, 충남
    대 석사논문, 1990.

문상보, 〈평택농악의 고사소리 연구〉, 용인대 예술대학원 석사논문, 2009.

민경숙, 〈경기 농악의 춤사위에 관한 연구: 법고춤과 무동춤을 중심으로〉,
    이화여대 무용학 석사논문, 1985.

민병상, 〈금산농악의 현장 연구〉, 중앙대 문예예술학 석사논문, 1997.

박근숙, 〈韓國農樂에 관한 연구: 地域別 分析을 중심으로〉, 경희대 대학원
    석사논문, 1991.

박남언, 〈영광우도농악의 쇠가락 연구: 이리농악과 비교를 통하여〉, 용인대
    학교 석사논문, 2004.

박명현, 〈비나리 사설 연구: 이광수·이수영의 비나리 사설을 중심으로〉,
    한국예술종합학교 석사논문, 2008.

박문기, 〈사물놀이 장고 장단 연구〉, 원광대 석사논문, 2003.

박성희, 〈진도 북춤에 관한 연구〉, 상명여대 대학원 석사논문, 1988.

박은영, 〈호남우도농악의 설장고 춤사위에 관한 연구〉, 조선대 석사논문, 1999.

박은하, 〈설장구의 리듬과 몸동작의 관련성에 대하여〉, 세종대 대학원 석사논문, 1983.

박정미, 〈경기도 평택 풍물굿 중 춤사위 연구〉, 수원대 석사논문, 1992.

박준형, 〈호남우도와 호남 남해도서지역 길굿장단에 관한 고찰〉, 용인대 석사논문, 2006.

박진태, 〈하회별신굿 탈놀이의 형성과 구조연구〉, 고려대 국문학 박사논문, 1988.

박혜영, 〈감천 유역 마을굿의 전승맥락과 빗내풍물의 변화〉, 안동대 석사논문, 2008.

방승환, 〈사물놀이에 나타난 굿거리 장단에 관한 연구: 김용배의 꽹과리 리듬을 중심으로〉, 단국대 석사논문, 1998.

복성수, 〈강릉농악과 대전웃다리 농악의 비교분석에 관한 연구〉, 목원대 석사논문, 2007.

서옥규, 〈농악복식에 관한 연구〉, 이화여대 석사논문, 1987.

서점순, 〈두레춤에 관한 연구: 밀양 '새터가을굿'을 중심으로〉, 부산대 석사논문, 1999.

성수민, 〈진주·삼천포 농악과 영남사물 비교연구, 꽹가리 가락 중심으로〉, 용인대 석사논문, 2005.

성재형, 〈좌도농악과 우도농악의 비교〉, 한양대 무용학 석사논문, 1984.

손병우, 〈농악형식에 있어서 진풀이에 관한 연구〉, 중앙대 무용교육학 석사논문, 1988.

손우승, 〈풍물 진법의 전개과정과 연행원리〉, 안동대 민속학 석사논문, 2000.

송세영, 〈호흡과 움직임에 의한 사물놀이 삼도풍물 분석 연구〉, 춘천대 석사논문, 2005.

송철식, 〈함안 화천풍물 연구〉, 한국교원대 석사논문, 2002.

시지은, 〈경기농사풀이 농악과 웃다리농악의 상관성 연구: 양주농악과 평
　　　택농악을 중심으로〉, 경기대 대학원 석사논문, 2008.

신미섭, 〈두레굿에 관한 연구〉, 중앙대 석사논문, 1998.

안혜영, 〈호남우도농악의 구성형식에 관한 연구: 장고춤의 개인놀이를 중
　　　심으로〉, 숙명여대 체육학 석사논문, 1986.

양근수, 〈남사당 '풍물굿'에 내재된 현대적 수용가치에 관한 연구〉, 세종대
　　　체육학 석사논문, 1998.

양진성, 〈호남 좌우도 풍물굿에 관한 연구—임실과 정읍의 판굿을 중심으
　　　로〉, 단국대 석사논문, 2000.

______, 〈필봉농악의 공연학적 연구〉, 전북대 박사논문, 2008.

양진예, 〈한국 동물 모방춤에 관한 연구: 농악·탈춤·굿의식에 나타난 동
　　　물춤을 중심으로〉, 이화여대, 무용학 석사논문, 1993.

양향진, 〈광양풍물굿 연구〉, 우석대 교육대학원 석사논문, 2003.

오세란, 〈청주농악과 정읍농악의 소고춤 비교 연구〉, 청주대 무용학 석사논
　　　문, 1986.

오승희, 〈호남 우도 농악에 관한 고찰: 법고춤을 중심으로〉, 이화여대 무용
　　　학 석사논문, 1984.

오종섭, 〈풍물굿에서의 공동체의식에 관한 연구〉, 서울대 체육교육학 석사
　　　논문, 1989.

宇佐美陽子, 〈호남좌도 풍물굿에 관한 연구: 임실과 고흥의 마당밟이굿을
　　　중심으로〉, 전북대 음악학 석사논문, 1999.

원창국, 〈호남 좌·우도의 민속놀이에 관한 연구: 임실과 이리농악의 판굿
　　　을 중심으로〉, 수원대 체육교육학 석사논문, 1993.

유경옥, 〈이리농악의 연구〉, 숙명여대 석사논문, 1987.

유경희, 〈중요무형문화재 '11—가호' 진주삼천포 농악의 실태분석을 통한
　　　활성화 방안 연구〉, 세종대 박사논문, 2007.

유대안, 〈날뫼북춤의 장단 연구〉, 계명대 박사논문, 2004.

유미희, 〈한국춤에 나타난 신명 연구〉, 이화여대 석사논문, 1989.

윤상인, 〈민속무용의 사회적 기능에 관한 연구: 농악과 탈춤을 중심으로〉, 중앙대 석사논문, 1991.

윤은하, 〈부산농악의 소고춤에 관한 연구〉, 경성대 석사논문, 2004.

윤재덕, 〈농악지도에 있어서 설장고 장단에 관한 연구〉, 계명대 석사논문, 1997.

이경희, 〈영동지역 농악에 관한 연구〉, 중앙대 무용교육학 석사논문, 1985.

이대휴, 〈호남우도 농악 굿거리 장단 분석 연구: 김오채·김희영의 설장구 놀이를 중심으로〉, 남부대 석사논문, 2005.

이선영, 〈원주 배지농악에 관한 연구〉, 용인대 예술대학원 석사논문, 2005.

이영배, 〈필봉 풍물굿의 공연구조·원리와 사회적 의미〉, 전북대 국문학 석사논문, 2000.

______, 〈호남지역 풍물굿의 잡색놀음 연구〉, 전북대 박사논문, 2006.

이영윤, 〈민속무용을 통해서 본 한국인의 의식구조에 관한 연구: 강강술래와 농악 무속춤을 중심으로〉, 조선대 석사논문, 1992.

이은아, 〈고창농악에 관한 고찰: 소고춤을 중심으로〉, 원광대 대학원 석사논문, 1997.

이재화, 〈사물놀이에 나타난 풍물장단 변화에 관한 연구〉, 용인대 석사논문, 2001.

이정노, 〈호남 좌·우도 농악의 형식과 춤 비교 연구: 임실 필봉 농악과 이리 농악을 중심으로〉, 중앙대 무용교육학 석사논문, 1998.

이종진, 〈풍물굿의 가락 구조와 역동성: 필봉풍물굿을 중심으로〉, 안동대 민속학 석사논문, 1996.

이효빈, 〈호남우도농악의 소고가락 연구: 정읍농악의 황재기가락을 중심으로〉, 단국대 대학원 석사논문. 2003.

정 영, 〈영광농악 소고놀이에 관한 연구〉, 광주교육대학원 석사논문, 2005.

정은면, 〈청원 농악 진풀이에 관한 연구〉, 중앙대 교육대학원 석사논문,

1997.

정은영, 〈충청 웃다리 풍물굿에 관한 연구〉, 단국대 체육학 석사논문, 1997.

정의영, 〈호남좌도농악의 연희 연구: 임실필봉과 진안중평농악을 중심으로〉, 동국대 석사논문, 2004.

정재훈, 〈이리농악 설장구 장단 변형에 관한 연구〉, 중앙대 석사논문, 2006.

정형호, 〈굿에서 가면극으로의 변이양상 연구〉, 중앙대 국문학 석사논문, 1988.

______, 〈한국가면극의 유형과 전승원리 연구〉, 중앙대 국문학 박사논문, 1994.

조귀남, 〈철원 토성농악에 관한 연구〉, 춘천교대 석사논문, 2003.

조상훈, 〈전라우도 풍물가락에 관한 연구: 김용배의 굿거리(꽹가리)가락을 중심으로〉, 전북대 석사논문, 2002.

조세훈, 〈호남좌도 풍물굿 연희연구〉, 전북대 석사논문, 2006.

조은영, 〈대전 웃다리 풍물과 임실 필봉 풍물 비교 연구〉, 목원대 석사논문, 2003.

조정현, 〈민속연행예술에 나타난 도둑잽이놀이의 구조와 미의식〉, 안동대 민속학 석사논문, 1998.

조진형, 〈농악의 사회적 기능에 관한 연구〉, 중앙대 석사논문, 2001.

주성숙, 〈금산농악의 가락과 소고춤에 관한 연구〉, 원광대 석사논문, 1997.

채리희, 〈진주삼천포 농악과 호남우도 농악의 설장고 가락과 춤사위 비교 연구〉, 단국대 석사논문, 2007.

채명순, 〈한국 전통북춤의 형성과 구조〉, 경북대 박사논문, 2000.

최자운, 〈농악대 고사소리의 지역별 특성과 변천양상〉, 경기대 박사논문, 2007.

최종희, 〈진주·삼천포 12차 농악에 관한 연구〉, 단국대 석사논문, 2003.

최태열, 〈전북 좌·우도 농악무에 관한 비교〉, 중앙대 교육학대학원 석사논문, 1984.

추은희, 〈한국 농악복식에 관한 연구〉, 전남대 박사논문, 2004.

한동엽, 〈포천메나리 농악에 관한 연구〉, 경희대 석사논문, 2004.

한미경, 〈충청지역 농악예능에 관한 현장 연구〉, 중앙대 사회개발대학원 석
　　　사논문, 1996.

한범택, 〈안성 남사당 풍물패에 관한 연구〉, 중앙대 석사논문, 2003.

한성수, 〈좌도풍물의 영산가락 비교분석〉, 용인대 석사논문. 2003

한현걸, 〈韓國의 農樂舞와 中國 秧歌舞의 藝術構造 比較硏究〉, 숙명여대
　　　석사논문, 2000.

홍사열, 〈최은창을 통해 본 '평택농악'의 전승과 상쇠의 역할〉, 안동대 석사
　　　논문, 2007.

홍은지, 〈굿판과 관객의 상호작용 연구〉, 동국대 국문학 석사, 1996.

황삼열, 〈평택농악 원형에 관한 연구: 판제와 가락을 중심으로〉, 추계예술
　　　대 교육대학원 석사논문, 2007.

황주영, 〈고창 고깔소고춤 춤사위 연구〉, 한국예술종합교 석사논문, 2008.

3. 단행본

고려대민족문화연구소, 《한국민속대관》 5, 고려대 민족문화연구소 출판부,
　　　1982.

고창농악보존회, 《고창농악 나무한그루》, 2009.

국립문화재연구소, 《강릉농악》, 1997.

＿＿＿, 《임실필봉농악》, 1999.

＿＿＿, 《평택농악》, 1996.

권희덕, 《농악교본》, 세일사, 1995.

김명자 외, 《민속문화 무엇이 어떻게 변하는가》(실천민속학회 편), 집문당,
　　　2001.

김수남 사진, 《풍물굿》, 평민사, 1986.

김영탁, 《한국의 농악》 상·하, 지방문화재보호협의회, 1981.

김영희, 《고창농악 고깔소고춤》, 작품출판사, 2004.

김우현, 《농악 교육》, 세광음악출판사, 1984.

김원호, 《풍물굿 연구》, 학민사, 1999.

김월덕, 《한국 마을굿 연구》, 지식산업사, 2006.

김익두, 《남원지방문화재지표조사보고서》, 전북대박물관, 1987.

______·전정구·최동현·최상화, 《정읍지역민속예능》, 전북대박물관, 1992.

김익두, 《호남좌도 풍물굿》, 전북대박물관, 1994.

______, 《호남우도 풍물굿》, 전북대 전라문화연구소, 1994.

______, 《전라북도 농악, 민요, 만가》, 전라북도, 2004.

______, 《정읍농악》, 정읍시 전북대 인문과학 연구소. 2005.

______·김정헌, 《남원농악》, 한국농악보존협회 남원시지회, 2006.

김정환 외, 《문화운동론》, 공동체, 1986.

김정헌 외, 《남원농악의 장단》, 한국농악협회 남원시지회, 2006.

김헌선, 《풍물굿에서 사물놀이까지》, 귀인사, 1991.

______, 《양주농악, 경기도 무형문화재》 제46호, 월인, 2006.

김현숙, 《진주삼천포농악》, 화산문화, 2002.

노수환, 《상쇠로 풀어보는 풍물굿의 미학》, 학민사, 2008.

류무열, 《농악》, 민족문화문고 간행회, 1986.

무라야마 지준(村山智順), 《한국민속종합조사보고서》(전남편), 1969.

______, 《한국민속종합조사보고서》(전북편), 1971.

______ 지음, 박전열 옮김, 《조선의 향토오락》, 조선총독부, 집문당, 1992.

문화재관리국, 《임실필봉농악》, 1999.

민족굿회, 《노동과 굿》, 학민사, 1988.

______, 《민족과 굿》, 학민사, 1987.

박헌봉·유기룡, 《농악12차》, 문화재관리국, 1965.

봉천놀이마당 엮음, 《우리의 멋과 신명을 찾는 민속교육자료집》, 우리교육,
        1994.

손용달, 《금산좌도농악》, 금산문화원, 1987.

손태도, 《광대의 가창문화》, 집문당, 2003.

신용하, 《공동체이론》, 문학과지성사, 1985.

영남대학교 인문과학연구소, 《대구의 농악》, 1988.

유무열, 《한국의 농악》, 강원일보사, 1983.

윤영근, 《남원굿》, 발행처 불명, 1999.

이경엽·김혜정·송기태, 《고흥 월포농악》, 심미안, 2008.

이기주, 《농악》, 필사본, 1985.

이보형, 《전라북도국악실태조사》, 문화재관리국, 1982.

______·정병호 외, 《한국민속종합조사보고서》 13, 문화재관리국, 1982.

이상진, 《한국농악개론》, 민속원, 2002.

이소라, 《이리농악》, 학산문화, 2000.

이영금, 《전북셋김굿》, 민속원, 2007.

이용식, 《민속, 문화, 그리고 음악》, 집문당, 2006.

익산문화원, 《익산농악》, 1995.

임실문화원, 《호남좌도 임실필봉굿》, 임실문화원, 1999.

전라남도, 《전남의 세시풍속: 풍속·놀이·당산제·농악》, 1988.

______, 《전라남도 국악실태족사》, 1980.

정경태, 《국악보》, 전주고등학교, 1955.

정병호, 《농악》, 열화당, 2004.

______, 《한국의 민속춤》, 삼성출판사, 1991.

정이담, 《문화운동론》, 공동체, 1985.

주강현, 《굿의 사회사》, 웅진출판, 1992.

진안향토문화연구회, 《전라좌도의 전통풍물의 맥: 진안중평 풍물굿》, 진안
          향토문화연구회, 1987.

한국향토사연구전국협의회, 《한국의 농악: 영남편》, 수서원, 1997.

______, 《한국의 농악: 호남편》, 1994.

홍현식 외, 〈호남농악〉, 《무형문화재 조사보고서》 제6집, 문화재관리국,

1967.

홍현식, 〈호남농악소고〉, 《문화재》 제4호, 문화재관리국, 1969.

______·김천홍·박헌봉, 《호남농악》, 문화재관리국, 1967.